中央民族大学中国边疆民族地区历史与地理研究中心

The Research Center for Historical and Geographical Studies of China' s Frontier Regions and Nationalities, Minzu University of China

中国边疆民族研究

Studies of China' s Frontier Regions and Nationalities

第五辑

达力扎布　主编

中央民族大学出版社

图书在版编目（CIP）数据

中国边疆民族研究. 第五辑/达力扎布主编. —北京：中央民族大学出版社，2011. 12
ISBN 978-7-5660-0127-6

Ⅰ. ①中… Ⅱ. ①达… Ⅲ. ①边疆地区—少数民族—民族历史—中国—文集 Ⅳ. ①K28-53

中国版本图书馆 CIP 数据核字（2011）第 263228 号

中国边疆民族研究（第五辑）

主　　编　达力扎布
责任编辑　张　山
封面设计　布拉格
出 版 者　中央民族大学出版社
　　　　　北京市海淀区中关村南大街 27 号　　邮政编码：100081
　　　　　电　话：68472815（发行部）　传真：68932751（发行部）
　　　　　　　　　68932218（总编室）　　　　68932447（办公室）
发 行 者　全国各地新华书店
印 刷 厂　北京华正印刷有限公司
开　　本　787×1092（毫米）　1/16　　印张：24.625
字　　数　600 千字
印　　数　2000 册
版　　次　2011 年 12 月第 1 版　　2011 年 12 月第 1 次印刷
书　　号　ISBN 978-7-5660- 0127-6
定　　价　48.00 元

目　录

专题研究

文献档案研究

幽州与敦煌

尤 李

内容提要：幽州与敦煌均是唐朝的边陲重镇，中西交通之枢纽。本文利用敦煌文书与幽州的材料比对，系统探讨幽州地域社会及两地的文化交流。据敦煌文书 S.529 背面，中晚唐五代时期，幽州地区经济优越、佛教发达、带有胡化气息。这些特征在契丹统治之下几乎全盘保留下来。敦煌藏经洞发现辽燕京高僧诠明和幽州石壁寺沙门传奥的著作，说明幽州与敦煌有佛教文化交流。敦煌写卷本与应县木塔《契丹藏》残卷中都发现诠明的著作。前者是“民间文本”，后者是“官方文献”。从晚唐、五代到辽，幽州地区虽然政权更迭频繁，但民众的经济生活、精神文化及佛教格局却几乎没有变化。

幽州（今北京地区）与敦煌分别位于唐帝国的东北和西北边境，都是中原汉族与周边族群交流的重镇，佛教圣地。幽州入辽后改称南京，敦煌在唐宋之际又在归义军统治下。学界对这两地的文化面貌关注颇多，涌现不少成果[①]。但目前还无人利用敦煌文书与幽州的材料相互比对，系统探讨幽州社会及两地的文化交流。本文拟在这方面作一尝试。唐代幽州时而称范阳郡[②]，到辽代又升为南京析津府[③]。笔者在行文中，幽州与燕京、南京指同一地区。

---

① 敦煌社会文化研究的学术积累已经相当深厚，学术史清理见荣新江著《鸣沙集：敦煌学学术史和方法论的探讨》（台北：新文丰出版公司，1999 年）、刘进宝主编《百年敦煌学：历史、现状、趋势》（兰州：甘肃人民出版社，2009 年）、刘进宝著《敦煌学术史：事件、人物与著述》（北京：中华书局，2011 年）。关于唐代幽州地区的文化面貌，不少学者有专门研究。如陈寅恪先生早就指出河朔的胡化问题（《唐代政治史述论稿》上篇《统治阶级之氏族及其升降》，参见陈美延编：《陈寅恪集》，北京：生活•读书•新知三联书店，2001 年，第 203、209-210 页）。还有谷霁光《安史乱前之河北道》（原载《燕京学报》第 19 期，1935 年，此据谷霁光著：《谷霁光史学论文集》第 4 卷《杂著》，南昌：江西人民出版社、江西教育出版社，1996 年，第 180-191 页）、吴光华：《唐代幽州地域主义的形成》（淡江大学中文系主编：《晚唐的社会与文化》，台北：台湾学生书局，1990 年，第 227-234 页）、马驰：《唐幽州境侨置羁縻州与河朔藩镇割据》（荣新江主编：《唐研究》第 4 卷，北京：北京大学出版社，1998 年，第 199-213 页）、李鸿宾：《安史之乱反映的蕃族问题》（李鸿宾著：《唐朝中央集权与民族关系——以北方区域为线索》第 5 章，北京：民族出版社，2003 年，第 120-140 页）、李松涛《唐代前期政治文化研究》（台北：台湾学生书局，2009 年）等。

②《旧唐书》卷 39《地理志二》载：幽州“天宝元年（742），改范阳郡……乾元元年（758），复为幽州”（北京：中华书局，1975 年，第 1516 页）。

③《辽史》卷 40《地理志四》，北京：中华书局，1974 年，第 493-494 页。

一、敦煌文书S.529背面《诸山圣迹志》反映的幽州地域社会

敦煌文书S.529背面《诸山圣迹志》[①]是五代时期一无名僧人云游各地佛教圣迹的记录。其中包含唐末五代幽州地域社会的宝贵信息。下文征引的本卷文书主要参照郝春文先生的录文[②]，同时对照《英藏敦煌文献》的图录[③]和郑炳林先生的录文[④]。

S.529背面的《题幽州盘山》诗和《题幽州石经山》诗，同时又见于S.373[⑤]。在《题幽州盘山七言》后小注："在幽州北"，在《题幽州石经山》后小注："在南"[⑥]。S.373中诗歌的作者、与S.529背面诗作的关系，学界讨论颇多[⑦]。徐俊先生认为：《诸山圣迹志》中诸诗并非游历诸山圣迹的僧人所创作，而是他就游历所及抄录前人作品[⑧]。无论《诸山圣迹志》中的诗歌是游历圣迹的僧人自己创作，还是抄录前人作品，终究还是对所见所闻的记录，其内容仍大致反映了当时的社会状况。本文主旨只涉及其中记录的幽州地区的情况，对此问题不再纠缠。

1. 盘山地区的佛教

S.529背面记载："盘山，在幽州，寺院五十余所，僧尼一千余人。戒静纳（？）拜

---

① 图录见中国社会科学院历史研究所、英国图书馆等编：《英藏敦煌文献》第2卷，成都：四川人民出版社，1990年，第11-13页；录文见郝春文编著：《英藏敦煌社会历史文献释录》第3卷，北京：社会科学文献出版社，2003年，第45-77页；郑炳林：《诸山圣迹志S.529号》，《敦煌地理文书汇辑校注》，兰州：甘肃教育出版社，1989年，第266-275页。S.529背面，向达先生拟题《失名行记》（参见向达著：《伦敦所藏敦煌卷子经眼目录》，《唐代长安与西域文明》，北京：生活·读书·新知三联书店，1957年，第200页），王重民先生拟题《诸山圣迹志》（《敦煌遗书总目索引　·斯坦因劫经录》，北京：中华书局，1983年，第120页）。郑炳林先生根据五代十国的政治形势、各地地名、行政建置的变化，断定《诸山圣迹志》反映的年代是后唐庄宗到明宗十余年的情况（见《论〈诸山圣迹志〉的成书年代》，《中国历史地理论丛》1989年第1期，第143-150页；《关于〈诸山圣迹志〉的撰写年代》，郑炳林主编：《敦煌吐鲁番文献研究》，兰州：兰州大学出版社，1995年，第289-296页）。郑先生还认为：S.529背面就是其正面《归文牒》中所称的"和尚"在接到归文牒后开始游历，所以，此游僧于同光二年（924）左右开始游历（《敦煌文书斯373号李存勖唐玄奘诗证误》，郑炳林主编：《敦煌吐鲁番文献研究》，第304页）。

② 郝春文编著：《英藏敦煌社会历史文献释录》第3卷，第45-77页。

③ 中国社会科学院历史研究所、英国图书馆等编：《英藏敦煌文献》第2卷，第11-13页。

④ 郑炳林：《诸山圣迹志S.529号》，《敦煌地理文书汇辑校注》，第266-275页。

⑤ 中国社会科学院历史研究所、英国图书馆等编：《英藏敦煌文献》第1卷，成都：四川人民出版社，1990年，第162页。

⑥ 同上。

⑦ 郑炳林先生推测：S.373与S.529出自一人之手，作者为后唐时期河北地区（或定州一带）的僧人。S.529中的诗即《诸山圣迹志》作者所作（《关于〈诸山圣迹志〉的撰写年代》，《敦煌吐鲁番文献研究》，第289-296页；《敦煌文书斯373号李存勖唐玄奘诗证误》，《敦煌吐鲁番文献研究》，第297-307页）。徐俊先生认为并非如此。徐先生认为：《诸山圣迹志》是后唐时某僧人游历各州郡寺院、名山圣迹的记录。其中略述各州郡建置、寺院、僧尼、风俗、距离等情况，还抄录了一些诗文作品，包括已见于S.373卷的《题幽州盘山七言》、《题幽州石经山》、《题中岳山七言》三诗。原卷潦草不清，但从作者"凡睹圣迹，并皆抄录"，可以断定作者所记并非均出于自己的创作，而是对所见所闻的记录。从《题幽州石经山》诗的口吻，推断不是游历诸山圣迹的僧人的口吻。《诸山圣迹志》所记山寺概况多有所本。综合考察S.373和S.529，可以确定《诸山圣迹志》中诸诗并非游历诸山圣迹的僧人所创作，而是他就游历所及抄录前人作品。S.373诗亦非某一人的作品，而是诸山圣迹题咏诗丛钞。S.373卷书法工整，行款严格。S.529卷正面归文牒等书法亦较工稳，但背面《诸山圣迹志》用不规范且极草率之草书写成，文字多有脱漏。颇疑S.373与S.529正面归文牒为一人所抄（徐俊纂辑：《敦煌诗集残卷辑考》卷下（英藏俄藏部分），北京：中华书局，2000年，第491-493页）。

⑧ 徐俊纂辑：《敦煌诗集残卷辑考》卷下，第491-493页。

（？），永为龙王。业行孤高，硕德盛弘律[禅][1]，兼济大乘，至博学情忧，十经五论，余余济济。重风光而拂照林牖，爱山水而附带烟霞。为像学之宗师，作众中之领袖。诗曰：冲过浮云数十重，经霄始到最高峰。日出近观沧海水，斋[时][遥][听][梵][天][钟]。千年松树巢仙鹤，五个盆[池]隐毒龙。下方乞食上方去，尘俗难寻道者踪。"[2]

郑炳林先生认为，"硕德盛弘律"之后应补"禅"字，有一定道理。中唐时期，著名禅师道宗在盘山修行。唐宣宗、懿宗时期，在幽州长大的奖公落发后，"遂于蓟三河县盘山甘泉院依止禅大德晓方，乃亲承杖履，就侍瓶盂。启顾全身，惟思半偈"，他一直禅律双修，在禅僧和律僧中都享有声誉[3]。奖公禅律都很擅长，可能与盘山地区的佛教形势有关。唐代盘山地区的祐唐寺曾是禅宗和律宗圣地。辽圣宗统和五年（987）《祐唐寺创建讲堂碑》追述曰："当昔全盛之时，砌叠龙幡，檐排凤翅；晨钟暮磬,上闻兜率；禅宗律学，宛是祇园；骈阗可类于清凉，赫奕遥同于白马；乃法侣辐辏之乡也。"[4] 五代到辽初，在盘山感化寺有智辛禅师。到辽朝末代皇帝天祚帝时，感化寺仍然"法堂佛宇敞乎下，禅宝经龛出乎上"[5]，"禅枝律裔，保有其业"[6]。

S.529 背面还把盘山描写为孤峰绝顶、尘俗难寻之胜地。对此，《祐唐寺创建讲堂碑》云："有盘山者，乃箕尾之巨镇也。深维地轴，高阙天门。烦碧凝霄，寒青压海。珠楼璇室，仰于窅窱昆邱；宝洞琼台，耀磅礴于恒岳。"[7] 辽天祚帝乾统七年（1107）《上方感化寺碑》曰："渔阳古郡之西北，丛岫迤逦，其势雄气秀，曰田盘山。冈峦倚叠，富有名寺。"[8] 辽人记录的盘山的地理风貌，与中晚唐五代的记载大致相仿。

《诸山圣迹志》还提到盘山"永为龙王"、"五个盆[池]隐毒龙"。据《盘山上方道宗大师遗行碑》，盘山峰顶"多逢兽迹，莫面人踪。境类虎溪，地蟠龙腹"，禅僧道宗大师修行时"山现莲池，龙降香水"。《祐唐寺创建讲堂碑》对盘山山顶有特写："岭上时兴于瑞雾，谷中虚老于乔松。奇树珍禽，异花灵草。绝顶有龙池焉，向旱岁而能兴雷雨；岩下有潮井焉，依旦暮而不亏盈缩。于名山之内，最处其佳。"[9]

在佛教中，高山或水池中藏龙的记录非常多。早在五胡十六国时期，佛图澄为干涸的襄国城堑水源求水，对石勒说："水泉之源，必有神龙居之。""澄坐绳床，烧安息香，咒愿数百言。如此三日，水泫然微流。有一小龙，长五六寸许，随水来出。诸道士竞往视之。澄曰：'龙有毒，勿临其上。'有顷，水大至，隍堑皆满。"[10] 在唐代，还有盂兰

① 郑炳林先生释读为"盛弘律□（禅）"（见《敦煌地理文书汇辑校注》，第 269 页），郝春文先生释读为"盛弘律席"（见《英藏敦煌社会历史文献释录》第 3 卷，第 49 页）。本文取郑先生的意见，理由详见下文。

② 郝春文编著：《英藏敦煌社会历史文献释录》第 3 卷，第 49 页。

③ 公乘亿：《魏州故禅大德奖公塔碑》，[宋]李昉等编：《文苑英华》卷 868，北京：中华书局，1966 年，第 4582-4583 页。

④《祐唐寺创建讲堂碑》，向南辑：《辽代石刻文编》，石家庄：河北教育出版社，1995 年，第 90 页。

⑤《上方感化寺碑》，《辽代石刻文编》，第 563 页。

⑥ 同上，第 564 页。

⑦《辽代石刻文编》，第 89 页。

⑧ 同上，第 563 页。

⑨《辽代石刻文编》，第 88 页。

⑩ [梁]释慧皎撰：《高僧传》卷 9《晋邺中竺佛图澄传》，汤用彤校注、汤一玄整理，北京：中华书局，1992 年，第 346-347 页。

盆中藏龙的故事。“故唐安太守卢元裕未仕时，以中元设幡幢像，置盂兰于其间。俄闻盆中有唧唧之音，元裕视，见一小龙才寸许，逸状奇姿，蜿然可爱。于是以水沃之。其龙伸足振已长数尺矣。元裕大恐。有白云自盆中而起，其龙亦逐云而去。元裕即翰之父也。”① 五台山峰顶也有毒龙。入唐巡礼的日本僧人圆仁于唐文宗开成四年（839）九月月十二日，在五台山听老僧等云：“古来相传此山多有龙宫。”② 五台山醴泉寺之“南峰峰名为龙台，独出群岫。地图所载，曾有龙舞其巅，以此奏闻，奉敕改名龙台寺。后因泉涌，改名醴泉寺”③。五台山之中台“台顶，中心有玉花池，四方各四丈许，名为龙池。池中心小岛上有小堂，置文殊像。时人呼之为龙堂”④。西台“台顶中心亦有龙池，四方各五丈许。池之中心有四间龙堂，置文殊像”⑤。北台“台顶之南头有龙堂。堂内有池，其水深黑。满堂澄潭，分其一堂为三隔。中间是龙王宫。临池水，上置龙王像。池上造桥，过至龙王座前。此乃五台五百毒龙之王：‘每台各有一百毒龙，皆以此龙王为君主。此龙王及民被文殊降伏归依，不敢行恶’云云。龙宫左右隔板墙置文殊像，于龙堂前有供养院”，北台台顶中心“隔三四步皆有小井池无数，名为龙池”，东台“台顶无龙池，地上亦无水，生草稍深”，东台台顶之那罗延窟“窟内黑暗，宜有龙潜藏矣”，“五台山乃万峰之中心也。五百毒龙潜山而吐纳风云，四时八节不辍雷，雹频降矣。”⑥ 因此，出现盘山之最高峰有“五个盆池隐毒龙”的说法也不足为奇。

2. 幽州的经济、文化和民风

据S.529 背面，这位无名僧人游历盘山后，还“南行三百里至幽州”。他描述幽州城：“管九州七县，[城]周围五十里。大寺一十八所，禅院五十余所，僧尼一万余人，并有常住，四事丰盈。负论知识，担经并州（？）。大底（抵）民风凶旱（悍），诸处俗尚贞惠（？），人多勇烈。封壃沃壤，平广膏腴，地产绫罗，偏丰梨栗。”⑦

唐代幽州城是河北北部的军事重镇、经济文化中心。《诸山圣迹志》称幽州节度使管“九州七县”，实际上，幽州卢龙镇在后晋天福二年（937）入辽之前，长期统辖幽、涿、檀、瀛、莫、蓟、平、营、妫九州，其中，幽州领十县：蓟、潞、雍奴、渔阳、良乡、固安、昌平、范阳、归义、安次。因此，《诸山圣迹志》说幽州领七县，可能到五代时有省并。郑炳林先生据《旧唐书》、《旧五代史》和《资治通鉴》的相关记载，认为幽州节度使自刘守光至后唐庄宗同光元年（923）间，统有幽、涿、瀛、莫、蓟、妫、檀、新、武、儒、顺十一州。庄宗同光元年置威塞军节度使于新州，统新、妫、武、儒四州。同光元年七月后，幽州实统州仅七，而营、平二州虽被契丹攻占，但名义上仍属幽州，所以共九州⑧。《元和郡县图志》的幽州卷已经散佚。《太平寰宇记》引《元和郡

① [唐]张读撰：《宣室志辑佚》，张永钦、侯志明点校，北京：中华书局，1983 年，第 190 页。

② [日]圆仁著：《入唐求法巡礼行记校注》卷 2，白化文、李鼎霞、许德楠校注，周一良审阅，石家庄：花山文艺出版社，2007 年，第 180 页。

③ 同上，第 246 页。

④ 同上，第 280-281 页。

⑤ 同上，第 282 页。

⑥ [日]圆仁著：《入唐求法巡礼行记校注》卷 3，第 284-296 页。。

⑦ 郝春文编著：《英藏敦煌社会历史文献释录》第 3 卷，第 49-50 页。

⑧ 郑炳林：《敦煌地理文书汇辑校注》，第 284-285 页，注释 60。

县图志》云："蓟城（幽州城）南北九里，东西七里，开十门。"① 这样，幽州城的周长才 32 里。到辽朝升为南京析津府，周长也才 36 里②。均与这名僧人所说"城周围五十里"有较大的出入，他可能只是粗略地估计。

《诸山圣迹志》提及幽州的胡化气息。正如宋徽宗宣和年间（1119－1125）使金的宋朝使者许亢宗所评述：石晋"未割弃已前，其中人与夷狄斗，胜负相当。…形势雄杰，真用武之国"③。

S.529 背面描述幽州位于膏腴之地，农业、手工业发达。《唐六典》规定："任土所出，而为贡赋之差，"④ 即唐代各地的土贡均以当地出产的产品为依据，其中幽州贡"范阳绫"⑤。因此，《诸山圣迹志》中的"地产绫罗"，应指唐代作为土贡的"范阳绫"。唐唐代河北道所辖全境，除边郡不能确知外，皆盛产蚕丝，各郡所贡皆丝织品之精美者。河北道丝织业发达，是唐代纺织工业的中心⑥。

从《诸山圣迹志》可以看出：幽州地区的经济在安禄山叛乱、晚唐五代战乱之后，还是非常优越的。这也为幽州佛教在战乱后持续繁荣提供了重要基础。

《诸山圣迹志》称幽州城内"大寺一十八所，禅院五十余所，僧尼一万余人，并有常住，四时丰盈"，说明经历安史之乱、会昌灭佛，直到五代，幽州的佛教仍然繁盛。幽州城面积不过十五六平方公里，就有七八十所寺院，平均每平方公里约 5 所，寺院分布密度非常高，僧尼人口多。而且寺院的公共财产"常住"还算丰富。"负论知识"表明佛学研究得以保持。值得注意的是：后唐时，幽州城尚有 50 余所禅院，但辽南京却有很多大型律寺，其规模和人数令人咋舌，几乎不见禅寺的踪影。金初出使的宋朝使者洪皓写到："燕京兰若相望，大者三十有六，然皆律院。自南僧至，始立四禅，曰太平、招提、竹林、瑞像。"⑦ 这似乎暗示辽南京禅宗不盛。学界一般认为辽朝虽然崇佛，但禅宗不兴。竺沙雅章先生引《跋飞山别传议》中大辽皇帝诏有司把禅宗典籍《六祖坛经》、《宝林传》等作为伪妄之书焚毁的记录，谈到唐代河北地区盛行的禅宗为何在辽代消失的问题，但未及论证⑧。以崇佛著称的辽帝国的皇帝竟然下令烧掉南宗祖师慧能的《坛经》和洪州马祖系的典籍《宝林传》。笔者在此不打算考辨这条记录真实与否。只要出现这一说法，就已经暗示禅宗在辽代遭受挫折。就上文所论盘山地区在辽朝仍是禅宗基

---

① [宋]乐史撰：《太平寰宇记》卷 69《河北道一八》，王文楚等点校本，北京：中华书局，2007 年，第 1399 页。又见于[清]顾祖禹撰：《读史方舆纪要》卷 11《北直二》，贺次君、施和金点校本，北京：中华书局，2005 年，第 443 页。

②《辽史》卷 40《地理志四》曰：燕京"城方三十六里"（第 494 页）。

③《〈许亢宗行程录〉疏证稿》，贾敬颜：《五代宋金元人边疆行记十三种疏证稿》，北京：中华书局，2004 年，第 222 页。旧题叶隆礼撰《契丹国志》卷 22《州县载记》（贾敬颜、林荣贵点校本，上海：上海古籍出版社，1985 年，第 217 页）抄自《许亢宗行程录》，语句略有不同。

④ [唐]李隆基撰、李林甫注：《大唐六典》卷 3《尚书户部》"户部郎中员外郎"条，[日]广池千九郎训点、内田智雄补订，西安：三秦出版社，1991 年，第 53 页。

⑤ 同上，第 57 页。

⑥ 汪篯：《隋唐时期丝产地之分布》，汪篯著，唐长孺、吴宗国等编：《汪篯隋唐史论稿》，北京：中国社会科学出版社，1981 年，第 292-293 页。

⑦ [宋]洪皓：《松漠记闻》卷上，《丛书集成初编》本，北京：中华书局，1985 年，第 10 页。

⑧ [日]竺沙雅章：《从新出资料看辽代之佛教》，原载《禅学研究》第 72 号，1994 年，此据竺沙雅章著：《宋元佛教文化史研究》，东京，汲古书院，2000 年，第 102、106 页。

地来看，竺沙先生之说恐不尽然。但在辽统治下，作为中心城市的南京城内不见禅院，在相对边缘的盘山地区，禅宗还保留一块根据地。可见，朝代更替对河北北部地区的禅宗发展确有影响。

无名僧人还游览了幽州良乡县（今北京房山区）的云居寺（即石经山）。他“南行百余里至石经寺，大藏经文并镌石上。云轩皇龛月殿，迥若天宫。律门洋洋，禅流济济”。诗曰：

空（闲）乘五马谒真宗，来入山门问远公。
云起乱峰朝[古]寺，鸟巢高处恋晴空。
碧罗引蔓枝枝到，石溜穿渠院院通。
佛僧（境）不利（离）人境内，人心不与佛心同。①

徐俊先生已经指出诗中“五马”为用汉太守五马驾辕之典，“远公”是用名僧慧远尊指被访僧人。这显然不是游历诸山圣迹的僧人口吻②。慧远拒绝了晋安帝的邀请，潜心在庐山修行。他“卜居庐阜三十余年，影不出山，迹不入俗。每送客游履，常以虎溪为界焉”③。按徐俊先生的考证，这首诗不是云游僧人的创作，而是抄录前人之诗。但无论如何，此诗反映了云居寺的情况。其中“闲乘五马谒真宗，来入山门问远公”，可能就是指中唐时期活跃在云居寺的名僧真性大德。他像慧远一样，拒绝了幽州节度使刘公的邀请，坚持在山林中修行。真性在云居寺和整个幽州地区都是一位学问修行很高、德高望重的著名律僧。他“薰然律风，辉振前古。万行由兹浸起，六事于是齐修”，“听读忘倦，慈忍兼习。操持勇猛，佩服精进”。真性自身修行高，所以“四远向从，一方瞻敬。高行善节，时为美谈”④。“元和中，廉察使相国彭城刘公慕其高节，亟请临坛。手写叠飞，使车交织。”⑤ 据考，刘济唐德宗贞元元年（785）至唐宪宗元和五年（810）任幽州卢龙节度使⑥。宪宗元和五年七月乙卯“幽州节度使刘济为其子总鸩死”⑦。刘总在唐宪宗元和五年至唐穆宗长庆元年（821）任幽州卢龙节度使⑧。目前还无法判断多次请真性设戒坛的“廉察使相国彭城刘公”是刘济还是刘总。真性毅然回绝邀请：“那能师证，更登名利之场？徒观马胜之威仪，谁识罗侯之密行？恳写牢让，持坚不回。”⑨ 罗侯罗是佛十大弟子之一，释尊之子，为耶输陀罗所生。又作罗护罗、罗怙罗、罗吼罗、曷罗怙罗、何罗怙罗、罗云、罗芸，意译覆障、障月、执日。罗侯罗严守制戒，精进修道，终证阿罗汉果，并以‘密行第一’著称。敦煌文书P.4617 中有诗《赞肉身罗睺》：“罗

① 郝春文编著：《英藏敦煌社会历史文献释录》第 3 卷，第 50 页。

② 徐俊纂辑：《敦煌诗集残卷辑考》卷下，第 492 页。

③ [梁]释慧皎撰：《高僧传》卷 6《晋庐山释慧远》，第 221 页。

④ 何筹：《唐云居寺故寺主律大德神道碑铭并序》（简称《真性大德神道碑》），《全唐文》卷 757，北京：中华书局，1983 年，第 7856 页。又见于《大唐云居寺故寺主律大德神道碑铭并序》，北京图书馆金石组、中国佛教图书文物馆石经组编：《房山石经题记汇编》第 1 部分《碑和题记（唐至民国）》，北京：书目文献出版社，1987 年，第 17 页。

⑤《全唐文》卷 757，第 7857 页；《房山石经题记汇编》第 1 部分《碑和题记（唐至民国）》，第 18 页。

⑥ 郁贤皓著：《唐刺史考全编》卷 116《幽州（范阳郡）》，合肥：安徽大学出版社，2000 年，第 1608-1609 页。

⑦《旧唐书》卷 14《宪宗纪上》，第 431 页。

⑧ 郁贤皓著：《唐刺史考全编》卷 116《幽州（范阳郡）》，第 1609 页。

⑨《全唐文》卷 757，第 7857 页；《房山石经题记汇编》第 1 部分《碑和题记（唐至民国）》，第 18 页。

睺尊者化身来，十二年中在母胎。昔日王宫修密行，今时凡室作婴孩。端严肉髻同千圣，相好真容现五台。能与众生无限福，世人咸共舍珍财。”① 真性认为接受节度使的邀请设戒坛，即是登“名利之场”，其实很多人并不真正理解佛教戒律及修行。这跟慧远的作风类似。因此，幽州当地人可能会把真性称为当代“慧远”，把拜谒他称为“来入山门问远公”。“闲乘五马谒真宗”暗指幽州地方长官游览云居寺、拜会其中的高僧，可能就是用汉代典故比喻元和、大和年间，幽州节度使刘公、史元忠尊崇、拜谒真性之事②。

“佛境不离人境内，人心不与佛心同”，其实是北宗禅的理念表达。以神秀为代表的北宗禅强调人境与佛境之间有一道鸿沟，需要通过“观心”的方式“渐修”，才能达到佛陀境界。因此，人心与佛心不能等同。但二者有沟通的可能。佛境和佛心是追求的终极目标，从人境到佛境，从人心到佛心，都需要通过修行来实现。这跟南禅宗马祖道所倡导的“即心即佛”，人心即佛心的思想相异。那么，这首诗隐约地道出中晚唐五代的云居寺其实是崇尚北宗禅的。

在中唐时期，云居寺真性大德生活的时代，“云山异境，禅律杂居”③。按《诸山圣圣迹志》所记，后唐时期的云居寺仍然“律门洋洋，禅流济济”④。可见云居寺禅律兼行的风格一直保持到五代。如上文所论，幽州盘山地区和良乡县云居寺的僧人禅律兼习，这和唐五代其他地区诸多僧人兼修禅律的情况吻合。如《宋高僧传》所记太原府思睿、越州神邕、洛阳无名、杭州楚南、嵩岳元珪、洛阳惠秀、唐州神鉴、东阳玄朗、杭州彦求、曹州智朗、越州僧达、越州神迥和阆州法融，均兼习禅律。《唐故东京安国寺契微和尚塔铭并序》称契微“外示律义，内修禅说”⑤。在晚唐五代的敦煌地区，好些僧人也是“禅律双修”⑥。

在契丹统治下，唐五代时期幽州城的诸多风格几乎全盘保留下来。宋徽宗宣和年间使金的许亢宗曰：辽南京析津府“城北有三市，陆海百货，萃于其中。僧居佛宇，冠于北方。锦绣组绮，精绝天下。膏腴蔬蓏，果实稻粱之类，靡不毕出；而桑柘麻麦，羊豕雉兔，不问可知。水甘土厚，人多技艺，民尚气节”⑦。到辽朝，幽州地区仍然是商品交易中心、北方佛教重镇、重要的农产品、手工业基地、纺织业中心、民风彪悍。可以说，政权更迭几乎没有对当地文化面貌产生什么影响。

---

① 徐俊纂辑：《敦煌诗集残卷辑考》卷中（法藏部分下），第454-455页。

②《全唐文》卷757，第7857页；《房山石经题记汇编》第1部分《碑和题记（唐至民国）》，第18页。按：《真性大德神道碑》称元和中，幽州节度使刘公礼请真性，如前文所论，刘公指谁不确定。碑又曰：“暨大和有九祀，方伯司徒史公之领戎也，常目重山，聆风仰德。…奇香异药，上服名衣。使命往来，难可称计。”据郁贤皓著《唐刺史考全编》卷116《幽州（范阳郡）》，史元忠于唐文宗大和八年（834）至唐武宗会昌元年（841）任幽州节度使（第1611页）。因此《真性大德神道碑》中的“方伯司徒史公”指史元忠。

③《全唐文》卷757，第7856页；《房山石经题记汇编》第1部分《碑和题记（唐至民国）》，第17页。

④ 郝春文编著：《英藏敦煌社会历史文献释录》第3卷，第50页。

⑤［唐］权德舆撰：《权德舆诗文集》卷28，郭广伟校点本，上海：上海古籍出版社，2008年，第433页。

⑥ 姜伯勤：《敦煌毗尼藏主考》，原载《敦煌研究》1993年第3期，收入姜伯勤著：《敦煌艺术宗教与礼乐文明——敦煌心史散论》，北京：中国社会科学出版社，1996年，第324-326页。

⑦《〈许亢宗行程录〉疏证稿》，贾敬颜：《五代宋金元人边疆行记十三种疏证稿》，第222页。《契丹国志》卷22《州县载记》（第217页）抄自《许亢宗行程录》，用词略有改动。

二、辽僧诠明的著作和幽州石壁寺的藏经

敦煌藏经洞出现幽州高僧诠明《妙法莲华经玄赞科文卷第二》（P.2159 背面）[①]。首题"《妙法莲华经玄赞科文卷第二》，燕台悯忠寺沙门诠明科定，弟（第）二《方便品二》"，用全称，有佛经的题目，还有品名、撰者，没有尾题和题记[②]。在敦煌写经中，卷尾如果有空，常常写题记。最标准的写经，是一定要写题记的，即使没有纸也要加纸写完。题记一般包括年代、抄写者和供养人的姓名、发愿文，但大多数题记比较简单，甚至只有一个人名[③]。但是，我们看到的敦煌卷子P.2159 背面诠明撰《妙法莲华经玄赞科文卷第二》是残卷，没有尾题和题记。此卷的书法是行书。光从书法难以判断其抄写年代。此卷抄写用文字加线性结构的模式，每行字数不固定，不是标准的写经格式。这是对唐朝慈恩宗高僧窥基所撰《妙法莲华经玄赞》二十卷所作的注释书。

玄奘的弟子窥基"东行博陵，有请讲《法华经》，遂造《大疏》焉"[④]。竺沙雅章先先生通过对诠明著作的文献学分析，指出：诠明是唐代慈恩宗的正统继承者，窥基学说的继承人，他的学问直接继承自唐代佛学[⑤]。竺沙雅章先生研究过敦煌本诠明撰《妙法莲华经玄赞科文》的题记，所引内外典籍、字书[⑥]。宿白先生认为：敦煌藏经洞中发现的燕京悯忠寺僧诠明科定的《妙法莲华经玄赞科文》，约是求之于辽，亦不排除间接来自宋境。因为据《参天台五台山记》，宋神宗熙宁六年（1073）诠明《玄赞科文》已传入宋[⑦]。据毕素娟先生考证，诠明是辽圣宗时期学识渊博、德高望重的高僧，辽南京名刹悯忠寺的住持，辽藏的经录制定者及主持刊印者，著作甚丰。诠明大致生于后唐天成年间，卒于辽圣宗统和之末（约 927－1012）。其主要活动和著述当在辽穆宗应历十五年至圣宗统和二十年（965－1002）。《妙法莲华经玄赞科文》也应写成于这段时间，可能写成于这段时间的后期。曹氏归义军与辽往来频繁。敦煌写经卷子P.2159 可能就是来往的僧人在燕京、西京（今大同）等地抄录的，然后带回敦煌，或云游至敦煌敬献给那里的寺院的。《妙法莲华经玄赞科文》传入敦煌，极可能是曹宗寿、曹贤顺时。这期间官方来往密切，民间交流也会加强。P.2159 背辽僧诠明著《妙法莲华经玄赞科文》在1006－1020 年间传入敦煌[⑧]。荣新江先生指出：毕先生把辽僧诠明的著作传入敦煌放在

---

① 上海古籍出版社、法国国家图书馆编：《法藏敦煌西域文献》第 7 卷，上海：上海古籍出版社，1998 年，第 197 页。

② 上海古籍出版社、法国国家图书馆编：《法藏敦煌西域文献》第 7 卷，第 197 页。荣新江先生认为：在敦煌卷子中，抄写经书时，正文的前面要写题目、撰者或译者，这个题目称作"首题"或"内题"，一般用全称，有时还有品名；而卷尾的题目，称"尾题"，往往用简称（见《敦煌学十八讲》第 17 讲《敦煌写本学》，北京：北京大学出版社，2001 年，第 342 页）。

③ 荣新江：《敦煌学十八讲》第 17 讲《敦煌写本学》，第 343 页。

④ [宋]赞宁撰：《宋高僧传》卷 4《唐京兆大慈恩寺窥基传》，范祥雍点校，北京：中华书局，1987 年，第 65 页。

⑤ 竺沙雅章：《从新出资料看辽代之佛教》，《宋元佛教文化史研究》，第 101-105 页。

⑥ 竺沙雅章：《从新出资料看辽代之佛教》，《宋元佛教文化史研究》，第 103-105 页。

⑦ 宿白：《敦煌莫高窟密教遗迹札记》，原载《文物》1989 年第 9、10 期，此据宿白著：《中国石窟寺研究》，北京：文物出版社，1996 年，第 293 页。

⑧ 毕素娟：《辽代名僧诠明著作在敦煌藏经洞出现及有关问题——敦煌写经卷子 P. 2159 经背研究》，《中国历史博物馆馆刊》第 18-19 期，1992 年，133-139 页。

在 1006－1020 年间的根据，仅因史料记载统和、开泰年间辽与沙州之间往来不绝，并无实证。诠明此书完成于 965－1002 年间，995 年经敦煌往西天取经的僧道猷，曾把北京石壁沙门传奥的《梵网经记》带到敦煌，也不排除他把诠明的著作于此时一并携来的可能性[①]。那么，在辽圣宗统和十三年和宋太宗至道元年（995），有幽州石壁寺沙门传奥的著作辗转传到敦煌。

竺沙雅章先生根据高丽高僧义天撰《新编诸宗教藏总录》（简称《义天录》）对诠明著作的著录，判定应县木塔发现的《契丹藏》残卷中的《上生经疏科文》一卷、《成唯识论述记应新抄科文》卷第三、《法华经玄赞会古通今新抄》卷第二、《法华经玄赞会古通今新抄》卷第六是辽朝高僧诠明的著作[②]。现在《应县木塔辽代秘藏》[③]已经影印出版，大大方便了研究。诠明的著作《上生经疏科文》一卷，跟P.2159 背一样，也同样用文字加线性图的模式，雕印，楷书，书法很好[④]。《成唯识论述记应新抄科文》卷第三也是文字加线性图的模式，雕印，楷书，书法很好[⑤]。

在现存《契丹藏》残卷中，也保留有诠明为窥基的《妙法莲华经玄赞科文》作注的著述两卷：1、《法华经玄赞会古通今新抄》卷第二，卷首残，尾题"《法华经玄赞会古通今新抄》卷第二"，还有题记："四十七纸，三司左都押衙南肃。二十二纸，孙守节等四十七人同雕。伏愿上资圣主、下荫四生，闻法众流，多聪胜惠，龙花同遇，觉道齐登，法界有情，增益利乐"，楷书，书法很好[⑥]；2、《法华经玄赞会古通今新抄》卷第六，首题残，尾题"《法华经玄赞会古通今新抄》卷第六"，后面有题记："五十六纸，云州节度副使张肃一纸，李寿三纸，许延玉五纸，应州副使李胤两纸，赵俊等四十五人同雕。伏愿上资圣主、下荫四生，闻法众流，多聪胜惠，龙花同遇，觉道齐登，法界有情，增益利乐"，楷书，书法很好[⑦]。这两卷著作雕造年代应该在辽圣宗统和八年至辽道宗咸雍七年（990－1070）之间[⑧]。与敦煌写本诠明著作的形成时间相近。应县木塔所出《契丹藏》卷子，好些首题残，尾题保留下来，凡是有首题的均用全称，首题、尾题均用全称的也很多。刊刻《契丹藏》是辽朝国家组织的大型佛教文化事业，所以它（包括诠明的著作）的雕造技术很好，字体工整。《契丹藏》校勘精细是学界公认的。而敦煌卷子P.2159 只是地方寺院的佛经，字体相对草率，书法不如《契丹藏》中诠明的著作。

晚唐、五代、宋元时期正是"写本时代"向"刻本时代"过渡的阶段。辽僧诠明的著作恰好又有敦煌写卷和《契丹藏》刻本两种形态。二者的形成过程不同，功能也有差

---

① 荣新江：《敦煌藏经洞的性质及其封闭原因》，《敦煌吐鲁番研究》第 2 卷，1997 年，第 39 页。

② 竺沙雅章：《宋元时代的慈恩宗》，《宋元佛教文化史研究》，第 5-7 页。

③ 山西省文物局、中国历史博物馆主编：《应县木塔辽代秘藏》，北京：文物出版社，1991 年。

④ 山西省文物局、中国历史博物馆主编：《应县木塔辽代秘藏》，第 282-288 页。

⑤ 同上，第 313-331 页。

⑥山西省文物局、中国历史博物馆主编：《应县木塔辽代秘藏》，第 332-354 页。

⑦ 同上，第 355-374 页。

⑧ 张畅耕、郑恩准、毕素娟先生根据应县木塔所出《契丹藏》残卷的题记，推定刻经年代是统和八年到咸雍七年，刻经地点多为燕京（《应县木塔辽代秘藏·前言》，第14 页）。

异[①]。敦煌卷子本《妙法莲华经玄赞科文》可能只是个人抄写，以备敦煌地方寺院的个体僧人或俗信徒诵读和研习，属于“民间文本”。而《契丹藏》中的《法华经玄赞会古通今新抄》却是辽朝国家组织的刻经事业，属于“官方文献”。其后有完整的题记和发愿文。题名中，“三司左都押衙南肃”应该是辽“南京三司使司”[②]之下的属官；“云州节度副使张肃”、“应州副使李胤”都是辽西京道的地方官；不带任何官衔的“孙守节”、“李寿”、“许延玉”、“赵俊”等人是汉族平民。显然，燕云地方官和汉族平民共同参与刻经。其发愿文包括对“圣主”（辽朝皇帝）、佛教徒和一切有情众生的祝愿。虽然刻大藏经是佛教活动，但政治意味亦相当明显。同是诠明的作品，敦煌写本和《契丹藏》刻本形成的时间相差不大，功能却大不相同。

按毕素娟先生对诠明生活年代的考证，诠明作为燕京人，从青少年时期就生活在契丹的统治之下。换言之，他的成长、知识的获得和学术价值观念的养成都在异族统治时期。辽圣宗朝正是他的事业的巅峰期。这一时代也是辽朝社会全面汉化的关键转折点。各方势力经过长期博弈，中央集权制和专制皇权得到巩固；在多元文化的相互激荡之下，佛教逐渐占据上风，成为辽帝国的主流意识形态。诠明正是辽朝文化气候发生重大改变的代表人物。他的著述完全受传统的汉文化影响。精深的佛学教育及研究只有在物质条件丰富的情况下才可能进行。因此，诠明很可能出生于燕地某汉人世家大族。对他来讲，汉文化教育并未因异族统治而中断。这也跟辽朝“因俗而治”、“以国制治契丹，以汉制待汉人”[③]的基本国策有关。总之，诠明的例子提示我们应该重新审视政权更迭、契丹统治对幽州地域汉文化的影响和冲击。

三、结　语

幽州与敦煌均是大唐帝国的边陲重镇，中原与外族交通之枢纽，也是胡汉文化交流之东西双璧。在中晚唐五代，两者在政治、经济、文化方面都有相对独立性和自己的特色。在辽代，幽州升为南京，仍然在辽帝国的经济、文化和蕃汉互动方面扮演重要角色。在五代宋初，敦煌仍是丝绸之路上华戎交汇之明珠。

据S.529背面，中晚唐五代时期，幽州地区经济状况良好、佛教发达、带有胡化气息。这些特征入辽之后几乎全盘保留下来。敦煌藏经洞发现辽燕京高僧诠明和幽州石壁寺沙门传奥的著作，说明幽州与敦煌有佛教文化交流。敦煌写卷本与应县木塔《契丹藏》残卷中诠明的著作的字体、书法迥然不同。二者的形成过程、功能有很大差异。前者是“民间文本”，后者是“官方文献”。诠明是唐代唯识学大师、玄奘之高徒窥基的继承人，是辽朝汉化的关键点的代表人物。

---

① 徐俊先生系统整理敦煌诗集时，提出应该注意：1.“写本时代”和“刻本时代”文献的区别。印刷术不仅促使书籍大量普及，还大大加快了书籍的定型化。写本时代的传播方式有很大的随机性和偶然性，常常无定本；2.“经典文献”和“民间写本”的差异。写本时代的民间文本大多数无序、多变，缺乏某种固定的组合形式和序列，多用于个人诵读，流通范围很小（见徐俊纂辑：《敦煌诗集残卷辑考·前言》，第8-21页）。徐先生虽然重在分析敦煌文学作品，但分析佛教典籍的文本传布还是可以借鉴。

②《辽史》卷48《百官志四》，第803页。

③《辽史》卷45《百官志一》，第685页。

以上关于幽州与敦煌的文化情态的分析，有利于我们深入认识晚唐五代到辽朝的幽州地方社会、佛教和对外交流，重新估计这一时期河北北部地区的汉文化[①]。王朝的兴替与幽州地域经济、社会和宗教的变迁并不是同步进行的。从晚唐、五代到辽，虽然政权更迭频繁，最高统治者变了，但幽州地区民众的经济生活、精神文化、及佛教格局却有很强的延续性[②]。不同的是：中晚唐汉族文化精英斥为“胡化”（“非正统”）之幽州地区，在契丹统治之下，却成为汉文化的中心，并且为契丹人的汉化提供了资源。

（尤李，女，1981 年生，历史学博士，北京市海淀区圆明园管理处馆员，北京，100084）

① 中晚唐时期，同汉文化水平很高的长安、洛阳相比，幽州卢龙镇的汉文化水准低下、儒学不兴，浮染胡化之风；但是，站在塞外的契丹人的立场上看，幽州已经是汉文化发达之区域。

② 拙作《房山石经〈佛顶尊胜陀罗尼经〉及相关问题考论》（《暨南学报》2009 年第 2 期，第 215-223 页）通过石刻材料证明：8－11 世纪的华北北部地区，民众的佛顶尊胜陀罗尼信仰一直保持，并未因政局的变迁而发生断裂。这一信仰可以追溯到盛唐，一直持续到辽后期而未中衰。

从汉文文献看百夷的衣食住行

万　红

内容提要：百夷，是元、明时期汉文文献中对今日之傣族的称谓，主要分布在云南的西南部，在西南民族发展史上具有相当重要的位置。百夷的衣食住行具有鲜明的民族特点，并因时代和地区的不同而有所差异。本文利用汉文文献的相关记载对百夷的服饰发式、饮食器用以及居住交通进行了较为详细地考察与论述。

一、百夷的服饰与发式

爱美观与喜修饰，是百夷民族各部共同的文化特征之一。百夷男子都有文身的习俗，在唐代，百夷先民中有些就因此而被称为"绣脚蛮"和"绣面蛮"。例如，唐代樊绰在《蛮书》中提到："绣脚蛮则于踝上腓下，周匝刻其肤为文彩。绣面蛮，初生后出月，以针刺面上，以青黛涂之，如绣状。"① 宋代欧阳修、宋祁在《新唐书》中也记载道："群蛮种类多不可记，……有绣脚种，该踝至腓为文；有绣面种，生逾月涅黛于面；有雕题种，身面涅黛。"②

百夷先民的这一文身习俗，到了元代依然在百夷民族中保留了下来。元人周致中《异域志》"百夷国"条云："其国近云南，风俗与占城同，人皆以墨刺其腿为号。"③ 元人李京在《云南志略》中写道："金齿百夷，男女文身。……文其面者谓之绣面蛮，绣其足者谓之花脚蛮。"④ 而马可波罗所记述的金齿百夷的文身之法则更为详细："男子刺黑线文于臂腿下。刺之之法，结五针为一束，刺肉出血，然后用一种黑色颜料涂擦其上，既擦，永不磨减。此种黑线，为一种装饰，并为一种区别标识。"⑤

明代有关百夷文身的记载更为常见。如明人陈文在《云南图经志书》中记载道："其夷类数种，纹其面者曰绣面蛮，绣其足者曰花脚蛮，男子皆衣白衣，纹身髡发。"⑥ 在

① [唐]樊绰：《蛮书》卷四，向达校注本，北京：中华书局，1962 年，第 103 页。

② [宋]欧阳修、宋祁：《新唐书》卷二二二下《南蛮传下》，北京：中华书局，1975 年，第 6325 页。

③ [元]周致中：《异域志・百夷国》，北京：中华书局，1985 年，第 36 页。

④ [元]李京：《云南志略・诸夷风俗・金齿百夷》，江应樑《百夷传校注》本，云南人民出版社，1980 年，第 172-173 页。

⑤ [意]马可波罗撰、冯承钧译：《马可波罗行纪》第一一九章金齿州，凤凰出版传媒集团、江苏文艺出版社，2008 年，第 255 页。

⑥ [明]陈文：景泰《云南图经志书》，《续修四库全书》681《史部·地理类》，上海古籍出版社，2002 年，卷六"外夷衙门·木邦军民宣慰使司"，第 15 页。

记述车里军民宣慰使司时说："其民皆百夷，性颇淳，额上刺一旗为号。"又如明人在《西南夷风土记》中写道："男子皆黥其下体成文，以别贵贱，部夷黥至腿，目把黥至腰，土官黥至乳。"倘若某一男子没有文身，便会遭到众人的嗤笑曰："妇人也，非百夷种类也。"① 这种文身习俗，直到近代还在傣族中流行，男孩子到十一二岁时，即请人在胸、背、腹、腰及四肢刺上各种动物、花卉、几何纹图案或傣文等花纹以为装饰。

百夷先民还喜用金属捶成薄片镶嵌于牙齿上作为装饰，或以漆将牙齿涂黑。由于此种习俗，使得百夷先民自唐代以来就有"黑齿、金齿、银齿"之称。据《蛮书》记载："黑齿蛮、金齿蛮、银齿蛮……并在永昌、开南，杂种类也。黑齿蛮以漆漆其齿，金齿蛮以金镂片裹其齿，银齿以银。有事出见人则以此为饰，寝食则去之。"② 欧阳修、宋祁也在《新唐书》中提到："群蛮种类多不可记，有黑齿、金齿、银齿三种，见人以漆及镂金银饰齿，寝食则去之。"③ 到了元代及明代，百夷仍有饰齿的习俗，"金裹两齿谓之金齿蛮，漆其齿者谓之漆齿蛮。"④ "以草染齿，成黑色。"⑤ 马可波罗述其见闻时也也说当地的男子人人将金打制成齿形套，套于上下齿，以后永不取下。

再看百夷的发式和衣饰。《蛮书》称："黑齿蛮、金齿蛮、银齿蛮，皆当顶上为一髻，以青布为通身袴，又斜披青布条。绣脚蛮衣以绯布，以青色为饰。""茫蛮部落，皆衣青布袴，藤篾缠腰，红缯布缠髻，出其余垂后为饰。妇人披五色娑罗笼。"⑥ 又说："自银生城、拓南城、寻传、祁鲜以西，蕃蛮种并不养蚕，唯收娑罗树子，破其壳，其中白如柳絮。纫如丝，织为方幅，裁之为笼段，男子妇女通服之。"⑦ 这里所谓的"娑罗树"，属亚洲木棉，文献多称为橦木或梧桐木，用此原料所织的布称橦花布或白叠、吉贝。百夷的先民金齿、茫蛮等部落穿的娑罗笼就是用精细的橦花布裁成的，并且是"五色娑罗笼"，反映出当时他们的织染工艺已经达到了较高的水平。关于百夷先民的发式和服饰，《新唐书》中有更多的记载，例如："茫蛮本南种……或漆齿或金齿，衣青布短裤，露骭，以缯布缭腰，出其余垂后为饰，妇人披五色娑罗笼。"⑧ 黑齿蛮、金齿蛮、银齿蛮"直顶为髻，青布为通裤。""南平獠……妇人横布二幅，穿中贯其首，号曰通裙，英发，髻垂于后，竹筒三寸，斜穿其耳，贵者饰以珠。……男子左衽，露发徒跣。"⑨ 宋人赵汝适在《诸蕃志》中则较详细地记载了其布料的纺织过程："吉贝树类小桑，萼类芙蓉，絮长半寸许，宛如鹅毳，有子数十，南人取其茸絮，以铁筋碾去其子，即以手握茸就纺，不烦缉绩，以之为布，最坚厚者谓之兜罗锦，次曰番布，次曰木棉，又次曰吉布，或染

① [明]李思聪：《百夷传》，江应樑《百夷传校注》附录一，云南人民出版社，1980 年，第 150 页。

② [唐]樊绰：《蛮书》卷四，向达校注本，北京：中华书局，1962 年，第 103 页。

③ [宋]欧阳修、宋祁：《新唐书》卷二二二下《南蛮传下》，北京：中华书局 1975 年，第 6325 页。

④ [元]李京：《云南志略·诸夷风俗·金齿百夷》，江应樑《百夷传校注》附录七，云南人民出版社，1980 年，第 173 页。

⑤ [明]佚名：《西南夷风土记》，德宏史志资料本，德宏民族出版社，1990 年，第 19 页。

⑥ [唐]樊绰：《蛮书》卷四，向达校注本，中华书局，1962 年，第 103、104 页。

⑦ [唐]樊绰：《蛮书》卷七，向达校注本，中华书局，1962 年，第 183 页。

⑧ [宋]欧阳修、宋祁：《新唐书》，北京：中华书局，1975 年，卷二二二上《南蛮传上》，第 6276 页。

⑨ [宋]欧阳修、宋祁：《新唐书》，北京：中华书局，1975 年，卷二二二下《南蛮传下》，第 6325-6326 页。

以杂色，异文炳然。幅有阔至五六尺者。”① 至于所穿鞋履，周去非《岭外代答》卷六称：“交趾人足蹑皮履，正似今画罗汉所蹑者，以皮为底，而中施一小柱，长寸许，上有骨朵须，以足将指夹之而行。或以红皮如十字，倒置其三头于皮底之上，以足穿之而行，皆燕居之所履也。”②

到了元代，百夷男子不但要文身，还要“去髭须鬓眉睫，以赤白土傅面，采缯束发，衣赤黑衣，蹑履，带镜。”③ 元人李京说这些百夷男子酷似内地汉族中的“优人”。元代翰林学士王恽也对来朝百夷使者的装束做了描述，他在《中堂记事》中说：“（百夷）其人衣冠装束，髻发于顶，裹以绛毡，后以白叠布盘绕其首，衣以皂缯，无衿领之制，漆以前裂而编之，如悬索然。眉额间涂丹墨为饰，金其齿，盖国俗之贱者也。”④ 从他所描绘的百夷使者的形象，也可以大致了解到当时百夷男子的服饰装束。而元代百夷妇女的服饰装束，元人李京在《云南志略》中则说：“妇女去眉睫，不施脂粉，发分两髻，衣文锦衣，联缀珂贝为饰。”⑤

到了明代，百夷的服饰因地区不同而略有差异，但大体上看，男人一般是断发、文身、文面、漆齿，妇女则穿桶裙，依然保持了其先人古代百越民族的习俗。明人谢肇淛在《滇略》中这样记述：“大百夷在陇川以西，男子剪发文身，妇人跣足染齿，以色布裹其首。”“小百夷熟夷也，永昌西南环境皆是，男妇服饰稍近中华，亦通汉语，种类不甚繁。”⑥ 《西南夷风土记》中记述说：“部夷，男髡头，长衣长裙，女堆髻，短衣筒裙。”⑦ 严从简《殊域周咨录》中记录云南百夷服饰发式时曰：“男子则文身、髡发、摘髭须、修眉睫，妇人则上衣白衣，下围桶裙，且带大金圈，手贯象牙镯。”⑧ 陈文在《云南图经志书》中则记载了不同州府的百夷服饰习俗，如：“湾甸州，其民皆百夷。妇人贵者，以象牙作筒，长三寸许，贯于髻，插金凤蛾，其项络以金索，手带牙镯，以红毡束臂缠头，衣白布窄袖短衫，黑布桶裙，不穿耳，不施脂粉。”⑨“孟定府，妇人出外戴藤漆大笠，状类圆牌而顶尖，身衣文绣，而饰以珂贝。”⑩“元江军民府，以木棉花纺成绵线，染为五采，织以花纹，土人以之为衣。”“车里宣慰司，其民皆百夷，性颇淳，额

---

① [宋]赵汝适：《诸蕃志校释》，杨博文校释，北京：中华书局 1996 年，第 192 页。

② [宋]周去非：《岭外代答》卷六，转引自江应樑《百夷传校注》，云南人民出版社，1980 年，第 90 页。

③ [元]李京：《云南志略·诸夷风俗·金齿百夷》，江应樑《百夷传校注》附录七，云南人民出版社，1980 年，第 172 页。

④ [元]王恽：《秋涧先生大全文集》卷八十一，中堂记事中，江应樑《百夷传校注》附录六，云南人民出版社，1980 年，第 162 页。

⑤ [元]李京：《云南志略·诸夷风俗·金齿百夷》，江应樑《百夷传校注》附录七，云南人民出版社，1980 年，第 172 页。

⑥ [明]谢肇淛：《滇略》卷九，夷略，云南史料丛刊本，第二十三辑，第 238 页。

⑦ [明]佚名《西南夷风土记》，德宏史志资料本，德宏民族出版社，1990 年，第 19 页。

⑧ [明]严从简：《殊域周咨录·云南百夷》，德宏史志资料本，德宏民族出版社，1990 年，第 33 页。

⑨ [明]陈文：景泰《云南图经志书》，《续修四库全书》681《史部·地理类》，上海古籍出版社，2002 年，卷六“外夷衙门·湾甸州”，第 20 页。

⑩ [明]陈文：景泰《云南图经志书》，《续修四库全书》681《史部·地理类》，上海古籍出版社，2002 年，卷六“外夷衙门·孟定府”，第 18 页。

上刺一旗为号。”[①] 刘文征在《滇志》中对百夷的服饰也做了说明，“其俗男子髡发跣黑齿，衣白布，戴细竹丝帽，以金玉等宝饬其顶，遍插花翎毛之类，后乘红缨，妇人出外戴大藤笠，状类团牌，而顶尖，身衣文绣，饰以珂贝。”[②] 钱古训《百夷传》记载百夷服饰道：“上下僭奢，虽微职亦系钑花金银带。贵贱皆戴笋箨帽，而饰金宝于顶，如浮图状，悬以金玉，插以珠翠花，被以毛缨，缀以毛羽。贵者衣绮丽。”平民“男子衣服多效胡服，或衣宽袖长衫，不识裙裤。其首皆髡，胫皆黥。不髡者杀之，不黥者众叱笑，比之妇人。妇人髻绾于后，不谙脂粉，衣窄袖衫，皂统裙，白裹头，白行缠，跣足。”[③] 车里地区的服饰，钱本《百夷传》云：“车里亦谓小百夷，其欲刺额（文面）、黑齿、剪发，状如头陀。”[④]

从以上汉文文献的记载来看，由于元代北方蒙古、契丹等少数民族的大批将士镇戍百夷地区，使得元明之际百夷男子的服装、发式受到胡服、胡发的影响，发生了较大变化。而女子的服饰与发式却变化不大。[⑤]

到了清代以及近现代，傣族妇女依然保持了其先人百夷身着筒裙的习俗，男子则上穿无领对襟或大襟小袖短衫，下着长管裤，冷天披毛毡，多用白布或青布包头。

二、百夷的饮食与器用

百夷所分布的地区是在低纬度低海拔的河谷坝区，四时皆热，“土地肥饶，米谷、木绵皆贱，故夷中无饥寒告乏者。”[⑥] 地理与气候决定了稻作农业生产是百夷最主要的生产活动，也是其最基本的生活资料——稻米获得的主要途径。百夷的饮食以大米为主，肉类为副食，喜欢饮酒，喜食酸辣，好吃鱼虾等水产。

百夷地区以产米著称，明《西南夷风土记》载，百夷地区：“五谷惟树稻，余皆少种。自蛮莫以外，一岁两获，冬种夏收，夏作秋成；孟密以上，犹用犁耕栽插，以下为耙泥撒种。其耕犹易，盖土地肥沃故也。凡田地，近人烟者十垦其二三，去村寨稍远者，则迥然皆旷土。夏秋多瘴，华人难居，冬春瘴消，尽可耕也。……缅甸所属地屯名板楞，野生嘉禾，不待播种，耕耨而自秀，实谓之天生谷，每季一收，夷人利之。”[⑦] 陈文在《云南图经志书》中也记载了元江军民府百夷的耕种及食俗：“地多百夷，天气常热，其田多种秫（糯稻），一岁两收，春种则夏收，夏种则冬收。止刈其穗，以长竿悬之，逐日取其穗舂之为米，炊以自给。无仓庾窖藏，而不食其陈。”[⑧] 清代周裕《从征缅甸

① [明]陈文：景泰《云南图经志书》，《续修四库全书》681《史部·地理类》，上海古籍出版社，2002 年，卷六“外夷衙门·车里军民宣慰使司”，第 29-30 页、第 17 页。

② [明]刘文征：天启《滇志·云南备录·属夷》，云南史料丛刊本，第一十三辑，第 304 页。

③ [明]钱古训：《百夷传》，江应樑校注本，云南人民出版社，1980 年，第 70、88、90、93 页。

④ [明]钱古训：《百夷传》，江应樑校注本，云南人民出版社，1980 年，第 99 页。

⑤ 杜若：《元明之际金齿百夷服饰、礼俗、发式的变革——兼述两本〈百夷传〉所记胡人风俗对金齿百夷的影响》，《思想战线》1996 年第 5 期。

⑥ [明]佚名《西南夷风土记》，德宏史志资料本，德宏民族出版社，1990 年，第 20 页。

⑦ [明]佚名《西南夷风土记》，德宏史志资料本，德宏民族出版社，1990 年，第 19 页。

⑧ [明]陈文：景泰《云南图经志书》，《续修四库全书》681《史部·地理类》，上海古籍出版社，2002 年，卷三“元江军民府·风俗”，第 29-30 页。

日记》则称“其地皆种糯米或粳糯杂种。”[①] 由此可知，百夷地区出产稻米，故各地皆以稻米为主食，一日三餐皆吃米饭。德宏地区的百夷以粳米为主食，而西双版纳、孟连、元江、新平、耿马等地的百夷则主食糯米。百夷地区所产的粳米和糯米，不仅颗粒大，而且富有油性，糯米的黏度也较大。德宏遮放米，在清代曾被列为“贡米”，米粒大而长，色泽白润如玉，做饭香软可口，煮粥黏而不腻。因为百夷地区的糯米有名，所以用糯米加工食品种类也很多，有香竹饭、黄米饭、麻花、芝麻饼、年糕（毫诺索）、毫吉、毫松饭、米干、米线、毫崩等等。例如在西双版纳特别有名的香竹饭，就是用糯米放在香竹筒里烘烤而成。香竹是一种面棒粗、竹节长的细竹子，在其内壁有一层竹膜，香气扑鼻，故此被称为香竹。再如糯米粑粑，不仅独具民族风味，而且品种很多，有各种不同的制作方法，也有各种不同的吃法。

百夷的副食也颇有特点，肉类为主要副食，食用方法是生熟皆可。《马可波罗行纪》载：“彼等（金齿百夷）食一切肉，不问生熟，习以熟肉共米而食。”[②] 《百夷传》则说其地“多产牛、羊、鱼、果。”[③] 又说道：“者阑有一池，沸如汤，人多投肉熟之。”[④] 另外，《西南夷风土记》中记载说：“牛马猪羊鸡犬皆以为鬼，人不敢收纵之，于野听其孳生，是以山多野畜。”[⑤]

百夷人食肉有一种独具特色的吃法是吃酸肉和“剁生”。百夷喜食酸辣之味，他们做酸肉的方法很简单，即将鲜生肉切成薄片，加入食盐、辣椒等佐料，放入陶罐密封，几天后即可食，味酸而肉嫩。“剁生”，则是将新鲜生肉剁成肉泥，加上辣椒、姜、葱、食盐和香料等佐料，放在盆里，用特制的小木棒拌透，然后倒入泡好的酸果水，再用筷子搅拌透即成。“又以竹笋为醋味，颇香美。”[⑥]

百夷除了喜食酸辣等剁生肉类外，还有许多在其他民族中比较罕见的饮食习俗。例如，他们有食虫的习惯。钱古训的《百夷传》记载道：“其饮食之异者：鳅、鳝、蛇、鼠、蜻蜓、蜉、蛟、蝉、蝗、蚁、蛙、土蜂之类以为食；鱼肉等汁暨米汤信宿而生蛆者以为饮。”[⑦] 檀萃的《滇海虞衡志》也有关于百夷人食蜂的记载：“夷人炙带蛹小蜂窝，以为珍品。”[⑧] 这种食俗在中原内地人看来的确是甚为奇异。然而百越诸族喜食异味，这在《逸周书》、《岭表录异》、《桂海虞衡志》等古代文献中早有记载，如《逸周书》云：“东越海蛤，欧人蝉蛇，蝉蛇，顺食之美，于越纳，姑妹珍，具区文蜃，共人玄贝，海阳大蟹，自深桂，会稽以鼍。”[⑨] 又如《岭表录异》云：“交、广溪洞间酋长，收蚁卵淘

---

① [清]周裕：《从征缅甸日记》，德宏史志资料本，德宏民族出版社，1990年，第54页。

② [意]马可波罗撰、冯承钧译：《马可波罗行纪》第一一九章金齿州，凤凰出版传媒集团、江苏文艺出版社，2008年，第253页。

③ [明]钱古训：《百夷传》，江应樑校注本，云南人民出版社，1980年，第112页。

④ [明]钱古训：《百夷传》，江应樑校注本，云南人民出版社，1980年，第117页。

⑤ [明]佚名《西南夷风土记》，德宏史志资料本，德宏民族出版社，1990年，第19页。

⑥ [明]佚名《西南夷风土记》，德宏史志资料本，德宏民族出版社，1990年，第20页。

⑦ [明]钱古训：《百夷传》，江应樑校注本，云南人民出版社，1980年，第113页。

⑧ [清]檀萃：《滇海虞衡志》，云南史料丛刊本，第十七辑，第273页。

⑨ [晋]孔晁注：《逸周书·王会》，转引自江应樑《百夷传校注》，云南人民出版社，1980年，第113页。。

滓令净，卤以为酱，或云其味酷似肉酱，非官客亲友，不可知其味也。”[①] 百夷为古越人族属，自然也具有此种异味之好。其烹制的昆虫常常作为招待贵客的上品。例如“白蚁酱”，一直是百夷贵族的上等佳肴，其酱用白蚂蚁腌制而成，味道酸甜，领主经常规定领地的农奴有奉献白蚁、土蜂的义务，故只有他们才能吃到。江应樑先生在《百夷传校注》中提到他昔年在德宏的村寨中，曾经遍尝异味：“有竹蛆，竹节中一种甲状虫蛹体，色白，长寸许，粗如拇指，以盐水浸后，油煎，拌酸醋而食；棕色蛆，甲虫类扁体动物，生贯仲茎中，形如蚕而肥大，油煎食；沙蛆，生江边沙土中，黄褐色蛹体，视为大补品，故价昂贵，猪油煎食；蚌窝，即蜕螂之蛹，大如胡桃，色白，半透明，中为白色乳状物，与豆腐鸡蛋同烹食；酸蚁，一种黄蚁。连巢割取，持蚁巢频频摇动，使蚁腹间满贮蚁酸之小球破裂，破巢取出，用盐及辣椒拌和，与凉菜同食；蚁卵，一种细黄蚁，产白色卵，用酸醋拌和凉食；蜂蛹，油煎食；花蜘蛛，即络新妇，用沸水淋之，去其足，油煎食。”[②]

百夷地区还出产槟榔及各色水果，樊绰在《蛮书》中说：“荔枝、槟榔、诃黎勒、椰子、桄榔等诸树，永昌、丽水、长傍、金山并有之。”[③] 又说：“丽水城又出菠萝蜜果，大者若汉城甜瓜，引蔓如萝卜，十一月十二月熟。”[④] 明代刘文征的《滇志》还记载芒市长官司出产“香橙、橄榄、芋、蔗”之类，而陇川宣抚司“产大芋，长尺余”。[⑤] 严从简在《殊域周咨录》中记载的果木更为详细：“其产……香橙、橄榄、芋、蔗、藤、羊桃（味酸甜）、藤果（状如荔枝，味酸）……芭蕉（开花结实、味甘可食）、大药（有大如斗者，味极甘美）、鲜子（如枣，味酸）……椰子、胡椒……”[⑥]《从征缅甸日记》则记述道：“夷地山谷中产有青果，味如闽中橄榄。……又有黄果树，其干甚大，枝叶极茂，每株可荫数亩，夷人重之。”[⑦] 百夷有嚼槟榔的传统习俗，元人李京《云南志略》曰：“（金齿百夷）槟榔、蛤灰、茯蕾叶奉宾客。”[⑧] 明代陈文《云南图经志书》记载金齿军民指挥使司的土产时说：“蒌叶藤，蛮云缅姜，叶如葛蔓，附于树，可为酱，即《汉书》所谓蒟酱是也。结实似桑葚，皮黑肉白、味辛，食之能御瘴疠。”张志淳在《南园漫录》中也提到所谓的蒟酱：“蒟酱即芦子。云南民间俗呼蒌子为芦子也。”钱本《百夷传》云：“宴会则贵人上坐，其次列坐于下，以逮至贱。先以沽茶及蒌叶、槟榔啖之。次具饭，次进酒馔，俱用冷而无热。每客必一仆持水瓶侧跪，俟漱口盥手而后食。客十则十人各行一客。酒或以杯，或以筒。酒与食物必祭而后食。食不用箸。酒初行，一人大噪，众皆和之，如是者三，乃举乐。”[⑨] 这里所说的宴饮过程中有众呼的习俗，至今

---

① [唐]刘恂：《岭表录异》，《唐人说荟》，扫叶山房石印本，第六册，第6页。

② 江应樑：《百夷传校注》，云南人民出版社，1980年，第115页。

③ [唐]樊绰：《蛮书》卷七，向达校注本，中华书局，1962年，第191页。

④ [唐]樊绰：《蛮书》卷七，向达校注本，中华书局，1962年，第193页。

⑤ [明]刘文征：《天启滇志·云南备录·属夷》，云南史料丛刊本，第十三辑，第315、308页。

⑥ [明]严从简：《殊域周咨录》，德宏史志资料本，德宏民族出版社，1990年，第33页。

⑦ [清]周裕：《从征缅甸日记》，德宏史志资料本，德宏民族出版社，1990年，第54页。

⑧ [元]李京：《云南志略·诸夷风俗·金齿百夷》，江应樑《百夷传校注》附录七，云南人民出版社，1980年，第173页。

⑨ [明]钱古训：《百夷传》，江应樑校注本，云南人民出版社，1980年，第71页。

在傣族中还保持着，凡是节日宴饮，众呼“水，水，水”，不绝于耳。《百夷传》里的这段记述还说明百夷的饮食除米、肉之外，茶、槟榔、酒也是待客的主要食物，民间也普遍有此嗜好；同时还反映出饮宴进餐时的习俗，即按尊卑入座后，先洗手漱口，再行祭礼而后食，食时不用箸，用手抓而食之。《西南夷风土记》也提到百夷食不用箸，以手抓食的习惯：“饮食：蒸、煮、炙、煿，多与中国同，亦精洁可食。酒则烧酒，茶则谷茶，饭则糯飘。不用匙箸，手搏而啮之。”[①] 此外，《殊域周咨录》中还记载了车里的百夷有在饮宴中奏乐舞牌的习俗：“其乡村饮宴，则击大鼓、吹芦笙、舞牌为乐。”[②]

百夷人所饮之酒，据《马可波罗行纪》记载，是用米及香料酿造的：“彼等（金齿百夷）饮一种酒，用米及香料酿造，味甚佳。”[③] 另外，百夷有一种“树头酒”十分有名，并且这种“树头酒”的配制过程极富特色。早在元、明之际，在西双版纳、德宏等热带、亚热带森林中，百夷人就十分嗜酒。其地有树，状若棕，树之稍有如竿者八九茎，人以刀去其尖，缚瓢于上，过一霄则有酒一瓢，香而且甘，饮之辄醉。其酒经宿必酸，炼为烧酒，能饮者可一盏。所谓“自孟密以下，所食皆树酒，若棕树，叶与果房皆有浆，可浥取饮不尽，煎以为饴，比蔗糖尤佳。又有树类枇杷，结实颇大，取其浆煮之，气味亦如烧酒，饮之尤醉人。”[④] 明人严从简《殊域周咨录》中也记载道：“树头酒、树类棕，高五、六丈，结实大如掌，土人以罐悬置实下，划实，汁流于罐，以为酒汁，亦可熬白糖。”[⑤] 据考证，树头酒的树种，属热带椰子之类，其果实可从花梗处取饮液汁，因内含糖质，可用于酿酒。这种不用摘取果实，而是将酒曲放在瓢、罐、壶之类的容器中，悬挂在果实下，把果实划开或者钻孔，着实令人大开眼界。清末民初，树头取酒的办法仍残存于滇西、滇南少数民族之中，现已不可多见。此外，百夷人在饮酒中还有咂酒的习俗，清人吴大勋在《滇南闻见录》中云：“夷人酿酒，带糟盛于瓦盆，置地炉上温之，盆内插芦管数根，凡亲友会集，男女杂还，旁各置一管，吸酒饮之，谓之咂酒。”[⑥]

百夷地区产茶，这在唐代文献中已有记载，樊绰《蛮书》记载云南管内物产时提到：“茶出银生城界诸山，散收无采造法，蒙舍蛮以椒、姜、桂烹而饮之。”[⑦] 百夷人平素饮茶，也常会以茶待客。到了明、清时期，百夷对茶已精于采制，据景泰《云南图经志书》云：“湾甸州……其孟通山所产细茶，名湾甸茶，谷雨前采者为佳。”[⑧] 张泓的《滇南新语》所记更为详细，他说：“滇茶有数种，盛行者曰木邦，曰普洱。木邦叶粗味涩，亦作团，冒普茗以愚外贩，因其地相近也，而味自劣。普茶珍品，则有毛尖、芽茶、女儿之号。毛尖即雨前所采者，不作团，味淡香如荷，新色嫩绿可爱。芽茶较毛尖稍壮，

① [明]佚名《西南夷风土记》，德宏史志资料本，德宏民族出版社，1990年，第20页。

② [明]严从简：《殊域周咨录》，德宏史志资料本，德宏民族出版社，1990年，第33页。

③ [意]马可波罗撰、冯承钧译：《马可波罗行纪》第一一九章金齿州，凤凰出版传媒集团、江苏文艺出版社，2008年，第253页。

④ [明]佚名《西南夷风土记》，德宏史志资料本，德宏民族出版社，1990年，第20页。

⑤ [明]严从简：《殊域周咨录》，德宏史志资料本，德宏民族出版社，1990年，第33页。

⑥ [清]吴大勋：《滇南闻见录·咂酒》，云南史料丛刊本，第五辑，第151页。

⑦ [唐]樊绰：《蛮书》卷七，向达校注本，中华书局，1962年，第190页。

⑧ [明]陈文：景泰《云南图经志书》，《续修四库全书》681《史部·地理类》，上海古籍出版社，2002年，卷六“外夷衙门·湾甸州”，第20页。

采治成团，以二两四两为率，滇人重之。女儿茶亦芽茶之类，取于谷雨后，以一斤至十斤为一团，皆夷女采治，货银以积为妆资，故名。”①

至于百夷所用的器具，除陶制外，也有铜铁制品，贵族所用则多为金银器皿。据钱本《百夷传》记载：“所用多陶器，惟宣慰用金银玻璃，部酋间用金银酒器。”② 李本《百夷传》记载说：“器皿丑拙尤甚，无水桶、木甑、水盆之类，惟陶冶之器是用。其宣慰用金银、玻璃、琉璃等，其下亦以金银为之。”③ 明人《西南夷风土记》还特别提到了汉族工匠对百夷地区的金属制作和手工艺品的发展所起到的积极作用：“器用陶瓦铜铁，尤善采漆画金。其工匠皆广人，与中国侔。漆器贮鲜肉数日不作臭，铜器贮水竟日不冷。”可见其所具有的很高的技术水平。

三、百夷的居住与交通

据史料记载，百夷先民的一支棠魔蛮曾有过“溪洞而居”的历史。唐代樊绰在《蛮书》中提到崇魔蛮“去安南管内林西原十二日程，溪洞而居。”④ 据尤中先生考证，棠魔蛮分布地在今云南文山州和红河州南部与越南北部连接地带，属于百夷先民的一支。宋代欧阳修、宋祁在《新唐书》中已经提到百夷先人“楼居而无城郭。”例如《新唐书》列传第一四七云：“茫蛮本关南种，茫其君号也，或呼茫诏，永昌之南有茫天莲、茫吐薅、大赕、茫昌、茫鲜、茫施，大抵皆其种，楼居无城郭。”又说“南平獠……山有毒草虱蝮蛇，人居楼，梯而上，名为干栏。”⑤ 可见那时已有干栏式建筑。

百夷的村寨大多建于平坝近水的地方，因为“风土下湿上热”，所以“多起竹楼”，且“居濒江”。⑥ 《西南夷风土记》对百夷人家近水而居的习俗做了解释：“炎荒酷热，百夷家多临水，每日侵晨，男女群浴于野水中，不如此则生热病。”⑦ 这种竹楼，也就是“干栏”，又称“麻栏”、“阁栏”、“葛栏”等，到了明代，百夷的居室依然是这种传统的“干栏式”竹楼建筑，如钱本《百夷传》说：“所居无城池濠隍，惟编木立寨，贵贱悉构以草楼，无窗壁门户，时以花布障围四壁，以蔽风雨而已。”李本《百夷传》所记稍详：“无城池可守，惟因高山为寨而已。……公廨与民居无异，虽宣慰府亦楼房数十而已。制甚鄙猥，以草覆之，无陶瓦之设。头目小民皆以竹为楼，如儿戏状。”⑧ 只有“缅甸及摆古城中，咸僭盖殿宇，以树皮代陶瓦，饰以金，谓之金殿。”⑨ 其实，在距今7000年到8000年的属于百越族系的河姆渡文化和马家滨文化遗址中就已经发现了竹木结构的“干栏”建筑形式。干栏式建筑分上下两层，房子的主要基柱多用圆木，隔

---

① [清]张泓：《滇南新语》，云南史料丛刊本，第七辑，第250页。

② [明]钱古训：《百夷传》，江应樑校注本，云南人民出版社，1980年，第87页。

③ [明]李思聪：《百夷传》，江应樑《百夷传校注》附录一，云南人民出版社，1980年，第149页。

④ [唐]樊绰：《蛮书》卷四，向达校注本，中华书局，1962年，第107页。

⑤ [宋]欧阳修、宋祁：《新唐书》卷二二二下《南蛮传下》，北京：中华书局，1975年，第6325页。

⑥ [元]李京：《云南志略·诸夷风俗·金齿百夷》，江应樑《百夷传校注》附录七，云南人民出版社，1980年，第172页。

⑦ [明]佚名《西南夷风土记》，德宏史志资料本，德宏民族出版社，1990年，第20页。

⑧ [明]李思聪：《百夷传》，江应樑《百夷传校注》附录一，云南人民出版社，1980年，第149页。

⑨ [明]佚名《西南夷风土记》，德宏史志资料本，德宏民族出版社，1990年，第20页。

梁和房顶架构则用竹木，壁墙、门窗和楼板有的用木板，有的用竹篾，房顶覆盖茅草或用稻草编的草排。所谓“人处楼上，畜产居下，苫盖皆茅茨。”[①] 房子的大小，根据家庭人口的多少和财富的多寡有一间、两间、多间之别，房中还设有一米见方的土制火塘。房屋的周围一般都是翠竹掩映，溪流环绕。这种干栏式竹楼直到今天仍然流行于云南西双版纳的傣族地区。

百夷的村庄，据史籍称 ：“村有巨者，户以千百计。”[②] 到了元时，平缅已出现了城郭室屋，其人皆楼居。这在《西南夷风土记》中有更为详细的记述：“有雉堞而无楼橹。孟密、准古、缅甸、普干、普坎、得亚、洞吾、等温、白古、马高、江头、皆古城也。惟摆古乃莽酋新筑，然高者不过十余尺，大不过三数里。惟缅甸、摆古、江头差宏阔耳。……江头为门十二，东入者东出，西入者西出，南北如之，或出入不由故道者，罚之。夹道有走廊，三十里至摆古等温城，每日中为市，市之周围亦有走廊，三千余间，以避天雨。”[③]

交通是交往的物质基础，也是经济文化交流的重要条件。由于喜马拉雅山脉和横断山脉的阻隔，自西从陆路到达印度或出海口的主要交通路线除西域外都必须经由西南的百夷等民族居住区。这些对外交往的主要交通路线或商道，也是百夷与外域交往和联系的通道。由四川经由百夷地区出境达缅甸而及印度的交通和商道的开通是很早的，唐代时主要有四条，都经过百夷先民居住的地区：其一是据《蛮书》所载的经“银生城……又南有婆罗门、波斯、舍婆、勃泥、昆仑数种外道。交易之处，多诸珍宝，以黄金麝香为贵货”；[④] 其二是从拓东经晋宁驿、通海镇、龙武州、古涌步达于交趾的路线；其三是由永昌西渡怒江，至诸葛亮城，又南经乐城，入骠国，再西度黑山至天竺迦摩缕波国；其四是由诸葛亮城西去腾冲，经弥城、丽水城，渡丽水（伊洛瓦底江）至安西城，再渡弥诺江至东天竺北界之峀设卢国。[⑤]

从百夷地区通往内地的道路，除了前述四条的境内段外，还有其主道的各条支线。比如滇西南地区百夷通往内地的交通路线，经往来川滇交通的两条路线至大理后，西行过澜沧江到达永昌，从永昌西去缅甸又分为三条道路，都接百夷地区；其一是经永昌过怒江、经龙陵、芒市出缅甸；其二是从永昌起过怒江至腾冲分三条道路进入盈江境：一、从腾冲西经遮岛、深水沟入旧城、芒章、弄璋、小新街、芒线、古里卡出缅甸芭蕉寨；二、从腾冲西往遮岛经茂福进新城、盏达后分两岔或从昔马出缅甸，或从蛮允、铜壁关出境；三、从腾冲西往新歧、小地方进盏西后，从神护关或支那出缅甸。其三，从永昌南面经姚关、镇康出缅甸。就西双版纳而言，主要的交通或商道就是“普洱茶”进入内地的商道，一是从昆明经元江、普洱进入西双版纳，二是从澜沧县进入勐海至景洪。[⑥]

由于交通与经济发展以及施政的关系非常密切，所以历代统治者都十分重视驿政的

---

① [明]佚名《西南夷风土记》，德宏史志资料本，德宏民族出版社，1990年，第20页。
② [明]李思聪：《百夷传》，江应樑校《百夷传校注》附录一，云南人民出版社，1980年，第152页。
③ [明]佚名《西南夷风土记》，德宏史志资料本，德宏民族出版社，1990年，第20、21页。
④ [唐]樊绰：《蛮书》卷六，向达校注本，中华书局，1962年，第164页。
⑤ 《傣族简史》，云南人民出版社，1986年，第73页。
⑥ 赵世林、伍琼华：《傣族文化志》，云南民族出版社，1997年，第231页。

建设和交通管理。由于百夷大多分布在边疆或国境线上，历朝统治者除设置了一些军事设置在交通要口上（如明代在西南滇缅交界设置的铜壁、万仞、神护等八关），还在主要交通线上设立邮驿之政，在主要的路口设立驿站，并从地方分支机构中委派人员专门管理驿道。据钱本《百夷传》称："邮传一里设一小楼，数人守之，公事虽千里远，报在顷刻。"① 而李本《百夷传》则说："驿路无邮亭，一里半里许构一小草楼，五人坐守，虽远千里，报在旦夕。"②

在一些百夷村社间的民间道路、桥梁、渡口等一般由村寨的乡规民约来管理，由头人监督。如果是扩修一条联系许多村寨的主干道，则共同商议，平均负担。

百夷人传统的交通和运载工具在陆上主要以马、牛、象等畜力为主，在水上则使用竹筏、黄瓜船、小舟等。

在崎岖的驿道和山间丛林中，马帮是最主要的运输工具。百夷人普遍养马，而马匹大多是用茶、粮等物品从藏人牧区或其他民族地区换回的。马匹一般仅作为交通或交易工具，不用做耕犁等田间劳动。此外，百夷人也大量使用黄牛驮运。

历史上，百夷曾经乘象役象，并有"乘象国"的称呼。唐代刘恂《岭表录异》载："恂有表亲，曾奉使云南，彼中豪族，各家养象，负重到远，如中夏之畜牛马也。"③ 钱古训的《百夷传》所记百夷人乘象役象的情形更为细致："每出入，象马仆从满途。象以银镜数十联缀于羁靮，缘以银钉，鞍上有栏如交椅状，藉以茵褥，上设锦障盖，下悬铜响铃，坐一奴鞍后，执长钩驱止之。"④ 明代严从简《殊域周咨录》则称云南百夷："酋长出入乘平轿，或骑象。"⑤

在水路运输中，百夷先民曾经使用过独木舟。一般渡河或水上运输多用藤条捆绑而成的竹筏；在有的地区则使用木制的黄瓜船。善于操舟是古代百越人的一项传统，也是百夷人适应地理环境的表现。到了明代，百夷的"江海舳舻"已经"与中国同"。"摆古江中，莽应理僭用金叶龙舟五十艘，中设金华宝座。目把所乘，皆木刻成象头、鱼头、马头、鸭头、鸡头等。船亦饰以金，同围罨画，甚华丽。部夷船亦如之，但不以金饰也。海水日潮者二，乘船载米谷货物者随之进退，自古江船不可数，高者四五尺，长至 20 丈，大桅巨缆，周围走廊常载铜铁瓷器，往来亦闽广海船也欤。"⑥

以上所述，可以大致勾画出百夷民族衣食住行等方面的生活场景，对我们了解和认知历史上的百夷，以及深入系统地研究今日之傣族都具有重要的价值。

（万红，女，1967 年生，历史学博士，中国社会科学院民族学与人类学研究所助理研究员，北京，100081）

① [明]钱古训：《百夷传》，江应樑校注本，云南人民出版社，1980 年，第 83 页。
② [明]李思聪：《百夷传》，江应樑《百夷传校注》附录一，云南人民出版社，1980 年，第 149 页。
③ [唐]刘恂：《岭表录异》，《唐人说荟》，掃叶山房石印本，第六册。
④ [明]钱古训：《百夷传》，江应樑校注本，云南人民出版社，1980 年，第 70 页。
⑤ [明]严从简：《殊域周咨录》，德宏史志资料本，德宏民族出版社，1990 年，第 33 页。
⑥ [明]佚名《西南夷风土记》，德宏史志资料本，德宏民族出版社，1990 年，第 21 页。

说沙剌班

——兼论《山居新语》的史料价值

尚衍斌

内容提要：畏兀儿氏沙剌班家族在元顺帝朝的政治作为和表现，前人关注不够。本文依据《山居新语》及传世文献的记载，拟就沙剌班、世杰班父子在罢黜伯颜以及举荐帖木达世为中书右丞等重大政治活动中的态度和影响进行全方位的探析。此外，以往的研究者大多认为，元代的畏兀儿人沙剌班是《金史》的编修官之一，其实并非如此。笔者通过研读史料发现，参与编修《金史》的沙剌班又名刘伯温，是张掖人，与畏兀儿人沙剌班无涉，他们两人在元代的经历亦各不相同。

2006年，笔者撰文就元代畏兀儿人沙剌班的事迹作了些许探讨，[①]然重新检读文献时始知晓，此问题仍有进一步深入研究的余裕。本文正是前文的赓续，意在抛砖引玉。

迄今为止，现有研究成果楬橥："至正三年（1343），元顺帝下诏修辽、金、宋三史，脱脱任都总裁官。再从三史的总裁官和史官的组成情况来看，少数民族史家同样起了很重要的作用。《金史》的修史官沙剌班，汉名刘伯温，[②]畏兀儿人，为'通经术有才干之士'少'从先生国子讲论道德，以其益'。"[③]前人的著述大多沿袭或支持上述观点，认为参与编修《金史》的沙剌班是畏兀儿人。[④]也有学者持十分谨慎的态度，将其列为色目人。[⑤]那么，张掖刘公沙剌班与《山居新语》等史籍中记述的畏兀儿氏沙剌班是否为同一人？如果是同名的两个人，究竟是谁参与编修了《金史》？《山居新语》中有关畏兀儿人阿邻帖木儿、沙剌班、世杰班祖孙三人的记载是否真实可信？这些问题正是本文讨论的主旨所在。

---

① 拙文：《元代西域史事杂考》，《中国边疆史地研究》，2006年第4期，第134—138页。

② 在中国古代历史上，有一位辅佐名臣，亦名刘伯温，实乃刘基，伯温是他的字，今浙江青田人。本文所讨论的刘伯温，西北张掖人，又名沙剌班，与刘基无涉，特此说明。

③ 邱树森：《脱脱和辽金宋三史》原载南京大学元史研究室编：《元史及北方民族史研究集刊》第7辑，后收入氏著：《邱树森七十自选集》[上册]，香港：华夏文化艺术出版社，2007年版，第143页。

④ 翁独健主编：《中国民族关系史纲要》，北京：中国社会科学出版社，2001年版，第578页；韩儒林主编：《元朝史》[下]，北京：人民出版社，2008年版，第700页；谷苞：《新疆各族人民对祖国政治经济文化的巨大贡献》[代前言]，载谷苞等编：《新疆历史人物》[第二集]，乌鲁木齐：新疆人民出版社，1985年，第5页；陈永龄主编：《民族词典》"沙剌班"条，上海：上海辞书出版社，1987年8月版，第580页； 谢启晃、胡启望、莫俊卿编：《中国少数民族历史人物志》[一]，北京：民族出版社，1983年版，第93—94页；刘志霄：《维吾尔族历史》[上册]，北京：民族出版社，1985年版，第277页；王钟翰主编：《中国民族史》，北京：中国社会科学出版社，1994年版，第632页；新疆社会科学院民族研究所编：《新疆简史》[第一册]，乌鲁木齐：新疆人民出版社，1980年版，第194页。

⑤ 陈高华、张帆、刘晓：《元代文化史》，广州：广东教育出版社，2009年，第544页。

一、畏兀儿氏沙剌班及其子世杰班仕元遗事

翻检王德毅、李荣村、潘柏澄先生编著《元人传记资料索引》“沙剌班”条，明确解释说：“沙剌班，字惟中，一字敬臣，号山斋，畏吾氏，阿邻帖木儿子。顺帝师，仕至中书平章、宣政院使，卒谥文定。”①此条释文的信息大多源自杨瑀（1285—1361）的《山居新语》，该书卷三记载道：“北庭文定王沙剌班，号山斋，字敬臣，畏吾人，今上皇帝之师也。上尝御书‘山斋’二大字赐之。至元后庚辰为中书平章。”②需要指出的是，“文定王”是否为沙剌班的谥号，史乘失载，无从考稽。不知《元人传记资料索引》的编纂者们将其界定为谥号的依据是什么。依照汉地社会制度，立“谥号”是在人死之后。而就杨瑀同畏兀儿人沙剌班（？—1340 年尚在）的交往分析并非如此。也就是说，极可能在沙剌班生前已被称作“文定王”。

关于北方游牧民族的谥号问题，《北史》有一段非常重要的解释：“蠕蠕之俗，君及大臣因其行能，即为称号，若中国立谥。既死之后，不复追称。”③这段话的意思是，柔然“君及大臣”在职务称号之前另有修饰性称号，以表其行能，性质类似于华夏帝王贵族死后立谥，不同的是华夏立谥在死后，而柔然加号在生前，死后则没有类似礼仪，所谓“既死之后，不复追称”。这是对柔然乃至其他内亚民族政治文化传统的一个重要的观察和理解。④这一见解对于构建北方游牧民族官称、官号制度的特征的确具有重要的理论意义，但内迁的畏兀儿人是否遵循这一范式，由于材料阙如，难以考明。

至于畏兀儿氏沙剌班的先世情况，《山居新语》记述殊少。我们只能依据《元史》卷一二四《哈剌亦哈赤北鲁传》和其他相关史文略知一二。其高祖月儿思蛮自别失八里（今新疆吉木萨尔北破城子）徙居平凉（今甘肃武威）。祖阿的迷失帖木儿被世祖召入宿卫为必阇赤。成宗入继大统，授之为汝州（今河南临汝）达鲁花赤，积官秘书太监。父阿邻帖木儿（亦记作“阿怜帖木儿”），精通蒙古文，多闻识，积官翰林待制，累迁荣禄大夫、翰林学士承旨⑤。英宗时以旧学日侍左右，翻译诸经，记录故实，后事奉明宗，进光禄大夫，知经筵事。阿邻帖木儿有四子，他们依次是：沙剌班、秃忽鲁、六十、咱纳禄。其中以沙剌班的官位最显，拜中书平章政事（从一品）、大司徒(正一品)⑥、宣政院使（从一品）。⑦此外，沙剌班还出任太府太监（从三品）⑧一职。《元史·文宗纪二》

---

① 王德毅、李荣村、潘柏澄编：《元人传记资料索引》[第四册]，北京：中华书局，1987 年，第 2598 页。

② [元]杨瑀：《山居新语》卷 3，余大钧点校本，北京：中华书局，2006 年，第 222—223 页。

③ [唐]李延寿：《北史》卷 98《蠕蠕传》，北京：中华书局点校本，1974 年版，第 3251 页。

④ 参见罗新：《可汗号之性质》，原载《中国社会科学》2005 年第 2 期，后收入氏著：《中古北族名号研究》，北京：北京大学出版社，2009 年版，第 4 页。

⑤《元史》卷 33《文宗纪二》记曰：“天历二年五月己未，遣翰林学士承旨阿邻帖木儿北迎大驾”[第 734 页]。

⑥《元史》卷 85《百官志一》记载说：“至成宗、武宗而后，三公并建，而无虚位矣。又有所谓大司徒、司徒、太尉之属，或置，或不置。”[第 2120 页]沙剌班的父亲阿邻帖木儿也曾担任“大司徒”一职。《元史》卷 34《文宗纪三》云：至顺元年[1330]“夏四月，命阿邻帖木儿为大司徒”。[第 757 页]又，同年“闰七月，授阿邻帖木儿大司徒印”[第 763 页]。

⑦ [明]宋濂：《元史》卷 124《哈剌亦哈赤北鲁传·附阿邻帖木儿传》，北京：中华书局点校本，1976 年版，第 3047—3048 页。

⑧ 据《元史》卷 90《百官志六》记载，元中统四年[1263]置太府监，领左、右藏等库，掌钱帛出纳之数。太卿六员，正三品；太监六员，从三品[第 2292 页]。

记载说："天历二年（1329）春正月，遣前翰林学士承旨不答失里北还皇兄行在所，仍命太府太监沙剌班奉金、币以往。"[①]《元史·明宗纪》亦载此事[②]，兹不复引。根据上述资料，畏兀氏沙剌班曾担任过中书平章政事（从一品），但《元史》不著其任职时间。杨瑀在《山居新语》中明确指出，沙剌班于"至元后庚辰为中书平章"。[③]"至元后庚辰"，即后至元六年（1340）。检核《元史》卷一一三《宰相年表》，的确有一名为沙剌班者于后至元六年出任中书平章政事[④]的职掌，此人应是畏兀氏阿邻帖木儿的长子，该史实从一个侧面表明，《山居新语》的记载是可以信从的。

然而，沙剌班的族属问题向有异说。元末明初文人陶宗仪所撰《书史会要》卷七记曰："沙剌班，字惟中，蒙古人，官至集贤大学士，善大字。"[⑤]陶氏笔下的这位集贤大学士，且善大字者与《山居新语》中的沙剌班是否为同一人？材料本身至少存在两处抵牾值得人们思考：其一，两者族属不同，一为蒙古，一为畏兀儿。其二，两人的字号亦不同，一为"敬臣"，一为"惟中"。据《山居新语》，"山斋"是沙剌班的号，且由元顺帝亲书而赐。二者如果为同一人，陶宗仪为何在此避而不提？更有意思的是，他在《南村辍耕录》卷二"隆师重道"条记载道："文定王沙剌班，今上之师也。……王字敬臣，号山斋，畏吾人。"[⑥]余大钧先生研究指出，《山居新语》成书于至正二十年（1360），其中有三十余条与陶宗仪《南村辍耕录》内容大致相同，然则《南村辍耕录》后出，这些条目大部分内容是依据《山居新语》改写之后记入《南村辍耕录》的。[⑦]笔者经过仔细比对两书有关沙剌班的记载，也证实了余大钧先生的判断是非常正确的。毫无疑问，陶氏本人也没有文字证明自己在两书中分别记载的沙剌班就一定是同一个人。倒是本文前面援引的《元人传记资料索引》的编纂者们硬将其拉扯在一起，将原本属于蒙古氏沙剌班的字"惟中"硬塞入畏吾氏沙剌班的名下。一人两"字"的现象在当时经常出现，并非稀罕之事。但舍去其"蒙古氏"和"官至集贤大学士"等重要信息的做法似乎有失严谨。这样一来，或许本来并没有什么必然联系、极可能分属于不同族属的两个独立个体的信息，因其名讳相同，竟被后人归于一人之身，久而久之，随着时间的迁流，在人们的历史记忆中原本不同的两个人不仅变成了一个人，而且还为多数后人坚信不疑，以至于代代相传。然而，对于过去发生的事来说，记忆常常是选择性的、扭曲的或是错误的，因为每个社会群体都有一些特别的心理倾向，或是心灵的社会历史结构。[⑧]类似的情况在明初编修《元史》时就已经出现，清代名儒钱大昕（1728—1804）、赵翼（1727-1814）多所论述，[⑨]兹不赘述。

---

① [明]宋濂：《元史》卷33《文宗纪二》，北京：中华书局点校本，1976年版，第727页。

② [明]宋濂：《元史》卷31《明宗纪》，北京：中华书局点校本，1976年版，第696页。

③ [元]杨瑀：《山居新语》卷3，余大钧点校本，北京：中华书局，2006年，第223页。

④ [明]宋濂：《元史》卷113《宰相年表》，北京：中华书局点校本，1976年，第2845页。

⑤ [元]陶宗仪：《书史会要》卷7，上海书店据1929年武进陶氏逸园景刊明洪武本影印本，1984年，第339页。

⑥ [元]陶宗仪：《南村辍耕录》卷2，北京：中华书局，1959年版，第20页。

⑦ 《山居新语》附余大钧点校说明，北京：中华书局，2006年，第191页。

⑧ 王明珂：《华夏边缘——历史记忆与族群认同》，北京：社会科学文献出版社，2006年4月版，第27页。

⑨ [清]钱大昕：《十驾斋养新录》卷9《祖孙同号》，南京：江苏古籍出版社，2000年，第188页；[清]赵翼：《二十二史札记》卷29《元史人名不划一》，北京：中国书店出版，1987年4月版，第418—419页。

陈垣（1880-1971）先生在撰著《元西域人华化考》卷五《美术篇》时引述邵远平《元史类编》卷三十六言："沙剌班，字敬臣，号山斋，畏吾人，顺帝时学士。能诗文，兼工大字。"显然，陈先生依据《元史类编》的记载亦将其判定为一人（原话"疑即此人"）。①实际上，与畏兀儿人沙剌班过从甚密的杨瑀并未记载其"能诗文，工大字"。不知邵氏编写此条的资料从何而来。

关于畏兀儿氏阿邻帖木儿、沙剌班、世杰班祖孙三人的事迹，《山居新语》多所记述，且多为《元史》纪、传失载，可补其缺略。那么，杨瑀关于其家族的记载是否真实可靠？他与沙剌班父子的关系如何？这是首先应予探究的问题。

现在，笔者拟就杨瑀所记畏兀儿氏沙剌班家族若干史实的可信度做些分析。需要指出的是，杨瑀与阿邻帖木儿、沙剌班、世杰班祖孙三人十分熟悉，关系密切。杨瑀字符诚，杭州人。元文宗天历年间（1328—1330）任中瑞司典薄。后历任太史院判官、同佥。元顺帝至正十五年（1355）出任建德路（今浙江省新安江、桐江流域）总管，后擢为浙东道宣慰使都元帅。据杨维桢（1296—1370）所撰《元故中奉大夫浙东慰杨公神道碑》，"天历间，自奋如京师。受知于中书平章政事沙剌班大司徒之父文贞王，偕见上于奎章阁，论治道及艺文事，因命公篆'洪禧'、'明仁'玺文，称旨。"②"天历"是元文宗图帖睦耳使用的年号之一，"文贞王"则是沙剌班之父阿邻帖木儿的封号。除畏兀儿语文外，他还精通汉语和蒙古文。

仁宗延祐五年（1318），上御嘉禧殿，集贤大学士邦宁、大司徒源进呈《农桑图》。此图"实臣源建意，令臣叔谦因大都风俗，随十有二月，分农桑为廿有四图，因其图像作廿有四诗，正《豳风》因时纪事之义。又俾翰林承旨臣阿邻帖木儿用畏吾儿文字译于左方，以便御览。"③由此可见，畏兀儿氏阿邻帖木儿不仅深谙本民族语言，汉语水平也很高。至于进呈《栽桑图》一事，《元史·仁宗纪》有载，只是书名和进呈时间与赵孟頫的记载稍异，说明确有此事。《元史·仁宗纪》记载说：延祐五年"九月癸亥，大司农买住等进司农丞苗好谦所撰《栽桑图说》，帝曰：'农桑衣食之本，此图甚善。'命刊印千帙，散之民间。"④

泰定三年（1326）三月，翰林承旨阿邻帖木儿、许师敬奉诏命将《帝训》译成蒙古文，更名曰《皇图大训》，敕授皇太子⑤。天历二年（1329）五月已未，皇太子遣翰林学士承旨阿邻帖木儿来觐⑥。继而奉命北迎明宗⑦，为大司徒。同年，立奎章阁学士院，秩正二品，由大学士统领，下设侍书学士、承制学士、供奉学士，为皇帝讲说古代治乱的历史和元朝的"祖宗明训"。至顺元年（1330）二月，"以修《经世大典》久无成功，专命奎章阁阿邻帖木儿、忽都鲁都儿迷失等译国言所记典章为汉语，纂修则赵世延、虞集

① 陈垣：《元西域人华化考》，上海：上海古籍出版社，2000年，第86页。

② [元]杨维桢：《东维子文集》卷24《元故中奉大夫浙东慰杨公神道碑》，四部丛刊初编本。

③ [元]赵孟頫：《农桑图序奉敕撰》，《松雪斋集外集》，海王屯古籍丛刊本，中国书店1991年版。

④《元史》卷26《仁宗纪三》，北京：中华书局，1976年，第585页。

⑤《元史》卷30《泰定帝纪二》，北京：中华书局，1976年，第669页。

⑥《元史》卷31《明宗纪》，北京：中华书局，1976年，第698页。

⑦《元史》卷33《文宗纪二》，北京：中华书局，1976年，第734页。

等，而燕铁木儿如国史例监修。”[①]如此看来，除畏兀儿语文外，阿邻帖木儿的汉文和蒙古语文的水平都达到相当高的程度，这或许是其备受倚重的重要原因之一。

结合阿邻帖木儿的上述经历我们可以判定，杨瑀正是在1328—1330年间通过沙剌班之父文贞王的举荐才得以在奎章阁拜谒元顺帝并充任中瑞司典薄一职的。

据《山居新语》，杨瑀本人同阿邻帖木儿多所交往，两人关系非同一般，下面两段文字似乎能说明这一点。

> （1）北庭王夫人举月思的斤。乃阿怜帖木儿大司徒北庭文贞王之妻也。一日有以马鞭献王，制作精最，王见而喜之。鞭主进云：“此鞭之内更有物藏其中。”乃拔靶取之，则一铁简在焉。王益喜，持归以示夫人，取钞酬之。夫人大怒曰：“令亟持去！汝平日曾以事害人，虑人之必我害也，当防护之。若无此心，则不必用此。”闻者莫不韪之。[②]

> （2）阿怜帖木儿文贞王一日为余言：“我见说娄师德唾面自干为至德之事。我思之，岂独说人，虽狗子亦不可恶它。且如有一狗，自卧于地，无故以脚踢之，或以砖投之，虽不致咬人，只叫唤几声，亦有甚好听处”。[③]

上引第一段材料，具体介绍了文贞王夫人（即沙剌班之母）举月思的斤劝夫却马鞭的情事，不曾害人，何患他人加害于己，马鞭与铁简又有何用？这正是举月思的斤劝夫却马鞭的原因，其间蕴含着如何待人处事的深刻哲理，读来令人回味长久。

第二段资料，一方面彰显了阿怜帖木儿高洁的人品和宽广的情怀，另一方面也表明他与杨瑀之间的关系已经到了无话不说的地步。此段文字当属阿怜帖木儿亲口所言，不然，杨瑀何以有“阿怜帖木儿文贞王一日为余言”的记录。至于《山居新语》的史料价值，《四库全书总目提要》称：

> 其书皆记所见闻，多参以神怪之事，盖小说家言。然如记处州砂糖、竹箭，记至元六年增籴官米，记高克恭弛火禁，记讬克讬开旧河，则有关于民事。记敕、令、格、式四者之别，记八府宰相职掌，记奎章阁始末，记仪凤司、教坊司班次，则有资于典故。记朱夫人、陈才人之殉节，记高丽女之守义，记樊时中之死事，则有稗于风教。其他嘉言懿行，可资劝戒者颇多。[④]

可见，《山居新语》作为小说类史料，具有一定的史料价值。那么，该书有关沙剌班家族事迹的记载是否真实可信？这是判定该书资料价值的又一考量指标。

如前所述，本文已对沙剌班出任中书平章政事的时间问题有所涉及，兹不赘述，以下再就《山居新语》有关沙剌班、世杰班父子的其他史事做些考述。

（一）世杰班与脱脱襄助元顺帝罢黜伯颜

伯颜（？—1340）是蒙古人，蔑儿乞氏。祖父称海，随蒙哥侵宋，战死。父谨只儿，总领世祖南必皇后宫中宿卫。关于伯颜其人，《元史》有传。他历仕武宗、仁宗、泰定

---

① 《元史》卷34《文宗纪三》，北京：中华书局，1976年，第751页。

② [元]杨瑀：《山居新语》卷1，余大钧点校本，北京：中华书局，2006年，第203页。

③ [元]杨瑀：《山居新语》卷1，余大钧点校本，北京：中华书局，2006年，第203页。

④ [清]永瑢、纪昀：《四库全书总目提要》卷142《子部52・小说家类2》，海口：海南出版社，1999年版，第726页。

帝、文宗、明宗、顺帝六朝，位高权重。他曾随武宗海山北征海都，屡立战功，后来又以扶立文宗图帖木尔有功封王，任中书左丞相，拜太傅，权位仅次于太师、中书右丞相燕铁木儿。至顺四年（1333）春，燕帖木儿死。六月，顺帝即位，伯颜以翊戴之功拜中书右丞相（正一品）、太师、上柱国、监修国史，兼奎章阁大学士，监领司天监，威武、阿速诸卫。伯颜所署官衔甚多，以《山居新语》记述最详，凡二百四十六字，[①]兹不援引。据《山居新语》记载：后至元三年（1337），伯颜密奉诏令剌剌拔都儿（唐其势属下大将）诛杀唐其势于宫中[②]。此后，伯颜太师独秉国钧，专权自恣，变乱祖宗成宪，虐害天下，深为顺帝所忌。伯颜的所作所为，《元史》的记载较为简略，相比之下，《山居新语》则详尽许多。为便于分析，现征引五则材料以见其端绪。

（1）至元四年，天历太后命将作院官以紫绒金线翠毛孔雀翎织一衣缎赐伯颜太师，其直计一千三百定，亦可谓之妖服矣。[③]

（2）后至元四年，因伯颜太师称寿，百官填拥。中丞耿焕年迈颠踬于地，踏伤其肋而出。[④]

（3）后至元间，伯颜太师擅权，尽出太府监所藏历代旧玺，磨去篆文以为鹰坠，及改作押字图书，分赐其党之大臣。独唐则天一玺玉色莹白，制作一如官印，璞仅半寸许，不可改用，遂付艺文监收之。[⑤]

（4）后至元间，伯颜太师擅权，陷佞者填门。略举其尤者三事，漫识于此，余者可知矣。有一王爵者驿奏云："薛禅"二字，往日人皆可为名。自世祖皇帝尊号之后，遂不敢称。今伯颜太师功德隆重，可以与'薛禅'名字。时御史大夫帖木耳不花乃伯颜之心腹，每阴嗾省臣，欲允其奏。近侍沙剌班学士从容言曰："万一曲从所请，大非所宜"。遂命欧阳学士、揭监丞会议，以"元德上辅"代之，加于功臣号首。又典瑞院都事□□建言："凡省官提调军马者，必佩以虎符，今太师功高德重，难与诸人相同，宜造龙凤牌以宠异之"。遂制龙凤牌，三珠，以大答纳嵌之，饰以红剌、鸦忽杂宝。牌身脱钑"元德上辅"功臣号字，嵌以白玉。时急无白玉，有司督责甚急，缉闻一解库中有典下白玉朝带，取而磨之。此牌计直数万定，事败毁之，即以其珠物给主，盖厥价尚未酬也。又京畿都运纳速剌言："伯颜太师功勋冠世，所授宣命难与百官一体，合用金书以尊荣之"。宛转数回，遂用金书"上天眷命皇帝圣旨"八字，余仍墨笔，以塞其望。[⑥]

---

① [元]杨瑀：《山居新语》卷2，北京：中华书局，2006年版，第213—214页。

② 唐其势是燕帖木儿之子，时任中书左丞相。关于诛杀唐其势一事，《元史·伯颜传》略有所载："三年六月，唐其势及其弟塔剌海私蓄异志，谋危社稷，伯颜奉诏诛之。余党称兵，又亲率师往上都，击破其众。"[中华书局标点本，第3337页]同《元史》相较，《山居新语》的记载相对完整。其言："剌剌拔都儿乃太平王[指唐其势——引者注]将佐。后至元三年，杀唐其势大夫于宫中，外未之觉也。因其余党皆在上都东门之外，伯颜太师虑其生变，亲领三百余骑往除之。剌剌望见尘起，疑有不测，乃入帐房中取手刀弓箭，带之上马。遇诸途，短兵相接，而以其手刀挥之，将近伯颜太师之马，而刀头忽自坠地，遂逃以北，乃追回杀之。且剌剌名将也，岂有折刀之说。后询其故，乃半月前此刀曾坠地而折，家人惧其怒，虚装于鞘中。事非偶然，岂人力可致。"[《山居新语》卷1，余大钧点校本，第205页]

③ [元]杨瑀：《山居新语》卷1，北京：中华书局，2006年版，第200页。

④ [元]杨瑀：《山居新语》卷2，北京：中华书局，2006年版，第210页。

⑤ [元]杨瑀：《山居新语》卷3，北京：中华书局，2006年版，第222页。

⑥ [元]杨瑀：《山居新语》卷3，北京：中华书局，2006年版，第227页。

5.至元四年，伯颜太师之子甫十岁余，为洪城儿万户。乃邀驾同往，托以三不剌之行为辞，本为其子也。至中途，有酒车百余乘从行，其回车之兀剌赤（驿站马夫及掌管铺马事务者——引者注）多无御寒之衣，致有披席者。有一小厮无帽，雪凝其首，若白头僧帽者。望见驾近，哭声震起。上亦为之坠泪。遂传命令遣之，伯颜不从。上亟命分其酒于各爱马，即各投下。及点其人数，死者给钞一定，存者半定。众乃大悦，遂呼万岁而散①。

由以上援引的五段材料可以发现，其中三则史文的纪事时间在后至元四年（1338），另两条材料的时间则在后至元年间（1335—1340）。因此，我们有理由相信，以上资料大多记载的是唐其势被杀之后发生的事情。它足以证实以下三方面的问题：

其一，正如《元史》所言，伯颜“独秉国钧，专权自恣”。藐视顺帝，擅贬宗王。当无御寒之衣，以至于雪凝其首的兀剌赤“望见驾近，哭声震起，上亦为之坠泪。遂传命令遣之，伯颜不从”。大臣不从皇帝之命，历史上并不多见，此为一例。

其二，伯颜权倾朝野，专横跋扈，党羽众多。无论帖木儿不花阴嗾省臣欲上“薛禅”之号，还是僚属制造“龙凤牌”或进献“金书”，均表明伯颜的权势不在皇帝之下。实际上他的存在已对皇权构成极大的威胁。

其三，或许疑惧伯颜权势，朝中大臣以至于天历太后亦不无奉迎、趋从，尽显媚态，朝中体统大失。天历太后，乃唐兀氏，后封“文献昭圣皇后”，文宗之母。即便如此，太后竟屈尊命将作院以价值一千三百锭的紫绒金线翠毛孔雀翎织一衣缎赐伯颜太师。更有甚者，百官为了争先恐后的给伯颜太师庆寿，门庭填拥，以至于年迈的老中臣耿焕颠踬于地，被踏伤肋骨。想必皇帝祝寿时的热闹场面也不过如此，或许远逊于此。众星拱月，意在攀附巴结。此外，伯颜其人轻视汉人与汉文化，使皇庆二年（1313）开始运作的科举制中断了七年。为此，他在汉族儒士中留下了永难磨灭的骂名。伯颜上述行径，元顺帝不能不察。面对此情此状，他应当如何应对？

《元史・脱脱传》记载说：“当是时，帝之左右前后皆伯颜所树亲党，独世杰班、阿鲁为帝腹心，日与之处。脱脱遂与二人深相结纳。而钱塘杨瑀尝事帝潜邸，为奎章阁广成局副使，得出入禁中，帝知其可用，每三人论事，使瑀参焉。”②据此可知，世杰班、阿鲁和杨瑀均为元顺帝的心腹知己。如前所述，世杰班乃沙剌班之子。至于阿鲁，《元史》无传，其生平事迹不为人知。《山居新语》对其职掌及其与元顺帝的关系略有记载：

太府少监阿鲁奏取金三两，为御靴刺花之用。上曰：“不可，金岂可以为靴用者!”因再奏请易以银线裹金。上曰：“亦不可，金银乃首饰也。今诸人所用何线？”阿鲁曰：“用铜线。”上曰：“可也”。③

据《元史・百官志》，太府监掌钱帛出纳之数。④时任太府少监（从四品）的阿鲁负责为元顺帝御靴刺花选用材料，当属于职权范围内的事，故杨瑀笔下的阿鲁与《元史・脱脱传》中的同名者应为同一人。

① [元]杨瑀:《山居新语》卷 1，北京：中华书局，2006 年版，第 199 页。

②《元史》卷 138《脱脱传》，北京：中华书局，1976 年，第 3342 页。

③ [元]杨瑀:《山居新语》卷 1，北京：中华书局，2006 年版,第 199 页。

④《元史》卷 90《百官志六》,，北京：中华书局，1976 年，第 2292 页。

脱脱(1314—1355)字大用，是伯颜之弟马札儿台的儿子，生于仁宗延祐元年(1314)，比元顺帝(1320—1370)大六岁，比世杰班（1319—？）大5岁。他幼年养于伯颜家，从浦江（今属浙江）名儒吴直方学习汉文化。15岁时为泰定帝皇太子怯怜口怯薛官，25岁已升任御史大夫。伯颜独秉国政，渐有异谋，以脱脱为宿卫，伺帝起居，惧涉物议，另外还派知枢密院汪家奴和翰林学士承旨沙剌班同侍禁近，实属意脱脱。[①]如此看来，畏兀儿人沙剌班受顺帝重用，多少与伯颜和脱脱有点关系。尽管脱脱其人的迅速升迁多与伯颜掌权有关，他却对伯颜的专横跋扈不以为然，担心伯颜一旦倒台会连累全族。他私下同马札尔台、吴直方商议对策，决定“大义灭亲”。起初，顺帝对脱脱的忠诚心存疑虑，《元史·伯颜传》对此记载详明：伯颜“势焰熏灼，天下之人惟知有伯颜而已。脱脱深忧之，乘间自陈忘家殉国之意，帝犹之信。遣阿鲁、世杰班日以忠义与之往复论难，盖知其心无他，遂闻于帝，帝始无疑”。[②]仅从元顺帝对脱脱“犹之信”、“知其心无他”到“始无疑”的态度变化而言，想必近侍阿鲁和世杰班做了大量的工作。从某种意义上讲，他们两人在顺帝与脱脱之间起到了桥梁和纽带作用。

后至元五年（1339）秋，伯颜出赴应昌（今内蒙古克什克腾旗达里诺尔西）。脱脱与世杰班、阿鲁合谋欲御之东门外，惧不胜而罢。及至伯颜擅贬宣让、威顺二王，顺帝不胜其忿，决意逐罢之。

后至元六年（1340）二月十五日，伯颜请太子燕帖古思猎于柳林（今北京通县南）。脱脱欲有所为，遂与世杰班、阿鲁合议，以所掌兵及宿卫士以拒伯颜。是夜，奉帝御玉德殿，召近臣汪家奴、沙剌班及省院大臣先后入见，出玉门听命。又诏杨瑀及江西范汇入草诏，数伯颜罪状。关于草拟诏书事，《山居新语》的记载详于《元史》，其曰：

> 至元六年二月十五日黜逐伯颜太师之诏，瑀与范汇同草于御榻前。草文“以其各领所部，诏书到日悉还本卫”。上曰：“自早至暮，皆一日也，可改作时”。改正一字，尤为切至。于此可见圣明也。[③]

可见，杨瑀和范汇的确参与了诏书的草拟，说明《元史·脱脱传》的记载是可信的。

是日，“夜四鼓。命只儿瓦歹奉诏往柳林，出伯颜为河南行省左丞相。已亥，伯颜遣人来城下问故，脱脱据城门上宣言，有旨黜丞相一人，诸从官无罪，可各还本卫。伯颜奏乞陛辞，不许，遂行。……三月病死于龙兴路驿舍”。[④]黜罢伯颜之后，元顺帝采取了何种具体举措？时人对这一事件会做出什么反应？《元史》均无明确答案，幸赖《山居新语》保存些许文字可供稽考。

> 瑀于至元六年二月十五日夜，御前以牙牌宣入玉德殿，亲奉纶音黜逐伯颜太师之事。瑀首以增粜官米为言，时在侧者，皆以为迂。瑀曰：“城门上钥明日不开，则米价涌贵，城中必先闹噪，抑且使百姓知圣主恤民之心，伯颜虐民之迹，恩怨判然，有何不可？”上允所奏，命世杰班殿中传旨于省臣，增米铺二十，钞到即

① 《元史》卷138《伯颜传》，北京：中华书局，1976年，第3338页。
② 《元史》卷138《伯颜传》，北京：中华书局，1976年，第3338页。
③ [元]杨瑀:《山居新语》卷1，北京：中华书局，2006年版，第200页。
④ 《元史》卷138《伯颜传》，北京：中华书局，1976年，第3335—3339页。

粜。都城之人莫不举手加额，以感圣德。[①]

以上材料表明，后至元六年二月十五日夜，罢黜伯颜后立即出台增粜官米的具体措施。经元顺帝允准，“命世杰班殿中传旨于省臣”增加米铺，为民粜官米，其目的在于彰圣主恩德，显伯颜虐民之迹。尽管目前我们缺乏足够的资料判断世杰班此时在宫廷的具体职务，但其作用不可小视。

郯王，乃元宪宗蒙哥三子玉龙答失孙彻彻都（又名“彻彻笃”、“彻彻秃”）的封号。《元史·伯颜传》记曰：“构陷郯王彻彻笃，奏赐死，帝未允，辄传旨行刑”。[②]如此看来，郯王确实死于伯颜之手。“至正元年（1341），中书右丞相脱脱悉更伯颜旧政，并雪郯王彻彻秃之冤”[③]。经学者研究认为，与其一起遇害的还有帖木儿不花（又称“帖木儿补化”、“帖睦尔补化”等）。[④]据虞集《高昌王世勋碑铭应制》，帖睦尔补化，纽林之子，为太宗皇帝之孙女八卜叉所出。至大中，从父入备宿卫，又事皇太后于东朝，拜中奉大夫，都护，升资善大夫。泰定三年（1326），帖睦尔补化受命与宽彻不花威顺王、买奴宣靖王、阔不花靖安王分镇襄阳。不久，迁湖广行省平章政事。文宗荣登大宝，倍受倚重。天历元年（1328），任知枢密院事；二年（1329），拜中书左丞相，并以高昌王爵让与其弟篯吉[⑤]。至于伯颜加害郯王彻彻都和帖木儿不花的原因，并非本文讨论的重点，兹不复赘。就现存传世文献的记载看来，两位名公遇害后，的确引发民众的愤懑与悲悯。杨瑀记载说：

彻彻都郯王、帖木儿不花高昌王二公被害，都人有垂涕者。伯颜太师被黜，都人莫不称快。[⑥]

更有甚者，有个别人竟将泄愤或怀念的诗作贴于城门之上，以表达其复杂的心绪。陶宗仪就记载了类似的事情：

太师伯颜擅权之日，郯王彻彻都、高昌王帖木儿不花，皆以无罪杀，山东宪吏曹明善,时在都下，作“岷江绿”二曲以风之。大书揭于五门之上。伯颜怒，令左右暗察得实，肖形捕之，明善出避吴中一僧舍。居数年，伯颜事败，方再入京。其曲曰：“长门柳丝千万缕，总是伤心处。行人折柔条，燕子衔芳絮。都不由凤城春做主。长门柳丝千万结，风起花如雪。离别重离别，攀折复攀折，苦无多旧时枝叶也”。[⑦]

如上所述，在黜罢伯颜的过程中，脱脱与元顺帝的心腹世杰班和阿鲁起了关键性的作用。沙剌班或许亦参与其事[⑧]。事变当天，元顺帝就授马札儿台太师、中书右丞相，

① [元]杨瑀:《山居新语》卷 2，北京：中华书局，2006 年版，第 210 页。

②《元史》卷 138《伯颜传》，北京：中华书局，1976 年，第 3338 页。

③《元史》卷 138《脱脱传》，北京：中华书局，1976 年，第 3343 页。

④ 卡哈尔·把拉提 、刘迎胜:《亦都护高昌王世勋碑回鹘碑文之校勘与研究》载《元史及北方民族史研究集刊》总第 8 期[1984 年]，注释第 178 条，第 88 页。

⑤ [元]虞集:《高昌王世勋碑铭应制》，《道园类稿》卷 39；《虞集全集》[下册]，第 1015—1018 页。

⑥ [元]杨瑀:《山居新语》卷 3，北京：中华书局，2006 年版,第 225 页。

⑦ [元]陶宗仪:《南村辍耕录》卷 8《岷江绿》，北京：中华书局，1959 年版，第 103 页。

⑧ 姜一涵:《元代奎章阁及奎章阁人物》，台北：联经出版事业公司，中华民国七十年[1981 年]初版，第 91 页。

脱脱知枢密院事，汪家奴为中书平章政事，也先帖木儿（脱脱之弟）为御史大夫。[①]三月十八日，顺帝下诏徙伯颜于南恩州阳春县（今属广东）安置，途中病死于龙兴路（今江西南昌）驿舍。

后至元七年（1341）正月，顺帝下诏改元至正，同时任脱脱为中书右丞相。显然，从后至元六年（1340）二月十五日驱逐伯颜之后，朝政大权逐渐旁落脱脱家族。与此同时，畏兀氏沙剌班出任中书平章政事，进而世杰班举荐同知枢密院事铁木儿塔识为中书右丞。他们两人得以步入政坛高层，想必与沙剌班、世杰班特殊的近侍身份，及其襄助顺帝和脱脱罢黜伯颜不无关系。至于阿鲁，因有罢黜之功，自然不会受到冷落。至正元年（1341）四月，阿鲁由中书参知政事（从二品）升至中书右丞（正二品），《元史·宰相年表二》有迹可寻，足以为证。[②]二年（1342）十二月癸亥，阿鲁、秃满等以谋害宰臣，图为谋逆，伏诛。[③]自此，阿鲁消失在历史的长河中，蒸发殆尽。那么，沙剌班之子世杰班为何鼎力举荐帖木达世为中书右丞？这是本文讨论的又一问题.

（二）沙剌班父子举荐帖木达世为中书右丞的史事

《山居新语》卷二记曰：

> 枢密院同知帖木达世，后至元六年中书右丞缺，众议欲以某人为之，近侍世杰班力以帖木达世为荐，至甚恳切。上乃允其请。后累迁官至左丞相，卒不知世杰班之举，班亦未尝齿及之，可谓厚德人也。[④]

上引材料中的“帖木达世”是否在后至元六年被举荐为中书右丞，并于此后官至左丞相，这是判断杨瑀上述记载是否真实可信的重要依据。翻检《元史·宰相年表二》，后至元六年的确有一位铁木儿塔识者出任中书右丞，此人于至正元年（1341）止至正五年（1345）六月擢升中书平章政事（从一品），至正五年七月任御史大夫，六年（1346）复任中书平章政事，七年（1347）四月任中书省左丞相。[⑤]《元史·顺帝纪》对其历官情况亦多所记载：

> （1）后至元六年四月，以同知枢密院事铁木儿塔识为中书右丞[⑥]。
>
> （2）至正元年四月，命中书右丞铁木儿塔识为平章政事，阿鲁为右丞，许有壬为左丞[⑦]。
>
> （3）至正四年九月，命御史大夫也先帖木儿、平章政事铁木儿塔识知经筵事[⑧]。
>
> （4）至正五年秋七月丙午，命也先帖木儿、铁木儿塔识并为御史大夫[⑨]。
>
> （5）至正七年夏四月庚寅，复命别儿怯不花为中书右丞相，以中书平章政事铁

---

①《元史》卷40《顺帝纪三》，北京：中华书局，1976年，第854页。

②《元史》卷113《宰相年表二》，北京：中华书局，1976年，第2845—2846页。

③《元史》卷40《顺帝纪三》，北京：中华书局，1976年，第865页。

④ [元]杨瑀：《山居新语》卷2，北京：中华书局，2006年，第212页。

⑤《元史》卷113《宰相年表二》，北京：中华书局，1976年，第2845—2849页。

⑥《元史》卷40《顺帝纪三》，北京：中华书局，1976年，第855页。

⑦《元史》卷40《顺帝纪三》，北京：中华书局，1976年，第861页。

⑧《元史》卷41《顺帝纪四》，北京：中华书局，1976年，第871页。

⑨《元史》卷41《顺帝纪四》，北京：中华书局，1976年，第872页。

木儿塔识为左丞相[①]。

比较《元史》“宰相年表”和“顺帝纪”的记载，两者大致吻合。这也就是说，顺帝朝时期的确有位名为铁木儿塔识者自后至元六年步入政坛高层，后卒官于中书左丞相。对此，《元史》卷一四十《铁木儿塔识传》也有清楚的著录，足资参证。[②]毫无疑问，“铁木儿塔识”其人正是杨瑀笔下的“帖木达世”，理由如下：

一是任职时间相同，二是名字发音亦相同。尽管“铁木儿塔识”与“帖木达世”之间仅差一个“儿”字，但并不影响他是同一个人的判断。研治蒙元史的学人皆知，“蒙兀”与“蒙兀儿”均是“蒙古”名称的称谓。“蒙兀”的唐代读音为 mung-nguə t，唐人用 t 尾韵母译写他族语带 l、r 尾音的音节，因此“蒙兀”正是蒙古名称 Mongghol 的正规译音。[③]同时还应当指出，上古、中古时期日母未儿化，故从某种意义上讲，“帖木达世”更接近当时的发音。1908 年，章炳麟先生在《国粹学报》第四十二期撰文《古音娘日二纽归泥说》时指出：“上古时期，娘母（舌上音）和日母（半齿音）统统归入泥母（舌上音），也就是说，日母不存在儿化，读 n 的音，在中古时期亦然。”韩儒林先生进一步研究指出：“儿字在唐代西北方言中读作 Zi，到元代才读 er，才开始用“儿”字来译民族语言的 r 音，如畏兀儿（Uighur）、密昔儿（Misr）、帖木儿（Temur）等”。[④]他还列举“Mongghol”误译作“蒙兀儿”的例子，认为这在元代是根本不可能有的译法。孰不知“兀”字在古汉语中带-t 的入声，而古人用它来对译以-l 结尾的词，其音正合，加“儿”便是画蛇添足了。依照韩先生的指引，“帖木”与“铁木儿”的异同便不难辨析。在古代“木”是明母屋韵的入声字，[⑤]其古音可拟构为“muk”，“帖木”之古音为“Temuk”，古人通常以-l 对译带入声的结尾的词，这样“帖木”之音应是“Temulu”。到了元代，已开始用“儿”字来译写民族语言的 r 音，如《元史·地理志》载波斯地名中的罗耳（lor），阿八合儿（Abhar），巴瓦儿的（baverd）。据此原则，“铁木儿”可译成“Temur”。所以，“帖木达世”与“铁木儿塔识”的人名在读音上是完全可以勘同的。

那么，这位名重当世的大臣为何在至正七年（1347）四月突然从人们的视野中消失？他又何以得到沙剌班之子世杰班的全力举荐？元代文人黄溍（1277—1357）所撰《敕赐康里氏先茔碑》为我们深入探讨上述问题提供了一手资料。碑文中的铁木儿达识，系康里氏，其祖父系云中王牙牙，父亲是和宁忠献王亦纳脱脱（又称“倚纳脱脱”、“康里脱脱”）。铁木儿达识“曾以大臣子事明宗于潜邸，宏才雅量，好学下士，夙负公辅之望，历事累朝，由同知都护府事为工、刑两部侍郎，擢监察御史，迁秘书卿，除礼部尚书。遂参议中书省事，擢西台侍御史，未行，留为奎章阁侍书学士，除大都留守，迁同知枢密院事。上既总揽权纲，用脱脱为中书右丞相，王为右丞，以更新庶政。……拜中书平章政事，每入直，上为御文宣阁，询以治道，往往至夜分乃退。……拜御史大夫，务以静重持大体，不为苛娆以立声威。……居岁余，复为平章政事，进位次于端揆。……拜

① 《元史》卷 41《顺帝纪四》，北京：中华书局，1976 年，第 877 页。

② 《元史》卷 140《铁木儿塔识传》，北京：中华书局，1976 年，第 3372—3374 页。

③ 韩儒林主编：《元朝史》[上册]，北京：人民出版社，1986 年版，第 6—7 页。

④ 韩儒林：《关于西北民族史中的审音与勘同》，原载南京大学历史系元史组编：《元史及北方民族史研究集刊》第 3 期，第 3 页；后收入氏著《穹庐集》，石家庄：河北教育出版社，2002 年版，第 232 页。

⑤ 郭锡良：《汉字古音手册》，北京：北京大学出版社，1986 年，第 107 页。

录军国重事、中书左丞相，领经筵事。”[①]黄溍笔下这位由枢密院同知升为中书右丞，又先后担任中书平章政事、御史大夫、中书左丞相的“铁木儿达识”与杨瑀笔下的“帖木达世”，以及《元史·宰相年表二》中“铁木儿塔识”的官衔和任职时间完全吻合，这足以表明，他们当是同一个人，只是《元史· 宰相年表》不著其谢位原因而已。

据《敕赐康里氏先茔碑》，铁木儿达识（1302—1347）“从幸上京，还入政事堂，甫一日，暴得危疾，上命近臣挟名医狎至，疾已不可为。以至正七年九月十八日薨，年四十有六。”[②]《元史·铁木儿塔识传》对此事亦记载说：“从幸上京还，入政事堂甫一日，俄感暴疾薨。年四十六。”[③]结合两书记载，铁木儿达识因身染暴疾而终的史事没有争议，至于其去世的时间，《元史·顺帝纪》记载说：“至正七年九月戊申，车驾还自上都。丁巳，中书左丞相铁木儿塔识薨”[④]。这种意外事情的发生是对《元史·宰相年表》中贺太平于至正七年（1347）六月至十二月取而代之较为符合情理的诠释[⑤]，也是铁木儿达识突然从人们聚焦的视野中蒸发而去的原因所在。

《山居新语》卷二还记载说：帖木达世“后累迁官至左丞相，卒不知世杰班之举，班（即沙刺班—引者注）亦未尝齿及之，可谓厚德人也。”[⑥]杨维桢《元故中奉大夫浙东慰杨公神道碑》亦曰：“公（即杨瑀—引者注）生于至元乙酉（1285）年四月某日，殁于至正辛丑（1361）七月十八日”。[⑦]

分析以上资料所提供的信息可以发现，尽管杨瑀比铁木儿达识年长十七岁，却比他晚十四年离开人世，所以杨瑀自然知晓中书左丞相因暴疾而终的具体时间，遂有“卒不知世杰班之举，班亦未尝齿及之”的感慨。这从另一侧面证实杨瑀的上述记载是可信的。

接下来的问题是，世杰班何以力排众议恳切举荐铁木儿达识为中书右丞？在讨论这个问题之前，我们有必要先厘清世杰班的年龄。《山居新语》卷四记曰：

> 予因追忆高昌世杰班字彦时，北庭文定王沙刺班大司徒之子，为尚辇奉御。元统元年，上新制“洪禧”小玺，贮以金函青囊，命世杰班掌之，悬于项，寘于袖中经年，其母不知。亲友或叩之内廷之事，则答以他说，其慎密如此。时年十五岁，方之孔光，尤可尚矣！[⑧]

细细推敲杨瑀的上述文字，它除了表明世杰班具有处事明敏、慎密内敛的性格特点外，还在不经意中向我们透露了他的年龄信息。元统元年，即公元 1333 年，是年他十

---

① [元]黄溍：《金华黄先生文集》卷 28《敕赐康里氏先茔碑》，四部丛刊初编本；《黄溍全集》，王颋点校本，天津古籍出版社，2008 年，第 704—710 页。

② [元]黄溍：《金华黄先生文集》卷 28《敕赐康里氏先茔碑》，四部丛刊初编本；《黄溍全集》，王颋点校本，天津古籍出版社，2008 年，第 708 页。

③《元史》卷 140《铁木儿塔识传》，北京：中华书局，1976 年版，第 3374 页。

④《元史》卷 41《顺帝纪四》，北京：中华书局，1976 年版，第 878 页。

⑤ 据《元史·顺帝纪四》记载：“至正七年九月辛酉，以御史大夫朵儿只为中书左丞相”[第 878 页]；同年“十一月丁巳，命中书平章政事太平为左相，辞，不允”[第 879 页]。“十二月庚午，以中书左丞相朵儿只为右丞相，平章政事太平为左丞相，诏天下”[第 880 页]。显然，《元史·宰相年表》关于太平继铁木儿塔识之后担任中书左丞相的时间记述并非尽确，无论如何，他不应在是年九月十八日之前出任中书左丞相一职。

⑥ [元]杨瑀：《山居新语》卷 2，余大钧点校本，中华书局，2006 年，第 212 页

⑦ [元]杨维桢：《东维子文集》卷 24《元故中奉大夫浙东慰杨公神道碑》，四部丛刊初编本。

⑧ [元]杨瑀：《山居新语》卷 4，余大钧点校本，中华书局，2006 年，第 230 页。

五岁。由此上推，世杰班应生于延祐六年（1319）。而铁木儿达识“于至正七年九月十八日薨，年四十六。”[①]显然，中书左丞相应生于大德六年（1302）。也就是说，铁木儿达识比世杰班年长十七岁。后至元六年（1340），年仅二十二岁（即虚岁—笔者注）的世杰班为何鼎力举荐时年三十九岁的铁木儿达识为中书右丞？笔者认为原因主要有以下几点：

其一，铁木儿达识的家庭背景。

据黄溍《康里氏先茔碑铭》，“康里氏三叶，疏王封者六人，践相位者四人。”[②]可谓门第显赫，位至极品。

牙牙，是铁木儿达识的祖父。曾“被宪宗召入宿卫，领昔宝赤，遂扈从伐宋。”[③]

其伯父是顺宁忠烈王阿沙不花（1263—1309），年十四，入侍世祖，后以西手千户领昔宝赤从成宗北征，与海都交战，数有功，入为大宗正府也可札鲁忽赤。元武宗海山继嗣，拜中书平章政事（从一品），进中书右丞相、行御史大夫，寻复为平章政事，加录军国重事，兼广武康里卫亲军都指挥使，封康国公。[④]检核《元史》卷一一二《宰相年表》，阿沙不花分别于大德十一年（1307）、至大元年（1308）担任中书平章政事，后为中书右丞相。[⑤]

和宁忠献王亦纳脱脱（1272—1327）又称康里脱脱，阿沙不花之弟，铁木儿达识的父亲。“和宁”即“和宁王”的省称，为封号。“忠献王”，乃谥号。其仕宦情况，《康里氏先茔碑铭》和《元史·康里脱脱传》多所记载：世祖时入侍宿卫。成宗大德三年（1299）扈从武宗海山出镇称海（今蒙古人民共和国哈腊乌斯湖南）。十一年（1307），武宗立，任同知枢密院事（从一品），进中书平章政事（从一品），转御史大夫（从一品），遥授左丞相，封秦国公。至大元年（1308），加太府，实授中书左丞相（正一品）。至大三年(1310)尚书省立，升右丞相。仁宗即位，出为江浙行省左丞相，复迁江西行省左丞相。英宗即位，召为御史大夫，未久，改江南行台御史大夫。[⑥]翻检《元史》卷一一二《宰相年表》，的确有一名为脱脱者于大德十一年八月至九月任中书平章政事，武宗至大元年闰十一月、至大二年九月至十二月任中书左丞相；至大三年，任尚书省右丞相；四年，复任中书省左丞相。[⑦]显然，《元史·宰相年表》中的“脱脱”与黄溍笔下的“亦纳脱脱”的职掌和任职时间完全相同，只是《宰相年表》将“亦纳脱脱”记作“脱脱”而已。《元史》卷一三八《康里脱脱传》的传主与黄溍笔下的“亦纳脱脱”应是同一个人。十分有

① [元]黄溍：《金华黄先生文集》卷28《敕赐康里氏先茔碑》，四部丛刊初编本；《黄溍全集》，王颋点校本，天津古籍出版社，2008年，第708页。

② [元]黄溍：《金华黄先生文集》卷28《敕赐康里氏先茔碑》，四部丛刊初编本；《黄溍全集》，王颋点校本，天津古籍出版社，2008年，第704页。

③ [元]黄溍：《金华黄先生文集》卷28《敕赐康里氏先茔碑》，四部丛刊初编本；《黄溍全集》，王颋点校本，天津古籍出版社，2008年，第704页。

④《元史》卷136《阿沙不花传》，北京：中华书局1976年标点本，第3295—3300页。

⑤《元史》卷112,《宰相年表》，北京：中华书局1976年标点本，第2814页。

⑥ [元]黄溍：《金华黄先生文集》卷28《敕赐康里氏先茔碑》，四部丛刊初编本；《黄溍全集》，王颋点校本，天津古籍出版社，2008年，第705—706页；《元史》卷138《康里脱脱传》，北京：中华书局1976年标点本，第3321—3326页。

⑦《元史》卷112《宰相年表》，北京：中华书局1976年标点本，第2812—2817页。

意思的是，《山居新语》亦保留一段与“亦纳脱脱”有关的文字，现将其征引如下：

脱脱丞相，即倚纳公。康里人氏，延祐间为江浙丞相。有伯颜察儿为左平章，咨保宁国路税务副使耶律舜中为宣使。一日平章谕该吏曰：“我保此人乃风宪旧人及其才能正当选用。”嘱之再三曰：“汝可丞相前覆说之。”丞相曰：“若说用则便用之，若说选则不必提也。”只分别用、选二字，言简而意尽。故书之，以备言行录之采择焉。公又访知杭州过浙江往来者不便，乃开旧河通之。此河钱王时古河也，因高宗造德寿宫，湮塞之。公相视已定，州果与富豪通交，沮以太岁之说为疑。至日，公自持镢，一挥而定。往年每行李一担费脚钱二两五钱，今以一担之费买舟，则十担一舟能尽，其利可谓博矣。①

笔者将上引《山居新语》中的“脱脱丞相”断定为“亦纳脱脱”的理由有三：

首先，脱脱丞相又称“倚纳公”，为康里人。官称、族属，名讳与《康里氏先茔碑铭》中的亦纳脱脱相同。

其次，以上征引的资料显示，脱脱（倚纳公）在延祐间为江浙丞相。为官期间，曾疏通旧河，便于杭州民众往来浙江，物价顿平。这些信息皆在《先茔碑》有关“亦纳脱脱”的记载中得以印证：“寻复为中书左丞相，仁宗眷之弥笃，欲使均逸于外，拜江浙行中书省左丞相。下车伊始，进父老问以利病，咸谓：‘杭城故有便河，达于江浒，湮废已久。若疏凿以通舟楫，物价必平。’僚佐或难之，王曰：‘吾陛辞之日，密旨许以便宜行事，民以为便，行之可也。’俄有旨禁勿兴土功，王曰：‘敬天莫先勤民，民蒙其利，则灾沴自弭，土功何尤？不一月而讫工，人至今便之。”②亦纳脱脱（即康里脱脱）于延祐元年（1314）拜江浙行省左丞相时，开便河通于江浒事，《嘉靖浙江通志》卷三十三《官师志》亦有载录，③足以为证。若将黄溍和杨瑀的上述文字两相比较，我们不难发现，他们记录的正是“亦纳脱脱”同一个人的事迹。

再次，亦纳脱脱先后历仕世祖、武宗、仁宗、英宗四朝。尤其在武宗朝官位高显，这自然与其辅佐之功密不可分。正如《元史》所言：“武宗正位宸极，尊太后为皇太后，立仁宗为皇太子，三宫协和，脱脱兄弟之力为多。”④黄溍在《先茔碑铭》亦记载说：亦纳脱脱“知无不言，言无不行，人以贤相称之。”⑤

毋庸置疑，显有劳绩的家庭背景以及父辈们累积的人脉资源和理政经验，为铁木儿达识步入政坛高层提供了丰厚的文化遗产。这或许是世杰班极力向元顺帝推举其出任中

① [元]杨瑀：《山居新语》，卷1，余大钧标点本,北京：中华书局，第204页。

② [元]黄溍：《敕赐康里氏先茔碑》，《金华黄先生文集》卷28，《黄溍全集》[下册]，王颋点校本，天津古籍出版社，2008年，第706页。

③ 关于康里脱脱在江浙行省疏浚堙塞之事，《嘉靖浙江通志》卷33《官师志第53》[天一阁藏明代方志选刊续编本]记载说：“康里脱脱，其父康里国王之族也。延祐元年，拜江浙行省左丞相，下车问民利病，咸谓杭城故有便河通于江浒，堙废已久。若疏凿以通舟楫，物价必平。遂命浚河，僚佐或难之，脱脱曰：‘吾陛辞之日，密旨许以便宜行事，民以为便，宜行之可也。’俄有旨禁勿兴土功，脱脱曰：‘敬天莫先勤民，蒙其利，则灾沴自弥，土功何尤？’不一月而成，民至今便之。寻以疑似召赴阙，杭民数万，号恸遮道不得前。既至，仁宗察其无他，厚赐而遣之还镇于杭。未几，迁江西行中书省左丞相。后薨，追封和宁王，谥忠献。”

④《元史》卷138《康里脱脱传》，北京：中华书局，1976年，第3323页。

⑤ [元]黄溍：《金华黄先生文集》卷28《敕赐康里氏先茔碑》，四部丛刊初编本；《黄溍全集》，王颋点校本，天津古籍出版社，2008年，第706页。

书右丞的重要原因之一。

其二，铁木儿达识自身丰富的经历和较高的文化素养。

在出任后至元六年中书右丞之前，铁木儿达识“曾事明宗于潜邸。文宗初，由同知都护府事累迁礼部尚书，进参议中书省事，擢陕西行台侍御史，留为奎章阁侍书学士，除大都留守，寻同知枢密院事。”[①]枢密院是朝廷军事行政机构，掌管军事机要。据《山居新语》记载，铁木儿达识正是从同知枢密院事（正二品）的任上被举荐为中书右丞的。也就是说，在担任中书右丞之前，铁木儿达识已经是位高权重的人物了。

至于其天资禀赋和文化素养，《元史》记载说：“资禀宏伟，补国子学诸生，读书颖悟绝人。”又言，铁木儿塔识“天性忠亮，学术正大，伊、洛诸儒之书，深所研究”。[②]至正元年（1341）出任中书平章政事以后，他力排前议，复行科举，表现出较高的政治识见和文化素养。至正七年（1347）元顺帝有一段话，似乎能说明铁木儿塔识备受倚重的深层原因，现引述如下：“帝召铁木儿塔识谕旨，若曰：‘尔先人事我先朝，显有劳绩，尔实能世其家，今命汝为左丞相。’铁木儿塔识叩头固辞，不允，乃拜命”。[③]很显然，强势的家庭背景并能承袭家风竭尽全力为朝廷服务的品行，同样是铁木儿塔识备受倚重的奥赜，明敏过人的世杰班无疑会看重这一点。

其三，铁木儿塔识具有畏兀儿人的血统。

铁木儿塔识的先祖是康里人。这一点，黄溍《敕赐康里氏先茔碑》已有明确的表述，毋庸置疑。其实，此碑还向我们透露出他具有畏兀儿人血统的重要信息。据此碑，铁木儿塔识的父亲亦纳脱脱的原配夫人是“也先氏，封冯国夫人，武宗又妻以畏兀儿氏月鲁忽图，仁献章圣皇后之同乳也，封蓟国太夫人。”[④]“仁献章圣皇后”，是元武宗海山的爱妃亦乞烈氏的谥号，而亦乞烈氏，乃奴兀伦公主之女，其外祖父是元世祖之子忙哥剌，其父为孛秃[⑤]家族的后人锁郎哈。仁献章圣皇后是明宗和世㻋的生母。[⑥]畏兀儿氏月鲁忽图得以与亦乞烈氏同乳，其贵宠可知。亦纳脱脱共有 17 个子女，其中九个儿子，八个女儿。九子依次是：霸都、铁木儿达识、玉枢虎儿吐华、达世帖睦尔、哈答不花、阿鲁辉帖木儿、脱烈、哈达帖木儿、汪家闾。上列九子中，只有铁木儿达识和达世帖睦尔两人为蓟国太夫人月鲁忽图所生。[⑦]

---

① 《元史》卷 140《铁木儿塔识传》，北京：中华书局，1976 年，第 3372 页。

② 《元史》卷 140《铁木儿塔识传》，北京：中华书局，1976 年，第 3372、3374 页。

③ 《元史》卷 140《铁木儿塔识传》，北京：中华书局，1976 年，第 3373 页。

④ 黄溍：《敕赐康里氏先茔碑》，《金华黄先生文集》卷 28；《黄溍全集》[下册]，王颋点校本，天津古籍出版社，2008 年，第 707 页。

⑤ 据《元史・孛秃传》，孛秃为蒙古亦乞列思部人。早年追随铁木真，娶铁木真妹帖木伦为妻。帖木伦卒，继娶铁木真女火臣别吉。随后，他们世代与成吉思汗家族联姻。孛秃之子锁儿哈袭爵，娶皇子斡赤女安秃公主，生女，是为宪宗皇后；孛秃之重孙[即锁儿哈之孙]忽怜娶宪宗女伯牙鲁罕公主为妻，后又尚宪宗孙女不兰奚公主。而忽怜从弟不花，尚世祖女兀鲁真公主；其弟锁郎哈，娶皇子忙哥剌女奴兀伦公主，生女，是为武宗仁献章圣皇后，生明宗[详见《元史》第 2921—2923 页]。

⑥ 《元史》卷 114《后妃传一》，北京：中华书局，1976 年，第 2875 页；《元史》卷 31《明宗纪》，第 693 页；《元史》卷 118《孛秃传》，第 2923 页。

⑦ [元]黄溍：《金华黄先生文集》卷 28《敕赐康里氏先茔碑》，四部丛刊初编本；《黄溍全集》，王颋点校本，天津古籍出版社，2008 年，第 707、709 页。

上引资料表明，铁木儿达识是亦纳脱脱与其畏兀儿妻子月鲁忽图所生。尽管目前笔者所掌握的资料还不足以说明月鲁忽图的家庭背景和身世情况，但该女子能由武宗为媒嫁与身居相位的亦纳脱脱，足以显示其高贵的门第和不俗的身世。想必同为畏兀氏的世杰班无论是出于民族感情，还是基于文化认同等方面的因素都会十分看重铁木儿达识的这一特殊身份。

其四，铁木儿达识与沙剌班具有在奎章阁共事的相同经历，这或许是世杰班鼎力荐举的又一原因。

元文宗天历二年（1329），在大都兴圣殿西设奎章阁学士院。由大学士统领，下设侍书学士、承制学士、供奉学士。聚集蒙古、色目及汉人、南人，为皇帝讲说古代治乱的历史和元朝的“祖宗明训”。正如《奎章阁记》所言：“乃置学士员，俾颂乎祖宗之成训，毋忘乎创业之艰难，而守成之不易也。又俾陈夫内圣外王之道，兴亡得失之故，而以自儆焉。”[①]据《元史》和《康里氏先茔碑铭》，铁木儿塔识曾任奎章阁侍书学士（从二品）。其时，沙剌班亦任奎章阁侍书学士。对此，《山居新语》记载说：

后至元年间（1335—1340），阿怜帖木儿大司徒知经筵事，乃子沙剌班亦为奎章阁侍书学士兼经筵官。班公以父子辞避之，上终不允所请，乃并列焉。[②]

那么，杨瑀上述记载是否真实可信？我们仍有必要做些讨论。

元代著名文人揭傒斯记载说：

元统元年十有一月几望，奎章阁承制学士臣沙剌班召臣傒斯至学士院，传诏命臣撰故正奉大夫、江南湖北道肃政廉访使董公（即董守中，字子平。——引者注）神道碑，别敕新南台治书侍御史臣巎巎书其文，翰林学士承旨臣师敬篆其额。[③]

据此碑，董守中于至顺四年（应为元统元年，即公元 1333 年）六月薨于家。同年十一月沙剌班传诏命揭傒斯撰神道碑，符合情理。揭公另记曰：

燕俗庙祀汉昭烈帝、关将军羽及秦蜀郡太守李冰甚虔。昭烈、关将军皆涿人，今州南十里楼桑村即昭烈故宅，其祀昭烈、羽宜，以乡里故。冰在蜀堰江水以灌民田，又凿石为五犀牛以压水怪，燕无洪河大川，岁多暴水故。涿之范阳礼智乡有益者，神巫王媪之子也。媪为巫余五十年，媪死，益袭其业，如媪之神，遂合所得施兴作昭烈帝及蜀太守庙于其里。前辽阳行省平章政事，今中政院使哈剌帖木儿相以私钱若干，而殿堂门庑象设器物之属无不备，元统元年九月十日为请于上，降香币以落其成。明年（1334）三月六日，又言之奎章阁侍书学士沙剌班，使奏命臣傒斯纪其事于石，而上皆从之。[④]

这段材料反映的是，民间兴建汉昭烈帝庙的原因及沙剌班命揭傒斯为此庙落成撰述碑文之事。关于沙剌班的名讳，欧阳玄亦有记载：

至元二年（1336）三月十日，上御厚载门，奎章大学士臣沙腊班从言于上曰：

---

① [元]杨瑀：《山居新语》卷 2《奎章阁记》，北京：中华书局，2006 年，余大钧点校本，第 215 页

② [元]杨瑀：《山居新语》卷 2，北京：中华书局，余大钧点校本，2006 年，第 210 页。

③ [元]揭傒斯：《揭傒斯全集》卷 7《大元敕赐正奉大夫江南湖北道肃政廉访使董公神道碑》，上海古籍出版社，1985 年版，第 385 页。

④ [元]揭傒斯：《揭傒斯全集》卷 7《勅赐汉昭烈帝庙碑》，上海古籍出版社，1985 年版，第 377 页。

侍讲学士起岩服劳累朝，恩赉先世，将为碑铭，垂诸久远。其敕翰林直学士臣玄制文，奎章阁学士巎巎书丹，奎章阁承制学士师简篆其碑首以赐，上允其言，于是，臣玄承诏讨论。①

通过以上三方碑文可以看出，畏兀儿氏沙剌班分别在元统元年（1333）、元统二年（1334）、后至元二年（1336）出任奎章阁承制学士、侍书学士、大学士。翻检《元史·百官志》，至顺元年（1330）后，增大学士二员（正二品），共四员。侍书学士二员（从二品），承制学士二员（正三品），供奉学士二员（正四品）②。如此看来，沙剌班在奎章阁的官阶秩品是逐年上升的。这里，我们必须强调一点：揭傒斯和欧阳玄以上提及的沙剌班当为畏兀儿人，与张掖刘沙剌班无关。

元代知名文士虞集所撰《奎章阁记》有曰："天历二年(1329)三月设奎章阁"，"后文宗复位，乃升为奎章阁学士院，阶正二品。置大学士五员，并知经筵事；侍书学士二员，承制学士二员，供奉学士二员，并兼经筵官。"③比较虞集和《元史·百官志》的记载，二者大致相同，只是对奎章阁大学士员额数的记载略有出入。据此，沙剌班任奎章阁侍书学士并同时兼经筵官完全符合制度规定的程序。依其定制，侍书学士仅设二员。沙剌班和铁木儿达识有可能同时担任此职。他们两人均有畏兀儿族的血统，想必过从甚密，情深谊厚。

后至元六年，奎章阁罢废。沙剌班升任中书平章政事。此时，中书右丞虚位以待，时任枢密院同知的铁木儿达识自然是最为合适的人选。沙剌班对其子世杰班力荐铁木儿达识为中书右丞之事并非全然不知，不然，杨瑀何以发出"班亦未尝齿及之"的钦叹！

接下来的问题，便是讨论元顺帝为何"允其请"？举荐者为何是世杰班而非沙剌班？

如前文所述，阿邻帖木儿和沙剌班父子是元顺帝非常信任的心腹重臣，关系非同寻常，《山居新语》中的几段文字颇能说明这一点。

沙剌班学士者，乃今上之师也，日侍左右。一日体倦，于便殿之侧偃卧，因而睡浓。上自以所坐朵儿别真即方褥也。亲扶其头而枕之。又，班公尝于左额上生小疖，上亲于合钵中取佛手膏，摊于纸上，躬自贴之。比调羹之荣，可谓至矣！④

以上纪事，同样见诸《南村辍耕录》卷二"隆师重道"条，必当录自杨瑀书，只是对个别文字稍有改动而已。沙剌班出任奎章阁侍书学士兼经筵官的时间约在后至元年间。"后至元"，是元顺帝妥懽帖睦儿（1320—1370）使用的第二个年号。显然，将自己所坐的方褥垫于班公枕下者是元顺帝，而躬身将佛手膏贴于班公疾患之处的人仍是元顺帝。君臣之间亲如手足的深厚情谊被杨瑀刻画得入木三分。其实，类似的记载远不止一处，请再看下面这段文字：

累朝于即位之初，故事须受佛戒九次，方登大宝。而同受戒者，或九人，或七人，译语谓之"暖答世"。一日，今上入戒坛中，见马合哈剌佛前以羊心作供。

① [元]欧阳玄：《圭斋集》卷9《元封秘书少监，累赠中奉大夫、河南江北等处行省参知政事、护军，追封齐郡公张公先世碑》，四部丛刊初编本。

②《元史》卷88《百官志四》，北京:中华书局标点本，1976年,第2223页。

③ [元]杨瑀：《山居新语》卷2，北京：中华书局，2006年，余大钧点校本，第215、214页。

④ [元]杨瑀：《山居新语》卷2，北京：中华书局，2006年，余大钧点校本，第211页。

上问沙剌班学士曰："此是何物？"班曰："此羊心也。"上曰："曾闻用人心肝为供，果有之乎？"班曰："闻有此说，未尝目击。问之剌马可也。"剌马即帝师。上命班叩之。答曰："有。凡人萌歹心害人者，事觉则以其心肝作供耳。"遂以此言复奏。上曰："人有歹心，故以其心肝为供。此羊曾害何人，而以其心为供耶？"剌马竟无以答。[①]

上引文字不仅向我们透露了元朝历代皇帝须受戒九次后方登大宝的重要信息，而且还以对话的形式将君臣之间的睿智与幽默表露无遗。其实，《元史》对皇帝或皇子须受佛戒于帝师之事亦多所记述：泰定元年（1324）六月"癸酉，帝受佛戒于帝师"[②]；泰定二年（1325）十二月"乙酉，帝复受佛戒于帝师"[③]；泰定四年（1327）正月"庚申，皇子允丹藏卜受佛戒于智泉寺"[④]；致和元年（1328）"三月己卯，帝御兴圣殿受无量寿佛戒于帝师"[⑤]。这些资料从另一个侧面证明《山居新语》关于皇帝须受佛戒的记述是真实可信的。

或许基于沙剌班身为近侍的缘由，奎章阁个别臣僚的愿望亦由其代为转呈。杨瑀就记载了这样一件事：

揭傒斯天历初为奎章阁授经郎，时上自北来，一日，揭梦在授经郎厅，忽报接驾，急出门迎之，恍如平日。及入厅，坐定视之，乃今上也。时奎章阁官院长忽都鲁笃鲁迷失、供奉学士沙剌班，揭以二公谨愿笃实，遂以此梦告之，后果相符。班公以揭公梦事闻之于上，遂得召见。[⑥]

如此看来，元代名公揭傒斯（1274-1344）任奎章阁授经郎（正七品）并承蒙元顺帝召见之事，亦与沙剌班奏闻"揭公梦事"有关。欧阳玄的《揭公墓志铭》对班公荐举揭傒斯之事并未言及，只是说："今上初即位。一日，使卫士召公至，则以内府所赐诸王缎表里赐之。将赐，躬自辨识，然后，以授讲经。退，又赐金织纹缎"。又，"天历二年秋，文宗开奎章阁，置'授经郎'，教勋旧大臣子孙于宫中，公首被选"。[⑦]看来，揭傒斯在元顺帝即位之初，的确被圣上召见过，并委以"授经郎"一职。藉此可以判断，杨瑀所记沙剌班"以揭公梦事闻于上，遂得召见"的纪事是有依据的。

那么，举荐者为什么是世杰班，而非沙剌班？这是需要弄清楚的另外一个问题。

本文在前面已经引用了元统元年（1333），元顺帝将新制"洪禧"小玺，贮以金函青囊，由世杰班掌控的史文。至于"洪禧"小玺的来历，杨瑀记载颇详：

国朝凡官至一品者，得旨则用玉图书押字。文皇开奎章阁，作二玺，一曰"天历之宝"，一曰"奎章阁宝"，命虞集伯生篆文。今上皇帝作二小玺，一曰"明仁殿宝"，一曰"洪禧"，命瑀篆文。"洪禧"小玺，即瑀所上进者，其璞纯白，上有

① [元]杨瑀：《山居新语》卷1，北京：中华书局，2006年，余大钧点校本，第199页。
②《元史》卷29《泰定帝纪一》，北京：中华书局，1976年，第648页。
③《元史》卷29《泰定帝纪一》，北京：中华书局，1976年，第662页。
④《元史》卷30《泰定帝纪二》，北京：中华书局，1976年，第676页。
⑤《元史》卷30《泰定帝纪二》，北京：中华书局，1976年，第686页。
⑥ [元]杨瑀：《山居新语》卷1，北京：中华书局，2006年，余大钧点校本，第199—200页。
⑦ [元] 欧阳玄：《圭斋集》卷10，《元翰林侍讲学士、中奉大夫、知制诰同修国史、同知经筵事豫章揭公墓志铭》，四部丛刊初编本。

一墨色龟纽，观者以为二物相联，实一段玉也，上颇喜之。[①]

元顺帝令杨瑀为“明仁殿宝”、“洪禧”二玺篆文一事，同样得到杨维桢的证实：

天历间，自奋如京师。受知于中书平章政事沙剌班大司徒之父文贞王，偕见上于奎章阁，论治道及艺文事，因命公篆“洪禧”、“明仁”玺文，称旨。[②]

“玺”又称“印”，古时尊卑通用。秦汉以后惟皇帝印称“玺”。若杨瑀所言不谬，“洪禧”小玺当属元顺帝的心爱之物。然而他却将其交与世杰班掌管，足以说明两人的关系至为密切，非同一般。究其原因无非有以下几点。

其一，世杰班是阿怜帖木儿之孙、沙剌班之子，而阿怜帖木儿和沙剌班父子则是元惠宗特别倚重的臣属。这种家庭背景使得世杰班有机会与妥懽帖睦尔保持亲密的接触。

其二，如前所述，世杰班生于延祐六年（1319）。而《元史》卷四十七《顺帝本纪》记曰：1370年，惠宗殂于应昌，寿五十一。[③]由此上推，妥懽帖睦尔应生于延祐七年（1320）四月丙寅（十七日），元史专家杨讷先生亦持此说。[④]仅就年岁而言，世杰班才比元顺帝年长一岁。基于前者“尚辇奉御”的特殊身份，两人又属同龄人，理应意趣相合。更有意思的是，妥懽帖睦尔具有突厥语族葛逻禄人的血统。《元史·顺帝纪一》记曰：

顺帝名妥懽贴睦尔，明宗之长子。母罕禄鲁氏，名迈来迪，郡王阿儿斯兰之裔孙也。初，太祖取西北诸国，阿儿斯兰率其众来降，乃封为郡王，俾领其部族。及明宗北狩，过其地，纳罕禄鲁氏，延祐七年四月丙寅，生帝于北方[⑤]。

“罕禄鲁”即“哈剌鲁”的异称，唐代作葛逻禄，为西突厥的一部。“阿儿斯兰”是突厥语 arslan 的音译，意为“狮子”[⑥]。由此可见，元顺帝具有蒙古和突厥人的混合血统。

其三，世杰班为事严谨慎密，势必赢得元顺帝的赏识和信任。这一点，本文前面已有所涉及，此不赘述。

其四，元代畏兀儿人具有较高的文化素养，在沟通蒙、汉文化的交流中扮演中介作用[⑦]，现再举一例予以说明。奎章阁学士院创建后，“特恩创制牙牌五十，于上金书奎章阁三字，一面篆字，一面蒙古字，畏吾儿字，令各官悬佩，出入无禁。”[⑧]畏吾儿字能与蒙古字、汉字同书于牙牌之上，足以说明它在当时是备受重视且十分通行的官方文字之一。

其五，元顺帝和沙剌班的夫人均为高丽人。

《元史》卷四十六《顺帝纪九》曰：至正二十五年（1365）“八月丁未，皇后弘吉剌氏崩。十二月乙卯，诏立次皇后奇氏为皇后，改奇氏为肃良合氏，诏天下，仍封奇氏

① [元]杨瑀：《山居新语》卷3，余大钧点校本，北京：中华书局，2006年，第222页。

② [元]杨维桢：《东维子文集》卷24《元故中奉人夫浙东慰杨公神道碑》，四部丛刊初编本。

③《元史》卷47《顺帝纪十》，北京：中华书局，1976年，第986页。

④ 杨讷：《刘基事迹考述》，北京：北京图书馆出版社，2004年，第34页。

⑤《元史》卷38《顺帝纪一》，北京：中华书局，1976年，第815页。

⑥ [德]A..冯·加班著，耿世民译《古代突厥语语法》，呼和浩特：内蒙古教育出版社，2004年，第305页。

⑦ 参见陈师得芝先生为拙作撰写的序言，见《元代畏兀儿研究》，北京：民族出版社，1999年，序言第2页。

⑧ [元]杨瑀：《山居新语》卷2，北京：中华书局，2006年，余大钧点校本，第214—215页。

父以上三世皆为王爵。”[①]毫无疑问，至正二十五年所立次皇后，必为《元史》卷一一四《后妃传》中的“完者忽都皇后奇氏”，系高丽人，生皇太子爱猷识理达腊。家微，用后贵，三世皆追封王爵。[②]据此可以断定，奇皇后是高丽女子，《本纪》和《后妃传》相互印证，可以信从。令人感兴趣的是，高丽奇皇后的册立竟然与畏兀儿氏沙剌班有着直接的关系。对此，《元史・后妃传一》记载说：

初，徽政院使秃满迭儿进为宫女，主供茗饮，以事顺帝。后性颖黠，日见宠幸。后答纳失里皇后方骄妒，数棰辱之。答纳失里既遇害，帝欲立之，丞相伯颜争不可。伯颜罢相，沙剌班遂请立为第二皇后，居兴圣宫，改徽政院为资正院。[③]

高丽奇氏被立为第二皇后的时间大约在伯颜罢相的后至元六年二月前后，[④]而正式册封皇后的时间应在伯颜忽都皇后殁没后的至正二十五年十二月，其间长达 15 年。朝中大臣对拥立高丽女子为皇后一事并非没有异议。至正八年十一月，监察御史李泌言：

世祖誓不与高丽共事，陛下践世祖之位，何忍忘世祖之言，乃以高丽奇氏亦位皇后。今灾异屡起，河决地震，盗贼滋蔓，皆阴盛阳微之象，乞仍降为妃，庶几三辰奠位，灾异可息。[⑤]

很显然，将导致自然灾害频仍、盗贼滋蔓的原因完全归于高丽奇氏皇后身上，有失公允。但李泌的言语无疑道出了一部分臣僚的共同心声。那么，畏兀儿氏沙剌班为何在罢黜伯颜之后请立高丽奇氏为第二皇后？除了他善于揣摩元顺帝的心思之外，想必另有其他原因。元代后期，朝廷高官迎娶高丽女子为妻者不在少数，且成为一种时尚。《山居新语》卷二记载了这样一件事，现引述如下：

阔阔歹平章之次妻，高丽人也。寡居甚谨。其子拜马朵儿赤知伯颜太师利其家所藏答纳环子，遂以为献。伯颜即与闻之于上，乃传旨命收继之。高丽者款以善言，至暮与其亲母逾垣削发而避之。伯颜怒，奏以故违圣旨之罪，遂命省台洎侍正府官鞫问之。奉命唯务锻炼。适有侍正府都事帖木儿不花汉名刘正卿者，深为不满。时问事中秉权者阔里吉思国公，正卿朝夕造其门，委曲致言曰：“谁无妻子，安能相守至死。得守节者，莫大之幸，反坐之罪，非盛事也！”遂悟而止。正卿蒙古人，廉直寡交，家贫至孝，平日未尝嬉笑。与余至契，公退必过门言所以，故知此为详。至正初，拜御史而卒。[⑥]

“阔阔歹”又名“阔阔台”。元文宗图帖睦耳于致和元年（1329）九月十三日荣登皇帝宝位，遂以致和元年为天历元年。据《元史》卷三十二《文宗纪一》，是年，“大都留守阔阔台为中书平章政事”。[⑦]检核《元史・宰相年表》，的确有一名为阔阔台者，于

①《元史》卷 46，《顺帝纪九》，北京：中华书局，1976 年，第 970—971 页。

②《元史》卷 114《后妃传》，北京：中华书局，1976 年，第 2880 页。[元]

③《元史》卷 114《后妃传》，北京：中华书局，1976 年，第 2880 页。

④《元史》卷 40《顺帝纪三》记载说：“[后至元]六年二月己亥，黜中书大丞相伯颜为河南行省左丞相，诏曰：‘朕践位以来，命伯颜为太师、秦王、中书大丞相，而伯颜不能安分，专权自恣，欺朕年幼，轻视太皇太后及朕弟燕帖古思，变乱祖宗成宪，虐害天下。加以极刑，允合舆论。朕念先朝之故，尚存悯恤，今命伯颜出为河南行省左丞相，所有元领诸卫亲军并怯薛丹人等，诏书到时，即许散还”。参见《元史・顺帝纪三》，第 854 页。

⑤《元史》卷 41《顺帝纪四》，北京：中华书局，1976 年，第 883 页。

⑥ [元]杨瑀：《山居新语》卷 2，北京：中华书局，余大钧点校本，2006 年 12 月版，第 212 页。

⑦《元史》卷 32《文宗纪一》，北京：中华书局，1976 年，第 708 页。

天历元年、二年任中书平章政事。[①]前引《山居新语》中的“拜马朵儿赤”必非阔阔台高丽之妻所生，故有收继之念。幸赖侍正府都事帖木儿不花和阔里吉思仗义干预，才使其收继高丽庶母之愿未遂。无独有偶，杨瑀次妻为高丽氏，[②]畏吾儿人沙剌班亦妻高丽奇氏，为元顺帝皇后奇氏之族。[③]沙剌班何时迎娶高丽奇氏？他们夫妻有无后代？史无明文。元代科举中的高丽进士李谷（1298—1351）在其《稼亭集》卷二《金刚山普贤庵法会记》披露了这样一件事：

元泰定年间（1324—1327），畏兀儿氏沙剌班因事至高丽王京，往游金刚山，访诸寺院，适见僧人智坚修葺普贤庵，许诺助之。后至元二年（1336）普贤庵僧达正入元，时沙剌班已官至元朝奎章阁大学士、翰林学士承旨，达正拜谒之，沙剌班践行前诺，慷慨施钞五千余缗。其年，达正返高丽，以所施钞开禅悦会，并大兴佛事。[④]

至于沙剌班前往高丽的真实目的，史料缺乏记载，不甚明了。但他能践行对高丽僧人智坚的诺言，可谓诚信守义之人。此外，元顺帝、沙剌班、杨瑀三人的高丽妻子之间有无亲戚关系，史藉不著，难以考知。不过，仅就元顺帝如此器重沙剌班父子、扬瑀因“受知于中书平章政事文贞王沙剌班，偕见上于奎章阁，论治道及艺文”诸事看来，绝非偶然的巧合，想必与其妻子均是高丽氏的背景或族属认同有着千丝万缕的联系。

二、畏兀儿氏沙剌班参与编修《金史》了吗？

元中书右丞相阿鲁图于至正四年（1344）十一月呈《进金史表》，共列举了六位纂修官，他们依次是沙剌班、王理、伯颜、赵时敏、费著、商企翁。[⑤]那么，参与撰修《金史》的沙剌班是杨瑀笔下频繁出现的那位畏兀儿人吗？这一问题值得深入探讨。

以往的研究者或认为参与编修《金史》的沙剌班是畏兀儿人：[⑥]或认为《金史》的修史官沙剌班，汉名刘伯温，畏兀儿人。[⑦]显然，大多数学者将其视为杨瑀笔下的畏兀儿人。退一步说，即便如此，有几个问题仍值得我们思考。

其一，《山居新语》的作者杨瑀于元统年间（1333-1334）任奎章阁属官，他与畏兀儿氏阿怜帖木儿、沙剌班、世杰班祖孙三代交往频繁，关系亲密，对其家族事宜亦多所

---

① 《元史》卷112《宰相年表》，北京：中华书局，1976年，第2829页。

② [元]杨维桢：《东维子文集》卷24《元故中奉大夫浙东慰杨公神道碑》，四部丛刊初编本。

③ 李穀：《金刚山普贤庵法会记》记曰：“公名沙剌班，今为奎章阁大学士翰林学士承旨，室奇氏，普敬翁主出，东韩名族。”见《稼亭集》卷2，载《韩国文集中的蒙元史料》[上]，桂林：广西师范大学出版社，2004年版，第228页。

④ 李谷：《稼亭集》卷2，载《韩国文集中的蒙元史料》，第228页；桂栖鹏：《入元高丽僧人考略》，载《西北师范大学学报》，2001年第2期，第59页。

⑤ 阿鲁图：《进金史表》载《金史》附录，北京：中华书局标点本，1975年版，第2903页。关于阿鲁图进呈《金史》一事，《元史·顺帝纪》记载说：“至正五年十月辛未，辽、金、宋三史成，右丞相阿鲁图进之，帝曰：‘史既成书，前人善者，朕当取以为法，恶者取以为戒，然岂止激劝为君者，为臣者亦当知之。卿等其体朕心，以前代善恶为勉’。”[第873—874页]可见，《元史》与《进金史表》所记时间两相抵牾。然，《进金史表》明记，沙剌班的职衔为“江西湖东道肃政廉访使”。据《江西监宪刘公[沙剌班]去思碑》，“至正五年，岁在乙酉，张掖刘公以宪节监宪江右”。这就是说，沙剌班在至正五年才担任江西湖东道肃政廉访使，何以在至正四年已见诸史端？笔者认为，《元史·顺帝纪》关于进《金史》的时间记载更为可信。

⑥ 翁独健主编：《中国民族关系史纲要》，北京：中国社会科学出版社，2001年版，第578页。

⑦ 邱树森：《脱脱和辽金宋三史》原载南京大学元史研究室编：《元史及北方民族史研究集刊》第7辑，后收入氏著：《邱树森七十自选集》[上册]，香港：华夏文化艺术出版社，2007年版，第143页。

记录，为何从未提及沙刺班参与编修《金史》之事？

其二，《山居新语》对元朝后期史事记载详明。该书对蒙古、色目人的名讳字号十分留意，以至于将其一一记录在册，诸如“左丞唐兀人，汉名希谢，号贺兰，官至江西左丞”。[①]又，“适有侍正府都事帖木儿不花，汉名刘正卿者，深为不满，正卿蒙古人”。[②]类似的例证还有不少，兹不一一列举。由此不难看出，杨瑀的记载十分精细，凡蒙古、色目人有汉名及字号者必一一明示。倘若畏兀儿人沙刺班的汉名为刘伯温，他为何只字不提，这着实是一件令人费解的事。

其三，《进金史表》明确指出，纂修官沙刺班官称是“江西湖东道肃政廉访使”。[③]江西湖东道，隶江南诸道行御史台所辖，置司于龙兴路（治今江西南昌）[④]。杨瑀对此官称只字未提，并非一时的疏忽。这里只有一种可能，他笔下的畏兀儿人沙刺班与《进金史表》的沙刺班并不是同一个人。至于畏兀氏沙刺班与江西有点瓜葛的事倒是有一件，《山居新语》卷三记载说：

> 一日公（指沙刺班——笔者注）退，为余言曰：“今日省中有一江西省咨曾某告封赠者，吏胥作弊，将‘曾’字添四点以为‘鲁’字，中间亦有只作‘曾’字者，欲折咨之”。余曰：“即照行止薄，便可明也。”薄载曾姓相同，吏弊显然。僚佐执以为疑。公曰：“为人在世，得生封者几人，何况区区七品虚名，又非真授。纵吏不是，改亦何妨。若使往返，非一二年不可，安知其可待否。且交为父母者，生拜君恩不亦悦乎。”力主其说而行之。诚可谓厚德君子也。[⑤]

此乃《山居新语》所记沙刺班其人唯一与江西人、事相涉的文字，我们从中丝毫看不出他在江西为官的任何迹象。细铎上述文字，反倒感悟到他体察民情，宽厚仁慈的博大胸襟，正如杨瑀所言，“可谓厚德君子也”。

其四，清代名儒赵翼在《陔余丛考》卷十三《宋辽金三史》条谓：“宋辽金三史，总裁官皆列脱脱衔，以脱脱乃都总裁也。其余则铁睦尔达世、贺惟一、张起岩、欧阳玄四人，皆总裁三史”。[⑥]

毋庸讳言，辽、金、宋三史的具体工作，以汉族士大夫欧阳玄出力最多。他从选择史官，汇集史料，到制立三史凡例，亲撰论、赞、表、奏等贡献尤大。[⑦]欧阳玄为元代名公，他在《元翰林侍讲学士、中奉大夫、知制诰同修国史、同知经筵事豫章揭公墓志铭》中亦述及编修三史之事：“至正三年夏四月，诏修辽、金、宋三史，命右丞相为都总裁，中书平章政事铁睦尔达识以下凡六人为总裁官，公预其选，遂不得辞”。[⑧]

如上所述，天历初元顺帝入继大统时，畏兀儿人沙刺班曾举荐揭傒斯，此人其后出

---

① [元]杨瑀：《山居新语》卷1，北京：中华书局，余大钧点校本，2006年12月版，第203页。

② [元]杨瑀：《山居新语》卷2，北京：中华书局，余大钧点校本，2006年12月版，第212页。

③ 阿鲁图：《进金史表》载《金史》附录，北京：中华书局标点本，1975年版，第2903页。

④《元史》卷86《百官志二》，北京：中华书局，1976年，第2181页。

⑤ [元]杨瑀：《山居新语》卷3，北京：中华书局，余大钧点校本，2006年12月版，第223页。

⑥ [清]赵翼：《陔余丛考》卷13《宋辽金三史》，河北人民出版社，1990年，第220页。

⑦ 韩儒林主编：《元朝史》[下]，修订本，人民出版社，2008年，第700页。

⑧ [元]欧阳玄：《圭斋集》卷10，《元翰林侍讲学士、中奉大夫、知制诰同修国史、同知经筵事豫章揭公墓志铭》，四部丛刊初编本。

任奎章阁授经郎。而班公之子世杰班亦为荐举康里人铁木儿答识出任后至元六年中书右丞立下头功。若依资力和官衔，他无论如何不应名列铁木儿答识和揭傒斯之后，仅获一《金史》纂修官的差事，这似乎不符合元代社会等级分明的行事规则。

经过以上分析，可以断定：参与编修《金史》的沙剌班绝非杨瑀笔下的那位畏兀儿人。那么，他会是谁呢？

三、张掖刘公沙剌班其人及其参与编修《金史》

首先必须指出，汉名为刘伯温的沙剌班与《山居新语》中的畏兀儿氏沙剌班并非一人。为便于分析，现根据相关史料分别将其家世、居地、婚姻、仕履、后代等情况表列如下：

（一）畏兀氏沙剌班家族情况表

人名	关系	字	号	原居地	徙居地	婚姻	仕宦情况	资料来源
月儿思蛮	高祖	不详	不详	别失八里	平凉	不详	不详	《元史》
阿的迷失帖木儿	祖父	不详	不详			不详	汝州达鲁花赤	同上
阿邻帖木儿	父					举月思的斤	荣禄大夫、翰林学士承旨等	《元史》、《山居新语》
沙剌班		敬臣	山斋			高丽奇氏	中书平章政事、奎章阁侍书学士	同上
秃忽鲁	弟							《元史》
六十	弟							同上
咱纳禄	弟							同上
世杰班	长子	彦时					为顺帝“尚辇奉御”	《山居新语》

（二）张掖刘公沙剌班（刘伯温）家族情况表

人名	关系	原居地	后居地	婚姻	仕宦情况
完泽（字完甫）	父	敦煌	张掖	赵氏	监察御史、行台江南

沙剌班（字伯温、君美）			张掖人	李氏	江西湖东道肃政廉访使、持宪节江右、《金史》纂修官、秘书卿
观音奴	弟				奉训大夫、刑部郎中
锁住	弟				早卒
忙哥帖木儿	弟				从事郎、蒙古翰林院应奉
宣奴（般若）	女				至正五年夭折，时年八岁

注：表二据《彭城郡候刘公（完泽）神道碑》（《道园类稿》卷42）和《江西监宪刘公（沙剌班）去思碑》、《张掖刘氏下殇女子墓志铭》（《道园类稿》卷49）、《沙君美字说》（《道园类稿》卷31）等资料制作而成）

两相比较不难发现，汉名为刘伯温的沙剌班并非畏兀儿人，而是出自别于唐兀的夏之名族。他与杨瑀笔下的沙剌班并非一人，理由如下：

其一、两人的家庭背景不同。尽管刘伯温又名沙剌班，但他毕竟出自有别于唐兀氏的夏之名族，始居敦煌，夏亡，徙甘州张掖，遂为张掖人。刘伯温的父亲名为完泽，字完甫。早年任汉兵右卫千夫长；元武宗至大某年，拜监察御史，行台江南；仁宗延祐元年（1314）拜御史，移西行台。泰定元年（1324），召归中台，拜监察御史；四年（1327），任陕西汉中道肃政廉访副使。而畏兀儿人沙剌班的先祖则世居别失八里（故城在今新疆吉木萨尔境内），后举家迁至平凉（今甘肃武威）。班公之父阿邻帖木儿因“善国书（通晓蒙古文），多闻识”，得以侍奉英宗左右。后至元年间又深受顺帝器重，擢为经筵官。

而张掖刘公沙剌班的父亲完泽时值“天历兵兴，乃叹曰：‘吾老矣，不能事事’，以疾辞归，于后至元某年卒于正寝”。[①]需要特别指出的是，尽管完泽“卓识独见，断于义理，人莫及焉”，却“不屑于文史”。[②]难与“翻译诸经，记录故实，总治诸王、驸马，番国朝会之事”[③]的阿邻帖木儿比肩。可见，两人的家庭背景并不相同。

其二，张掖刘公沙剌班与北庭文定王的为官经历不同。正如本文前面所述，畏兀儿氏沙剌班不仅是元顺帝的近侍，还于后至元六年出任中书平章政事。而“起身成均”的张掖刘伯温，曾任太中大夫、江西湖东道肃政廉访使等职。[④]至正五年（1345），以宪节监于江右（今江西），因治绩显著，深受民众拥戴。六年（1346），时逢刘公秩满新任河南，百姓不忍离去，遂立去思碑以示纪念。[⑤]倘若张掖刘公沙剌班与杨瑀笔下的畏兀儿氏沙剌班为同一人，虞集为何在其《江西监宪刘公去思碑》和《彭城郡候刘公神道碑》

① [元]虞集：《彭城郡候刘公[完泽]神道碑》，《道园类稿》卷42，四部丛刊初编本；《虞集全集》[下]王颋点校本，天津古籍出版社，2007年4月版，第1088页。

② [元]虞集：《彭城郡候刘公[完泽]神道碑》，《道园类稿》卷42，四部丛刊初编本；《虞集全集》[下]，王颋点校本，天津古籍出版社，2007年4月版，第1088页。

③ [明]宋濂：《元史》卷124《哈剌亦哈赤北鲁传附阿邻帖木儿传》，北京：中华书局点校本，1976年，第3047—3048页。

④ [元]虞集：《彭城郡候刘公[完泽]神道碑》，《道园类稿》卷42，四部丛刊初编本；《虞集全集》[下]王颋点校本，天津古籍出版社，2007年4月版，第1089页。

⑤ [元]虞集：《江西监宪刘公[沙剌班]去思碑》，《道园类稿》卷39，《虞集全集》[下]，王颋点校本，天津古籍出版社，2007年4月版，第1039页。

中对“中书平章政事”如此重要的官衔闭口不谈。再者，如若畏兀儿人沙剌班参与编修了《金史》，《进金史表》的撰著者何以将其官称记作“江西湖东道肃政廉访使”？可以断定，参与编修《金史》的沙剌班并非畏兀儿氏，应是张掖刘公沙剌班，此人与杨瑀笔下的沙剌班无涉。

其三，他们的后人亦各不相同。

据笔者目前掌握的资料，阿邻帖木儿共有四子，官位以沙剌班最显。至于沙剌班的后代，见于文献记载者仅一子，名世杰班，他与元顺帝的关系至为密切，这一点本文前已述及，不再复赘。据元代名公黄溍记载：

> 至正七年夏四月辛卯，皇帝时巡上京。秋七月丙戌，御慈仁殿，文学侍从之臣，咸就列以备顾问。当宁悯焉，兴念旧人，以故翰林侍讲学士揭傒斯神道之碑未立，俾同知枢密院事臣世杰班，传诏于学士承旨臣岳柱，命直学士臣溍为之文，仍敕河南江北等处行中书省左臣守诚、礼部尚书臣期颐书篆，以赐焉。①

揭傒斯于至正四年（1344）去世。三年后，元顺帝命世杰班传诏令黄溍撰写神道碑文，自是情理中的事。如前所述，世杰班生于延祐六年（1319），迨至正七年（1347）他已年满二十八岁，并承担枢密院同知（正二品）的重任，以掌天下兵甲机密之务。

而江西湖东道肃政廉访使张掖刘公沙剌班唯有一女，初名般若，又称宣奴。后至元丁丑（1337），刘伯温居某官某处，生焉。不幸染疾，医不能治，于至正乙酉（1345）九月病亡，时年八岁。刘伯温以书告虞集曰：

> 发且白，惟一女，而又失之。瘗诸壤土，惧久而泯，人不知而或毁之也，敢请表之，亦以少纾其悲伤于无穷乎！②

虞集读毕此函为之伤悼，遂撰《张掖刘氏下殇女子墓志铭》。因资料缺乏，我们已无法考证张掖刘公沙剌班在何地得女，但发白生女，是可以信从的。虞集曾吟诗曰：“忧国早闻生白发，济时谁识信丹衷？”③综上，张掖刘公沙剌班之女般若比世杰班小十八岁，却蚤卒。据此可以判定，张掖刘公沙剌班与畏兀儿氏沙剌班绝非同一人。

张掖刘公沙剌班参与编修《金史》的佐证：

其一，虞集撰著《江西监宪刘公去思碑》（《道园类稿》卷39）记载道：

> 公名沙剌班，字伯温，世家宿卫旧臣，有家学，历西北山川形要，验以前史如指掌，学于成均，知内圣外王之道。观史传，得古今之变，如亲履之。拜御史，佐行省，明见卓识，出于学问。修《金史》于著廷，尽得其为国之终始，使后世可以监其治乱也。

其二，《彭城郡候刘公神道碑》（《道园类稿》卷42）亦曰：

> 公（指完泽）子男四人：长沙剌班，太中大夫，江西湖东道肃政廉访使；次

① [元]黄溍：《金华黄先生文集》卷26，《翰林侍讲学士、中奉大夫、知制诰、同修国史、同知经筵事，追封豫章郡公，谥文安揭公神道碑》，四部丛刊初编本。

② [元]虞集：《张掖刘氏下殇女子墓志铭》，《道园类稿》卷49；《虞集全集》[下册]，王颋点校本，天津古籍出版社，2007年4月版，第968页。

③ [元]虞集：《题刘伯温行卷并序》，《道园类稿》卷8；《虞集全集》[上册]，王颋点校本，天津古籍出版社，2007年4月版，第134页。

观音奴，奉训大夫，刑部郎中；次锁住，蚤卒；次忙哥帖木儿，从事郎、蒙古翰林院应奉。……至正三年（1343），沙剌班拜秘书卿，修《金史》，持宪节江右。

其三，《黄羊尾毛笔赞并序》（《道园类稿》卷15）记云：

西北之境有黄羊焉，玉食之珍品也。西夏之人，有取其尾之毫以为笔者，岁久亡其法。张掖刘公伯温，尝命笔工之精技作而用之，果称佳妙。其修史著廷，盖尝用之。

其四，《刘公伯温〈学斋吟稿〉序》（《道园类稿》卷19）：

张掖刘公伯温，以高志清行，博通今古，成能于天子之学，达才于耳目之寄。其居乡也，本诸彝伦，正其道义，以化其乡人。乡人从之，至以为仪表，盖得闻其所未闻者也。佐外宰相于吴越，叹其茧丝之无穷，悯民生之憔悴而莫之救也。其修《金史》于著廷，见前代禁令，概非先王之遗意，流毒未已而莫之革也。

其五，阿鲁图呈《进〈金史〉表》所列六位撰修官，名列第一者是："臣江西湖东道肃政廉访使沙剌班"。[①]不少研究者将此官衔强加在畏兀儿氏沙剌班的头上，结果他就变成了《金史》的编修者。[②]实际情况并非如此，担任"江西湖东道肃政廉访使（正三品）"一职者是张掖刘公（伯温）沙剌班，证据如下：

其一，《彭城郡候刘公神道碑》记其后人曰：有"子男四人：长沙剌班，太中大夫、江西湖东道肃政廉访使"。[③]

其二，《张掖刘氏下殇女子墓志铭》称："下殇女子宣奴，初名般若，江西湖东道肃政廉访使张掖刘公伯温甫之女也"。[④]

其三，至正五年（1345）五月，江西湖东道肃政廉访使刘沙剌班因建宁本《道园学古录》字画差小，遗逸尚多，责成临川郡学重新刊印虞集文稿。奏明此事的《宪司牒文》（《道园类稿》卷首）记录牒件主人的官称时谓："……中顺大夫、江西湖东道肃政廉访使李、太中大夫、江西湖东道肃政廉访使沙剌班"。[⑤]至于这两位江西湖东道肃政廉访使的确切名讳，《（龙兴路）宗濂书院记》有清楚的记载："今江西宪使张掖刘公沙剌班、河内李公守仁，与其同官僚府，皆有学问，欲以文教兴治化之本。"[⑥]显然，上引牒文的主人分别是河内李守仁、张掖刘公沙剌班等人。

以上资料除《进金史表》、《宪司牒文》外，均出自元代名公虞集（1272-1348）之手。虞公比杨瑀年长十三岁，元文宗时任奎章阁侍书学士，亲撰《奎章阁记》，被杨瑀收入《山居新语》卷二。想必他应与杨瑀及畏兀儿人沙剌班十分熟悉，还不至于弄不清

---

① [元]脱脱：《进金史表》，载《金史》，北京：中华书局，1975年标点本，第2901页。

② 陈永龄主编：《民族词典·沙剌班条》，上海：上海辞书出版社，1987年8月版，第580页； 谢启晃、胡启望、莫俊卿编著：《中国少数民族历史人物志》[一]，北京：民族出版社，1983年，第93-94页。

③ [元]虞集：《彭城郡候刘公[完泽]神道碑》，《道园类稿》卷42，四部丛刊初编本；《虞集全集》[下]，王颋点校本，天津古籍出版社，2007年4月版，第1089页。

④ [元]虞集：《张掖刘氏下殇女子墓志铭》，《道园类稿》卷49；《虞集全集》[下册]，第968页。

⑤ 吉泰承：《宪司牒文》《道园类稿》卷首，《虞集全集》[下册]，王颋点校本，天津古籍出版社，2007年4月版，第1171页。

⑥ [元]虞集：《[龙兴路]宗濂书院记》，《道园类稿》卷24；《虞集全集》[上册]，王颋点校本，天津古籍出版社，2007年4月版，第638—639页。

其名讳。

再者，据欧阳玄《元故奎章阁侍书学士、翰林侍讲学士、通奉大夫虞雍公神道碑》，“至正三年，敕修辽、金、宋三史，欲用公总裁，或陈其病状，毋苦其远行，奏牍将上而止。……八年五月二十三日，以疾薨于私第，年七十又七”。①此段史文显示，从辽、金、宋三史纂修到虞集登遐约六个年头，两通碑刻及相关材料应出自至正三年到至正八年这一时期。实际上，虞集同张掖刘公沙剌班的联系并不少见，他与刘公相互酬唱的诗文篇目就有：《题刘伯温行卷并序》、《次韵刘伯温送王止善员外诗》、《题刘伯温监宪所藏雪山图》等。至正四年（1344），伯温持宪江右时，虞集将刘公诗作三十余篇相示。“学者门生，多请传诵，自学校之近，至山林之远，皆愿见焉。”②虞集幼子翁归摹刻其副，以与同志共之，名为《学斋吟稿》，故虞集为之撰序。在与刘公沙剌班其他有关的碑、序、题、跋、赞诸文中，亦多出现“其廉于豫章，首画图以相示，俾予书之”、③“集与公（完泽）子（刘沙剌班）有斯文之好，俾书其事于墓道之碑”、④“顾谓予曰：‘思所以进于此者，其惟学乎？’既为题其斋而记之”、⑤“雪山之说，盖亦闻之张掖刘公伯温者如此云”、⑥“伯温以书相告曰”⑦，等等。上引资料表明，张掖沙剌班与虞集的交往非常密切，虞集对其各方面的情况亦十分熟悉。我们有理由相信虞集的上述记载是可信的。毫无疑问，至正三年参与编修《金史》的沙剌班，正是完泽的长子刘伯温。至正四年（1344）十一月，《金史》编就。五年（1345），岁在乙酉，张掖刘公以宪节监于江右。因此，从时间、历官经历、奉赠关系等各方面的信息判断，畏兀儿氏沙剌班不可能参与编修《金史》。

诚然，张掖刘公沙剌班荣膺其选充任《金史》的编修官，绝非偶然。在具体组织写作班子时，时任辽、金、宋三史都总裁的脱脱问揭傒斯：“修史何以为本”？揭傒斯答道：“用人为本，有学问文章而不知史事者，不可与；有学问文章而知史事而心术不正者，不可与。用人之道，又当以心术为本也”。⑧对照以上选拔史官的条件，刘公沙剌班无疑是符合任职要求的。

首先必须指出，张掖刘伯温极可能是进士出身。关于这一点，元人胡助在其亲署《纯

① [元]欧阳玄：《元故奎章阁侍书学士、翰林侍讲学士、通奉大夫虞雍公神道碑》，《圭斋文集》卷9，四部丛刊初编本。

② [元]虞集：《刘公伯温〈学斋吟稿〉序》，《道园类稿》卷19；《虞集全集》[上册]，王颋点校本，天津古籍出版社，2007年4月版，第513页。

③ [元]虞集：《长安园池记》，《道园类稿》卷29；《虞集全集》[下册]，王颋点校本，天津古籍出版社，2007年4月版，第737页。

④ [元]虞集：《彭城郡候刘公神道碑》，《道园类稿》卷42；《虞集全集》[下册]，王颋点校本，天津古籍出版社，2007年4月版，第1089页。

⑤ [元]虞集：《学斋记》，《道园类稿》卷28；《虞集全集》[下册]，工颋点校本，天津古籍出版社，2007年4月版，第724页。

⑥ [元]虞集：《雪山记》，《道园类稿》卷29；《虞集全集》[下册]，王颋点校本，天津古籍出版社，2007年4月版，第736页。

⑦ [元]虞集：《张掖刘氏下殇女子墓志铭》，《道园类稿》卷49；《虞集全集.》[下册]，王颋点校本，天津古籍出版社，2007年4月版，第968页。

⑧ [元]黄溍：《翰林侍讲学士揭公神道碑》，《金华黄先生文集》卷26，四部丛刊初编本。

白先生自传》中予以证实：

年逾三十，郡举茂才为教官，行中书授健康路儒学学录。建康，六朝故都之地，今行台治为监察御史，日至泮宫，勉励诸生。先生之为学官也，实兼太学斋训导，凡御史台郎子弟悉从授书。去后登科入仕者众，其最显者，前中书左丞吕仲实、江西监宪刘伯温、辽省参政廉公亮、今礼部尚书越伯器是也。[①]

上引材料提及的吕仲实，即吕思诚。仲实，乃其字。出身官家，泰定元年（1324）第二甲进士。官至中书左丞。[②]而廉公亮，即廉惠山海牙，字公亮，畏兀儿氏。至治元年（1321）第二甲进士，累官都转运使。[③]至于越伯器其人的登科年份和仕履情况因资料阙如，尚待详考。刘伯温身为进士之事，虽不见诸其他史文，然则胡助的上述记载足以信从，理由如下：

其一，胡助所述内容与刘伯温的家庭背景相合。据《纯白先生自传》，胡助“秩满，授承事郎太常博士，年几七十，竞告老于朝，致仕以归。实至正五年也。”[④]胡助致仕时年已七旬的讯息，元代名公许有壬（1287—1364）和张起岩（1285—1353）的诗作均可证实。许公在《送胡古愚致仕归金华次其留别韵》吟诵道：“天上故人罗祖道，梦中稚子候衡门。君王深悯七旬苦，忠义难忘一饭恩。白发朱衣相照映，青山华屋雨生存。便寻起石为羊处，却笑牛车困子孙。”[⑤]而张起岩的《奉贺送古愚先生致仕赠行》有曰：“国史编修寿七旬，归轩辉耀出都门。到家上冢荣新庆，致仕迁官拜异恩。名遂自知身必退，齿刚还羡舌长存。高人心逸无他事，远碧楼头弄幼孙。”[⑥]可见，至正五年（1345），胡助已是古稀老人。由此上推，他应出生于 1276 年左右。据其年逾三十担任学官并兼太学斋训导的记载，其时正值武宗至大年间（1308—1311）前后。而张掖刘伯温的父亲完泽，则于“元武宗至大某年，拜监察御史，行台江南。”[⑦]据《元史·百官志二》，“至元十四年，始置江南行御史台于扬州，寻徙杭州，又徙江州。二十三年，迁于建康，以监临东南诸省，统制各道宪司，而总诸内台。”[⑧]或许因当时的刘伯温身为江南行台监察御史的子弟，才得以在建康（今南京）随从胡助问学，故有师生之谊。

其二，《纯白先生自传》出自胡助本人之手，所述的四位登科进士有二人的身份已经得到证实，故江西监宪刘伯温的进士身份不应有误。

此外，张掖刘公沙剌班有学问文章而又知史事。元代著名文人虞集所撰《江西监宪

---

① [元]胡助：《纯白先生自传》，《纯白斋类稿》卷 18，丛书集成初编本，北京：中华书局，1985 年，第 163 页；李修生主编：《全元文》第 31 册，卷 1015，南京：凤凰出版社，2004 年，第 537 页。

② 《元史》卷 185《吕思诚传》，第 4249 页。

③ 《元史》卷 145《廉惠山海牙传》；《元史》卷 125《布鲁海牙传》；桂栖鹏：《元代进士研究》，兰州：兰州大学出版社，2001 年，第 14 页。

④ [元]胡助：《纯白先生自传》，《纯白斋类稿》卷 18，丛书集成初编本，北京：中华书局，1985 年，第 164 页。。

⑤ [元]许有壬：《送胡古愚致仕归金华次其留别韵》《至正集》卷 21，北京图书馆古籍珍本丛刊本，第 95 册，北京：书目文献出版社，第 116 页。

⑥ [元]胡助：《奉贺送古愚先生致仕赠行》，《纯白斋类稿》附录卷 1，丛书集成初编本，北京：中华书局，1985 年，第 203 页。

⑦ [元]虞集：《彭城郡候刘公[完泽]神道碑》，《道园类稿》卷 42，四部丛刊初编本；《虞集全集》[下]，王颋点校本，天津古籍出版社，2007 年 4 月版，第 1088 页。

⑧ 《元史》卷 86《百官志二》，第 2179 页。

刘公去思碑》记载说：“家居时，常以四书五经，洙、泗、伊、洛之说亲教乡里子弟”。其“诗文雅纯，为伐所重”。且“澹泊俭约，如诸生，无嗜好，行李无畏物，唯所读书而已。”刘伯温闲居时，“以论语、大学、中庸、孟子教于其乡子弟，从之者众焉”①。他本人也坦然承认自己是一介书生，在给虞集的信函中写道：

在官之日，惟寒暑衣褐、蔬果食饮之用，不得不易于市，苟得已者未尝不已之。所嗜者，莫如古书，历官又多书之地，然亦坚守其戒。虽甚所欲观览，亦未尝少违焉。②

以上援引材料足以表明，张掖沙剌班是一位擅长学问、文章的读书人。他与元代其他文人的交往十分频繁，虞集记载说：

监宪伯温刘公，出示馆阁诸君子送行诗文两大卷。其一自中台出佐浙省时赋，众仲题其端，有以见朝廷选任之专、职事之难者。后一卷则自著廷持节江右之赋也，伯循跋其左，具言述作之暇，道西北形势，古今之迹，经览之壮，有重会讲明之约，一代文物之懿，备见于斯，何其盛哉！③

此外，他熟谙史事，诸如“历西北山川形要，验以前史如指掌。”又，“知内圣外王之道。观史传，得古今之变，如亲履之”。在江右（今江西）任职期间，他专事兴学，赢得敬重。“至正四年十有二月，太中大夫、肃政廉访使张掖刘公沙剌班上任之三日，谒先圣先师于大成殿，礼也”。④“至正五年，监宪刘公沙剌班、宪使河内李公守仁、副使夏脱脱公、经历东平司君允德、知事河中张君汝遴，皆以经学古道会于江右，时和岁丰，有司率职，日多清暇。观诸学舍，凡可以作新斯民以教当世者，群公一心，无所不尽其道焉。张掖公每退食，亲与诸生讲学”。⑤虞集的上述文字表明，张掖沙剌班不仅自身具有较高的学养，还致力于发展教育，弘扬学术事业。或许正是基于其学问而又知史事的优良素质，他才得以拜秘书卿并参与编修《金史》。

其次，张掖刘伯温是心地纯正，守己奉职，为民谋福的谦谦君子。

自至正三年三月奉命开始撰修《金史》，止至正四年十一月书成，历时一年八个月。史事既毕，他于至正五年以宪节监于江右（今江西）。其时，“江右之境，连岁旱饥，加以疫疠，道馑相望”。自“去年九月，皇上忧民之饥溺，喻台臣选人治之，奉十人为宪使，皆极一时之选，其来江右，则公也”。刘伯温能监宪江右，说明他具有较强的工作能力和良好的品行。初至江右之地，“去蠹弊，广学舍，立五经之师，聚生徒而教之，弦诵相接”。又，“设养济院，收养孤贫”。不久“江右安靖，无一可议”。他曾对虞集说：

---

① [元]虞集：《新建陆文安公祠堂记》《[天启]荆门州志》卷8；见《全元文》卷857，南京：凤凰出版社2004年版，第19页。

② [元]虞集：《清献室铭并序》，《道园类稿》卷14，《虞集全集》[上册]，王颋点校本，天津古籍出版社，2007年4月版，第306页。

③ [元]虞集：《题刘伯温行卷并序》，《道园类稿》卷8；《虞集全集》[上册]，王颋点校本，天津古籍出版社，2007年4月版，第134页。

④ [元]虞集：《兴学颂并序》，《道园类稿》卷15；《虞集全集》[上册]，王颋点校本，天津古籍出版社，2007年4月版，第343页。

⑤ [元]虞集：《[龙兴路东湖书院]重建高文忠公祠记》，《道园类稿》卷25；《虞集全集》(上册)，王颋点校本，天津古籍出版社，2007年4月版，第662页。

“国家建官至多，虽冗散之府。徒于食于民者，犹千百人流显要乎！欲吾民之休息，非大减官府不可也”。刘公的上述见解，即便在今天看来，仍不失其价值。至正六年（1346）五月，伯温自江右转宪河南，当地居民感念其恩泽，依恋不忍离去，遂刻去思碑，以志永歌。张掖沙剌班之所以深受百姓拥戴，主要因为他在江西为官时能“修己行事，皆恪躬夙夜，以身先之，更敦礼让，无骄吝之习焉”。既然张掖沙剌班是一位文采出众的文人，势必与当时的文人墨客或修史者多所交游，弄清这些问题对于深化本文主题具有一定的意义。

四、元代文人笔下的沙剌班

张掖沙剌班得以参与纂修《金史》，其才、学、识应属上乘。那么，他与其他文人的交往应是判定其有别于畏兀儿氏沙剌班的重要考量指标之一，本节缀集相关资料拟就这一问题再做些探讨。

（一）余阙笔下的刘公沙剌班

余阙（1303—1358）在《送刘伯温之江西廉使，得云字》中吟咏曰：

祖帐依仙馆，车盖何缤纷。使君驱驷马，衣上绣成文。中坐陈绮席，羽觞流薄熏。情多酒行急，意促歌吹殷。况我同乡友，同馆复同群。初旸丽神皋，遥望澄远氛。回镳望双阙，五色若卿云。苍茫岁年徂，东西岐路分。道长会日远，何以奉殷勤。惟有凌霜柏，天寒可赠君。①

这首诗作应是余阙送别好友刘伯温赴江西监宪时所作，写于至正五年（1345）前后。诗题所言刘伯温应是张掖沙剌班，理由如下：

其一，上引诗中与余阙同乡、同馆、同类的刘伯温只能是张掖刘公沙剌班。余阙，字廷心，一字天心，色目人，唐兀氏，世家河西武威，官庐州，遂为庐州（今合肥）人。出身宦家，父沙剌藏卜曾任官庐州。元统元年（1333）进士。至正三年，预修辽、金、宋三史，为《宋史》史官。②至正十二年（1342）除淮东宣慰副使、佥都元帅府事。次年，升同知、副都元帅，寻升宣慰使都元帅。以功拜淮南行省参政，升左丞，奉命守安庆（今安徽）孤城七年。至正十八年（1358）初，农民军攻克安庆，余阙率部力战，身被数创，城陷自刎而死，时年五十六。其妻及子女亦皆自杀。③据《彭城郡候刘公神道碑》，张掖沙剌班出身“惟夏之名族，别于唐兀则有刘氏焉。始居敦煌，夏亡，徙甘州之张掖，今为张掖人”。余阙世居河西武威，刘伯温则是张掖人，故乡相同。此外，余阙为《宋史》史官，刘公沙剌班系《金史》纂修官，遂有“同馆复同群”之谊。

其二，《江西监宪刘公去思碑》记载说：

公下车，至诚恻怛，思感化之方，上天降雪以应之，人情胥悦。④

① [元]余阙：《青阳先生文集》卷1《送刘伯温之江西廉使，得云字》，四部丛刊续编本。

② [元]脱脱：《宋史》附《进宋史表》，北京：中华书局，1985年版，第14258页。

③ [明]宋濂：《余左丞传》，《宋文宪公全集》卷40；《元史》卷143《余阙传》；赵良墅：《雍正合肥县志》卷2《艺文志》；刘昌：《成化中都志》卷6《名宦》，天一阁藏明代方志选刊续编本。

④ [元]虞集：《江西监宪刘公[沙剌班]去思碑》，《道园类稿》卷39；《虞集全集》，王颋点校本，天津古籍出版社，2007年版，第1039页。

这段文字说明，张掖刘伯温抵达江右（今江西）的时间正值冬季。因此，余阙才会吟出“惟有凌霜柏，天寒可赠君”的诗句。那么，张掖刘公沙剌班究竟在何时抵达江右？《江西监宪刘公去思碑》为我们提供了两个至关重要的信息：其一，“至正五年，岁在乙酉，张掖刘公以宪节监于江右”。其二，“未两月，宪使覃怀李公至，忠厚仁恕，勤审不倦，与公合德，副使、佥事各以练达匡顺其成”。[①]“宪使覃怀李公”乃中顺大夫、宪使河内李守仁，他是张掖刘伯温监宪江右的左膀右臂。显然，弄清楚李公到达江右的具体时间，对于厘清张掖刘公何时抵达江右的问题必有助益。据《江西宪司新门记》，至正五年正月，中顺大夫河内李公守仁以宪使至，与二公志同道合而无间然。[②]若以上记载确凿无误，李守仁到达江右的时间应在至正五年正月。前面征引的史料已表明，刘伯温先李公到达江右。对此，元代名公虞集在《兴学颂》中记载说：

> 天相斯文，于圣世天子之命吏，其必有能兴起而作新之者乎？乃至正四年十有二月，太中大夫、肃政廉访使张掖刘公沙剌班上任之三日，谒先圣先师于大成殿，礼也。[③]

据此可以断定，至正四年十二月刘伯温已经抵达江右，适逢“天寒”、“上天降雪”的冬季。未两月（即至正五年正月），宪使李公守仁亦奉命赴任，这是符合情理的解释。

（二）《元史·张翥传》中的沙剌班

《元史》卷一八六《张翥传》有一段涉及沙剌班的文字，现征引如下：

> 翥长于诗，其近体、长短句尤工。文不如诗，而每以文自负。常语人曰：“吾于文已化矣，盖吾未尝构思，特任意属笔而已”。它日，翰林学士沙剌班示以所为文，请易置数字，苦思者移时，终不就。沙剌班曰：“先生于文，岂犹未化耶，何思之苦也？”翥因相视大笑。[④]

《元史·张翥传》中的沙剌班是张掖刘公沙剌班？还是畏兀儿氏沙剌班？他与张翥的关系如何？这些问题同样值得深究。

现有资料显示，畏兀儿人沙剌班曾任奎章阁大学士、中书平章政事、大司徒、宣政院使等官职，未及“翰林学士”之职掌。不过，他的父亲阿邻帖木儿担任过翰林学士承旨。据此推断，《元史·张翥传》中的沙剌班恐非畏兀儿氏，而是另有所指。

张翥（1287—1368），字仲举，号蜕庵先生。父为吏，随元军攻宋，留居江南。他从安仁儒者李存研习陆九渊之学；又从杭州仇远学诗。延祐间北返故里，应试不中。至正初，被召为国子助教，寻退居淮东。复起为翰林国史院编修官，预修辽、金、宋三史，官翰林侍读兼国子祭酒。他比杨瑀（1285—1361）小两岁，因没有在奎章阁供事的经历，对畏兀儿人沙剌班了解甚少，或者说基本上没有可能与身为元顺帝心腹的沙剌班相识。

---

① [元]虞集：《江西监宪刘公[沙剌班]去思碑》，《道园类稿》卷39；《虞集全集》，王颋点校本，天津古籍出版社，2007年版，第1039页。

② [元]虞集：《江西宪司新门记》，《道园类稿》卷26；《虞集全集》[下册]，王颋点校本，天津古籍出版社，2007年版，第674页。

③ [元]虞集：《兴学颂并序》，《道园类稿》卷15；《虞集全集》[上册]，王颋点校本，天津古籍出版社，2007年版，第343页。

④ [明]宋濂：《元史》卷186《张翥传》，北京：中华书局点校本，1976年，第4285页。

因此，《元史·张翥传》中的沙剌班应是张掖刘公沙剌班。理由有四：

首先，两人均是辽、金、宋三史的编修官，彼此有相识的机会和可能。张翥是《宋史》的编修官，而张掖刘公沙剌班则是《金史》的纂修官。《金史》完成于至正四年十一月，而《宋史》则完成于至正五年十月。说明两人至少共同相处了一年零八个月的时光，或许正是在这段时间内，两人结下了深厚的友情。

其次，张翥进入史馆时的年龄约在五十七岁左右。其时，张掖刘公沙剌班年齿几何？因缺乏直接的材料，我们只能借助相关资料略事推论。据《彭城郡候刘公神道碑》，完泽于“至大某年，拜监察御史，行台江南，而公之年已四十九矣”。[①]“至大”是元武宗海山在位时使用的年号，共计四年，即至大元年止至大四年（1308—1311）。我们姑且将完泽拜监察御史、行台江南的时间预设在至大四年（1311），完泽应生于1263年左右。刘沙剌班是其长子，若以完泽二十岁生子而论，张掖沙剌班可能生于1283年左右。尽管这种假设有失谨严，但至少说明他与张翥在年龄上的差距并不大，二者在交流方面不应存在代沟障碍。

再次，两人均有任职河南的经历。张翥在至正末年以河南行省平章政事致仕，[②]而张掖刘公沙剌班则于至正六年去职江右前往河南就职。[③]往日共同在史馆修史，而今又在同一个地方为官，这种相同的经历势必将其紧密的联系在一起。

复次，两人在诗学方面均有造诣。《元史》载“翥长于诗，其近体、长短句尤工”[④]，故有《蜕庵诗集》行世。而张掖刘公沙剌班“诗文雅纯，为伐所重”[⑤]。想必共同的文学旨趣，使其彼此欣赏，所以才会出现《元史》传记中两人谐谑的对话和开怀的笑声。

（三）宋褧、吴师道、王沂、陈基等诸公笔下的沙剌班

宋褧（1294—1346），字显夫，大都（今北京）人，宋本之弟。泰定元年（1321）进士。约至正五年（1345）拜翰林直学士兼经筵官。至正六年（1346）卒，年五十三，谥文清。[⑥]有《燕石集》十五卷传世，《元史》有传。宋褧与沙剌班（刘伯温）的关系不详，在《燕石集》中宋公有两首诗作与其有关，诗题为《竹山山中，太皇观小憩，道士白刘伯温御史旧所题二绝句，即景和寄》，诗曰：

> “雨汗淋漓鬓发苍，空山无地得苍凉。乔松老鹤聊容与，转觉仙家气味长”。
>
> 又吟道：“酒泉才子气凌云，落落清淡久不闻。见说松斤深处坐，简霜挥洒净妖氛。伯温名沙剌班，河西人”。[⑦]

---

① [元]虞集：《彭城郡候刘公神道碑》，《道园类稿》卷42；《虞集全集》[下册]，王颋点校本，天津古籍出版社，2007年4月版，第1087页。

② 姚大力：《张翥》，载蔡美彪主编：《中国历史辞典·辽夏金元卷》，上海：上海辞书出版社，1986年版，第269页。

③ [元]虞集：《江西监宪刘公去思碑》，《道园类稿》卷39；《虞集全集》[下册]，王颋点校本，天津古籍出版社，2007年版，第1039页；明天启《荆门州志》卷8《新建陆文安公祠堂记》云：“至正丙戌[1346年—引者注]，今侍御史张掖刘沙剌班伯温氏，自江右转宪河南。数月，移疾归长安别业”。

④ [明]宋濂：《元史》卷186《张翥传》，北京：中华书局点校本，1976年，第4282页。

⑤ [元]虞集：《江西监宪刘公去思碑》，《道园类稿》卷39；《虞集全集》[下册]，王颋点校本，天津古籍出版社，2007年版，第1041页。

⑥ [元] 苏天爵：《元故翰林直学士赠国子祭酒范阳郡候宋谥文清宋公墓志铭并序》，《滋溪文稿》卷13，北京：中华书局，1997年版，第204—206页。

⑦ [元]宋褧：《燕石集》卷9，《北京图书馆古籍珍本丛刊》，第92册，北京：书目文献出版社，第190页。

可见，宋公笔下的沙剌班亦应是张掖刘公伯温。理由如下：

其一，诗中小注明确指出，刘伯温“名沙剌班，为河西人”。又有“酒泉才子气凌云”的诗句为佐证，故此人应与余阙笔下的刘伯温为同一人，并非畏兀儿氏。

其二，宋褧与本文前面论及的张翥均为《宋史》的编纂官，亦与张掖沙剌班相处一年八个月，彼此相识，互有诗文唱酬。

吴师道（1283—1344），字正传，江浙行省婺州路兰溪州人（今属浙江）。至治元年（1321）进士，先后担任高邮县丞、宁国路录事、池州路建德县尹。后至元六年（1340），吴公入朝为国子助教，次年升博士，教授国子学二年。至正三年（1343），师道丁忧归。四年（1344），因病乞休，未久而卒。

仅就吴师道的仕宦经历而言，他并不具备与畏兀儿氏沙剌班结交相识的机会。不过，他也有一首《送刘伯温之江浙省郎中》的诗作值得关注，诗曰：

江浙连闽屹巨藩，年来民力见凋残。帝怜下士驱虎豹，人贺南州集凤鸾。槐影书龙青琐闼，湖光晴照画阑干。清风迅扫诸曹务，应共宾僚一笑欢。①

诗题中的刘伯温是否为张掖刘公沙剌班颇值得探讨。元代文人王沂亦有关涉刘伯温的文字。《伊宾集》卷一四《送刘伯温序（什喇卜，即沙剌班）》记载说：

至元五年（1339），闽盗既平。明年夏秋，嘉禾、吴松江苦雨，具区溢坏民田庐。秋敛用微，流移者众。江浙省遣使告饥，朝廷议选通经术有材干之士为元僚拯之。山北道廉访副使伯温甫往践其任，伯温雅与余接，余闻而喜曰：“浙之人幸也”。

以上材料表明，后至元六年（1340），出任江浙省郎中的刘伯温正是张掖刘公沙剌班。“什喇卜”或“锡剌卜”，均是清代史官编修《四库全书》时依据当时的翻译规则所做的改动，实为“沙剌班”的清代译名。②显然，张掖刘伯温是从山北道廉访副使（正四品）的任上前往江浙行省任郎中（从五品）的，吴师道与王沂两人的诗文分别记载的应是同一件事。关于此事，元兴化莆田（今属福建）人陈旅（1288—1343）亦记载：

至元六年，山北廉访副使沙剌班伯温除江浙行省郎中，盖慎选也。伯温精明而醇愿，阖闿而缜理，通经学古而用之不迂，练核吏事而本之以仁义。凡前代治乱得失之迹，与所历山川形势、城邑废置、民物丰耗，以至古今设施之所以不同者，皆有所考证，以致其用世之心焉。故内而为监察御史，外而为诸省宰士、诸部使者，声称皆大闻于时。③

这段材料，正好与王沂的记载相互印证，足以信从。至于“削平闽盗”一事，其他史乘亦有记述：

君美好读书，乃从州郡推擢以为吏，在汀州时，盗起，郡守郡将无以为计，君美以守将之命，率劝民义，得三千人，而军势益壮，盗遂以平。自闽宪迁江右，

① [元]吴师道：《吴师道集》卷8《送刘伯温之江浙省郎中》，邱居里、邢新欣点校本，长春：吉林文史出版社，2008年版，第140页。

② [清]赵翼：《二十二史札记补编》，“沙剌班，又改作锡哩巴勒”，北京：中国书店出版，1987年版，第550页。

③ [元]陈旅：《安雅堂集》卷5《江浙省郎中沙剌班伯温之官序》，台湾“中央图书馆”编印，1970]年3月，第189—191页。

宪府诸公皆有学问世臣大儒，君美参佐论议于其间，廉直有识，皆其美之实也。①

"君美"，是张掖刘公沙剌班的字。其祖父曾仕于闽，伯温奉守将之命，亲率三千人平盗，立下大功，此事发生在后至元五年（1339）。翌年，赴任江浙行省郎中，至正三年（1343）三月参与纂修《金史》，四年（1344）十一月撰就。五年（1345）以宪节监于江右（今江西）；六年（1346）去职江右前往河南赴任。上述为官经历还可以得到《清献室铭并序》的印证，"清献室"为刘伯温的休息之所。序曰：

自甘肃省检校官、蜀省员外郎拜西台御史，佥山南、河东两宪事，入拜御史，出副山北宪，以郎中佐江浙省，旋副其宪。召还，著廷修史，而持节于此也。②

以上资料不仅勾勒出张掖沙剌班的历官情况，并为确定其参与编修《金史》再添一证。

王沂，字师鲁，一作思鲁，先世云中（今山西大同）人，后徙居真定（今河北正定），寓居汴梁（今河南开封）。出身宦家，其父王元父官承务郎，监黄池税务。王沂中延祐二年（1315）进士。至正三年（1343）以翰林直学士预修《辽史》。至正五年（1345）官礼部尚书。③王公何时与刘伯温相识已无从考知，他们极可能在后至元六年（1340）相聚于江浙行省。不然，何以有"伯温雅与余接"的文字。王沂在序文中记载道：

伯温之少也，从先生国子讲论道德，以求其益。其素学也，可知其仕也。为名御史，为贤部使者，其才又可知也。学以禔身，才以立事，自公卿大夫至于牛羊仓廪之选咸宜焉，况足国用、召和气者哉！④

藉此我们能感受到，王沂对刘伯温还是比较了解的。或许正如时人所言：

当今赋出于天下，江南居十九。浙之地在江南，号"膏腴"，嘉禾、吴松江又号"粳稻压饫他壤"者，故海漕视他郡居十七八。兹者民方结草苐以自托于坏堤毁堰之上，而海漕之常数莫登矣。活民足用亦有其道欤？弭菑沴以召和气，又可不深念欤？⑤

有鉴于此，朝廷不得不选调德才兼备的刘伯温出任江浙行省的地方官，故王沂认为：此乃"浙之人幸也"！王沂在其《送刘伯温序》的标题下用小字特别注明"什喇卜郎中"。"什喇卜"当是"沙剌班"的异称，至元六年（1340）从山北道廉访副使的任上出任江浙行省郎中的刘伯温应是张掖沙剌班。这一点，虞集的《题刘伯温行卷并序》亦可为证。在馆阁诸君子为刘伯温送行的两卷诗文中，其中一卷则是张掖刘公自中台出佐浙省时诸君子所赋，这充分说明他确实拥有在江浙行省任职的经历。

---

① [元]虞集：《沙君美字说》，《道园类稿》卷31；《虞集全集》[上册]，王颋点校本，天津古籍出版社，2007年4月版，第358页。

② [元]虞集：《清献室铭并序》，《道园类稿》卷14；《虞集全集》[上册]，王颋点校本，天津古籍出版社，2007年4月版，第306页。

③ [元]马祖常：《王宗仁墓志铭》，《石田先生文集》卷13；王沂：《伯姊墓志铭》，《伊宾集》卷23；欧阳玄：《进辽史表》，《圭斋集》卷13；苏天爵：《国子生试贡题名记》，《滋溪文稿》卷3。

④ [元]王沂：《伊宾集》卷14《送刘伯温序》，四库全书本；参李修生主编：《全元文》，第60册，南京：凤凰出版社，2004年版，第67页。

⑤ [元]王沂：《伊宾集》卷14《送刘伯温序》；参李修生主编：《全元文》，第60册，南京：凤凰出版社，2004年版，第67页。

陈基（1314—1370）元临海（今属浙江）人，字敬初。受业于黄溍，从其游京师，任经筵检讨，后南归，迁至平江（今江苏苏州），教授诸生。张士诚据吴，以江浙行省郎中佐张士信于杭州，累迁学士，一时檄文、碑铭、传记多出其手。[①]见于陈基诗文集中与刘公沙剌班有关的文字有两则：其一为《寄沙剌班伯温秘卿》，诗曰：

君侯高义重南金，欲奉驰驱愧不任。刘向传经心独苦，马迁载笔意何深。朱幡未许分符出，华发悬知两鬓侵。日日燕山有飞雁，帛书都不寄江浔。[②]

诗题中的“秘卿”，乃“秘书卿”的省称。据《彭城郡候刘公神道碑》，至正三年，沙剌班拜秘书卿，参与编修《金史》。又据《张掖刘氏下殇女子墓志铭》，刘沙剌班之女宣奴（初名般若）生于后至元丁丑（1337）年，“伯温以书相告曰；‘发且白，惟一女，而又失之’”。不难看出，宣奴出生时，张掖刘公沙剌班已是发白如霜之人。其时，陈基年方二十有三，是春风得意的青年才俊。毫无疑问，陈基比张掖沙剌班年轻许多。上引“君侯高义重南金”和“华发悬知两鬓侵”的诗句，无疑是对刘伯温品行和外貌特征的真实写照。而陈基的另一首《跋学斋侍御张掖刘公〈洛阳怀古〉诗》的跋文称：

右《洛阳怀古》诗一首，西台侍御张掖刘公之所赋也。公以学问政事，方用于时，而其为诗清新，雅丽有则。至以周公、邵子对言，则先儒之微意，而公之学有所本也。刻而传之，岂惟洛阳之盛事而已哉？[③]

上述诗题中的“学斋”，是刘公沙剌班的斋名，而其宴居则谓之“清献之室”。至于他是否出任“西台侍御”一职，虞集所撰《清献室铭并序》记载详明：“自甘肃省检校官、蜀省员外郎拜西台御史，佥山南、河东两宪事”。[④]而《刘伯温画像赞》亦吟诵道：“践世官于御史，遂履迁于藩部”。[⑤]上引诗、文均表明张掖沙剌班的确出任“西台御史”之职。值得特别一提的是，刘伯温的父亲完泽于延祐元年（1314）拜御史，移西行台，治奉元（陕西西安）。[⑥]刘公沙剌班身为长子，极有可能承袭父荫，担任此职。此外，陈基跋文中对其学问本源的揭示亦极具启发意义。“周公”，姓姬名旦。周文王之子，周武王之弟。周公的哲学思想主要是天命观，他把“敬天”与“保民”直接联系起来，在宇宙观的发展上是一种进步。而“邵子”，乃北宋哲学家邵雍（1011—1077），号康节先生，出生河南。他从《易经》发展出宇宙论，并且也用图解来说明他的原理。[⑦]张掖刘公对周公“敬天”和“保民”的思想多有传承，虞集记载说：

公尝谓余曰：“今治民，譬如诸鱼之在水，大之食小，不能无也。而欲以劳烦治之，大小俱困矣。其生几何哉？故公所至，常以简易为政。”又言：“国家建官

① 《明史》卷285《陈基传》，中华书局标点本，1974年，第7318页。

② [元]陈基：《陈基集》，邱居里、李黎校点本，长春：吉林文史出版社，2009年12月版，第428页。

③ [元]陈基：《陈基集》，邱居里、李黎校点本，长春：吉林文史出版社，2009年12月版，第356页。《夷白斋稿外集》。

④ [元]虞集：《清献室铭并序》，《道园类稿》卷14；《虞集全集》[上册]，王颋点校本，天津古籍出版社，2007年4月版，第306页。

⑤ [元]虞集：《刘伯温画像赞》，《道园类稿》卷15；《虞集全集》[上册]，王颋点校本，天津古籍出版社，第325页。

⑥ [元]虞集：《彭城郡候刘公神道碑》，《道园类稿》卷42；《虞集全集》[下册]，王颋点校本，天津古籍出版社，2007年4月版，第1089页。

⑦ 冯友兰：《中国哲学简史》[赵复三汉译本]，北京：新世界出版社，2004年，第235页。

至多，虽冗散之府，徒手食于民者，犹千百人流显要乎!”[①]

刘公之言掷地有声，是其敬民、爱民思想的真实流露。诚然，这种思想的形成源自其长期的探索和积累。刘公“家居时，常以四书五经，洙、泗、伊、洛之说亲教乡里子弟。于是，良家子始知圣人之传，可以为生民立命者”。[②]显然，陈基“先儒之微意，而公之学有所本也”的论断是有一定根据的。

更有意思的是，陈基与张掖沙剌班两人先后担任过江浙行省郎中一职。在不同时段分别担任同一地方相同的官职，想必彼此间对对方的办事风格有些了解，或许正是基于这种特殊的经历，陈基为其《洛阳怀古》诗题跋，自然是情理之中的事。笔者据此判断，陈基笔下的沙剌班亦并非与其同名的畏兀儿氏。

（四）虞集诗文中的沙剌班

在沙剌班与诸多文人的交往中，他与虞集的联系可谓最为密切。虞集（1272—1348），字伯生，号道园、邵庵。祖籍四川仁寿，生于湖南衡阳。南宋亡，随父汲侨居江西崇仁。成宗时被举荐为大都路（今北京）儒学教授，自此先后供职于国子学、翰林院、集贤院、奎章阁等机构，历仕八朝，秩至从二品。他与揭傒斯、黄溍、柳贯并称“儒林四杰”。朝廷诏告典册、四方碑文多出其手。

其生平、著述、行谊可参见罗鹭著《虞集年谱》。[③]至于虞集与江西监宪张掖刘公沙剌班的交谊，本文在前面已有所涉及，不再赘述。本节只想就张掖沙剌班的居地、字号等问题再做些补充。为便于分析，现将虞集诗文中涉及刘公沙剌班的有关篇目表列如下：

序号	篇　　目	资　料　出　处
1	《题刘伯温监宪所藏雪山图》	《道园类稿》卷四
2	《次韵刘伯温送王止善员外诗三首，并序》	《道园类稿》卷五
3	《次韵刘伯温送王止善员外诗》	《道园类稿》卷五
4	《题刘伯温行卷，并序》	《道园类稿》卷八
5	《谢刘伯温》	《道园类稿》卷八
6	《清献室铭，并序》	《道园类稿》卷一四
7	《刘伯温画像赞》	《道园类稿》卷一五
8	《黄羊尾毛笔赞，并序》	《道园类稿》卷一五
9	《兴学颂，并序》	《道园类稿》卷一五
10	《沙君美字说》	《道园类稿》卷三一
11	《刘公伯温<学斋吟稿>序》	《道园类稿》卷一九
12	《新修龙兴路东湖书院记》	《道园类稿》卷二四
13	《龙兴路宗濂书院记》	《道园类稿》卷二四

① [元]虞集：《江西监宪刘公去思碑》，《道园类稿》卷39；《虞集全集》，王颋点校本，天津古籍出版社，2007年，第1041页。

② [元]虞集：《江西监宪刘公去思碑》，《道园类稿》卷39；《虞集全集》，王颋点校本，天津古籍出版社，2007年，第1041页。

③ 罗鹭：《虞集年谱》，南京：凤凰出版社，2010年版。

14	《龙兴路东湖书院重建高文忠公祠记》	《道园类稿》卷二五
15	《江西宪司新门记》	《道园类稿》卷二六
16	《学斋记》	《道园类稿》卷二八
17	《雪山记》	《道园类稿》卷二九
18	《刘氏长安园池记》	《道园类稿》卷二九
19	《宪司牒文》	《道园类稿》卷首
20	《张掖刘氏下殇墓志铭》	《道园类稿》卷四九
21	《江西监宪刘公去思碑铭》	《道园类稿》卷三九
22	《彭城郡候刘公神道碑铭》	《道园类稿》卷四二
23	《（荆门州）新建陆文安公祠堂记》	《天启荆门州志》卷八

必须指出的是，虞集曾奉元文宗图帖睦尔之命起草诏书，言明宗和世瑓素来认为妥懽贴睦尔不是他的亲生子。妥懽帖睦尔继位后，虞集惧祸告归。[①]元统元年（1333），元顺帝入继大统，畏兀儿氏阿怜帖木儿、沙剌班、世杰班祖孙三人均侍奉圣上，被视为心腹。此时，虞集已远离险恶的政治决策中心，他笔下的沙剌班正是张掖刘公伯温。

由虞集的《次韵刘伯温送王止善员外诗三首》和《次韵刘伯温送王止善员外诗》，我们可以推知张掖沙剌班与王止善、虞集等人的关系非同一般。王止善即王艮（1278—1348），“止善”，是其字。初被淮东廉访司辟为书吏，后累迁江浙行省掾史，历建德县尹、两浙都转运盐使司经历、海道万户府经历、江浙行省检校官、广州市舶提举、江浙行省员外郎。张掖沙剌班于后至元五年（1339）出任江浙行省郎中，故与王艮有同事之谊，相互唱酬，自是情理中的事。诗题有曰：

> 集今春与止善员外约三月致仕，同游武夷。既而，闻其扁舟江上，遂不及与之别。监宪学斋公送以七言律诗一章、五言三章，远蒙录寄，不胜慨然。盖公之所赋，所以激清风于古道，发大雅于儒林，止善平生，遂有见于久远，所系亦大矣。辄次韵四篇，追寄止善，亦以颂公之盛德。[②]

诗题中的“监宪学斋公”，指张掖刘公沙剌班，因为他将其“居室”命名为“学斋”。对此，虞集记曰：

> 学斋者，江右监宪张掖刘公伯温藏修命观之处也。伯温蚤以成均贵游出为御史，佐外宰相治吴越，经综条理，旋副臬事，功用裕如。入践著廷，笔削成史，受命观风于斯部，曾未期月，边豆弦歌，不动而化，君子之德，庶乎有以及人乎？[③]

而黄溍亦有“伯温甫以学斋扁其居室，而来谂于溍”[④]的记载。至于他同其他文人的交往情况，虞集有诗曰：

> “公门无俗客，相识已经年。归有廉车送，人知国士贤。诗随官事少，身与

① 姚大力：《虞集》词条，载《中国大百科全书·中国历史·元史》，中国大百科全书出版社，1985年，第134页。

② [元]虞集：《次韵刘伯温送王止善员外诗三首并序》，《道园类稿》卷5；《虞集全集》[上册]，王颋点校本，天津古籍出版社，2007年4月版，第75页。

③ [元]虞集：《学斋记》，《道园类稿》卷28；《虞集全集》[下]，王颋点校本，天津古籍出版社，2007年，第724页。

④ [元]黄溍：《学斋记》，《金华黄先生文集》卷14；《黄溍全集》[上册]，王颋点校本，天津古籍出版社，2008年，第362页。

盛名全。省署居清切，何曾种秫田？”[①]又，“故人归去甚清华，公有新诗在小车。天外秋声先雁阵，云边清梦过蜂衙。未寻旧宅山阴竹，更忆玄都观里花。拟叙别怀题纸尾，目昏书事愧欹斜。”[②]

虞集的诗作不仅道出吟诵者与张掖沙剌班的深厚情谊，还对其身份及交往情况做出客观的评价，诸如“公门无俗客”、“人知国士贤”，均说明这一点。

正如《江西监宪刘公去思碑》所述，张掖沙剌班的字为“伯温”，另一字为“君美”。对此，虞集撰专文解释说：“沙之字曰‘君美’，于是，皆曰：‘此君美之所以为美者也’。或来求予为之说，乃谓之言曰：‘美也者，有诸种而畅诸外者也’”[③]。或许，“君美”一字是江右士人对张掖刘公沙剌班的美称。至于“沙君”，则是沙剌班的省称。

此外，虞集对沙剌班的先世及居地记述尤详。《沙君美字说》有曰：“吾闻君美之先，著劳于宪宗、世祖时，而报之者未尽也。其祖仕于闽，为义田以养其族人之在顺昌者，其德惠又未及艾也”。[④]关于其世居地，虞集亦多所记述。诸如“我家成都雪山东，公家张掖雪山北”。又，“张掖雪融草木长，禾生陇亩多牛羊”。[⑤]

“雪山”指何山？时人解释说：“天下诸山之最高处也，是为昆仑之山，在诸羌中。自蜀观之，在其西，自敦煌、张掖等郡观之，在其南”。[⑥]虞集所言方位大致正确。即便如此，虞集的“雪山之说，盖亦闻之张掖刘公伯温甫者如此云”。[⑦]看来，张掖沙剌班对“雪山”依然保留着最初一份特殊的记忆。当然，拥有这种情怀者并不止他一人。“公弟仲宾刚毅有英名，风采如其兄，仕中朝为良御史，佐宰相理西曹，进拜兵部郎官，以材器方见显用，有怀父母之邦，不能以时归至其处，乃绘雪山为图，因以自名焉”。[⑧]在北方游牧民族社会，通常以山、川名称作为故里代称或姓氏者并不在少数，此又添一例。

其实，在虞集的笔下，“张掖”也是刘公沙剌班的另一代称。如“绣衣持节，湖江爰即。司宪之监，侃侃张掖”、“张掖乃至，集思忠益”、“张掖乃止，不嗟以怿”[⑨]等。

刘公沙剌班自张掖道经长安至京师，路途过半，在长安城东建有一宅。虞集撰有《刘氏长安园池记》：“伯温方以雄文博识、清节卓行受知于圣明，入则紬书中秘，出则揽辔

① [元]虞集：《次韵刘伯温送王止善员外诗三首之一》，《道园类稿》卷5；《虞集全集》[上册]，王颋点校本，天津古籍出版社，2007年，第75页。

② [元]虞集：《次韵刘伯温送王止善员外诗》，《道园类稿》卷5；《虞集全集》[上册]，王颋点校本，天津古籍出版社，2008年，第92页。

③ [元]虞集：《沙君美字说》，《道园类稿》卷31；《虞集全集》[上册]，王颋点校本，天津古籍出版社，2008年，第357页。

④ [元]虞集：《沙君美字说》，《道园类稿》卷31；《虞集全集》[上册]，王颋点校本，天津古籍出版社，2008年，第357页。

⑤ [元]虞集：《题刘伯温监宪所藏雪山图》，《道园类稿》卷4；《虞集全集》[上册]，王颋点校本，天津古籍出版社，2008年，第52页。

⑥ [元]虞集：《雪山记》，《道园类稿》卷29；《虞集全集》[下册]，王颋点校本，天津古籍出版社，2008年，第736页。

⑦ [元]虞集：《雪山记》，《道园类稿》卷29；《虞集全集》[下册]，王颋点校本，天津古籍出版社，2008年，第736页。

⑧ [元]虞集：《雪山记》，《道园类稿》卷29；《虞集全集》[下册]，王颋点校本，天津古籍出版社，2008年，第736页。

⑨ [元]虞集：《兴学颂并序》，《道园类稿》卷15；《虞集全集》[上册]，王颋点校本，天津古籍出版社，2008年，第344—345页。

澄清，盖未尝安居于兹也。其廉于豫章，首画为图以相示，俾予书之，以与其僚友观览，以系其怀思也。”①自张掖抵京师，必经长安，沙剌班在此建一宅舍是完全符合情理的。

（五）欧阳玄笔下的沙剌班

欧阳玄（1274—1358）字原功，号圭斋，浏阳（今属湖南）人。出身学官之家，父龙生曾任道州路儒学教授。延祐二年（1315）进士。至顺二年（1331）除艺文太监。后历任太常礼仪院佥院、翰林直学士、国子祭酒、翰林侍讲学士兼国子祭酒、翰林学士、浙西廉访使、翰林学士承旨。至正十七年（1357）卒，年八十五。②欧阳公在学术上多所建树，曾“奉敕编修四朝实录”，③并“奉诏纂修《经世大典》”，④从《进经世大典表》出自其手笔这一情况看来，⑤他在纂修《经世大典》中的作用是不能低估的。此外，他还是《辽史》、《金史》、《宋史》的总裁官，表现最为突出，贡献极大。⑥其时，张掖沙剌班亦荣膺参与纂修《金史》，两人应彼此相识。

关于沙剌班重新刊印虞集文稿一事，元代名卿欧阳玄所撰《与刘伯温书》亦可为证。他在答赠书信中说：

> 玄顿首再拜伯温监司相公仁契：玄去岁数四附书，宪府邃严，未审一一达几下否？春和，远惟履候胜常，殊慰！詹遡书来，知刻虞先生文，足见高谊。作序当求名笔，乃称雅意。谅切不敢力辞，因便辄供稿去，刻成，千万见惠一本为感。贱迹遂丐闲之请，乡里距贵治稍近，专容修竿牍之教。未中，惟顺序善保，不俱备。辱契欧阳玄顿首再拜，二月十一日谨空。⑦

仅就此函提供的信息分析，极可能张掖沙剌班将重新刊刻虞集文集的动议告知欧阳玄，并力请其为新刊刻的虞公文集作序，遂有欧阳公“知刻虞先生文，足见高谊。作序当求名笔，乃称雅意。谅且不敢力辞”的回复。

刘公沙剌班为何敦请欧阳玄为其新刊刻的虞集文集作序？笔者认为有以下原因：

其一，据《道园学古录》卷五《经世大典序录》，至顺元年二月，命奎章阁学士纂修《经世大典》，以赵世延总其事，虞集副之。同年四月十六日《经世大典》开局，仿六典之制，定篇目为十。虞集监修《治典》。后赵世延辞归，遂专领其事，任总裁。⑧至顺二年五月，《经世大典》草具成书。三年三月，虞集与赵世延、李泂之、揭傒斯、欧阳玄、王守诚等进呈此书。⑨上引材料表明，虞集与欧阳玄曾共同参与纂修《经世大典》，

---

① [元]虞集：《刘氏长安园池记》，《道园类稿》卷29；《虞集全集》下册，王颋点校本，天津古籍出版社，2008年，第737页。

② [元]危素：《大元故翰林学士承旨光禄大夫知制诰兼修国史圭斋先生欧阳公行状》，《危太朴文续集》卷7；张起岩：《欧阳龙生神道碑》，欧阳玄：《圭斋文集·附录》。

③ [元]危素：《大元故翰林学士承旨光禄大夫知制诰兼修国史圭斋先生欧阳公行状》，《危太朴文续集》卷7，《元人文集珍本丛刊》7，台北：新文丰出版公司，1985年版，第563页。

④《元史》卷182《欧阳玄传》，北京：中华书局标点本，1976年，第4197页。

⑤ [元]欧阳玄：《圭斋文集》卷13；苏天爵《元文类》卷16。

⑥ 韩儒林主编：《元朝史》下册，人民出版社1986年，第315页。

⑦《赵氏铁网珊瑚》卷5；《欧阳玄集》，魏崇武、刘建立校点本，长春：吉林文史出版社，2009年，第231页。又，欧阳玄《道园类稿序》署“至正六年二月”。

⑧ 罗鹭：《虞集年谱》，南京：凤凰出版社，2010年，第119页；赵汸：《邵庵先生虞公行状》，《东山存稿》卷6；《虞集全集》下册，王颋点校本，天津古籍出版社，2008年，第1292页。

⑨ [元]欧阳玄：《进〈经世大典〉表》，《圭斋文集》卷13；萨都剌《奎章阁观进〈皇朝经世大典〉呈虞伯生》，《雁门集》卷4。

想必彼此相知甚深，互为敬慕。故由欧阳玄为新刻虞集文集作序最为合适。

其二，虞集之父汲为潭州路学正，欧阳玄以诸生侍之。[①]汲爱其文，手封一帙寄与文靖，“谓公他日必与之并驾齐驱”。[②]于此不难看出，虞集之父井斋[③]先生不仅是欧阳玄的业师，还看重他出众的文采。虞集本人又何尝不是这样。据现代学者目前辑录的资料看，虞集记述欧阳玄的文字约 12 篇，[④]而欧阳玄记录虞集生平事迹的文章共 8 篇，[⑤]甚至《元故奎章阁侍书学士、翰林侍讲学士、通奉大夫虞雍公神道碑》亦出自欧阳玄之手。因此，为新刻虞集文集作序之事舍欧阳公，谁能胜任？

或许张掖沙剌班正是基于欧阳玄极具文采又比较了解虞集的双重原因，他才会恳请其为新刻虞集文集作序。正如欧阳玄在至正六年二月所作《雍虞公文集序》所言：

> 太史夏台刘君伯温，早岁鼓箧，从公成均，及为江右肃政使者，近公寓邑，乃裒公之文将传诸梓书，来京师属玄为叙。……弟于公有世契，生平敬慕公之文，以附着姓名为幸，又高刘君政事之暇，敦笃风谊如是，遂不敢辞，而为之序。[⑥]

序中身为“江右肃政史” 的“刘伯温”，与吉泰承在至正五年五月所撰《宪司牒文》力主重新刊刻虞集文集的太中大夫、江西湖东道肃政廉访使沙剌班当为同一人。殊不知，他竟然是虞集的门生，在江右为官时，“近公寓邑”，多所问候。这或许是他们之间过从甚密，颇多诗文往来的原因之一。当虞集闻悉张掖刘伯温为其新刊《道园类稿》之事，遂答赠《谢刘伯温》一诗：

> 世外高情与道谋，欲令断木出寒沟。终身不敢窥韩子，病目谁能念左丘？生晚见闻惭礼乐，业荒文学感春秋。未忘垂白从耕稼，鸣鸟高梧咏不休。[⑦]

足见两人情谊之高深。

综上论述，我们得出以下四点认识：

1. 畏兀儿人沙剌班没有参与编纂《金史》。
2. 张掖沙剌班（又名刘伯温）才是《金史》的编修官。
3. 元代文人笔下的沙剌班应指张掖刘伯温，与畏兀儿氏沙剌班无关。
4. 杨瑀关于畏兀儿氏阿邻帖木儿、沙剌班、世杰班祖孙三人行治的记述是可以信从的，表明《山居新语》具有较高的史料价值。

（尚衍斌，男，1958 年生，历史学博士，中央民族大学历史文化学院教授，北京，100081）

---

① [元]欧阳玄：《圭斋文集》卷 8《送虞德修序》：“向余以诸生幸获侍德修之先君子蜀郡公于长沙。”

② [明] 宋濂：《圭斋文集序》，载魏崇武等点校：《欧阳玄集》，长春：吉林文史出版社，2009 年 12 月版，第 407 页。

③ 虞集之父名汲，字及之，号井斋。

④《欧阳玄集》，魏崇武、刘建立点校本，长春：吉林文史出版社，2009 年 12 月版，第 352—355 页。

⑤《虞集全集》下册，王颋点校本，天津古籍出版社，2008 年 3 月版，第 1243—1245 页。

⑥ [元]欧阳玄：《雍虞公文集序》，《道园类稿》卷首，明初翻印至正刊本，《虞集全集》下册，王颋点校本，天津古籍出版社，2008 年 3 月版，第 1244 页。

⑦ [元]虞集：《谢刘伯温》，《道园类稿》卷 8；《虞集全集》上册，王颋点校本，天津古籍出版社，2008 年 3 月版，第 148 页。据罗鹭考证，此诗写于至正五年，“世外高情与道谋” 的诗句，应指虞集答谢刘伯温为其刊刻《道园类稿》之事，见罗鹭：《虞集年谱》，南京：凤凰出版社，2010 年 3 月版，第 218 页。

忽必烈处理藏传佛教政策的分析

——以忽必烈与八思巴的关系为核心

张　云

内容提要：明清时期的著作对元朝时期对待藏传佛教的政策多有非议，重点围绕元朝皇帝过分崇信藏传佛教，最终导致元朝覆亡展开，事实上，元朝处理藏传佛教的政策有一个不断发展变化的过程，即使就元世祖忽必烈时代而言，既有重用崇奉的一面，同时也有约束节制的一面，且随着元朝对西藏地方管理的加强而调整变化。本文试图在吸收前人研究成果的基础上，依据藏汉文资料，以忽必烈与八思巴的关系为核心，对忽必烈时期的藏传佛教政策进行考察，通过具体事实探究忽必烈处理藏传佛教政策的双重性，并对其成因予以分析，兼及对元朝藏传佛教政策的认识，期有助于还原历史的本来面目。

一、问题的提出

元朝时期西藏地方正式纳入中央王朝的直接行政管辖之下，开辟了西藏地方历史以及西藏与祖国内地关系史的新时代。元朝所采取的一系列政策，对实现中央政府对西藏地方的有效管理发挥了重要作用，元朝对待藏传佛教的政策尤其引人关注，自从明朝初年修订《元史》，对其崇奉藏传佛教政策予以定性之后，元朝过度崇尚藏传佛教的说法似乎已成定论，并受到后世的诸多批评或针砭。如何看待元朝的藏传佛教政策及其成败得失，至今仍有许多尚待深入的空间，而具体问题具体分析则是进一步探讨的一个有效途径。

考察元代的藏传佛教政策，我们自然会思考这样几个问题：首先，如何看待明清统治者对元朝佛教政策的反思及对元朝过度崇信藏传佛教的尖锐批评？乾隆皇帝在其所著《喇嘛说》中指出："盖中外黄教总司以此二人，各部蒙古，一心归之，兴黄教，即所以安众蒙古，所系非小，故不可不保护之，而非若元朝之曲庇谄敬番僧也。元朝尊重喇嘛，有妨政事之弊，至不可问，如帝师之命，与诏敕并行，正衙朝会，百官班列，而帝师亦专席于坐隅，其弟子之号司空、司徒、国公，佩金玉印章者前后相望，怙势恣睢，气焰薰灼，为害四方，不可胜言。甚至强市民物，摔捶留守，与王妃争道，拉殴堕车，皆释不问；并有民殴西僧者截手，詈之者断舌之律。若我朝之兴黄教则大不然，盖以蒙古奉佛，最信喇嘛，不可不保护之，以为怀柔之道而已。"在谈到清初处理西藏僧人违法事件之后，乾隆皇帝再次提到："较元朝之于喇嘛，方且崇奉之不暇，致使妨害国政，况敢执之以法乎？"[①]其次，元朝的藏传佛教的政策有一个发展变化过程，还是一成不变，以及能否以一言以蔽之？第三，元世祖忽必烈（1215－1294）处理藏传佛教的政策对其后的继承者产生重要而深刻的影响，面对上述的批评，忽必烈皇帝所承担的责任如何？他的后继者是否没有很好地继承他所制定的藏传佛教政策？第四，从忽必烈与八思巴的关系来看，他的藏传佛教政策具有双重性，即有接受灌顶，封授八思巴为国师（藏文史料还提到封授帝师）的一面，同时也有约束限制藏传佛教僧人干政与过度索取的案例，如何看待？都是值得我们认真探讨的问题。

二、忽必烈处理藏传佛教的原则与方法

从藏文史书记载来看，忽必烈在处理藏传佛教问题过程中逐渐形成一整套的原则和方法，从中也可以看到忽必烈处理藏传佛教的政策。

1. 广泛接触、全面了解西藏地方各个教派

早在大蒙古国时期，阔端受命经营吐蕃，即派遣多答率兵前往西藏震慑，并了解地方政治宗教存在现状，获得了第一手资料，为制定对吐蕃的军事政治策略发挥了重要作用。忽必烈接手经营吐蕃事务大权之后，同样采取谨慎的态度，先后与藏传佛教各个有实力的教派密切接触，深入了解，以为制定政策的依据。

从史实来看，忽必烈先后接触了藏传佛教多个教派。忽必烈的皇后察必在赞扬八思巴时候就提到，先前蔡巴等老僧们不如八思巴知识渊博，[②]说明此前曾经与蔡巴噶举派高僧有过接触。而噶玛噶举派噶玛拔希则是忽必烈一度很想迎请的高僧。至于其他教派，如噶当派、夏鲁派等，忽必烈均有接触，最后与萨迦派宗教领袖八思巴会晤，明确了自己在西藏施政的合作对象。[③]

2 .继承阔端经营西藏地方的遗产，进一步确定萨迦派的特殊地位

在阔端经营西藏时期，即已确立了萨迦派政教势力在西藏地方的领袖地位。在大蒙古国汗权由窝阔台系转到拖雷系之后，萨迦派的地位一度面临巨大挑战，是八思巴的杰出才能、苦心经营，以及忽必烈的远见卓识保住了萨迦派原有的地位和利益。[④]忽必烈继汗位以后，在西藏地方扶持萨迦派政教势力的同时，也在不断加强对西藏地方的控制。《汉藏史集》记，"人、法、马三却喀虽是按照奉献供养的例规奉献的，但各却喀都有一位本钦，是按照皇帝与上师商议决定而任命的。"[⑤]《红史》记"到八思巴时候，薛禅皇帝下令，赐给他（释迦桑布）卫藏三路管民万户的印信，任命他为本钦……（释迦桑布去世后）由近侍的贡噶桑布继任本钦……以后贡噶桑布将本钦的职务依次交给本钦尚

① 乾隆《喇嘛说》，见雍和宫满、汉、蒙、藏体石碑文字；张羽新《清政府与喇嘛教》，西藏人民出版社，1988年，第340页。

② 阿旺 . 贡噶索南《萨迦世系史》，藏文本，民族出版社，1986年，第152页；陈庆英、周润年、高禾福汉译本，西藏人民出版社，1989年，第107页。

③ 张云《藏文史书中的忽必烈皇帝》，《元史论丛》第11辑，天津古籍出版社，2009年。

④ 张云《元代吐蕃地方行政体制研究》，中国社会科学出版社，1998年，第32—43页。

⑤ 达仓宗巴 . 班觉桑布《汉藏史集》藏文本，四川民族出版社，1985年，藏文第278页；陈庆英汉译本，西藏人民出版社，1986年，第171页。

尊、秋波岗噶瓦、强仁等，他们由喇嘛（八思巴）的援引，担任本钦之职。又因喇嘛不喜欢贡噶桑布，由薛禅皇帝下令将贡噶桑布处死。强仁时，得到薛禅皇帝的喜爱，赐给宣慰使印及水晶石印信。”[①]这里一再强调了忽必烈皇帝对西藏地方官员任命的最终确定权，以及他对萨迦派政教领袖八思巴的特殊支持。

忽必烈封授八思巴国师名号,确定了佛教特别是藏传佛教在各教中的突出位置,同时也确立了萨迦派在藏传佛教各宗派中的优先地位，而忽必烈让西藏地方只崇信萨迦派的做法,既与噶当派、噶玛噶举派等对蒙元统治者或者忽必烈本人的抵制态度有关,也与各派在忽必烈西藏经营中能够发挥的作用有关。《萨迦世系史》在谈到1277年（藏历火龙年）曲弥法会举行前后八思巴的事迹时，说道：“法王八思巴在把汉地和蒙古地方的众生引上解脱之道后，又对雪域众生慈悲眷顾，率众多弟子依次返归萨迦。”“此时，乌思藏各地许多掌管教法的格西以及掌管各地事务的首领前来聚会。此外，因八思巴之声明传播到印度、迦湿弥罗等地，故有许多班智达从那里前来。”八思巴也满怀自信地宣称：“现在吐蕃地方所有的各种大小显密经纶咒语我都具有，你们各人想要的教法皆可前来请教。”[②]萨迦派领袖不仅积极配合元朝在西藏的政治制度和行政体制建设，而且在宗教上展现卓越的本领和组织领导能力。

元朝在大都为西藏僧人建寺修庙，赐给大量黄金白银和珍宝财物，支持他们在西藏和其他藏区兴建萨迦派寺院，或者使其他教派改宗萨迦派，对萨迦派政治和宗教基础的加强，以及为首地位的确立产生重大影响。藏文史书记载，在忽必烈皇帝再次请求八思巴传授灌顶时，“所奉献大供养为白银一千大锭、绸缎五万九千匹，还有每次见面时所送的礼品与哈达、银币等。仅皇帝临时奉献的礼品，据说总计有黄金一百多锭、白银一千锭、绸缎四万多匹。”[③]八思巴正是使用忽必烈皇帝大量赏赐的金银财宝，并动用西藏地方十三万户的民众，才完成了萨迦寺大殿的建筑工程。[④]

根据藏文史书记载，忽必烈曾颁布诏书，命令萨迦派统领吐蕃僧人，同时还一度下令：“在整个吐蕃地方只准修习萨迦派教法，不准修习其他教法。”八思巴立即加以劝解，认为无论如何也要其他各派修习自己的教法，这样既有助于百花齐放，更有助减少萨迦派与其他教派之间的对立和激烈冲突。[⑤]被忽必烈采纳了，但是萨迦派的主导地位和权威却在朝廷的支持下建立起来。

3.对萨迦派多所咨询，忽必烈皇帝并未采取全盘接受的态度，有时还充满质疑

作为忽必烈封授的国师，八思巴受命管理天下释教和吐蕃地方事务，可以推荐吐蕃地方官员以供皇帝选择使用，对西藏地方的政教事务有很大的发言权。但是，忽必烈并

① 蔡巴．贡噶多吉《红史》藏文本，民族出版社1981年第53页；陈庆英、周润年汉译本，西藏人民出版社，1988年，第48页。

② 《萨迦世系史》藏文本第214-215页；汉译本第148页。

③ 《萨迦世系史》藏文本第212页；汉译本第147页。

④ 《萨迦世系史》藏文本第172-173页，汉译本第122页记：“八思巴于二十八岁之时，他派人给萨迦送去许多财宝，由本钦释迦桑布于大屋顶旧殿之西面兴建了大金顶殿。”同书藏文本第211页，汉译本第147页记载，八思巴到达朝廷的次年，“本钦释迦桑布为萨迦大殿奠基动工，调动十三万户之民众担任工役。后来本钦贡噶桑波继续修建，完成了萨迦大殿的全部工程。此外，还修建了仁钦岗拉章、拉康拉章、都却拉章。”

⑤ 《萨迦世系史》藏文第160页；汉文第112页。

非完全采纳八思巴的所有建议，特别是涉及行政事务方面，常常持有保留态度，甚至直接予以回绝。根据《萨迦世系史》记载："此后，汗王下令，派人前往吐蕃地方摊派兵差、收取珍宝。八思巴仁波切再三向汗王陈述：'吐蕃不过是边远小地方，地狭民贫，请不要摊派兵差。'汗王不予接受。"[①]后来忽必烈免除了僧人缴税当差的责任，却并没有接受吐蕃地方全部免税免差的义务。

八思巴因为自己的请求没有获得忽必烈皇帝的同意，心中不悦，向汗王奏请道："如此，吐蕃的僧人实在无必要来此住坐，请放我们回家吧。"这显然是一种威胁的口吻，但是忽必烈并没有理会这一切，他的回答是："那么，可以前去。"于是便出现了僵局，只是察必皇后从中斡旋说情才化解了危机。

针对八思巴的倨傲姿态，忽必烈又问："你为何如此倨傲，你的先祖辈曾被汉地、西夏、印度、门地、吐蕃的帝王供奉为上师，故威望甚高。""吐蕃地方何时有王，何人尊奉拥戴？这与佛书所说不合，必是虚妄。""八思巴将吐蕃之王曾与汉地交战，吐蕃获胜，收服南赡部洲三分之二，此后汉地与吐蕃联姻，迎来文成公主与本尊神像的经过叙述一番……翻阅汉地先前之史籍，见上面的记载正与八思巴所言相符，汗王心喜。"[②]从这里，我们还可以看出，忽必烈并非只听八思巴讲，而且要自己观察分析，还要亲自查阅汉文史籍加以印证，然后确定八思巴所讲的正确与否。

后来在接受灌顶问题上，王权和教权又出现了冲突，忽必烈的态度又怎样呢？根据《萨迦世系史》记述，在察必皇后的苦心说服下，忽必烈准备接受八思巴的灌顶，八思巴说："恐怕汗王不能遵守法誓，眼下又没有好译师，还是等将来吧。"忽必烈问要守什么法誓？八思巴说："受灌顶之后，上师坐上座，要以身体礼拜，听从上师之言语，不违上师之心愿。"忽必烈的回答十分简单："此事不可。"后来，又是察必皇后想出一个折中建议："听法及人少之时，上师可以做上座。当王子、驸马、官员、臣民聚会时，恐不能镇服，由汗王坐上座。吐蕃之事悉听上师之教，不请于上师绝不下诏。"[③]看起来是忽必烈做了适当让步，但是更意味着教权对王权的妥协，原有的规矩为王权而加以改变和调整。

4.拒绝八思巴索要"米德"的请求

元朝时期，西藏地方佛教势力影响巨大，萨迦派宗教领袖还担负着管理西藏地方事务的重要责任，以此之故，元朝对藏传佛教，特别是其中的萨迦派采取特殊扶持政策，在经济上也给予优厚照顾，诸如颁布皇帝诏书许以诸多特权和许诺财产不受侵害等，还专门划分出"拉德"即僧部百姓以供寺院役使。但是，当萨迦派宗教领袖八思巴提出要求，希望将担负国家赋税力役的"米德"百姓转为"拉德"时，却遭到忽必烈皇帝的明确拒绝。《贤者喜宴》说，萨迦派因为是皇帝上师的教派，所以将本应划归"米德"（俗部）的三千户划为"拉德"（僧部）；蔡巴派因为原来是忽必烈的份地，所以将本应划为米德的两千户划为拉德。八思巴还曾向皇帝请求将拉萨四部的米德划给止贡派作为拉

① 《萨迦世系史》藏文本第151－152页；汉文第106－107页。

② 《萨迦世系史》藏文第152页；汉文第107页。

③ 《萨迦世系史》藏文第152页；汉文第107页。

德，皇帝回答说："上师何必讨要米德。"最终也没有同意。[①]忽必烈并未因为崇信藏传佛教萨迦派，以及礼重僧人而放弃原则，轻易将向国家纳税的世俗百姓划归寺属百姓。

5.帝师封号藏文记载不同，汉文记载不同，藏汉文记载互有差异

忽必烈是否予八思巴封号，或封授了帝师呢？文献显示还有一定疑义。《萨迦世系史》记载："当法王八思巴十九岁的阴水牛年新年（1253 年），薛禅汗请求传授灌顶，封其为帝师，并赐给刻有'萨'字镶嵌珍宝的羊脂玉印章。此外，还赐给黄金、珍珠镶嵌的袈裟、法衣、大氅、僧帽、靴子、坐垫、金座、伞盖、全套碗盏杯盘、骆驼及乘骡、全套金鞍具，特别是赐给上述的各万户及法螺等作为灌顶的供养奉献。"[②]同书又记，八思巴第一回西藏返回朝廷，也就是他三十六岁的阳铁马年（1270 年），"当皇帝再次请求八思巴传授灌顶之时，改西夏甲郭王的玉印为六棱玉印，连同诏书一并赐给，封八思巴为"皇天之下，大地之上，西天佛子化身佛陀、创制文字、辅治国政、五明班智达八思巴帝师。"[③]

对于地位如此崇高，贡献如此巨大的八思巴，是否在忽必烈时候封授帝师，史料却充满歧义：不仅汉文记载不一，藏文记载也存在差异，且至今学术界尚未形成定论，[④]这从一个侧面反映出忽必烈处理藏传佛教并非一味放纵，盲目崇奉。

三、对忽必烈处理西藏宗教政策的分析与理解

1.忽必烈对待西藏佛教的政策奠定了有元一代藏传佛教政策的基础

忽必烈处理藏传佛教事务政策的形成，既受到阔端和蒙哥早期经验的影响，又有实践中的创新和发展，并被后来的继任者所继承。宋宝祐元年（1253），忽必烈与八思巴会晤于六盘山，并被礼为上师，随侍左右，并为忽必烈及王妃、子女授以萨迦派密教灌顶。宪宗七年（1257），八思巴到佛教圣地五台山朝拜，[⑤]在唐朝吐蕃僧人桑希朝拜五台山，以及 825 年吐蕃使者求得五台山图之后，西藏佛教界与内地名刹五台山的再度密切联系，也为后世西藏僧人朝拜五台山开启了先河。八年（1258）23 岁的八思巴作为佛教一方的首领参加了在上都宫殿举行的佛道辩论会，双方各派十七人参加，辩论以道教一方承认自己失败而告终，十七名道士削发为僧，部分道观随之改成佛教寺院。藏史在谈到八思巴的事迹时，说道：当他"前往王宫举行佛法之时，见有信奉太上老君之教、修行神仙之道士多人，沉溺邪见，害人害己。于是，遵照皇帝之命，八思巴与多年修习道教的道士辩论，折服了所有的道士，使他们出家为僧，持佛教正见。"[⑥]中统元年（1260），忽必烈即大汗位，同年封八思巴为国师，授以玉印，任中原法主，管理全国的佛教事务。至元元年（1264），忽必烈迁都大都（今北

① 巴卧·祖拉陈瓦《贤者喜宴》，藏文本，下册，民族出版社，1986 年，第 1422 页。

② 《萨迦世系史》藏文第 159 页；汉文第 111 页。

③ 《萨迦世系史》，藏文本第 212 页；汉译本第 147 页。

④蔡美彪《元代吐蕃国师帝师玉印及白兰王金印考释》，载《文史》，2002 年第 3 期；蔡美彪《八思巴字碑刻文物集释》，中国社会科学出版社，2011 年，第 318－331 页。

⑤ 《萨迦世系史》藏文本第 172 页，汉译本第 121 页记：八思巴二十三岁时，受冬法师之邀请，前往五台山，听受大威德、玛哈玛雅、金刚界、时轮等全套密法及疏释，另外还听受了中观论、赞颂、俱舍等经论。

⑥ 《萨迦世系史》藏文本第 172 页；汉译本第 122 页。

京），在中央机构中设置总制院，掌管全国佛教和吐蕃地区事务，又命八思巴以国师的身份兼管总制院事，将宗教和行政结合起来，“军民通摄，僧俗并用”，抓住藏传佛教这个关键环节，使萨迦派高僧在实现对西藏地方管理，以及维护地方稳定的进程中发挥关键作用。忽必烈处理藏传佛教政策的出发点和目的都在于维护元王朝的统一和西藏地区的稳定，从实践来看，他比较妥善地处理了政教两者的关系，从而保障了各项政策和制度在西藏的顺利实施，并为他的后继者处理藏传佛教和西藏地方事务打下良好的基础。

2.忽必烈制定优礼僧人的政策需要全面理解和分析

忽必烈确实对藏传佛教给予巨大的倾斜与扶持，甚至还接受了萨迦派的密宗灌顶，但是，从他颁布的优礼僧人诏书中所体现的宗教政策来看，包括两方面内容：既有授予特权的优礼的成分，也有提示、约束和警戒的成分。从藏文史料记载来看，他一方面赋予西藏僧人诸多特权，免除其兵役赋税，同时也有严明要求，后者是不少人往往忽略的。例如忽必烈在一份优礼僧人诏书中，就申明：“汝僧人们不可争官位，官多了反而不好，亦不可因有圣旨欺凌他人。汝僧人们不从军、不参战。依着释迦牟尼之法规，知其经典者讲解，不知者听受，专心向法、诵经、修持，祷告上天，为朕祈福。或有人谓：不必学经，修持即可。不学何谈修持？懂得教法方可修持也。诸老僧当用语言教青年僧人学法，青年僧人当听老僧之言语。汝僧人们已免兵差、赋税和劳役，岂有不知此乃上师三宝之恩德者乎？若汝等不照释迦牟尼之法规行事，则蒙古诸人必曰：‘释迦牟尼之教法果可行否？岂不问罪于汝等耶？汝等不可以为蒙古人于此一概不知，偶或一次两次不知，久后必知之。汝僧人们不可行恶行，不可使朕在众人面前丢脸。汝等当依教法而行，为朕告天祝祷，汝等之施主由朕任之。’”[①]在类似的诏书中，同样包括两方面内容：一是给予特殊或者崇高的礼遇，一是提出明确的要求，至少是要遵守法律戒律。忽必烈在著名的“珍珠诏书”中告诉僧人，他本人已接受八思巴的灌顶，并“封彼为国师，任命其为所有僧众之统领。上师亦已对敬奉佛法、管理僧众、讲经、听法、修习等明降法旨。僧人们不可违背了上师之法旨，佛教最根本的是善于讲论佛法，年轻心诚者学法，懂得教法而不能讲经听法者可依律修习。如此行事，方合乎佛陀之教法，亦合乎朕担任施主、敬奉三宝之意愿。汝僧人们如不依律讲经、听法、修习，则佛法何在？佛陀曾谓：‘吾之教法犹如兽王狮子，体内不生损害，外敌不能毁坏。’朕驻于大道之上，对遵依朕之圣旨、善知教法之僧人，部分教派一律尊重服事。……僧人们亦不可因有了圣旨而做出违背释迦牟尼教律之事。”[②]忽必烈如此苦口婆心地反复要求僧众听从皇帝圣旨、帝师法旨、讲经修习、依律行事，其用意十分明了：僧人不是不受法律约束世外之人，修法守戒是最基本的要求。如此，我们可以看到，所谓许给僧人诸多特权的圣旨，实际上有着非常具体的要求，对此必须客观分析，准确把握。它清晰地表明，忽必烈时期处理藏传佛教问题的政策的特征是：充分扶持利用，有效控制约束。

3.寓政治构想于宗教政策之中，让西藏佛教为元朝在西藏的施政和治理服务

八思巴的受封是与其在西藏的政治活动与建树密切相关的，一般宗教著作，乃至历

① 《萨迦世系史》藏文本第165-166页；汉译本第116页。

② 《萨迦世系史》藏文本第165-166页；汉译本第116页。

史著作十分关心八思巴宗教建树与其地位升迁之间的紧密关系，这是有道理的，但是，还有另一个更为重要的方面，就是八思巴在元朝管理西藏地方事务中的政治作用，与其受到重用关系更为直接。从八思巴的生平事迹中，我们可以清晰地看到，八思巴受命在西藏地方清查人口、建立行政体制、创制文字等中所发挥的作用，与其不断受到忽必烈皇帝重用及受到册封之间存在因果关系，这也正是与其宗教活动相关，或者说利用宗教影响力发挥政治职能而受到重用的关键所在。藏文史料还记载，八思巴曾为忽必烈如何灭亡南宋、增加财税收入出谋划策，也还为忽必烈举荐像桑哥、伯颜优秀的人才，[①]同样可以印证其政治活动的特殊重要性。

不仅如此，八思巴还在沟通西藏地方宗教上层与朝廷之间的了解，以及将内地的风俗文化习惯介绍给西藏地方僧俗官民方面扮演了倡导者和实践者的角色。早年凉州会见，阔端将公主嫁给八思巴的弟弟恰那多吉，让其衣蒙古服、学蒙古语，此后八思巴受命前往西藏完善千户万户行政管理体制、按照蒙古的怯薛制度建立十三侍从等，均是例证。1267 年他在从西藏前往内地的路途上，拜访了各教派许多有影响的重要人物，交流的范围十分广阔，其中就有介绍内地文化的内容，藏文史书记载，这一年藏历十一月“十九日夜间，八思巴召集随同去汉地的格西及众官员，发放供养，并介绍汉地的行走方式、饮食吃法、格西们举行法事的仪轨等许多教诫和规矩”，[②]发挥了文化传播者和沟通者的作用。

4.后世的继承与更改，突显了西藏宗教政策的消极因素

忽必烈处理藏传佛教的政策并非无懈可击，他对萨迦派政治上、经济上和宗教上的大力扶植，无疑为藏传佛教特别萨迦派的迅猛发展产生很大的推动作用，而朝廷过度礼遇吐蕃僧人则强化了西藏地方重僧的社会风气，从而导致僧众数量的剧增。以 1277 年八思巴主持的曲弥法会为例，当时“法王八思巴向七万多僧人供献丰盛的饭食，为每名僧人发放黄金一钱，每三名僧人发一套袈裟，并广为宣讲佛法。”[③]后人指责元朝对待西藏僧人，“其未至而迎之，则中书大臣驰驿累百骑以往，所过供亿送迎。比至京师，则敕大府假法驾半仗，以为前导，诏省、台、院官以及百司庶府，并服银鼠质孙。”[④]这样的事情，就肇始于忽必烈时期。藏文史书记载，“当八思巴到达朝廷时，大皇帝的王储长子真金、后妃、大臣等，在印度大象背上安设珍宝璎珞装饰的宝座，以及用飘扬的珍贵锦缎璎穗的伞盖盒经幡、旌旗，以及盛大鼓乐前来迎接，用大供养迎入宫中，请教各种博大精深的教法，使佛法犹如月亮在莲苑中升起，分外鲜明。”[⑤]开启了过度崇佛的先河。

而忽必烈之后的继承者们，则把崇奉萨迦派的政策推向极致，在此同时，却放弃对其驾驭和约束，使其消极因素不断增加，既冲击了元朝的法律体系，也败坏了元朝上层的社会风气，乃至王朝的政治，造成严重的后果。“又至大元年（1308），上都开元寺西

---

① 《汉藏史集》，藏文本第 273-304 页；汉译本第 167-188 页。
② 《萨迦世系史》藏文本第 180 页；汉译本第 126-127 页。
③ 《萨迦世系史》藏文本第 215 页；汉译本第 148 页。
④ 《元史》卷 202 释老传。
⑤ 《萨迦世系史》藏文第 211 页，汉译本第 146-147 页。

僧强市民薪，民诉诸留守李璧。璧方询问其由，僧已率其党持白梃突入公府，隔案引璧发，捽诸地，捶扑交下，拽之以归，闭诸空室，久乃得脱，奔诉于朝，遇赦以免。二年（1309），复有僧龚柯等十八人，与诸王合兒八剌妃忽秃赤的斤争道，拉妃堕车殴之，且有犯上等语，事闻，诏释不问。而宣政院臣方奏取旨：凡民殴西僧者，截其手；詈之者，断其舌。时仁宗居东宫，闻之，亟奏寝其令。”[①]从这些资料来看，在忽必烈去世十余年之后，也就是元武宗时期，元朝对待藏传佛教的政策已经出现严重偏差，并面临诸多重大挑战。元武宗海山（1281－1311）在位只有四年，他建造兴圣宫，经常迎请僧人祷佛祈福；派军士 1500 人及大量民工修建五台山佛寺，并令其弟、皇太子爱育黎拔力八达主持在大都城南建佛寺，又命西藏僧人翻译佛经，更推行了类似吐蕃热巴金时期的极端宗教政策。

元朝时期崇奉藏传佛教是一项基本政策，从忽必烈开始的历代皇帝均程度不同地采取措施，支持藏传佛教的兴旺发展。但是，将其推向极端，并造成重大负面影响的有两位：一位是元武宗海山，另一位则是元惠宗妥懽帖睦尔（元顺帝，1320－1370）。《元史》记载了元惠宗时期丞相哈麻荒淫、藏传佛教的堕落，以及元朝行将没落的情形，哈麻、集贤学士秃鲁帖木儿、西蕃僧伽璘真等教元惠宗修习类似房中术的大喜乐，“帝乃诏以西天僧为司徒，西蕃僧为大元国师。其徒皆取良家女，或四人、或三人奉之，谓之供养。于是帝日从事于其法，广取女妇，惟淫戏是乐。又选采女为十六天魔舞。八郎者，帝诸弟，与其所谓倚纳者，皆在帝前相与亵狎，甚至男女裸处，号所处室曰皆即兀该，华言事事无碍也。君臣宣淫，而群僧出入禁中，无所禁止，丑声秽行，著闻于外，虽市井之人，亦恶闻之。”[②]被《元史》的编者们作为典型记录下来，并成为元朝对待藏传佛教政策失误的证明。

元朝将西藏地方正式纳入中央王朝的直接行政管辖之下，并实现了有效治理，其藏传佛教政策无疑在其中发挥了重要作用。研究元朝的藏传佛教政策必须具体问题具体分析，而忽必烈处理藏传佛教的政策更需要客观考察，从中汲取有益经验。而元武宗和元惠宗的过度佞佛确实对元朝的衰落起到推动作用，其教训也足资后世鉴戒。

（张云，1960 年生，历史学博士，中国藏学研究中心历史研究所研究员，北京，100101）

① 《元史》卷 202 释老传。

② 《元史》卷 205 奸臣传。

蒙古札剌亦儿部当代遗存

——兼论札剌亦儿与扎赉特之渊源

谢咏梅

内容提要：札剌亦儿部落是蒙元历史上极具影响的一个部落，尤因其显贵木华黎为首的一些家族作为黄金家族的元勋世臣，在政治、军事领域发挥了重要作用，且得以封王拜爵，可谓与蒙元政权共命运、相始终。元廷北归后，札剌亦儿人散落蒙古高原、汉地以及中西亚各地。近年来，来自全国不同地域和相异的文化圈里的一些群体持着家谱或碑文，或是“传说”等有所依据的“历史记忆”，宣称自己是木华黎后裔，从而达成“民族认同”和“血缘认同”。蒙古札剌亦儿部当代遗存，尤以自认为木华黎后裔群体的陆续报本及随即出现的相关现象，可谓是近年中国各地相继出现的较为普遍的蒙古人后裔“寻根问祖”现象之典型事例。这一现象的产生首先当是受汉族宗族观的影响，也可视为当代蒙古人试图分享成吉思汗及蒙古帝国文化遗产的愿望或一种精神依附。而近年在扎赉特旗出现的“木华黎文化复原”潮流则可视为是内蒙古地区建设文化大区，大力推动旅游文化事业的政策下产生的一种独特现象，有待我们进一步探讨。

序　言

近年，来自全国不同地域和相异的文化圈里的一些群体持着家谱或碑文，或是“传说”等有所依据的“历史记忆”，宣称自己是蒙古帝王或是蒙元时期某一勋臣世胄后裔。其中部分群体自认为札剌亦儿部出身的蒙古帝国勋臣木华黎的直系后裔，从而达成“民族认同”和“血缘认同”。

显然，一个群体的“历史记忆”或多或少能够表征该群体的身份特征及来龙去脉。作为札剌亦儿部当代遗存①之木华黎家族后裔无疑表现出对木华黎的膜拜与忠诚，这诚然是一种“血缘”的认同感。在漫长的历史整合过程中，经历了不同的时空和社会经验，浸润于不同的文化结构之后，甚至已然适应了不同的地域文化的这些群体，依然存在着一种潜意识里的历史归属感。

虽然，如14世纪史学家拉施特所言，蒙古人有着“保存祖先的系谱、教导出生

[基金项目]国家社会科学基金一般项目《蒙古札剌亦儿部及当代遗存研究》（10BZS048）之阶段性成果。

① 札剌亦儿部当代遗存，实际上包含两层含义。一是指存在于当代社会的具有生命迹象的族群遗存，即特指自认为系札剌亦儿部落勋臣贵胄直系后裔的群体。其次，即指流传于民间的木华黎信仰以及遗留至今的有关札剌亦儿部落的墓志、碑刻、文物古迹等。

的每一个孩子[知道]系谱（nasab）的习惯。这样，他们将有关氏族的话语做成氏族（millat）财产，因此他们中间没有人不知道自己的部落（qabileh）和起源”[①]，然而，当元亡明立、朝代鼎革之际，蒙古部落原有的秩序逐渐被打破，四处分散。当达延汗以六万户组织重新整合蒙古部落时，我们看到了许多熟悉或陌生的部落名称。一些蒙元时期旧的部落名称大多成为六万户属下斡托克（otoγ）之名。这一点足以给我们一个启示，经过明初多年攻伐与蒙古高原受瓦剌因素的影响，以及部落间混战连绵，导致蒙古部落无休止地分化与重组，但许多古老的蒙古部落成分或名称在蜕变中仍得以延续。虽然部落名称的保留不能与整体部落的存在等量齐观，甚至在一定条件下，见著于史籍的部落名称仅以表示个人或个别家庭，或仅仅是蒙古人对过去的记忆和追念，但至少可以肯定的是，北元时期许多蒙古部落是在那些古老的部落残骸上，融进了新的因素，重新被组合而构建的，蒙古人凭着古老的记忆，宣扬着自己的部落和传统。

清代，随着清朝以盟旗制度重新整合蒙古部落，各部落在不断地迁徙和重组中或被割裂或有所更替。清朝对蒙古部落的重组仍然是在尊重蒙古传统部落制度的前提下进行的。甚至清廷明确要求内外扎萨克汗、王、贝勒、贝子、公、扎萨克、台吉、塔布囊纂修家谱，十年一次，由理藩院具奏修改[②]。虽然令蒙古贵族开叙源流呈报理藩院是为了以后便于承袭职爵，但在某种意义上却强化了人们对部落、姓氏和出身传统的记忆。因此在清朝统治体系框架内蒙古部落影子显得更为错综复杂。清朝重组蒙古部落的政策核心是表面上尊重或是允许部落的存在，实质上却努力使原有的部落组织分化并淡化蒙古人部落整体意识。有清一代，许多蒙古部落名称虽然仍完好地被沿用着，其属民却被迫移住于不同区域。例如科尔沁部落，在清代设立盟旗制度时，大部分辖于哲里木盟十旗之外，乌喇特、阿鲁科尔沁、茂明安等则被往西迁去。尤其，类如，察哈尔、土默特等不驯服于清朝统治的蒙古部落则更是在劫难逃，被强行分散，嵌入其他部落中，不仅弱化了其整体力量，更企图使蒙古人淡化了部落意识。可以说，清代的蒙古部落的演变过程，是从部落为单位逐渐流向地缘或是以父系血缘为单位的蜕变过程。

随着清朝解体，民国成立，近代潮流开始逐渐渗透内蒙古社会。其中，最值得一提的是，“民族”这一概念的引用。民国政府强调“五族共和”而试图以民族区别而替代清代的“旗人、外藩人、民人”的身份界定，以“五族”[③]之一的“蒙古民族”概称全体蒙古部落，各具特色，源流各异的蒙古部落则隐匿于“蒙古民族”这一概念之下。虽然北洋政府时期，袁世凯试图通过《蒙古待遇》条例，着重强调蒙古王公上层的封建特权，令王公世爵概仍其旧[④]，但国民政府自1928年开始在少数民族地区实施的改设新省等系列政策仍然不断剥离着部落外壳，使其日趋融合。讫50年代，随着民族识别工作的广泛展开，“部落”则隐身于“民族”框架之下，人们的部落意识更是潜入“民族”背后，变得扑朔迷离，不易被觉察。

自40年代末深入开展的“革命变革”当中，蒙古地区名门望族被彻底接受洗礼，

① [波斯]拉施特主编，余大钧、周建奇译《史集》第一卷二分册，北京：商务印书馆，1992年，第11页。

② 杨选第、金峰校注《理藩院则例》，卷三，袭职上“修改蒙古王公家谱”，内蒙古文化出版社，1998年。

③ 民国时期“五族”指汉、满、蒙、回、藏。

④ 参见白拉都格其等撰《蒙古民族通史》第五卷（上），呼和浩特：内蒙古大学出版社，2002年，第238页。

家谱被焚，历史被断割。尤其是，始于50年代末的极端的政治运动几乎烧毁了能够显见的所有家谱，迫使人们割断与传统记忆之间的联系，试图以新的秩序重新整合人们。

然而，传统社会秩序被打破，不断以新的秩序规范社会，从而模糊和淡化一些历史脉络和历史记忆过程中，仍有许多部落、氏族留下了自己的履痕。这不无说明着元、明、清，直至更晚时期的蒙古部落不仅有蜕变，更有因袭。随着时间的推移，迄80年代，随着改革开放，人们逐渐摆脱一些固有的束缚，归属意识不断复苏，开始寻根问祖，探寻“我从何而来”？水源木本之思，报本反始之心无疑是人类共性。口述历史和家谱等成为人们寻根的依据，浸润汉文化的蒙古遗存或生息于蒙汉文化边缘的蒙古人甚至仿照着汉人宗族传统开始续修或创建家谱，再造传统。亦有努力攀附蒙古帝王与勋臣贵胄，豪门望族者。虽然这里渗透着各种复杂的历史因素和残缺不全的记忆，但直至今日，许多蒙古人仍热衷于追述自己的先祖、回溯出身部落或氏族的历史。

在如此庞大的寻根洪流之中，我们应该如何梳理历史，如何反观历史，如何科学正确地理解这一现象，并从其发展脉络之中窥视蒙古社会和人们意识的改变过程就显得格外重要。

札剌亦儿部当代遗存无疑也是其中一个重要个案。

一、札剌亦儿部历史概述

札剌亦儿（jalayir），是蒙古兴起以前已活跃于漠北的具有一定影响的部落，曾驻牧于斡儿浑河上游之哈剌和林一带，臣属于回纥，辽时期移至斡难与怯绿连河之间。据《史集》记载：“这个部落过去人数众多；它的各分支都有异密和首长”[①]。其《土敦一篾年纪》中说道，居于怯绿连之边的札剌亦儿人共七十古列延，七万帐幕[②]。辽代札剌亦儿部被列入阻卜之列。蒙元时期《蒙古秘史》、《圣武亲征录》、《元史》、《史集》以及元代文集、志书等主要的蒙、汉、波斯文文献史料均留下了许多札剌亦儿部相关记载[③]。

札剌亦儿部是成吉思汗“四杰”之一的木华黎国王所在的部落，约于1197年铁木真收复主儿乞部之际，其祖帖列格图伯颜与子孙归附铁木真兄弟，并令子孙永远做其奴隶，看守金门的“梯己奴隶”。札剌亦儿部与兀良哈部落一样系蒙元时期黄金家族[④]的“斡脱古一孛斡勒”（ötögü boGol），即“老奴隶”，元代直译“元勋世臣”[⑤]。札剌亦儿部一些成员在蒙元时期因其“奴隶”与开国功勋或那可儿（伴当）的双重身份而格外显赫，他们被誉为“有根脚”者，属于和蒙元帝国同时崛起的骨干与新贵。古人文集著述中常视札剌亦儿部“亲连天家”[⑥]或“与元同族”[⑦]。可见，蒙元时期的札剌亦儿部具

①《史集》，第一卷一分册，第148页。

②《史集》第一卷二分册，第18页。

③ 参见拙文《札剌亦儿部族源管见》，《元史论丛》第八辑，南昌：江西教育出版社，2001年。

④ 黄金家族，即指成吉思汗家族。

⑤ [元]揭傒斯《大元敕赐故诸色人匠都总管府达鲁花赤竹公神道碑铭》，参见亦邻真《关于十一一十二世纪的孛斡勒》，《亦邻真蒙古学文集》，呼和浩特：内蒙古人民出版社，2001年，第708页。

⑥ [元]明善《丞相东平忠宪王碑》，苏天爵《国朝文类》卷二十四，四部丛刊初编本。

⑦ [清]钱大昕《元史氏族表》廿五史补编本，上海：开明书店制版，1937年，第2页。

有特殊重要性。有元一代，札剌亦儿人正是以这种双重身份，或统辖军队，驰骋疆场；或辅弼朝廷，运筹帷幄。少数首领又封王拜爵、世享王封，可谓与蒙元政权共命运、相始终。

札剌亦儿部出身的木华黎是大蒙古国时期的显赫人物。其与博尔术、博尔忽、赤老温一同以忠勇辅佐成吉思汗，被誉为“掇里班曲律”（dürben külüg），即“四杰”[①]。木华黎则是众多伴当中帅才最著、战功最显者。史书描述木华黎的外貌特征和性格时写道：“虎首虬须，黑面多谋略”[②]，“猿臂善射，挽弓二石强”[③]。统一蒙古诸部战争中，木华黎累著勋劳。1206年，大蒙古国建立，成吉思汗分封功臣时，木华黎拜左手万户，并将“太行以东，尽委经略”，成吉思汗谕告：“如今教你坐国王,位次在众人之上,东边至合剌温山（大兴安岭——引者）,你就作左手万户,直至你子孙相传管者。”[④]分封九十五个千户当中，木华黎排名第三，成吉思汗在封赏辞中道：“国内平定，汝等之力居多，我与汝，犹车之有辕，身之有臂也。汝等切宜体此，勿替初心”[⑤]。因而，封赏在诸人之上，同时木华黎家族又世掌第三怯薛。终元一代，木华黎后人有安童、兀都带、拜住、笃麟铁穆儿等袭掌第三怯薛。此外，部分札剌亦儿人还任有博儿赤、速古儿赤、豁儿赤等重要的怯薛执事[⑥]。

1211年，木华黎随成吉思汗攻金。1217年，成吉思汗诏封木华黎为“太师、国王、都行省承制行事”，令将蒙古五投下军、汪古、契丹、女真、汉军十万南征。并赐誓卷，黄金印曰：“子孙传国，世世不绝”。成吉思汗下谕说：“太行之北，朕自经略，太行以南，卿其勉之”，将继续攻金之事，委付给了木华黎，还赐以九斿大旗，谕告诸将：“木华黎建此旗以出号令，如朕亲临也”[⑦]。木华黎随即建“都行省于燕，以图中原”。《蒙鞑备录》中说木华黎：“十年以来，东征西讨，威震夷夏，征伐大事，皆决于己，故曰权皇帝，衣服制度，全用天子礼”[⑧]。可见功业之高、声誉之隆。终元之世，木华黎子孙承袭“国王”爵位者共13人，凡15传[⑨]。1223年，木华黎渡河还师，至山西闻喜县，病笃。

札剌亦儿部为元代五投下之一，五投下即札剌亦儿、弘吉喇、兀鲁兀、忙兀、亦乞烈思五部。札剌亦儿部一直以来在五投下之中居于重要地位，五投下军也是元政权所依恃的重要军事力量之一[⑩]。

1211—1214年间，成吉思汗分封诸子、诸弟时，将上都（今内蒙古正蓝旗）一带

---

①《元史》卷119《木华黎传》，1976年点校本。北京：中华书局， 第2929页。

② [元]苏天爵《国朝名臣事略》卷一之一《太师鲁国忠武王》，北京：中华书局，1996年，第1页。

③《元史》卷119《木华黎传》，第2929页。

④ 额尔登泰、乌云达赉校勘《蒙古秘史》，呼和浩特：内蒙古人民出版社，1980年，第206节（总译）。

⑤《元史》卷119《木华黎传》，第2930页。

⑥ 参见拙文《蒙古札剌亦儿部与黄金家族的关系》，中国蒙古史学会主编《蒙古史研究》第九辑，呼和浩特：内蒙古大学出版社，2007年。

⑦《元史》卷119《木华黎传》，第2932页。

⑧ 王国维笺证《蒙鞑备录》，《王国维遗书》第十三册，上海：古籍书店，1983年。第9页上。

⑨ 参见拙文《札剌亦儿部显贵“国王”爵位封授与承袭》，《内蒙古师大学报》，2003年第4期。

⑩ 参见拙文《五投下与五投下探马赤军统领权的延续与递变》，《内蒙古师大学报》，2008年第1期。

封给了木华黎为幕府，迄忽必烈建开平（上都）和大兴（大都），国王幕府仍在此。忽必烈问鼎幽燕，移札剌亦儿等部于东边，列镇辽阳，该部起初驻牧辽西锦州一带，后又延伸至辽东①。

1223 年，木华黎子孛鲁袭爵，继续攻金，由于其首降东平，作为军功酬答，将东平郡城邑民户分封予他。1236 年，窝阔台时，在原有基础上，将东平 39019 户分封予木华黎后裔查剌温国王。

在蒙元历史上，札剌亦儿人多有位居高位，或任大断事官或入居中书省者，运筹帷幄，得以屡秉国钧。木华黎四世孙安童，六世孙拜住、朵儿只、也先不花等均曾位达中书左、右丞相。此外，木华黎家族成员以及札剌亦儿部其他家系多有长大藩、持大宪者，从而，在地方行政、司法领域颇具影响。终元之世，札剌亦儿部一些家族成员凭借着特殊身份，跻身于一些政务机构和皇家事务机构。蒙元皇帝对他们常待以戚里，视若家人，因而，他们往往有机会担任皇室事务。②

曾经如此具有影响的古老的蒙古部落，尤以木华黎家族为代表的显贵家族，在历史长河中究竟留下怎样的履痕？当代社会中是否仍可以寻得其踪迹呢？

二、史料所载元或元以降留居各地的札剌亦儿人

在梳理札剌亦儿部当代遗存之前，我们首先略述史料中所载散落各地的札剌亦儿人，由于尚待详细考察和研究，暂略述于下。

（一）留驻食邑和分戍中原

在元代，札剌亦儿部其他家族和木华黎家族个别家系，因身系军籍或累世入仕元廷，得以留驻汉地食邑或分戍中原③。

1. 食邑东平的木华黎与带孙家族

在木华黎子孛鲁时期，东平归属木华黎家族。黄溍曰：“高祖讳孛鲁，嗣国王，奉太祖皇帝命攻西夏，定河北、平山东，以功食东平郡”④。可以获知，由于札剌亦儿功臣首降东平，为酬勋劳，成吉思汗特命木华黎及其弟带孙家族永世采食东平。关于木华黎兄弟食邑东平之事，从河南省所获李姓蒙古人家谱中也可以得到证实。其曰：“李出有元，札剌尔氏，自始祖忠宣生忠武，以开国勋封鲁。忠武生忠定，食采东平”⑤。忠武即孛鲁。《元史·孛鲁传》载：“丙戌（1226 年）夏，诏封功臣户口为食邑，曰十投

① 参见拙文《札剌亦儿部驻地变迁及留驻食邑和分戍中原》，李治安等著《元代华北地区研究——兼论汉人的华夷观念》。天津：南开大学出版社，2008 年。此处所指辽东的具体范围学界意见也不一，元代，“辽东”的范围也十分广阔，（元）戚辅之《辽东志略》，（明）陶宗仪 等编《说郛三种》（上海古籍出版社，1988 年 10 月）载：“辽东地方数千里，东逾鸭绿而控朝鲜，西接山海而抵大宁，南跨溟渤而连青冀，北越辽东而拒沙漠。又东北至奴尔干，涉海有吉列迷诸夷之地，咸属统内”。大概，广义上是指辽阳行省，但狭义上，相对辽西而言时，应该是指辽河以东。

② 参见拙文《札剌亦儿部勋臣世胄的仕进情况及其与蒙元政治的关系》，《元史论丛》，第十辑，中国广播电视出版社，2005 年。

③ 参见拙文《札剌亦儿人受封食邑及留驻食邑考》，《元史论丛》第十一辑，天津古籍出版社，2009 年。

④ 黄溍《中书右丞相赠孚道志仁清忠一德功臣太师开府仪同三司上柱国追封郓王谥文忠神道碑》（下简称《拜住神道碑》），黄溍《金华黄先生文集》卷二十四，四部丛刊初编本，第 1 页下。

⑤《洛阳蒙古族李氏家谱》，李氏家谱续修委员会，2005 年 4 月。

下，孛鲁居其首”。屠寄又记：“丙戌（1226）秋，带孙围李全于益都，不克，明年夏四月，与孛鲁同下之。積功封郡王，食邑东阿，世称东阿郡王”[①]。东阿为东平下辖郡。后来木华黎及其后裔多封鲁王，带孙后裔多任东平达鲁花赤可以窥知东平与札剌亦儿之渊源[②]。

2.安童系留居大都路范阳一带

1265 年，木华黎四世孙安童采食于大都路范阳。英宗时，其孙拜住曾奉命前往范阳立碑《丞相东平忠宪王勋德碑》，元明善撰写汉文，碑阴为蒙古文。英宗亲往观摩，赐该地为驻跸庄，以示永怀，因为碑身颇高，此地被称高碑店，可惜清乾隆年间已被毁。拜住死后仍葬于大都路宛平县良乡。可以窥知，安童一系很可能留驻于此地[③]。

3. 阿剌罕世家“开国曹南”

阿剌罕家族是元代军功世家，为札剌亦儿氏。阿剌罕族人曾多任职于山东河北蒙古军都万户府，从而“杂居腹心之地”，开国曹南。其祖孙三代得以封赠“曹南王”，阿剌罕死后又葬于曹州济阴县。元末在阿剌罕子中书平章政事脱欢极力要求下于集庆（今南京）为阿剌罕建祠[④]。

4. 奥鲁赤世家居伊水之东

史书载，奥鲁赤家族可能是木华黎“近属”或“近族”。奥鲁赤父忒木台曾受封 2000 户，驻防太原、平阳、河南一带。因而“开都元帅府于河南洛阳，子孙遂家焉。”奥鲁赤时，嗣领所部,又统蒙古军四万户“开阃洛阳县龙门山之南,伊水之东,以治军政”，其子脱桓不花时：“始构治宇，以肃官僚”[⑤]。伊水，位于河南境内西北端，洛阳之东。奥鲁赤死后葬于此。其孙察罕帖穆尔曾曰：“伊水之东，先茔在焉”[⑥]。显然，河南伊水一带有北还后的奥鲁赤在其父曾驻屯之地所建的营地。

（二）西迁的札剌亦儿人

1. 察合台汗国属下札剌亦儿人

察合台汗国朝廷命官与王府属臣中也偶见札剌亦儿人。例如，据《史集》载，札剌亦儿部的术赤·塔尔马剌之子忽秃黑都儿的后裔在察合台汗国为侍[⑦]。察合台在位之时，其身边大臣忽速黑者，也是札剌亦儿人[⑧]。察合台汗国的蒙古军事贵族之中有札剌亦儿氏木格父子[⑨]。木格(müke)在成吉思汗分封 95 千户时排列第 37 位[⑩]。《史集》“札剌亦儿部落”一条中载：“当成吉思汗把军队赐给诸子时，他将札剌亦儿人的一个异密

① 屠寄《蒙兀儿史记》卷二十七《木华黎传》，北京：中国书店，1984 年，第 263 页。

② 参见拙文《蒙古札剌亦儿部与东平路沿革》，李治安等著《元代华北地区研究》，天津：南开大学出版社，2008 年。

③ 黄溍《拜住神道碑》，《金华黄先生文集》卷二十四，第 6 页上。

④ 《至正金陵新志》卷一《地理图》之《曹南王祠堂图·抄白》，中国方志丛书—华北地方—第四十六号。

⑤ 孛术鲁翀《河南淮地蒙古军都万户府增修公廨碑铭》，《菊潭集》卷二，台湾元人文集珍本丛刊本。

⑥ 许有壬《有元扎剌尔氏三世功臣碑铭并序》，《至正集》卷四十七，台湾元人文集珍本丛刊本。

⑦ 《史集》第一卷一分册，第 150-151 页。

⑧ 刘迎胜《察合台汗国史研究》，上海：上海古籍出版社，2006 年，第 437—438 页

⑨ 参见刘迎胜《察合台汗国史研究》，第 80 页。

⑩《蒙古秘史》202 节，额尔登泰、乌云达赉校勘本，第 548 页。王国维笺证《蒙鞑备录》第 8 页中记木华黎：“弟二人，长曰抹哥，见在成吉思处为护卫”。注云：此抹哥为《蒙古秘史》中载，木华黎弟不合。显然误，木格与抹哥名同实异。

木客（mūkeh）给了察合台；其子也速儿（yīsūr），为八剌军队中的异密”[①]。其《察合台传》中也记：“当成吉思汗分配军队时，给了察合台四千人，有如《成吉思汗纪》中关于分配军队的篇章中所祥载。成吉思汗把异密之中的八鲁剌思氏合剌察儿和札剌亦儿氏也孙那颜的父亲木客给了他”[②]。而在另一处，在记述成吉思汗分给察合台汗的军队之时，则又提到：“弘吉剌部人术哥千户，[他是]亦速儿那颜的父亲”[③]。元朝中叶，在海都死后不久，木格子也速儿那颜作为察哈台曾孙八剌军队中的异密，曾率领过八剌子都哇的军队[④]。

此外，察合台汗国在八剌监国时有个叫札剌儿台的世仆，也出自札剌亦儿部落。札剌亦儿台曾因进献马匹优劣之事替八剌与钦察对质。当钦察对他说：“你是什么人，竟敢插在我们亲属之间来？”的时候，札剌亦儿台答道：“我是八剌的仆人，而不是你的仆人，不用[你来]问我是什么人”。钦察说：“这成什么世道？[一个哈剌出居然]和成吉思汗家的[人]争吵起来。你这条狗怎能反对我？”，札剌亦儿台答道：“即便我是一条狗，那也是八剌的[狗]，而不是你的，你要注意自己的荣誉，并知道自己的地位”[⑤]。从这段生动的记载也可以窥知，蒙古人的属民或奴隶不仅属于个人或家庭所有，且其地位和归属不可轻易改变的。札剌亦儿部虽为黄金家族的“老奴隶”，但因最初所属有别，其后来归属也有所不同。

据苏联学者 A.Г.波多尔斯基《察合台汗国》载，1266 年，当察合台汗帐由七河地区迁至河中地区时，“某些蒙古部落，包括札剌亦儿部和八鲁剌思部”也随同迁徙[⑥]。元末，“察合台汗国的札剌亦儿人居于忽毡（khujand）城一带。忽毡位于费尔干那盆地东端，忽阑河中游之畔，跨河两岸，今属塔吉克斯坦共和国”。“这一支札剌亦儿人首领 14 世纪中叶为巴牙只惕（Bayazid）。其部有一位阿米尔名帖木儿·火者·斡兀阑（Temur Khwaja Ughlan），14 世纪 60 年代尚被称为札剌亦儿部的‘吧的沙黑·咱得’（Pādshāh-zāda）”。“吧的沙黑·咱得”（Pādshāh-zāda）为“皇子”之意。斡兀阑（Ughlan）在元代的波斯文文献中专指成吉思汗家族王室成员，即“诸王”之意。因此，可以判断，帖木儿·火者·斡兀阑“应为成吉思汗的后裔，很可能其祖先是札剌亦儿部的本使”[⑦]。

14 世纪后半叶，在察合台汗国还有一个极具影响的“朵豁剌惕（Dughlat）”蒙古部落[⑧]，占据着察合台汗国东部阿克苏、可失哈儿一带。讫元末，朵豁剌惕家族成为统治察合台汗国东部的最具势力的诸侯。有关该部落的源起，尚无人关注。据《蒙古秘史》载，札剌亦儿部有一个分支叫“脱忽剌温”（ toquraqun），该书一二 0 节在讲述成吉思汗于斡难豁儿豁纳黑主不儿之地与札木合发生歧见而离去之事时，便提到了该部落：“那夜兼行到天明看呵，札剌亦儿种的人合赤温、合剌孩、合阑勒歹，这三个脱忽剌温兄弟

①《史集》第一卷一分册，第 159 页。

②《史集》第二卷，第 172 页。

③《史集》第一卷二分册，第 376 页。

④《史集》第一卷二分册，第 376 页。

⑤《史集》第二卷，第 181 页。

⑥ A.Г.波多尔斯基《察合台汗国》，《蒙古学研究参考资料》，新编第 29 辑，内蒙古大学蒙古史研究所编印，1983 年。

⑦ 刘迎胜《察合台汗国史研究》，第 438 页

⑧ 有关该部落事迹请参见刘迎胜《察合台汗国史研究》第 439—440，第 448—450 页。

每也随着来了”[①]。在《史集》的“札剌亦儿部落”一条中，列举札剌亦儿部落十个分支时也提到此部[②]。察合台汗国所属“朵豁剌惕”疑似札剌亦儿部分支“脱忽剌温”氏之复数。

2. 札剌亦儿王朝

札剌亦儿王朝（1336—1411），是最早在旭烈兀王朝（伊利汗国）的废墟上，在现今伊拉克境内由蒙古札剌亦儿部的首领哈散·不祖儿黑创建的。1356—1374 年间，该王朝相当强盛，当时阿拉伯伊拉克、波斯伊拉克及曲儿忒斯坦、阿塞拜疆的部分地区、哈剌巴黑和亚美尼亚均在其统治之下[③]。这些札剌亦儿人分别出自拙赤—答儿马剌后裔、忙哥撒儿那颜后裔、千夫长兀孩—合剌札与哈剌术兄弟后裔、千夫长札剌亦儿台—也速儿后裔、千夫长巴剌那颜后裔、左翼统帅木华黎后裔等若干系统[④]。札剌亦儿部族与跟随旭烈兀进入伊朗地区的速勒都思、巴牙兀惕、塔塔尔、斡亦剌惕、客列亦惕、畏兀儿等被称为伊利汗国七大核心部族，在伊利汗国中扮演着举足轻重的角色[⑤]。其中除了畏兀儿，其余部族均与旭烈兀家族保持着姻亲关系。可谓在整个伊利汗国时代，札剌亦儿部族一直保持强盛，即便伊利汗国衰微，仍得以继续存在，并建立了王朝。

（三）明代的喀尔喀—札剌亦儿部

北元时期，喀尔喀部由札剌亦儿之希吉其纳儿管辖，后来主动迎请达延汗的由札剌亦儿哈屯所生格吗博罗特和格吗森札作喀尔喀—札剌亦儿之主。蒙古文献中因而往往称格吗森札为格吗森札·札剌亦儿·珲台吉（geresenje jalayir qong tayiji）。其部留居杭爱山一带。格吗森札分封七子时，将兀纳格惕与札剌亦儿二部给予了长子阿什海，属右翼，为今蒙古国主要先民。现今蒙古国仍有札剌亦儿姓。

三、蒙古札剌亦儿部当代遗存

蒙古札剌亦儿部当代遗存之具有生命迹象的群体当中，首先包括长期生活于汉地自认为木华黎后裔的群体。他们有着较为详细的发展脉络，并持有家谱等有所依据的“历史记忆”。其次包括仅依靠口传历史自认为木华黎后裔的部分群体。此外，在内蒙古各地区冠有札剌亦儿姓氏的一些蒙古人以及流传至今的木华黎神灵祭祀也列入该遗存当中[⑥]。

（一）当今自认为札剌亦儿部后裔群体

1. 内蒙古各盟旗所见札剌亦儿姓氏

札赉特旗：明末有部分札剌亦儿人属哈撒尔后裔阿敏，后由清廷编为扎赉特（疑为札剌亦儿复数）旗，即今内蒙古兴安盟扎赉特旗前身。

---

① 亦邻真《蒙古秘史》畏兀体蒙古文复原本 120 节，第 85 页；额尔登泰、乌云达赉《蒙古秘史》校勘本，第 958 页。

②《史集》第一卷第一分册，第 149 页。

③ A.И.法利娜《札剌亦儿王朝》，蒙古学研究参考资料，新编第 29 辑，内蒙古大学蒙古史研究所编印，1983 年。

④《史集》第一卷第一分册，第 150—158 页；第一卷第二分册，第 366—373 页。

⑤ [日]志茂硕敏《モンゴル帝国史研究叙説——イル汗国の中核部族》，东京：东京大学出版会，1995 年，第 317、318 页。

⑥ 由于文物遗迹或墓志碑刻等蒙古札剌亦儿部当代遗存尚未得以详细考察、搜集，此文暂略。

鄂尔多斯札剌亦儿姓：据 1932 年，比利时学者天清波调查了鄂尔多斯后写成的《鄂尔多斯蒙古姓氏》一书，列有札剌亦儿姓。

敖汉旗、巴林右旗札剌亦儿姓：官其格所编《蒙古族姓氏》一书载，如今赤峰市敖汉旗、巴林右旗有扎赉特，敖汉旗有札剌亦儿姓。汉姓为赵。巴林右旗又有 zaisangγuda 一姓，传言来自宰相一职[①]，或与木华黎家族有一定渊源。

苏力德达尔哈特：鄂尔多斯成吉思汗陵有以守护成吉思汗神旌为己任的五百个达尔哈特。其中，苏力德达尔哈特多自称是木华黎后裔，经专家考证，该苏力德达尔哈特应源自曾掌管第三怯薛的木华黎家族[②]。

2. 其他省市内自认为木华黎后裔群体

洛阳李氏家族：据民国二十三年（1934 年）续修《李氏家谱》载，木华黎五世孙铁古而忠，于 1286 年，出任广东南恩州达鲁花赤，子铁思，嗣父职，又迁江西信州万户府，升怀远大将军。铁思子咬儿，袭职为江苏松江万户府，封武德将军。元亡明立之际，去官退隐松江集贤乡，子孙改姓为李，从木从子。咬儿有子五人，老五留居松江城北集贤乡仁厚里。老四，谪戍河南，先居洛阳城南，后迁至洛阳城北邙山上的李家营村。现子孙衍至三十代，人口五千余，分居十多个村落[③]，后来继续繁衍，部分徙居南阳。

拜姓家族：陕西大荔县拜家村有五千余人，自认为是木华黎六世孙拜住后裔，拜住子笃麟铁穆儿是他们八世祖。元亡之际，笃麟铁穆儿隐居拜住平江封地，后转迁至陕西大荔县洛南兴平村。清朝同治年间回民起义后，将陕西大荔、渭南一带的回民迁至今宁夏泾源县。今宁夏泾源县惠台乡拜家村即与大荔县拜家村拜姓居民同宗同族[④]。陕西临渭区、商洛等处均有拜氏后裔，大荔县官池镇拜家村的相邻村落阳村、东池村也有姓拜的分布[⑤]。此外，江苏、浙江、宁夏、河南、甘肃、青海、山东、北京、湖北、河北、内蒙、新疆等地均有同宗同族之人。散居各地的拜姓蒙古人有着书写家谱的先例，道光八年（1827 年）和民国九年（1920 年）的家谱曾流传于世。当今，宁夏拜东涛撰有《拜姓家族》、北京拜怀德先生的《家之源脉》，还有西安拜国良等均有相关论述。另有江苏泰州拜氏家族，于 2002 年 9 月修《江苏省苏中拜氏家谱》，甘肃省拜世钧于 2002 年修订了《拜氏家谱》等等[⑥]。

辽宁阜新蒙古族自治县的李姓家族：在辽宁省阜新蒙古族自治县有一部分李姓蒙古人自称为木华黎后裔。在《蒙郭勒津姓氏及村名考》一书中的“毛郝黎（扎黎尔）（李）”条下记：本氏族人称：他们是毛郝黎的后代。据《蒙古族简史》有关部分记载考证：1368 年明王朝建立后，蒙古北元兵分三路抵御明军。东路军以那哈出（即木华黎后裔）为统率，带领 20 万大军在辽河流域与明军作战。于 1378 年战败投明。那哈出之后裔部众等栖居于辽河流域一带，有一部分在蒙郭勒津地区居住繁衍下来。此乃符合历史事实。他

---

① 官其格编《蒙古族姓氏》，海拉尔：内蒙古文化出版社，1993 年，第 70、80 页

② 赛音吉日嘎拉、沙日勒代搜集整理《成吉思汗祭典》（蒙古文），北京：民族出版社，1983 年，第 416、418 页。

③《洛阳蒙古族李氏家谱》，李氏家谱续修理事会，2005 年，第 695 页。

④ 拜东涛著《拜姓家族》，（内部资料）2006 年，由拜东涛提供。

⑤ 西安交通大学职业学校的管理人员杨志平提供。

⑥ 拜东涛著《拜姓家族》。

们以其宗祖名毛郝黎做为姓氏。因毛郝黎是扎黎尔部人，所以他们又称“扎黎尔”氏族。

本姓氏人取用汉武姓氏时，因“毛郝黎”和“扎黎尔”中都有“li”音，所以取汉子的近似音“李”为姓。他们现居佛寺乡套斯胡音艾里（牛心屯）、诺颜各巴勒嘎斯（王府镇）巴日嘎斯套海（南新邱）、沙日乌斯（沙拉）乡朝代音艾里（朝代营子）阜新市郊区查干哈达（长哈达）等部落[①]。

（二）木华黎神灵祭祀

每年农历五月十一，在鄂尔多斯乌审旗境内巴彦敖包要举行一次盛大的金肯神灵祭祀活动（Jinggen SidUgen-U taqilG-a），周伟的蒙古人前来拜祭金肯神灵，近几年散落内地的自谓木华黎后裔们也陆续前来祭拜。金肯（金克、井克 Jinggen，），据当地百姓传说是蒙古语真正的巴特尔之意，是指成吉思汗亲密伴当，四杰之一，大蒙古国左手万户、太师、国王木华黎。由乌审旗当地畏兀儿沁哈里牙（oyiGurcin qariy-a）的人们世代守护木华黎神纛(神矛，或谓皂纛，qar-a sUlde)。守护和主持祭祀的人们被专称卓玛们（jum-a nar）。五月十一当日下午由一匹儿守护神纛的马驮着神纛，数量不等的，由当地蒙古人组成的马队护送，行程近二百里，要在五月十三日须赶赴仍位于榆林境内小纪汉乡金克梁村的木华黎敖包祭祀。该祭祀流传已数百年。

四、札剌亦儿与扎赉特之渊源

下面着重探讨有关札剌亦儿与扎赉特之渊源。

扎赉特旗属于哲里木盟右翼五旗之一[②]。该旗始祖与哲理木盟科尔沁诸旗相同，源自成吉思汗弟哈撒儿十四世孙奎蒙克塔斯哈。奎蒙克塔斯哈率所部自呼伦贝尔南下移住嫩江流域。其子博弟达喇之幼子阿敏巴噶诺颜（巴噶诺颜为号）与其兄齐齐克纳穆赛邻牧，号所部为扎赉特。顺治五年（1648 年）设治，阿敏之孙色棱任第一任扎萨克[③]。

扎赉特旗位于哲里木盟正北部，齐齐哈尔城西南。北依兴安岭支脉，绰尔河从旗北流入，与自西北而来的特默河（又称骆驼河），汇合向东流去，横贯旗中部。哈达汉河（又称哈代汉、罕达罕）流经旗东北。旗地东至杜尔伯特旗界，西邻科尔沁右翼后旗，南与郭尔罗斯前旗西北部交界，北与索伦相界，东北沿雅尔河与今黑龙江省龙江县为界。

清代相关史料和后人著述中均不见对扎赉特一词的来源与含义的相关释解。乌兰在其《〈蒙古源流〉研究》中训“札剌亦儿”一词时曾推测，“明末还有一部分札剌亦儿人属哈撒儿后裔阿敏，后由清廷编为扎赉特旗（jalayir 的复数形 jalayid），即今内蒙古自治区兴安盟扎赉特旗前身”[④]。这似乎是最早将札剌亦儿与扎赉特联系起来的说法[⑤]。以下笔者仅根据有限的资料试图对扎赉特与札剌亦儿的渊源做一探讨。

（一）扎赉特为札剌亦儿之复数或札剌儿歹之变格

---

① 高勒巴干等编《蒙郭勒津姓氏及村名考》，海拉尔：内蒙古文化出版社，1992 年。

② 哲里木盟右翼五旗分别为：科尔沁右翼左、中、右三旗，扎赉特旗、杜尔伯特旗。

③ 胡日查、长命《科尔沁蒙古史略》（蒙古文），北京：民族出版社，2001 年，第 305 页。

④ 乌兰《<蒙古源流>研究》，辽宁民族出版社，2000 年，第 206 页。

⑤ 继而朝格满都拉的论文，呼日勒沙、胡日查编《草原文化区域分布研究》、金海、齐木德道尔吉、胡日查等编《清代蒙古志》、乌力吉主编《扎赉特历史与文化》等均将扎赉特认为源自札剌亦儿部，但未进一步阐释。

札剌亦儿，即《蒙古秘史》中的jalayir，罗氏《黄金史》中作jalayir,偶作jalayirdai。《圣武亲征录》中译为“札剌儿”；《元史》中分别以“札剌亦儿”、“押剌伊而”、“札剌儿”、“札剌儿台”等出现；《南村辍耕录》作“札剌儿歹”。古代蒙古氏族，部落名常缀有-d辅音，例如qongγirad、oyirad等等，常见对应的音写则有两种，一种是，以单数形式出现：如弘吉喇（翁吉喇）、斡亦喇等。另一种则后缀-d 辅音，可能是表示复数。如：弘吉喇惕、斡亦喇惕等。札剌亦儿人在公元7—8世纪间臣服回纥以后，被迁至鄂尔浑河的上游附近，即回纥牙帐所在地哈剌和林川，开始过上为回纥贵族“牧驼”的生活。根据畏吾体蒙古文的读音规则，即畏吾文中的半元音y移植到畏吾体蒙古文中，记舌叶塞擦音j的规则，jalayir最初应读作yalayir。如《元史》中作押剌伊而[①]。“伊而”或“亦儿”即后缀-ir，札剌亦儿（jalayir）是其名词变格，（例如，察哈caq-a——察哈尔caqar）是受突厥化影响的表现。由此推测，扎赉特（jalayid）可能是札剌亦儿（jalayir）的复数形式。即jalayir 后缀-d 辅音，弱化了 r 音后形成。史籍中札剌亦儿复数形式常以“札剌儿台”、“札剌儿歹”等出现[②]。扎赉特一词则疑是“札剌儿台”、“札剌儿歹”等的变异形态，此现象从蒙古部落oyiγur常被书写为oyiγud也可窥得一斑。

（二）留居兴安岭东南麓的札剌亦儿遗存

据民国十七年的《哲里木盟科尔钦右翼扎赉特旗通志表册》调查显示，扎赉特旗蒙古人中，有包尔济古特氏（即孛儿只斤）、米鲁特、朱札特、喀拉绰特、孟古勒绰特、倭兰哈达（疑乌良哈的复数）、他拉珠特（即萨拉朱特，是古老的蒙古部落。在扎赉特本旗人方言中将S音读作t音）等姓氏[③]。据1939年日本《兴安南省扎赉特旗实态调查统计篇》对扎赉特旗原住民聚居的茂力图（茂利图）部落（屯）进行调查，显示本旗人中有白、韩、吴（乌良哈）、孟、包（孛儿只斤）、朱等姓氏[④]。

观以上扎赉特旗不同时期的姓氏统计，我们仍无法看到扎赉特旗努图克人（或称本旗人，蒙语谓nutuγ-un saγuγali ）中有札剌亦儿这一姓氏。然而，在我们进行田野调查过程中发现，努图克人聚居的巴彦乌兰镇伊赫阿亦勒(yeke ayil)里则有自称札剌亦儿部木华黎后裔的一些宗支，他们姓白，自称祖辈传说源自“主儿赤惕部木华黎后裔朱特诺特白家（jürčid ayimaγ-un mohulai-yin qoiči , jüten bai jie）”[⑤]。

主儿赤惕（jürčid），应指女真。因忽必烈时期，为了藩屏及牵涉东道诸王，尤其意欲控制斡赤斤后王的继续扩张，将元帝所倚重的五投下，即札剌亦儿、兀鲁兀、忙兀、弘吉喇、亦乞烈思五部移住辽河流域。因此与东道诸王辽王属部与女真为邻，多有混居融合的可能，由此将札剌亦儿出身的木华黎谓主儿赤惕的木华黎也不无可能。朱特诺特白家（jüten bai jie）意为租赁土地，坐吃地租的白姓人家。这应该是晚清或近代以后的

①《元史》卷一《太祖纪》，1976年点校本，北京：中华书局，第2页。请参见韩儒林《读〈史集·部族志〉札记》（部分），载《元史论丛》第三辑；亦邻真《蒙古秘史》畏吾体蒙古文复原本，第94页。

② “札剌亦儿歹”或“札剌儿台”：古代蒙古氏族，部落名常缀有-d辅音，再加-ai，即-dai(柔性形式为-dei，音译汉字“歹”、“台”)用以表示其男性成员。参见亦邻真《蒙古秘史》畏吾体蒙古文复原本,内蒙古大学出版社，1987年，第5页。

③ 民国十七年的《哲里木盟科尔钦右翼札赉特旗通志表册》，转引自乌力吉主编《扎赉特历史与文化》，内蒙古教育出版社，2007年，第109页。

④ 满洲国国务院兴安局《兴安南省扎赉特旗实态调查统计篇》（日文），1939年。

⑤ 该调研于2010年8月13日在巴彦乌兰伊赫艾亦勒进行。

说法了。随着开垦蒙荒的延伸，内地民人大量涌入扎赉特旗，光绪三十年（1904 年），清政府将该旗东南部划出，设大赉厅，管理该旗垦地及满汉商民事务，隶黑龙江省。光绪三十一年（1905 年），又将该旗北部垦地划出，设景星镇分防经历。光绪三十二年（1906 年），划出该旗东部的垦地泰赉溪，设泰赉设治局，管理该处垦地及商民事务，隶大赉直隶厅。自 1891 年的金丹道暴动以后流离失所的喀喇沁、土默特蒙古人大量迁居至此，充当榜青，从事农业生产[①]。而以游牧为生的努图克人则往往租赁田地，收取租子为生。札剌亦儿氏（白家）即为一例。

那么除了名称上的延续，扎赉特与札剌亦儿在地缘或属部方面又有何渊源呢？

据《蒙古游牧记》载，扎赉特地区，“元为辽王分地，明入科尔沁”[②]。辽王即自斡赤斤后裔脱脱始称。斡赤斤的领地起初在以哈拉哈流域为中心的呼伦贝尔草原，1214 年扩展到额尔古纳河流域、根河及得尔布尔河流域的一些地区。之后又不断向东扩展，越过兴安岭，扩展到嫩江、洮儿河、绰儿河一带[③]。斡赤斤以幼子身份，不仅与母亲诃额仑同受忽必，且具有别于其他诸王的特权，即允许不断向兴安岭以东发展势力。一些史料载，其势力曾达到辽东[④]。

在兴安岭东南麓或是辽河流域还有一股势力，即札剌亦儿国王统领的五投下部众。早在木华黎时期，札剌亦儿部就与兴安岭以东地区结缘。1214 年，为攻打中原做准备，木华黎奉命征伐金朝东北之辽东、辽西地区，至 1217 年木华黎收编了大量的金朝将领与士兵[⑤]。不过此时的札剌亦儿国王幕府仍在上都一带。忽必烈即位后，迁五投下于辽河流域，使札剌亦儿部落第二次与兴安岭以东地区有了直接关联。危素《送札剌尔国王诗序》中言：“及建都开平、大兴，则视辽阳行省为之左臂，以异姓王札剌尔氏、兀鲁氏、忙儿氏、亦乞烈思氏、翁吉剌氏列镇此方，以为藩屏”[⑥]。可知，札剌亦儿与兀鲁兀等部是在忽必烈建开平（即上都）、大兴（即大都）之际被移至辽阳的。从史料所记，世祖即位之初，木华黎后裔硕德自辽西入宿卫；元中后期札剌亦儿国王朵儿只“至辽阳之国”[⑦]。以及木华黎后世国王碑曾在锦州一带出现等来看，忽必烈统治初年札剌亦儿部是于辽西锦州一带驻牧[⑧]。锦州应该是元初的札剌亦儿部国王幕府所在。元中后期，数十年间，札剌亦儿部势力又逐渐向辽东推进。元末虞集有《送国王朵儿只之辽东》诗等正在说明这些[⑨]。迄元中后期，札剌亦儿国王王府已徙至辽东。这可能与至元二十四

① 查看 1939 年《兴安南省扎赉特旗实态调查统计篇》得知，茂力图部落人群身份调查中，富农、中农均为本旗人，榜青群则偶见汉人之外均为外旗人。

② [清]张穆撰《蒙古游牧记》，山西人民出版社，1991 年，第 17 页。

③ 有关斡赤斤的领地研究成果颇丰。可参见叶新民《斡赤斤家族与蒙元朝廷的关系》、白拉都格其《成吉思汗时期斡赤斤受封领地的时间和范围》、《元东道诸王勋臣封地概述》及海老泽哲雄《关于蒙古帝国东方三王诸问题》等。此外近年还有南开大学薛磊博士论文《元代辽阳行省与东北统治研究》、内蒙古大学玉芝博士论文《蒙元东道诸王及其后裔所属部众历史研究》等。

④ 王国维笺注《黑达事略》，第 25 页记“窝真之兵在辽东”，《王国维遗书》，上海古籍书店，1983 年。

⑤ 参见南开大学薛磊博士论文《元代辽阳行省与东北统治研究》，2006 年，第 18—22 页。

⑥ 危素《送札剌尔国工诗序》，《危太朴集》续 ，台湾元人文集珍本丛刊本。

⑦《元史》卷一三九《朵儿只传》，第 3353 页、3355 页。

⑧ 姚大力《关于元代‘东诸侯’的几个考释》，载《中国史论集》，天津古籍出版社，1994 年。

⑨ 虞集《道园学古录》卷二，第 14 下，姚大力认为虞集所言辽东，乃是等义于辽阳行省的泛指词。

年（1287 年），平定东道诸王乃颜之乱有某种关联，乃颜之乱后其属民大部分被移置他处或改属国家版籍，斡赤斤后王份地仅限于泰宁路[①]。在平定乃颜之乱中，札剌亦儿部因多著功勋，原居于辽西，很容易扩延势力于辽东一带，填补乃颜势力被翦灭后造成的空缺。不过元代辽东的范围非常广，有时泛指辽阳行省，有时指辽河流域，与“辽西”对应出现时又似乎仅指辽河以东地区。直至元亡,札剌亦儿本千户仍在辽东,木华黎后裔纳哈出曾多年据守辽东金山一带[②]。明初,纳哈出率部二十余万降,归属明朝。[③] 然而，应该还有部分札剌亦儿人留居故地，因为元代辽阳行省是斡赤斤后王与札剌亦儿部国王的封地，两种势力都曾在辽东发展。又与女真近邻，所以在漫长的历史过程中也许有很多次混居融合的可能。比如，喀尔喀部便是以哈拉哈流域的斡赤斤后裔、札剌亦儿、乌良哈、弘吉喇等部族融合构建的。所以留驻兴安岭以东的札剌亦儿人在清初很有可能以扎赉特之名称再现。

（三）来自喀尔喀的札剌亦儿人

明洪武和永乐年间多次北征以及东、西蒙古的势力消长，使蒙古部落不断经历了分合聚散的历程。北元时期，爱马克或鄂托克的组织代替了千户。1517 年，达延汗重新统一蒙古，分设六万户，并将六万户分授予诸子时，我们重新看到了札剌亦儿一称。这支札剌亦儿的活动及所属情况，散见于 16-18 世纪的蒙、汉文文献当中，记为“罕哈—札剌亦儿”或“扎赉尔喀尔喀”、“北劄来尔喀尔喀”[④]。扎赉尔、劄来尔即札剌亦儿。“北劄来尔”，是指“外七喀尔喀”。罕哈，即《元史·术赤台专》中所记罕哈河[⑤]。即《蒙古秘史》中的合勒合河（qalqa go'o1）[⑥]，后来演化为部落名，即喀尔喀部[⑦]。文献中之所以用这种混合称呼，表明了当时的喀尔喀万户与札剌亦儿部的渊源关系。

据《阿萨拉克齐史》载：曾有喀尔喀部赤那思氏谓乌都孛罗者到答言合罕处请求曰：

edüge qlqa-a-gi jalayir-un Sigijiner medejü yabunam, ejen bolGan nigen keüken-iyen OggOmOi kemen Guyubai”。

如今，由札剌亦儿之西格其讷尔统辖喀尔喀部。请派一个儿子去做[喀尔喀部的]主人[⑧]。

于是，达廷汗相继给予了格哷孛罗特与格哷森札做罕哈（喀尔喀）—札剌亦儿之主。关于达延汗之所以送二子做罕哈—札剌亦儿部的领主“很可能与他们生母的娘家是札剌

① 韩儒林主编《元朝史》（下），北京：人民出版社，2008 年第二版，第 584、585 页。

② 参见拙文《札剌亦儿部驻地变迁及留驻食邑和分成中原》，李治安等著《元代华北地区研究——兼论汉人 的华夷观念》。南开大学出版社，2008 年。

③《明太祖实录》洪武二十年六月丁未）。

④ 乌兰《〈蒙古源流〉研究》，第 362 页；《阿拉克齐史》、《黄史》中则喀尔喀与札剌亦儿往往混用。《蒙古世系谱》卷四和《大衍汗条》中作“扎赉尔喀尔喀”、“北劄来尔喀尔喀”。

⑤《元史》卷一二 O《术赤台传》，第 2962 页。

⑥ 王国维校注《圣武亲征录》作哈剌哈河、哈勒合河。王国维遗书本，第 20 页上、37 页下。

⑦ 和田清认为喀尔喀原驻牧地在喀尔喀河流域，喀尔喀万户是以喀尔喀河西边发展起来的。(《明代蒙古史论 集》上，376 页）达力扎布也说：“喀尔喀之部名即来自其原游牧地喀尔喀河”。(《明代漠南蒙古的形成》。内蒙古文化出版社，1997 年，第 131 页）

⑧《阿萨拉克齐史》（蒙文），巴·巴根校注，民族出版社，1984 年，第 118 页。参见乌云毕力格著《〈阿萨喇克其史〉研究》，中央民族大学出版社，2009 年，第 127 页。Sigijiner 可能是后来蒙古中常见的 SigeJin 官职的复数形式。

亦儿人有关”[①]。由于格呼森札被奉为罕哈—札剌亦儿部领主，因此，蒙文文献中往往又号其为格呼森札·札剌亦儿·珲台吉（gereSanja jalayir qong tayiji）。其部留居杭爱山一带，并将部民分作七旗，分授七子。[②]据《阿萨拉克齐史》载，格呼森札分封诸子时："将兀讷格特与札剌亦儿二[部]分授长子阿什海”（“aSiGai-du üneged jalayir qoyar ögbei”）[③]。

又据《蒙古王公表传》载，格呼森札诸子分掌喀尔喀左右翼，其中，长子阿什海达尔汗珲台吉与次子诺颜泰哈坦巴图尔、第四子德勒登昆都伦、第七子鄂特欢诺颜同掌右翼。看来，当时的札剌亦儿部属右翼。关于蒙元时期的札剌亦儿千户与明代喀尔喀万户属下札剌亦儿之间的渊源关系，虽然史无明载，但据以上蒙、汉文献记载以及其他相关蒙文文献所提供的信息，仍可窥得一斑。从以上史料，我们已确知喀尔喀与札剌亦儿部有密切关系。据喀尔喀出身的答里麻所著《金轮千辐》载："据说斡赤斤子孙在喀尔喀，只不知何因、何人”[④]。其他蒙文文献也有类似的记载[⑤]。这不能不让我们怀疑，北元时期的喀尔喀万户，是以元末留居于蒙古东部喀尔喀河周围的若干部落遗存为基础发展起来的。这一点，从喀尔喀万户下属鄂托克中往往有札剌亦儿、斡者、弘吉剌惕等曾驻牧于喀尔喀河流域的部落名称的事实也可以得知[⑥]。这些驻牧于喀尔喀河附近的部众，在元政权北归后，可能形成了以喀尔喀命名的集团，即喀尔喀万户的前身，后来分为南北（内外）喀尔喀。而以札剌亦儿为首的外七喀尔喀，成为后来的喀尔喀四部先民。今蒙古国戈壁阿尔泰省诸县、东方省喀尔喀郭勒县等地仍有札剌亦儿氏[⑦]。

在明嘉靖末，隆庆初五部喀尔喀南迁，外七喀尔喀向西北发展时，很可能一部分札剌亦儿人随迁至与喀尔喀河相近的今扎赉特地区。

在1939年“满洲国”国务院兴安局所调查的《兴安南省扎赉特旗实态调查统计篇》中，于努图克人（本旗人）聚居的茂力图部落后加注为“ハルハ族”，此处的“ハルハ族”即“喀尔喀族”之意。这一条资料，似乎为我们提供着扎赉特旗努图克人应该源自喀尔喀部族的讯息。然而在该书的《兴安南省扎赉特旗实态调查报告书》中所列“调查部落表”中除了新旧巴尔虎、达斡尔、索伦等人以外的奈曼、科尔沁左翼中期、科尔沁右翼中期、巴林左翼旗一概被统称为“ハルハ族”[⑧]。也许在日本人看来，这些蒙古人和巴尔虎、达斡尔、索伦显然有所不同。其实，这些部落中只有巴林明确属于内喀尔喀五部之一。显然，这里所强调的喀尔喀族似乎成为区别于巴尔虎、达斡尔、索伦的蒙古人的统称。

由于史料缺如，尚不能对札剌亦儿与扎赉特的渊源做一个系统的、科学而准确判断，

---

① 乌兰《<蒙古源流>研究》，中国蒙古学文库，沈阳：辽宁民族出版社，2000年，第372页，注①。

② 可参见张穆《蒙古游牧记》卷七、卷十；《钦定外藩蒙古回部王公表传》卷四十五；《蒙古世系谱》卷四。

③《阿萨拉克齐史》，第119页。.

④ 答里麻著《金轮千辐》，蒙文版，乔吉校注，呼和浩特：内蒙古人民出版社，1987年，第314页。

⑤ 参看《恒河之流》，（蒙文）乔吉校注。内蒙古人民出版社，1980年，第160页；《水晶珠》（蒙文），胡和 温都尔校译，内蒙古人民出版社，1985年，第934贞。

⑥《金轮千辐》，第216、228页。

⑦《蒙古人民共和国部族学》（一），敖特根等转写，呼和浩特：内蒙古人民出版社，1990年。

⑧ 满洲国国务院兴安局《兴安南省扎赉特旗实态调查报告书》，（日文）康德六年（1939年），例言部分。

还需要我们进一步挖掘史料，充实我们的论点。

结　语

蒙古札剌亦儿部当代遗存，尤以自认为木华黎后裔群体的陆续报本及随即出现的相关现象，可谓是近年中国各地相继出现的较为普遍的蒙古人后裔“寻根问祖”现象之典型事例。这一现象的产生有其特殊的背景、原因和意义所在。

第一，作为札剌亦儿部当代遗存，木华黎后裔的陆续“涌现”，无疑是现代中国群体文化心态的一种体现。在中国，以木华黎为父系血统的亲族大量出现，以及近年出现的纂修家谱、“寻根问祖”、祭祀祖先等现象也可被视为改革开放以来在中国逐渐复苏的宗族组织活动的一个侧影。“宗族是中国历史上长久发展过的一种植根于中国文化传统的社会关系形态”[①]。宗族活动所体现的是一种人们对历史感、归属感、道德感和责任感的追求[②]。因而历史上宗族活动虽时强时弱，但一直没有消失。尤其远离故土，散落各处的人们更是有着一种故土情结和祖先崇拜意识，他们往往通过这些来了解自己的身世，达到血脉认同，补充精神给养。木华黎后裔的“寻根”现象，除了源于蒙古人对出身部落的牢固记忆之外，更多的当是受汉族宗族观的影响。

木华黎 1207 年“以太师、国王、都行省承事”经略中原，其后裔又食邑中土，浸润于汉文化，所谓“习礼义之化，子孙华学世济其美，百年涵濡，于是乡其土而家其俗矣”[③]，即描述这一现象。木华黎后裔中不仅有“美容仪、慕华风，不薙发”者[④]，亦涌现出推行儒治的安童、拜住、朵儿只等名相，更不乏在汉学与艺术领域颇具造诣的朵尔直班、笃麟铁穆尔等人。在元代，蒙古礼制仍以蒙古风俗为主，在不支持建立家庙情况下，长期浸润汉文化的木华黎后裔却已接受了汉人社会之宗族观，建起家庙。比如至治初年，唯有木华黎六世孙，时中书右丞相拜住“得立五庙”[⑤]。木华黎弟带孙后裔安僧也曾立祠东平东阿黄山，并嘱当时文人许有壬作“祠堂记”，曰：“先公葬有兆（墓地—引者），祭有家。别业（别墅—引者）有祠，又用乡人意而永吾孝思焉，子熟吾家，记其勿辞”[⑥]。可见带孙后裔食邑东阿逾百年，仿照汉人宗族做法建立祠堂，孝思祖先。

然而，元廷北迁，明朝建立后，留驻内地的蒙古后裔或被贬谪流落各地或隐姓埋名改用汉姓，木华黎后裔或“从木从子”改为李姓[⑦]，或取拜住之“拜”为世传家姓[⑧]，或取纳哈出之“出”字冠姓[⑨]。在明清时代，修辑宗谱成为普遍现象，亦成为联络宗族的

---

① 钱杭、谢维扬《传统与转型：江西泰和农村宗族形态——一项社会人类学的研究》，上海社会科学院出版社，1995 年，第 308 页。

② 冯尔康等《中国宗族史》，上海人民出版社，2009 年，第 364 页。

③ 许有壬《扎剌尔公祠堂记》，《至正集》卷三十八，台湾元人文集珍本丛刊本。

④ 屠寄《蒙兀儿史记·孛鲁传》，北京：中国书店，1984 年。

⑤《元史》卷 76《祭礼五·大臣家庙》，中华书局，1976 年点校本，第 1905 页。

⑥ 许有壬《扎剌尔公祠堂记》，《至正集》卷三十八，台湾元人文集珍本丛刊本。

⑦《洛阳蒙古族李氏家谱》，第 5 页。

⑧ 拜东涛《拜姓家族》（内部资料），2006 年，第 15 页。

⑨ 参见《福建“出”姓蒙古族的渊源》，《文摘报》1986 年 10 月 2 日，第 352—7 版。该资料为洛阳市孟津县教育局李孝斌先生提供，这一支于福建省惠安县的 2 千余“出”姓人自认为是木华黎后裔纳哈出的子孙。尚需考察。

一种手段。留驻内地的木华黎后裔也开始照仿汉地习俗，书写族谱。如正统六年（1441年）的《李氏家谱》、道光八年（1827年）的《拜姓家谱》虽已遗失，但为后人续写家谱成为根据[①]。近代以来，随着社会变化，民间修谱收族活动也较普遍。木华黎后裔也在明清遗留下来的族谱基础上于民国九年（1920 年）编撰《同州府大荔县洛南兴平村高阳里拜八家》谱、李氏家族于民国二十三年（1934年）续修《李氏家谱》。

然而，“50 至 70 年代宗族被当作封建事物受到扫荡，宗族资源、载体的祠堂、族谱被毁，作为宗族组织的宗族已基本消失”，“从总体上看宗族处于销声匿迹状态。”然而，“仍能体会到宗族力量并未完全消失，而处于潜存状态”[②]。80 年代以后，随着改革开放，也陆续恢复一些宗族群体和宗族活动，宗亲联谊或编写族谱、寻根问祖、祖先祭拜等活动大量出现。木华黎后裔李氏家族2005年重修《洛阳蒙古族李氏家谱》。拜姓于 2005 年 10 月在陕西省大荔县召开了拜姓家族历史研讨会，2002 年编撰的《拜氏家谱》、2006 年编写的《拜姓家族》，还有《江苏省苏中拜氏家族家谱》等等陆续问世。同时 2005 年以来洛阳李氏家族、江苏拜姓家族成员“千里寻根”至内蒙古成吉思汗陵及乌审旗，参加成吉思汗祭祀与木华黎神灵祭祀活动。

第二，近年来全国自谓木华黎后裔群体的陆续出现也可视为当代蒙古人试图分享成吉思汗及蒙古帝国文化遗产的愿望或一种精神依附。众所周知，成吉思汗不仅是蒙古人的祖先和英雄，也是世界伟人，正如姚大力先生为杰克·威泽弗德所著《成吉思汗与今日世界之形成》所作序中所言：“就旧大陆而言，在近代之前，已经出现过一次维持了大约一个世纪之久的‘世界体系’；而它正是由成吉思汗缔造的蒙古帝国所促成的。”[③]成吉思汗的力量不仅仅是征服，还有思想和观念，更有一些精神的遗产。时值今日，成吉思汗仍在发挥着影响。不论在蒙古国抑或内蒙古，作为象征意义的成吉思汗充满着活力。冠有“成吉思汗”字样的各种文化产品、活动让蒙古人分享着祖先的遗产。木华黎作为成吉思汗的“斡脱古·孛斡勒”(OtOgü boGul)，即老奴隶，被视为左膀右臂，受封“行省、太师、国王”，经略中原，被视为“权皇帝，衣服制度，全用天子礼”[④]。即使在清末，木华黎这一人物形象仍在蒙汉群体当中颇具影响，只是其形象已开始被赋予汉文化成分。比如：清末尹湛纳希所著《青史演义》中即把木华黎定位为“多谋军师木浩来”、“善于用计，千变万化”等等[⑤]，俨然喻为《三国演义》中的军师诸葛亮，甚至过之。清末，木华黎敖包所在今陕西榆林地区则将木华黎与关公合二为一，被周边的蒙汉人民共同祭祀膜拜[⑥]。然而，在蒙古国及内蒙古，蒙古人可以名正言顺地分享祖先留下的这些遗产，而留驻汉地，隐姓埋名的蒙古人又将如何？尤其作为元朝望族或“有根脚者”，木华黎的后裔在汉文化的强大包围之中逐渐与之融合，蒙古特性逐日退去，他们又将怎

① 参见《洛阳蒙古族李氏家谱》，第 676 页。《拜姓家族》，第 93 页。

② 冯尔康等《中国宗族史》，第 350 页。

③ [美]杰克·威泽弗德著，温海清、姚建根译《成吉思汗与今日世界之形成》，重庆出版社，2006 年，第 8 页。

④ 王国维笺证《蒙鞑备录》，第 9 页上。

⑤ 尹湛纳希著，黑勒、丁师浩译，王利器校《青史演义》，内蒙古人民出版，1985 年，第 114、121 页。

⑥ 李春元《榆林关公庙》，榆林市民族宗教事务局、榆林市关公文化研究会编印，2010 年，第 46 页。有关蒙古地区关公信仰，可参见陈岗龙《内格斯尔而外关公——关公信仰在蒙古地区》一文，《民族艺术》2011 年第 2 期。

样分享祖先的“遗产”？

人们在忽视这一“变异”的蒙古人后裔群体时，其实他们内心却始终存留着一份对祖先的崇拜，缅怀先人功业，同时在报本返始这一人类共有的观念的推动下，留驻汉地的木华黎后裔也开始撰写族谱，明其祖望。随着文化环境的轻松自由，这些隐藏出身多年，甚至经过长期蜕变已失去本色，更多了一份汉文化特色的木华黎后裔们开始报本溯源，寻根问祖。他们将自己与成吉思汗紧密关联的大蒙古国功臣木华黎牢牢地联系起来，以祖先为骄傲的同时更让族人秉承先辈精神。

第三，扎赉特旗“木华黎文化”潮流则可视为是内蒙古地区建设文化大区，大力推动旅游文化事业的政策下产生的一个独特现象。2003 年内蒙古党委提出了建设民族文化大区的重要战略决策，提出“大力弘扬和培育民族精神”和“大力推动文化产业发展”，“把促进文化资源开发与旅游开发结合起来，推出一批富有地域文化特色，体现较高文化品位的旅游精品项目”[①]。在这些口号下，各盟市旗县大力开展旅游业，挖掘民族文化，突出地区特色。尤其各地区争先恐后地为该地区寻找代表性的历史文化与历史人物，从而挖掘相关旅游人文资源。扎赉特旗作为被称为哈萨尔后裔的科尔沁部落之一，为了突出地方特色，同时有别于已将“科尔沁”文化作为标签的科尔沁左右翼六旗，选择了能够代表地域特色的独具的历史人物——札剌亦儿部木华黎。虽然，我们试图去堪同扎赉特与札剌亦儿名称，也从一些历史线索和民间传说辅助证明两者的渊源，仍有待更有力的史料来证明。然而，以木华黎为象征的文化现象在扎赉特旗已成为一种潮流，2010年在该旗不仅召开了《首届扎赉特历史文化研讨会》，对相关问题予以讨论，还建造了木华黎广场，拟树立木华黎塑像。这一系列具有时代特征的现象，仍有待我们从历史渊源和文化层面更深入地去认识和分析。

（谢咏梅，女，1970年生，历史学博士，内蒙古师范大学旅游学院副教授，呼和浩特，010022）

① 陈光林《弘扬先进文化 建设民族文化大区》，董恒宇、马永真主编《论草原文化》第一辑，内蒙古教育出版社，2005 年，第 1—11 页。

明英宗被俘及其在蒙地羁押期间的活动

林 欢

内容提要："土木之变"后，明英宗朱祁镇被瓦剌蒙古人押往塞外草原，并在一年之后得以全身而退。在其被羁押的日子里，朱祁镇凭借自己的明朝皇帝身份得到了蒙古各方面相应的照顾。他能够积极利用各种条件，以南归回京为主要目标，进行了一系列活动。尽管他不懈的努力屡遭失败，但是心智得以提高。这为其日后的各种活动打下了良好的基础。

正统十四年(1449)八月，蒙古瓦剌部首领也先率军攻打明境，并且俘获明英宗朱祁镇。朱祁镇在蒙古地区生活了一年时间，经过明、蒙双方使者的不断努力和艰难交涉后南归。在国家尚未到达灭亡之时皇帝便被掳去，这不仅在当时，就是在整个中国历史上都是十分罕见的事件。对此，国内外已有不少研究者梳理史料，重审事实。然而目前学术界对于正统皇帝生平的研究仍有某些史实需要稽考，有些问题还须重新结论：例如朱祁镇在蒙地羁押期间的个人生活状态便极少有人提及，即便赵毅、罗冬阳《正统皇帝大传》（辽宁教育出版社，1993 年）以及韩慧玲《明英宗"北狩"史料研究》（内蒙古大学硕士学位论文，2007 年）是目前所见学术论著中涉及此问题篇幅最多者。然赵、罗两位先生对此时朱祁镇的活动简单定性为："朱祁镇在漠北的一年间，基本上是虚掷光阴，无所事事。要说他对北京保卫战还有什么贡献的话，那就是他参与并指导实施了智擒喜宁的计划。"①不过照此说法，恰恰无法对于朱祁镇"南宫复辟"之后诸种政治举措的来源及其深层意义做出合理说明。因此，笔者仅希望利用所读史料，尽量对朱祁镇"北狩"期间的个人遭遇进行一番梳理。

一、明军的溃败以及朱祁镇的被俘

土木之战中明军惨败以及朱祁镇被俘的细节问题尽管在蒙、汉文史籍里面都有所描述，但是详略不一。由于文化背景、民族情感及政治观点等多方面的差异，彼此所站立场多有不同，特别是对同一事件的描述相差甚远，而且还夹杂夸大、隐晦的成分。

据相关汉文史书记载，关于明军的溃败，除了军事指挥错误以及与明朝长期以来北部边防废弛所导致的战斗力低下之外，还在于宣德以来明朝北边防务政策变化所导致的文恬武嬉以及厌战思潮泛滥。正统初年，以"三杨"为代表的大小官员已经习惯了仁、

① 赵毅、罗冬阳：《正统皇帝大传》，沈阳：辽宁教育出版社，1993 年，第 164-165 页。

宣以来长期保持的承平局面，对于宣德弊政视而不见。不仅如此，朝臣们还热衷于将重大军事活动转化为朝堂上的权力纷争。例如刘球等人的忧虑，表面在于"麓川问题"的解决，但实质上仍侧重于"朝多浊乱，内忧群小"的问题，将矛头指向以王振为代表的宦官集团。同样，关于朱祁镇是否亲征的争论，自然是"麓川问题"的继续。于是整个"亲征"，实质上是弥漫于全军上下的对敌恐慌情绪逐渐发展到无以复加的过程，间接夹杂着文臣们对于王振专权的私下憎恨，及其对于战争失败结局预言的悲观情绪。而这股怨气在朱祁镇、王振的盲目乐观的现实权力压制之下，自然凄凉无比。

更糟糕的是，文官集团因为政治斗争需要而大肆渲染的蒙古威胁，给整个社会舆论乃至军心稳定造成极大的消极影响。早在当年秋，徐珵（有贞）见荧惑入南斗，私下对朋友刘溥说："祸不远矣"，即令妻子携家眷南归。大军临行前，徐有贞又散布"兹行也，必败，上不归矣"的消极言论。而据《明史纪事本末》等书的记载，在行军过程中，钦天监监正彭德清"虏势如此，不可复前。倘有疏虞，陷天子于草莽"[①]的警告同样惑乱军心。在此前后一个月的行军途中，众军士或"仓猝就道"，或"众益寒心"，或"众皆危惧"，或"军营中惊乱彻夜不止。"[②]至于前方连接败报，再加上兵部尚书邝埜"坠马"，及其被王振"略阵"、罚跪等突发事件，自然给全军造成更大的恐慌，并在一定程度上加深了群臣乃至普通兵士对于王振的怨恨。直至八月十五日，明军达到了心理的崩溃边缘，而水源的断绝以及"虏骑绕营窥伺"[③]最终成为压垮明军全部斗志的最后一根稻草。而王振急令开拔的错误决定更直接导致明军"回旋之间，行列已乱。"[④]

对于也先来说，土木之捷完全是意外。此役之初，也先所求无非骚扰明边。他很早便确定了"纵不得其大城池，使其用不得耕，民不得息，多所剽掠，亦是以逞"[⑤]的战略目标。而直到伯颜帖木儿部至宣府后送来情报时，也先才得悉明帝亲征，这才全力急进，困明军于土木[⑥]。号称"五十万"的乌合之众"争先奔逸，势不能止"。因而蒙古军队得以顺利"蹂阵而入，奋长刀以砍大军。"为逃命，早已魂飞魄散的明军士兵只得丢盔卸甲以求自保。而这样的混乱自然导致大规模踩踏事故的发生，以至于"众裸袒相蹈藉死，蔽野塞川"[⑦]。因而伯颜帖木儿回忆"数万的人马着刀的、着箭的、踏死的、压死的"，因而他认为"皇帝身上怎么箭也不曾伤他，刀也不曾砍他，怎么人也不踏着他？"[⑧]是上天赐予朱祁镇的奇迹。明臣李实也承认"大军倒戈，自相蹂践。"[⑨]因而土木之战并不是明蒙双方军队事关国家命运的决战，而是蒙古铁骑随心所欲地收拾不战自溃的明

---

① 《明英宗实录》卷180，正统十四年七月壬寅，台北："中央研究院"历史语言研究所，1962年，第3492页。

② 《明英宗实录》卷181，正统十四年八月己酉，第3495页。

③ 《明英宗实录》卷181，正统十四年八月壬戌，第3498页。

④ [明]刘定之：《否泰录》，薄音湖、王雄编《明代蒙古汉籍史料汇编（第一辑）》，内蒙古大学出版社，2006年第2版，第68页。

⑤ 《明英宗实录》卷160，正统十二年十一月丁未，第3118页。

⑥ [明]杨铭：《正统临戎录》，薄音湖、王雄编《明代蒙古汉籍史料汇编（第一辑）》，呼和浩特：内蒙古大学出版社，2006年第2版，第94页。

⑦ [清]谷应泰：《明史纪事本末》卷32，《土木之变》，北京：中华书局，1972年，第474页。

⑧ [明]杨铭：《正统临戎录》，《明代蒙古汉籍史料汇编（第一辑）》，第95页。

⑨ [明]李实：《北使录》，薄音湖、王雄编《明代蒙古汉籍史料汇编（第一辑）》，呼和浩特：内蒙古大学出版社，2006年第2版，第76页。

朝逃兵[①]。恐慌之中，朱祁镇所在中军迅速与数十万主力脱离。据《黄金史纲》和《黄金史》载：最终仅有“三百余名明军固守阵地，英勇顽强，宁死不退”[②]。在寡不敌众的情况下，这些人“均遭屠戮”[③]。其中包括扈从群臣，如太师英国公张辅、泰宁侯陈瀛等五十余人。眼见突围的希望全部破灭，朱祁镇只得束手就擒，进而被明朝史官形容其“蟠膝面南坐”。而蒙文史籍记载他被从“坑”乃至“地窖”里拽出来，亦有可能是其身处一座被属下改造过的，用于遮风避雨的半地下式掩体。故有“宦侍、虎贲矢被体如猬”而其却毫发无损的记载。此时朱祁镇虽有听天由命的意思，但皇帝架子未倒。他针对蒙古人喊出的“解甲投刃者不杀”的口号自然不加理会。而蒙古军士发现此人“动静不像个小人儿”，便报告也先。也先随即经过确认，落实了朱祁镇的皇帝身份。

即便如此，弥漫于明廷上下的畏战自保情绪发展到土木之战以后，便是在廷议战守之策时“群臣聚哭于朝”的惶恐不安，以及朝臣殴毙、迁怒于王振及其党羽的泄愤行为。因而徐珵（有贞）提出“天命已去，惟南迁可以纾难”[④]的建言恰恰是明廷之中部分官员面对亡国灭家预言的绝望反映。

二、朱祁镇在蒙地的生活状况

从总体上来说，朱祁镇在被俘后过着与当时蒙古人同样食肉、衣皮、骑马、住帐房，以及不断迁徙的游牧生活。这与其处于深宫的帝王生活自然有天壤之别。

1. 衣

由于明军的溃散过于突然，以至于朱祁镇除身着专用盔甲外，其“御用物惟金龙绣枕在”[⑤]。而中秋节之后的塞外要比京城提前一个多月进入冬季。“……嗟彼被掠之汉人，风雪侵凌，饥渴顿踣，饮恨衔哀，呼天叩地。”[⑥]故朱祁镇派遣梁贵赶赴京师送信的时候，特意嘱咐将自己的衣服送来。后来使者虽将孙太后寄来貂裘、胡帽、衣服等物送抵草原，但都被喜宁“一一讨去了”。事实上朱祁镇的御寒服装多由蒙古人提供，例如在当年八月十九日，也先便送来铺盖、皮袄[⑦]；生日这天，也先又“进黄蟒龙貂鼠皮袄”；在其回京启程之前，也先、伯颜帖木儿分别赠送貂鼠皮袄。即便如此，朱祁镇对于塞外冬夜的寒冷几乎无法忍受，于是特别召哈铭入帐给自己抱足取暖。朱祁镇显然不习惯蒙古服装：回回人赛义德·阿里·阿克伯契达伊(Seid Ali Akbar Khatai)在《中国志》记载：“卡尔梅克人穿貂皮衣。他们在夏季毛朝外穿其大衣，而在冬季则毛朝里穿……”[⑧]这不仅仅

---

① 曹永年：《土木之变与也先称汗》，《内蒙古师大学报》，1991年第1期。

② 佚名：《蒙古黄金史纲》，朱风、贾敬颜汉译，呼和浩特：内蒙古人民出版社，2007年第2版，第81页。

③ [清]罗桑藏丹津：《蒙古黄金史》，色·道尔基汉译，呼和浩特：蒙古学出版社，1993年，第336-338页。

④ 《明史》卷171《徐有贞传》，北京：中华书局，1974年，第3492页。

⑤ [明]刘定之：《否泰录》，《明代蒙古汉籍史料汇编（第一辑）》，第73页。

⑥ [明]峨岷山人：《译语》，薄音湖、王雄编《明代蒙古汉籍史料汇编（第一辑）》，呼和浩特：内蒙古大学出版社，2006年第2版，第227页。

⑦ [明]袁彬：《北征事迹》，薄音湖、王雄编《明代蒙古汉籍史料汇编（第一辑）》，呼和浩特：内蒙古大学出版社，2006年第2版，第87页。

⑧ [法]阿里·玛扎海里：《丝绸之路——中国波斯文化交流史》，耿昇译，乌鲁木齐：新疆人民出版社，2006年，第302页。

是生活习惯问题，而且事关儒家礼制和其作为俘虏地位的象征。此间稍微得以安慰的，是随从哈铭曾“将母亲所制进白绢汗衬一件，白绢底衣一件进爷爷穿用了”。[①]后来朱祁镇见到李实时曾抱怨：“你每与我将得衣帽来否？”[②]并特意要求明使再来时“衣服可放在宣府，便服随带来。”[③]

另外，在景泰元年新年宴席上，也先曾将“铁脚皮”赠给朱祁镇作为礼物。有学者因而顾名思义，认为“铁脚皮”是一种御寒的鞋类。然又有人认为“铁脚皮”是一种草类植物[④]。不过根据《正统临戎录》的记载，也先当时送给朱祁镇的礼物是“皮条”。至于“铁脚皮”是否为“皮条”，其用处如何，包含了什么样的文化内涵？由于资料不足，仍待考证。

2. 食

朱祁镇被俘期间的饮食，基本遵循了蒙古人的饮食种类和方式。例如文献记载：朱祁镇每二日得羊一只，每七日得牛一头，此外每七日还得马一匹作为食物来源。也先曾担心朱祁镇“没下饭”的食物，专门令手下进羊四十只。到了节日或其他重要宴会，则以马肉作为高级食品。例如也先特地“杀马做筵席”为朱祁镇过生日，还专门杀马“拔刀割肉，燎以进”，以安慰朱祁镇的沮丧心情。不仅如此，朱祁镇在塞外来往迁徙的过程中，“途中达子达妇遇见……随路进野味并奶子。”[⑤]而也先、伯颜帖木儿出猎归来，以其所获野马、黄羊、野鸡之类来“献”，并与朱祁镇小酌一番。至于饮料，则以马乳为主。马乳是蒙古人最喜爱的饮料，营养丰富，酸度适中，既可以充饥，又可以止渴。哈铭第一次去探望朱祁镇时就是“取讨马乳一皮袋”。也先也令人“逐日进牛乳、马乳……”当然，这样的饮食对于昔日锦衣玉食，如今“服食恶陋不堪”[⑥]，尤其是“殊无米菜”的皇帝来讲实在是难以消受：例如朱祁镇曾经特别吩咐手下去寻找泉水饮用。然而这种小小的要求居然让手下费尽了周折：例如哈铭记载也先从北京撤退期间，朱祁镇曾派袁彬找水来吃，结果被蒙古人误认为逃走而被责打。直到其过生日那天，才由哈铭寻得泉眼“将冰打开，取水进上。”又如，在也先挟持朱祁镇进京途中，朱祁镇屡次以主人自居，对蒙古人进行盛情款待。当然，朱祁镇等人食用米面的机会还是有的：例如哈铭便是借助进米面的机会得以留在朱祁镇身边。至于粥的食用尤引人注目。在景泰元年七八月间，朱祁镇还得到了使者李实等人馈赠的“大米数斗”[⑦]。这对于久困于食物的他来说不啻于一种难得的享受。当时蒙古人有做筵席的习惯，据称“五日、七日、十日做筵席一次”，可见其频率之高。细检诸书，可看到朱祁镇频频参加宴会的情况。这些记录在有意无意之间显示了当时蒙古风俗文化的某些特征依然保持着元代以来的传统，是现代人了解当时瓦剌习俗的珍贵资料。

---

① [明]杨铭：《正统临戎录》，《明代蒙古汉籍史料汇编（第一辑）》，第105页。

② [明]李实：《北使录》，《明代蒙古汉籍史料汇编（第一辑）》，第79页

③ [明]李实：《北使录》，《明代蒙古汉籍史料汇编（第一辑）》，第81页。

④ 韩慧玲：《明英宗“北狩”史料研究》，硕士学位论文，内蒙古大学历史系，2007年，第34页。

⑤ [明]袁彬：《北征事迹》，《明代蒙古汉籍史料汇编（第一辑）》，第90页。

⑥ [明]李实：《北使录》，《明代蒙古汉籍史料汇编（第一辑）》，第80页。

⑦ [明]刘定之：《否泰录》，《明代蒙古汉籍史料汇编（第一辑）》，第73页。

3. 住

朱祁镇被俘后，也先嘱咐伯颜帖木儿将其送回自己领地进行“养活”。这种做法并非特例。《正统临戎录》提到在土木之战前夕被也先被扣押的明使就都被分散到“各‘爱马’养活着”。所谓“爱马”，又称“爱马克”，是古代蒙古社会基层组织形式之一，汉语意为“部落”、“投下”。“爱马”既是游牧领地，又是亲缘结合体。凡属于一个爱马的人都被认为是同一亲族集团[①]。中国古代北方游牧政权在其军队大规模出征之后，留在后方“爱马”领地的人员构成多为老病妇孺，他们和辎重等被称为“奥鲁”，汉译作“家小”、“老小营”、“老营”等。此时“奥鲁”中因青壮年男子相对稀少，故而一直被明军认为是进行偷袭的最佳时机。因此罗通曾建议“以精兵八万人，从大同出其不意，捣其空虚，其老营可一鼓而得也。”[②]。石亨也言“闻虏贼将犯大同，其巢穴在断头山，去宁夏不远。”[③]两项记载中所指“老营”、“贼营”，即“奥鲁”。即便到了隆庆五年(1570)“俺答款贡”成功前后，明廷依然把“捣巢”作为对蒙古进行军事遏制的首选，兵部尚书郭乾进言：“虏方求款，即要我以不烧荒不捣巢，他日若要我以不乘塞不设备，其将如何？”[④]

朱祁镇虽然作为战俘兼人质，或多或少受到监视，并且丧失了一定的人身自由，但是受到了伯颜帖木儿夫妇细致入微的照顾。

一方面，朱祁镇有独处条件和机会。伯颜帖木儿专门给了他“窝儿帐房一顶”[⑤]。朱祁镇的起居与普通蒙古人家一样，李实回忆“上所居者帷帐布帏，席地而寝”[⑥]。《中国志》记载：“他们（卡尔梅克人）的卧具和地毯也都是皮货，尤其是羊皮的。”[⑦]这种活动帐幕是中国北方游牧民族适应于草原环境的一个大创造。它的原则是节约、轻便、实用和防风、蔽风雪和便于拆卸和搬迁。哈铭回忆：帐房的搭建和拆卸极为省力简捷，并以牲畜驮运。例如在其随也先进退北京期间，搭建帐幕的工作便由哈铭完成。出于君臣之别，即便袁彬、哈铭与朱祁镇的关系密切，平时未经允许也不得进入帐房，更不允许与朱祁镇同寝。只有在朱祁镇的特别召唤之下，才有可能入账侍寝，其作用是给其抱足取暖或解闷[⑧]。只是后来由于“太上皇”个人的需要，袁彬等“五、七个人”才齐聚帐幕之中共寝。

另一方面，负责朱祁镇生活起居的侍女可能为伯颜帖木儿夫妇所指派的自家侍女。例如从北京撤至伯颜帖木儿家营地时，伯颜帖木儿之妻“忙令使女搭毡帐，请圣驾住歇，做饭进膳。”[⑨]伯颜帖木儿除了送给朱祁镇一顶帐房之外，又“差达妇管起管下。”[⑩]与此

① 白翠琴：《瓦剌史》，长春：吉林教育出版社，1991年，第189页。

② 《明英宗实录》卷188，景泰元年闰正月己酉，第3818页。

③ 《明英宗实录》卷190，景泰元年三月戊辰，第3923页。

④ [明]王士琦：《三云筹俎考》卷2《封贡考》，《明代蒙古汉籍史料汇编（第二辑）》，第414页。

⑤ [明]袁彬：《北征事迹》，《明代蒙古汉籍史料汇编（第一辑）》，第90页。

⑥ [明]李实：《北使录》，《明代蒙古汉籍史料汇编（第一辑）》，第79页。

⑦ [法]阿里·玛扎海里：《丝绸之路——中国波斯文化交流史》，第302页。

⑧ [明]袁彬：《北征事迹》，《明代蒙古汉籍史料汇编（第一辑）》，第90页。

⑨ [明]杨铭：《正统临戎录》，《明代蒙古汉籍史料汇编（第一辑）》，第99页。

⑩ [明]袁彬：《北征事迹》，《明代蒙古汉籍史料汇编（第一辑）》，第90页。

相对应的是“阿速人阿里蛮丞相（本为伯颜帖木儿之子，此处指伯颜帖木儿本人），送给也先合罕所提到的大明景泰（正统）皇帝[一个]名叫莫鲁的妇人，把他唤作察罕小厮，在家里使唤。”[①]

除此以外，伯颜帖木儿对于朱祁镇等人并不着意进行防范。有迹象表明，朱祁镇的帐房与伯颜帖木儿本人的帐房距离很近。例如《北征事迹》、《正统临戎录》、《蒙古源流》等书都记载：伯颜帖木儿之妻的使女阿失加曾经向哈铭打听明朝君臣人等是否夜晚在帐中生火，由此可见彼此帐房相距不远。

4.行

关于朱祁镇被羁押于塞外草原何地问题，回回人认为是在元朝旧都哈喇和林[②]。但据金幼孜所著《北征录》、《后北征录》记载，从宣府边外到忽兰忽失温（今蒙古国乌兰巴托一带）需要跋涉二个半月，而哈喇和林更在忽兰忽失温以西。而按《北征事迹》等书所述，也先队伍只需五天即可骑马抵达大同塞下。通过相关描述，即“九十九泉”、“即宁海子”、“断头山”、“东胜州”、“丰州”等地。故而有人指出朱祁镇的活动范围基本位于大同边外以丰州滩-土默川平原为中心的大青山两麓地区[③]，即今天内蒙古乌兰察布市、呼和浩特市乃至包头市辖境内。从相关资料来看，朱祁镇最初的骑术并不高明，尤其是在其被也先挟持进退长城内外的过程中，在行进过程中需要哈铭在旁边牵马。虽然也先送给他一匹大白马，但哈铭父子“见圣驾马生，骑不得”，遂改献一匹易驱使的非烈性“良马”，途中“不离左右”。到了塞外，因天气寒冷，朱祁镇的主要交通工具变成了驼车，随从“与伯颜帖木儿讨车一辆，骆驼一只。但行营，爷爷坐车内，将猫皮褥襌坐遮盖。”[④]当然，朱祁镇的马匹依然保留。李实曾描述“牛车一辆，马一匹，以为移营之具。”在随伯颜帖木儿营地迁徙的过程中，朱祁镇“或坐暖车或乘马”，[⑤]其间骑术应该有了较大的提高。在回京的途中，还收到许多作为礼物赠送的马匹，而且本人也能马上马下活动自如。

5.娶

关于朱祁镇在蒙古娶妻的传言，在蒙、汉甚至回族中都有流传。例如《否泰录》记载：“（也先）尝欲以其妹事太上”；《中国志》记载：“……也先太师把自己的公主嫁给了朱祁镇，收养他为女婿”[⑥]《蒙古源流》中也提到：“那景泰（正统）皇帝在蒙古娶的名叫莫鲁的妻子生了朱大哥子，他的后代无疑是阿速的塔勒拜拓不能。”[⑦]《蒙古黄金史纲》则记为“景泰（正统）皇帝被配嫁了一个称作摩罗丫头的妻子”。[⑧]与一些汉族建立的中原王朝每每处于弱势地位时才被迫实施纳女“和亲”政策，以敷衍敌国不为己害或羁縻周边强国不同。蒙古人喜欢借助于族外婚的传统，以积极主动姿态联姻外族、外国，

① 乌兰：《〈蒙古源流〉研究》，沈阳：辽宁民族出版社，2000年，第279页。

② [伊朗]阿里·阿克巴尔(Seid Ali Akbar Khatai)：《中国纪行》，张志善编译，北京：三联书店，1988年，第61页。

③ [日]和田清：《明代蒙古史论集（上）》，潘世宪译，北京：商务印书馆，1984年，第252-262页。

④ [明]杨铭：《正统临戎录》，《明代蒙古汉籍史料汇编（第一辑）》，第100页。

⑤ [明]袁彬：《北征事迹》，《明代蒙古汉籍史料汇编（第一辑）》，第90页。

⑥ [法]阿里·玛扎海里：《丝绸之路——中国波斯文化交流史》，第155页。

⑦ 乌兰：《〈蒙古源流〉研究》，第279页。

⑧ 佚名：《蒙古黄金史纲》，第81页。

作为扩张势力、瓦解政敌的手段。到了明代，蒙古人依然乐此不疲。例如脱欢、也先父子曾不断利用联姻来达到控制东西蒙古的目的。朱祁镇拒绝也先的正式联姻请求可能确有其事，但参照蒙古当时的生活习惯：男子外出狩猎、打仗；女子在家操持家务、组织生产。即便朱祁镇确实能够保持“守身如玉”并“却之”，但是在也先“欲以妹进”的总体策略之下，朱祁镇无论在主观上是否愿意，能够保持自己的“清白”似乎也不可能。无论哪个民族中的每一个人，无论出于善意还是恶意，都会在故意或者无意的口口相传中加入自己的想象，常常是传不了几个人，一个未经证实的消息就成了演绎过的动人传说。

三、朱祁镇在蒙地的活动

1.寻找可用之人

朱祁镇在蒙地羁押期间，一直跟随朱祁镇左右的袁彬和哈铭，继续贯彻着其以往的义务。两人原来身份为锦衣卫校尉和锦衣卫指挥使，他们的被俘，恰恰造成了一段君臣机缘。

据袁彬回忆，朱祁镇为保险起见，曾吩咐：“你不要说是校尉，只说是原在家跟随的指挥。”要求袁彬对外以“写字人”宣称，以掩护其真实身份。此后朱祁镇得以频繁“以彬知书令代草”或“奉书皇太后，贻郕王及谕群臣”[①]。由袁彬起草的书信往来一直贯穿朱祁镇被羁押期间的始终，从而使明廷能够时时刻刻明白朱祁镇的近况以及思想变化。更为重要的是，朱祁镇对于袁彬的人事安排，有利于汉人内部的消息速递，从而为于谦等人制定对蒙政策创造了条件。尽管蒙古人知道朱祁镇、袁彬等人与明廷的书信来往，但是对于这种频繁的书信往来听之任之。《黄金史纲》记载：“（正统皇帝）尝修下书信：‘我在这里’。匿于准备外卖的羊皮里，寄走了。”[②]究其原因，似乎与朱祁镇迫切需要回京的心情与也先等人与明廷“和好”的要求在表现方式上相似；而从另一方面讲，当时蒙古人多不识汉字。故而《否泰录》记录明使王福（复）、赵荣拜见也先时，也先“取敕书视番字，太上取敕视汉字。”[③]不仅如此，朱祁镇还收留了“通事”哈铭。哈铭，本为回回，《明史》误作蒙古人。他曾于正统十三、十四年两次出使瓦剌。恰恰由于其语言上的天分，进而能够取代喜宁而充任朱祁镇与也先之间的翻译。“帝宣谕也先及其部下，尝使铭。也先辈有所陈请，亦铭为转达”[④]。因而也先对朱祁镇说：“天地的怪怒上，皇帝上都不得济，你如今只得了哈铭的济了。你的饥饱冷热，他不说，我每怎么的知道？他和你的身口一般。我两个坐着，不得他，我说的你也不知道，你说的我也不知道。”此外，哈铭还充当明廷与瓦剌间交往的使者，不仅屡屡返回塞内争取明廷使者的到来，而且在蒙古内部做了大量的动员工作，促成了蒙古贵族们与朱祁镇之间的私人友谊，这对于朱祁镇还朝起了重要的作用。

2.主动写信、遣使，试图实施自救

① 《明史》卷167《袁彬传》，第4509页。

② 佚名：《蒙古黄金史纲》，第81页。

③ [明]刘定之：《否泰录》，《明代蒙古汉籍史料汇编（第一辑）》，第70页。

④ 《明史》卷167，《袁彬传》，第4509页。

早在被俘的第二天，朱祁镇就让梁贵回京送信，告知太后等人自己兵败被俘的经过，并表明也先等人能够对其以礼相待，希望用“九龙、蟒龙缎匹及珍珠六托盒、金二百两、银四百两”等财物自赎[①]。十七日，朱祁镇又派太监喜宁回京奏报自己的情况。同日也先带朱祁镇来到宣府城时，朱祁镇还亲自出马叫门。次日朱祁镇又派许宁等人回京。至二十日，来到大同城下的朱祁镇又差张林进城通告。次日，朱祁镇再派袁彬进城，于是刘安等出见。然而遣使活动不仅没有满足其心意，反而得到了更坏的消息：岳谦等人将明廷另立新帝的事情传到草原。即便备受打击，朱祁镇仍“写书三封，一禅位于郕王，一问安于太后，一致意于百官。”[②]然而他的请求并未得到满足。

当年十月，也先武装护送朱祁镇回京。此举使得朱祁镇的回京之路更不顺畅。从也先进军京城及北京城下蒙、明大战期间，朱祁镇曾先后遣使四次，皆以失败告终：早在蒙古军进逼京城之前，朱祁镇命袁彬写下致孙太后、朱祁钰、群臣的三道书信，由岳谦、张官保携蒙古使者那哈出持书前往彰义门“答话”，但岳、张二人半途被明军杀死。于是朱祁镇再差季铎同那哈出抵达彰义门，仍不得入。在此情况下，朱祁镇依然于十月十三、十四日，分别派遣指挥吴良、哈只随同刚被俘虏的内使阮旷入城送信[③]。但令朱祁镇失望的是，朱祁钰等人派出的以王福（复）、赵荣为首的使团并不符合也先要求对等谈判的条件。于是也先在恼怒之下与明军展开大战。

自“北京保卫战”之后，朱祁镇继续为自己还京做不懈的努力。第一次是差遣计（纪）安、苏斌等赴京，然而他们刚到宣府便被明军“尽行杀了”[④]。第二次是差使臣张能等赴京，结果又是有去无回。经过几个月的耐心等待，朱祁镇的希望依然落空，因而担心“几时得回去”。于是朱祁镇经也先同意，再次派喜宁随蒙古使臣那哈赤前往明境，趁机将喜宁解决。后来朱祁镇又第四次派遣李成至大同，随后又派遣李贵到大同。直至第二年六月，他派出了以哈铭为首的第六批使者。将近一年的系列挫折，朱祁镇已经心力交瘁。在李实告辞时，他对李实“再三叮咛迎复之事”，让其转告皇太后及皇上，“也先要者非要土地，惟要蟒龙织金彩段等物”，并让李实作为他的第七批使者，捎回分别致皇太后、皇上、群臣的三封书信，表明自己的态度[⑤]。

纵观朱祁镇一年间总计十八次频繁的遣使活动，暗示了朱祁镇还朝的急切心情以其对未来命运不确定的担心。然而其结果却毫无例外地以失败而告终。究其原因，似乎一方面在于朱祁钰等人害怕也先以送还朱祁镇为名发动进攻，因而一再强调将送还朱祁镇事放在“宗社为重”[⑥]之后。另一方面，朱祁钰虽以保卫社稷相号召，长期拒绝与瓦剌的谈判，但在事实上已经滑向“固位”的泥淖[⑦]。对此，尽管朱祁镇试图发挥主动作用实施自救，但是他的命运已经非本人所能控制。此时的他只是一粒无助的棋子，在明、

① 《明英宗实录》卷181，正统十四年八月癸亥，第3509页。

② [明]袁彬：《北征事迹》，《明代蒙古汉籍史料汇编（第一辑）》，第88页。

③ [明]杨铭：《正统临戎录》，《明代蒙古汉籍史料汇编（第一辑）》，第97页。

④ [明]杨铭：《正统临戎录》，《明代蒙古汉籍史料汇编（第一辑）》，第99页。

⑤ [明]李实：《北使录》，《明代蒙古汉籍史料汇编（第一辑）》，第81页。

⑥ 《明英宗实录》卷183，正统十四年九月壬寅，第3589页。

⑦ 毕奥南：《也先干涉明朝帝位考述》，《蒙古史研究（第八辑）》，内蒙古人民出版社，2005年。

蒙双方之间的政治、军事激烈博弈中难以自拔。

3. 保护随从，笼络人心

按照《否泰录》、《正统临戎录》、《北征事迹》等书的记载，朱祁镇的随从绝不止“三人”，而是为数众多。通常是“五、七人在一毡帐睡”[①]。对于吃剩的饮食，他会“多以赐中国被虏者。及其将归，莫不悲恋。”[②]这些人绝大部分是在土木之战前后被俘获并被“养活”在伯颜帖木儿营地之中的“原抢汉人”，以战争幸存者、奴隶的身份聚集在朱祁镇周围。这些人各司其职。如刘婆儿，当是被掳掠到塞北的汉族妇女，她的职责是“取水做饭”；又如卫沙狐狸的职责是“供薪水，劳苦备至。”[③]不仅如此，朱祁镇的身边还有其他人的身影，例如在《北使录》中，李实还注意到了丁余刘浦儿、僧人夏福[④]等。另外，还有若干专门服侍朱祁镇的蒙古妇女。

朱祁镇还凭借自己的皇帝身份，尽量保存被俘汉人的生命。对于喜宁试图杀害袁彬、哈铭的举动，皆“力解而止”。又哈铭因劝阻蒙古军士不要杀害逃亡汉人而招致报复，朱祁镇则令其躲避以免受伤。又如袁彬因替自己找水而被打，便派哈铭前去安慰并送银两作为补偿[⑤]。袁彬得病时，朱祁镇亲自对其实施护理，并喂粥给他喝“以出汗。”[⑥]哈铭也回忆，他与朱祁镇同榻而眠时，他将一只手压在朱祁镇胸前。朱祁镇怕惊扰了哈铭的美梦，便不曾推下哈铭的手下去，只等待他“自然翻身抬走”。至于被蒙古军队出征过程中抓到的俘虏，只要不被当场杀害，便会被朱祁镇留下，再派往明廷充当送信使者。

4. 设计擒杀喜宁

关于喜宁被擒杀的事件，是朱祁镇等人与明廷在不约而同下合力抵抗瓦剌进攻的重要胜利之一。在明廷主战派已经做好准备的前提下，朱祁镇巧妙设计让喜宁自投罗网。关于这件事情的过程，各种史料皆有记载。

一般而言，宦官作为明代一股重要的政治势力并且大权在握，是君主集权专制制度发展以及皇帝对其的过分宠信分不开的。多数情况下，宦官首领是忠于皇室的。但是这种忠诚以他们能从专制皇权中分得相当利益为条件。一旦利益失去或者有可能失去，他们便有可能背信弃义。喜宁在被俘之初，很快给朱祁镇及其左右留下了不忠的印象。例如哈铭曾费尽周折在瓦剌军中寻找喜宁，袁彬也曾“宣喜宁，三次不至。”[⑦]不仅如此，孙太后寄给朱祁镇的若干衣物尽数被喜宁据为己有。另外喜宁还试图除去朱祁镇心腹袁彬、哈铭，更是犯了大忌。尤其是让朱祁镇与朱祁钰等人担忧的是，在也先把“扰边”作为向明朝施加压力的手段之际，喜宁“尽以中国虚实告之”[⑧]。此间也先与喜宁已建立了政治互信。按照哈铭等人的说法：“如今这里凡事都是太监主张，没他时，我每才

① [明]杨铭：《正统临戎录》，《明代蒙古汉籍史料汇编（第一辑）》，第 103 页。
② [明]刘定之：《否泰录》，《明代蒙古汉籍史料汇编（第一辑）》，第 74 页。
③ [清]谷应泰：《明史纪事本末》卷 32《土木之变》，第 480 页。
④ [明]李实：《北使录》，《明代蒙古汉籍史料汇编（第一辑）》，第 79 页。
⑤ [明]杨铭：《正统临戎录》，《明代蒙古汉籍史料汇编（第一辑）》，第 98 页。
⑥ [明]刘定之：《否泰录》，《明代蒙古汉籍史料汇编（第一辑）》，第 74 页。
⑦ [明]袁彬：《北征事迹》，《明代蒙古汉籍史料汇编（第一辑）》，第 89 页。
⑧ [清]谷应泰：《明史纪事本末》卷 33《景帝登极守御》，第 480 页。

好说话。”[①]以往的说法多归结于喜宁的背叛行为导致明境不得安宁，进而造成朱祁镇南归的障碍。然而不可否认的是，喜宁的背叛对于一个专制君主的皇帝尊严来讲，是绝对不可容忍的行为。

5. 重视祭祀活动，进而能够对自己的行为进行反思

哈铭曾记载“景泰元年正月初一日，上自将白纸写表，宰羊一只，祝告天地，行十六拜礼。”袁彬也追记：“上时出帐房，仰视天象，或指示臣曰：‘天意有在，我终当归耳。’”可见祭祀活动不仅是朱祁镇履行皇帝义务的举动，而且还是他实行自我心理安慰的途径。此时此刻，尽管条件简陋，但是他还能始终如一。按照惯例，每年正月的祭祀活动属于国家性质的重大典礼。此时的皇帝兼具神职，进行主祀，需要履行祭祀列祖列宗、皇天后土以及请求赐福于臣民的义务，具有重大政治、宗教含义。祭祀活动具有繁复的礼仪，其时皇帝既要显示庄严，又要虔诚恭敬，一举一动，分毫不能错乱。这对于始终具有很高使命感的朱祁镇而言，并不是一件困难的事情。不仅如此，他的举动在很大部分还应当归结于自我反省。作为一国之君，朱祁镇肩负着保卫国家社稷江山的重任，他能够“御驾亲征”，体现出他对国家负责的态度。然而明军的一败涂地给了朱祁镇极大的心灵创伤。最初，他出于使命感，不断令袁、哈二人写信“通报虏情”，要求明廷“绝也先辟地之心”[②]，“固守社稷”[③]，间接做过一些有利于明边稳定的事情。更值得肯定的是，他能够认清形势，甘以退位作为对自己渎职的惩罚。早在北京之行以后，朱祁镇便告知也先：“就差人送去吧，不必讨使臣”，并进而明确表示“情愿退居闲处”[④]，“愿看守祖宗陵寝，或做百姓也好。”[⑤]特别是在其到京之前，他宣布“朕辱国丧师，有玷宗庙，有何面见尔群臣？”[⑥]

6. 苦难经历促使朱祁镇能够知恩图报

朱祁镇的本性并不坏，也许正是由于被囚、被禁的经历，使得朱祁镇对世事多了几分理解。此后，他先前所受到的儒家伦理道德教育与蒙古传统的“恩仇必报”社会道德相结合，促使在他复位之后，出于知恩图报的目的，做了几件颇为史家所褒贬不一的事情。朱祁镇被俘后，蒙古人对于其“大明皇帝”身份所导致的先入为主心理及其种种“异象”显现，加上自身优良素质的体现，让他赢得了塞外草原的广泛尊重及喜爱。也先进而对其进行了蒙古社会所奉行的道德伦理教育。例如也先在与朱祁镇谈到哈铭等人的忠心时，谈吐机敏而意味深长。也先还即兴打了一个比方，反复告诫朱祁镇不能忘了忠义之人：“一日一朝，皇帝也为自家人烟上与歹人两个相争，落在歹人手里，止则有本他国一个人做伴。一日天意回了，皇帝不得回他本国坐了皇帝位儿，还管他的人烟。那时止得了这个人的济，做了皇帝时，把这个人忘了。他不寻这个人，也不抬举他，十分亏了这个人的心。一日，皇帝早朝，多官众会，闻这个人把一只手抬起，伸出一个指头来。

① [明]杨铭：《正统临戎录》，《明代蒙古汉籍史料汇编（第一辑）》，第101页。

② [明]袁彬：《北征事迹》，《明代蒙古汉籍史料汇编（第一辑）》，第88页。

③ [明]袁彬：《北征事迹》，《明代蒙古汉籍史料汇编（第一辑）》，第89页。

④ [明]袁彬：《北征事迹》，《明代蒙古汉籍史料汇编（第一辑）》，第91页。

⑤ [明]李实：《北使录》，《明代蒙古汉籍史料汇编（第一辑）》，第80页。

⑥ [明]李实：《北使录》，《明代蒙古汉籍史料汇编（第一辑）》，第85页。

皇帝在金台上坐着说道，那两个人是什么人，拿了。有这个人回说，彼时只有我一个人来。后皇帝与了他官做了。”进而重申：“皇帝你若回朝时，天可怜见你的洪福大，皇帝位子坐时，把哈铭不要忘了，好生抬举。”朱祁镇则表示：“官人说的是。我不忘了，我抬举他。”这段回忆虽有哈铭以功臣自居，极力炫耀的意图，但基本情节应该不是杜撰。纵观朱祁镇的实际行动也的确如此：早在塞外之时，朱祁镇便不断对袁、哈等人进行种种许诺；南宫复辟后，不光对曹吉祥、石亨等人大加赏赐，而且突破祖制，为孙太后上“圣烈慈寿皇太后”的徽号。他甚至还遣使瓦剌，赍敕及彩币，赠送给已故的伯颜帖木儿之妻阿塔塔来阿哈，以报昔日精心照顾之恩[①]。

天顺时期，朱祁镇对于袁彬、哈铭、伯颜帖木儿之妻、孙太后、钱皇后、王振、曹吉祥、石亨等人的态度，其在性格上的一个明显特点，就是感恩思想的浓重。这使得朱祁镇一方面从私人情感上面摆脱不了周围每一个人对其命运的影响，而从另一方面，又必须从政治斗争方面做出抉择。这种矛盾性的人格，使得朱祁镇很难弄清究竟谁是对手，谁是盟友，谁是恩人。

7. 朱祁镇通过亲身经历，了解到非儒家文化的存在以及蒙古人民的需求，为其在日后恢复明、蒙“互市”贸易打下坚实的基础

虽然“土木之变”的爆发与当时明、蒙双方各自看重的政治、经济利益有关，而且瓦剌无条件送还朱祁镇也是明朝军事势力坚持抵抗的结果，但追溯其根源，则源于洪武、永乐以来长期推行的贡市贸易政策所形成的蒙古各部对明政权的向心力，以及朱祁镇的个人魅力在事件的解决过程中发挥的重要作用。

在朱祁镇南归之后，也先曾多次遣使问候“太上皇”的生活起居并要求恢复双边经济往来，并“欲朝廷遣使如正统中故事”[②]。然这个请求引起了朱祁钰的严重不快。过去一年内发生的事情给朱祁钰等人带来的心理阴影长时间挥之不去。他们再也不敢轻言战事，更不敢遣使“通好”。始终坚持强硬立场的他曾敕谕：“朕与朕兄太上皇帝骨肉至亲，无有彼此，毋劳太师挂念。”[③]尽管此时大规模的贡市贸易照常进行，但是针对遣使活动朱祁钰予以坚决抵制。他表示“今惩前弊，不欲复遣人去。”[④]后又重申：“与虏往来，非朕本心，不允所请。”[⑤]“使臣不遣，朕志素定矣。”[⑥]然而他的这种态度并没有阻止蒙古方面以及朝臣们的请求。例如也先多次派遣使臣向明廷提出双方遣使往来的建议，以便加强贡市贸易。特别是在景泰四年（1453）也先自立为汗后，他曾提到：“往者元受天命，今已得其位，尽有其国土人民，传国玉宝，宜顺天道遣使和好，庶两家共享太平。”[⑦]与此相应的是明廷内部主张遣使的呼声。然而朱祁钰大怒：“向者彼来求请使臣，累令文武官计议。有言遣者，有言不遣者，朝廷已断定不遣矣。今刘定之又言欲

① 《明英宗实录》卷275，天顺元年二月辛酉，第5861页。
② 《明英宗实录》卷202，景泰二年三月乙巳，第4322页。
③ 《明英宗实录》卷198，景泰元年十一月甲寅，第4208页。
④ 《明英宗实录》卷202，景泰二年三月壬子，第4326页。
⑤ 《明英宗实录》卷204，景泰二年五月丁未，第4361页。
⑥ 《明英宗实录》卷204，景泰二年五月癸丑，第4369页。
⑦ 《明英宗实录》卷234，景泰四年十月戊戌，第5110页。

遣使臣，该部会多官从长计议停当以闻。”①

与朱祁钰等人不同，朱祁镇通过亲身体会了解到了蒙古人的实际生活要求，并在一定程度上了解了非儒家文化的存在。他曾迫切地向明廷表达“也先要者，非要土地，惟要蟒龙织金彩段等物”。②特别在其复位后，迅速做出“遣使如正统中故事”的决定。更为可贵的，天顺时期“贡市”以及“遣使”活动的恢复，不仅弥补了因前些年明蒙双方交战导致的离心离德，在一定程度上维系了自明初以来对蒙经济政策中的积极因素，而且在新的基础上促进了蒙汉双方更广泛的政治、经济、文化交流。与历朝历代的“贡市”、“岁币”等经济往来不同，此时“贡市”贸易的实现，是明朝最高统治者从亲身实践中得出的主动的政治举措，而非以往中原王朝因无法抵御北方民族政权进攻的基础上被迫达成的屈辱协议。这不但直接维护了长城内外各族人民的生命财产的安全，而且以其为代表的“大明皇帝”在蒙古地区的广泛影响和声誉得到更大的提高。这对于中华民族的进一步融合创造了新的条件。

四、结论

总体上看，朱祁镇早期的皇帝生活经历对其心理的发育利弊兼有，但不利因素居多。对于这个生父早亡的孩子来说，王振的悉心教诲和关爱能够让他得到更多的温暖和依赖感，以致其亲政后，朝政依然由王振主持。大概是王振在实际政务中越俎代庖过多，朱祁镇即便可以“乾纲独断”，却在实际上缺乏独立决断国事的能力。如果按照历史发展的正常逻辑，朱祁镇应当是个守成之君，然而土木之战和王振之死给他的命运带来了巨大落差。因为皇帝自身水平直接影响着战争的进程和结果。朱祁镇的年少轻狂也就在某种程度上决定了其跌宕起伏的悲剧命运。突然被俘及蒙地羁押经历是朱祁镇成长过程中的重要转折阶段。他突然从权力的巅峰跌落下来。从此，人生的逆境与艰辛成为考验其心理素质与应变才能的主战场。现实中政治斗争的历练与教训，以及抑郁质性格导致的气质特征，使得他在塞外的一年，积极利用各种条件，迅速提高了作为一个封建君主所必备的决策质量和办事效能，进而为他在日后的政治舞台上脱胎换骨打下了坚实的基础。

（林欢，男，1976年生，历史学博士，故宫博物院古器物部，馆员，北京，100009）

① 《明英宗实录》卷224，景泰三年十二月丁巳，第4886页。

② [明]李实：《北使录》，《明代蒙古汉籍史料汇编（第一辑）》，第80页。

李成梁收养努尔哈赤说的起源与演变

钟 焓

内容摘要：本文在和田清的基础上继续研究了自明末以来直到晚近时期的李成梁收养努尔哈赤说法的起源和发展，指出其并非史实，而是先被晚明人士炮制出来，原本只属特殊时局背景下的产物，但在入清以后又渐渐被满族一方所接受，以至内容细节越传越繁，最后给人们造成了一种根深蒂固的印象，留存在东北满族的民间传说中。

在明神宗万历四十四年（1616），原先从明朝受封为龙虎将军的建州女真首领努尔哈赤在统一女真各部的基础上，正式脱离明朝，自立国号年号，由此迈出了夺取天下的第一步。当后来清的国号正式确立后，努尔哈赤也被其事业的继承者追尊为清太祖，正式享受到开国之君的尊崇优遇，此后以其为主人公的传说故事以后也在满族发祥的东北地区长期流传，甚至一直延续到辛亥革命以后。例如 1961 年内蒙古大学满语调查组在满族集中聚居的黑龙江省富裕县三家子村就搜集到一个以努尔哈赤的成长经历为主线的民间传说《老汗王的故事》，这明确显示了此类传说直到上世纪中期还在东北满族群体中以口头文学形式广为传诵，以下是整理者恩和巴图提供的该故事译文的主要部分：

老汗王 12 岁时因父母双亡而只得到处要饭为生，结果被明朝的大官李总兵收容在家中专干杂役。过了几年，一天晚上，李总兵下朝后让老汗王服侍他洗脚，并炫耀说自己能够官运亨通，就是因为脚下长了三颗痣。结果这提醒了老汗王，后者遂说出了自己的脚心长有七颗痣的实情。李总兵看后顿时明白这是将来要成为皇帝的预兆，于是准备夜里偷偷杀害老汗王以向明朝皇帝邀功领赏。结果总兵的二夫人悄悄将消息泄露给汗王，并让其从总兵家骑了青马连同看马的青狗一起逃跑。在逃难的过程中，老汗王先后得到青狗、乌鸦、喜鹊的帮助与掩护，因此屡次能够从官兵的追捕中幸免于难。成功逃生的老汗王后来转到山中以挖掘人参为生，并渐渐得到大家的拥戴。他把那里的人组织起来，随着人口越来越多，他就在山里起兵称帝，最后又成为国家里的唯一皇帝。①

与上述情节基本相同的努尔哈赤逃生故事在东北许多地区都有分布，其来源的共同性反映了其产生的源远流长。在故事中，或许出于尊敬和避讳，人们以老汗王代替了努尔哈赤的本名。里面出现的那个处心积虑想要杀害汗王的反面角色李总兵显然是曾在隆

① 计德焕讲述：《关于老汗王的传说》，收入恩和巴图：《满语口语研究》，呼和浩特：内蒙古大学出版社，1995 年，第 110-113 页。也参金启孮：《满族的历史与生活——三家子屯调查报告》，哈尔滨：黑龙江人民出版社，1981 年，第 82-85 页。

庆、万历年间担任过辽东总兵的李成梁。[①]故事首先从老汗王以孤儿的身份流落入李家开始说起，表明努尔哈赤幼年时期在李成梁家作为奴仆生活过数年。而在明末以来的传世汉文文献也曾留有类似的记载，其数量之多，不能不引起人们的关注。那么，这一说法究竟是否属实呢？

国内的清史学界对于这一问题存在不同看法。最早孟森推断努尔哈赤给事于大帅门下，或在万历二、三年间，其时年约十六七岁。[②]以后滕绍箴和阎崇年各自在所撰写的关于努氏的传记中予以肯定。[③]金启孮在对《老汗王的故事》的注释中也认为此事较为可信。[④]此外姜相顺在早先发表的论文中，论证其曾为李氏的质子；以后又认为努尔哈赤先后曾两次在李氏帐下效力，第一次是在早年时作为人质受到羁管，第二次则是在成家以后主动投奔但最终又再次脱离。[⑤]与肯定派不同，莫东寅明确否定努尔哈赤曾为李氏人质说。[⑥]而在李洵、薛虹合撰的《清代全史》第一卷有关清太祖早年生涯的章节中，对此事未著一字，显然不认为其系史实。[⑦]

其实关于努尔哈赤早年与李氏的关系，和田清很早就发表专文，考证所谓努尔哈赤被李成梁收养的说法不可信，该传说是在泰昌、天启年间才炮制出来的，以后遂越传越广。[⑧]惜和田氏的观点长期以来仅在本国学界得到征引，并未被及时介绍到国外。[⑨]事实上，他是对该课题进行了史源学考察的唯一学者，其论证方法主要是将明末至清初人们对此事的相关记叙大致按照时间先后进行排比，以展现有关说法在史料中的出台时代及后续增添过程；同时也参照后金和清朝一方的史料作为佐证，揭示明朝有关记载的失实之处。笔者认为，这一论证方法颇为严谨，基本结论实具说服力。下面拟在和田氏所引文献的基础上，进一步增补有关资料，并将考察的范围下延到清初以后，从而完整地发掘出该传说从明末到近代以来三百余年间不断演变发展的历时性轨迹。

最早一组反映努尔哈赤早年生涯的史料基本成书于万历末期（1609-1620），主要有程开祜《东夷奴儿哈赤考》、张鼐《辽夷略》、熊廷弼的有关《奏疏》、茅瑞徵《东夷

---

① 金启孮：《满族的历史与生活——三家子屯调查报告》，第 84 页

② 孟森：《清太祖起兵为父祖复仇事详考》，收入氏著：《明清史论著集刊正续编》，石家庄：河北教育出版社，2002 年，第 87 页。

③ 滕绍箴：《努尔哈赤评传》，沈阳：辽宁人民出版社，1985 年，第 35 页；阎崇年：《天命汗》，长春：吉林文史出版社，1993 年，第 34-36 页。西方学者中明确引用此说的有 G Roth Li, State Building before 1644, in. W J.Peterson（裴德生）ed. The Cambridge History of China Vol. 9 Part one: The Ch'ing Empire to 1800, Cambridge University 2002, p28.

④ 金启孮：《满族的历史与生活——三家子屯调查报告》，第 84-85 页注 1。

⑤ 姜相顺：《努尔哈赤曾为明朝质子考》，《社会科学辑刊》1979 年 5 期；《努尔哈赤民间传说的历史价值》，《清史研究通讯》1984 年 1 期；《努尔哈赤起兵前的一段经历》，收入氏著：《满族史论集》，沈阳：辽宁人民出版社，1999 年。其中前两篇论文代表姜氏先前的观点，第三篇论文则代表其较新的看法。

⑥ 莫东寅：《满族史论集》，北京：人民出版社，1958 年，第 201-202 页注释 11。

⑦ 李洵、薛虹：《清代全史》第一卷，沈阳：辽宁人民出版社，1991 年。

⑧ 和田清：《清の太祖と李成梁との関係》，收入氏著《东洋史论薮》，东京：生活社,1942 年。该文初刊于 1938 年。

⑨ 意大利满学家斯达理(G.Stary)曾在一次国际阿尔泰学年会会议上提交一篇以“努尔哈赤的童年”为标题的论文，运用上面提到的满族民间传说结合有关文献，倾向于接受努尔哈赤早年被李成梁收养过的观点。仅仅在文末，他才以补记的方式提到，承同时参加会议的冈田英弘告诉他和田清相关论文的情况。显然和田氏的这一研究对于欧洲学者来说也是陌生的。参 G.Stary, Nurhacis Kindheit: Das grösste Geheimnis der Ch'ing-Dynastie? in. K.Sagaster ed. Religious and Lay Symbolism in the Altaic World and Other Papers. Proceedings of the 27th PIAC, Wiesbaden:Harrassowitz 1989, pp361-364.

考略·女直通考》等。程书称："然彼时奴酋祖、父为我兵掩杀，尚孑然一孤雏也。"张书称："他失死于乱阵而奴儿升授龙虎将军"。[①]茅书称："初奴儿哈赤祖叫场、父塔失，并从征阿台，为向导，死兵火。奴儿哈赤方幼，李成梁直雏视之。"[②]熊氏《奏疏》称"自奴以孤俘，纵为龙虎将军，号召部落，后有建州毛怜诸卫。"[③]又反映万历后期史事而成书于天启元年的茅元仪《武备志》卷228《女真考》作"是时，阿台之女夫曰他失，他失之子曰教场。成梁之掩杀阿台也，实使绐之，已而并杀之阿台城下。教场有子曰奴儿哈赤，岁十六，请死。成梁顾哀之，且虑诸部敕书无所寄，遂悉以授之，请封为龙虎将军。"[④]其中熊氏的奏疏是万历三十七年（1609）六月，其他文献的成文时间大致在万历末年（1618-1620）。[⑤]几种史料只是称努尔哈赤因万历十一年（1583）其祖觉昌安，父塔克世被明军误杀于阿台之役而陷入孤苦的境地，根本未记其是否被李成梁收养之事。《东夷考略》中的"李成梁直雏视之"意思是说李氏仅把他当作小孩子看待，并无收养之意。然而这些史料中已经出现了不少误记，即将当时并未身预祖、父之难的努尔哈赤也说成置身现场，又将其年龄估计得过小，且其从"孤俘"到龙虎将军似乎是一蹴而就之事。实际上，当时努氏业已二十四五岁，早已自立门户，分家别居了，其加秩龙虎将军更是晚至万历二十三年（1595）之事。[⑥]致误原因在于明人并未确切弄清当时努尔哈赤的实际年龄和家庭状况，大大低估了其年纪，或者以为其是个尚承欢膝下的孩子，或者年纪稍大但还随侍其父祖身旁以致在李成梁征阿台之役时也被明军俘获。

以后到天启、崇祯年间，所谓李氏收养努尔哈赤的说法开始在明朝一方不胫而走，反映在下列诸多史籍里。从天启四年（1624）开始编撰，完序于崇祯十一年（1638）的朱健《古今治平录》中有："奴儿哈赤者，佟姓，故建州枝部也。其祖叫场、父塔失并征阿台为向导，死于兵火，奴幼隶大将李成梁幕下，成长乃飏去"。[⑦]时代略早一些的姚希孟的《建夷授官始末》称："当王杲之败走也，成梁等以市夷头目叫场等为人质，遣其属物色杲，乃从王台寨中得之，已又杀叫场及其子他失。叫场塔失者奴儿哈赤之祖若父也。时奴儿哈赤年十五六，抱成梁马足请死，成梁怜之，不杀留帐下，卵翼如养子，出入京师，每挟奴儿哈赤与俱。"[⑧]方孔炤撰写于天启年间的《全边略记》作："初，哈祖、父叫场、塔失并从征阿台，战死。李成梁雏畜哈赤。及长，以祖、父殉国，予指挥，与南关埒。"[⑨]书序成于崇祯三年的时事小说《辽海丹忠录》称："剿王杲时他祖爷名唤叫场，父塔失也都效顺，为官兵向导，死于兵火。此时哈赤同兄弟速儿哈赤都年纪小，

① 收入中国人民大学清史所编：《清入关史料选辑》第一辑，北京：人民大学出版社，1984年，第50页、102页。

② 收入《北京图书馆古籍珍本丛刊十三·史部·杂史类》，北京：书目文献出版社，1997年，第307页。

③《神庙留中奏疏汇要：兵部》（续修四库全书第470册）上海古籍出版社，2002年，卷三，第645页。

④ [明]茅元仪著：《武备志》（故宫珍本丛刊），海口：海南出版社，2001年，第336页。

⑤ 有关茅、张、程各书的解题参谢国桢：《清开国史料考》，台北：文海出版社，1967年，第144-145页、149-152页、第203-204页。

⑥ 孟森：《清太祖起兵为父祖复仇事详考》，第94-95页；《清太祖由明封龙虎将军考》，也收入《明清史论著集刊正续编》，第82-83页。

⑦ 收入《续修四库全书》第756-757册，上海古籍出版社，2002年，第730页。

⑧ [明]陈子龙编：《明经世文编》，收入《四部禁毁丛刊·集部》第二十九册，北京出版社，2000年，第668页。

⑨ 收入王雄点校：《明代蒙古汉籍史料汇编》第三辑，呼和浩特：内蒙古大学出版社，2006年，第388页。

不能管领部下。辽东总兵李成梁怜他祖、父死于王事，都收他在家，充作家丁，抚绥他也有恩。这奴酋却也乖觉，就习得中国的语言，知得中国的虚实……后来也得李总兵力袭了个建州指挥。”①以后成为南明名臣的黄道周在其著于崇祯年间的《博物典汇》卷二四云：“先是，奴酋父塔失有胆略，为建州督王杲部将，杲屡为边患。是时李宁远为总镇，诱降酋父为宁远向导讨杲。出奇兵，往返八日而擒杲。酋父既负不赏之功，宁远相其为人有反状，甚之，以火攻阴设反机以焚之死。时奴儿哈赤甫四岁，宁远不能掩其功，哭之尽哀，抚奴儿哈赤与其弟速儿哈赤如子。奴酋稍长，读书识字，好看《三国》、《水浒》二传，自谓有谋略，十六岁始出自建地。”②另一位南明名臣陈子龙也在崇祯末年所撰的《议虏事》策文中作：“夫奴酋建州小夷耳。李氏狃其雏伏，而假之羽翼，去如脱兔，祸同养虎。”③而甘以明朝遗民自居的流落到海外的朱舜水更以肯定无疑的语气写到：“先年李宁远以奴隶儿子畜之，玩之掌股，使其长养内地，知我虚实情形；又加以龙虎将军名号，使得控制别部，狡焉启疆。”④

将天启、崇祯两朝的记载与万历时期的说法加以对比，不难发现晚出史料有明显因袭早期史籍的地方。如《武备志》称努尔哈赤在其祖、父遇难时年方十六的说法复见于姚希孟文中，其他万历时期文献称努尔哈赤当时尚未成年的说法则被更多的后出著述所接受，甚至黄道周还明言其年仅 4 岁。而在努尔哈赤亲人遇难的问题上，朱健和方孔炤沿袭前一时期正确的说法，指明是在李成梁征阿台之役中。但余下的记载却一致把更早在万历二、三年发生的征王杲之役与努尔哈赤亲人之死联系在一起，差不多使他们早死了近十年。这表明到天启以降，明人已经开始把万历前期的两次本不相同的战役混淆合一，逐渐摈弃了原来正确的说法。可见随着距离努尔哈赤早年活动所处的万历前期渐行渐远，后出的记载非但不能修正先前说法的疏漏，反而以新出的谬说代替原先无误的记载。正是在这种疏误层层相积的基础上，才出现了前一时期不见的李成梁收养努尔哈赤之说。又因为它们赖以成立的错误前提不尽一致，故彼此之间常常互不统一而呈现矛盾。如姚希孟因相信努尔哈赤被李氏收养时已有十五六岁，故说其成为李氏的养子以后，还常跟随成梁出入京师，俨然为其身边一亲随。

同样，《辽海丹忠录》的作者既然将努尔哈赤描述成被李氏豢养的家丁，那么其显然认为努氏当时的年纪也不致太小。相比之下黄道周却因称其成为孤儿时年仅 4 岁，于是就有必要从其在养父身边读书识字写起，一直被抚养到 16 岁为止。此外，天启年间的说法只提到努尔哈赤与李氏的特殊关系，而到了崇祯年间，胞弟舒尔哈赤的名字也新增于其中。这些万历以后添加的情节固然显得生动多姿，但就属实性而言，不是明显有误，就是无从证实。有的说法如努尔哈赤在李家研读《三国演义》一事曾广为流行，并

---

① [托名]孤愤生：《辽海丹忠录》，呼和浩特：内蒙古大学出版社，2001 年，第 8 页。该书实际出自明末杭州重要的小说作者陆人龙之手。参[法]陈庆浩：《〈型世言〉：300 年后重现于世的小说集》，收入乐黛云等编：《欧洲中国古典文学研究名家十年文选》，南京：江苏人民出版社，1998 年，第 170-171 页。

② [明]黄道周：《博物典汇》（故宫珍本丛刊），海口：海南出版社，2001 年，第 336 页。

③ [明]陈子龙：《安雅堂稿》，沈阳：辽宁教育出版社，2003 年，第 193 页。

④ [明]朱舜水：《朱舜水集》（上），北京：中华书局，1981 年，第 4 页。

被不少史家所采信。[①]然根据细致查证，可知努尔哈赤在世时于平日的言谈诏令中并未引用过任何三国时代的人事典故，所以连其对《三国》的熟悉程度都大有使人启疑的余地，更不用说以此为关联和李家搭上养父子的特殊关系了。[②]

万历以降的明人如此热衷于将努尔哈赤与李成梁联系起来，显然有其特定的历史原因和现实背景。除了和田清提到的万历初年曾盛行的女真酋长向明边将遣送质子的政治环境外，李家与努氏之间的不寻常联系也是致人生疑的直接因素。李氏与塔克世父子两代的密切交往，万历十一年以后又对其后人大力栽培提携，直接襄助努氏得到明朝龙虎将军的官秩；其子李如柏在萨尔浒之战中的暧昧态度以及当时因纳舒尔哈赤之女为妾而被诟病为有通敌之嫌的奴酋女婿，都容易使得明朝上下在边事日益严重的背景刺激下产生对李家忠诚度的深重怀疑。[③]事实上，早在努氏建国称汗之前的万历中期，兵科给事中宋一韩就上奏弹劾李成梁称："建酋与成梁谊同父子，教之和则和，教之反则反，诛成梁而建酋不自助。"[④]以后像姚希孟这样在万历末年以御史身份巡按过辽东，且又弹劾过李氏罪状的官员更进一步在其著述中将李氏与努尔哈赤的深厚交谊铺陈指实为确曾存在的义父子关系。此外李成梁的子辈李如柏、如桢兄弟也遭遇到与奴酋有过"香火之情"的指控。[⑤]最近的研究者又转而从经济的角度入手，分析了当时在16世纪中叶以后边境贸易的繁荣情况，说明了军阀李成梁通过掌握敕书的发售权，渐渐与像努尔哈赤这样的巨酋结成一种共存共荣关系，以此来解释上述种种传言的尘嚣直上。[⑥]这一新的研究可以丰富我们对当时历史画面的认知。此前由于满文史料对努尔哈赤从10岁失去生母到19岁离家自立之前的有关活动缺乏明晰记载，因此自孟森以来，一直有学者试图把努尔哈赤为李氏收养一事作为史实填补进这段时间空白中，但如果我们认识到这种说法完全是立足于错误的历史前提下，本身并无任何可以早到万历初年的可信史料作为基石，与史学研究处理文献的基本轨辙"后期史料有反比早期史料为正确者，但须得另一更早史料作证"（严耕望语）完全背道而驰，只堪视作一种时代背景的扭曲反映，那么就应该能够正确区分孰为传说，孰为史实了。[⑦]

顺治入关以后，养子说逐渐成为定论，原为陈建辑著，清初由马晋允增补的《皇明通纪辑要》称："他失者叫场之子，杲之孙婿也，因以杲之余地畀他失，使为建州左卫

---

① 例如何炳棣：《捍卫汉化——驳罗友枝之〈再观清代〉》，收入刘凤云等编：《清朝的国家认同："新清史"研究与争鸣》，北京：人民大学出版社，2010年，第40页注1等。

② 陈捷先：《努尔哈赤与〈三国演义〉》，收入氏著：《清史论集》，台北：东大图书出版公司，1997年，第65-80页。

③ 和田正广：《中国官僚制の腐败構造に关する事例研究—明清交替期の軍閥李成梁をめぐって—》，九州国际大学社会文化研究所，1995年，第46、275-277页，352页。

④《明实录》卷462，万历三十七年九月壬午条。

⑤ [明]熊廷弼：《筹辽硕画》卷十六《谨撮持危定倾之略疏》

⑥ 岩井茂树：《漢人と中国にとってのマンジユ、清朝》，收入冈田英弘编：《清朝とは何か》，东京：藤原书店，2009年，第97-100页。

⑦ 至于所谓的努尔哈赤先后两次脱离李成梁之论则较孟森旧说漏洞更多。据此，努尔哈赤在万历七年又主动投向李氏，在其军中效力，直到十年成功脱逃。可是恰恰是在万历八年，其长子褚英诞生。又如既然当初离开军中是一种冒险的私自脱逃行为，为何一年后在其亲人遇难时又敢光明正大地面见李氏并收领敕书，而李氏对其当初的逃跑行为也毫不追究。此说还认为努尔哈赤最早被俘是在其外公王杲家。实际上根据《武备志》的"阿台之女夫曰他失"和陈继儒《建州考》的"阿台之婿曰塔失，则奴酋父也，"则努尔哈赤和作为阿台父亲的王杲之间相差了整整三代。

指挥。后时阑入塞，辙有寇掠。成梁乘其醉而歼之……他失之子四人，惟奴儿哈赤、速儿哈赤在耳。奴与速同为俘虏，给事于成梁家，奴仍佯谨其身，以自媚于成梁。”①清初的《建州私志》卷上称：“哈赤佟姓，建州枝部也。祖叫场、父塔失并从李成梁征阿台死于阵。成梁雏畜哈赤，哈赤事成梁甚恭。”②署名为彭孙贻的《山中闻见录》则叙述得更为详细：“王台所属建州部教场子塔失，并从征阿台，死于兵。塔失有二子，长即太祖，次速儿哈赤，俱幼。李成梁抚之，太祖即长，身长八尺，智力过人，隶成梁标下，每战必先登，屡立功，成梁厚待之，太祖亦尽死力。”③上述记载往往因袭万历时期的旧作，如《建州私志》的“成梁雏畜哈赤”明显从《东夷考略》的“李成梁直雏视之”发展而来，《山中闻见录》的记载也多以《东夷考略》为本，因此未犯将征阿台与征王杲相混淆的错误，但同时又多将天启以后才见于该传说的舒尔哈赤也予以保留，并且随着时间的加长，像《山中闻见录》又新添上努尔哈赤在李氏麾下屡立军功这样一笔情节。

待到清朝完全统一全国的“康乾盛世”，该传说的内容又出现了新的变化，开始在努尔哈赤离开李氏的具体细节上做文章了。康熙五十一年至五十二年（1712-1713）出使清朝的朝鲜进士金昌业曾记下了他对此事的所闻：“曾闻宁远伯守广宁时，老剌赤以其奴遁去，诸将皆请追擒，宁远伯不听，故纵之去。及老剌赤反侵边防，如柏与战，老剌赤戒其军勿犯李都督……天启中天朝遣其弟如桢代如柏，群议以成梁子孙与虏有香火情，不可遣代建州。时天兵以四路入去，东西北三面皆败，而如柏军从南入去，独完而返。今以清之待宁远伯子孙者观之，其说似不诬矣。”④金氏明言努尔哈赤（老剌赤）能够安然脱逃是出于李氏“故纵之”，并以之联系近一个世纪以前就已流行的李家与努尔哈赤暗通款曲的种种传言，最后还暗示当时清朝方面善待李氏后裔以为旁证。其实李氏的直系后人入清以后渐渐衰落，名声事业不复振作，在新朝宦声卓著者实际只是其远房族人的支脉而已，全然谈不上清室对李氏直系后人有何优遇，更无从映证其对李家怀有特别的报恩情谊。⑤这里之所以把李氏本人刻画为放虎归山的责任人，明显只是前述明末清初记载中李氏作为努尔哈赤保护者的形象在后代的自然延伸。唯传闻一旦定形就容易为大众所接受，乾隆四十八年（1783）前往沈阳觐见乾隆帝的朝鲜使臣在与清人笔谈时，专门曾就努尔哈赤幼年时养于李家一事相质，对方回答称：“石牌坊至今不毁，本朝人称李总爷”，不过却否认了当初李如柏通敌的传言。⑥乾隆五十五年（1790）奉命恭贺乾隆八十寿辰的朝鲜使团副使从官柳得恭著有《滦阳录》以反映其见闻，其中描述了

① 此段史料转引自和田清前揭文。

② 收入中国人民大学清史所编：《清入关史料选辑》第一辑，第265页。

③ 收入中国人民大学清史所编：《清入关史料选辑》第三辑，北京：中国人民大学出版社，1991年，第1页。关于《山中闻见录》的作者及成书情况，参谢国桢：谢国桢：《清开国史料考》，第156-157页；和田清：《北虏紀略·譯語及び山中聞見錄の著者》，收入《东洋史论薮》，558-567页。

④ [朝]金昌业：《老稼斋燕行日记》，收入林基中主编：《燕行录全集》第33册，汉城：东国大学出版部，2001年，第28页。

⑤ 关于辽东大族李氏后裔在清初的仕途简况，参园田一亀：《李成梁と其の一族に就いて》，《东洋学报》26卷1期，1938年；肖瑶、王蕙存：《李成梁家世源流考》，《东北史地》2010年1期。

⑥ [朝]李田秀：《入沈记》，收入张杰：《韩国史料三种与盛京满族研究》，沈阳：辽宁民族出版社，2009年，第251-252页。

当时在朝鲜国内流行的清太祖脱逃情景："东人多言清太祖幼时为宁远伯甚爱之家童。一日，伯据枕而睡，其实未睡也。清太祖就拔枕边宝剑，三拟于伯腹，还复置剑。伯始开眼曰：'尔何故？'清太祖跪曰：'安敢忘父兄之仇？又安敢忘豢养之恩？拟剑者，报仇也；置剑者，报恩也。'伯知不可留，戒之曰：'我有骏马，尔知之乎？'曰：'知。'伯曰：'尔骑快走，儿辈知之不好。'清太祖叩头泣辞，骑骏马走。李提督闻之，愤甚，带弓骑马疾追，已不可及矣。"[①]这一故事自然是从清朝境内流入朝鲜的，可见到乾隆晚期，最初在努尔哈赤收养故事中仅仅一笔略过的脱逃情节这时已经发展成一个具有丰满细节的独立故事了。若将其与晚近时期流传于三家子村的《老汗王的故事》相对照，可以发现它们开始有了若干共通之处，表现在两者的身份都是家中的童仆，努尔哈赤的脱逃成功都需依赖李氏家养的快马，而且均源于李氏家人的授意指点，出逃后又都遭到过未遂的追击。不同点无非是前者尚未出现李氏妻妾的形象，努尔哈赤的潜逃出于李成梁本人的授意，而追击者却是其子李如松。如果把那些晚近时期的口头传说看作数百年间努尔哈赤传奇事迹演变长链的最后一环，那么乾隆时期的有关传说已经渐显出朝这一终极位置发展的端倪了。

值得注意的是，到了乾隆时期，虽然某些曾在民间流传的像《南北罕王传》之类的反映努尔哈赤生涯的书被列为禁书，[②]但满族统治者自身已不再讳言所谓李氏收养努尔哈赤的说法了，表现在这一时期由官方组织修撰的《皇清开国方略》卷二中即泰半照录了明末黄道周对此事的叙述。[③]这一作法本身意味深长，既反映出清朝上层对此传闻已不存避讳，同时也暗示了该传说的出笼完全出自明朝一方而与后金或清朝无关。试想，如果其在满族人中也有悠久流传的历史基础的话，那么满族上层怎会数典忘祖到对此竟全无所知，以致需要从自己从前的政治对立派中抄摘材料来敷衍成文？故以上事实恰恰映射出所谓努尔哈赤遭受收养的说法在满族群体中实属后起，是受到明朝一方相关记载影响的产物。或在乾隆时期这种新的政治形势下，此类溯源于明人的传说在作为清朝发祥地的东北地区也逐渐盛传开来，人们还进而将其与 17 世纪以来出现的其他以努尔哈赤为主人公的传奇故事整合为一体。这一过程大体上应始自乾隆后期，又经历了上百年的发展，最后才定型为像《老汗王的故事》这类以李氏和努尔哈赤之间的收养-逃离经过为主线的全新故事，其中努尔哈赤的帝位神授形象得到了重点打磨以至最终与其在历史上的本相判若两人，原先被赞若恩主的李成梁却一举沦为反面形象代言人李总兵。其中心也不再是讲述李氏和努尔哈赤之间的义父子般亲密关系，而是要将努尔哈赤推戴为天生得到神佑的开国之君，结果整个故事的基轴大体沿照着一种孤儿脱难式的文学叙事展开。

（钟焓，男，1976 年生，历史学博士，中央民族大学历史文化学院讲师，北京，100081）

① [朝]柳得恭：《滦阳录》卷二，台北：广文书局，1968 年，第 69-70 页。

② 孟慧英：《满族民间故事传承人故事承继路线探微》，收入氏著：《满族民间文化论集》，长春：吉林人民出版社，1990 年，第 48-49 页。

③ [清]阿桂等编：《皇清开国方略》（《文津阁四库全书·清史资料汇刊》史部 三），北京：商务印书馆，2006 年，第 369 页。

莽鼐屯郭博勒氏家族研究

沈一民

内容摘要：有清一代，莽鼐屯郭博勒氏家族代有人才。从三世阿那保直至六世诸子孙，共四代 28 人，其中 12 人位至二品以上的高级武职，占家族总人数的 43%。考究家族成员的仕进经历，他们具有以军功起家，凭借着自身军功身居高位，是清朝的有功之臣等一系列共同点。从这一点出发，莽鼐屯郭博勒氏阿那保家族无疑是清朝的军功贵族世家。但是相较于八旗军功贵族世家而言，莽鼐屯郭博勒氏家族却缺乏世袭的政治和经济特权，这又是其特殊之处。

达斡尔族长于骑射，具有良好的军事素养，随着清朝战争的频繁，达斡尔族逐渐成为清朝军队的重要组成部分。有清一代，清政府为了捍卫祖国的独立和统一，同时也为了应对各地的叛乱，不断征调达斡尔族前往各个战场。史称：”有清一代，定中原，拓边隅，每次用兵，达呼尔（即达斡尔族）罔不从。文德武功，彪炳寰宇。”[①]

在长期征战中，一批达斡尔族的军事人才凭借着自己的战功逐渐走上历史舞台。满都尔图先生指出：“在清代 260 多年间，人口不过两三万人的达斡尔族中，产生了镇守吉林、盛京、绥远、乌里雅苏台、伊犁、荆州、江宁等政治中心和军事重镇的近 10 名将军；产生了陕甘总督，内务府大臣，督办楚、甘、冀等省军务的钦差大臣和驻藏办事大臣，库伦办事大臣等军政要员；产生了近 20 名都统、50 余名副都统和城守尉、统领等高级军政官员。”[②]陈志贵先生则根据《黑龙江志稿·人物志》进行统计，指出其中“明确写明达斡尔族的杰出人物就有九十四名。若按官职区分，其中有将军九名，都统十一名，副都统四十三名，总管五名，一等侍卫八名，其他人分别为统领、协领、佐领、护军、参军等官职。”[③]

而在众多达斡尔族军事人才中，莽鼐屯郭博勒氏，自三世阿那保开始，代有人才，军功卓著。敖拉·乐志德先生根据莽鼐屯郭博勒氏族谱的记载，统计了从清代直至民国其家族所出的知名人士，指出家谱“抄录的副主管、总管、副都统、都统、头等侍卫、将军、获巴图鲁勇号者以及民国以来的知名文职从政人员、文人和其他知名人士，共一

[本文系黑龙江省哲学社会科学研究规划项目“清代黑龙江流域民族史研究”（批准号：08c068）的阶段性成果。]

① 郭克兴：《黑龙江乡土录》，李兴盛、辛欣、王宪君主编：《黑水郭氏世系录》，哈尔滨：黑龙江人民出版社，2003 年，第 400 页。

② 满都尔图：《达斡尔族》，北京：民族出版社，1991 年，第 27 页。

③ 陈志贵：《清代东北北疆卫士——达斡尔族》，《齐齐哈尔师范学院学报》1985 年第 2 期，第 83 页。

百零七人。”[1]如此众多的知名人士出于一个家族，这在黑龙江省，乃至整个东北地区，都是极为少见的。因此本文以莽鼐屯郭博勒氏家族作为个案，在叙述其家族成员的军功和仕途基础上，尝试着对其军功贵族世家的性质进行探讨，从而凸显达斡尔族在清代历史上的重要地位。

一

达斡尔族是契丹大贺氏部族的后裔，“自明初以来的几百年间，达斡尔人分布在西起贝加尔湖，东至牛满河，北自外兴安岭，南达黑龙江两岸的广大地区。”[2]“在十七世纪初年，东起黑龙江下游东岸支流牛满江（即今苏联境布里雅河）往北，中经精奇里江（今苏联境结雅河），西达黑龙江上游石勒克河（今苏联境石勒克河），以迄雅布罗诺威岭以东这一广大区域是达呼尔（和索伦族等通古斯语族各族）的分布区域。”[3]在这片肥沃的土地上，达斡尔族过着以农业为主、兼营畜牧业、狩猎业和渔业的生活方式。

然而从 17 世纪 40 年代到 80 年代，沙俄对远东地区实施了历时近半个世纪的武装入侵。在沙俄野蛮的侵略和血腥的屠杀下，达斡尔族人民被迫离开世世代代生活的故土，南迁至嫩江流域，在黑龙江以南形成了新的分布区。南迁后的达斡尔族居住较为集中。根据西清的记载，达斡尔族“多占籍于齐齐哈尔、墨尔根、黑龙江(即爱辉)、布特哈，间有流寓呼伦贝尔者，不过数家。”[4]就具体定居位置而言，南迁后的达斡尔族大多选择山水相依的平原地带，并以屯为单位散居各处。“每屯大者百余家，或八九十家，或三五十家。小者七八户，或十户，二十户不等。其屯所之相距三五里，二三十里，八九十里，或百余里不等。”[5]

除了地域联系外，南迁后的达斡尔族仍然保持着原有的氏族组织——哈拉、莫昆。哈拉相当于汉族的姓。莫昆则是从古老的哈拉中分化出来的，更接近与汉族中家族的涵义。根据刘小萌先生对满族哈拉、穆昆的研究，我们可以对达斡尔族的哈拉、莫昆有所了解。“在氏族部落社会，哈拉是基本血缘组织即氏族，拥有多重社会功能；穆昆则是它内部的血缘分支，以更密切的血缘纽带结为一体。”[6]南迁后的达斡尔族包括许多的哈拉。“达斡尔族内部分有敖拉、莫日登、鄂嫩、郭博勒、金克尔、沃热、讷迪、吴然、德都勒、苏都尔、索多尔、乌力斯、毕日杨、何斯尔、卜克图、阿尔丹、陶木、胡尔拉斯、何音、鄂尔特、卜库尔等哈拉。”[7]郭博勒氏，因译写的不同，又写作郭博尔、郭尔本、郭勒本、郭贝尔、郭布勒、郭伯勒、郭博罗、郭普噶尔、果布勒、果博尔、果布勒、果布噶尔、戈博尔，是达斡尔族四大哈拉之一。郭博勒哈拉又包括郭博勒、鄂尔根浅、瓦尔克等三个莫昆。

---

① 敖拉·乐志德：《莽乃屯》，《达斡尔资料集》编委会编：《达斡尔资料集》第 1 集，北京：民族出版社，1996 年，第 650-651 页。

②《达斡尔族简史》编写组：《达斡尔族简史》，呼和浩特：内蒙古人民出版社，1986 年，第 11-12 页。

③ 傅乐焕：《关于达呼尔的民族成分识别问题》，《中国民族问题研究集刊》第一辑，1955 年，第 11 页。

④ 西清：《黑龙江外记》卷 3，《宦海伏波大事记》，哈尔滨：黑龙江人民出版社，1994 年，第 937 页。

⑤ 孟定恭：《布特哈志略》，金毓黻主编：《辽海丛书》第 4 册，沈阳：辽沈书社，1985 年，第 2482 页。

⑥ 刘小萌：《满族从部落到国家的发展》，北京：中国社会科学出版社，2007 年，第 24 页。

⑦《达斡尔族简史》编写组：《达斡尔族简史》，第 20-21 页。

一方面是达斡尔族保持着内部的诸多联系，另一方面，清朝为了更好地控制南迁后的达斡尔族，将之编入八旗组织之中。根据满都尔图先生的考证，清朝在黑龙江地区编的“6个八旗237个佐中，达斡尔佐共68个”。①

随着清朝的灭亡，达斡尔族得以从八旗制度下解放出来，开始向周边地区迁徙。至建国初年，达斡尔族的分布较之以往更为广泛，“主要分布地区是在嫩江的两岸，和嫩江的一些支流，包括东岸的讷谟尔河，西岸的甘河，砮敏河，阿荣河，雅鲁河等河的两岸。从现在的行政区划上说，属于黑龙江省境的嫩江、讷河、甘南、富裕、龙江等县和齐齐哈尔市；以及内蒙古自治区呼伦贝尔盟东部的莫力达瓦、阿荣和布特哈三旗。”“另外，在黑龙江省的瑷珲县，呼伦贝尔盟的海拉尔市，索伦旗的南屯和莫合尔图屯，新疆的塔城县也有分布。”“在内蒙的一些重要城市，如呼和浩特、乌兰浩特和海拉尔都有不少的达呼尔干部。清朝时在北京驻防的旗人中有达呼尔人，现在北京也应还有他们的后人。”②

与达斡尔族的迁移相适应，莽鼐屯郭博勒氏也逐步南迁。其祖先原居住于精奇里江支流布丹河（博屯河）的郭贝勒阿彦屯。根据满文的《勤勇公纪恩录》记载，“祖先萨吉达库，原居于黑龙江东郭贝勒阿彦屯，在黑龙江北精奇里东岸之布丹河北。”③从萨吉达库始，经元德果勒、斯瓦齐、哈达尼，至哈达尼第三子乌默迪时，郭博勒氏与清朝建立起了臣属关系。天聪十年（1636）三月，“赐黑龙江地方进贡貂皮头目费扬古、卓嫩、吴默特等九人缎衣、帽靴、缎布等物有差。”④此处“吴默特”应即乌默迪。乌默迪在“崇德五年（1640）夏四月，清太宗文皇帝征伐索伦部博穆博果尔时，额驸巴尔达齐率七屯之人归朝，乌默特及族人七百人与焉。”⑤从此，莽鼐屯郭博勒氏离开了故土向南迁徙，最终居止于今讷河市讷谟尔河北岸。“清天聪、顺治间，族人一部自今黑河道境南徙，占籍今讷河(旧作讷墨尔河)沿岸各屯。”⑥之所以选择这里，是因为当地优越的地理条件。“讷谟尔河北岸，是片土地肥沃的平原地区，往北不远，是小兴安岭南麓的帽儿山、莲花山、四平山、笔架山、五指山等八座山峦。南滨大河，北负群山，河套水草丰腴，山上林木丛生。优越的地理环境和良好的自然条件，成为郭博勒哈拉在这里驰骋、射猎、牧放和垦殖的好地方。”⑦

至顺治年间，乌默迪所在的郭博勒氏被编入八旗，纳入清朝的国家体系之中。“编入正白旗为世系佐领，时在顺治六年（1649）。”⑧此后乌默迪与清朝的关系愈发密切。

① 满都尔图：《达斡尔族》，第20页。

② 傅乐焕：《关于达呼尔的民族成分识别问题》，《中国民族问题研究集刊》第一辑，第4—6页。

③ 阿那保：《勤勇公纪恩录》，转引自傅乐焕：《关于达呼尔的民族成分识别问题》，《中国民族问题研究集刊》第一辑，第30页。

④ 《清太宗实录》卷28，天聪十年三月丙寅，北京：中华书局，1986年。

⑤ 阿那保：《勤勇公纪恩录》，转引自傅乐焕：《关于达呼尔的民族成分识别问题》，《中国民族问题研究集刊》第一辑，第30页。

⑥ 郭克兴：《黑水郭氏世系录》，李兴盛、辛欣、王宪君主编：《黑水郭氏世系录》，哈尔滨：黑龙江人民出版社，2003年，第28页。

⑦ 王咏曦：《清代达斡尔族中的郭博勒氏》，《北方文物》1986年第1期，第68页。

⑧ 阿那保：《勤勇公纪恩录》，转引自傅乐焕：《关于达呼尔的民族成分识别问题》，《中国民族问题研究集刊》第一辑，第30页。

顺治十三年（1656）十二月，“黑龙江郭博尔村头目吴默特遣其子弟招降索伦部落达尔巴等十户，来贡貂皮，赐朝衣、马匹等物有差。”[①]从乌默迪以后，郭博勒氏在讷谟尔河流域繁衍生息，至民国“二百年来，子孙繁衍，今讷河县境十三屯尽为郭氏子孙。”[②]

二

莽鼐屯郭博勒氏家族属于乌默迪一系。但是追本溯源，并非乌默迪的直系后裔。三世阿那保在追溯家族历史时，陈述其始迁祖为阔吉罗。“乌默迪之第五弟阔吉罗为臣之祖先。曾祖阔托果勒，祖莫其查。”[③]从莫其查开始，郭博勒氏家谱有了详细地记载。莫其查，在族谱中记为一世莫勒察，“甫弱冠，习骑射，由甲兵积资，荐擢骁骑校。”[④]骁骑校，武职正六品，是低级武官。二世为绰钦保（或做楚勤保、楚清保、初勤保）。从阔吉罗直至绰钦保，历经四世，既未见任何显赫的仕宦经历，也未见任何武功。这说明此时的莽鼐屯郭博勒氏家族仅是普通的八旗官兵家庭。正如《黑水郭氏世德录》所说的，“累世业农，积善孝友，而不显于世。”[⑤]根据家谱记载，绰钦保有子三人，即□□保、阿那保、雁塔保。□□保一支后世不显，而阿那保和雁塔保二支则历代仕宦，代有人才。

阿那保，“乾隆十年（1745），由马甲驻京，赏上驷院司辔。”这是阿那保步入军旅生涯的第一步。至乾隆四十六年（1781），授蓝翎侍卫。蓝翎侍卫为武职正六品，从此阿那保进入到了仕途快车道。自1791年从军参与抗击廓尔喀之役开始，阿那保在军中屡立奇功，并于嘉庆元年（1796）获得”奋图里巴图鲁”勇号。嘉庆二年，晋升头等侍卫。嘉庆“十四年（1809）十一月，授正红旗蒙古副都统。”从此阿那保跻身于清朝高级将领的行列之中。二十一年（1816），升授镶蓝旗蒙古都统。二十五年（1820）八月，“授内大臣。寻充总谙达。” 阿那保在官位上达到了顶点。道光三年（1823），道光帝旻宁设宴于万寿山，包括阿那保在内的十五名老臣列席，并被“绘像万寿山玉澜堂”，一时荣之。为了褒奖阿那保多年来的军功战绩，道光帝钦赐御制诗，其中有“奋弋疆场知勇冠，精勤调习天闲骧”诗句。五年，阿那保因年老久病而自动申请致仕，道光帝特赐五百两以备养老之用。道光十七年（1837）病卒。[⑥]

四世阿那保子博多欢，“嘉庆八年（1803），由粘竿处拜唐阿补蓝翎侍卫。……二十年（1815），擢头等侍卫。”尽管此时阿那保已经身居显位，但是博多欢并未放松对骑射的练习。“道光六年（1826），含辉楼马射，中六矢，赏缎匹、小刀。”博多欢既是将门之后，又精于骑射，这为他的仕途顺畅提供了便利。道光七年（1827），“充围场总管。九年，赏副都统衔，充呼伦贝尔总管。”[⑦]十年（1830），“以呼伦贝尔总管博多欢为镶

①《清世祖实录》卷105，顺治十三年十二月丁丑，北京：中华书局，1985年。

② 郭克兴：《黑水郭氏世系录》，第28页。

③ 阿那保：《勤勇公纪恩录》，转引自傅乐焕：《关于达呼尔的民族成分识别问题》，《中国民族问题研究集刊》第一辑，第30页。

④ 郭克兴：《黑水郭氏世德录》，李兴盛、全保燕主编：《秋笳余韵》，哈尔滨：黑龙江人民出版社。2005年，第1726页。

⑤ 郭克兴：《黑水郭氏世德录》，第1726页。

⑥《清国史》第9册《大臣画一续编》卷51，北京：中华书局，1993年影印本，第352-353页。

⑦《清国史》第9册《大臣画一续编》卷51，第354页。

红旗蒙古副都统。仍暂留总管任。”[①]此后，博多欢复制了其父的履历。二十一年（1841），升任正黄旗蒙古都统。“继而相继担任总谙达、正白旗领侍卫内大臣等要职，二十六年（1846）病卒。《黑龙江志稿》则记为“道光二十五年卒。”[②]

博多欢子六人，多人跻身高位。五世博多欢长子巴龄阿（又作巴凌阿），“道光初年，官銮仪卫云麾使。”道光五年（1825），因回黑龙江侍奉祖父阿那保之故，“寻补布特哈佐领。”[③]之后，其人不见于载籍。

五世博多欢次子都尔通阿，“道光元年(1821)，由亲军校授銮仪卫整仪尉。二年，赏四等侍卫。……十六年（1836）二月，擢头等侍卫，命在御前行走。……二十二年（1842），升镶红旗蒙古副都统。”此后先后担任塔尔巴哈台领队大臣、值年旗大臣、随扈大臣、墨尔根副都统等要职。咸丰八年（1858）病卒。[④]

五世博多欢三子都兴阿，“由荫生于道光九年（1829）赏三等侍卫。”太平天国起义爆发后，都兴阿随僧格林沁镇压北伐军，由于屡立战功，咸丰三年（1853），“赏头等侍卫。”五年四月，“授京口副都统。”直接与太平军进行正面交锋。六年五月，“升江宁将军”，成为独当一面的清军要员。虽然位居高位，“都兴阿身先士卒，战辄胜……赏霍钦巴图鲁名号。”八年九月，调任荆州将军。十年，当清军江北大营失守之时，都兴阿临危受命，驻扬州，督办江北军务。与曾国藩等人共同应对太平军的进攻，功勋卓著。至同治三年（1864），太平天国指日可灭之时，“上以陕甘军务急，命都兴阿赴绥远城，”负责剿灭陕甘回民起义。为了名副其实，不久“调西安将军，督办甘肃军务。寻署陕甘总督。”当陕甘回民起义即将全面平定时，“寻以盛京马贼猖獗，（四年）十二月调盛京将军。”盛京马贼渐次平息时，“七年闰四月，命管理神机营事务，授钦差大臣，驰赴天津，同左宗棠、李鸿章剿办捻匪。”光绪元年（1875）卒。[⑤]

五世博多欢四子西凌阿，“道光十一年（1831），由粘竿拜唐阿授蓝翎侍卫。”在第一次鸦片战争中立有战功，“晋头等侍卫”。“二十九年，授镶黄旗蒙古副都统。……咸丰元年，擢察哈尔都统。”二年（1852）前赴河南，开始参与镇压太平天国起义的行动。五年，亲手擒拿了太平军北伐将领林凤祥，得伊精阿巴图鲁勇号。“旋授为钦差大臣，赴湖北督办军务。”咸丰八年（1858），由于英法联军北上京津，北上预防。“十年七月，授镶蓝旗蒙古都统。”同治元年，“腿疾剧，请回京调理。允之。”五年（1866）卒。[⑥]

五世博多欢五子穆克登阿，“三等侍卫。”[⑦]之后，其人不见于载籍。

五世博多欢六子穆精阿（又作穆金阿），“由马甲，官至黑龙江布特哈候补总管，随征阵亡。”[⑧]《黑龙江志稿》卷55则写道：“穆金阿，官佐领。”

---

①《清宣宗实录》卷181，道光十年十二月丁酉，北京：中华书局，1985年。

② 万福麟监修、张伯英总纂：《黑龙江志稿》卷52，哈尔滨：黑龙江人民出版社，1992年，第2301页。

③ 郭克兴：《黑水郭氏世系录》，第39页。

④《清国史》第9册《大臣画一续编》卷51，第354页。

⑤《清国史》第10册《大臣画一列传后编》卷130，第916-920页。

⑥《清国史》第10册《大臣画一列传后编》卷55，第426-428页。

⑦《清国史》第9册《大臣画一续编》卷51，第353页。

⑧ 郭克兴：《黑水郭氏世系录》，第41页。

六世巴凌阿子图明额，“官黑龙江协领。”[①]其他生平不见于载籍。

六世都尔通阿长子色楞额，“咸丰六年（1856），由六品荫生赏蓝翎侍卫。九年（1859），擢三等侍卫。”十年，色楞额随都兴阿前往扬州对战太平军。同治四年（1865），被擢升为副都统。其后转战南北，屡立战功，至光绪五年（1879），色楞额被任命为驻藏办事大臣。“九年，调库伦办事大臣。十二年，迁伊犁将军。”[②]而《黑龙江志稿》的记载稍有不同，光绪“十一年冬，调库伦掌印办事大臣。次年，迁伊犁将军。”[③]《黑水先民传》和《布特哈志略》所记内容在文字上与之丝毫不差。光绪十六年（1890）卒。

六世都尔通阿次子倭恒额，“咸丰十年（1860），以委防御从剿河南匪，赏花翎，正白旗二等侍卫。”光绪二十七年（1901），“迁山海关副都统。”二十九年（1903）卒。[④]《黑龙江志稿》的记载有所不同。“二十七年冬，迁山海关副都统，缘事降革。三十年，开复。”[⑤]《布特哈志略》的记载与之相同。这里的记载似乎暗示倭恒额在光绪三十年仍在世，两种材料有出入。

六世都尔通阿三子色克通额，由荫生，官三等侍卫。民国六年（1917）卒。

六世都兴阿长子卓凌额，“例赠修职郎”。根据“嗣托克通额子多伦泰为子”[⑥]的记载，卓凌额应该属于英年早逝，所以在仕途上并不显达。

六世都兴阿次子卓勒洪额，由荫生，官头等侍卫。《布特哈志略》记作“三等侍卫。”

六世西凌阿子托克通额，官侍卫。其他生平不见于载籍。

六世穆克登阿长子宜崇额，官沈阳县知县、协领、候补总管。其后的生平不详。

六世穆克登阿次子宜铿额，官西布特哈依倭齐总管。在现存的档案中，光绪十八年（1892）四月二十五日的《署理呼兰副都统宜铿额为报派员勘查整理通肯一带封堆情形请鉴核给黑龙江将军衙门呈文》中，对宜铿额的官职写作“署理呼兰城等处地方副都统印务、协领”。[⑦]宜铿额担任西布特哈总管一直延续到了民国时期。根据继任的金纯德在民国四年（1915）的报告，“西布特哈总管宜铿额调省，另有差委，遗缺委任存记道尹金纯德前往署理。”[⑧]由此可知，此后宜铿额在政治上仍有作为。

六世穆精阿子钮楞额，由大员子弟擢侍卫。光绪十五年（1889），升正黄旗蒙古副都统。后曾出任阿勒楚喀副都统。光绪二十八年（1902）八月出任盛京副都统。此后的生平不详。

三

三世雁塔保（或写作颜塔保、彦塔保、燕他保）的生平不详，根据嘉庆四年（1799）

① 郭克兴：《黑水郭氏世系录》，第44页。

②《清国史》第11册《新办国史大臣传》，第206页。

③ 黄维翰：《黑水先民传》卷23，长春：吉林文史出版社，1987年，第291页。

④ 郭克兴：《黑水郭氏世系录》，第45页。

⑤ 万福麟监修、张伯英总纂：《黑龙江志稿》卷五十五，第2415页。

⑥ 郭克兴：《黑水郭氏世系录》，第45页。

⑦ 中国边疆史地研究中心、辽宁省档案馆合编：《东北边疆档案选辑》第125册，桂林：广西师范大学出版社，2007年，第305页。

⑧ 黑龙江省档案馆、黑龙江省民族研究所编：《黑龙江少数民族》，哈尔滨：黑龙江省档案馆，1985年，第92页。

的诰命可知，其曾出任佐领一职。诰命中写道“尔驻防黑龙江佐领雁塔保”。[①]

四世雁塔保子中山（或写作忠山），“嘉庆初年以甲兵驻京，改隶京旗。”[②]有明确仕宦经历记载的，则是始于“嘉庆十五年（1810），由蓝翎长授护军校。”二十年，升为蓝翎侍卫。此时阿那保子博多欢已经出任了头等侍卫，不过中山之后的仕途也是颇为顺畅的。道光七年（1827），出任伊犁领队大臣，由此跻身于高级将领的行列。十四年（1834），升任镶红旗满洲副都统。此后先后充任总谙达、都统等职。咸丰三年（1853）卒。而中山的病逝得到了咸丰帝的特恩关注。“予故原品休致都统中山祭葬，赏银一千两治丧。谥恪僖。”[③]

五世中山长子穆腾阿，“道光二十一年（1841），由銮舆卫整舆尉，擢治宜正、乾清门侍卫”。参与了鸦片战争，得以于次年擢升为御前头等侍卫。而在镇压太平天国运动的过程中，更是屡立战功。咸丰八年（1858），“赏给头品顶戴、济特固勒忒依巴图鲁勇号，授镶蓝旗副都统。”当太平天国大势已去之时，穆腾阿又被派往西北，参与镇压回民起义的军事行动中。同治元年（1862）九月，“简授西安将军”。十年（1871），出任江宁将军。光绪六年（1880）以后被调至北京出任都统等职。十年病卒。[④]穆腾阿不仅精于战事，而且也留心文学。史称“穆腾阿习汉文，工书翰，视黑水诸将文学最优，著有《奏议》二卷、《炮阵图说》一卷。”[⑤]

五世中山次子穆特布，“由荫生擢侍卫。”[⑥]虽然家族中多为高官，但是穆特布仍时时勤于骑射。道光二十三年（1843），在侍卫校射中，“乾清门二等侍卫穆特布中箭四枝，授御前侍卫。”[⑦]但此后穆特布在仕途上并没有什么太大的发展，咸丰六年（1856）病卒。生有六女一男。“子一，殇。”

六世穆腾阿长子希拉绷阿（又作希尔绷阿），道光二十年，“由荫生授乾清门侍卫。”凭借着祖父和父亲的泽荫，希拉绷阿的升迁极快。“咸丰元年，中山休致，特赏头等侍卫。咸丰九年（1859），授正白旗蒙古副都统。”然而到了同治八年（1869），希拉绷阿因病去世，年仅 36 岁。[⑧]

六世穆腾阿次子希澜扎布（又作希兰札普、希兰扎布），“咸丰八年由荫生授侍卫。”仕至“乾清门二等侍卫，右翼五处马队管带”。同样是英年早逝，同治四年病死，年仅 25 岁。[⑨]

六世穆腾阿三子希拉本，“咸丰十一年（1861），以大员子弟擢侍卫、乾清门二等侍

① 郭克兴：《黑水郭氏世德录初集》，《达斡尔资料集》编委会编：《达斡尔资料集》第 1 集，北京：民族出版社，1996 年，第 465 页。

② 郭克兴：《黑水郭氏世系录》，第 35 页。

③《清文宗实录》卷 99，咸丰三年七月己酉，北京：中华书局，1985 年。

④《清国史》第 11 册《新办国史大臣传》，第 619-620 页。

⑤ 万福麟监修、张伯英总纂：《黑龙江志稿》卷 53，第 2334 页。

⑥ 郭克兴：《黑水郭氏世系录》，第 38 页。

⑦《清宣宗实录》卷 396，道光二十三年八月丙寅。

⑧ 郭克兴：《黑水郭氏世系录》，第 41 页。

⑨ 郭克兴：《黑水郭氏世系录》，第 41-42 页。

卫。”同治十三年去世，年仅 33 岁。[①]

六世穆腾阿四子希拉纳，“同治元年，以大员子弟擢侍卫、銮仪整仪尉，升二等侍卫。光绪七年，补山西游击。”次年（1882）去世，年仅 39 岁。[②]

六世穆腾阿五子希郎阿，“同治元年，以大员子弟授四等侍卫。”光绪五年（1879），升任一等侍卫。光绪十三年（1887），擢为正黄旗汉军副都统。宣统二年，因病致仕。民国六年（1917）病逝。[③]

四

从三世阿那保、雁塔保直至六世宜铿额、钮楞额、希郎阿等，莽鼐屯郭博勒氏共经历四代人，时间也从清朝雍乾盛世历经清朝中衰步入民国。可以说，莽鼐屯郭博勒氏家族见证了清朝从巅峰到衰亡的整个历史进程。而四代人凭借着自己的武功，先后参与了清代历次重大战役，为清朝的延续立下了汗马功劳。根据现有的资料，三世阿那保参与了乾隆时期的抗击廓尔喀之役,而廓尔喀之役是乾隆帝引以为傲的“十全武功”之一，是清朝国力强盛的一个重要表征。阿那保还参与了嘉庆时期清朝镇压川陕白莲教起义的军事行动，而川陕白莲教起义无疑是清朝由盛转衰的重要表现之一。五世、六世（的阿那保）子孙身处清朝晚期，从清朝镇压国内叛乱的太平天国起义、捻军起义，到西方列强的历次侵华战争，他们都是身处其中。其中，五世都兴阿从 1860 年至 1864 年，前后坐镇江北大营达四年之久，直接参与指挥清朝镇压太平天国起义的各项军事活动，无疑是清朝军队中可以与曾国藩等湘军将领相媲美的重要军事将领。

综合以上传记，莽鼐屯郭博勒氏家族四代共 28 人，除□□保缺乏记载外，其他人都具有一系列共同点：都以军功起家，凭借着自身娴熟的骑射技术和良好的军事素养身居高位，是清朝的有功之臣。正是因为其家族代代皆有清朝的高级将领，所以莽鼐屯郭博勒氏家族无疑是一个军功贵族世家。三世阿那保仕至内大臣、四世博多欢仕至正白旗领侍卫内大臣，五世穆腾阿、五世都兴阿、六世色楞额仕至将军，四世中山、五世西凌阿仕至都统。根据清朝官制，武官之正一品包括“领侍卫内大臣、内大臣、都统、将军、精奇尼哈番”。[④]此五人可以说是位极人臣，成为清朝最高级别的武官。五世都尔通阿、六世倭恒额、六世钮楞额、六世希拉绷阿、六世希郎阿仕等五人仕至副都统，清朝官制，副都统“满洲、蒙古、汉军每旗二员”，正二品。[⑤]阿那保家族位至二品以上者，总人数达 12 人之多，占家族总人数的 43%。一个达斡尔族家族能先后诞生如此众多的清朝武职高官，这不能不说是一个奇迹。

从莽鼐屯郭博勒氏家族仕途经历看，以阿那保为起点，其家族成员的仕进是呈加速度成长的。阿那保出身普通士兵，从乾隆十年获得第一个职位上驷院司辔开始，阿那保

① 郭克兴：《黑水郭氏世系录》，第 42 页。

② 郭克兴：《黑水郭氏世系录》，第 42 页。

③ 郭克兴：《黑水郭氏世系录》，第 42-43 页。

④ 康熙朝《大清会典》卷 81，《近代中国史料丛刊三编》第 72 辑，台北：文海出版社有限公司，1992 年，第 4012-4013 页。

⑤ 康熙朝《大清会典》卷 81，第 4028 页。

直至嘉庆二年才得以晋升为头等侍卫。一等侍卫，正三品。阿那保花费了 52 年的时间才最终得以跻身于清朝高级将领的行列。而阿那保的进一步晋升也是非常艰难的。嘉庆十四年，阿那保被授予正红旗蒙古副都统的职位，从正三品到正二品，阿那保花费了 12 年时间。二十一年，阿那保被升授为镶蓝旗蒙古都统，从正二品到正一品，花费了阿那保 7 年时间。据此，从正三品到正一品，阿那保共花费了 19 年的时间。到了四世子孙时，家族成员的仕进仍是比较艰难的。博多欢从嘉庆二十年授一等侍卫至道光十年被任命为副都统，二十一年出任都统，前后历时 26 年。中山稍快一些。从道光七年出任伊犁领队大臣至十四年升任副都统，二十六年出任正白旗蒙古都统，前后历时 19 年。

五世、六世子孙在仕途上的崛起则更为迅速。都兴阿于咸丰三年任头等侍卫，五年升为副都统，次年即被提拔为将军，前后历时仅 3 年。都尔通阿于道光十六年任一等侍卫，二十二年任副都统，前后历时仅 6 年。希拉绷阿咸丰元年升为一等侍卫，九年任副都统；希郎阿光绪五年为一等侍卫，十三年任副都统，二人前后历时都仅 8 年。西凌阿于道光二十二年任一等侍卫，二十九年任副都统，咸丰元年任都统，前后历时 9 年。色楞额于同治三年任一等侍卫，四年即擢升为副都统，光绪五年出任驻藏办事大臣。前后历时 15 年。穆腾阿于道光二十二年任一等侍卫，咸丰八年任副都统，同治元年出任西安将军，前后历时 20 年。通观这七人，从正三品至正二品，最短者 1 年，最长者也仅 20 年。虽然穆腾阿用时最长，但是需要注意的是，穆腾阿任正三品的一等侍卫时，年仅 29 岁。正是因为他出任高级将领时过于年轻，所以进一步的升转才会需要更多的时间。

导致迅速升迁的原因有许多，固然一方面是与个人的才能有着密切的关系，另一方面也与清朝晚期处于多事之秋、军兴不断的阶段有着直接的关系。但还有一点值得注意，即门荫的力量。如穆腾阿的五个儿子都是依靠门荫出仕的。其中都兴阿和色楞额出仕时的官阶是明确的。都兴阿，“由荫生于道光九年（1829）赏三等侍卫。”[①]三等侍卫，正五品。色楞额，“咸丰六年（1856），由六品荫生赏蓝翎侍卫。”[②]蓝翎侍卫，正六品。二人甫出仕便已经是中级将领，这对他们日后备受重视、事业显达必然起到了推动作用。穆腾阿的例子最能说明问题。穆腾阿之所以能够很快就晋升为侍卫，依靠的是父亲中山的门荫。时人指出：“初以大员子弟受知于宣宗成皇帝，特赐御前侍卫。随太老伯趋侍内廷，夙夜祗恭，聿昭勤慎，恭遇御前前引各差，登降趋跄，悉如圣意，屡蒙天语褒嘉，许成硕辅。”[③]穆腾阿依靠中山的功勋得以成为侍卫。继而凭借着皇帝对他的熟知，为日后的飞黄腾踏打下了基础。从这个层面说，家族的巨大成就反过来进一步促进了家族成员的崛起，从而保持了家族在仕途上的一贯性。

综上所述，莽鼐屯郭博勒氏家族，最初只是一个普通的八旗士兵家庭，虽然郭博勒氏是一个大姓，但是这并未给莽鼐屯郭博勒氏家族带来什么实际的好处。而阿那保的出现却改变了整个家族的命运。从阿那保开始的四代人，代有能人，家族中先后有 12 人

---

①《清国史》第 10 册《大臣画一列传后编》卷 130，第 916-920 页。

②《清国史》第 11 册《新办国史大臣传》，第 206 页。

③《瑞亭将军寿序二则》，郭克兴：《黑水郭氏世德录初集》，第 476 页。

位列正二品以上的高级武官。而这种家族地位的取得，无疑与家族的门荫有着密不可分的紧密关系。这表明：莽鼐屯郭博勒氏家族无疑是清朝的军功贵族世家。但是同时也需要指出的是：莽鼐屯郭博勒氏阿那保家族并不像其他八旗军功贵族世家那样具有可世袭的爵位或高级世职，也没有清朝赏赐的土地或庄园，即缺乏世袭的政治特权和经济特权。家族成员的成功主要是通过勤于骑射，凭借着自身的努力而得来的。这又是莽鼐屯郭博勒氏家族的特殊之处。

（沈一民，男，1978 年生，黑龙江大学黑龙江流域文明研究中心副教授，哈尔滨，150000）

有关阿拉善旗旗名来历

达力扎布

内容提要：阿拉善(Alašan)地名源自贺兰山，是突厥和汉语的复合词，作为地名在元明清时期蒙古文史籍中称 Alašan 或 Alašai，在清代蒙古文档案中记为 Alaša 或 Alašan，汉译为贺兰山、阿拉善或阿拉善山；亦用蒙古语称作 alaγ aγula，汉泽为“阿喇克山”、“阿拉克山”或“阿喇骨山”等蒙古语和汉语复合词。阿拉善地名从唐代就已存在，厄鲁特旗建立之后，清朝官方以其地名称之为贺兰山厄鲁特旗，后来汉语音译贺兰山为阿拉善，称作阿拉善厄鲁特旗，简称阿拉善旗。

清人魏源认为阿拉善旗旗名源自贺兰山，①而未提供史料依据，亦邻真根据史籍记载和语音学规律予以证实。②最近梁丽霞指出清代阿拉善地名源自甘肃边外的“龙头山”（今龙首山），而非贺兰山。③本文试利用清代蒙满文档案记载，结合阿拉善旗的建立过程对旗名来历作进一步的探讨。

一、史籍记载中的阿拉善地名

亦邻真先生考证阿拉善地名时指出，唐朝杜佑《通典》突厥条载：“突厥语谓驳马为曷拉”，“曷拉”即“贺兰”的音转。《元和郡县图志》记载：贺兰山，树木青白，望如驳马，北人呼驳马为贺兰。《元朝秘史》中“阿剌筛”（alašai）一词汉语旁译为贺兰山。④“阿剌”即贺兰的音译，突厥语“阿剌”（ala）与蒙古语“阿剌”(alaγ)同义，即斑驳。山即汉语的山，当时西北汉语方言中n，ni辅音不清楚，北方少数民族语言音译时n，ni辅音或被遗漏或失真。故shan被读作shai（šai）。他认为阿拉善一词是突厥语与汉语的复合词。⑤

“ala”一词，见于11世纪70年代成书的麻赫默德·喀什噶里著《突厥语大词典》，其意

---

① 魏源著，韩锡铎、孙文良点校：《圣武记》卷三《外藩》《国朝绥服蒙古记三·贺兰山厄鲁特蒙古》记载：“贺兰山额鲁特者，俗所称阿拉山蒙古也。阿兰山即贺兰山，亦讹阿拉善，皆语音之转。”同时他又记：“和罗理等求达赖喇嘛请甘州东北之龙头山，蒙古谓之阿拉山，即古贺兰山阴者，赐其牧，以距边六十里为界。诏许之。是为阿拉山厄鲁特游牧之始。”上册，中华书局，1984 年，第 112-113 页。

② 亦邻真：《额济纳 · 阿拉善 · 杭锦》（蒙古文），见《亦邻真蒙古学文集》，内蒙古人民出版社，2001 年，第 183-185 页。

③ 梁丽霞：《阿拉善蒙古研究》，民族出版社，2006 年，第 2 页。

④《元朝秘史》续集卷二，第 265 节，《四部丛刊》三编本。

⑤ 亦邻真：《额济纳 · 阿拉善 · 杭锦》（蒙古文），见《亦邻真蒙古学文集》，第 183-185 页。

为：花斑；白癜风患者。带花斑的马。[①]可证《通典》“突厥语谓驳马为曷拉”无误。“ala”一词在《突厥语大词典》中没有词首辅音h，此词在早期应有词首辅音h，读“hala”，故汉语音译为“曷拉”，“hala”加上汉语“山（shan）”字，构成“halashan”即“halašan”一词，故又汉译为“贺兰山”。词首辅音“h”弱化为零声母后，读作“ala”。[②]

据《元朝秘史》第265节记载，1226年，成吉思汗出征西夏，途中狩猎时坠马摔伤，其诸子及大臣劝其班师养伤，成吉思汗认为此时撤回，西夏人会以为其胆怯，因此坚持遣使西夏，待问明西夏人态度后撤军。成吉思汗所遣使者责问西夏为何不从征西域，西夏大臣阿沙敢不以讥讽的言语回复了使者。阿沙敢不说：

> “讥讽的话我是已经说过的，你们蒙古人惯于厮杀，若想厮杀，我在贺兰山住撒帐毡房，有骆驼驮子。[你们]可以向贺兰山来找我，[在]那里厮杀！若想要金、缎匹、财物，你们可以指向宁夏、西凉。”[使臣]把这话转达成吉思可汗。成吉思可汗身体正在发烧，说：“好！人家说这样的大话，怎可撤退！虽死[也]要去对证这句大话。长生的上天啊，由你作主吧！”于是成吉思汗就前进到贺兰山与阿沙敢不厮杀，杀败阿沙敢不。在贺兰山上扎下寨子，擒获阿沙敢不。命将所有[住]撒帐毡房，有骆驼驮子的百姓，如扬灰一般的摧毁。降圣旨（说）：“把勇猛健壮的唐兀惕人杀掉！军士们可以捉捕[其余]各色唐兀惕人收[为己有]！”[③]

扎奇斯钦依据《元朝秘史》的旁译，把蒙古文“阿剌篩”汉译为贺兰山，并在注中指出：

> 由阿沙敢不的话，可知当时的唐兀惕人，已有分为农业定居和牧猎迁徙的两种社会之倾向。其居住于贺兰山之阳者，则为定居的农业部分，正如二四九节中不儿罕所说的话一样。他说：“……我们是定居的，是筑有城市的……既追不上疾速行军又做不了锋利厮杀。”而山阴一带，仍是游牧的部落，人民勇猛好战。阿沙敢不似乎是代表游牧部落的势力。这个农业社会，是包括境内所属的汉人在内；而其游牧社会，则仍这‘住撒帐毡幕的有骆驼驮子的’纯唐兀惕人社会。[④]

明初人用汉语音译阿剌篩为贺兰山，而从《元朝秘史》的语境来看，阿剌篩不仅指贺兰山的山峰或山脉，而是指阿剌篩（贺兰山）山阴地区，这是唐兀人（党项人）游牧的地区，约相当于今内蒙古阿拉善盟辖境，并与山阳的宁夏（今银川）、西凉（今武威）相对应。贺兰山只是该地区的标志性地点。据《元史》记载成吉思汗攻打西夏，“二月，取黑水等城。夏，避暑于浑垂山，取甘、肃等州。秋，取西凉府搠罗、河罗等县，遂逾沙陀，至黄河九渡，取应里等县。冬十一月，攻灵州，夏遣嵬名令公来援。丙寅，帝渡河击夏师，败之。驻跸盐州川。二十二年丁亥春，帝留兵攻夏王城，自率师渡河攻积石

① 麻赫默德·喀什噶里著《突厥语大词典》（汉译本），第一卷，北京：民族出版社，2002年，第88页、第98页。

② 在《突厥语大词典》中讲到了词首辅音“h”的变化，认为词首加“h”，或不加“h”变为零声母都是正常现象。举例提到其祖先国王“埃米尔”（əmir），仍读作həmir。以上见第121-122页。有关古代蒙古文词首辅音“h”的变化问题，请参见亦邻真《畏兀体蒙古文和古蒙古语语音》及《〈元朝秘史〉及其复原》两文，分见《亦邻真蒙古学文集》，第519-521页、第729-732页。

③ 札奇斯钦著：《蒙古秘史·新译并注释》续卷二，台湾联经出版事业公司，1979年，第415-416页。

④ 札奇斯钦著：《蒙古秘史·新译并注释》续卷二，第417页注⑨。

州。”[①]蒙古军主力是从西夏的西北入境，攻占黑水等城，即今额济纳旗一带，然后溯额济纳河向西南至河西走廊下肃州，再向东依次攻下甘、凉、灵诸州，最后围困西夏都城中兴府（今银川）。蒙古军是沿着有水草便于行军的地方从西北向东南进发，先攻占了贺兰山阴的唐兀惕部落游牧之地和城镇，最后至山阳中兴府的。

清初，鄂尔多斯部台吉扎穆苏、多尔济等叛逃。《清世祖实录》顺治六年三月十五日记载，“宁夏巡抚李鉴奏报，叛夷扎穆苏奔据贺兰山，控求通市。不允，仍令设计捕殛。”[②]《实录》蒙古文本中与贺兰山相对应的词是“alašan aγula”。[③]扎穆苏归附后，清世祖又劝谕多尔济归附，多尔济回信称：

> qaγan-u bičig-i dorji abuba. eyimü yeke qayiratu sedkil-tü bideni bayasqulang bolba: otoγ meni irγai-yin γajar alasan(alašan)-tu(du) saγuba: irγai γajar čaγan deresün-eče naγayisi bi qadaγalba: qudalduban(qudalduγan) abuy-a: γurban sara-yin qorin γurban-a yabulba: [④]

汉译为：

> 汗之来信，多尔济收悉。如此慈爱之心令我们欣慰。我的鄂托克在宁夏阿拉善居住。从宁夏之地察罕德尔苏以外我保持[为界]，[⑤]请允许贸易。三月二十三日发出。

多尔济称其驻牧于宁夏阿拉善。《国朝耆献类徵初编》记载：

> 初，鄂尔多斯部扎穆素、多尔济屯牧神木边外，害我使臣叛逃；既而扎穆素悔罪来归，多尔济窜匿贺兰山，屡犯边界，肆劫掠。八年九月，喀喀木奉命同都统噶达浑等率兵讨之。九年正月，自宁夏出水驿口；至贺兰山后，分兵搜剿，斩多尔济及其弟二人，并部众悉歼之，俘幼弱及妇女以归，获马驼各数百、牛千余、羊万余。[⑥]

从清军出征路线可知，多尔济当时居于贺兰山后，在今阿拉善左旗一带驻牧，由此亦可知此处的贺兰山不是仅指山脉，是指以贺兰山为地标的山阴一带，清代称作“贺兰山后”。例如，成书于康熙二十几年的《秦边纪略》记载：

> 贺兰山后，在宁夏之西，汉为保靖县地。东边河套，西通西域，南障朔方，北引沙漠，延亘五百里。高出云表，雪霜凝积，盛夏而后融。其林木青白，望之如骏马，夷呼马为贺兰，因以名山。山巅梵刹百许，元昊有避暑宫，化为颓墙堕墉久矣。明西平候沐英讨和林，历此山。其后朔方樵牧于其上，及其中叶无复登者。西北之麓有穹庐也，今巢穴于兹者，随处而有，不独山后已焉，山后则为王庭耳。（以下为小字注—引者）山在宁夏城西六十里，河套西二百里。山后者贺兰山后之西北，

① 《元史》卷1《太祖本纪》，中华书局点校本，1976年，第23-24页。

② 《清世祖实录》卷43，顺治六年三月甲戌。中华书局印本《清实录》第三册，1985年，第345页。

③ 蒙古文《清世祖实录》卷43，顺治六年三月甲戌，《清世祖实录》（二），内蒙古文化出版社，1991年，第153页。

④ 《鄂尔多斯部多尔济复顺治帝劝归原牧地谕旨之书》，顺治八年四月三十日，齐木德道尔吉、吴元丰、萨·那日松主编：《清初内秘书院蒙古文档案汇编》，呼和浩特：内蒙古人民出版社，2003年，第3辑，第259页。

⑤ Irγai 即宁夏，陈寅恪：《灵州宁夏榆林三城译名考》，载《历史语言研究所集刊》第一本第二分册，1930年，第125-129页。札奇斯钦《元朝秘史·新译注释》第256节注⑧：“宁夏，原文‘额里合牙’……宁夏即西夏首都中兴府；今之银川市。今蒙古语仍称宁夏城为 irghai，当为 Eirghaya 或 Eirkhaya 之转。”

⑥ 清李桓辑：《国朝耆献类徵初编》卷267《将帅八·喀喀木传》，据清光绪十八年湘阴李氏刻本复制本。

其地甚宽，不可一处名。按旧史称山如骏马，北人谓马为贺兰，今考夷呼马为摩林，与贺兰之音不类，则贺兰之名山，当别有在。但统言山后，不一处也。大约距中卫才二百里，距宁夏可百余里，为宁夏北屏，自古为中国地。……弘治八年（公元一四九五年），夷人倚山为巢穴，乃奏内地之人，不得住山畋牧，至今朔方之人莫敢登贺兰山者。山后今夷祝囊、劳藏、克气三台吉住牧。①

《北边备对》记载："贺兰山，在灵州保静县，山有林木青白，望如骏马，北人呼驼马（应为"驳马"——引者）为贺兰。"②《秦边纪略》沿袭其误，把驳马称为骏马，并与蒙古语"摩林"作了不恰当的对比。不过反映了当时"贺兰山"或"贺兰山后"的地域概念。金启孮指出《秦边纪略》一书中的祝囊台吉"即《清实录》、《东华录》中之巴图尔额尔克济农，亦即阿拉善旗之和罗理。'祝囊'实即'济农'之异译。"③康熙二十二年，巴图尔额尔克济农给康熙皇帝奏文的末尾署"九月初四自阿拉善（alaša）上贡"。④可证其当时在贺兰山或称"贺兰山后"地方居住。

康熙三十六年二月，"理藩院题，厄鲁特巴图尔额尔克济农应授何职，于何处住牧。得上旨，巴图尔额尔克济农授以贝勒，另为一扎萨克，给与印信，约其属下人丁，分编佐领，住贺兰山。"此处贺兰山的对应蒙古语词为：alašan aγula。⑤

《钦定外藩蒙古回部王公表传》记：

阿拉善厄鲁特部，至京师五千里，东界宁夏，西界甘州，南界凉州，北界瀚海，袤延七百里，即贺兰山地。⑥

乾隆《宁夏府志》卷三《地理·山川·贺兰山》记："贺兰山在府城西六十里，番名阿兰鄯山。"⑦清嘉庆《大清一统志》记载："贺兰山在旗东，与宁夏边接界，土人名阿拉善山"。⑧土人称作阿拉善山，是在原有的善（山）字后又叠加了一个"山"字。蒙古语译外来语的山、河之名时常叠加山或河字，或为后人不知原山名之义而叠加山字。

从上述记载可知，元明清时期，alašan（阿剌筛或阿拉善）指贺兰山，亦指代贺兰山西北一带地区。蒙古文为 alašan 或 alašan aγula，清代蒙、满文档案中写作 alasa 或者 alaša，省掉"n"。在一些文献档案中亦用蒙古语称作 alaγ aγula（阿喇克鄂拉），如《蒙古源流》中出现过一次，⑨在蒙古文《清圣祖实录》中出现多次，汉译为"阿喇克山"等。

① [清]梁份著、赵盛世、王子贞、陈希夷校注：《秦边纪略》卷 4《宁夏卫·宁夏近疆》。青海人民出版社，1987 年，第 316 页。

② [宋]程大昌著：《北边备对·贺兰山》，见《丛书集成初编》，中华书局，1991 年，第 21 页。

③ 金启孮著：《清代蒙古史札记》，内蒙古人民出版社，2000 年，第 63-64 页。

④《厄鲁特巴图尔额尔克济农奏文》（蒙古文），见中国第一历史档案馆、内蒙古大学蒙古学学院编：《清内阁蒙古堂档》，第三册，呼和浩特：内蒙古人民出版社，2005 年，第 446 页；满文相同，见第 572 页。

⑤《清圣祖实录》卷 180，康熙三十六年二月丁巳，第 929 页；蒙古文《清圣祖实录》卷，康熙三十六年十月丁巳，第 622 页。

⑥《钦定外藩蒙古回部王公表传》卷 79《阿拉善厄鲁特部总传》，见包文汉、奇·朝克图整理：《蒙古回部王公表传》第一辑，呼和浩特：内蒙古大学出版社，1998 年，第 539 页。

⑦ 中国西北文献丛书编委会编：《中国西北文献丛书》第一编，《西北稀见方志文献》第 50 卷，《宁夏府志》，兰州古籍书店影印，1990 年，第 236 页。此志的序署乾隆四十五年。

⑧《嘉庆重修一统志》卷 545，《阿拉善厄鲁特》，《四部丛刊续编》本，上海书店影印本，1985 年，第 2 页。

⑨ 乌兰：《〈蒙古源流〉研究》，沈阳：辽宁民族出版社，2000 年，第 439 页，汉译为阿剌黑山。

在地理地貌方面，前引《元和郡县图志·保静县》记载："贺兰山，在县西九十三里，山有树木青白，望如驳马，北人呼驳为贺兰"。[①]认为贺兰山斑驳颜色的地貌是以其树木的颜色称之。不过从实地勘查来看，从贺兰山到甘肃边外的山脉在外貌上基本相同，今虽无树木，其裸露的岩石呈现斑驳的颜色，可能是因含有不同矿物质的原因。这一地区所谓斑驳的山头（蒙古语阿喇克鄂拉）随处可见，因此，称作阿喇克鄂拉之地不止一处。[②]例如甘肃山丹县城北面龙头山（今龙首山）的地貌特征与贺兰山一样，颜色斑驳，蒙古人称之为alaγ aγula（阿喇克鄂拉），镇番县东南亦有山称作阿喇骨山。[③]无论阿喇克，还是阿喇骨都是蒙古语alaγ（斑驳）一词的音译。汉译名阿喇克山、阿拉克山、阿喇骨山，这是清人把蒙古语的"鄂拉"意译为"山"，因而形成了蒙古语与汉语的复合词。贺兰山古名阿剌筛（alašai）或阿拉善（alašan）是突厥语与汉语复合词，清代汉译为"阿拉善山"、"阿拉山"、"阿兰山"，与蒙古语"alaγ aγula"的汉译名"阿喇克山"的译音不尽相同。从地貌来看，这一地区的东、南周边山势绵延，其颜色多为斑驳颜色，因此，以贺兰山为标志来统称为阿拉善。

不过，阿拉善左旗档案馆所藏乾隆六年给钦差管理陕西宁夏榆林等处蒙古民人事务理藩院郎中六某的一篇汉文咨文记载：

> 整饬甘、山等处兵粮屯田兼理马政分巡甘、山道陕西按察使司佥事武　为请旨事。乾隆六年七月初九日，准布政司徐　照会本道，移准理藩院部郎六　移称额驸原奏民人越出边外耕种樵采定界一案理宜定期会勘，但本院并未奉有部示骤难前往等情，移覆转请咨部，以便会勘等情转移到司。准此查此案前于乾隆四年十二月二十一日蒙前任总督部堂鄂案验，乾隆四年十月二十五日，准理藩院请字咨开，准陕督鄂咨称案照乾隆三年四月初六日，前督查部院准贵院请字咨开，厄鲁特郡王和硕额附阿宝呈称，窃我蒙古人等向皆在于沿边地方游牧居住。自我蒙古所属地方以至平乐城边外，并缘黄河一带，今有汉民出百余里种田者，镇番、宁远二堡边外有出百里或二百里种田者，再沙盖、金塔寺二堡之边外及额济内、挑赖二河周围亦有出二百里种田者，但此三处种田乃因皇上大兵前赴巴尔库时为军机事务耕种，我们各蒙古人等俱各欢欣。至土尔古特贝勒丹忠（衷）之旧游牧处所，向系在肃州边外布隆吉地方，嗣后在我界内坤都仑地方游牧居住。数年后，又令伊游牧居住甘州边外阿嫩善山等处，亦系我们地方，至今尚在游牧居住。今汉民人等已越出边外九十里称言系我们地方，任意采取柴草，放牲畜，打牲行走。因是我们蒙古牧放牲畜之地窄狭，牲畜不能膘腾。我们蒙古人等全赖牲畜度日，苦地方被占，牧厂窄狭则牧放牲畜甚是劳苦。闻得鄂尔多斯与汉人为争疆界一案，蒙大部（即理藩院，以下括号

① [唐]李吉甫撰、贺次君点校：《元和郡县图志》卷四《关内道四·贺兰山》，上册，北京：中华书局，1983年，第95页。

② 本人于2008年8月从内蒙古乌海市乘车由贺兰山北部赴阿拉善左旗巴颜浩特镇，参观了建于贺兰山的广宗寺（南寺）。2010年6月再赴甘肃山丹、阿拉善右旗、阿拉善左旗，经贺兰山南部至宁夏银川，沿途观察了龙头山和贺兰山以及该地区的地貌。

③《阿拉善旗档案》，全宗号101，目录号3，案卷号45，第51-55页，乾隆五十一年《特授甘肃整饬分定凉庄道布政使司佥事杨为请旨事》。

内注文皆为引者所加）定以沙地三十里，川地二十里为疆界。其阿嚇善山之前面现有长城，自边墙以至阿赖善山之山梁有二三十里，请仍自阿嚇善山之山梁以至边墙令汉民采取木石（以上三个“阿嚇善山”的“善”字是后加的，字很小），山梁后面令我们蒙古游牧居住牧放牲畜，照依从前鄂尔多斯定界之例为我们分立疆界，于我蒙古之生计有益。今年夏间陕西总督查看沿边地方有来宁夏之语，总督既查看我们夷汉居住之地，恳祈移咨总督将此地方一事查定，分立疆界等情。据此查从前总督刘　等以贺兰山后之边墙六十里以内原系彼处居民樵采之地。今额驸阿宝属下人等将从前指定六十里以内分给民人樵采地方尽皆拦阻等因，具奏。给军机议覆应交与理藩院行令额驸阿宝约束伊属下人等，照依原定游牧处所游牧居住。边墙六十里以内听从民人往来樵采，毋得仍前拦阻。额附阿宝现在贺兰山后之定远堡居住，亦行文刘等，饬令地方官员晓谕民人毋得在定远堡左近地方任意出入牧放牲畜。务使内外各安生理，不致互相扰害等因，具奏准行在案。今额驸阿宝即称（内容同前，省略）……应行文总督就近查明务期夷民两无争竞，永远有益，酌定办理具奏可也。为此谨奏请旨等因。于乾隆三年二月二十七日交与奏蒙古事三等侍卫阿敏道等转奏，奉朱批谕旨，依议，钦此钦遵。等因。到前督部院准此随行确议去后，今据兰州布政使徐杞详准甘山道移据张掖、山丹二县呈称，遵查边外阿赖善山等处蒙古游牧居住之地并无民人私越侵占，采取柴草，应请仍照旧行，无庸再分立界址。……（以下永昌县呈称历来界址已定，应仍照旧，略）……又据镇番县呈称……且出边近地亦系沙碛碱滩，非一二百里不能樵采……似应就地方情形，仍照旧在于一二百里以内听民樵采耕种，以垂永久。……又准宁夏道移据平乐县呈称，遵查贺兰山乃宁郡之屏瀚，而民间建房木植日用柴薪俱藉此以砍伐，官兵马匹、兆姓耕牛悉赖此以牧放，更有大清、唐、汉、惠农、昌润各渠岁修之木料俱从此出，前于康熙二十五年间诚恐夷汉纷争，定立界址，贺兰山之阳六十里以内为民人樵采之，六十里以外夷人牧放之所，数十年来毫无争端。迨至雍正十二年额驸阿宝回至宁远城，因部落拦阻民人樵采，督抚两宪奏明议照二十五年分定界址，永远遵守。……查雍正十二年据署陕督刘奏称，额驸阿宝仍因贺兰山后住牧，其日指定离边六十里以外自不应纵放汉人行走以及放牧牲畜，致侵蒙古之利，至离边六十里内向为居民樵采之地，宁郡建房木植与一切器具柴薪悉取给于此。①

以上咨文篇幅很大，只摘录了与阿拉善地名有关的主要片段。据咨文，约乾隆三年厄鲁特郡王和硕额附阿宝提出以鄂尔多斯在边外三十里划界之事为例，与沿边州县勘定界址，此议遭到周邻州县的反对。在甘州边外，阿宝请以“阿赖善山”（即龙头山）山梁为界，山丹县不同意，因为康熙二十五年划界时以边外六十里为界，“阿赖善山”在边外二三十里内，原不属于阿拉善旗。龙头山，蒙古语称作 alaγ aγula，汉译为阿拉克鄂拉，后来亦汉译为蒙汉语复合词“阿喇克山“、“阿拉克山”。而汉译为“阿喇善山”仅

①乾隆六年七月二十二日，整饬甘山等处兵粮屯田兼理马政巡甘山道陕西按察使司佥事武咨文理藩院郎中六会同勘界文。藏阿拉善左旗档案馆，全宗号：101，目录号 3，案卷号 45，第 63-51 页（汉蒙文档案订为一册，汉文从右到左写，页码与蒙古文顺序颠倒）。

见于此咨文。

此咨文所引阿宝呈文内提到甘州边外“阿赖善山”，同时在军机议覆中称“阿宝仍因贺兰山后住牧”，宁夏道呈文中又称“贺兰山乃宁郡之屏瀚”。因此，梁丽霞认为“阿赖善山”与贺兰山有别，阿宝所说的“阿赖善山”是指山丹县北面的龙头山。康熙二十四年，和啰理请求“欲环居阿喇克山之阴”，即龙头山阴，并由此形成了其游牧地。“这一固定游牧区域的划定，即标志着阿拉善蒙古部落的形成，同时也标志着‘阿拉善’这一地域名称的出现。”清代“阿拉善”名称与《元朝秘史》所记“阿喇筛”之间不是对等关系，阿拉善名称源自龙头山，而不是贺兰山。[①]

其实在这篇咨文中引述了自乾隆三年至六年不同时期的奏文和呈文，其中有关甘州边外“阿拉善山”、“贺兰山乃宁郡之屏瀚”和“贺兰山后”等说法是不同地区之人从不同角度说的，以此认为龙头山（阿赖善山）即康熙二十四年和啰理提出的“欲环居阿喇克山之阴”的阿喇克山，与贺兰山无关，证据似不够充分。

咨文中的土尔古特贝勒丹忠，即土尔扈特部阿玉奇汗的侄子阿喇布珠尔的长子丹衷。《钦定蒙古回部王公表传》记：雍正九年，其属众有叛附准噶尔者，“丹衷惧准噶尔掠，乞内附。署陕西总督查郎阿令携戚属，游牧阿拉克山、阿勒坦特卜什等处。准噶尔败遁，丹衷徙牧额济纳河。”[②]正如前引阿宝呈文中所说，土尔扈特人初来时曾住牧坤都仑（伦）河及甘州边外阿拉克山（龙头山）。之后，清廷令其移牧额济纳河，形成了额济纳土尔扈特旗。

此前已述，阿拉善作为山名或地名古已有之，并不始于清朝给厄鲁特划界，关键是何时成为该旗的名称，以下结合阿拉善旗历史略加考察。

二、阿拉善旗的设立及其旗名来历

对阿拉善厄鲁特人的来历和阿拉善旗的建立，清代学者祁韵士有专门论述，近年一些学者亦有详细考证。[③]据上述学者研究，康熙十五年准噶尔部噶尔丹洪台吉击败准噶尔部楚琥尔乌巴什台吉，康熙十六年击败和硕特部鄂齐尔图车臣汗，两部残众或逃往伏尔加河，投奔土尔扈特部；或逃往青海一带，投奔青海和硕特部。康熙十六年（1677年）伊犁一带和硕特部鄂齐尔图汗属下的巴图尔额尔克济农和啰理、[④]楚琥尔乌巴什之

---

① 梁丽霞：《阿拉善蒙古研究》，北京：民族出版社，2006年，第2页。

②《钦定外藩蒙古回部王公表传》卷102《固山贝子阿喇布珠尔列传》，见包文汉、奇·朝克图整理：《蒙古回部王公表传》第一辑，第664-665页。何秋涛认为此阿拉克山非龙首山，“盖地名偶同”，见张穆撰、张正明、宋举城点校：《蒙古游牧记》，太原：山西人民出版社，1991年，第380页注。

③《钦定蒙古回部王公表传》卷79《阿拉善厄鲁特部总传》，见包文汉、奇·朝克图整理：《蒙古回部王公表传》第一辑，第539-543页。成崇德、赵云田《西套厄鲁特部起源考辨》，《民族研究》1982年第4期；苗棣《清前期的西套难民问题和阿拉善旗的设置》，《西北史地》1983年第1期；额尔敦巴特尔《西套阿拉善蒙古族的由来》，《内蒙古社会科学》1982年第6期；马汝珩：《阿拉善建旗年代考略》、额尔敦巴特尔：《西套厄鲁特创建考》，以上两文均见阿拉善公署、内蒙古师范大学合编《卫拉特史论文集》，内蒙古师大学报哲社版，1990年第三期专号。乌云毕力格：《和硕特蒙古史略》（蒙古文），海拉尔：内蒙古文化出版社，1990年，第321-331页。道尔格著《阿拉善和硕特》（蒙古文），海拉尔：内蒙古文化出版社，2002年，上册第107-122页。梁丽霞：《阿拉善蒙古研究》，北京：民族出版社，2006年，第73-101页。齐光：《清代アラシャン=ホシュート部史の研究(清代阿拉善和硕特史研究)》，日本国立筑波大学博士论文，2010年，第19-34页。

④ 其祖父为顾实汗子巴延阿布该阿玉什，被鄂齐尔图汗收为养子，其父为达赖乌巴什。

子憨都台吉及其陪臣额尔德尼和硕齐等率部来到清朝甘、凉、肃州边外的黄河河套迤西一带。鄂齐尔图车臣汗孙罗卜藏滚布阿喇布坦往投达赖喇嘛，居于甘肃嘉峪关边外。康熙二十八年，楚琥尔乌巴什第五子罗卜藏额林臣台吉又率部属来投附，清朝令其与憨都同居。[①]同年，罗卜藏衮布阿喇布坦死，由其堂兄弟噶尔亶多尔济统领其众。康熙三十六年噶尔亶多尔济率部分人投奔准噶尔策妄阿喇布坦，余部归巴图尔额尔克济农。康熙三十六年正式设旗，以巴图尔额尔克济农为扎萨克，统领以上四支厄鲁特人，组成了清代的阿拉善旗。

（一）清朝划界赐牧之前厄鲁特各部的分布

在阿拉善厄鲁特旗设立之前的二十年里，即从康熙十六年到康熙三十六年，来到西套的厄鲁特人经历了一段动荡不安的时期。对于此时各部的分布和迁移还没有人详细论述，而其最初的分布与清朝给其划定牧界有直接联系，故以下略加考察。

《清圣祖实录》和梁份《秦边纪略》都记载了厄鲁特各部最初的分布。

1.最早见于《清圣祖实录》的甘肃边外厄鲁特人有和硕特部巴图尔额尔克济农和啰理和绰罗斯部憨都台吉两部。

（1）巴图尔额尔克济农部

康熙十六年十月，靖逆将军甘肃提督张勇等会疏言：

> 厄鲁特济农等为噶尔丹所败，逃至沿边，违禁闯入塞内，夺番目马匹及居民牲畜，守讯官兵驱之使出。济农等言，我等皆鄂齐尔图汗子侄，穷无所归，故至此。闻噶尔丹复逞兵未已，或来追我，或趋喀尔喀俱未可知。[②]

十二月，靖逆将军侯张勇等疏报：

> 甘凉近南山一带有西海墨尔根阿喇奈多尔济台吉等庐帐数千余。肃州境内游牧番人头目，有济农、布第巴图尔、厄尔德尼和硕齐等庐帐万余，皆为噶尔丹所败，自西套来奔。[③]

济农即巴图尔额尔克济农和啰理，布第巴图尔即博第，和啰理之弟，清代汉籍中亦记为博际或博济。厄尔德尼和硕齐即额尔德尼和硕齐，是绰罗斯台吉憨都的陪臣。他们是来投奔青海和硕特部的。墨尔根阿喇奈多尔济台吉为巴延阿布该阿玉什（号达赖乌巴什）子，为巴图尔额尔克济农的亲兄，随顾实汗先至青海。康熙十七年，传闻噶尔丹欲来收西海部落，巴图尔额尔克济农等向清廷请求经清朝境内赴西海（青海），往会其叔达赖台吉（顾实汗子，名多尔济，号达赖巴图尔）、兄墨尔根台吉。清朝同意其由水泉过边，竟日可到墨尔根台吉处，五日可到达赖台吉处。被允准之后济农却逗留月余，复北向游牧未过边。后“济农以布隆吉尔地方见有火光，探闻噶尔丹追迫已近，竟由双井闯入内地，”被清军驱逐出境。[④]十八年五月，巴图尔额尔克济农遣使清朝称“我台吉率众部落驻肃州边外，有表恭请圣安。”[⑤]康熙二十年八月，巴图尔额尔克济农遣使进贡请罪。并称将其

① 《清圣祖实录》卷143，康熙二十八年十一月丙辰，第573页。

② 《清圣祖实录》卷69，康熙十六年十月甲寅条，第888页。

③ 《清圣祖实录》卷70，康熙十六年十二月辛未条，第903页。

④ 《清圣祖实录》卷74，康熙十七年五月甲子条，第945-946条。

⑤ 《清圣祖实录》卷81，康熙十八年五月己未条，第1034页。

他台吉所掠吴喇忒人口、宁夏马匹竭力凑纳。[①]康熙二十一年九月，巴图尔额尔克济农欲归还额尔德尼和硕齐等所窃马匹。并称"宁夏地方，与臣相近，伏恳天恩，许在宁夏贸易。"[②]抢掠吴喇忒人口、盗窃宁夏马匹的是憨都部额尔德尼和硕齐等，巴图尔额尔克济农属下则抢掠了鄂尔多斯部马匹。理藩院议，应檄巴图尔额尔克济农将盗窃鄂尔多斯马群人等照彼例治罪。清圣祖宽免偿还马匹，而未允准其在宁夏贸易。

康熙二十二年七月理藩院题："鄂尔多斯贝勒松阿喇布等报称，厄鲁特巴图尔济农于黄河崖驻牧，议遣司官二员，谕使归部。[③]此时巴图尔额尔克济农部驻牧于贺兰山后，在贺兰山迤北其牧地已至黄河西岸，对河套内的鄂尔多斯部构成了威胁。此前其部属已侵扰了黄河河套迤北的吴喇忒部。康熙二十二年，巴图尔额尔克济农给康熙皇帝奏文中称"自阿拉善（alašan）上贡"。[④]可知其牧地大体相当于清代阿拉善旗境。

（2）绰罗斯台吉憨都部

憨都部与巴图尔额尔克济农部同来甘肃边外，当时憨都年少，其陪臣额尔德尼和硕齐主持事务。康熙十六年三月，额尔德尼和硕齐抢掠了吴刺忒部人畜，额尔德尼和硕齐与憨都台吉驻牧额济内河（额济纳）一带。[⑤]十八年三月，其北面的喀尔喀毕马拉吉里第台吉等奏报人畜被掠。[⑥]十八年十月，清朝遣使檄准噶尔部噶尔丹，令其收捕额尔德尼和硕齐等，"如不能收捕，仍在沿边生事，当另行裁度"。[⑦]康熙二十三年十一月，憨都台吉、额尔德尼和硕齐遣使进贡谢罪。

> 憨都台吉疏言，臣部运衰，遭噶尔丹执臣祖楚呼尔吴巴什，灭臣父班第。臣时年十三，有陪臣额尔德尼和硕齐者，挈臣逃出。遵达赖喇嘛之谕，在额济内、讬赖之地，与皇上边民同居，不谓妄行劫掠，至干天讨，臣诚惩之。今已悔过，伏望圣主鉴宥。……得旨，巴图尔额尔克济农劫掠鄂尔多斯之事，已经宽免，则憨都台吉属下额尔德尼和硕齐亦应一体宥赦，所贡准其上纳。[⑧]

憨都于康熙二十三年十月给清圣祖奏文中称"degedü dalai blam-a-yin jarliγ-i yar ejin-a taulai gegči γajar-tu ejin qaγan-i jaq-a ulus luγ-a qamtu saγunai bai:"汉译为："遵达赖喇嘛之谕，在额济内、讬赖之地，与皇上边民同居"。[⑨]憨都部一直驻牧于今额济纳旗一带。

《清圣祖实录》还记载了在肃州边外的鄂齐尔图车臣汗孙罗卜藏滚布，因噶尔丹之乱投附达赖喇嘛，驻牧嘉峪关外布隆吉尔一带（今苏赖河上游）。[⑩]康熙二十一年，向清

---

① 《清圣祖实录》卷97，康熙二十年八月丙午条，第1225页。

② 《清圣祖实录》卷104，康熙二十一年九月癸亥条，第59页。

③ 《清圣祖实录》卷111，康熙二十二年七月甲申条，第230页；卷112，康熙二十二年九月戊寅条，第150页。

④ 《厄鲁特巴图尔额尔克济农奏文》（蒙古文），《清内阁蒙古堂档》，第三册，第446页；满文相同，见第572页。

⑤ 《清圣祖实录》卷80，康熙十八年四月丙寅条，第1023页。

⑥ 《亲征平定朔漠方略》卷一，康熙十八年三月丁未，上册，西藏学汉文文献汇刻，第四辑，中国藏学出版社，1994年，第49页。

⑦ 《清圣祖实录》卷85，康熙十八年十月壬申条，第1080-1081页。

⑧ 《清圣祖实录》卷117，康熙二十三年十一月甲子条，第227页。

⑨ 《憨都台吉奏文》，《清内阁蒙古堂档》，第四册，第53页。

⑩ 《清圣祖实录》卷123，康熙二十四年十月壬子，第298页。

朝奏报，达赖喇嘛令其在甘州边外的龙头山（alaγ aγula）住牧。清廷未予允准。

2.梁份《秦边纪略》所记各部分布

梁份与清朝靖逆将军甘肃提督张勇关系密切，于康熙十七、八年至河西，遍历河西诸地，用时六年著成《秦边纪略》，约完成于康熙二十三至二十四年间，[①]也就是清朝给西套厄鲁特部划界之前。该书对厄鲁特各部的分布记载颇详，而以往论述西套厄鲁特各部分布时都未利用。梁份在《近疆西夷传》中为祝囊（即巴图尔额尔克济农）、憨顿（即憨都）立传。《祝囊传》记载：

> 祝囊台吉者，故绰库兔吴巴什（楚琥尔乌巴什）之别部也。……初本西域土著，当七清（车臣）乱，劝绰库兔东徙，不听。及败，祝囊豫携其仲父克气、弟劳藏三台吉，三部引弓者约六千，东走甘、肃塞外为行国。久之，就畜牧宁夏贺兰山后。嘎尔丹称汗，臣之。其内兄麦力干世牧青海。其少主憨都逃避于坤都鲁。祝囊时时相过从，循长城，绕祁连，苦路迂，间越边，过则掠且杀戮。……贺兰山接壤故西受降城，逾黄河则河套，山旦当其冲。祝囊闻汉人为之防秋，常窃笑焉。

按绰库兔吴巴什即绰罗斯部楚琥尔乌巴什，巴图尔额尔克济农是和硕特部人，故称其为别部。麦力干即前述青海的墨尔根阿喇奈多尔济台吉，巴图尔额尔克济农兄。康熙十五年、十六年噶尔丹台吉分别击败准噶尔的楚虎尔乌巴什和伊犁一带和硕特部的鄂齐尔图车臣汗，憨都与巴图尔额尔克济农携属众逃至甘、肃边外，巴图尔额尔克济农后来移牧贺兰山后。所谓祝囊臣属噶尔丹不准确，不过清朝方面不清楚他们之间的关系，清圣祖通报噶尔丹，若为其属人令其管束，因此，梁份有误解。劳藏即巴图尔额尔克济农之弟土谢图罗卜藏。坤都鲁，即额济纳河下游坤都伦河，山旦，指鄂尔多斯部山丹贝勒。

《憨顿传》中的"无素奈尔定合首气"即《清圣祖实录》中的额尔德尼和硕齐。[②]又记载了驻牧嘉峪关西的绰力兔阿气黄台吉，王建儿黄台吉、摆代拜彦等人。其中摆代拜彦后来附属憨都，在坤都鲁住牧，[③]其余难以稽考。

据《秦边纪略》记载，约自康熙十八年至二十四年间在甘肃边外的"西夷"部落如下：

（1）巴图尔额尔克济农部

把督儿台吉，部落四千人。游牧鱼海（在镇番东北——以下括号内皆为引者注）、昌宁湖（在永昌北）。

克气台吉一千余人，游牧贺兰山后。

劳藏台吉，部落二千余人。游牧贺兰山后。

色吝长素，部落三百人，游牧长流水（在宁夏中卫西）。

占木素台吉，部落五百余人，游牧银盘水（在宁夏中卫西）。

答力汉绰尔济吉，部落七百人，游牧昌宁湖。

满素太台吉，部落一千三百人。游牧贺兰山后。

额力庆台吉，部落八百人。游牧乾海子。

---

① 《秦边纪略》附录 [日]内藤虎次郎著、梁山今知译《〈秦边纪略〉中之〈噶尔丹传〉》，见第 532 页。

② 《秦边纪略》卷 6《近疆西夷传》，第 399-400 页。

③ 《秦边纪略》卷 6《近疆西夷传》，第 399-400 页。

索囊南古，部落三百人。阿卜赖（即鄂齐尔图汗弟阿巴赖）之子，为嘎尔丹所败，逃至此，住牧红泉（甘州城北）。①

《秦边纪略》从清朝沿边各边堡的角度又有分别的记载，在《宁夏卫》总论记载：

况今日贺兰之夷，已满数千，有虎噬之心，有方张之势，而且发纵有人。彼虽恋栈山后，未敢任陵，过计者咸谓，发速祸小，发迟祸大，天祚宁夏，幸而斯言之不中乎。贺兰之夷，祝囊、劳藏、巴绰气、克气等部落三千余。发纵者嘎尔丹部落三十余万，自称博硕克图汗。犄角之夷绰力库合首气台吉、王健台吉、憨都、麦力干黄台吉等。山后即贺兰山之后也。②

麦力干黄台吉，即巴图尔额尔克济农兄青海和硕特部墨尔根洪台吉。《宁夏边堡》记各堡边外夷人：

古水井堡，贺兰山后所住牧之夷，曰祝囊、劳藏、克气三台吉。

中卫，贺兰山后，夷人祝囊等住牧，其部落甚多，散处银盘水、长流水一带。

石空寺堡，山后，今祝囊等住牧，距胜金关虽远，亦足为守望之声援。

广武营……山后之夷，即祝囊等。

洪广营，宁夏之北路营也。……祝囊等三大部落，皆在山后，故曰近。

威镇堡……堡之边墙，皆防贺兰山后之夷，亦防河套之夷，渡水而至，今惟严祝襄等耳。

横城堡……今河套之夷，近宁夏者：曰山丹王、曰阿尔敦素；近榆林者：曰古禄王，俱奉调遣，亦岁赐之禀禄，所谓蒙古是也。西夷即祝囊等，住牧贺兰山后，与套隔河才二百余里，常欲并山旦等部落，故河套畏之如虎。

兴武营……今西夷祝囊等虎噬河套，欲肆东封，形于秦请，此今之他盗也。③

河套之夷，指鄂尔多斯部，山丹即右翼中旗扎萨克多罗郡王善丹；阿尔敦素，不详，驻地即与宁夏较近，似为右翼后旗镇国公都棱；古禄王，即左翼中旗扎萨克多罗郡王固噜。西夷祝囊即巴图尔额尔克济农。

《宁夏近疆》：

银盘水，在靖虏卫北，宁夏西南。……今祝囊、劳藏、克气三部落住牧。④

长流水，在中卫西一百七十里，一说在镇夷关北，未知孰是。……今夷人祝囊、劳藏、克气三部落住牧。⑤

贺兰山后，在宁夏之西，汉为保靖县地。……山后者贺兰山后之西北，其地甚宽，不可一处名。……山后今夷祝囊、劳藏、克气三台吉住牧。⑥

《凉州北边近疆》昌宁湖条记载：

昌宁湖，在凉州永昌卫北。……今南北诸夷，皆垂涎其地者，水草召之也。……

---

①《秦边纪略》卷6《近疆西夷传》，第404-406页。

②《秦边纪略》卷4《宁夏卫》。第293页。

③《秦边纪略》卷4《宁夏卫·宁夏边堡》。298-第313页。

④《秦边纪略》卷4《宁夏卫·宁夏近疆》。第315页。

⑤《秦边纪略》卷4《宁夏卫·宁夏近疆》。第316页。

⑥《秦边纪略》卷4《宁夏卫·宁夏近疆》。第316页。

今北面之夷，不胜屈指，人但指为祝囊，其实不止于一部也。------昌宁湖今祝囊等部落往来游牧者甚众。[①]

《甘州北边》记：

观音山口……口内有泉，夷每入饮。……红泉堡在口外三十里，……今夷往来于红泉者，部落不一，非但祝囊，而祝囊部落向牧于此，今他夷据之，人咸以为祝囊焉。其实祝囊已在宁夏之贺兰山也。[②]

以上所记“西夷”人名无法一一比对，可以推定他们是巴图尔额尔克济农的部众，驻牧于宁夏贺兰山后，分布于宁夏及甘州、凉州边外的阿拉善地区。

（2）憨都部

把都儿台吉，部落五百余人。游牧居延海（亦称亦集乃海）。

把都儿台吉，部落一千余人，游牧居延海北。

额尔得和首气台吉，部落二千人。游牧居延海北。

倒朗色楞台吉，部落五千人。游牧居延海西（居延海即额济纳泊）。

吴伦幕台吉，部落七百人。游牧居延海西。

拔什台吉，部落一千余人。游牧居延海西。

阿要台吉，部落八百余人，游牧坤都鲁（即额济纳河下游坤都伦河）。

浑都鲁台吉，部落四百人。游牧坤都鲁。

答里麻吴把什，部落九百余人。游牧威鲁城（在肃州东北，白河即天仓河一带）。

额力刻隆窟隆，部落三千人。住牧威鲁城。

桑嘎思巴台吉，部落三千余人。游牧合黎山北（在高台北）。[③]

《肃州近疆》部分记载：

坤都鲁在肃州西北七百余里，赤金蒙古卫东北五百余里，金塔寺西北六百余里，今罕顿、无奈素定合首气住牧，摆代拜彦亦依于此。[④]

威鲁城，在肃州东北，金塔寺北……威鲁城在肃州东北二百三十里，金塔寺北八十里……城今倾圮。夷人额力刻窟隆住牧于此。[⑤]

罕顿、汉顿都是憨都的异写，无奈素定合首气即额尔德尼和硕齐。摆代拜彦族属不明。以上诸部中可能混有青海和硕特部人。憨都部居住于巴图尔额尔克济农之西，肃州东北，金塔寺北，额济纳河、坤都伦河流域。

（3）罗卜藏滚布部

额力刻绰尔吉，部落二百人。住牧赤金湖（赤金湖在嘉峪关外赤金河下游一带）。

劳藏台吉，部落五百人。七清汗之侄，为嘎尔旦所败，乙卯（康熙十四年，1675年）至此，与绰力克兔阿气台吉相好，会与劳藏同至，住牧赤金湖。

滚布台吉，部落一千人。住牧赤金湖。

---

①《秦边纪略》卷2《凉州卫》，第147页。

②《秦边纪略》卷3《甘州卫》，第196页。

③《秦边纪略》卷6《近疆西夷传》，第405-406页。

④《秦边纪略》卷4《肃州近疆・坤都鲁》，第253页。

⑤《秦边纪略》卷4《肃州近疆・威鲁城》，第254页。

索囊王健儿台吉，部落二千人，住牧扇马城（在嘉峪关西）。

额力刻绰尔吉，部落一千余人，游牧大钵和寺（在嘉峪关西）。[①]

此处所谓劳藏，若为七清汗之侄，应指巴图尔额尔克济农弟劳藏，因为罗卜藏滚布阿喇布坦是鄂齐尔图车臣汗之子。不过巴图尔额克济农弟早已不在此游牧，《近疆西夷传》是将二人混淆，此劳藏应为罗卜藏滚布。劳藏台吉与滚布台吉应为罗卜藏滚布一人，误为两人。《肃州卫》条记载：

……肃之西有扇马营，为索囊王健儿台吉及绰力兔合首气台吉住牧，又西有赤金湖为劳藏滚布及绰尔吉住牧。北之威虏为额力刻窟隆住牧，又北坤多鲁为汉顿台吉及无素赖尔定合首气住牧。其他远牧之夷尚多（详新城堡中），此肃州之萃渊薮也。[②]

……今扇马营城为索囊王建儿台吉及绰力兔合首气台吉住牧，此二部乃真西夷也。其他沿边者皆北夷，而臣伏于西夷之嘎尔旦焉。赤金湖今为劳藏滚布及绰尔吉住牧。[③]

在赤金湖驻牧的是劳藏滚卜及绰尔吉，劳藏滚卜即罗卜藏滚布阿喇布坦。《肃州北边·新城堡》部分记载：

其往来西北住歇于新城之水头者，曰把都儿台吉，同此名者有三；又有曰色客长素，曰占木素台吉、曰桑格思巴台吉。又有：曰额力刻绰台吉，同此名者有二；有曰答力汉绰尔吉、曰倒朗色楞台吉、曰阿要台吉、曰达里吴麻把什、曰挥都鲁台吉、曰满吉太台吉、曰额客庆台吉、曰胡隆木石台寺、曰拨讨台吉、曰额亦得尼合首气台吉，其目之多如是，则部落之众可知矣。[④]

《肃州近疆》

红泉，在卯来泉南，小昆仑山下。……今索囊南占住牧。

扇马城，在肃州西，嘉峪关外。回回墓在其东，赤金城在其西。……今乌斯藏之爪牙据为营窟矣。……今达赖喇嘛部落王健儿、绰力兔合首气于此住牧。

赤金蒙古卫，在肃州之西，玉门旧县之南。……卫今为西夷劳藏滚卜、绰尔吉二部住牧。[⑤]

称索囊王建儿台吉及绰力克兔阿气台吉（绰力兔合首气台吉）是真西夷，附属于达赖喇嘛，也是逃来的部落。[⑥]

综合《秦边纪略》上述记载，（1）巴图尔额尔克济农部驻牧于贺兰山后，即清代阿拉善旗一带。（2）憨都部驻牧额济纳河、坤都鲁伦河，即清代额济纳旗一带。（3）罗卜藏滚布阿喇布坦部在嘉峪关外赤金河及其迤西的布隆吉尔河（今苏赖河）一带。《秦边纪略》所记各部分布与《清圣祖实录》基本相同。

---

① 《秦边纪略》卷 6《近疆西夷传》，第 405-406 页。

② 《秦边纪略》卷 4《肃州卫》，第 228 页。

③ 《秦边纪略》卷 4《肃州南边・嘉峪关》，第 236 页。

④ 《秦边纪略》卷 4《肃州北边・新城堡》，第 240 页。

⑤ 《秦边纪略》卷 4《肃州近疆・红泉、扇马城》，第 250-251 页。

⑥ 《秦边纪略》卷 4《肃州南边・嘉峪关》，第 228 页。

（二）康熙二十五年划界赐牧

巴图尔额尔克济农、额尔德尼和硕齐初来西套时曾侵犯清朝边境，抢掠人畜，由于其归属不明，清朝没有立即处置，遣使询问准噶尔部噶尔丹博硕克图汗。康熙二十二年七月，清朝使臣奇塔特从准噶尔还奏，噶尔丹回复："厄尔德尼和硕齐、巴图尔额尔克济农皆我所属。此二人已归达赖喇嘛，我当遣人往召之。倘如命而至，我治其罪。若复他遁，则无如彼何也。臣等令彼约期，期以丑年四月。"[①]丑年即康熙二十四年。

此前，康熙二十一年罗卜藏滚布曾请求驻牧龙头山。《清圣祖实录》记载：

先是，厄鲁特噶尔丹巴台吉之子，鄂齐尔图汗之孙罗卜臧滚布疏称，我祖父向曾往来入贡，后以内乱，往依达赖喇嘛。今幸得稍宁，伏乞皇上俯鉴我等饥渴，抚而恤之，请率所辖居龙头山（alaγ aγula）之地。[②]理藩院转奏，得旨，此龙头山（alaγ aγula）在边关何处，自边关行几日可到，与内地有关系否，或向系边外无用之地否，著即檄拉笃祜察明原委，作速奏报。至是，拉笃祜覆奏，蒙古称龙头山(long tewü šan)谓之阿喇克鄂拉（alaγ aγula），乃甘州城北东大山（dong da šan aγula）之脉络(salbur)，绵衍边境，山之观音山口即边关也。距甘州城三十里，距山丹城三里。其夏口城，距山口而建。自夏口城至湿川堡，相去五里。山尽为宁远堡，此堡在边外。龙头山(long tevü šan)与宁远堡相去里许，其间有长宁湖界之，蒙古所谓鄂尔通也。宁远堡有内地人民种植输赋，沿湖有兵民牧养。今诸蒙古俱于龙头山北游牧，罗卜臧滚布之意，欲占长宁湖耳。边汛要地，似不宜令不谙法纪之蒙古居住。理藩院、兵部议以罗卜臧滚布所请应不准行。从之。[③]

清圣祖命兵部督捕理事官拉笃祜前往勘察，得知罗卜藏滚布（即罗卜藏滚布阿喇布坦）所言alaγ aγula（阿喇克鄂拉）即龙头山（今龙首山），距张掖、山丹等城甚近，近邻边境，故清廷未予允准。

《清圣祖实录》记载，康熙二十二年七月，

理藩院题，鄂尔多斯贝勒松阿喇布等报称厄鲁特巴图尔济农于黄河崖驻牧，议遣司官二员谕使归部。上谕学士等曰，此事朕知其故。初厄鲁特鄂齐尔图汗为噶尔丹博硕克图所杀，其国被夺。其子衮布喇卜坦，其侄巴图尔济农败遁。求达赖喇嘛指授所居之处，达赖喇嘛令衮布喇卜坦住居阿喇克山（alaγ aγula），自此遂居彼地。先是巴图尔济农于我定边界，缘边驻牧。曾移文噶尔丹博硕克图言此乃尔厄鲁特之人，尔若收取，则取之，若不收取，我自有处置。噶尔丹覆云且过来年，俟后年收之。今闻衮布喇卜坦取喀尔喀土谢图汗之女为妻，两处互相犄角。噶尔丹博硕克图欲以兵向衮布喇卜坦、巴图尔济农，则恐喀尔喀土谢图汗蹑其后，欲以兵向喀尔喀，则恐衮布喇卜坦等蹑其后，盖断不能收取巴图尔济农者也。[④]

①《清圣祖实录》卷111，康熙二十二年七月戊戌条，第134页。

②蒙古原文见蒙古文《清圣祖实录》卷104，以下括注蒙古文者皆引自蒙古文《清实录》。康熙二十一年八月乙酉，第四册，第179-180页。又见阿拉善左旗人民政府组织整理《亲征平定朔漠方略》（蒙古文），海拉尔：内蒙古文化出版社，1992年，第44页；或《罗卜藏滚布奏文》（满文），《清内阁蒙古堂档》，第三册，第179-180页。

③《清圣祖实录》卷104，康熙二十一年八月乙酉条，第50-51页。

④《清圣祖实录》卷111，康熙二十二年七月甲申，第130-131页。

衮布喇卜坦即罗卜藏滚布阿喇布坦，清圣祖所说“其子衮布喇卜坦”有误，应为鄂齐尔图汗孙。所谓“达赖喇嘛令衮布喇卜坦住居阿喇克山，自此遂居彼地”一句，后一半不准确，罗卜藏滚布一直在嘉峪关外的赤金河、布隆吉尔河一带驻牧，[①]从未迁居于阿喇克山（即龙头山）。《实录》此处将龙头山（alaγ aγula）汉译为蒙汉语复合词阿喇克山，亦用以称贺兰山（alaγ aγula）。

康熙二十四年五月，噶尔丹约定的丑年之期至后，康熙皇帝准备安置这部分厄鲁特人。清圣祖谕大学士勒德洪、明珠：

> 巴图尔额尔克济农违离彼土，向化而来，宜加爱养，经理其居处。……鄂齐尔图汗之孙罗卜藏滚布与巴图尔额尔克济农当使聚合一处，于所宜居之地为之经理令其居处，赐之封号，给以金印册，用昭示朕继绝举废之至意焉。可遣贤能台吉与理藩院堂官、侍卫晓谕巴图尔额尔克济农云，以尔等抢掠毛明安及三吴喇忒之故，本宜遣兵征剿，悉行剪灭，但念鄂尔齐图汗累世进贡，诚恳恪恭，特加矜恤，尔等罪戾，尽皆宽宥。罗卜藏滚布乃鄂齐尔图汗之孙，尔等皆属一国，为亲近兄弟。今令尔等皆与罗卜藏滚布聚合，封以名号，与罗卜藏滚布等可以同居之善地，相度定居。遣使于达赖喇嘛，以如此措置颁朕谕旨，其宜居之地亦与罗卜藏滚布、巴图尔额尔克济农等公同相视，令所遣台吉等还奏，此事于今年八月即宜举行。尔等与议政王大臣、蒙古大臣会同详议以闻。[②]

清圣祖决定安置两部于一地，遣使与他们公同相视宜居之地，并谕知达赖喇嘛。康熙二十四年九月，巴图尔额尔克济农来信，称其于康熙二十二年已上奏认罪，愿归附，请颁给印信敕书，而清廷将其视为噶尔丹属下，遣使征求噶尔丹意见，至二十四年仍未给予印信敕书。在其奏文中两次提到其现居于阿拉善，其中一次称“engke yeke nutuγ-un jaq-a alaša-du amur bainai bi”，即“现安居于和平大国之边界阿拉善”。在信末又署“alaša-ača（自阿拉善）。”[③]

《清圣祖实录》康熙二十四年十月记载：

> 先是，议政王大臣等议，巴图尔额尔克济农但奏请敕印，彼欲永居何地，未经声明。应遣大臣晓谕巴图尔额尔克济农，问明到日定议。上命理藩院尚书阿喇尼前往。至是，阿喇尼还奏曰，臣至巴图尔额尔克济农所宣谕圣旨，巴图尔额尔克济农曰，皇上以我兄弟族属离散，欲使合处，乃系非常殊恩，何敢有违。近者达赖喇嘛亦谓罗卜藏滚布阿喇布坦所居布隆吉尔之地，地隘草恶，难以容众，不若与济农同居。臣因问济农，欲居何地。彼曰，欲环居阿喇克山之阴（alaγ aγula-yin aru-yin orčin saγuju），[④]以遏寇盗，不使纷扰边疆。令部众从此地而北，当喀尔喀毕马拉吉里第诺颜之地，由噶尔拜瀚海、额济内河、姑喇耐河、鸦布赖山、巴颜努鲁、喀尔占布尔古忒、空郭尔俄垄以内，东倚喀尔喀丹津喇嘛之部众，西极高河而居之，则咸沐

① 《清圣祖实录》卷 123，康熙二十四年十月壬子，第 298 页。

② 《清圣祖实录》卷 121，康熙二十四年五月癸未条，第 272 页。

③ 《巴图尔额尔克济农奏文》（满文），《清内阁蒙古堂档》，第四册，第 332 页、第 334 页。

④ 蒙古文原文见蒙古文《清圣祖实录》卷 123，康熙二十四年十月壬子，第四册，第 743 页；亦见阿拉善左旗人民政府组织整理《亲征平定朔漠方略》，第 55 页，此句原文为：alaγ aγula-yin aru eteged qaγaju saγuγad.

皇上恩泽，而各得安生矣。上命俟遣往达赖喇嘛官员到日再议。[①]

巴图尔额尔克济农同意将罗卜臧滚布阿喇布坦从布隆吉尔东迁，与其居于一处。清廷询问其愿居何处，他指出了一个地理范围，此地实为当时巴图尔额尔克济农和憨都台吉所居之地。巴图尔额尔克济农欲环居的“阿喇克山之阴”，从此前给清朝的奏文中所称其居于阿拉善（alaša）来看，显然是以贺兰山的蒙古语名称来指“贺兰山后”，而不是指龙头山。康熙皇帝后来亦称当时安置于贺兰山后（见后文）。巴图尔额尔克济农所指地理范围是南自“阿喇克山之阴”，“此地而北，当喀尔喀毕马拉吉里第诺颜之地”，“东倚喀尔喀丹津喇嘛之部众”，所指方位以东南为南，其间地名由西向东，“由噶尔拜瀚海、额济内河、姑喇耐河、鸦布赖山、巴颜努鲁、喀尔占布尔古忒、空郭尔俄垄以内”。所指山川的位置距离清朝边境都比较远，在贺兰山迤北。另外，我们知道此前求居甘州边外龙头山遭拒的是罗卜藏滚布阿喇布坦，不是巴图尔额尔克济农，他们分别游牧，理藩院尚书阿喇尼亲赴巴图尔额尔克济农驻地“贺兰山后”询问其愿居何处时，巴图尔额尔克济农不可能以龙头山为基准来指称地理方位，故其所谓欲环居“阿喇克山之阴”应指贺兰山阴。

康熙二十四年十一月，康熙皇帝“命扎萨克喇嘛垂木珠尔拉木扎木巴、得木齐商南多尔济、副都御史拉笃祜等赍敕往谕达赖喇嘛。敕曰，朕统驭宇内，继绝举废，欲期咸底隆平。厄鲁特噶尔丹博硕克图汗灭鄂齐尔图汗时，罗卜臧滚布阿喇布坦、巴图尔额尔克济农等纷纷离散来至边境，窜迹于金塔寺（Kin Ta Se）、贺兰山(Ho Lan Šan)等处。[②]乃巴图尔额尔克济农、额尔德尼和硕齐等又以生计窘迫，在鄂尔多斯、毛明安、吴喇忒、宁夏等处妄行劫掠。朕于此时不即发兵剿灭者，乃轸念鄂齐尔图汗历世职贡，诚敬奔走，是以宽宥其罪。巴图尔额尔克济农等亦戴朕恩，愿依朕为生，屡疏奏请敕印。前此朕曾谕厄鲁特噶尔丹博硕克图汗云，巴图尔额尔克济农等如系尔所属，当即收之，不能，朕另有裁度。乃彼约以丑年春为期，如逾期，悉惟上裁。今逾期已数月矣。天下太平，惟伊等兄弟骨肉分离，散处失所，朕心殊为恻然。尔喇嘛素以恻隐之心度此众生。凡厄鲁特诸贝子皆供奉喇嘛，信崇尔法。朕思罗卜臧滚布阿喇布坦、巴图尔额尔克济农皆鄂齐尔图汗之苗裔也。鄂齐尔图汗于喇嘛为护法久矣。何忍默视其子孙宗族至于困穷。今朕欲将伊等归并一处，安插于可居之地，以示兴绝举废之至意。尔喇嘛其遣使与朕使臣定期往会。朕于此即遣大臣至所约之地，偕尔使人前往。”[③]

蒙古文《清圣祖实录》在此将贺兰山名采用了汉语音译。所谓窜迹于金塔寺、贺兰山者是指憨都与巴图尔额尔克济农两部，此前已述憨都台吉居金塔寺即肃州北面金塔寺堡迤北的额济纳河上游白河（天仓河），北至额济纳；巴图尔额尔克济农居贺兰山后。清廷告知达赖喇嘛欲将罗卜臧滚布阿喇布坦、巴图尔额尔克济农“归并一处，安插于可居之地”，“尔喇嘛其遣使与朕使臣定期往会。朕于此即遣大臣至所约之地、偕尔使人前往。”

康熙二十五年七月，达赖喇嘛遣使奏曰，皇上俯鉴鄂齐尔图汗职贡有年，不忍其后人骨肉分散，靡所止居，恻然垂照，欲巴图尔额尔克济农、罗卜臧滚布阿拉布

---

①《清圣祖实录》卷 123，康熙二十四年十月壬子，第 298 页。

② 蒙古文《清圣祖实录》卷 123，康熙二十四年十一月癸酉，第四册，第 752 页。

③《清圣祖实录》卷 123，康熙二十四年十一月癸酉，第 302 页。

坦集居一处，特降恩纶，甚盛德也。第此青海之地各有分属，若使居天朝境内，又恐厄鲁特或有异言，其阿喇克山（alaγ aγula）之旁亦属狭隘，[①]乞大君矜怜，择水草宽阔处安插一隅。兹已遣车齐克他赖堪布罗卜臧，令于十月内至阿喇克山（alaγ aγula），伏乞遣使往会。上谕理藩院右侍郎拉笃祜、一等侍卫文达曰，尔等可与达赖喇嘛使者同往，召集巴图尔额尔克济农、罗卜臧滚布阿拉布坦等，相度伊等可以游牧之地指而与之。仍会同提督孙思克，将地之界限令伊标下官弁认记。如巴图尔额尔克济农等因给地安插欲来谢恩，则许之来。达赖喇嘛使人欲来请安，亦许之来。否则给以廪饩而遣之。其额尔德尼和硕齐等欲与巴图尔济农等一同游牧，亦许之。尔等可与彼定沿边为盗作乱之罚，著为令。前巴图尔额尔克济农来觐时，已自誓不复令属下为非，其罗卜臧滚布阿拉布坦亦须严禁所属，兄弟既已完聚，从此和睦安居，倘再致流亡他往，殊负朕归并眷恤之意。朕所以不惮谆切训谕者，亦以其先世恭顺有年，不欲令其子孙失所也。其一一传谕之。[②]

《清圣祖实录》中提到的五世达赖喇嘛奏文的原文为：

"Manjusiri degedü qaγan-u gegen-e ayiladqal, Oyirad öber jaγura-ban ebderegsen čaγ-du: lobzang gümbü arabadan-tan tarqaju baγatur erke jinong, erdeni qosiγuči-tan gin ta si, qo lan šan aγula-yin jerge-yin γajar-dur niγun daldalan yabuju baγatur erke jinong, erdeni qosiγuči-tan irγayin oyira maγu mingγan γurban urad terigüten-i buliyan tataju qulaγai qudal kigsen-i yeke qaγan-u jasaγ-ača daban bögetele, wačir-tu qaγan-i üy-e-du alba-ban barin nige törö-e tai bayiγsan-i ayiladču, čerig ilegejü ese sünükegsen-dü, baγatur erke jinong örösiyegsen-i medejü sitün bayiqu-du, Oyirad bošoγ-tu qaγan-du sayid-iyar öglige ilegeged ene erke jinong čini qariy-a-tu bolbasu quriyaji babuγtun, quriyaju abun odču ülü čidaqu bolbasu nadur sonosqaqul-un ayiladq-a gegsen-du: bošoγ-tu qaγan-du üker jil-ün qabur boljiju, egü-i önggerebesü ejen-ü joriγ boltuγai kemen nadur ayiladqaγsan tere boljaγan-ača önggerečü olon sara boloγsan gekü tere učir-i medebe: edüge aq-a degü sal-un yasun miqan qaγčaγsan metü saγuqu oron ügei-yi ayilatuγad ese tes-un yekede eneril ayiladču tedeger enelügsen amitan nuγud-i nigen jüg-dür neyilegüljü saγulγay-a gekü yeke örösiyel, oγtarγui-yin tngri tusalaju jayaγaγsan, enelügsen amitan-i itekel abural-yin oron bolγaγsan-a, daγan bayasan sedkil-dür maγad bolba, ene köke naγur-un γajar tus burin qobiyari tai-yin tula, tarqaγsan-i čuγ bayilγaqu kečegü boloγsan-du totoγsi kerem-dü oyiratuba gem oyirad jüg-eče öber-yin geji-dü ülü tes-ün üge daγun boloγujai geji baγatur erke jinong gi-yin saγuγči alaγ aγula-yin jüg-dü neyileji bayiqui-yi ulam keltelen tere γajar nutuγ uyitan geji ulam tegegseger bayiγsan bülüge: edüge yeke qaγan asaraγči eke kekügen-yin enerekü metü törö-e-dü gem alila ülü bolqu-bar saγuqu oron terigüten sayin öglige soyorqal-iyar asaran nigen jüg-tü saγulaγaqui-du ende-eče čü jakiy-a-tai kanbu Lobjang kelten-i arban sara-du alaγ

①蒙古文《清圣祖实录》卷127，康熙二十五年七月癸巳，第四册，第879页。

②《清圣祖实录》卷127，康熙二十五年七月癸巳，第352-353页。

aγulan-du kürküi-ber ilegey-e: tende-eče čü jakiy-a-tai sayid γarγaqui ki tere yosoγar amur saγuqu aquu γajar nutuγ-gi örösiyeküi-ki ayilad: basa üčüken üge eleči-ün ama-du bui:" ①

译为汉文：

满珠习礼皇帝睿览：卫拉特内乱之时，罗卜藏滚布阿喇布坦等走散，巴图尔额尔克济农、额尔德尼和硕齐等躲避于金塔寺、贺兰山等地。巴图尔额尔克济农、额尔德尼和硕齐等抢掠盗窃宁夏附近、茂明安、三乌喇特等[人畜]，违反法度，皇帝乃轸念鄂齐尔图汗历世职贡，未发兵剿灭。巴图尔额尔克济农等亦感戴皇恩，愿依附为生。皇帝遣使卫拉特博硕克图汗颁赏并云，此额尔克济农如系尔所属，当即收之，不能，请奏闻。博硕克图汗以丑年春为期，并称如逾期，悉惟上裁，今已逾期数月。此事已知悉。皇上恻然垂照，今特降恩纶，欲将兄弟骨肉分离，靡所止居之人集居于一处，是为上天降福相助，我为被怜悯之人愿望必将实现而欣喜。第此青海之地各有分属，难以将分散之众集于一处，若使居天朝近境，又恐厄鲁特或有异言，因将其迁往巴图尔额尔克济农所居阿喇克山（alaγ aγula）合于一处居住。屡次令其迁移，皆以此地狭隘而耽搁未迁。现皇帝似慈母怜悯儿女欲周全其人，赐以牧地与赏赐，择水草宽阔处安插一隅。我将派遣堪布罗卜藏为使携信前往，令于十月内至阿喇克山（alaγ aγula），亦请遣使臣往会，并按约赐予安居之地而奏闻。另有小事由使臣转达。

清廷于康熙二十五年七月初四日收到此信。达赖喇嘛信中除复述康熙皇帝来信内容外，亦指出罗卜臧滚布阿喇布坦宜迁往巴图尔额尔济农处，而其因嫌地狭未迁，请求另择善地安置。前引康熙二十四年十月《实录》亦记载，巴图尔额尔克济农向清朝使臣说达赖喇嘛近言罗卜藏滚布宜迁往巴图尔额尔克济农处同居，可知，康熙二十一年罗卜臧滚布阿喇布坦向清廷请求迁居龙头山遭拒之后，达赖喇嘛曾令罗卜臧滚布阿喇布坦迁往巴图尔额尔克济农所居阿拉善地方，但是，罗卜臧滚布阿喇布坦始终拖延未迁。达赖喇嘛在另一封信中又奏报，"Lobzang gümbü arabdan-tan tan-i Kitad Mongol ken ken-i γayar-yin jabsar alaγ aγula metü-dür neyilegül-ün negülgekü jakiy-a-tai čečeg tala-yin kiyad-yin Kanbu Lobzang galdan-i ilegen niγta üge aman-ača medegükü bui." ②即"将罗卜藏滚布阿喇布坦等于汉、蒙边境之间某某地，似阿喇克鄂拉之地汇合迁移之事，已遣齐齐格塔拉庙的堪布罗卜藏噶尔丹携信前往，详情由其口述。"结合巴图尔额尔克济农请求的住牧地和清朝的合并安排计划，以及达赖喇嘛所说曾劝罗卜藏滚布迁往巴图尔额尔克济农处同居等情，达赖喇嘛此信中说的阿喇克山（alaγ aγula）应泛指阿拉善地区，并非龙头山。噶尔丹的约期已过，又得到达赖喇嘛支持，清廷决定遣使臣与达赖喇嘛使者一同前往，召集巴图尔额尔克济农和罗卜臧滚布阿喇布坦安置牧地，其主要目的是将罗卜臧滚布阿喇布坦迁入巴图尔额尔克济农已经居住的阿拉善地区。

康熙二十五年十一月，

① 《达赖喇嘛为奏事奏文》（蒙古文），《清内阁蒙古堂档》，第四册，第 385-388 页，奏文的满文本见第 512-515 页。

② 《达赖喇嘛奏文》（蒙古文），《清内阁蒙古堂档》，第四册，第 436-437 页。

理藩院侍郎拉笃祜等疏言，臣等出宁夏阿喇克山(ning hiy-a-yin alaγ aγula)阅视地形，[①]得遇巴图尔额尔克济农，约其在东大山北，候听宣旨。于九月十二日，在嘉峪关外，得遇达赖喇嘛使者车齐克他赖堪布，随遣人召罗卜臧滚布阿拉布坦至，语之故，亦约会于东大山北。罗卜臧滚布阿拉布坦曰，蒙皇上洪恩赐我等地方，当即偕诸大人往赴约会之地。但我姊阿奴，乃噶尔丹之妻，闻率兵千人，声言往谒达赖喇嘛，从此而过。或中怀诡计袭我，亦未可定，不得不整力待之。请即于此地宣旨，可乎。臣等随同车齐克他赖堪布宣旨讫，罗卜臧滚布阿拉布坦回奏曰，圣上俯念臣祖鄂齐尔图汗，使臣兄弟完聚，给以土地，臣不胜欢忭，即当迁至济农所居，一同游牧。但正值冬月，属下人民散处，使之迁移，贫人牲畜少者难以度冬，请俟来年草青时迁之。本月二十三日臣等至东大山北、令巴图尔额尔克济农跪，宣旨毕。臣等又谓巴图尔额尔克济农曰，尔所请喀尔占布尔古忒、空郭尔俄垄、巴颜努鲁、雅布赖、噶尔拜瀚海等地方给汝游牧外。自宁夏所属玉泉营以西，罗萨喀喇山嘴后，至贺兰山阴一带(alašan aγula-u aru eteged) [②]布尔哈苏台之口，又自西宁所属倭波岭塞口以北，奴浑努鲁山后，甘州所属镇番塞口以北，沿陶阑泰、萨喇春济、雷浑希里等地，西向至厄济纳河，俱以离边六十里为界。随与巴图尔济农属下达尔汉噶卜楚喇嘛、波克塞桑及提督孙思克标下游击李本善等画地为界而记之。臣等又与巴图尔额尔克济农定议罚例（有关杀人、掠畜、越界的罚例略）……又厄鲁特胡土克图之子噶尔亶多尔济者，亦系鄂齐尔图汗之嫡孙，应令与巴图尔额尔克济农等附牧。上曰，噶尔亶多尔济者，既系鄂齐尔图汗之孙，应令与巴图尔额尔克济农等一同游牧。其拉笃祜等所定地界并严禁盗窃之例，理藩院其移文督抚提镇通行晓谕。[③]

清朝理藩院侍郎拉笃祜等先期出发，九月至阿拉善地区阅视地形。至宁夏阿喇克山（ning hiy-a-yin alaγ aγula，即贺兰山，下文又记为alašan aγula，采用古名），见到了在山后居住的巴图尔额尔克济农。拉笃祜约其于东大山北与罗卜藏滚布会合，东大山北之地显然是贺兰山和布隆吉尔之间的适中地点。随后拉笃祜等西行，于九月十二日至嘉峪关外，遇见达赖喇嘛使者车齐克他赖堪布，遣人召罗卜臧滚布阿喇布坦至，亦约会于东大山北。而罗卜臧滚布阿喇布坦借故不肯前往东大山北约会，拉笃祜只好就地宣谕。罗卜臧滚布阿喇布坦答应于明年开春率部迁移，与济农一同游牧。拉笃祜与达赖喇嘛使者同至东大山北约会地，见巴图尔额尔克济农，并宣谕。而罗卜臧滚布阿喇布坦直至康熙二十八年五月去世，也没有迁往巴图尔额尔克济农处。[④]罗卜臧滚布阿喇布坦去世之后，清朝遣人招其堂兄弟噶尔亶多尔济来统领其部众。[⑤]十二月，噶尔亶多尔济至后，又以战乱和灾害为由向清廷奏报，称难以迁移。清廷命其管辖罗卜臧滚布阿喇布坦部众。[⑥]显

① 蒙古文《清圣祖实录》卷128，康熙二十五年十一月癸巳，第四册，第912页。

② 蒙古文《清圣祖实录》卷128，康熙二十五年十一月癸巳，第四册，第913页。

③《清圣祖实录》卷128，康熙二十五年十一月癸巳，第368-369页。

④《清圣祖实录》卷140，康熙二十八年四月己卯，第540页；卷141，康熙二十八年五月壬戌，第547页；《清圣祖实录》卷143，康熙二十八十二月丙子，第577页。

⑤《清圣祖实录》卷141，康熙二十八年五月壬戌第547页。《钦定蒙古回部王公表传》卷79《阿拉善厄鲁特部总传》。

⑥《清圣祖实录》卷143，康熙二十八十二月丙子，第577页。

然罗卜臧滚布阿拉布坦和噶尔亶多尔济都不愿意迁往巴图尔额尔克济农处。后来，康熙三十六年八月，噶尔亶多尔济率部投附准噶尔部策妄阿喇布坦，其未及逃走的一千多属民投降清朝，编入了阿拉善旗。噶尔亶多尔济死于西域后，其母扎木素率九百余人返回青海，清廷将其部众编入了八旗察哈尔。①

巴图尔额尔克济农请求在"由噶尔拜瀚海、额济内河、姑喇耐河、鸦布赖山、巴颜努鲁、喀尔占布尔古忒、空郭尔俄垄以内"游牧，②据前引理藩院侍郎拉笃祜奏文中说："尔所请喀尔占布尔古忒、空郭尔俄垄、巴颜努鲁、雅布赖、噶尔拜瀚海等地方给汝游牧外。自宁夏所属玉泉营以西，罗萨喀喇山嘴后，至贺兰山阴一带③布尔哈苏台之口，又自西宁所属倭波岭塞口以北，奴浑努鲁山后，甘州所属镇番塞口以北，沿陶阑泰、萨喇春济、雷浑希里等地，西向至厄济纳河，俱以离边六十里为界。"拉笃祜奏文中的地名顺序改为从东向西，而且注重划定其与内地的界限。清朝使臣出边阅视地形时没有去甘州边外龙头山，龙头山距甘州府城三十里，距山丹县城仅三里地，划界以六十里为限，故不在赐地范围内。此前拉笃祜约罗卜藏滚布阿喇布坦等至东大山之北会面和划界亦有深意。巴图尔额克济农等人的牧地也不可能以龙首山之名来命名。

康熙二十九年，乌兰布通之役清廷击退噶尔丹，于康熙三十年二月遣使谕巴图尔额尔克济农，令其内徙。④六月，清朝以其劫夺喀尔喀扎萨克丹津额尔德尼台吉属下马畜等物，派人取还所掠之物，令其内迁漠南八旗察哈尔地方，若不从命将派兵剿灭。⑤巴图尔额尔克济农率部逃走，清军未追及。⑥巴图尔额尔克济农逃至额济纳驻牧。清军在昌宁湖追杀其弟博际（即布第巴图尔）部，杀五百余人。⑦

从上述清朝官方记载来看，罗卜藏滚布阿喇布坦曾请求在甘州边外龙头山（alaγ aγula）一带驻牧，清廷未允准。后来达赖喇嘛和清廷都令其迁至巴图尔额尔克济农所居阿拉善地区共同居住。康熙二十五年，清廷正式给厄鲁特诸台吉在宁夏和甘州边外划定了游牧界限，同时制定法规，严禁侵扰内地。而罗卜臧滚布阿喇布坦部没有迁入清朝安排的牧地，仍在布隆吉尔驻牧。由于未编设旗佐，诸台吉仍各自游牧，并无统一的行政机构和地方名称。不久，清朝与准噶尔战争引发动乱，台吉们各率部众逃避。

（三）阿拉善旗的建立

康熙三十一年三月，巴图尔额尔克济农奏称，"γaiqamsiγ-tu ejen-ü kesig-i yer alasa nutuγ-dur arban jil-ün dotor-a bayajiju jirγaγsan bülüge: aliba γajar čöm γaiqamsiγ-tu ejen-ü γajar tula: qayiralaqula mön alasa nutuγ-i örösiyejü ögkü ačiyamu. Minü ükekü yadaqu ulus qurdun-a kömüjikü boloγad sarniju bosaniju demi otuγsan degü ner mini irijü ireküi-dür basa

① 《钦定蒙古回部王公表传》卷 79《阿拉善厄鲁特部总传》，见包文汉、奇・朝克图整理：《蒙古回部王公表传》第一辑，第 542-543 页。

② 以上地名请参见谭骐骧主编：《中国历史地图集》第八册，《内蒙古六盟套西二旗察哈尔》图幅，上海：中华地图学社出版，1975 年。

③ 蒙古文《清圣祖实录》卷 128，康熙二十五年十一月癸巳，第四册，第 913 页。

④《清圣祖实录》卷 150，康熙三十年二月丁卯，第 663 页。

⑤《清圣祖实录》卷 152，康熙三十年六月乙卯，第 680 页。卷 152，康熙三十年七月戊戌，第 683 页。

⑥《清圣祖实录》卷 152，康熙三十年七月甲申，第 681 页。

⑦《清圣祖实录》卷 152，康熙三十年闰七月丙辰，第 684 页。

kilbar metü."[①]汉译为："托卓越的圣祖恩惠，在阿拉善地方富裕幸福地生活了十年，因普天之下皆圣祖之境，恳请仍赐牧阿拉善居住。于我频亡之众的迅速兴复有益，我四散逃走之诸弟亦易于找寻。"巴图尔额尔克济农自称已在阿拉善生活十年，即从康熙二十一年开始居于阿拉善地区。前引《实录》康熙二十二年七月甲申条记载："先是巴图尔济农于我定边界，缘边驻牧"。由此来看，早在康熙二十一年清朝已经允许巴图尔额尔克济农在贺兰山后住牧。康熙三十一年十二月，巴图尔额尔克济农遣其次子云木春赴清朝，愿归附，其奏文中称："boγda ejen-i ölji-ber alasa-i jiγaju, amur-yer nutuγ-un ölji-ber arban jil-ün dotor-a amaraju jirγan saγuγsan minü yeke bülüge."[②]"托圣祖之福，赐牧阿拉善（贺兰山）安居，以牧地之吉，使我幸福安定地生活了十年"。又为其弟博第台吉（布第巴图尔）、克气台吉（kijig tayiji）、丹津台吉等请求同牧原地。巴图尔额尔克济农归降后，率其次子云木春来朝。[③]憨都同时来降。不久，憨都又与罗卜藏额林臣、祁齐克欲投奔准噶尔部策妄阿喇布坦，清朝派军追剿，憨都远逃。[④]康熙三十二年正月，达赖喇嘛（实为第巴桑结嘉措）又奏请将巴图尔额尔克济农安插于西海。清圣祖曰："至巴图尔额尔克济农前以困穷而来归朕，朕优恤之，使居贺兰山（alašan aγula-u γajar-tur saγulγaγsan），[⑤]俾得其所，乃忘朕豢养之恩，妄生猜贰，四处奔窜。今穷而复归，朕又宥其前愆，安插之矣。"[⑥]可知康熙二十四年巴图尔额尔克济农所说的阿喇克山之阴是贺兰山后，不是龙头山阴。由于清代史籍时而用贺兰山的古称，时而用蒙古语的称呼，造成了地名的混乱。

康熙三十三年正月，"振武将军甘肃提督孙思克疏言，蒙古头目博济闻伊兄巴图尔额尔克济农投降，蒙恩安插宁夏贺兰山（ning hiy-a-yin alašan aγula-u γajar-tur sidgejü saγulγaγsan）。[⑦]今亦率其属下男妇一百一十余人来降，求与伊兄同居。上命理藩院遣官一员，送博济等至巴图尔额尔克济农所，令其完聚。"[⑧]博济于康熙三十年因拒迁漠南，被清军追杀，损失惨重。康熙三十三年九月，巴图尔额尔克济农请指授牧地编旗。得旨，因达赖喇嘛有安插青海之请，待达赖喇嘛使至后再定。[⑨]康熙三十五年十二月，清军以憨都叛去，追剿，未及。[⑩]

康熙三十六年二月，清廷命给巴图尔额尔克济农所收集的离散部众口粮，拨兵护送

① 《厄鲁特巴图尔额尔克济农奏文》（蒙古文），《清内阁蒙古堂档》，第十册，第 417 页，奏文的满文本见第 412-415 页。

② 《巴图尔额尔克济农奏文》（蒙古文），《清内阁蒙古堂档》，第十册，第 6 页。蒙古文 alasa 在满文中为 Alaša alin i bade，见满文本，同书第 3-5 页。

③ 《清圣祖实录》卷 154，康熙三十一年三月乙丑，第 706 页；云木春即玉木楚木，康熙三十九年封辅国公。见《钦定蒙古回部王公表传》卷 80《扎萨克多罗贝勒和啰理列传》，包文汉、奇・朝克图整理：《蒙古回部王公表传》第一辑，第 546 页。

④ 《清圣祖实录》卷 155，康熙三十一年六月癸卯，第 715 页。

⑤ 蒙古文《清圣祖实录》卷 158，康熙三十二年正月己丑，第五册，第 831 页。

⑥ 《清圣祖实录》卷158，康熙三十二年正月己丑，第740页。

⑦ 蒙古文《清圣祖实录》，卷 162，康熙三十三年正月庚申，第五册，第 926 页。

⑧ 《清圣祖实录》卷 162，康熙三十三年正月庚申，第 771 页。

⑨ 《清圣祖实录》卷 165，康熙三十三年九月乙酉，第 797 页。

⑩ 《清圣祖实录》卷 169，康熙三十四年十二月壬子，第 839 页。

至"贺兰山（alašan aγula）"。[①]九月，理藩院题请将巴图尔额尔克济农所有壮丁编为佐领，另为一扎萨克，安置于乌喇忒附近。清圣祖未予允准。[②]十月，清圣祖下旨，"巴图尔额尔克济农授以贝勒，另为一扎萨克，给与印信，约其属下人丁，分编佐领，住贺兰山（alašan aγula）"。[③]设旗后授予的游牧地非常明确，是以贺兰山为地标，指的是今阿拉善盟一带地方。《实录》中几次提到贺兰山，蒙古文都是"alašan aγula"，仍沿袭历史上贺兰山名称的突厥和汉语复合形式，只是叠加了"aγula"，即山字。清代阿拉善旗是以巴图尔额尔克济农部为核心，加上叛逃准噶尔的噶尔亶多尔济、憨都和罗卜藏额林臣等人的余众构成的。噶尔亶多尔济部即原罗卜藏滚布阿拉布坦部。阿拉善旗牧地也是以原巴图尔额克济农的牧地为主。憨都部的牧地额济纳地区后来划给了土尔扈特部阿喇布珠尔，形成了额济纳旗。

《清实录》中此后又几次提到巴图尔额尔克济农的居地是贺兰山。

1. 康熙四十年七月和十月都记，"贺兰山后公云木春"。[④]

2. 康熙四十四年二月初八日记，和硕额驸阿保妻和硕格格初归其阿拉山宅（即定远营）。[⑤]阿宝是巴图尔额尔克第三子，袭封扎萨克。

3. 康熙四十六年六月，"贺兰山厄鲁特多罗贝勒巴图尔额尔克济农和洛礼故，遣官致祭"。[⑥]和洛礼即和啰理。

4. 雍正二年五月，总理事务大臣等遵旨议覆抚远大将军年羹尧条奏青海善后事宜十三条。"……至宁夏险地，无过于贺兰山。顾实汗之诸孙及额驸阿宝等向俱在山后居住游牧，今竟移至山前。请令阿宝等严饬所属，仍照前在贺兰山后居住游牧。"[⑦]

雍正二年十月，清廷令阿宝迁居青海博罗充克游牧。[⑧]雍正三年七月十六日，理藩院题称，"厄鲁特额驸阿宝所住之阿拉善山地方，比为闲置"。雍正四年，理藩院题称，"额驸阿保父子，乃皆曾住于内地阿善山地方之人，蒙圣主格外加恩，封阿保为王，遣往青海居住……"[⑨]雍正七年，清廷以阿宝擅徙乌兰穆伦及额济纳，议罪降为贝勒，后又恢复其郡王爵。[⑩]雍正十年六月，获准返回阿拉善驻牧。可见从阿拉善建旗之始，清朝官方赐地贺兰山（阿拉善），并逐渐以驻地之名称之，以区别于其他厄鲁特旗。

---

① 《清圣祖实录》卷180，康熙三十六年二月癸巳，第929页。蒙古文《清圣祖实录》卷180，康熙三十六年二月癸巳，第六册，第464页。

② 《清圣祖实录》卷185，康熙三十六年十月丁未，第977页。

③ 《清圣祖实录》卷185，康熙三十六年十月丁巳，第980页；蒙古文《清圣祖实录》卷185，康熙三十六年十月丁巳，第六册，第622页。

④ 《清圣祖实录》卷205，康熙四十年七月己丑，第87页；卷206，康熙四十年十月戊辰，第95页。

⑤ 《理藩院奏报迎送和硕格格礼仪折》，中国第一历史档案馆编：《康熙朝满文朱批奏折全译》，北京：中国社会科学出版社，1996年，第360页

⑥ 《清圣祖实录》卷230，康熙四十六年六月己亥，第301页。

⑦ 《清世宗实录》卷20，雍正二年五月戊辰，第330-336。

⑧ 《清世宗实录》卷25，雍正二年十月乙未，第395页。

⑨ 雍正四年七月十九日，《理藩院奏请将额驸阿保治罪折》，《雍正朝满文朱批奏折全译》第2468条，第1376-1377页。

⑩ 《清世宗实录》卷80，雍正七年四月甲申，第50页；亦见《钦定蒙古回部王公表传》卷80《扎萨克多罗贝勒和啰理列传》，包文汉、奇·朝克图整理：《蒙古回部王公表传》第一辑，第546页。

乾隆二十年《钦定大清会典则例》中的《理藩院则例》稿本记载：

> 贺兰山厄鲁特一旗，东至宁夏府边外界，西至甘州府边外界，南至凉州府边外界，北至瀚海接喀尔喀界，地方七百里，至京五千里……土尔古特一旗，驻扎额济乃，东至古尔鼐，南至三岔河，西至肃州边，北至坤都伦河，地方八百里，至京五千里。[①]

乾隆二十九年《钦定大清会典则例》卷142《理藩院则例》记载与稿本相同。[②]

后来把"贺兰山（alašan）"音译为阿拉善，称作阿拉善厄鲁特。前引《清世宗实录》中已记为阿拉善。乾隆年间称作阿拉善，如《清高宗实录》记载，乾隆十九年清朝出征准噶尔时调"阿拉善蒙古兵"或"阿拉善兵"。[③]乾隆二十一年，喀尔喀青滚杂卜叛乱后"降旨令阿拉善贝子罗布藏多尔济选兵一二千名，听候调遣。"[④]乾隆二十四年的咨文中汉译为"阿兰山兵"。[⑤]嘉庆《大清一统志》记载："阿拉善厄鲁特一旗，驻牧贺兰山阴及龙首山北，东界南至凉州府边外界，北对瀚海接喀尔喀界，袤延七百里"。"贺兰山在旗东，与宁夏边接界，土人名阿拉善山。……龙首山在旗西南，与甘州府山丹县接界，蒙古名阿喇克鄂拉，延亘广远，东大山之脉络也，距甘州城三十里，山丹城三里，山尽处为凝远堡（宁远堡），山南为内地，蒙古俱于山北游牧。"[⑥]指出了阿拉善山与龙首山（阿喇克鄂拉）的区别。前引乾隆六年咨文中把龙首山（alaγ aγula）汉译为阿赖善山，是为仅见，应为不规范的汉译。阿拉善（alašan）是自唐代以来沿袭下来的贺兰山或贺兰山后地区的专名，因此清朝官方以此命名厄鲁特旗。阿拉善左旗现存蒙古文档案中将本旗旗名均记为alašan，汉译为阿拉善。

总之，清代官私著述都记载，和硕特部巴图尔额尔克济农部自康熙二十一年始在贺兰山后游牧，康熙三十一年再次归附后，清朝仍令其驻牧贺兰山后，即今阿拉善地区。厄鲁特建旗之后清朝官方以其居地称之为贺兰山厄鲁特旗，即阿拉善厄鲁特旗，后简称阿拉善旗。其旗名源自贺兰山及贺兰山后地区的古名，是清朝官方的命名。

（达力扎布，男，1955年生，历史学博士，中央民族大学历史文化学院教授，北京，100081）

---

①《理藩院则例》《柔远清吏司上·疆理》，见《理藩院公牍则例三种》，第一册，全国图书馆文献缩微复制中心影印，2010年，第116页、118页。

② 乾隆朝《钦定大清会典则例》卷142《理藩院·典属清吏司·疆理》，《景印文渊阁四库全书》，第624册，台湾商务印书馆影印，1982年，第473页。

③《清高宗实录》卷465，乾隆十九年五月己亥，第1028页；卷466，乾隆十九年六月丁巳，第1040页、庚申，第1044页。

④《清高宗实录》卷520，乾隆二十一年九月丙寅，第558页。

⑤《为遵旨议叙事》，藏阿拉善左旗档案馆藏档案，全宗号：101，目录号3，案卷号9，第83页。

⑥《嘉庆重修一统志》卷545，《阿拉善厄鲁特》，《四部丛刊续编》本，上海书店影印本，1985年，第1页、第2页。

清军驻藏与阿拉善和硕特的关系

齐 光

内容提要：本文利用最详细记录当时史实的满文《王抚远大将军奏档》、藏文《七世达赖喇嘛传》及蒙古文《清内阁蒙古堂档》等史料，通过分析康熙五十九年九月进驻拉萨后，清朝怎样推选拉藏汗继承人候补，并为此怎样与青海和硕特交涉，最后康熙帝做出了怎样的善后处置等问题，以探讨当时的清朝西北边疆局势及对阿拉善和硕特所采取的具体政策。

前 言

笔者曾在《论康熙末年清军入藏及阿拉善和硕特的作用》①一文中，详细论述了康熙朝后半期的西北边疆局势，及康熙 58-59 年（1719-1720）②清朝第二次进军西藏时，对青海和硕特所采取的方针，并以此为前提探讨了阿拉善和硕特的特殊地位与清朝对其采取的具体政策。

康熙五十九年九月十五日，清朝与青海和硕特联合军团顺利地进驻了拉萨。众所周知，自 1642 年达赖喇嘛地方政权建立时日起，青海和硕特即作为达赖喇嘛地方政权的忠实保护者，为其巩固和发展，发挥了极其重要的作用。康熙四十二年，青海和硕特的拉藏汗擒杀假借五世达赖喇嘛的名义操纵青海和硕特和准噶尔的摄政桑杰嘉措，开始直接管理卫藏地区。清朝康熙帝亦承认其地位与权力，于康熙四十五年册封拉藏汗为“翊法恭顺汗（Mon:šajin-i tedkügci kiciyenggüi jokiyaltu qan，辅助教法之恭顺汗）”，以求藏地的安定。康熙五十六年，按照准噶尔首领策旺阿喇布坦与青海和硕特右翼实力派人物察罕丹津之间所商定的将理塘转世灵童护送至拉萨坐床为新达赖喇嘛的密约，策旺阿喇布坦密遣大策凌顿多布率军进藏，杀害拉藏汗，占领了西藏。对此，以藏传佛教格鲁派大施主自居的康熙帝，决定从西藏驱逐准噶尔军队，要在清朝名义下保护达赖喇嘛，以保障自身权威及属下众蒙古的稳定。为争取青海和硕特协助清朝一同进藏，康熙五十八年，清朝第二次进军西藏之际，康熙帝和抚远大将军允禵多次向青海和硕特首领表示，“黄教，乃汝等祖辈所立。汝等理应全体同心奋勉效力才是”③，并答应进藏一事成功

① 齐光：《论康熙末年清军入藏及阿拉善和硕特的作用》，达力扎布主编：《中国边疆民族研究》（第四辑），2011 年，147-161 页。

② 本文利用自康熙三十五年始的清朝年号。需要时，再附加阳历。

③ 参照《王抚远大将军奏档》第 1 函，第 9 册，康熙五十九年七月十日奏折。

后，要从固始汗后裔内选定拉藏汗的继承人。

那么，进军西藏成功后，清朝到底有没有兑现这一承诺。如果清朝不兑现这一承诺，首先清朝与青海和硕特的关系将会发生破裂，青海和硕特就有可能再一次试着与准噶尔联合起来反抗清朝，到时清朝的西北边疆将再一次掀起波澜，其次康熙帝作为可汗——大施主将会在众蒙古王公、策旺阿喇布坦及达赖喇嘛、班禅喇嘛面前丢尽面子，其影响力随而降低。但如果清朝兑现了这一承诺，则会确保拉藏汗旧有的统治体制，那么，拉藏汗继承人将会依照固始汗以来的传统率领少数人马驻屯藏北草原，并会提出禁止清军驻扎西藏的要求，而如果清军全部撤出，准噶尔军队就有可能再一次袭扰西藏，这是康熙帝及清朝大臣们最为担心的尴尬局面。在这种进退两难的情况下，清朝能不能达到于西藏驻军，这已成为进驻拉萨后清朝的第一要务。那么，清军最终有没有驻扎西藏，为了达到在藏驻扎少量清军的目的，清朝对青海和硕特进一步采取了哪些策略，这与阿拉善和硕特又有什么样的关系呢？

先行研究中，论述清朝“平定西藏”问题的石滨裕美子，在考察了清朝对青海和硕特所采取的政策后说道，“即使清朝进驻拉萨后，也没有以征服者自居而为所欲为。与其相反，却为维持旧体制而颇费心机”[①]。认为清军进驻拉萨后，并没有废除青海和硕特在西藏的旧有统治体制，与其相反却是尽力去维护了它的存在。但，石滨裕美子在文中并没有论述清朝采取了怎样的手段来维护青海和硕特在西藏的旧有统治体制问题。对此，同样关注过这一问题的手塚利彰则总结道，清军进驻西藏后在藏王（Tib:rgyal po，Mon:tübed qan，Man:tubed han）位置上，推选了“作为清军一员而从军的阿拉善的阿宝为其继承人候补”[②]。认为清朝在拉藏汗继承人候补位置上，推选的是阿拉善和硕特的第二任扎萨克阿宝，注意到了阿拉善和硕特。不过，手塚利彰的此篇论文主要论述的还是清朝有没有废除“固始汗家族的西藏王权”，及清军进藏后怎样确保了拉藏汗旧有统治体制的问题，并没有从正面详细论述进驻拉萨后的清朝与阿拉善和硕特的关系。

那么，进驻拉萨后清朝是怎样维持了青海和硕特在西藏的旧有统治体制，又是怎样将阿拉善和硕特的阿宝推选到拉藏汗继承人候补席上的，对此青海和硕特的反应又是怎样的。本文，利用最详细地记述当时史实的满文《王抚远大将军奏档》、藏文《七世达赖喇嘛传》，及蒙古文《清内阁蒙古堂档》等史料，深入探讨进驻拉萨后，清朝在拉藏汗继承人问题上怎样排除青海和硕特众首领，怎样利用了阿拉善和硕特的阿宝，并最终成功驻军西藏等问题。

顺便强调，康熙五十九年九月，清军第一次进驻西藏，标志着清朝与达赖喇嘛地方政权关系发展到了新一阶段，对其后的历史进程，产生过重大影响。

清朝推选拉藏汗继承人候补与阿拉善和硕特

自青海路前进的清朝、青海和硕特联合军团，在途中 3 次打败准噶尔军队的进攻，

---

①石滨裕美子著《藏传佛教世界的历史研究》日本东方书店，2001 年，314 页。

②手塚利彰：《拉藏体制（一七〇五～一七二七）的构造及其解体过程》，载日本《鹰陵史学》1995 年，第 22 号，113-114 页。

于康熙五十九年九月十五日，胜利进驻了拉萨。此后不久，负责此次进军西藏任务的前线指挥官平逆将军延信，遵照康熙帝与青海和硕特之间的约定，开始着手办理“拉藏汗继承人候补推荐”工作。如在《论康熙末年清军入藏及阿拉善和硕特的作用》中的论述，拉藏汗继承人的推选与册封，牵涉到青海和硕特、准噶尔及清朝这三大势力在西藏的影响力，是当时各方都十分关注的大事。尤其对青海和硕特来说，拉藏汗继承人候补的选立，是其在藏根本利益之所在。

关于平逆将军延信的此次推荐，邓锐龄注意到问题的重要性，利用吴丰培翻译整理的《抚远大将军允禵奏稿》①，阐述过其大致过程②。但邓锐龄并没有对允禵满文奏折的原文进行过详细分析，为此未能充分理解当时清朝所处的立场，及与青海和硕特、阿拉善和硕特间关系的实质。以下，笔者对满文《王抚远大将军奏档》第2函，第14册，康熙六十年二月二十三日奏折内有关延信推荐拉藏汗继承人候补的奏折原文进行分析，以揭示其史实。因延信奏折篇幅长且内容复杂，为此分为几个段落来详细探讨。

> 臣（允禵）谨奏。为奏闻事。平逆将军延信等呈文。为推举“驻守召地(拉萨)辅助黄教之人”。九月十九日，延信我等召集青海王、贝勒、贝子、公、台吉等于布达拉庙，声言：“驻守召地辅助黄教，汝等众兄弟内应立谁则有利教众，此事汝等全体详议后呈送印文于我。为请示教谕我等再上奏圣主”。伊等全体商议后声称：“辅助黄教谋利众生所系非小，不可因一时之急而催逼成事。我等全体会集静心详议后具文，再呈将军大臣等”等语。言毕皆散。

康熙五十九年九月十九日，延信在布达拉宫召集青海和硕特众首领，与他们商议推举“驻守召地辅助黄教之人”的相关事宜。延信在此篇奏折中，将康熙帝与青海和硕特约定的拉藏汗继承人候补，称之为“驻守召地辅助黄教之人”，而没有使用“汗”一词。这是延信在有意模糊拉藏汗继承人候补的政治含义。在清军已经进驻拉萨的前提下，延信不想再看到一个游离于清朝皇帝权威以外的“汗”的存在。再，延信可能认为“汗”的封号应最终由康熙帝册封，册封前即已称“汗”，实不合规矩。那么，推荐一事具体是怎样进行的，青海和硕特又是怎样理解“驻守召地辅助黄教之人”的呢。请继续关注以下内容：

> 此后，伊等内部曾会集几回，俱思己利、顾虑彼此而难以一致，尚有月余不能决断。为此，我等催促几回后，方于十月二十九日陆续呈文。翻译所呈印文：“绝妙大满珠舍利圣主睿鉴。亲王罗卜藏丹津、郡王察罕丹津、贝勒额尔德尼额尔克托克托鼐、贝子巴喇珠尔阿喇布坦、台吉吹拉科诺木齐等全体俱奏。今绝妙大满珠舍利圣主仁慈我等众人，睿鉴小呼必勒罕(指转世灵童噶桑嘉措)，封其为达赖喇嘛，派大军将伊遣送时，我等会同三次与贼交锋，将其败走。谨遵绝妙大满珠舍利圣主谕旨，将达赖喇嘛呼必勒罕，于康熙五十九年九月十五日坐床。问土伯特头人等：‘先前拉藏汗如何被贼所败。今若准噶尔贼再至，汝等可否舍命

① 吴丰培：《抚远大将军允禵奏稿》，全国图书馆文献缩微复制中心，1991年。

② 参照邓锐龄：《一七二〇年率军进入拉萨的清军将领—延信》，载《中国藏学》第4号，322-325页。后编入《邓锐龄藏族史论文译文集》上、下，中国藏学出版社，2004年，314-337页。本文引用自《邓锐龄藏族史论文译文集》。

相战。再，若召集汝等之兵，可共得多少’。土伯特头人等回答：‘先前拉藏汗被准噶尔兵所败，乃因达赖喇嘛呼必勒罕未至而未尽力所至于败。今绝妙大主睿鉴，召请达赖喇嘛呼必勒罕于土伯特之地布达拉，从此众生重见天日，受无尽恩泽。为现今达赖喇嘛之呼必勒罕，无惜命之处。又，我唐古特兵可得万人，若陆续宣示，可得两万’等语。今绝妙大满珠舍利主，召请达赖喇嘛呼必勒罕于土伯特之地布达拉，隆兴黄教，福被众生，恩泽无极。我等固始汗子孙及土伯特众人，如天日照耀般欢喜不尽。绝妙大满珠舍利主如此仁慈之恩遇，不仅此生不能报达，即子子孙孙亦难以回报。惟祈绝妙大圣主万万年荣添福禄外，如何尽力亦难以报达如此无极之恩泽。绝妙大圣主一向隆兴黄教仁慈众生，故睿鉴不绝施恩于我等众人。为此，受无极恩泽而将甚喜甚安之处具文跪奏”等语。另一篇具文则称：“绝妙大满珠舍利圣主睿鉴。亲王罗卜藏丹津、郡王察罕丹津、贝勒额尔德尼额尔克托克托鼐、贝子巴喇珠尔阿喇布坦、台吉吹拉科诺木齐等全体俱奏。今将军延信、大臣等问我青海众台吉：‘将绝妙大满珠舍利圣主谕旨内所称，《去确定如原先固始汗般扶助黄教，有利众生，占据土伯特〔之人〕》之事，上奏绝妙大满珠舍利主’。此时我等全体回答：‘虽理应在土伯特之地封汗，但我左翼达延汗之后裔现生存之贝勒阿喇布坦鄂木布，其人不在此地。眼前有我右翼二王，左翼额尔德尼额尔克托克托鼐、贝子巴喇珠尔阿喇布坦。此四人中立谁则妥当之处，尚听两位圣吹忠之定夺’。大臣等声言：‘应由汝等内部决定，绝妙大满珠舍利主之谕旨内，毫无应呈告两位圣吹忠之处’。为此我等全体心意，留右翼二王，左翼贝子巴喇珠尔阿喇布坦驻守。此三位固始汗赤子内，期待绝妙满珠舍利大主谕旨册封哪位。为此我三人驻守。现有唐古特兵一万，我青海兵驻屯一千。仰赖绝妙大满珠舍利主之大威福，即使贼兵来至，亦能将其打败。为此，凡事已跪奏绝妙大满珠舍利主睿鉴”等语。

这里的“绝妙大满珠舍利圣主”指的是康熙帝。在延信的几番催促下，十月二十九日，青海和硕特的首领们将上奏给康熙帝的奏折交给了延信。在奏折中首领们说道，在康熙帝的援助下进军西藏一事取得了胜利，已经将达赖喇嘛的转世灵童坐床，并强调从西藏可以召集20000名士兵，潜在之意即表示清军没有必要驻扎西藏。而对于“汗”的册封问题，首领们认为延信是按照康熙帝的指示在进行“汗”候补的推选工作，并以血缘上最接近拉藏汗的阿喇布坦鄂木布目前不在拉萨为由，先选出右翼亲王罗卜藏丹津、郡王察罕丹津和左翼贝勒额尔德尼额尔克托克托鼐、巴喇珠尔阿喇布坦四人，再由护法神拉穆吹忠从中选一名，以让其驻守西藏。但此举遭到延信的严厉驳斥，延信没有同意青海和硕特依赖护法神拉穆吹忠来选定候补的做法。为此，沮丧的首领们只好让罗卜藏丹津、察罕丹津、巴喇珠尔阿喇布坦此三人暂时先留在拉萨，率领1000名青海和硕特兵，与10000名藏兵一同守护西藏，以等候康熙帝的最终册封。在此，青海和硕特的首领们明确认为“驻守召地辅助黄教之人”，即为青海和硕特在西藏的“汗王”。另外，延信没有让青海和硕特依赖拉穆吹忠，这是因为如果拉穆吹忠选定了某位首领，那么推选工作当即就会拉下帷幕，那样延信将失去施展自己意图的舞台，可知延信这是在有意让青海和硕特首领们进入自己事先预想的圈套。在当时的西藏和蒙古社会，广泛存在着由拉穆吹忠等护法神来选定转世灵童或其他重大事务的习俗。拉藏汗所立的达赖喇嘛阿旺益西嘉措，就是先由拉穆吹忠选定，然后才受到康熙帝册封的[①]。但延信没有同意采用这一办法，没有尊重青海和硕特和西藏方面的传统，强行要求定要按照清朝的办事方式去推选候补。接下来的延信上奏内容如下：

> 于此，延信我等告知王罗卜藏丹津等："议政所议之处，要汝等青海兵驻扎两千。汝等奏书内称，只驻扎一千。因汝等全体台吉之兵众多，故应遵从议政所议，务必驻扎两千才是"。伊等要与全体台吉商议而散。此后王罗卜藏丹津遣其扎尔固齐之蒙霍岱，察罕丹津遣其宰桑之青科图尔亥告称："我等全体台吉之兵共来五千，因召地无牧场而我等只领少数兵丁至此，剩余兵丁皆留于达木地方。眼前牧草枯萎，所携干粮俱尽而相互偷盗，难以管束，各自皆已返回故地。我等自身皆在此而岂有另加怜悯兵丁之理。选拔现有兵丁，不过只一千，俱无办法。为此呈告真实为难之处"等语。（延信等）向蒙霍岱等声言："汝等口述无凭。汝等之王、台吉俱禀印文呈来"。次日呈来印文："绝妙满珠舍利圣主睿鉴。亲王罗卜藏丹津、郡王察罕丹津、贝勒额尔德尼额尔克托克托鼐、贝子巴喇珠尔阿喇布坦、台吉吹拉科诺木齐等全体俱奏。我等众兵丁，因四月自游牧地匆忙出发而马畜皆不能肥，且所携干粮仅少，故无办法可言，不能驻扎多额兵丁。向土伯特人等索取，土伯特人等俱不同前，从伊等取食，甚为难勘。因而驻扎兵丁一千。将此事转奏绝妙大满珠舍利主"等语。郡王代青和硕齐察罕丹津呈文："上圣满珠舍利主足下之明前，小奴才郡王代青和硕齐诚心合祈上奏。先前在热河叩见上主之金颜时，侍卫拉锡曾向我颁旨：'去将准噶尔贼败走，隆兴固始汗所立教法，使众生安逸如前'等语。另又下达，'固始汗之位，应封谁为好'之谕旨。那时我曾奏言：'先前达赖汗时，与扎什巴图尔王一同驻扎。现今在我青海，长者乃罗卜藏丹津。一为其属民俱在召地，二为年少，应置此人为好。我自身多病且已暮年，水土又不服。若上圣主睿鉴仁慈，将我置于青海，则仰赖主之金色足下而安居'。诚心仰赖上圣主，已将达赖喇嘛坐床。我自身多病且已暮年，水土又不服。上圣满珠舍利主仁慈，将我为管束青海而置于伊地，则遵照圣主谕旨收拢我众兄弟之心居住。此事，圣主以大仁慈睿鉴"等语。再呈文大将军王："抚远大将军之明前，郡王代青和硕齐察罕丹津呈进。先前在热河叩见上主之金颜时，侍卫拉锡曾向我颁旨，'去将准噶尔贼败走，隆兴固始汗所立教法，使众生安逸如前'。另又下达，'固始汗之位，应封谁为好'之谕旨。那时我曾奏言：'先前达赖汗时，与扎什巴图尔王一同驻扎。现今在我青海，长者乃罗卜藏丹津。一为其属民俱在召地，二为年少，思应置此人为好。我自身多病且已暮年，水土又不服。若上圣主睿鉴仁慈，置我于青海'。现谨遵王之教诲，已将达赖喇嘛坐床。我自身多病且已暮年，水土又不服。故已上奏圣满珠舍利主，'若将我为管束青

---

① 参照《清内阁蒙古堂档》第18册，蒙古文283-289页，满文276-282页所载，《翊法恭顺汗拉藏之奏文》。此文于康熙四十九年二月二十九日，先是理藩院呈送内阁蒙古堂译成满文，三月九日由大学士温达等上奏给了康熙帝。

海而置于伊地，则遵照主之谕旨收拢我众兄弟之心居住’。此事还望大将军睿鉴”等语。会盟之长吹拉科诺木齐呈文：“绝妙满珠舍利圣大主睿鉴，会盟之长吹喇克诺木齐之额尔德尼博硕克图谨奏。我主睿鉴，仁慈我固始汗子孙，派强大兵力败走贼寇策凌顿多布，占领土伯特国，在布达拉将达赖喇嘛坐床后，将军延信等向我青海王、贝勒、贝子、公、台吉等声言：‘固始汗后裔内立一能扶助教法之人，以奏上主’。以此问我等众人时，小人我曾想：‘黄教、土伯特事务繁多，且贼寇策妄阿喇布坦之事不能知其真伪，此刻似我等小人实不可直接断言指明《此人可以》等语’。将此告知将军延信时，言‘务必议定才好’。小人再思，‘满珠舍利圣佛主睿鉴，应立《为上主之事，不藏私心，真诚效力，刚柔并进，能处理黄教及土伯特国一切事物之人》，才有利于教众。’”等语。

在这一部分内容中，延信首先表示他反对青海和硕特在西藏只驻留 1000 兵丁的决定，坚持要求按照清朝的规定驻扎 2000。于此，罗卜藏丹津和察罕丹津各自派遣自己的部下向延信陈述，因青海和硕特的军粮已经耗尽，且牧草又已枯竭，驻扎 2000 实属困难。其后，察罕丹津向康熙帝和抚远大将军允禵各呈上同一内容的奏折，强调了康熙帝曾在康熙五十七年于热河接见察罕丹津时，明确表示过“固始汗之位，应封谁为好”，彼时察罕丹津推举了罗卜藏丹津，以担心延信能否实现康熙帝的允诺。同时，察罕丹津还表示自己要为管理青海和硕特而欲回青海驻牧。其后，会盟之长吹拉科诺木齐不管延信的再三要求，表示选举候补一事所系非小，责任重大而不能轻易提名推举。如前所述，延信曾说过“伊等内部曾会集几回，俱思己利、顾虑彼此而难以一致”的话，表明延信深知青海和硕特其内部不能统一意见的情况。延信有意地继续让青海和硕特推选候补，是为了使其言语殆尽，并以此为前提要使其完全在延信的主导下推进推选工作。此外，延信让青海和硕特说出不能按照清朝规定驻扎 2000 士兵的现实，要以此为由给清军的驻扎西藏铺设道路，有理有据地让青海和硕特首领们接受清军的驻扎。还有，延信向青海和硕特宣布康熙帝的谕旨时，表示要在“固始汗后裔内立一能扶助教法之人”，而不只限于青海和硕特，这就为阿拉善和硕特阿宝的参选打好了基础。以下，延信开始陈述自己的意见。

奴才我等慎思，圣主治理天下，决不分内外，一视同仁，混合施恩。为使离者重逢、分者和睦而恩威并举。为此极边畛域之民，亦感戴圣主之恩，仰赖教化而无不至于感激顺从。自五世达赖喇嘛、固始汗以来，世代恭顺纳贡，奉行友好，故圣主才扶助伊等，隆兴黄教。对全体青海厄鲁特、西地（西藏）、唐古特国之民，施以厚恩，屡次停顿治理，才至太平。准噶尔贼策妄阿喇布坦天生贪婪狡诈，无仁义。委与策凌顿多布兵，密遣召地，迫害其世代姻戚之拉藏汗，破坏黄教，捣毁佛像寺庙，驱赶喇嘛，抢掠唐古特黎民，虐待其至于骨髓。圣主不忍坐视，烦劳天心，定下谋略，委与大将军大军，赐封达赖喇嘛册印，特为重兴黄教而施行天讨。俱遵从圣主之谋略教诲，大军三次大败准噶尔贼寇，吓破其心胆，鼠窜逃回故地。将达赖喇嘛安稳坐床。为此，众唐古特人等扶老携幼来迎，兴奋感激而叩首。声言：“从此黄教隆盛，我等众生重见天日，永享太平”。吹奏各种乐器，顿生太平景象。惟被准噶尔贼长时间虐待之唐古特民众尚未安抚，准噶尔贼策旺阿喇布坦尚未败亡，故为扶助黄教，牟利众生，防备准噶尔贼寇，而在召地驻留人员时，务必慎重，详加选拔才是。奴才我等虽无识人之才略，仅以愚知何敢不据实言出。奴才我等久住西宁，办理青海事务。此次率领其兵，已略知伊等性情，将伊等所作所为一并奏闻，以备圣主睿鉴裁决。青海全体台吉，皆为固始汗子孙。而其中，目前亲王罗卜藏丹津，郡王察罕丹津，贝勒额尔德尼额尔克托克托鼐、阿喇布坦鄂木布，贝子巴喇珠尔阿喇布坦、罗卜藏达尔扎，台吉吹拉科诺木齐等，为原来固始汗诸子内继承大部家产之人，且圣主将伊等封为会盟之长而青海大小事务，伊等俱一同协商办理。其次，贝勒色布坦扎勒、罗卜藏察罕，贝子喇查布、丹仲，公噶勒丹达什、策凌，台吉额尔德尼，此辈皆为大人物，虽无办理事务之职，然会盟之时俱谈其所知之处，调侃意见加以议论。贝勒彭苏克旺扎勒年少无知。其他台吉等皆为小人物，俱遵伊等上级人物之办理之处而行。此等人性情甚为贪婪，口称为黄教、达赖喇嘛舍命效力，实则各图名声权益而见机某利。伊等兄弟内，因无公平处理相互争夺属民、财产、牲畜等事，笼络众人之心之人物，而失和相猜不睦。时好时坏，离合决不一定，一直不能管束下人，相互偷盗，乃是常事。

在此延信表示，因准噶尔军队败退后的西藏非常混乱，且准噶尔仍然在威胁着西藏的安全为由，主张应慎重推选“驻守召地辅助黄教之人”。为此，延信以自己曾久驻西宁，此次进藏军事中又指挥过青海和硕特军队为由，根据经验开始评价起作为固始汗后裔的青海和硕特众首领。延信将其首领划分三等后，逐一进行了评价。1. 继承固始汗大部分财产的亲王罗卜藏丹津等 7 门大户。2. 在青海和硕特的会盟上具有发言权的贝勒色布坦扎勒等中层首领。3. 跟随实力派首领的一般台吉。以下是其具体评价内容。

亲王罗卜藏丹津，乃固始汗亲孙，扎什巴图尔王之子，右翼人士。辈分大，且圣主仁慈，令其继承伊父扎什巴图尔之亲王爵位，持总管青海之印。虽年轻少年，知识平常，然意气渐大。独自占据青海任意专断一切事物，庇护合伊意之人，阻挠不合之人，不加受理其诉讼。为此众台吉各图己利，符合伊者居多。此次进兵，部分小台吉之私兵不足，而不足之处罗卜藏丹津曾应允由其额外多出之兵补充，然实无额外之兵。此次所调青海兵共一万。但约定未至之左翼贝勒彭苏克旺扎勒、贝子罗卜藏达尔扎、台吉索诺穆达什等人自身及其兵丁，俱知万不能赶上我已进发之兵而去防守得布特尔之地外，青海全体兵丁只至五千，与我等共进。公策旺诺尔布告称：“八月十三日在布穆楚河之地，准噶尔贼捕获王察罕丹津放哨之人，我领兵即要追击贼寇时，曾四次派人传唤罗卜藏丹津：‘领汝兵速来，我等全体一同追击贼寇’。而罗卜藏丹津却领兵立踞山头，毫无前来”等语。八月十五日通过查罕哈达之地，发现贼寇踪迹，率全体将士进击时，罗卜藏丹津领其私兵立踞后方高山，传唤亦未至。贼寇败走傍晚立营时，其自身方至我处。十五日晚贼寇袭扰我等营地，将其败走后，青海人等远离我营屯扎。八月二十、二十二日夜贼寇袭扰营地时，只我兵单独将其大败远遁。到达达木之地，延信我携

> 呼必勒军向召地进发，而罗卜藏丹津不告知于我，领伊属下人等抄小路走捷径，我等到达之两天前即已至召地。占据拉藏旧居，满载唐古特男女，不分主仆，每日饮酒烂醉，强行索取食物、及马之草料。属下人等向众唐古特人扬言："我亲王接替拉藏汗位快要称汗"。不能管束属下人等且包庇而贼寇多出，妄加抢掠前来叩拜达赖喇嘛之唐古特人。属下人等迷醉，于市上强行搜刮他人之物，悬驮唐古特女人而走。我巡视之章京、兵丁见此情况，因不服管束而我欲申斥上奏，闻到此言，罗卜藏丹津自身亲至，献哈达于我，连忙叩头请罪，才予以教导鼓励。为此唐古特人等灰心，悲愤告称："若将亲王罗卜藏丹津于召地封汗，虐待我众唐古特人可至死地也。"

延信首先评价的是亲王罗卜藏丹津。其直接理由是，罗卜藏丹津乃“固始汗亲孙，扎什巴图尔王之子，右翼人士。辈分大，且圣主仁慈，令其继承伊父扎什巴图尔之亲王爵位，持总管青海之印”，这表明罗卜藏丹津是清朝所承认的青海和硕特最有实力的首领。此外，察罕丹津在热河觐见康熙帝时，也推荐过罗卜藏丹津，即青海和硕特方面的意见也鲜明地在表示罗卜藏丹津是当之无愧的最有力候补。其后，延信开始列举罗卜藏丹津年纪较轻、知识与能力平常、处理事件袒护己方、不具有管理青海和硕特的能力、在与准噶尔军队交战时表现消极、不听从延信指挥、战后擅自占领拉藏汗宫殿、进驻拉萨后其部下抢掠藏人妇女及物品、藏人不希望他驻扎西藏等诸多理由，从候补候选人中除去了罗卜藏丹津。我们发现延信的奏折内容中，在引用公策旺诺尔布的报告来控诉罗卜藏丹津消极战斗的情况。公策旺诺尔布，是康熙五十九年三月一日与延信一同被任命为军前参赞大臣的喀尔喀蒙古王公，是清朝和青海和硕特之间的纽带。从策旺诺尔布的报告可察知，他一开始就是为监视青海和硕特而派遣到前线的人物。策旺诺尔布和阿拉善和硕特的阿宝，是同时被康熙帝养育在宫中的蒙古王公子弟，清朝没有利用阿宝去监视青海和硕特，足见当时的清朝对阿宝与青海和硕特之间的亲族关系还是非常重视和警惕的。亲王罗卜藏丹津之后，延信开始评价郡王察罕丹津。

> 郡王察罕丹津，乃固始汗第五子伊勒杜齐诺彦之子博硕克图济农之达尔扎所生，右翼人士。先前将呼必勒罕迁往内地之前势力强大，曾与罗卜藏丹津一心一意友好。后抢夺其兄之子贝子喇查布，其弟之子贝子丹仲之属民不还，相互控告，以至械斗。于此，侍读学士常寿前去，将其诉讼平息。对此喇查布、丹仲怀恨在心，讨好罗卜藏丹津，为此其势力分散减弱。察罕丹津亲自前来觐见圣主之明时，被封为郡王，施恩赏赐各种物品，似有交待西地事务之嫌，对此罗卜藏丹津嫉妒而失和。时喇查布、丹仲等正与罗卜藏丹津相好，将察罕丹津先前与准噶尔贼同党协议，互派使者等丑事告发。为使察罕丹津屈从，三人一同合力将其所做脏乱丑事奏闻。失和之后，虽不外扬，然一有机会便相互诽谤。虽罗卜藏丹津等尽量遮掩并不加理睬察罕丹津之一切言事，然察罕丹津，因伊二子与其分离而势力减弱，又与准噶尔贼有互派使者之一桩丑事，为此不得不遵从罗卜藏丹津行事。察罕丹津虽有总管召地驻扎之意，然伊为右翼人士，右翼罗卜藏丹津为亲王且辈份大，故无言可争。因此才将驻扎召地之事推诿于罗卜藏丹津，呈文称伊身已暮年，

不服水土，请示为总管青海驻扎其地。虽罗卜藏丹津满腹存有驻扎召地之意，然察罕丹津乃郡王且右翼人士，圣主若将伊（罗卜藏丹津）驻于召地，为计较不给察罕丹津总管青海之印，连忙声称，“只有贝勒阿喇布坦鄂木布、贝子巴喇珠尔阿喇布坦等左翼人士，驻扎召地也好，总管青海也罢，皆可有益”。担负察罕丹津营之员外郎苏金泰告称，“八月十五日夜贼寇袭扰其营时，察罕丹津甚是惶恐。其属下人等为逃避而皆驮好辎重，其中几人俱已逃出。宰桑青科图尔亥察觉后劝言，‘王万不可逃，若逃我等皆会被满洲兵杀害’，随即拔刀勒马上前，俱使属下人等下马，方可稳住”。再，伊派往前方放哨之二百人，因查罕哈达之地狭窄而被准噶尔五百贼诱骗，杀的杀，俘获的俘获。质问被擒准噶尔贼寇，察罕丹津甚加重视之辉特台吉金巴，将伊侍碗之措克奔度喇尔放走，见此可知准噶尔贼策凌顿多布等，皆对察罕丹津怀有好意。为此，不便对此人交待事务。

延信列举出的察罕丹津不足之处如下。察罕丹津当初与罗卜藏丹津友好，但后来因康熙帝优待察罕丹津而其被罗卜藏丹津所嫉妒。又，察罕丹津侄子喇查布、丹仲因其属民归属问题而与察罕丹津交恶，投奔了罗卜藏丹津，双方仍存在矛盾。另外，察罕丹津曾派使者勾结过准噶尔。在此次进藏战事中，察罕丹津不仅在战斗中有临阵逃脱的表现，而且与准噶尔军队的首领策凌顿多布之间也有联系。察罕丹津推选罗卜藏丹津自己要回青海的理由，是其怀有独霸青海和硕特的野心等等。以这些理由，延信从候补候选人中除去了察罕丹津。需要注意的是，延信在列举与准噶尔之间的关系来否定察罕丹津。如在拙稿《论康熙末年清军入藏及阿拉善和硕特的作用》中的论述，康熙五十三年前后，为了将理塘转世灵童作为新达赖喇嘛于布达拉宫坐床，察罕丹津曾与策旺阿喇布坦秘密协定过周密的行动计划。但是，在此次清朝进藏战事中，察罕丹津率领自己的兵队与准噶尔军队战斗，双方已成死敌。准噶尔方面再次接受察罕丹津的可能性非常小，策旺阿喇布坦也不会与背叛自己的察罕丹津轻易联系的。虽然如此，延信还是除去了察罕丹津。可知清朝对青海和硕特与准噶尔之间的关系是非常戒备的。其后，延信评价起贝勒阿喇布坦鄂木布。

贝勒阿喇布坦鄂木布，乃固始汗长子达延汗子曾为贝勒之老彭苏克所生，左翼人士。固始汗时曾制定，应由伊等左翼台吉内封立总管召地唐古特之汗，固始汗始至达延汗、达赖汗、拉藏汗。再应由右翼台吉内总管青海厄鲁特，达赖巴图尔始至扎什巴图尔后归顺圣主，封为亲王，赏总管青海之印，现已传至其子罗卜藏丹津。今拉藏汗已被准噶尔贼所害，其子噶尔丹丹津、苏尔扎两人俱在准噶尔策旺阿喇布坦之手。青海众台吉俱声称：“览固始汗所立法规，今若要接替拉藏汗之位，尚无较阿喇布坦鄂木布更贴近之人”。阿喇布坦鄂木布，其人老实，不酗酒，安分守己，不愿多事，稍有旧疾。赴此次兵事，至哈喇乌苏旧疾复发称病。声称：“我已年过五十岁，我子才四五岁，尚无年岁稍大之子。我身有病甚残疾，今又病情加重。召地高而寒冷，水、人家不适合似我这样有旧疾之人，我去后必死无疑。人人奋勉皆为己，我身死后为谁而奋勉。今我欲寻找一盘地，由唐古特之措克、詹丹贡之路返回。因中段为敌区，故将我之五百兵丁，令其守护我至措克、詹丹贡，到达后再令兵丁返回，亲王罗卜藏丹津管辖进驻召地”。以此向全体王、台吉说明，又向我说明后离去。而终究没遣其五百兵至召地，伊一人俱领奔家而去。阿喇布坦鄂木布有病且兵不过千，无胆量，俱知其在畏惧驻守。

延信继察罕丹津后直接评价了贝勒阿喇布坦鄂木布的理由是，阿喇布坦鄂木布是达延汗直系子孙，与拉藏汗同属青海和硕特左翼。而固始汗所定的规矩，左翼首领应驻扎西藏担任汗王，右翼首领驻牧青海，管理青海和硕特。此时拉藏汗的两位儿子都被扣押在策旺阿喇布坦处当人质。遵照固始汗所定的规矩，阿喇布坦鄂木布是能够继承拉藏汗之位的最合适人选。然而延信又指出，阿喇布坦鄂木布人无胆量、身有疾病、自私自利、没有参加进藏战斗等缺点，虽然没有从候补候选人中完全除去，但也没有积极推荐他。接着延信开始评价起青海和硕特其他一些首领。

贝勒额尔德尼额尔克托克托鼐，乃固始汗第三子达兰泰之子阿齐巴图尔所生。人无定志，最先躲避正事，见众人之意向而行事，妄图私利。伊全体兵丁不足一千，性情贪婪，欺凌伊堂弟台吉阿旺达克巴，俱领其属民未还。为此事，每逢会盟便行诉讼，后相互械斗以至杀人，执杀台吉阿旺达克巴亲身般信赖指使之达赖格隆。青海众台吉与其心不合，只念其年老而才以尊敬罢。见其无志无义，非足以交待事务之人。贝子巴喇珠尔阿喇布坦，乃固始汗次子车臣台吉之子曾为贝勒之纳穆扎尔额尔德尼所生。人无知且慵懒。伊兵不过七八百，不能管束属下人等。青海人不看重，乃一切事务半途而废之人。贝子罗卜藏达尔扎，乃固始汗次子车臣台吉之子卓里克图代青所生，左翼人士。能力平庸，腿脚残疾不能上马。此次兵事，并未至约定地点，知其已迟，仅为防守德布特尔之地而返回。伊兵不足一千，其人能力平常，不可交待事务。台吉吹拉科诺木齐，乃固始汗第七子额尔德尼代青胡鲁穆锡之子罕钦所生，右翼人士。年少精明，会盟之处俱能言其意见。虽有协助大军军粮之处，然其所娶之妻乃准噶尔小策凌顿多布之妹，互派信使，青海人俱言其与准噶尔人友好。因公策凌娶伊妻之妹，互相不和，而吹拉科诺木齐强行夺取，给公达什敦多布为妻。伊兵不足一千，身有疾病，性情残暴，意向不定。为此，不可交待事务。贝勒色布坦扎勒，乃准噶尔人，全体兵丁不足二百。因众人皆知其曾离间青海台吉而俱不予理睬，伊唯独一人行事。贝勒罗卜藏察罕体兵丁不过五六百，人平常，与其兄巴喇珠尔阿喇布坦一样慵懒。贝勒彭苏克旺扎勒，兵不足一千，年少无知，众人皆不予理睬。贝子喇查布之兵可足一千，年少老实无能，意向不定，众人皆不予理睬。贝子丹仲之兵过千，年少冒昧轻狂，平常饮醉，妄攻影射伊之长辈，意向不定。公噶尔丹达什、策凌、敦多布达什、达什敦多布等，兵不过五六百，其人俱无才智，众皆不看重。台吉额尔德尼，兵有七八百，人无知慵懒，沉湎于酒，每日醉走。

在此，延信对贝勒额尔德尼额尔克托克托鼐以下，具有成为候补可能的首领逐一进行了评价。大体以年龄尚幼、性格阴险、心理不稳定、没有悟性、身有疾病、慵懒贪利、酗酒、所属兵丁很少等理由，俱认为是不可委以重任的人物，而从候补候选人中去除。其中需要注意的是，延信评价丹仲时说，“平常饮醉，妄攻影射伊之长辈”。这里的长辈，指丹仲的伯父察罕丹津。正如之前评价察罕丹津时在利用其与丹仲之间不和一样，延信巧妙地而有意识地列举青海和硕特首领之间的内部矛盾，以作为排除他们的口实。接着，延信评价的人物没有只局限在青海和硕特，对西藏有实力的人物也进行了评价。

再，唐古特康济鼐此人，自准噶尔贼入踞以来，伊身不从，赴那克产地方召集旧属拉藏之唐古特、西喇固尔人，与阿里人亲近后，举兵攻杀运送俘虏之六十余名准噶尔人，顽强战斗，坚守抗拒。第巴阿尔布巴，乃喀木地方之第巴，收集准噶尔情报来投。闻知大军进发后，远处扬言伊身已死，抛弃子女，迎至木鲁乌苏之地，归顺了大将军王。第巴隆颇鼐，我军至哈喇乌苏之地后，伊身亦抛弃子女来迎并归顺。为此，我等全体商议，提拔此等三人，任命为首席噶隆官员，令其办理召地大小事务。此等唐古特官员，召地、布达拉、色拉、哲蚌、甘丹等寺庙之较大喇嘛，因惧怕青海人而不明言，秘密向我等告称："青海人，性贪婪，不思扶持教法，和睦养育众生。先前拉藏汗包庇重用其厄鲁特，视唐古特人为牲畜，加以种种虐待。为此，准噶尔贼来至时，因唐古特人不尽力而败亡。准噶尔贼入踞，虐待唐古特人深至骨髓。满珠舍利圣大主，为重新隆兴已毁损之黄教，爱惜我全体唐古特生灵，拯救苦难，而委与将军大臣大军，三次大败准噶尔贼，使其远遁，将达赖喇嘛坐床。大军入驻以来，于诸寺庙熬茶行善事，不犯民众一根头毛。好言安抚教导，凡事俱从五世达赖喇嘛时之法规，合理判处。为此，我全体唐古特国喇嘛大小皆诚心叩首，重见天日。今后在满珠舍利佛圣大主慈恩下，我众人皆得以安逸太平过活，而无不欢喜。惟思，虽眼前将军大臣等指挥大军驻扎此地，屡屡严厉约束青海人，尚且存有至各个地方强行抢掠唐古特人，携走妇女之事，倘若将军大臣等率领大军撤回，只任青海驻扎，想必虐待我众唐古特，则不亚于准噶尔。恳请将军大臣等，在满珠舍利佛圣大主之明前，将此事奏闻。封立扶助黄教，管辖我全体唐古特国之人物，务必选立遵从满珠舍利圣大主慈心，诚心效力，着重隆兴黄教，和睦养育众生，能抵御外侮之好人，则我唐古特国全体喇嘛及万万民众，才可俱受满珠舍利佛圣大主之恩泽，永远太平安逸过活"，如此，皆各自见机向我声言。奴才我等追问此些人等："青海全体台吉内立谁，则有利于汝等"。声称："阿喇布坦鄂木布人虽愚昧，其乃左翼人士而贴近拉藏，老实且按规章办事，不像其他台吉般欺凌他人"。

延信在此首先列举了3位曾任拉藏汗官员的西藏地方首领，康济鼐、阿尔布巴和隆颇鼐。介绍他们三位曾在西藏地方抵御过准噶尔军队，来至木鲁乌苏迎接过抚远大将军，为此延信将他们任命为达赖喇嘛地方政权中管理事务的首席噶伦（大臣）。意思即，西藏地方的世俗首领已被任命为噶伦，没有资格参与"驻守召地辅助黄教之人"的候选。其后，延信利用这些世俗首领及拉萨的哲蚌、甘丹、色拉三大寺上层喇嘛们的意见，告发青海和硕特粗暴、无秩序、不尊重达赖喇嘛等缺点，从达赖喇嘛地方政权的角度否定了青海和硕特单方面驻扎西藏的理由，以此为清军的驻扎铺设道路。延信还向这些僧俗官员询问了他们所推选的青海和硕特首领，僧俗官员们推选了阿喇布坦鄂木布。但是突然间，延信的评价延伸到了阿拉善和硕特的阿宝身上。

又愚思，我方贝勒阿宝，乃固始汗第四子巴彦阿不该之子曾为贝勒之巴图尔额尔克济农和啰理所生。辈分不远，为人谨慎而恭敬，约束伊属下人好，且乃幼小在圣主身旁亲善养育长大之人，每日聆听圣主教诲而知一切法规及道理。故令此人，为扶助教法，管辖全体唐古特，防备准噶尔贼寇而驻于此地，则较谁都多年利于众唐古特人。奴才等本无识人之才略，然事关甚重，为此将我等愚昧仅小略知之处俱禀告称。一并呈送青海王、贝勒、台吉等所呈蒙古文书。呈请转奏圣主睿鉴裁决。为此臣我具折，一并将亲王罗卜藏丹津、郡王察罕丹津、贝勒额尔德尼额尔克托克托鼐、贝子巴喇珠尔阿喇布坦、台吉吹拉科诺木齐等所奏原蒙古文书五封及郡王察罕丹津呈我之原蒙古文书一封，恭谨奏闻。康熙六十年二月二十三日。

延信认为，阿宝也是固始汗的直系子孙，与青海和硕特首领有着近支亲族关系，完全有理由可以被选定为“驻守召地辅助黄教之人”候补。而最为重要的是，阿宝乃康熙帝养育宫中的蒙古王公子弟，关系值得信赖，理解康熙帝的心意，严管属下，懂得清朝的法律、政令等，是驻扎西藏防御准噶尔的最佳人选。为此，作为第一人选，延信推举阿拉善和硕特的阿宝为继承拉藏汗之位的“驻守召地辅助黄教之人”的候补，以期待康熙帝的最终册封。

如此，延信将青海和硕特首领中具有参选可能的有力人物逐一评价后，接连从“驻守召地辅助黄教之人”候补候选人名单中除去了他们。最后突然举出了阿拉善和硕特的阿宝，并将其推选为候补。从这一经过可以断言，延信一开始就没真正想通过逐一评价来推选候补，而是一心想选定阿宝。延信推选阿拉善和硕特阿宝为“驻守召地辅助黄教之人”候补的理由，有以下两条。

首先，强大的准噶尔势力的存在。众所周知，准噶尔与青海和硕特，自四卫喇特联盟时代起，即为盟友。固始汗征服青海、西藏时，曾受到准噶尔巴图尔洪台吉的大力协助。噶尔丹时代，虽然一时流传过噶尔丹将要入侵青海和硕特的谣言，结果却被五世达赖喇嘛以赐封噶尔丹为“丹津博硕克图汗”的方式予以制止。其后策旺阿喇布坦上台，再次与青海和硕特拉近了关系。虽然康熙五十六年准噶尔军队入侵西藏杀害了拉藏汗，但这次行动也是与青海和硕特右翼察罕丹津一同计划后才实施的。抚远大将军允禵在清朝第二次进军西藏之际，要求青海和硕特与清军一同进军西藏时，大部分首领不同意协助清军的事实表明，当时的青海和硕特比起清朝仍然在重视与准噶尔间的关系。面对持有这种态度和外交方针的青海和硕特，清朝自第二次进军西藏伊始，就身怀不信。虽然为了进军西藏，清朝不得不拉拢青海和硕特，但一开始选举“驻守召地辅助黄教之人”候补候选人，清朝大臣延信就显露出了藏在心中已久的不信任。关于准噶尔和青海和硕特之间的关系，长期驻扎西宁办理西北军务的延信说道，“准噶尔与青海，彼此互通婚姻已久”[①]。在古代北亚社会，通婚即代表同盟，出身满洲宗室的延信深知其中的道理，故非常警惕青海和硕特与准噶尔间这种由来已久的亲密关系。也可能正因为如此，康熙帝才在统领青海和硕特的前线指挥官任上，任命了延信这样对青海和硕特持有强硬立场

①《王抚远大将军奏档》第1函，第1册，康熙五十八年三月二十三日奏折。

的人物吧。

其次，阿宝与康熙帝结有深厚的人格主从关系。如前所述，自康熙 30 年代起，康熙帝就经常将外藩蒙古王公子弟，尤其是将刚刚服属清朝的喀尔喀、阿拉善和硕特王公子弟养育宫中，任命为御前行走、乾清门行走等侍卫职务，使其慢慢与自己构筑起了亲密的人格主从关系。第二次进军西藏之际，清朝从巴里坤前线抽调阿宝至西宁，接着让他参加"进军西藏"的背景，既清朝一开始就有意要利用阿宝的身份来圆滑地推进与青海和硕特间的关系，以此试图实现清军驻扎西藏的目的。这是因为，不能用压倒性的军事优势去征服青海和硕特的清朝，只有巧妙地利用与青海和硕特带有近支亲族关系，又与康熙帝结成深厚人格主从关系的阿宝，才能安定西北边疆。

康熙帝的善后处置

延信呈给允禵的这道奏折，虽然在记录康熙五十九年九至十一月间发生在拉萨的推选"驻守召地辅助黄教之人"候补的过程。但从奏折末尾的日期，可知这篇奏折是在康熙六十年二月二十三日，由允禵上奏给康熙帝的。当时拉萨——西宁一线的驿站受到大雪破坏，延信不得不推迟奏折的呈送①。那么，成功指挥"进军西藏"胜利的康熙帝本人，是怎样看待和把握当时的清朝西北边疆局势的，有没有册封阿宝为汗王。以下，通过分析清军进驻拉萨后康熙帝所颁布的善后处置条目，来阐明清军进驻西藏后的康熙帝意图。其内容在满文《王抚远大将军奏档》第 2 函，第 18 册，康熙六十年闰六月二十八日的奏折中，记载如下：

> 驻藏策旺诺尔布呈文。①康熙六十年三月十日，圣主所遣之什长措本、台吉崔木珠尔至此。圣主甚是看重军务，并为使土伯特国安逸和睦，特派措本等降旨。为此，奴才我等携众官员迎至十里外，仰天恭谨跪请圣主万安。②什长措本宣称："颁布谕旨于我。汝速到召地，将朕亲手所献之白色哈达献给博克多班禅、达赖喇嘛，并传达朕所请之安。A 再，谕博克多班禅：'朕闻老人家最近几年甚是牢费心机，尚待汝之请安文书及使者之到来。今教法隆兴、民众太平，老人家可闲静过活矣'。B 谕达赖喇嘛：'朕封汝为达赖喇嘛并坐床，汝务必隆兴黄教，抚绥仁爱藏之全体黎民'。C 再，将军、大臣、官兵，皆安全抵达，立了大功。即使如此，也应谨慎防守。而甚为重要之事，乃谨防大臣间互相不和，彼此争斗矣。汝返回藏地，召集将军延信、噶尔弼，额驸敦多布道尔吉、阿宝，公策旺诺尔布，侍读学士常寿等颁布谕旨：'延信，乃宗室，朕之子辈也。额驸敦多布道尔吉、阿宝，亦为朕之子辈。此等人，除全体一心一意商议行事外，尚不可各自以臣子自居。准噶尔四千兵至召地肆虐四年，故遣我兵前去平定。今我几万兵丁在彼，可否虐待土伯特人等呼，所系之处甚多。谕，定要严加法禁兵丁，惟听汝等驱逐贼寇进取召地之喜报。再颁谕旨，准噶尔贼寇，乃似豺狼之人，勿以思伊已败走而放松心理，以至于错'。D 召集伊地唐古特、土伯特人等颁布安抚谕旨：'策凌顿多布等至汝之藏地，颇虐待汝等。今我大军前去已将贼寇败走，汝等皆各守本

① 参照《王抚远大将军奏档》第 2 函，第 14 册，康熙六十年二月二十三日的另一封奏折。

分安逸过活’。闻策凌顿多布至藏地，拆散唐古特、土伯特人之父子、兄弟、夫妇甚多。汝去查明，若有离散之此辈父子、兄弟、夫妇，俱使其团圆。E再，召集青海王、台吉等颁布谕旨：‘朕视汝等，无异于亲子。此次汝等集结兵力奋勉效力之处，朕皆已知晓。今策旺阿喇布坦多方用心于汝等。朕岂有再放汝等交于伊之理。通往汝青海牧地之一切紧要路口，朕皆已驻扎防守之兵。汝等只奋勉效力便是’”（文中的①②ABCDE由笔者添加）。

从①内容可知，康熙帝所派的使者什长措本等，于康熙六十年三月十日，到达了拉萨。可以断定，使者们从北京出发的时间，最晚不超过康熙六十年正月。但是推选“驻守召地辅助黄教之人”候补的延信奏折，通过允禵于康熙六十年二月二十三日才从西宁发出。可知，康熙帝这次的善后处置，没有受到延信奏折的影响。②是康熙帝下达给什长措本令其转达的口谕内容。其中含有下达给各方人士的口谕。A是下达给班禅喇嘛的请安口谕。在安慰年事已高的班禅喇嘛多年的辛劳。B是下达给达赖喇嘛的口谕。激励年轻的七世达赖喇嘛噶桑嘉错要尽力于格鲁派事务，仁爱卫藏民众。C是下达给清朝将军大臣的口谕。希望众将领要避免不和，团结一致防御准噶尔。其中，康熙帝在呼阿宝为“朕之子辈”。这是因为阿宝是娶康熙帝堂兄庄亲王博果铎女的和硕额驸，基于联姻两者间建立了人格主从关系。另外针对爱新觉罗氏的宗室延信，康熙帝也在呼为“子辈”。在康熙帝的亲戚子辈一层意思上，阿宝与延信的身份是平等的。D是安抚西藏地方人士的口谕。E是下达给青海和硕特首领们的口谕。“此次汝等集结兵力奋勉效力之处，朕皆已知晓”，这是康熙帝在赞扬青海和硕特在此次进藏战事中所建立的功绩，言外之意，即随时都有可能下达册封汗王的圣旨，以此勉励青海和硕特要继续尽力驻守西藏。此外康熙帝还指出，准噶尔策旺阿喇布坦在窥视青海和硕特，针对这一问题，康熙帝已派兵驻防青海周边，切断了准噶尔偷袭青海和硕特的路线。这表面上看起来虽然在安慰青海和硕特，但潜在之意，是在告诫青海和硕特不要有联合准噶尔背叛清朝的非分之想，如果轻举妄动，其牧地随时都有可能受到清军的打击，试图让青海和硕特恭恭敬敬的为康熙帝效力，即好好驻扎西藏。

康熙帝在这次口谕中，没有直接言及册封汗王的事情。除了延信的推选结果还没有到达之外，主要还是因为康熙帝在担心青海和硕特与准噶尔之间的联系。如果这一时期册封了汗王，按照固始汗所定的规矩，汗王率领少数兵丁驻扎藏北的达木草原，清军和青海和硕特军队不得不从西藏撤退回来。这样，准噶尔军队又有可能突袭西藏，清朝的西北边疆再次受到波动，想必这也是康熙帝和清军将领最大的担心。恐怕延信推选“驻守召地辅助黄教之人”候补的一系列举措，也是康熙帝与延信的预谋。康熙帝精心策划试图选拔对青海和硕特持强硬立场的延信，再让精通青海和硕特内情的公策旺诺尔布协助他，巧妙彻底地从候补候选人名单中去除了青海和硕特众首领，最后让阿宝率领清军光明正大地驻扎在了西藏。

此外，“进军西藏”一结束，清朝与准噶尔间的外交交涉就秘密地开始了。康熙五十九年十月，康熙帝发送敕书致准噶尔首领策旺阿喇布坦，在告知清朝进藏一事马上即将成功的消息的同时，要求策旺阿喇布坦归还其军队所劫持的拉藏汗二子，及大批达赖喇嘛地方政权的财物[①]。其后，于康熙六十年二月，康熙帝再次颁发敕书，在强烈谴责策旺阿喇布坦大逆不道的同时，再度要求与其会盟一处，使其尽快向清朝归还清军俘虏，及拉藏汗二子[②]。另外，据涉谷浩一的研究，康熙六十一年正月十四日，康熙帝再度命令向准噶尔派遣使者[③]。表明，康熙帝在巧妙利用延信、阿宝，将青海和硕特首领从"驻守召地辅助黄教之人"候补候选人名单中去除，并暂时保留册封汗王的背景，即试图在与准噶尔间的和平交涉成功之前，尽量争取时间让以阿宝为核心的清军驻扎西藏，以牵制青海和硕特，制约达赖喇嘛地方政权。

驻扎西藏时的阿拉善和硕特

"驻守召地辅助黄教之人"候补推选完毕之后，延信等清朝将领率清军大部，于康熙五十九年十一月十一日，从拉萨撤退回内地。当时，延信留下 3000 名由阿拉善和硕特、察哈尔八旗、内扎萨克蒙古，及绿营兵组成的清军，"令以策旺诺尔布为首，贝勒额驸阿宝、副都统常龄（察哈尔八旗）、塔布囊噶尔玛色楞（喀喇沁部）、总兵官赵坤、副将杨进新，商议一切事务管辖兵队"[④]。从这一记载，仿佛以为驻藏清军的总指挥，是喀尔喀蒙古的公策旺诺尔布。但青海和硕特的台吉格勒克济农却认为，"将军、大臣与我王、台吉等商议，决定留下额驸阿宝、公策旺诺尔布，率领 3000 名士兵，驻守召地"[⑤]，即作为驻藏清军的指挥官，阿宝排在了策旺诺尔布前面，两者在共同管理清朝驻屯军。此外，延信在"驻守召地辅助黄教之人"候补位置上推选阿宝完毕之后，青海和硕特亲王罗卜藏丹津、郡王察罕丹津、贝子巴喇珠尔阿喇布坦三人，率领 1500 名士兵，仍然驻留在了西藏[⑥]。但不久，察罕丹津与巴喇珠尔阿喇布坦相继返回青海，只留下了罗卜藏丹津一人带领 300 名士兵，坚持驻扎到了康熙六十一年九月。当时，清朝的驻藏军队人数为 3000 名，清军将领将兵队分散部署在了西藏通往准噶尔的各个军事要隘上，其目的除了阻止准噶尔军队的入侵之外，还有效地防止了罗卜藏丹津与准噶尔之间的联络[⑦]。

在驻扎西藏期间，阿宝的活动没有只限于管理清军，还经常与罗卜藏丹津等青海和硕特首领们一起扈从七世达赖喇嘛，参加哲蚌等寺的法会[⑧]。以此多次受到达赖喇嘛的热情款待[⑨]。阿宝，作为一名固始汗子孙、清朝的外藩蒙古王公，及"驻守召地辅助黄教之人"的候补，尽到了他保护、弘扬格鲁派，使七世达赖喇嘛平稳过渡到亲政年龄的历史责任。

---

① 参照《清内阁蒙古堂档》第 20 册，蒙古文 157-171 页，满文 147-157 页所载，《赐厄鲁特策旺阿喇布坦之敕书》。此敕书，于康熙五十九年十月十九日作成后，交给了暂住巴里坤的准噶尔使者喀斯喀。

② 参照《清内阁蒙古堂档》第 20 册，蒙古文 233-258 页，满文 216-232 页所载，《赐厄鲁特准噶尔台吉策旺阿喇布坦之敕书》。此敕书，于康熙六十年二月二十八日，自北京发出。

③ 参见涉谷浩一《温科夫斯基使节团与一七二〇年代前半期的准噶尔、俄罗斯、清之间的相互关系》113 页。载日本茨城大学人文学部纪要《人文通信学科论文集》2007 年，第 2 号，107-128 页。

④《王抚远大将军奏档》第 2 函，第 18 册，康熙六十年闰六月二十八日奏折。

⑤《王抚远大将军奏档》第 2 函，第 12 册，康熙六十年正月十日奏折。

⑥ 参照《王抚远大将军奏档》第 2 函，第 12 册，康熙六十年正月十日奏折。

⑦ 参照《王抚远大将军奏档》第 2 函，第 18 册，康熙六十年闰六月二十八日奏折。

⑧ 参照《七世达赖喇嘛传》第 3 章，受近圆戒、成为能人大绍圣（1720 年至 1726 年），81 页。

⑨ 参照《七世达赖喇嘛传》第 3 章，受近圆戒、成为能人大绍圣（1720 年至 1726 年），80 页。

雍正元年七月，阿宝接到雍正帝的命令，从容地率军从西藏撤退。时七世达赖喇嘛授予阿宝“辅助教法之洪台吉（Mon:šajin-i tedkügci qong tayiji）”封号。关于这次的册封，藏文《七世达赖喇嘛传》207叶记载如下：

额驸贝勒（阿宝）返回时，大加授予“辅助教法之洪台吉”封号，及诰命、诏书、印章、赏品等鼓励之物件。并在送行公策旺诺尔布之际，教导伊二人“要奉三宝圣教，才智用于善业，上忠大汗，下抚黎民”。

如前所述，阿宝的父亲和啰理的封号是“巴图尔额尔克济农”。在此，七世达赖喇嘛将其封号从济农晋升为洪台吉。关于卫喇特蒙古的洪台吉封号，宫协纯子曾总结道，“洪台吉封号，是受汗之委托，征服和统治西方异族的汗之全权代理，既带有副王的意思”①。固始汗时代的准噶尔巴图尔洪台吉，鄂齐尔图车臣汗时代的准噶尔噶尔丹洪台吉，噶尔丹博硕克图汗时代的额尔德尼卓力克图洪台吉，达延汗、达赖汗时代的达赖巴图尔洪台吉等，被达赖喇嘛赐封为洪台吉封号的首领，皆是仅次于汗王的第二号实力派人物。此外，康熙帝册封给拉藏汗的封号为“翊法恭顺汗”，蒙古语原意为“辅助教法之恭顺汗”。在“辅助教法”这层意思上，阿宝的封号与拉藏汗的封号是一致的。还有，针对与阿宝同时撤退的喀尔喀蒙古出身的公策旺诺尔布，七世达赖喇嘛并没有册封任何封号，从《七世达赖喇嘛传》中找不到任何相关记载。这表明，只有阿宝才是受达赖喇嘛地方政权所期待的，继承固始汗、拉藏汗“辅助教法”使命的中心人物。那么，七世达赖喇嘛为什么没有赐给阿宝“汗”的封号呢。可知授予阿宝封号的日期为，雍正元年七月二日，那时在青海和硕特还没有爆发《罗卜藏丹津之乱》。当时像罗卜藏丹津、察罕丹津这样青海和硕特的实力派首领，也有被康熙帝册封为汗王的可能。如果一时册封阿宝为汗王，那么后果将变得非常严重。而将阿宝的封号保持在洪台吉一级，可以给将来康熙帝所册封为汗的人物，达赖喇嘛地方政权方面，可以再次加封汗王封号。当时，七世达赖喇嘛年纪尚小，主要由其父索诺木达尔札和阿尔布巴等噶伦在辅佐其政，作为能辅助施展达赖喇嘛权威的人士，想必他们也在时刻关注清朝及青海和硕特、准噶尔方面的动向吧。

结 语

综上所述，本文得出了以下结论：

一、进军西藏一事结束后，康熙五十九年九至十一月，清军前线指挥官延信得到康熙帝的秘密授意，推举了“驻守召地辅助黄教之人”的候选人。延信担心青海和硕特与准噶尔之间的联系，再为了实现清军驻扎西藏的目的，恣意寻找口实，将青海和硕特内具有参选可能的首领逐一去除，以固始汗子孙及康熙帝所养育之人为由，推选了阿拉善和硕特的阿宝。另外，延信还在推选过程中让青海和硕特自言其兵力不足，利用西藏僧俗首领的报告等揭露了青海和硕特的妄为和不足，使阿宝名正言顺地带领清军驻扎在了西藏。

二、一方面，康熙帝又下达口谕给青海和硕特首领，在保留了册封汗王的同时，以

① 参见宫协纯子著《卫喇特汗之诞生》60页。载日本《史学杂志》1991年，第100-1号，36-73页。

在青海周边俱驻守了清军为借口，要挟他们继续为康熙帝尽力驻防西藏。这都是为了在与准噶尔达成和平协定之前，尽可能争取时间。为了让罗卜藏丹津等青海和硕特首领持续抱有册封其为汗王的期望，康熙帝和延信选给阿宝的封号不是“汗王”，而是“驻守召地辅助黄教之人”，这样可以降低罗卜藏丹津等人的疑虑和抵触。为此，罗卜藏丹津也在西藏一直驻守到了康熙六十一年九月。

三、为了对应延信所推选的“驻守召地辅助黄教之人”的身份，达赖喇嘛地方政权的人员督促幼小的七世达赖喇嘛，赐封给阿宝“洪台吉”封号，而没有封“汗王”号，为以后可能的变化预留了空间。

康熙朝后半期，不管表面上达赖喇嘛地方政权、青海和硕特、准噶尔的局势怎样变动，但三者间的内部联系依然很紧密。康熙帝搜集多方情报审视当时的局势，认为靠军事打击无法正确处理清朝与此三方势力间的关系。为此，康熙帝在与策旺阿喇布坦进行秘密交涉的同时，约定要保障青海和硕特在西藏的原有政治地位，并进一步利用与自己结有深厚人格主从关系的阿宝，巧妙地对达赖喇嘛地方政权和青海和硕特发挥他人无法替代的影响，最终成功切断了达赖喇嘛地方政权、青海和硕特、准噶尔这三者间的联系，历史性地为雍正、乾隆时期的各个击破打下了基础。

（齐光，1981年生，文学博士，中央民族大学历史文化学院博士后，北京，100081）

人口流动、性别失调与性犯罪

——以嘉庆时期新疆的犯奸案例为中心

贾建飞

内容提要：18 世纪中期，清朝统一新疆。在清政府的鼓励下，内地（尤其是陕甘地区）人口向新疆的流动趋势逐渐加强。随着以汉人为主的流动人口的增加，有关这些人的各种犯罪活动也随之增加，而犯奸案例是其中最重要的组成部分。本文以嘉庆时期新疆的犯奸案例为线索，主要对此类犯奸案例中犯奸者的组成、社会经济地位、社会关系和家庭背景，移民中的性别失调以及异民族之间的犯奸案例等进行了分析。在此基础上，作者进而分析了内地人移民新疆的动机、内地人的新疆认知以及伊斯兰文明对内地人移民新疆的重要影响。

18 世纪是中国近代早期最有活力的一个时期，其重要性毋庸置疑。它主要反映在：康乾盛世时期国家社会经济的快速增长，人口的大幅增加，国家疆域日益扩大并奠定了近代中国的基本地理形状，以及因马嘎尔尼使团来华而使得中国和西方之间发生了首次正式外交接触并导致西方人在 19 世纪的大批到来。[①]其中，伴随着清朝领土的扩大，因人口急剧增多而导致的内地人口压力常常驱使人们开始主动或被动地由内地诸省向西南边疆、台湾、东北和新开发的内陆亚洲边疆各地如蒙古、新疆流动。这些地区由于经历战事后人口大量减少，社会经济急需恢复和发展，因此往往生存和发展的机会较其他地方要多，容易对外来人口产生较强的吸引力。这一时期，人口的流动方向呈现出多样化的特征，且人口流动规模日益扩大化。[②]这些流动人口对于这些边疆地区的社会经济发展起到了积极的作用，对于巩固中央政府对这些地区的统治亦有一定的积极影响。

不过，由于人口的频繁流动及因此而致之经济社会生活的差异性、人口比例中的性别失调以及政府政策的不确定因素影响，往往导致许多社会问题的产生，尤其是不同文化和地域背景下的群体（包括流动人口与土著群体、流动人口之间、统治阶层与平民阶层）之间的冲突，因此，在这些人口流动频繁的新开发地区往往较易发生各类犯罪行为，

① [美]韩书瑞（Susan Naquin）、罗友枝（Evelyn Rawski）著，陈仲丹译：《十八世纪中国社会(*Chinese Society in the Eightheenth Century*)》“序言”，南京：江苏人民出版社，2008 年，第 1-2 页；Mark C. Elliott, “Author's Preface”, *Emperor Qianlong, Son of Heaven, Man of the World,* Longman, Priscilla McGeehon, 2009, pp.1-3；[美]约瑟夫·弗莱彻（Joseph Fletch）《1800 年前后清代的亚洲腹地》，见费正清、刘广京编：《剑桥中国晚清史（1800－1911 年）》上卷，中译本，北京：中国社会科学出版社，1996 年，第 39 页。

② 华立：《清代甘粛·陕西回民の新疆進出——乾隆期の事例を中心に》，塚田誠之編：《民族の移動と文化の動態——中国周縁地域の歴史と現在》，風響社，2003 年，第 20-67 页。

严重者甚至会对中央政府对边疆地区的统治产生消极的影响。

为减少这些边疆地区的犯罪活动，维护其社会稳定，清政府对这些新开发之地，尤其是非内地人聚居之地，往往采取一些限制性的措施，限制内地人向这些地区进行流动。不过，因各地情况不同，清政府亦因地制宜，对这些在不同地区间流动的人口采取了一些区别性的措施。譬如，在台湾地区，对于内地流动人口的进入，先是限制其携带家眷，后又放开，又因社会问题而禁，屡禁屡开；在东北地区则一贯禁止汉人的流入，只不过这种封禁政策并未取得清政府期待的效果；蒙古地区则允许内地商民持路票前往，但不得携眷。相较之下，新疆的情况又为不同：清政府在统一新疆之后，即鼓励内地民众携眷前往北疆的许多地方发展垦殖、贸易和其他经营活动，不过对于北疆一些游牧人口聚居之地和南疆维吾尔族人聚居之地，清政府虽不禁止内地男性前往，但却禁止他们携带女眷。

尽管如此，像新疆这些人口流动频繁的地区依然更容易发生各类犯罪行为。清代档案中记载了大量这样的犯罪案例（主要是命案）。按照犯罪性质划分，这些档案中记载的犯罪活动大致可以分为如下三类：经济犯罪案件（包括债务、经营纠纷和赌博等），其中以债务纠纷为主；犯奸案件；其他犯罪，主要是因琐事杀人或过失杀人等。

可以看出，犯奸案件是清代新疆刑事犯罪中相当重要的一个组成部分。对于清代的性犯罪，国内外的清史学者已有一些研究成果，如赖惠敏、郭松义、王跃生和苏成捷的相关作品。[①]他们利用丰富的清代宫中档，如《明清档案》、《内阁刑科题本》、《清代内阁汉文黄册》以及一些地方档案，如《巴县档案》和《顺天府档案》等，对清代犯奸案件发生的社会和家庭背景、清人的性观念、政府的处罚等进行了详细的分析。不过，这些研究往往注重内地而忽视新开发地区（如新疆、东北、西南和台湾等地）的性与犯奸案件。事实上，这些新开发地区往往也是此类案件的高发地区，正如很多研究婚姻关系的学者都指出，新开发的地区往往较常发生奸情。[②]

本文基于前人已有的研究成果，以清代满汉档案史料和官私文献为中心，以已有研究较少涉及的内地人在新疆的犯奸活动为主要线索，借以了解清朝统一新疆后，尤其是嘉庆时期内地人在新疆的社会生活及其对新疆的认知和认同。之所以选择嘉庆时期，一方面是因为清朝统一新疆后，乾隆时期是内地人向新疆流动的开始和初步发展时期，道光时期则是清朝有关内地人向新疆流动的政策的调整和改变时期，嘉庆时期可谓承乾隆而启道光时期，系内地人向新疆流动的一个较为稳定的时期，故对其进行分析研究较具典型性；另一方面，就相关档案而言，嘉庆时期的记载较乾隆和道光时期更为丰富，故相对而言更为全面。当然，在论述中，出于行文及论述之便，本章所涉时段和案例也会

---

① 如赖惠敏：《情欲与刑罚——清前期犯奸案件的历史解读（1644-1795）》，载《近代中国妇女史研究》第6期，1998年8月；赖惠敏：《但问旗人——清代的法律与社会》，台中：五南图书出版公司，2007年；郭松义：《伦理与生活——清代的婚姻关系》，北京：商务印书馆，2000年；王跃生：《清代中期婚姻冲突透析》，北京：社会科学文献出版社，2003年；苏成捷：《晚期中华帝国的性、法律和社会》(Matthew H. Sommer, *Sex, Law, Society in Late Imperial China*, *Stanford*, Calif.: Stanford University Press, 2000)。

② 如郭松义：《伦理与生活——清代的婚姻关系》，第12-13页；赖惠敏：《情欲与刑罚——清前期犯奸案件的历史解读（1644-1795）》，第72页；赖惠敏：《但问旗人——清代的法律与社会》，第286页。

超出嘉庆时期。不可否认的是，即使如此，资料亦属相对有限，故本文的部分分析或许并不具有普遍意义，不能以偏概全。

一

据初步统计，在乾嘉道时期的军机处满、汉录副奏折和宫中档朱批奏折中，有关新疆的涉及内地人①的犯奸案件共有116件。其中透露出的信息见表1：

表1：犯奸案件的分类

分类	鸡奸		异性犯奸			总计			
	和奸	强奸	和奸	强奸	卖奸	和奸	强奸	卖奸	总计
数量	30	14	61	10	1	91	24	1	116
百分比	68.2	31.8	84.7	13.9	1.4	78．4	20.7	0.9	100

其中，同一犯奸案例中涉奸者在3人及3人以上的案例有32例，占总犯奸案件的27.6%。在这32例犯奸案中，鸡奸10例，异性犯奸22例。

（一）犯奸案例的经济动因分析

根据档案记载，可以清晰地了解到，几乎所有男性犯奸者的社会经济地位都不高，处于社会底层。其从事行业或是身份各异，有佣工、车夫、矿工、退兵、剃头匠、鞋匠、裁缝和医生等；还有一些人小有资本，或开店铺，或做些小本生意；此外，也有一些当地的户民。而那些卷入犯奸行为的女性，其家庭的经济地位也大多较为低下。除记载不详者外，其丈夫（也有个别系未婚女性的父亲）多属佣工、佃农、退兵和户民，同样属于社会底层。这与内地犯奸者的情况略有区别。②而这种经济地位也使得经济动因往往在犯奸案件中占有重要的地位。

不可否认，情感因素是犯奸者的重要犯奸动机，尤其在其犯奸之初更是如此。但由于犯奸者大多社会经济地位低下，常为生计发愁，因此，在很多情况下，其犯奸行为（主要是通奸）会由最初的情感需求或生理需求发展为经济上的需求，甚至有很多犯奸行为的缘起即为经济利益所诱惑，即通过犯奸行为获取经济上的回报，补贴生计（见表2）。

表2：犯奸案件中的经济交易行为占比

具有经济交易的犯奸案件	鸡奸	异性犯奸	总计
数量（件）	17	40	57
同类案件总数（件）	44	72	116
占同类犯奸案件的比例（%）	38.6	55.6	49

① 所谓涉及内地人的犯奸案件，主要指犯奸者中至少有一方为内地去往新疆的汉、回人口。

② 如在郭松义《伦理与生活——清代的婚姻关系》中，在对情夫身份和情妇家庭情况的统计中，绅衿及其子弟、地主、商人和铺主等占有相当的比例（20%以上）。但在新疆，基本上没有绅衿、地主这样的人员涉入，而尽管有部分铺主，但根据记载，大多商铺之规模亦较小，这些铺主之经济地位应该不会太高。参见郭松义：《伦理与生活——清代的婚姻关系》，第534-535页。

根据表 2 可知，异性犯奸案中涉及钱物交易的案件比例明显较鸡奸案例为高。而且，在这 40 起涉及钱物的异性犯奸案件中，有 28 例明确载明，女性家属中有人知情且纵容这种奸情（21 例中丈夫知情纵容，3 例为母亲知情，1 例丈夫与婆婆均知情，1 例婆婆知情，1 例父亲知情，1 例为父母纵容卖奸）。家人之所以纵容女性犯奸，生计因素是重要诱因之一。有的是丈夫（或父母）体弱多病，无力养家：如阜康户民马伏玉因病无法工作，便让其妻陈氏与煤窑佣工张伏荣通奸，以利资助；[①]甘肃回民马三全因双目失明无法工作，而招留无服族弟马三荣同居照应家务，纵容其妻闫氏与马三荣通奸；[②]在唯一一例卖奸案中，乔秉仁夫妻携女出关，后因乔秉仁生病体弱，生活困苦，无法在新疆谋生，故欲返回原籍。但因缺乏返程之资，乔秉仁夫妻遂劝说其女乔伏存子沿途卖奸为生。[③]有的则是丈夫多年在外游荡，妇人无力养家：如喀喇巴尔噶逊户民单兴学出外游荡，日久未归，家中甚贫，其妻单闫氏先后与武威人刘喜有和卖肉为生的陕西三原人曹春发通奸。[④]

也有一些人虽不至于因衣食无着而致犯奸，但却属贪图小利而致犯奸或纵容妇人犯奸。如雷建兴雇佣甘肃定西人王敖帮同种地，月价银 2000 文。后王敖与雷建兴之妻雷张氏勾搭成奸，许以钱文，先后给 1700 余文。雷张氏即因贪图小利而与人通奸。[⑤]宁夏中卫人吴添荣于嘉庆十一年（1806）与绥来户民叚泰之妻陈氏勾搭成奸。吴添荣原积有工钱 20 余两，见叚泰家耕作缺乏牲畜，遂代买牛 3 只，马 1 匹，并在叚泰家帮工，叚泰纵容之。后嘉庆十五年，吴添荣出外讨债，叚泰又请甘州人王云帮忙，亦纵容王云与其妻陈氏通奸。[⑥]

另外，在其他一些案件中，虽未给予钱财，但最后亦因钱财生事。如甘肃人秦温孝久在伊犁佣工，与同住之同乡何生库鸡奸。后何生库向秦温孝借钱买鞋，遭拒后发生争吵，秦温孝殴伤何生库致死。[⑦]

除乔伏存子卖奸一案外，其余涉及钱财的犯奸行为并不同于单纯的卖奸行为（不能以暗娼、妓女来称呼犯奸行为中的女性），因为在此类犯奸行为中，犯奸对象大多比较固定（甚至是单一的），他们之间的犯奸行为通常持续时间也很长。

---

① 中国第一历史档案馆藏宫中档朱批奏折：04-01-26-0036-062（案：本文所用档案均为中国第一历史档案馆藏，此处编号为档案号，下同），乌鲁木齐都统庆祥“奏为审明张伏荣因奸殴伤马陈氏殒命案按律定拟事”，嘉庆二十三年六月初九日。

② 宫中档朱批奏折：04-01-26-0026-012，伊犁将军晋昌等“奏为审明回民马三荣续奸不遂扎死奸妇刘闫氏一案按律议拟事”，嘉庆十七年二月二十六日。

③ 军机处汉文录副奏折：03-2297-036，乌鲁木齐都统兴奎“奏为审办宜禾县客民王元因续奸被拒起意杀人一案事”，嘉庆十四年八月二十二日。

④ 军机处汉文录副奏折：03-2292-030，乌鲁木齐都统和宁“奏报喀喇巴尔噶逊客民曹春发奸毙刘喜有等已斩立决事”，嘉庆十三年五月二十四日。

⑤ 军机处汉文录副奏折：03-2286-002，乌鲁木齐都统奇臣“奏为奇台县客民王敖杀毙拒奸雷张氏案事”，嘉庆十一年十[illegible]月初七日。

⑥ 军机处汉文录副奏折：03-2303-009，乌鲁木齐都统兴奎“奏为审办绥来县客民吴添荣妒奸迭杀二命一案事”，嘉庆十五年十一月十四日。

⑦ 军机处汉文录副奏折：03-2317-030，伊犁将军晋昌“奏为审明民人秦温孝殴毙人命一案拟绞监候事”，嘉庆十八年六月十日。

如山西人张得喜于嘉庆八年（1803）来伊犁，剃头为生。与杨浩之妻李氏通奸，屡予杨浩银两，杨浩与杨浩之母均知情纵容。奸情一直持续到嘉庆十四年（1809）。[①]甘肃回民拜成礼于嘉庆六年（1801）与已故张宗孔之妻张氏调戏成奸，张氏因子女年幼，利拜成礼之资助，邀其同居度日。他们的奸情一直持续到嘉庆十七年（1812），长达十余年。[②]甘肃张掖人李伏与殷可珀之妻余氏的奸情自嘉庆八年一直持续到嘉庆十七年。[③]

（二）犯奸者的家庭背景分析：是否携眷

道光中期以前，清政府禁止内地民众携带女眷前往南疆，故此时期的南疆并没有内地女性的存在，唯有换防官兵及部分在此从事贸易、佣工等活动之内地男性商人。[④]

而在北疆，清政府为补充经历战火后急剧减少的北疆人口，并促进北疆社会经济的发展，几乎从统一后之初就允许内地人员携眷移居此地。但是，除了驻防官兵、政府组织前来的一些移民和部分贸易商民外，很多前来北疆的内地人仍然属于只身前往，而无女眷陪伴。从本文所涉档案中的涉案人员的家庭信息即可对此有所了解。这一方面说明单身人员可能更容易卷入犯罪（衬托出了携眷户民较低的犯罪率），另一方面也说明，尽管政策允许，但很多人依然选择只身出关而不携带女眷（或是他们根本就没有家眷）。

在本文所涉所有116例犯奸案例中，涉案男性犯奸者共有195人，涉案女性74人（其中内地女性64人）。

在这195名男性犯奸者中，涉及鸡奸案例的为100名，异性犯奸者为95名。在100名鸡奸者中，1人在内地即有妻室并携眷移住北疆，1人后来在北疆当地入赘，其余人中，大多为单身，部分人不详。而在异性犯奸案中的95名男性犯奸者中，明确有妻室的8人，鳏夫3人，其余84人大多为单身，少数不详。也就是，在这195名男性犯奸者中，单身或不详者182人，有妻室者10人，鳏夫3人。

而在64名内地女性犯奸者中，有夫之妇55人（后来有2人丧偶），寡妇6人，单身3人（其中1人未成年，1人出于生计，被其父母逼迫卖淫，1人后来嫁人）。

这些都显示出，没有女眷的单身男性更容易卷入各种犯奸案件之中，尤其是超高的鸡奸比例更容易说明携眷问题的重要性。对于这些男性之间的鸡奸行为，郭松义将之视为同性恋，认为这种行为并非单纯因性压力所致，而是与清朝的好男色之风有关；赖惠敏则认为他们只是一时间欲望冲动而已，并不能将他们单纯地视为同性恋者。[⑤]二者之言皆有其道理，然而却都不全面。一方面，不可否认情感因素对这些男性之间犯奸行为

① 军机处汉文录副奏折：03-2215-003，伊犁将军晋昌“奏为审办惠远城民人张得喜逞凶故杀三命案”，嘉庆十五年三月十日。

② 军机处汉文录副奏折：03-2317-009，乌鲁木齐都统兴奎“奏为审结回民拜成礼因续奸不遂杀死奸妇一案事”，嘉庆十八年四月二十四日。

③ 军机处汉文录副奏折：03-2313-005，乌鲁木齐都统兴奎“奏为审明迪化州客民李伏因奸后拒挟恨杀死奸妇一家三命一案事”，嘉庆十七年五月二十五日。

④ 道光中期，清政府改变了其禁止内地女性进入南疆的政策。在此后进入南疆的内地女性中，除了内地商民等所携家眷外，还有一些来自内地的女性遣犯。可参见珠克登：《喀什噶尔略节事宜》，见国家图书馆分馆编：《清代边疆史料抄稿本汇编》第24册，北京：线装书局，2003年，页51-52。

⑤ 郭松义：《伦理与生活——清代的婚姻关系》，第567-573页；赖惠敏：《但问旗人——清代的法律与社会》，第293-294页。

的影响和同性恋的存在，然而决不可以用男性好男色之风来解释所有这些犯奸者的鸡奸行为。毕竟，好男色之风多发生于上层社会，而这些下层男性因普遍没有携带家眷，故只能通过非正常的鸡奸行为来满足其正常的生理需求。另一方面，也不能将这种鸡奸行为只视为是一时的生理冲动。在很多鸡奸案例中，可以发现其中的诱因很多，譬如前文谈到的情感因素和经济因素等，并非单纯的欲望冲动。在很多情况下，这种鸡奸行为可谓几种因素共同作用的结果。而他们的鸡奸关系，很多都较为固定，有的持续时间相当长。因此绝非一时冲动所致。

而在这些犯奸内地女性中，单身女性极为稀少，且单身女性以未成年女性和寡妇为主，其余大多属于有夫之妇，基本上都和自己的亲人（如丈夫、父母、子女等）一起居住。这也反映出，在那个时代，女性是不可能独立流动和生活于异域的，她们只是家庭的附属品，随波逐流。

总而言之，无论是在性别的构成方面，还是在经济生活的独立性方面，诸如新疆这样的新开发之地都是一个男性的世界。

（三）犯奸命案：拒奸与杀人

在本文所涉所有的犯奸命案中，杀人动机主要有两种：第一，奸情泄露；第二，拒奸。

因奸情泄露所致之命案主要分为两种：第一，杀害知情者。如王亨在发现其妻王朱氏与巴有仓、巴全的奸情后，为三人合伙所杀；吴四娃子窥见其嫂吴张氏与宋潮英的奸情，宋潮英乃杀吴四娃子。[①]第二，杀害犯奸者。如李卢氏与人通奸，其夫李全获知后，杀害李卢氏；蒋德酒后欲奸义女玉环，为玉环之父余可礼知道后所杀；郭峰源与巴哈达和卓通奸，巴哈达和卓之父古鲁扳莫特知道后怒杀郭峰源。[②]

相对而言，拒奸才是此类命案中最重要的杀人动机，大部分命案都因拒奸而起。而拒奸的因素各异。此处主要对拒奸因素展开分析。

1.经济动因

如前文所述，尽管不排除情感因素在犯奸案件中的影响，但是，更不能忽视因经济利益而致之犯奸行为。在这些涉及经济利益的犯奸案件中，犯奸者的情感基础通常非常脆弱，其犯奸行为往往因经济利益而致终止，也就是经济因素往往成为重要的拒奸动因。通常是，在奸夫无钱后，很容易遭到与其通奸女性或是女性家人的拒奸，这些犯奸女性又另找奸夫。但是，悲剧往往因此而产生，这些拒奸者或其新的通奸对象很多都摆脱不了被杀的命运。

如宁夏人王敖与雇佣其帮同种地之雷建兴之妻雷张氏勾搭成奸，许以钱文。后王敖

① 军机处汉文录副奏折：03-2275-012，乌鲁木齐都统扎勒杭阿“奏为审拟库尔喀喇乌苏民妇王朱氏因奸谋杀亲夫一案事”，嘉庆七年三月二十日；03-2288-019，乌鲁木齐都统和宁“奏为绥来县民宋潮英与吴张氏通奸泄露扎死吴四娃子拟斩监候事”，嘉庆十二年四月十六日。

② 军机处汉文录副奏折：03-2276-010，伊犁将军松筠“奏为审拟绥定城绿营屯兵张用伏与李卢氏通奸被本夫捉获殴毙奸妇一案事”，嘉庆八年二月十五日；03-2232-020，乌鲁木齐都统刘芬“奏为审拟昌吉县民余可礼殴伤蒋德身死一案拟绞监候事”，嘉庆十九年四月二十五日；03-2338-001，阿克苏办事大臣同兴“奏为审明回子古鲁扳莫特殴伤民人郭峰源身死一案拟斩立决事”，嘉庆二十五年七月初三日。

不再给钱，雷张氏遂拒奸，遭王敖杀害。[①]山西人张得喜与杨浩之妻李氏通奸，屡予杨浩银两，杨浩与杨浩之母均知情纵容。嘉庆十四年，杨浩父母相继去世，杨浩无资安葬，索之张得喜，张得喜不予，遂生嫌隙，杨李氏拒奸于张得喜，张得喜怒杀杨李氏。[②]甘肃回民拜成礼于嘉庆六年与已故张宗孔之妻张氏调戏成奸，张氏因子女年幼，利拜成礼之资助，邀其同居度日。嘉庆十六年（1811），因拜成礼无钱，二人常吵闹。嘉庆十七年，拜成礼出外觅工，因无生计，又返回张氏家，遭张氏驱逐。拜成礼怒杀张氏。[③]

2.喜新厌旧的情感变化

此类命案主要发生于犯奸者超过三人的案件中。前文已经谈到，在犯奸案件中，涉案人员达三人及三人以上的案件很多。在此类案件中，最后发展为命案的原因，除了个别案件与上述经济因素有关外，大多因为犯奸者之一获悉犯奸对象又有了新的犯奸者后，因妒奸怒而杀人。

如：陕西人吴义成与同乡刘学兴有鸡奸之事。后吴义成弃刘学兴，复与同乡李作望之子李添成鸡奸。刘学兴妒奸，怒杀吴义成，伤李添成。[④]高印卖糖药凉粉为生，与满王氏同租王世禄房屋居住。高印与王世禄妻通奸，后经满王氏介绍，王世禄之妻又与杨元邦通奸。高印获悉后，怒杀杨元邦。[⑤]

3.婚配与拒奸

有一些人因为与他人结婚或是准备与他人结婚，因此想和通奸者中断通奸关系，但遭到通奸者杀害。

如吕宗禄入赘别人家,欲中止与西宁人陈才的鸡奸行为,陈才不允，怒杀吕宗禄。[⑥]已故退兵何成之妻何常氏与退兵陈学信通奸。后何常氏欲嫁人，陈学信怒杀何常氏。[⑦]

4.害怕奸情为人所知

此类拒奸动机在鸡奸案例中较为常见，在部分异性和奸案例中亦有此动机。

如高量与其合伙人张忠存在鸡奸关系，后高量怕其奸情泄露，故欲拒奸，张忠不允，争斗中为高量所杀。[⑧]王印之妻王张氏与其亲家殷喜通奸，后王张氏担心王印发觉，遂

① 军机处汉文录副奏折：03-2286-002，乌鲁木齐都统奇臣“奏为奇台县客民王敖杀毙拒奸雷张氏案事”，嘉庆十一年十一月初七日。

② 军机处汉文录副奏折：03-2215-003，伊犁将军晋昌“奏为审办惠远城民人张得喜逞凶故杀三命案”，嘉庆十五年三月十日。

③ 军机处汉文录副奏折：03-2317-009，乌鲁木齐都统兴奎“奏为审结回民拜成礼因续奸不遂杀死奸妇一案事”，嘉庆十八年四月二十四日。

④ 军机处汉文录副奏折：03-2321-038，伊犁将军松筠“奏为审拟惠宁城民人刘学兴因奸不成扎杀人命案事”，嘉庆十九年七月十五日。

⑤ 军机处汉文录副奏折：03—2275-025，乌鲁木齐都统扎勒杭阿“奏为奇台县民人高印妒奸扎毙杨元邦应斩监候事”，嘉庆七年六月二十八日。

⑥ 宫中档朱批奏折：04-01-27-0013-02，乌鲁木齐都统明亮“奏为审明陈才因奸谋杀吕宗禄身死案按律定拟事”，嘉庆八年七月二十一日。

⑦ 军机处汉文录副奏折：03-2324-001，伊犁将军松筠“奏为审明绥定城绿营退兵陈学信因奸故杀民妇何常氏案拟斩监候事”，嘉庆二十年三月初四日。

⑧ 军机处汉文录副奏折：03-2274-012，乌鲁木齐都统兴奎“奏为库尔喀喇乌苏民人高量扎死张忠是否独子老亲移咨陕甘总督确查事”，嘉庆六年二月十三日。

欲拒奸，为殷喜所杀。[①]

5.奸情为人发现后的拒奸

此类案件都发生在异性和奸案件中。其中，大部分是奸情为犯奸女性之丈夫知情后，丈夫勒令其妻终止奸情。奸妇往往因拒奸而为奸夫所杀。也有极个别的案例，奸情为别人发现，奸妇乃终止奸情。

譬如：李沅庆之妻李张氏与刘杭通奸，后被李沅庆发觉，李张氏遂拒奸于刘杭；[②]殷可珀之妻余氏与李伏通奸，为余氏次子六三子发现，六三子将此告知其父殷可珀，殷可珀遂令其妻断绝与李伏之奸情关系；[③]吴四娃子窥见其嫂吴张氏与宋潮英的奸情，吴张氏因此拒奸于宋潮英。[④]

6.强奸中的拒奸

因强奸而致的命案，除部分人自杀以外，[⑤]大多都是因拒奸而致命案。其中，在男性之间的强奸案中，常见的是强奸者被杀，拒奸者被杀的情况较少；而在异性之间的强奸案中，往往是女性拒奸者被杀。

如：樊生春酒后欲鸡奸库四儿，库四儿不从，踢伤樊生春致死；[⑥]伊犁户民董伏欲强奸高海良之妻高黄氏，遭拒后杀高黄氏。[⑦]

7.其他

除上述以外，在一些犯奸案件中，有些犯奸者因琐事发生争吵，因而拒奸。还有两个案例的拒奸动机比较特殊。一个是高礼与其族嫂高沈氏通奸。高沈氏后因其子女长大，遂欲拒奸高礼，高礼怒杀高沈氏。[⑧]另一个是郭峰源与阿克苏的古鲁扳莫特之长女巴哈达和卓通奸。一次，巴哈达和卓过节持斋，因而拒奸，遂生争吵，古鲁扳莫特知情后怒杀郭峰源。[⑨]

另外，亦有男性拒奸女性而致命案者。如山西人李自义与吴才娃之妻吴刘氏通奸，给予财物。后李自义无钱再给，便与吴刘氏断绝奸情。吴刘氏屡屡相邀李自义，均遭拒。

---

① 军机处汉文录副奏折：03-2334-002，乌鲁木齐都统兴奎“奏为审明迪化州民人殷喜因拒奸用刀砍伤民妇王张氏身死一案拟斩监候事”，嘉庆二十四年八月初十日。

② 军机处汉文录副奏折：03-2312-031，乌鲁木齐都统兴奎“奏为审办绥来县客民刘杭因续奸被拒砍死奸妇一案事”，嘉庆十七年四月十一日。

③ 军机处汉文录副奏折：03-2313-005，乌鲁木齐都统兴奎“奏为审明迪化州客民李伏因奸后拒挟恨杀死奸妇一家三命一案事”，嘉庆十七年五月二十五日。

④ 军机处汉文录副奏折：03-2288-019，乌鲁木齐都统和宁“奏为绥来县民宋潮英与吴张氏通奸泄露扎死吴四娃子拟斩监候事”，嘉庆十二年四月十六日。

⑤ 在相关案例中，有女性感到羞辱而自杀，也有丈夫感到气愤羞辱而自杀，还有强奸者因畏罪而自杀。

⑥ 军机处汉文录副奏折：03-2303-004，伊犁将军晋昌“奏为审办伊犁民人库四儿拒奸殴踢民人樊生春毙命一案拟照例杖流请旨事”，嘉庆十五年十一月初九日。

⑦ 军机处汉文录副奏折：03-2275-028，伊犁将军松筠“奏为审明伊犁民人董伏强奸高黄氏不从致死一案事”，嘉庆七年七月二十九日。

⑧ 军机处汉文录副奏折：03-2284-002，乌鲁木齐都统奇臣“奏报审明昌吉县民高礼奸毙族婶高沈氏情形事”，嘉庆十一年四月十四日。

⑨ 军机处汉文录副奏折：03-2338-001，阿克苏办事大臣伊铿额“奏为审明回子古鲁扳莫特殴伤民人郭峰源身死一案拟斩立决事”，嘉庆二十五年七月初三日。

后起争执，李自义殴伤吴刘氏致死。①

二

嘉庆时期新疆的涉及内地人的犯奸案件广布新疆各地，但以北疆的伊犁和乌鲁木齐两地最多。这两个地区的人口分布以内地流动人口为主，且清政府允许这些内地人携眷移居这些地方。至于其他非内地汉、回聚居且政府禁止内地人携眷移居的地方，如北疆的塔尔巴哈台、南疆各城等，涉及内地人的犯奸案相对要少很多。

在这些涉及内地人的犯奸案例中的犯奸者的民族构成上，以汉人之间的犯奸案例最多，其次是汉、回之间，另外还有汉、回与满、锡伯、索伦、蒙古和维吾尔族人之间的犯奸案例。在汉人之间和汉、回之间的犯奸案中，鸡奸和异性犯奸案例均有；汉、回与满、锡伯、索伦之间的犯奸案，都是男性之间的鸡奸案例；而在汉、回与蒙古、维吾尔族人之间的犯奸案中，则没有鸡奸案例，全是汉、回男性与异族女性之间的犯奸案。

其中，内地人与维吾尔族族人之间的犯奸行为主要发生在吐鲁番和南疆各维吾尔族聚居之地。由于清政府不允许内地人携眷前往南疆各城，缺乏内地女性，所以，发生在这些地方的与内地人相关的犯奸案例，除了男性之间的鸡奸案外，其余都发生在包括汉、回在内的内地男性与南疆当地民族女性之间，譬如维吾尔族、蒙古族甚至还有布鲁特人。在嘉庆时期新疆所有的116例涉及内地人的犯奸案中，发生在内地人与维吾尔族女性之间的犯奸案共有6例，其中，吐鲁番2例，阿克苏2例，和阗1例，乌什1例。

对于内地人与维吾尔族人之外的民族间的犯奸行为，清政府处罚并无特殊之处，表明清政府对于他们之间的交往和犯罪并无特殊规定和防范措施，允许他们自由往来。而民人本身对于不同族群间的这种犯奸行为也没有特殊感情色彩。唯一值得一述的是，在一起涉及内地汉、回间的犯奸案件中，退兵马俊之妻马顾氏先与谢有起通奸，谢有起许其以食用，马俊亦默许。后来马顾氏又与宁夏回民王世廷通奸。马俊知道王世廷是回民，唯恐谢有起生事，故令马顾氏断绝与王世廷的往来，并斥骂马顾氏，赶殴王世廷。但二人并不听劝。后来，谢有起获悉情况后，果起争执，刀伤马顾氏致其死命。②这一命案也许只是因妒奸而为之，但马俊之所以知道王世廷乃回民后如此劝阻其与马顾氏之奸情，或许也说明，在某些汉人中，对于信仰伊斯兰教的回民，似乎还有某种程度的歧视或是敌对情绪。而在另一起发生于乾隆时期的案件中，也可透露出清政府对于发生于内地人与新疆一些民族间的犯奸案例，处罚的动机主要在于维护新疆的社会稳定，而非出于异族之间的犯奸行为。乾隆三十九年（1774），有内地商民唐金福（音译）在南疆喀喇沙尔企图强奸和硕特妇女伯尔存（音译），遭拒后刀杀伯尔存致死。对此，乾隆认为该犯“目无法纪，凶顽至极”，因此命令嗣后如此案件应一面具奏，一面即行处斩。③

---

① 宫中档朱批奏折：04-01-26-0033-050，署乌鲁木齐都统刘芬“奏为审明阜康县客民李自义因奸叠扎吴刘氏身死案按律定拟事”，嘉庆二十二年七月二十七日。

② 军机处汉文录副奏折：03-2328-056，伊犁将军长龄等“奏为审明熙春城民人谢有起因妒奸扎死奸妇一案拟斩监候事”，嘉庆二十一年十月十六日。

③ 军机处满文录副奏折：103-1349，喀喇沙尔办事大臣达色“奏审办商民杀死和硕特妇女一案折”，乾隆三十九年八月初一日。

而一旦犯奸案中涉及维吾尔族女性，清政府的态度便颇为不同。以马现泷一案为例。回民马现泷与汉人王暄皆与吐鲁番维吾尔族人札满之妻约尔特尔通奸，札满并不知情。后来马现泷发现王暄与约尔特尔的奸情，非常恼怒，遂因妒奸而杀王暄。对于此案的处理，乌鲁木齐都统书麟奏："马现泷以内地回民，擅与新疆回妇通奸，已干例禁……将该犯绑缚市曹，即行正法。"[①]这与同类其他案件尚需奏请并待审讯后秋决明显存在区别。

之所以处理方式不一，主要还是清政府出于维护新疆稳定所虑。清朝统一新疆后，因地制宜，在新疆实行了很多有别于内地的政策。譬如对于新疆发生的案件，尤其是命案，处理即比内地严厉很多。

如在乾隆二十五年（1760），固原州回民林福与民人马友酒后斗殴，林福扎伤马友致死。哈密办事大臣永宁奏称"将林福拟以绞候，解送巡抚衙门，报部，入于秋审案内"，对此，乾隆帝指出，"此等新定地方，立法不可不严，将来内地贸易民人，与回人杂处，凡斗殴杀人之案，即应于本处正法。庶凶暴之徒，知所儆畏，非可尽以内地之法治也。著传谕各该驻扎大臣等，遇有似此案件，即遵照办理。……其林福一犯，不必解送肃州，著即行正法。"[②]

乾隆四十一年（1776），又有在哈密唱戏民人高宝童因口角起衅，将同班王敏用小刀戳伤致死一案，高宝童"问拟斩候"。对此，乾隆认为：

> 新疆各地方，五方杂处，易滋事端。凡关系刑名案件，用法不得不严，俾凶顽共知儆惧，是即避以止辟之义。此案高宝童持刀故杀，虽按律止应斩候，若照内地常例，入于明年秋审予勾，恐日久可忘，仍不足以示惩戒。并恐其在监病毙，转得幸逃显戮。自应入于本年秋审情实办理。并著刑部存记，嗣后凡伊犁回部等处，问拟斩候绞候重案，如在未勾到以前具奏者，俱照此例，赶入当年情实办理。若已过勾到之期，方可归入下年。[③]

再以嘉庆十一年的朱友案为例。甘肃武威人朱友与陕西临潼人杨国炳在伊犁合伙木匠营生，后来，二人受雇于索伦营兵哈拉勒岱家做木匠活，朱友同乡魏天福则给哈拉勒岱家运柴薪。嘉庆十一年三月初十日，三人因琐事纷争，朱友恼怒之下砍毙杨、魏二人。伊犁将军松筠上奏请旨将朱友正法。对于这起命案，嘉庆帝非常震怒，指出："朱友以口角细故，辄持刀连毙二命，实属凶横已极。且犯事在新疆地方，非内地审罚命案可比，自应一面奏闻，一面将该犯即行正法，以昭炯戒。"并对请旨定夺的伊犁将军松筠提出了批评，认为他"未免办理拘泥。"[④]

上述案件尚为发生于新疆汉人之间的命案。一旦案件涉及维吾尔族人，更为清政府

---

① 军机处汉文录副奏折：03-2270-025，乌鲁木齐都统书麟"奏为审拟吐鲁番回民马现泷因妒奸故杀王暄一案事"，嘉庆二年闰六月初九日。

② 《清高宗实录》（八）卷608，乾隆二十五年三月丁巳，北京：中华书局，1986年，第831-832页。

③ 《清高宗实录》（十三）卷1011，乾隆四十一年六月丙寅，页577-578。

④ 军机处汉文录副奏折：03-2283-041，伊犁将军松筠"奏为审拟民人朱友戳毙魏天福杨国炳二命案事"，嘉庆十一年四月初五日；中国第一历史档案馆藏汉文宫中档朱批奏折：04-01-30-0357-027，伊犁将军松筠"奏为遵旨将连毙二命人犯朱友即行处斩示众事"，嘉庆十一年六月初五日；《清文宗实录》（三）卷159，嘉庆十一年四月丁未，页65。另外，有关对在新疆犯罪者应加重处罚的谕令，还可参见《清高宗实录》（一一）卷892，乾隆三十六年九月癸卯，乾隆三十六年九月甲辰，页961-962。

重视。毕竟新疆尤其是南疆为信仰伊斯兰教的维吾尔族世居之地，如何处理其他民族与维吾尔族之间的关系，切实关系着清朝在新疆的稳定统治。例如嘉庆元年，吐鲁番发生了一起维、汉之间因争地导致的命案。维吾尔族人奈黑侵种吐鲁番满营官地十余亩，屡与佃种这些官地的陕西临潼民人陈世宁发生争端，后在一次争吵中陈世宁致奈黑于死地。尽管犯罪起因在奈黑，但乌鲁木齐都统书麟在上书嘉庆的处理奏折中却指出："新疆地方回民交处，似此（陈世宁）凶恶之徒，若不从严办理，无以示惩儆，亦不足以服回众之心。陈世宁一犯合依故杀律拟斩。奴才于审明后即恭请王命将该犯绑缚市曹斩决于众。"嘉庆帝朱批"是"。[①]足以表明嘉庆帝及新疆地方官对于维、汉间命案的态度。

为了减少这些民族之间的交往和冲突，稳定新疆的统治，清政府在新疆制定了一些倾斜性的、具有新疆特色的政策。首先是采取了一定程度的民族隔离，尤其是在维吾尔族人聚居的吐鲁番、伊犁和南疆各城，坚持将维吾尔族人和内地人予以隔离，维吾尔族人居于回城，其他内地人则居于满城、汉城和镇城。虽然这种隔离政策的实施并不严格，但是还是起到了一定的作用。[②]其次，严惩内地人与当地维吾尔族人之间的通婚及犯罪、尤其是犯奸行为。由于道光以前清政府一直禁止内地军民携眷前往回疆，因此在回疆存在部分内地军民娶维吾尔女性的行为。早在乾隆二十九年，乾隆为此即已下谕，严禁官兵乱娶"回女"。[③]嘉道时期制定并予以修订的《回疆则例》，则从法律层面对此予以规范，尤其是维吾尔妇女与其他民族人员之间的交往问题，足见清政府对此问题的重视。如："禁止换防绿营弁兵及发遣为奴人犯擅娶回妇"条规定"各回城换防绿营弁兵不准擅娶回妇，违者将擅娶回妇之弁兵分别责革，所娶回妇离异，仍将该管官分别参处。如由内地发遣新疆给伯克为奴之犯，亦不得擅配回妇，违者即将为奴人犯枷责，回妇离异，仍将该管阿奇木伯克等参处治罪"；"禁止回妇私进满城"条规定"回疆满城系专设之围，驻扎官员以资戍防。倘有回妇私自入城或被人招引住宿者，一经本城大臣查出，即将城守营及阿奇木伯克等严加参处，仍将招引回妇进城之官兵照军律治罪"；"禁止兵丁私入回庄"条规定"各城满汉兵丁在城差操，或分驻卡堡汛地，均有住宿兵房，非奉公差，不得任意出入回庄游荡。如有潜赴回庄住宿者，准伯克回子等缚送本营大臣处加重治罪。该管官约束不严治以应得之咎"；"稽查汉回擅娶回妇"条规定"内地汉回前赴回疆贸易佣工者，令在原籍请票出关，注明年貌执业，行抵各城缴票注册，回日请票进关。如查有擅娶回妇为妻，及煽惑愚回，多方教诱，及充当阿浑者，即照新例治罪。"[④]

但是，由于政策禁止内地女性进入南疆，尽管清政府对于内地人与维吾尔族人之间的交往和犯罪行为、尤其是犯奸行为进行了严厉的处罚，却依然无法杜绝一些人不惜铤而走险，通过与维吾尔女性的关系来满足正常的心理与生理需求。正如米华健所谓，《回

① 军机处汉文录副奏折：03-2269-015，乌鲁木齐都统书麟"奏为吐鲁番客民陈世宁因争地界殴毙回子奈黑审明正法事"，嘉庆元年四月十九日。

② 详见贾建飞：《试论清中期的南疆经略政策——以对内地人的政策为中心》，《欧亚学刊》第5辑，北京：中华书局，2005年。

③ 军机处满文录副奏折：070-0829，叶尔羌参赞大臣额尔景额等"奏遵旨严禁官兵乱娶回女及将索伦所娶之厄鲁特女子送往伊犁折"，乾隆二十九年二月十一日。

④ 分见《回疆则例》，见《中国西北文献丛书续编·西北史地文献卷》第5册，卷6，甘肃文化出版社，1999年，第363-364页；卷8，第445，447，457页。

疆则例》中的诸多禁止或许正是对已有行为的一种修正。①即使在道光时期，清朝允许内地官兵民人携眷进入南疆后，但是由于并未彻底改革原来在南疆实行的“换防兵制”，加之很多人并未携眷前来，因此这样的犯奸行为也时有发生。如在道光十七年（1837）的一起命案中，原籍甘肃皋兰县之回民刘贵在和阗曾与年仅 16 岁的回女柯伯克通奸一年多，后柯伯克又和遣犯邱贞洲通奸；②在道光二十八年（1848）的一起命案中，由伊犁换防喀什噶尔的索伦营马甲德尔齐善与当地回妇胡蘼尔“素有奸情”。③只不过这样的奸情数量相对稀少，在一定程度上体现出了这些政策所起到的作用。

对内地人与维吾尔族人之间的犯奸案例进行分析，可以发现，经济动因是最主要的诱因。在嘉庆时期的 6 例和上述道光十七年与柯伯克、胡蘼尔相关的 2 起犯奸案例中，除 2 例外，其余 6 例犯奸行为中均明确载明涉及钱物。其中有 4 例是奸夫给予奸妇钱物；有 1 例是因为窝布尼牙斯欠钟有奇大钞 42 千，无力偿还，遂允许妻子仔及巴努与钟有奇通奸；另外 1 例是古鲁扳莫特欠郭峰源普尔钱 500 文，亦无力偿还，郭峰源遂与古鲁扳莫特之长女、被休回家的巴哈达和卓通奸。④

三

如前文所述，清朝统一新疆之后相当长的时间内，新疆都可谓一个男性的世界。显然，性别失调（严重的男多女少）与犯奸案件之间存在一定的因果关系。至于男女比例失调的原因，赖惠敏在《但问旗人》中以台湾为例指出，清初朝廷限制妇女迁徙台湾，造成了男女比例的失调。⑤不过，新疆的情况与台湾大为不同，所以，不能简单地以台湾的实例，即以清朝的政策来探讨新疆男女比例的失调问题。

如前所述，清政府自统一新疆之后，就允许内地人（包括兵丁、民户和迁发人丁等）携眷前来北疆。但是，尽管如此，仍有很多内地人属只身前来。⑥直到嘉庆时期，至少

① 米华健在其《嘉峪关外》一书中对发生于南疆的内地官民与维吾尔族人之间的异族通婚、异族性行为和强奸进行了一定的阐述，尤其指出清朝驻扎南疆的官兵和流犯，而非内地商人才是其中最重要的参与者。事实上，清代文献中对这样的事情也有一定的记载，如乾隆二十五年，喀什噶尔办事都统侍郎海明奏“骁骑校阿克栋阿仆人喜儿偷窃伊主银两逃走，在回人家匿藏，赌博宿娼”，喜儿被拿获正法。见 James Millward, *Beyond the Pass: Economy, Ethnicity, and Empire in Qing Central Asia, 1759-1864,* Stanford University Press, 1998，Beyond the Pass, pp.205-208;《清高宗实录》(八)卷 626，乾隆二十五年十二月甲戌，第 1030-1031 页。

② 宫中档朱批奏折：04-01-27-0034-003，和阗办事大臣法丰阿“奏为审明回民刘贵因奸故杀二命案按律定拟事”，道光十七年六月二十日。

③ 宫中档朱批奏折：军机处汉文录副奏折：03-3906-021，叶尔羌参赞大臣吉明“奏为审拟喀什噶尔民人赵喜因饮酒口角伤毙王存伏一案事”，道光二十八年十月二十六日。

④ 可参见军机处汉文录副奏折：03-2300-003，乌什办事大臣纳尔松阿“奏为乌什镇标前营步兵孟天茂挟恨谋杀中营马兵魏恒一案拟斩监候其通奸回妇交伯克请旨事”，嘉庆十五年四月初二日；03-2327-006，和阗办事大臣贡楚克扎布“奏为审明回子鲁自纵妻与营员通奸致死伊妻复扎伤奸夫一案拟绞监候营员革职发遣事”，嘉庆二十年九月二十日；03-2330-006，阿克苏办事大臣同兴“奏为审明回民张玉笼因妒奸扎伤民人顾天荣身死一案拟斩监候事”，嘉庆二十三年二月初九日；03-237-005，乌鲁木齐都统贡楚克扎布“奏为审拟吐鲁番回妇仔及巴努勒死民人钟有奇焚尸灭迹一案事”，嘉庆二十五年四月十三日；03-2338-001，阿克苏办事大臣伊锉额“奏为审明回子古鲁扳莫特殴伤民人郭峰源身死一案拟斩立决事”，嘉庆二十五年七月初三日。

⑤ 赖惠敏：《但问旗人——清代的法律与社会》，第 315 页。

⑥ 可参见宫中档朱批奏折：04-01-01-0367-011，乌鲁木齐参赞大臣索诺穆策凌“奏为遵旨酌议迁疆回妇赏给屯种只身兵丁为妻事”，乾隆四十三年正月初九日。

从档案文献中看出，很多来到北疆的内地民人依然没有携眷前来。

再以南疆为例。道光中期以前，清政府禁止内地民人携眷前往南疆，故南疆的内地民人多属只身前往或是与男性眷属同往。道光中期，清政府平定张格尔和玉素甫之乱后，为加强对南疆的统治，促进南疆社会经济的发展，开始对其禁止南疆商民携眷和禁止在南疆发展屯田的政策进行改变，允许内地商民携眷前来南疆，放开了内地妇女前往南疆之禁。米华健因此在其《嘉峪关外》用了“团圆(reunion)”这个词汇来形容这一政策的影响。[①]但是，实际上这种政策的实施对于内地妇女前往南疆的影响是较为有限的。从道光帝在一道谕旨中所言即可对此有所认识。道光十四年（1834 年），叶尔羌参赞大臣（道光十四年三月授乌鲁木齐都统）长清奏请巴尔楚克、喀什噶尔的屯田自同年起开始升科。对此，道光帝指出：“回疆距口内较远。兹当创办之始，只有民人到屯认垦，尚无携眷而来者”，因此不能仿照北疆招民开垦成案（每亩粮额输纳 8 升）办理，南疆屯田“每亩征收小麦三升”，以吸引民人，尤其是内地无业贫民携眷前来，“拨给地亩，令其开垦谋生，妥为安抚。……总期草莱日辟，田亩日增，兵食攸赖，足以壮声势而实边储。”[②]

因此，尽管道光时期清政府对其政策进行了调整，但是，这种政策的调整并没有收到预期的效果，内地妇女并没有大量来到南疆。南疆男女比例的失调问题也没有得到切实的解决。这不仅导致前文所述犯奸案件的多发，而且，也严重影响到了流动社会中人们的婚娶问题，同时，也导致性服务业在新疆流动人口社会中的兴起和发展。

（一）流动人口社会中的婚娶问题

1.娶亲成本

因时代、地域、社会经济发展水平和富裕程度不一，清人的婚嫁成本亦不同。郭松义通过对各种清代文献的分析，指出一次婚嫁所需的费用，少则几十两，多至百余两、几百两，乃至上千两。这不仅为常人难以承担，即使对于中等或某些上等人家而言也是沉重的经济负担。[③]赖惠敏则在其文中，通过对康雍乾时期的档案文献的分析，指出彼时常人聘娶妻子的价银至少要 20 两银子。下层民众（如佣工、小生意人和农人等）如想娶妻，必须积蓄多年。赖惠敏并引李渔之言：“以佣工之辈，费半生血汗，仅得一妻一口，”借以说明聘娶妻子的花费已经成为男方家庭的沉重负担，娶妻不易。[④]综合郭松义、赖惠敏之言，彼时常人娶亲，成本至少在数十两。

在新疆，正如前文所述，佣工工钱较高。收入较高，必然导致娶亲的成本相应要高，何况新疆还是一个男女比例严重失调的地方。乾隆时期，乌鲁木齐参赞大臣索诺穆策凌就曾上奏称：“窃查乌鲁木齐所属兵丁民户以及各省迁发人丁内多有只身，皆因内地过远，成家无计，兵民内如有室女或孀妇，则求议纷纭，虽费资数十两及百余两，尚不能

① James A. Millward, *Beyond the Pass*, p.226.

② 《清宣宗实录》（四）卷 252，道光十四年五月辛巳，第 817 页。

③ 郭松义：《伦理与生活——清代的婚姻关系》，第 103-109 页。

④ 赖惠敏：《但问旗人——清代的法律与社会》，第 304-306 页；李渔：《资治新书》卷 13，康熙二年刊本，中央研究院傅斯年图书馆藏线装书，第 10 页，转引自赖惠敏《但问旗人——清代的法律与社会》，第 306 页。

得，是以不能娶妻者甚多。”[①]足以说明这一问题的严重性。至嘉庆时期，通过对为数不多的几个涉及娶亲成本的档案进行调查，可以发现新疆常人娶亲的成本远远高于赖惠敏文中的江南地区的20两。

如：嘉庆二年（1797），岳常林欲娶寡妇苗刘氏为妻，财礼除苗刘氏原欠岳常林银6两5钱，麦2石8斗外，苗刘氏之子苗生发还让岳常林代还苗家所欠其他债务，并要负担苗生发娶妻财礼；[②]嘉庆十六年，马三全病故，因家中负欠过多，无法养赡子女，其妻闫氏改嫁丧妻之刘添桂，由刘添桂代还马三全所有债务；[③]嘉庆十八年（1813），伊犁回民吴玉为子娶妻，欲借民人林志会、马吉文二人银子80两；[④]嘉庆二十一年（1816），武威民人皋自成欲娶寡妇丁吴氏为妻，丁吴氏之夫兄丁建伏除了原来丁吴氏欠皋自成的17两银子不还外，另让皋自成再给财礼50两；[⑤]嘉庆二十五年（1820），阜康县客民、甘肃镇番人张玉奉为儿子张大成聘娶同乡杨起寅之女奔鲁子为妻，起初杨起寅要彩礼80两，后双方说定为54两并棱布4对。[⑥]

因婚娶成本过高，往往导致很多男性至中年方能娶得起妻，男女年龄差异较大。正如纪昀所言乾隆时期乌鲁木齐的情况：

婚嫁无凭但论赀，雄蜂雌蝶两参差。

春风多少卢郎怨，阿母钱多总不知。

纪昀自注：娶妇论财多，以逾壮之男而聘髫龀之女，土俗类然，未喻其说。[⑦]

2.犯奸、休妻（杀妻）与寡妇的再嫁问题

男女比例失调，娶妻成本高，因此在相关的档案中，很少发现有丈夫休妻的事情发生，即使丈夫发现了妻子与别人的犯奸行为后也是如此，往往只是在打骂妻子后告诫她终止偷奸行为。当然，正如前文所述，也有一些人为了经济利益，而纵容妻子与人通奸。总体上，除个别人外，很少会有人因妻子犯奸而休妻甚至杀妻。嘉庆时期的犯奸档案中仅见三例：嘉庆八年，绥定城的李伏因妻子李卢氏与绿营屯兵张用伏通奸，怒杀李卢氏；嘉庆十七年，丁乾亨疑其妻与人有奸，争吵中杀死其妻；董自秋因其妻与其伯兄董自春

---

① 宫中档朱批奏折：04-01-01-0367-011，乌鲁木齐参赞大臣索诺穆策凌“奏为遵旨酌议迁疆回妇赏给屯种只身兵丁为妻事”，乾隆四十三年正月初九日。

② 军机处汉文录副奏折：03-2270-019，乌鲁木齐都统书麟“奏为审办绥来县民人岳常林因图入赘不遂扎毙苗生发一案事”，嘉庆二年六月十三日。

③ 宫中档朱批奏折：04-01-26-0026-012，伊犁将军晋昌等“奏为审明回民马三荣续奸不遂扎死奸妇刘闫氏一案按律议拟事”，嘉庆十七年二月二十六日。

④ 宫中档朱批奏折：04-01-26-0029-019，伊犁将军晋昌等“奏为审明回民吴玉用刀扎毙人命自行投首一案按律议拟事”，嘉庆十八年八月初一日。

⑤ 军机处汉文录副奏折：03-2328-053，乌鲁木齐都统高杞“奏为审明绥来县民人皋自成用刀扎死二命一案事”，嘉庆二十一年十月十六日。

⑥ 军机处汉文录副奏折：03-2339-024，乌鲁木齐都统贡楚克扎布“奏为审明阜康县客民杨起寅用刀扎伤张大成身死一案拟斩监候事”，嘉庆二十五年十月十九日。

⑦ 纪昀：《乌鲁木齐杂诗》，见纪昀撰，孙致中等点校：《纪晓岚文集》第一册，石家庄：河北教育出版社，1995年，第599页。此即清代文献中常常出现的“婚嫁衍期”，也叫“婚嫁失时”，是指按照习惯年龄还未能成双配对。郭松义对清人“婚嫁衍期”的原因进行了分析，原因之一就是本文所述因家贫出不起财礼。见郭松义：《伦理与生活——清代的婚姻关系》，第242-250页。

通奸，怒杀其妻。①

与此形成鲜明对比的是，因琐事引起的冲动并最终导致杀妻的案件在档案中却较为常见（见表3）。

表3：琐事杀妻案例②

时间	地点	人物	身份	杀妻缘由
乾隆五十八年	绥来	樊廷侯、樊王氏	户民	樊廷侯酒后口渴，令其妻王氏取水，因王氏没有及时应答，樊廷侯怒而责打王氏致死
乾隆六十年	迪化	李连夫妻	户民	因家贫，李连不愿接已嫁人之女儿回家过冬，与妻子发生口角，李连怒而杀妻
嘉庆二年	昌吉	骆伏夫妻	民人	因妻子未等骆伏一起吃饭，骆伏酒后杀妻
嘉庆三年	昌吉	刘俊与妻刘于氏	民人	琐事
嘉庆四年	精河	何云与妻何王氏	营兵	因王氏阻拦何云喝酒而踢伤王氏致死
嘉庆四年	阜康	武见禄与妻姜氏	营兵	妻子未及时做饭
嘉庆六年	昌吉	张应斗与其童养媳	户民	琐事
嘉庆七年	阜康	郑大成夫妻	户民	琐事
嘉庆八年	乌鲁木齐	何国相与妻柴氏	牧羊人	因柴氏擅自卖掉剪好的羊毛，何国相怒杀柴氏
嘉庆八年	伊犁	牛成伏与妻刘氏	民人	牛成伏回家后，见刘氏尚未铺炕，责打刘氏致死。
嘉庆九年	奇台	王廷荣夫妻	民人	琐事
嘉庆十一年	昌吉	胡发夫妻	客民	琐事
嘉庆十一年	奇台	韩记学与妻韩杨氏	客民	琐事
嘉庆	昌吉	马伏与妻李氏	屯兵	妻子未及时做饭

① 军机处汉文录副奏折：03-2276-010，伊犁将军松筠“奏为审拟绥定城绿营屯兵张用伏与李卢氏通奸被本夫捉获殴毙奸妇一案事”，嘉庆八年二月十五日；03-2312-030，乌鲁木齐都统兴奎“奏为阜康县济木萨户民丁干亨疑奸扎伤伊妻身死一案事”，嘉庆十七年四月十一日；03-2286-008，乌鲁木齐都统奇臣“奏为绥来县民董自秋因兄奸弟媳刀杀命案事”，嘉庆十一年十一月二十五日。

② 资料来源：中国第一历史档案馆藏军机处汉文录副奏折、宫中档朱批奏折。

十七年				
嘉庆二十一年	伊犁	朱文秀与妻夏氏	营兵	朱文秀腹痛，让夏氏烧茶，夏氏贪睡不起，朱文秀殴伤夏氏致死
嘉庆二十三年	迪化州	张潮品与妻马氏	佣工	因琐事，张潮品殴妻致死
嘉庆二十五年	吐鲁番	刘叙桶与妻傅氏	佣工	傅氏因痨疾，生活无法自理，使刘叙桶无法工作养赡家里，傅氏又经常埋怨刘叙桶不能顾养她。刘叙桶忍无可忍，刀伤傅氏致死。

这样的对比似乎可以说明，虽然清代受传统礼教影响严重，但是在新疆这样的新开发之地，传统礼教的影响非常薄弱，加之性别比例的严重失调导致婚姻资源稀缺，从而使妇女的地位相对较高，[①]因此犯奸并非不可原谅的行为，不至于让男性因妻子的不忠行为而致有杀人的冲动。反而是家庭琐事所致之冲动更容易让男人杀妻。

而且，由于男多女少，妇女的地位相对较高，故寡妇亦往往受到单身男性的青睐，有时甚至几个人争娶一个人。而寡妇们也可以不拘伦理行事，再嫁较为常见，很少受到歧视。如甘肃皋兰县人岳常林欲娶寡妇苗刘氏，只因无力负担苗刘氏之子苗生发所定之财礼而作罢，后苗刘氏又招他人入赘；王文斌与已故刘荣之妻刘王氏有奸情，后因王文斌暂时回籍，刘王氏出于生计原因，嫁于邱守业；42 岁之闫氏因夫马三全病故，负欠过多，无力养赡子女，便改嫁刘添桂。[②]

3.娶亲与凶杀

男多女少，加之财礼较高，导致娶妻不易。但是，围绕娶亲问题，又往往容易发生纠纷，甚至导致凶杀惨案的发生。其原因主要如下：

第一，求娶遭拒。

如，陕西扶风人马陵贵向在宜禾县木匠营生，单身，欲娶乡亲冯秀之女、15 岁的玉哥儿为妻，但遭到玉哥儿外祖郭明的坚决反对。马陵贵非常愤怒，夜赴冯秀家，欲行凶泄愤，为冯秀邻居梅成所见，遂杀梅成，伤郭明之妻郭廖氏，最后杀了玉哥儿。[③]

中卫人常生沅受雇于绥来县户民张钧家佣作，张钧曾口头承诺将来以亲女祥娃子许配常生沅。后来，因嫌常生沅懒惰，张钧欲辞退常生沅，并拒绝了常生沅与祥娃子的婚事。常生沅因而怒杀张钧，伤张钧之妻陈氏并其他数人。[④]

第二，女方悔婚。

---

① 郭松义：《伦理与生活——清代的婚姻关系》，第 12 页。

② 军机处汉文录副奏折：03-2270-019，乌鲁木齐都统书麟“奏为审办绥来县民人岳常林因图入赘不遂扎毙苗生发一案事”，嘉庆二年六月十三日；03-2330-029，乌鲁木齐都统庆祥“奏为审明迪化州客民杨恺用刀戳伤王文斌身死一案事”，嘉庆二十三年九月二十八日；宫中档朱批奏折：04-01-26-0026-012，伊犁将军晋昌等“奏为审明回民马三荣续奸不遂扎死奸妇刘闫氏一案按律议拟事”，嘉庆十七年二月二十六日

③ 军机处汉文录副奏折：03-2269-028，乌鲁木齐都统书麟“奏为宜禾县客民马陵贵砍死梅成等斩决示众事”，嘉庆元年五月初九日。

④ 宫中档朱批奏折：04-01-26-0021-013，乌鲁木齐都统兴奎“奏为审明常生沅挟嫌谋命并叠伤多人案按律定拟事”，嘉庆十四年十一月初九日。

如徐保一案：嘉庆九年（1804），甘肃山丹人徐巴都央媒于张进荣，为其子徐保说合吴杰 11 岁之女。嘉庆十六年，吴杰之妻吴张氏因不满徐保，欲悔婚。徐保心生怨恨，杀吴张氏。[①]

嘉庆十七年，乌鲁木齐甚至发生了一起因怀疑女方悔婚所致命案。甘肃镇番县人许学才只身出口，于嘉庆十年（1805）雇于张国栋家工作，张国栋夫妇以其勤劳而以幼女许配为妻。后张国栋之子张金贵屡言许学才懒惰，张国栋遂将其斥逐他处佣工。嘉庆十六年，张国栋幼女因病身故，告知于许学才，许学才怀疑是张家有意悔婚，愤而杀张国栋之妻及张金贵。[②]

第三，妒婚。

主要发生在那些犯奸者之间，通常是其中一方欲婚娶，遂欲终止犯奸行为，另一方因妒婚而杀人；或是因种种原因，犯奸者之间未能通婚，奸妇又与第三者通婚，从而导致命案。如前述陈才杀吕宗禄和陈学信杀何常氏的案例即是这样。再如上述王文斌一案，王文斌与刘王氏通奸，后王文斌暂时回籍，将刘王氏托付杨恺照管。其间，刘王氏出于生计原因，托杨恺做媒另嫁于邱守业。王文斌回来后，获悉此情，与杨恺产生纷争，争斗中杨恺杀死王文斌。

第四，其他。

譬如，上述杨起寅与张玉奉讲定儿女通婚的财礼为 54 两并梭布 4 对，定于嘉庆二十四年（1819）八月行聘，十二月娶亲。但因杨起寅无钱置办女儿奔鲁子嫁妆，欲待来年再办，否则，就要张玉奉家再给银 30 两银子。张玉奉家拒绝给钱。嘉庆二十五年（1820）三月，奔鲁子到亲戚家，被张玉奉家将奔鲁子拉至其家越夜未归，杨起寅怒而前往寻人，虽张玉奉之子张大成认错，但杨起寅还是刀杀张大成。[③]

（二）性别失调与新疆性服务业的兴起和发展

通过前述可知，犯奸现象在新疆的多发，与新疆这样一个人口流动社会中存在的性别比例失调现象往往具有非常密切的关联。而清代统一新疆后新疆色情业的兴起与发展似乎也可从另一个角度说明性别比例失调所带来的一个社会后果。也就是，在这样一个以男性流动人口为主的社会网络中，一些女性遂成为在旅途或者在客中的男人们的性交易对象。当然，这一现象在内地更为常见。[④]

由于资料缺乏，我们无从了解当时新疆的性服务业的全貌。仅据现有资料进行分析，在乾嘉道时期，新疆仅有乌鲁木齐一地明确存在妓院这样的色情服务场所。

清人文献中，纪昀在其《乌鲁木齐杂诗》中最早为我们描述了乌鲁木齐的色情行业。

　　颠倒衣裳夜未阑，好花随意借人看。

---

① 军机处汉文录副奏折：03-2219-010，乌鲁木齐都统兴奎“奏为审办绥来县民人徐保挟嫌刃伤未婚岳母致死一案事”，嘉庆十六年闰三月二十八日。

② 宫中档朱批奏折：04-01-26-0027-072，乌鲁木齐都统兴奎“奏为审明许学才因疑赖婚杀死张国栋之妻李氏并子张金贵一案按律正法事”，嘉庆十七年十一月初八日。

③ 军机处汉文录副奏折：03-2339-024，乌鲁木齐都统贡楚克扎布“奏为审明阜康县客民杨起寅用刀扎伤张大成身死一案拟斩监候事”，嘉庆二十五年十月十九日。

④ [美]曼素恩（Susan Mann）著，定宜庄、颜宜葳译：《缀珍录：十八世纪及其前后的中国妇女（*Precious Records: Women in China's Long Eighteenth Century*）》，南京：江苏人民出版社，2005 年，第 39 页。

西来若问风流地，黄土墙头一丈竿。

纪昀自注：凡立竿于户内，皆女闾也。[①]

这一描写表明，彼时乌鲁木齐已经有了较为固定的、公开的色情场所，而且，其数量应该不少。不过，由于纪昀并没有提供进一步的说明，我们无从更多地对此进行了解。

此后，曾于道光十八年至道光二十五年间流放乌鲁木齐的浙江台州人黄濬，在其《黄山碎叶》中再次提及乌鲁木齐色情业之盛：乌鲁木齐汉城“土妓一千余家并栖之，俗呼之曲儿娃。其佳者百余人，表表有名者亦数十人。口以内省会青楼无此盛也”。其中，有一名妓名曰“凤”，其亲属甚至借以其名，创办戏班“小凤班”。而在当时乌鲁木齐的元宵灯会上进行的秧歌表演中，还有“数人扮如娼妓，粉面如涂墙，强作娇态”。黄濬还提到，元宵之夜，“夜游者，旗人妇女为多，曲娃次之。”[②]

在刊刻于咸丰元年的《出口外歌》中，也谈及了乌鲁木齐的妓院。文中的陕西“出口人”于道光时期抛妻别母来到新疆谋生。在乌鲁木齐期间，谋得一份职业。后来在一个朋友的引诱下，常常流连于妓院之中，二三年间，弄得个人财两空。[③]

咸丰时期，流放新疆的杨炳堃又有记载，“木垒河极繁盛，兼多妓馆”，而在乌鲁木齐，“十九日，张蘭轩招饮，在于汉城之永顺园设席……座有女妓香霞、香云，皆甘肃人，流寓在彼。每逢讌集，一呼即至，塞上风光，可见一斑。”[④]可见，在乌鲁木齐等内地人员聚集的地方，妓院又获得了进一步的发展。

通过这些记载，至少说明，自清朝统一新疆后不久，妓院就已在乌鲁木齐存在，且逐渐得到了相当程度的发展。这一方面是因为乌鲁木齐是内地流动人口的一个主要安置场所，清朝对这里的管理采取的也是与内地相同的州县制度，故内地的文化、风俗很快也移植到了这里。另一方面，也是性别比例失调的直接后果之一。妓院在新疆的出现和发展满足了大量没有女眷的男性流动人口的生理需求。在某种程度上，能够吸引这些流动人口长期留驻此地。正如纪昀诗中所言：

到处歌楼到处花，塞垣此地擅繁华。

军邮岁岁飞官牒，只为游人不忆家。[⑤]

而在内地流动人口较多的北疆其他地方，如伊犁、巴里坤、古城等地，则缺乏这样的记载。当然，这并不能说明这些地方完全没有妓院，即或没有妓院，也可能存在其他形式的性服务（如暗娼），前文所述乔伏存子或可算为一例。在南疆，清代文献中记载亦有宿娼者，由于南疆在道光中期以前并没有内地妇女的存在，故这些娼妓只能是当地其他民族的女性。譬如，七十一在《西域闻见录》中即指出，由于贫穷，喀喇沙尔的土尔扈特妇女“尤不知廉耻，到处可以宣淫”，喀什噶尔回城“多妓女，娴歌舞，殷实之

① 纪昀：《乌鲁木齐诗》，见《中国西北文献丛书·西北文学文献》第19册，兰州：兰州古籍书店，1990年，第26页。

② 黄浚：《红山碎叶》，载《中国西北文献丛书·西北民俗文献》第2册，兰州古籍书店，1990年，第103-105页。

③ 见李吟屏、李宁：《清代唱词<出口外歌>研究》，《西域研究》2000年第3期。

④ 杨炳堃：《西行记程》，见吴丰培整理：《丝绸之路资料汇钞》（清代部分）（上），北京：全国图书馆文献缩微复制中心，1996年，第454，460页。

⑤ 纪昀：《乌鲁木齐杂诗》，见《纪晓岚文集》第一册，第600页。

家亦颇蓄之，犹中土之蓄歌妓也”。[①]在嘉庆时期的一份档案中，也提到喀喇沙尔城“娼赌陋习实为过甚，不但铺户商民，而旗蒙各员，无论官职大小，亦常聚赌宿娼，相习成风”，虽未明言，似乎表明当时的喀喇沙尔应该存在妓院。[②]根据《回疆则例》，道光前亦有清朝驻扎官员私招回妇入城住宿者。[③]道光十八年（1838），叶尔羌办事大臣恩特亨额亦奏称，喀喇沙尔办事大臣海亮等有“挟妓挟优”宴请同僚之事。[④]

但是，可以肯定的是，新疆的色情行业较之同时期的内地，应该远为逊色。所以，大量的单身男性只能通过不正当的犯奸行为来满足其生理需求，而高比例的鸡奸案例的存在似乎更能客观地反映出这一问题的严重性。

四

在上述新疆内地人中存在的这种性别失调现象，实质上反映出的是内地人对新疆的认知和认同依然存在严重的不足。

清政府出于“移民实边”之目的，积极鼓励内地人口移居新疆，并希望这些内地人能够对新疆产生认同和归属感，真正扎根新疆。然而，“扎根”谈何容易，毕竟，正如古人所言：“安土重迁，黎民之性”。对于深受儒家思想影响下的注重“安土重迁”和“落叶归根”的内地人而言，远徙“异域”新疆不仅要面临地理距离的考验，更要面临不同自然环境、社会文化环境和不同种族的考验。而携眷与否则直接考验着这些流动中的人口是认同新疆而留下来，还是只将新疆视为旅途中的客栈，最终返回内地。

清朝统一新疆后，政府允许前来北疆的内地人携带家眷。就当时的实际情况而言，携眷前来新疆者主要是那些由政府组织而来的屯田者，还有一些商人。另外，也有一些单身前来新疆的内地人，或是发遣新疆之流人，后来在政府的资助下回乡携带其家眷也来到了新疆。这些人改变了原有户籍所在，选择定居新疆，构成了当时北疆户民的主要组成部分。或许，这在某种程度上意味着这些人出于种种原因，对新疆产生了初步认同。

然而，对于更多的自发来到新疆的内地人而言，却对新疆难言认同。尽管清政府几乎在统一新疆后之始就允许内地汉人携眷前来北疆很多地区，但是，这一政策似乎并没有推动内地人携眷移民的积极性。根据档案所载，多数前来北疆的内地人并未选择携眷，也没有改变自己的户籍登记地，这从前文所述涉汉犯奸案中的男性犯奸者中无妻室或不携眷的高比例即可窥其一斑。尽管这并不能准确反映当时的实际情况，但依然具有重要的参考意义。也就是说，当时自发出关的这些内地人，多数都是单身男性，构成了一个流动中的男性社会。

相对携眷定居者，在这些单身男性身上体现出的最大特点就是流动。“谋生”是这些内地人流动出关的重要动机。在政府的引导下，尤其是在最早来到这里的商人和部分

① 七十一：《西域闻见录》卷2，见《中国西北文献丛书·西北民俗文献》第1册，兰州：兰州古籍书店，1990年，页182，200；并参见《清高宗实录》（八）卷626，乾隆二十五年十二月甲戌，页1030-1031。

② 军机处汉文录副奏折：03-2445-024，喀喇沙尔办事大臣玉庆“奏为严参查办喀喇沙尔等城台员聚赌宿娼事”，嘉庆十一年十一月初十日。

③ 《回疆则例》卷8，“禁止回妇私进满城”，第445页。

④ 《清宣宗实录》（五）卷308，道光十八年四月丙寅，第801-802页。

游民的介绍下，他们抛妻离子，告别家园，千里迢迢来到了一个陌生的世界，去寻找渴望的财富和生活。在他们当中，有成功者，也有在新疆流动几十年却依然一贫如洗的人。但是，不管是那种情况，除了那些在政府资助下已经获得恒产并定居的人以外，很多人最终还是选择返回家乡。这种情况在档案中比比皆是。

譬如甘肃甘州府张掖县人郑世应，早于乾隆二十六年（1761）即到乌鲁木齐，先卖水烟，后卖柴为生，几年中积攒了几十两银子。乾隆三十年因有便车，欲搭车回籍。[①]陕西咸阳人王希安于嘉庆十六年来到喀什噶尔，在关厢开设小铺生理。道光元年，43 岁的王希安因为想回家，所以想将铺房卖给遣犯、陕西兴平县人魏祥瑞。[②]甘肃西固厅人韩相向在叶尔羌之甘肃固原州人傅世福所开铺内生理，已经数年，因傅世福相待甚好，韩相所得工钱均交给傅世福生息。嘉庆二十三年（1818），韩相因患病想家，便同傅世福算账后意欲回家。[③]山西孝义人郭芳因"家道贫难"，为了养赡年迈双亲，18 岁便来到阿克苏，佣工为生，"寄资养亲"。道光二十九年（1849），郭芳 28 岁，因"思亲"，欲回家。[④]

经历了道光时期内地人向新疆流动的一个高峰以后，新疆的内地人口开始逐渐减少。这固然与新疆屡次发生的变乱有关，但是，也不可否认这种人口过强的流动性且不携眷现象的影响。究其根源，与人们对新疆的认知和认同存在密切的关系。

一方面是地理环境和距离的影响。毕竟，新疆与内地之间地理距离遥远，人们提到新疆时，往往想到的是畏途、大漠、戈壁等等，正如清人萧雄（左宗棠军队幕僚，参与收复新疆）在其著述中曾经提到了流行于当时的几句土语："土语云：'出了嘉峪关，眼泪不能干。前看戈壁滩，后似鬼门关。'"[⑤]民国时期，甘肃张掖人宋进林为了避兵，流落到了嘉峪关，也抄录了几首这样的打油诗，典型者如："别了父母别家乡，别了贤妻和儿郎。今日要到口外去，不知何时能回还"；"走出关外看风向，寒风刺骨透心凉。每月狂风廿九天，还有一日是阴天"；"穷八站来富八站，不穷不富又八站。如果中途不遇伴，沙漠滩上丧黄泉"。[⑥]这些不可能不对内地人产生重要的心理暗示和影响，从而影响到他们对新疆的认知。

另一方面，西域殊于中原儒、释、道的伊斯兰文明在很大程度上也影响到了内地民众对新疆的认知。虽然普通民众不会受到多少传统"华夷观"的影响，而且，构成新疆流动人口主体的陕甘民众所居住地区即为信仰伊斯兰教的回族穆斯林聚居区，但是，由于伊斯兰文明本身与中原占优势的儒、释、道文明长期以来并无多少交融，即使自明代

① 军机处满文录副奏折：075-2358，乌鲁木齐办事大臣伍弥泰等"奏乌鲁木齐民人郑世应刺死商人常会民并审明正法折"，乾隆三十年十月十一日。

② 军机处汉文录副奏折：03-3995-026，喀什噶尔参赞大臣武隆阿等"奏为审拟民人王希安扎伤遣犯魏祥瑞身死事"，道光元年八月十五日；03-3995-027，喀什噶尔参赞大臣武隆阿等"呈凶犯王希安等供单"，道光元年八月十五日。

③ 宫中档朱批奏折：04-01-26-0037-006，叶尔羌办事大臣成书等"奏为审明韩相谋杀傅世福命案按律定拟事"，嘉庆二十四年七月二十六日。

④ 宫中档朱批奏折：04-01-01-0837-030，喀喇沙尔办事大臣舒精阿"奏为民人岁凤林郭芳斗杀命案审明按律定拟事"，道光二十九年三月十三日。

⑤ 萧雄：《听园西疆杂述诗》卷 1"出塞"，北京：中华书局，1985 年，第 2 页。

⑥ 宋文轩遗稿，宋进林整理：《40 年代嘉峪关印象》，《丝绸之路》2005 年第 3 期，第 57-58 页。

以后已经出现了儒释道“三教合一”的发展迹象，即使是伊斯兰教早已传入中原地区，儒、释、道与伊斯兰教之间的距离却几乎没有缩短。因此，即便是在伊斯兰教较为盛行的陕甘地区，受传统儒、释、道影响下的汉人与回民之间也存在很大的隔阂。这种隔阂又因不断发生的回民起义和因此导致的汉回之间的仇杀而日益加大。即使到了民国时期，这种误解与歧视（尤其是汉人对回民的歧视和恐惧）也没有得到消除。①这些与穆斯林相关的起义不可能不对内地汉人的心理产生重要影响，导致很多内地人在前往新疆的时候，往往不会携带家眷前往，直接导致在新疆的流动人口社会中存在严重的性别失调现象，进而导致犯奸案例的多发。所以，这种性别失调现象和犯奸案例的解决，在很大程度上或许取决于内地人对新疆的认知和认同问题的解决。

（贾建飞，1974 年生，历史学博士，中国社会科学院中国边疆史地研究中心副研究员，100005）

① 不可否认，自明代以后，也有一些人注意到了伊斯兰教与儒教文化之间的互相适应问题。可参见张中复：《清代西北回民事变：社会文化适应与民族认同的省思》，台北：联经出版事业公司，2001 年，第 170-171，219-225 页。

英殖民者对察隅等地的侵略及国民政府的应对

——兼论军统巴安组在藏区的活动

秦和平

内容提要：察隅是我国的固有领土，雍正初年清政府将察隅等地划归西藏地方政府（噶厦）管辖。光绪末年，清政府将察隅置于直接统治之下，设立县治，委任官员，驻扎军队，清查户口，征收赋税，有效统治。民国初年，受政局变动等影响，噶厦重新控制察隅等地。其间，英殖民者玩弄阴谋手段，炮制非法的“麦克马洪线”，企图侵占我察隅等地。本文从军统局巴安组的建立及调查入手，论证了中央政府及西藏地方政府对察隅等地统治的沿革后，阐述了英殖民者企图侵占我土地的卑鄙伎俩，揭露了 20 世纪 40 年代殖民者对察隅的侵占行径，分析了国民政府反对侵占的言行及困难所在。

一、问题的提出及过去的研究

（一）问题的提出

西藏及周边藏区是我国不可分割领土的一部分。清代，中央政府对西藏地区是确定达赖、班禅等的宗教地位，采取金瓶掣签等措施予以确认，主持坐床仪式、册封授位以及派遣驻藏大臣与达赖、班禅共同管理等方式实施统治。在其他藏区，清政府除册封土司头人，依其力量授予不同官职、确定地位、纳入范围、授予权力外，还建立各级衙门，委派官员管理土司头人，派驻营兵，强化控制等方式实施统治。

为了确保统治，明确权力，清政府规定西藏及其他藏区的重要事件，除驻藏大臣、驻西宁大臣有奏事权力，直接呈报朝廷外。其他大小官员、呼图克图或土司头人等若有要事，须禀报地方官员，逐层报告朝廷，由皇帝定夺。即使达赖喇嘛、班禅喇嘛也无直接奏事的权力，有事应该也必须经过驻藏大臣转呈中央政府，等等。

借助这些规定，透过相关管道，清政府基本上能掌握西藏及其他藏区的情况。倘若发现问题，中央政府能采取措施，及时因应。但进入民国，这些方式却难以有效，中央政府对西藏及其他藏区相关情况的掌握颇不完整。严重的是，殖民者的挑拨及分裂分子的阻挠，西藏地方与中央政府关系不正常，联系不畅，时断时续。其他藏区虽接受中央政府的领导，却受到地方军阀（政权）的直接统治。倘若它们与中央对立，致使搜集资料、了解情况等管道堵塞，妨碍中央对藏区形势、经济动态及人事关系等的认识及研判。为了解情况，有必要采取多种手段，包括采取秘密手段搜集及传递情报等。于是，派遣人员进入藏区，搜集情报，成为国民政府藏区工作的一部分，旨在掌握动态，思考对策、制订措施，有所行动。

由于任务的特殊性及隐蔽性，搜集及反馈情报多由国民政府军事委员会调查统计局（简称“军统”）、国防部军令部二厅、中央党部或蒙藏委员会等负责[①]，承担者是特工人员，俗称特务。尽管当时他们从事的工作不能公开，但为国家利益、为政治需要等服务，今天应该予以正确的认识、客观的评价。于是，对军统特工人员在康南藏区活动的认识引出本文的撰写，希望对残存的巴安组对察隅等地的调查资料，认识英殖民者在察隅等地的侵略概况，反映国民政府对之的积极交涉。再者，考虑到民国年间记载察隅情况的汉文资料极其稀少，特将巴安组甲央的调查材料附后。

（二）过去的研究

过去，关于军统特务在西藏及其他藏区的活动，资料确有记载。如吴忠信《入藏日记》写到“(1940 年）一月二十八日，晴……午后，接见……陈云蜀（原注，川人，军政部所派担任特务工作，其来时化装为商人混入）……”[②]因其承担的工作有保密性，外界社会不甚了解，对之认识也相当缺乏，仅在零星论著或回忆中有所表述[③]。

中共十一届三中全会后，实事求是，解放思想，突破了研究的“禁区”。1984 年，常希武撰文，公开了自己的特工人员身份，介绍了他在西藏活动的概况[④]。刘成仁《军统在西康的活动概况》亦被《雅安文史资料选辑》刊载[⑤]。接着，冯有志在《西康史拾遗》中也有所涉及[⑥]。之后，吴忠信《入藏日记》、邢肃芝（碧松）口述史等相继出版，更多披露了特工人员在西藏及其他藏区的活动情况。

2004 年，王川教授根据这些资料，结合其在昌都档案馆等处搜集的相关档案，在《西藏昌都近代社会研究》中辟出专章，书写民国年间中央及地方工作人员在昌都的活动[⑦]，其中绝大部分人就是调查、搜集及传递情报等特工人员。

不过，对军统人员在康南藏区的活动，除刘成仁回忆录外，则无其他较全面介绍的资料，诚为遗憾！本人拟利用四川省档案馆开放的相关档案，结合其他资料，对军统人员在巴塘的活动粗加梳理，重点阐述他们搜集有关英殖民者对察隅等地的侵略资料，以及国民政府对之的措施，认识民国后期察隅的社会情况。

值得提出的还有，陈谦平先生搜集及利用大量的中英文资料，尤其是台湾“国史馆”存藏的蒙藏委员会档案，对 20 世纪 40 年代英印政府对我察隅等地的侵略及领土扩张进行较全面的研究，分析深入，论证精彩[⑧]。本文的论点虽然与之基本相似，但是分析及

---

① 邢肃芝口述、张健飞等笔译：《雪域求法记》，三联书社，2003 年，第 322 页。

② 中国第二历史档案馆等编：《黄慕松、吴忠信、赵守钰、戴传贤奉使办理藏事报告书》，中国藏学出版社，1993 年，第 249 页。

③ 陈锡璋：《西藏从政纪略》，《全国文史资料选辑》，第 79 辑。

④ 常希武：《国民党特工人员在西藏》，《西藏文史资料选辑》，第 3 辑。其后，《西藏文史资料选辑》第 24 辑还刊载常希武口述、张宗显整理《原国民党军统驻拉萨站电台支台书记常希武》一文。关于军统等机构在拉萨的情况，参见陈炳《国民党政府驻藏机构考》(《西藏文史资料选辑》第 24 辑）等文。

⑤ 该文载《雅安文史资料选辑》第 1 辑。

⑥ 冯有志编著，周光钧校订：《西康史拾遗》，甘孜州政协 1994 年重印，第 211 页。

⑦ 王川：《西藏昌都近代社会研究》，四川人民出版社，2005 年，第 112—129 页。

⑧ 陈谦平：《抗战前后之中英西藏交涉》，三联书店，2003 年，第 276—321 页。该书引用的资料是昌都左仁极、西康省府派人到察隅等地的调查材料。

阐述的着眼点则有差别，搜集及引用的资料则不尽相同，却能互为补充，丰富对当时察隅等边地问题的认识与研究。

二、军统在康南藏区的简史[①]

（一）军统入康活动及西康组建立

资料反映，军统进入康区活动始于 1935 年。是年，中国工农红军长征途经西康时，国民政府军事委员会（简称军委会）重庆行营第三课派徐昭骏藉行营边政设计委员会西康通讯组名义，率领人员到康安搜集情报，试图阻挠红军行动。红军北上后，该组人员也随之撤离。不过，据说徐昭骏在康定活动时，十六军军长李抱冰、行政专员陈启图等人对之另眼相待，“为徐在康区进行特务活动创造有利条件，并为尔后康定站的建立打下基础”。

1939 年，西康省建立后，军统便组建西康组，公开名称是军委会康定邮电检查所，由军委会川康区（成都行辕第三课）领导，徐昭骏任组长，戴培德任书记。为了将搜集情报工作伸入西康军政界中，该组按照军统“在西康军政界中吸收可靠之中上层人士加入组织，搜集重要情报，防范共产党活动，监视刘文辉，并竭力拉拢土司头人为我所用，必要时作为反刘力量”的指示，先后吸收吉爱黎、童叙舟（均为西康省府秘书）、范昌元（德格县长）、闵玉泉（廿四军营长）、黄苍竣（邓柯竹箐区区长）等加入，发展力量，暨扩大搜集资料的范围[②]。

根据时势的要求，结合西康的地域特点及统治状况，军统在西昌、雅安还分别设立同类机构，各司其职，方便运转。之后，军统升西康组为康定站、宁远组为西昌站，保留了雅安组，形成了两站一组的格局[③]，后发展为两站多组。

（二）西藏的形势与康定站建立

军统局之所以要升西康组为康定站，建立两站一组的体制，固然与当时西康的社会状况有关，还在于西藏地区的形势，以及国民政府拟修从西昌出发、经中甸、德钦、昌都，转道察隅联结英属印度阿萨姆邦萨地亚铁路的国际公路等有关。

1940 年夏，英国政府迫于日本的压力，关闭了滇缅公路，切断了中国与境外联系仅存的陆路通道。考虑到英美是反法西斯的同盟国，印度是英国在亚洲的最大殖民地（根据地）。为了打破封锁，国民政府计划修建西昌接结印度阿萨姆的公路，运输大量物资，补充给养，坚持抗战。鉴于此条道路的终点联结英属印度殖民地，从印度转运物资，11 月，国民政府向英国政府提交了这项计划，英国驻华大使卡尔（Clark Kerr）明确同意，表示不予阻挠[④]。接着，有关部门积极开展前期准备，次年 2 月蒋介石下令从事勘测线路的工作。

由于西昌至阿萨姆公路要穿过西藏东南部，蒙藏委员会便通知西藏地方政府，征得

---

① 本节的资料主要依据刘成仁《军统在西康的活动概述》，还参考了冯有志《西康史拾遗》相关章节。

② 刘成仁：《军统在西康的活动概述》，《雅安文史资料选辑》，第 1 辑。

③ 据刘成仁回忆，其他省份只设一个军统工作站，因西康省分康属、宁属及雅属三地，距离较远，各有重心，故设立康定站、西昌站和雅安组，即两站一组。

④ 戈尔斯坦著、杜永彬译：《喇嘛王国的覆灭》，中国藏学出版社，2005 年，第 306 页。

其同意，允许人员入藏勘查路线，修筑道路，还愿意为勘察队工作提供便利，等等。

为修筑这条公路，国民政府尽管征得到了英政府的同意，然而英印殖民当局出于维护其特殊利益的需要，暗地则竭力阻挠中国政府，影响以至妨碍公路的修筑。于是，蒋介石希望美国出面斡旋，促成公路尽快修建，电饬驻美公使宋子文：

……以英保守党过去认为，欲保印度必先保印度东北高原与山地之　中立区，不愿打通西藏，使我势力及于哈啸（？）。即在近今，对于接近西藏国际道路线犹现踌躇之色。该路关系边区西南国防交通甚巨，且趁此开扩西边政治亦属良图。为促英国之决心，亦惟有利用此时机，并借美国经济之力量，予以推动，方冀其有成。[①]

对此，英印殖民当局另生伎俩，退至幕后，教唆西藏少数人反对修路[②]，阻拦勘测人员入藏测量；还成立“外交局”，要求蒙藏委员会驻藏办事处与之交涉等，试图将分裂行为合法化，等等。

为了能控制西藏等地，维护统一，挫败殖民者及分裂分子的阴谋，需要搜集及握情况，有的放矢，制定有效的措施。根据国民政府的要求，军统川康区将西康组升为康定联络站，由张尚钰任站长、王元枢任助理书记、张志清任电台台长等。除康定直属组外，该站还建立德格、巴安（塘）、昌都及甘孜等组，分别由黄苍峻、陈纪唐、左仁极和徐朝文担任组长[③]；在理塘、石渠、康定及玉树等物色人员，培养“同志”，搜集情报，从事特殊任务等。

当然，康定站也结合形势的变化，及时调整，搜集及反馈相关情报。如 1948 年 5 月该站中心工作是掌握“康省政治派系及其活动情形，康省措施情形及其对中央信仰之程度，康省禁政实施情形，康定政府兵力与民间兵力之调查”，以及“康藏关系及相处情况”等等[④]。

1950 年，甘孜藏区解放，国民党政权崩溃，根据中共西康省康定军管会的命令，军统康定站及下属各组人员被扣留，电台等物资被清缴，终结其活动。

（三）巴安组概况

设立巴安组的时间，刘成仁说 1942 年西康组升级为康定站，扩大规模，下设巴安等数组，但对设立该组的具体时间未肯定回答。我们认为巴安组建立于 1941 年，先有巴安、德格等组后，在康定的西康组也随势升为康定站。

初建巴安组时，陈纪唐担任组长，公开身份是军委会康定邮检所巴安办事处主任；书记是李国骅，电台台长是何慕超。随后，陈纪唐交换到德格，由吴旦成（德格书记）继任组长。在李国骅调离内地后，据说军统吸收了刘家驹、驻军营长闵玉泉加入，顶替

①吴景平、郭岱君编：《宋子文驻美时期电报选》（1940-1943），复旦大学出版社，2008 年，第 73 页。

②据国民政府驻藏办事处孔庆宗报告：“英官饶伊巴多曾对噶厦云：中英原商共同派员航空测量，现中国单独派员出陆地来测，英未参加，西藏允否及其利害，应请自决。惟对抵境测量人员，可和平劝回，不必打杀等语。西藏遂乘机反对”（《西藏地方历史资料选辑》，三联书店，1963 年，第 349 页）。

③ 据刘成仁、冯有志回忆，军统局昌都组隶属西康组；但在常希武等回忆中，昌都组属于拉萨站，组长左仁极的公开身份是驻藏办事处驻昌都特派员。后沈宗濂任驻藏办事处处长时，左仁极任该处第三科科长。如此看来，昌都组应属拉萨站。

④ 四川省档案馆藏康定站三十七年五月份（1948 年 5 月）中心工作纲目。

李国骅之职务，任书记兼副组长[①]；在何慕超返回原籍后，李智继任。尽管系军统人员，他们则以邮检人员面目而开展活动，不甚张扬，其真实身份未公开，社会上多不知晓。

为了保密，军统内部通讯均用化名，如军统局对康定站的化名为“江汉清”，川康区对康定站的化名为“李开源”，康定站对川康区及军统局的化名为“多熙泽仁”，对巴安、德格、昌都组和直属康定站通讯员的化名“张健康”，巴安组的化名“唐辅攘”……行文称谓也与一般单位不同，对上称“先生”，如康定站对军统局行文称“汉清先生”，对下称“弟”，如军统局或川康区对康定站行文称“泽仁弟”。

当时，军统局出于保密需要，用化名联系，但其化名不会一成不变，根据需要随时会更改。从残存巴安组档案中，确有“张健康”、“唐辅攘”等化名，还有“徐立功”、“何亚东”、“李光华”、“余思静”、“高继农”、“张唯一”、“詹天佑”、“张崇仁”、“张益坚”，等等。如1946年6月该组成员姓名及化名是：吴旦成（化名余思静）、陈荣富（黄继亮）、陈开政（罗英）、闵玉泉（唐绍骞）和张秉衡（龚长信）[②]。

此外，情报的行文格式并非全是“先生”或“弟”等同辈称谓，还有“报告”、“主任”上下级称谓等。

按照康定站的内部分工，巴安组负责搜集西藏、主要是藏南地区的政治、经济、社会及宗教等情报，物色人员，配合中央政府开展行动等。

> 奉上级令开，中央对西藏用兵，在康藏境内军事调度情报应尽量搜集。为达成此次使命，应妥在当地布置有力深入之通讯；又为配合我用兵之准备，应即吸收能把握夷首或土生长康藏之优秀有力分子，以为待机发动，进兵之准备等因。希即遵照，加紧布置及吸收利于进兵之优秀分子，并将办理情形，随时具报为要。[③]

此外，该组还要搜集康南巴塘、理塘、得荣、乡城、盐井、芒康及德钦等地政治、军事及社会等资料；搜集国民党、青年党或共产党等情报；利用或建立特殊组织，发展力量等；以及从事诸如寻找“骆峰”航线美国飞行员尸体或飞机残骸等。包罗万象，涉及广泛，内容繁杂，然大多数系残篇断简，难成系统。我们将该组搜集的察隅等地的残存资料，揭露英殖民者的侵略行径。当时，国民政府也依靠这些及其他的相关情报，认识到问题的严重性，采取措施，积极交涉，力谋有所制止，维护疆域完整。

三、察隅的隶属关系及变化

（一）清季设立察隅县，直接控制

察隅又称杂隅、咱隅等，位于西藏西南部，与云南联界，印度接壤，是我国的固有领土。

清康熙五十八年（1719 年）四川永宁协副将岳钟琪奉令率军由川入藏，掩护并配合定西将军噶尔弼等的入藏平叛行动。在西进途中，岳钟琪招抚各地土目、头人及宗教上层等，宣示朝廷德意，确立清朝统治。到达昌都后，他派遣成都府同知马世珩、提标

---

① 军统档案反映，刘家驹的确被巴安组吸收为通讯员。该组曾提议他拟任书记兼副组长，但被康定站否定。

② 四川省档案馆藏1946年7月抄附巴安组六月份情报成绩表。

③ 军统档案反映，刘家驹的确被巴安组吸收为通讯员。该组曾提议他拟任书记兼副组长，但被康定站否定。

黄善材前往桑昂曲宗等地招抚土头，“招乍丫、察娃、作（左）贡、奔达、桑阿却宗（桑昂曲宗）、察木多等地”[①]，依其势力大小，酌加委任不同官职，统归昌都呼图克图管辖。

雍正四年（1726年），雍正皇帝认为桑昂曲宗、察隅等地虽非达赖喇嘛管辖，因距离打箭炉（康定）厅太远，遥制不便，便将这些地方作为香火地赏给达赖喇嘛。之后，西藏地方政府在桑昂曲宗设立营官（弟巴），兼管察隅、门空、冷卡等地；向察隅（杂瑜）派遣协傲，在窝穰等地设立关卡，征收货物税收；规定每户人家，无论田地宽狭，每年征收水稻、旱谷各10克，留桑昂曲宗营官自用，“又有柴草酥油、金银钢铁，及乌拉差使帮费各杂差，百姓折银上纳，或按户征收，或全村摊派，取多取寡，并无成例，由土司随时酌议”，征收之物上交噶厦[②]。不过，除征收粮赋土产等外，西藏地方政府对当地的统治相当松散。

宣统元年（1909年），片马事件发生，英殖民者悍然侵占我片马等地。时任云贵总督李经羲除上报朝廷，请求据理与英人交涉外，并派人深入高黎贡山以西地区秘密调查，掌握情况，了解隶属关系及传统边界走向，以便组织力量，收复片马等地。他还通报四川总督赵尔巽，反映殖民者行动的意图，希望转告川滇边务大臣赵尔丰，派兵南下，控制疆土，预防侵略。

> 案查滇缅界务，系属中英国界，英缅目的注意打通印缅，穿插藏地，关系至巨，非仅滇边……今季帅兵至桑昂曲宗，如南寻缅界，横断高黎贡山脉，使彼无所藉口，俾滇从容同谋一辙，以作犄角之势。[③]

赵尔丰接到电文后，鉴于英殖民者咄咄逼人的侵略态势，担心西藏地方政府对察隅等地的松散统治方式难以应对殖民者的侵噬行为，饬令时在桑昂曲宗的程凤翔率兵南下，进到察隅等地，了解情况，准备应对。

程凤翔来到察隅后，亲自到压必曲龚，明确传统界线的界址，竖起石碑[④]。接着，清政府设立察隅县，任命苟国华担任县知事，以绒密（日马）为县治所在地；划分保、村，委任保正及村长，征收税赋，实施管理；组织移民，种植茶树等，发展经济[⑤]；以县治为中心，分驻军队，确保安全，防御侵略；饬令盐井县知事段鹏瑞来此地，实地勘测，绘制地图，显示范围，突出主权，等等。

的确，清政府采取设立察隅县，直接管理，驻扎军队，加强防御等措施，阻挡了英殖民者的行动，挫败其阴谋。但到1912年，形势剧变，察隅等边地的形势趋于紧张。

（二）噶厦重新控制，松散统治

1912年，清朝被推翻，民国政府尚在建设中，西藏等边疆地区因中央政权的更迭而暂时出现权力更替的短暂空白。于是，英殖民者利用民国政府难以抽出力量经营藏区

① 黄沛翘：《西藏图考》，西藏人民出版社1982年，卷6，“地利类”。

② 吴丰培辑：《赵尔丰川边奏牍》，四川民族出版社，第479页。“克”是当时藏区的计量单位。

③ 刘赞廷：《西南野人山归流记》，载陈家琎等编：《西藏地方志资料集成》，第2集，中国藏学出版社，1997年，第18页。

④ 据宣统二年（1910年）段鹏瑞查勘绘制的《杂瑜全境舆图》显示，压（亚）必曲龚在察隅治城（日马）南180里处，位于洼隆（瓦弄）南面。参见秦和平《20世纪初清政府对西藏察隅等地查勘及建制简述》（《中国边疆史地研究》2009年第1期）附录段鹏瑞《杂瑜全境舆图》等。

⑤ 关于清末察隅县建制及施政的情况，参见刘赞廷《察隅县志略》（载《西藏地方志资料集成》第2集）相关部分。

的时机，支持十三世达赖喇嘛从印度返回西藏，恢复权力，调集民兵，攻打并驱赶清驻藏大臣（后改民国驻藏长官）、属员及驻军；接着，派兵东向进攻，包围桑昂曲宗、察隅、昌都等地，企图越过金沙江攻打四川。甘孜各县已废土司头人也伺机复活，动员及纠集属民，攻打道孚、巴塘、理塘等地驻军；川藏地区的形势迅速恶化。

时任四川都督尹昌衡以经营川边为己任，组建西行军，担任司令，6 月从成都出发，慷慨西向，进入康定等地，平息叛乱，解围道孚、甘孜、巴塘等地被围军民，抵御东侵藏军，争取进入拉萨，承袭清中央政权的统治，阻止殖民者的分裂阴谋。他还调派人员，前往察隅等地边界，拟与殖民者交涉，阻止侵略的步伐[①]。

在这样形势下，英国人见此情况不妙，急忙出手搭救。1912 年 8 月 17 日，英国政府就西藏等问题向民国政府提出照会，还发出武力威胁，声称派军进入西藏，与西征军直接冲突；封锁了印藏交通线，堵塞由海路进入西藏通道，切断中央与西藏地方的联系；派遣人员到珞瑜、察隅等边疆地带“无护照旅行”，秘密活动，图谋不轨，等等。其间，沙皇帝国也伺机策动外蒙哲布尊丹巴闹“独立”等，策应及配合英殖民分裂西藏的行为。

英俄殖民者的行为，助长了噶厦的气焰，派兵继续包围察隅、攻打昌都等地。1912 年 5 月下旬，知事荀国华、驻军前营帮办蒋洪喜及全城文武男女等 140 余人因弹尽粮绝、突围无路，悉数投河而亡[②]，察隅再被西藏地方政府所控制。接着，噶厦沿袭传统的统治方式，仍将察隅隶属桑昂曲宗，由僧俗两宗本（当地称子仲、仲哥）管理，任期两年。两宗本在清理户口、各类牲畜、土地面积及出产数量后，制定《木牛年收入登记簿》，规定土地交粮、公畜交钱、母畜交酥油等规则；以及征收昌都营钱、药材、藏香等[③]；并在当地委任一名协儆，负责催收钱粮。昌都总管（朵基）也派出官饷委员、桥税委员等，征收过往物品关税，等等。

重新控制察隅等地后，噶厦除征收钱粮、土产等物外，对基层社会没有触动，在设兵设防等上也没有什么动作，仍实施松散的统治。不过，需要指出的是，由于西藏地方政府等征收众多的钱粮及土产等物品，加重了当地群众的负担，激起不满与抵触。尔后，殖民者略施小计，利益诱惑，容易产生负面效应。

四、殖民者的侵略，国民政府的积极反对

（一）炮制“麦克马洪线”，图谋侵占我土地

英国的武力威胁，加之外蒙古等地不稳，内蒙古受到伤害，影响东北及新疆等地，民国政府被迫放弃规复行为，下令西征军暂停前进，试图与英印政府交涉，待消除支持分裂的背后势力后，解决西藏与中央政府关系等问题。

1913 年，在英国的沉重压力下，民国政府被迫同意在印度西姆拉举行解决中国中央政府与西藏地方关系等问题的会议，还违心地接受英印殖民地官员麦克马洪（Sir

---

① 胡存琮修、赵正和纂《名山县新志》，1930 年刊本，卷 16“事纪”记载，民国元年“英国驻防印度工兵，乘我内难，由百瑜轶入川边杂瑜，于阿壁曲聋地方筑路。视学胡存琮奉命驰往交涉，去任，以张国霖接充”。

② 刘赞廷：《察隅县志略》，“遗迹”（载《西藏地方志资料集成》第 2 集，第 136 页）。关于荀国华、蒋洪喜及百余名官兵、家属等死亡的另一种说法，参见左仁极《杂瑜区概况调查记》（《康导月刊》第 4 卷第 8—9 期）。

③ 伍金次丹：《桑昂曲宗简志及该宗统治察隅地区的情况》，《西藏文史资料选辑》第 23 辑。

A. Henry McMahon）充当中间人。西姆拉会议进行了一年多。由于会议的草约严重地损害中国的主权，民国政府予以拒绝，该会议无果而终。

然而，在会场之外，麦克马洪在超越权限的情况下，拉拢西藏地方政府代表夏扎，以提供武器弹药等为诱饵，订立了非法的藏印东界边界线（麦克马洪线），将中印传统边界线由喜马拉雅山山脚向北推至山脊，侵占了包括察隅瓦弄、日马等在内的9万余平方公里土地。我们之所以说麦克马洪线是非法的边界线，主要理由是：

1. 划分中印东段边界线并非西姆拉会议的议题，麦克马洪及夏扎也无权商议边界线。即使要划分边界线，应当是中国中央政府与英印殖民政府来谈判，西藏地方政府无权介入。

2. 麦克马洪等商议并划分边界线完全背着中国中央政府的代表，在会外秘密进行，其所作所为，见不得天，不敢公之于众。

3. 当时，英印殖民当局也认为西姆拉会议是“流产”的会议，没有达成协议。如英印殖民当局在1929年出版《印度和邻国的条约、契约、证书集》(简称《艾奇逊条约集》)第14卷对西姆拉会议作了如下评述：

> 1913年，西藏、中国和英国的全体代表在印度开会，试图找到有关中藏边境事宜的解决办法，接着起草了一个三方条约并于1914年草签。但是中国政府拒绝允许其全体代表进而正式签字。①

这段评语概括了西姆拉会议是个“流产”会议，无果而终。至于会议外炮制的“麦克马洪线”更无存在的理由，是非法的。

尽管“麦克马洪线”是非法的， 因其见不得天的而不为人所知。但还是殖民者仍不死心，篡改历史，企图将非法变为“合法”，将中印东段的传统界线从喜马拉雅山脉山脚向北推向山脊，侵噬我大片土地，幻想梦想成真。

1935年，英国人华金栋（F. Kingdon Ward）越过“麦克马洪线”进入西藏境内，遭西藏地方政府的逮捕，噶厦就此向英驻锡金官员提出抗议。不久，英印政府官员卡罗（Olaf Caroe）就此在查阅档案时，发现了西姆拉会议文件及麦克马洪、夏扎在会外的秘密协议，即非法的麦克马洪线。为能复活这已“死亡”的非法界线，他们决定偷梁换柱，用伪造本替代1929年版《艾奇逊条约》第14卷真本②，瞒天过海，幻想以国际法

①引自（印）卡·古普塔著、王宏纬等译：《中印边界秘史》，中国藏学出版社，1990年，第94—95页。

② 1938年伪作的1929年版《艾奇逊条约集》第14卷，版式、纸张、装帧等与真本无异，以假乱真。英殖民者之所以要伪造《艾奇逊条约集》(1929年版)第14卷，就是要改变真本对1913—1914年西姆拉会议的结论，还加上这段文字：

“(本) 条约包括规定中藏和印藏的边境界线。在中藏边界上，划定两条边界，在这两条边界之间的部分名为内藏，在这西面边界以西的部分名为外藏。

然而由于中国不予批准，这些边界还是流动的。另一条印度与西藏之间的边界，从阿萨姆起到缅甸边境，已经英王政府和西藏政府同意划定，起自不丹东境到伊洛瓦底江和萨尔温江分水岭的伊索热西山口为止。在布拉马普特拉河河湾以西的这段边界大部分沿着喜马拉雅山主脊，在那地点以东，包括阿萨姆政府与缅甸政府政治管辖下的所有部落地区在内。这条边界整个距离印度和缅甸的平原约100英里之遥。”

引自柳升祺《1929年版〈艾奇逊条约集〉第十四卷何以有两种不同版本——兼评西姆拉会议》，《中国藏学》1990年第1期。

关于英印殖民当局伪装《艾奇逊条约》(1929年版) 等原因、时间及手段等，参见柳升祺前文及王宏纬《喜马拉雅山情绪：中印关系研究》(中国藏学出版社 1998年) 相关部分。

立足；派遣人员持续越过传统习惯边界线，从个别地点征收税赋，到修建道路，派驻人员，设立据点，控制边民等，摇身一变，既成“事实”，将非法界线成为“合法”边线，即使尔后中国政府交涉，希望归还，也相当困难。以及与噶厦反复交涉，要求承认非法条约，允许殖民者侵占。“英官柯尔（柏尔 Ball.C？）根据英藏前订密约，要求将藏属之门听（原注，德）注及嘉玉宗西南一带地方割让于英。各噶伦布答以森姆拉条约未经中国签押，刻中藏问题尚未解决，噶厦不能作主等语。无结果而中止”[①]，等等。

还有，英殖民者加大了越界的侵噬行为，从达旺部分地点开始，逐步扩大，东向发展，来到白马岗（今墨脱）、波密、察隅等地，规模扩大，活动频繁。1939 年，英官员带领数十名士兵闯入察隅边地，进行侵略活动。[②]

（二）修建中印公路受挫，国民政府拟采取措施

前面曾叙，1940 年曾为修建西昌经察隅等地联结印度阿萨姆公路，国民政府有关部门曾制定规划，筹积物资，打通与各地的“关节”；还告知英驻华公使，转报英政府。在各种条件基本具备后，1941 年 2 月蒋介石颁布命令，派人查勘并选择线路，启动了该工程的修筑。

不久，在英殖民者的怂恿下，噶厦违背承诺，派人武力阻拦勘测，性质恶劣。对这公然对抗中央的行为，蒋介石怒不可遏，担心在殖民势力的支持下，西藏遭致分裂，恶果难料，明确要求西藏地方协助修筑中印公路等[③]；拟采取武装护卫方式，确保勘探工作顺利进行；以及饬令刘文辉、马步芳积极布防，调集部队，准备兵进西藏，以阻击分裂[④]；在国际场合驳斥英首相丘吉尔的胡言乱语，宣示中国政府对西藏地区的主权[⑤]；拒收英国的外交备忘录，表明立场[⑥]；并饬令：

西藏为中国领土，我国内政绝不受任何国家预问。英国如为希望增进中英友义

---

① 中国藏学研究中心等编：《元以来西藏地方与中央政府关系档案史料汇编》，中国藏学出版社，1994 年，第 7 册，第 3146 页。

② 四川省档案馆藏 1945 年 4 月 9 日巴安组关于藏方一切动态调查报告。据兰姆（Lamb,A）《西藏、中国与印度》记载，执行这次侵略行动的英官员是时任英属萨地亚边境区政务官戈弗雷（R.W.Godfrey）。引自周伟洲主编《英国、俄国与中国西藏》（中国藏学出版社 2000 年），第 545 页。

③ 蒙藏委员会周昆田致孔庆宗电文中，转述蒋介石的态度“总裁昨召见阿旺坚赞等，弟陪往。首由阿陈述噶厦请求制止军事行动之意。总裁答以调动军事，乃一方防止日寇勾结西藏，一方保护修筑中印路及驿运。言词与态度均至严厉。并提出以下五事，饬电西藏遵办：（一）协助修筑中印公路；（二）协助办理驿运；（三）驻藏办事处向藏洽办事件必与噶厦径洽，不经外交局；（四）中央人员入藏，凡持有蒙藏委员会护照者，即须照例支应乌拉；（五）在印华侨必要时须经藏内撤。如西藏能对此五事遵照办到，并愿对修路驿运负保护之责，中央军队当不前往；否则，中央只有自派军队完成之”（《西藏地方历史资料选辑》第 351 页）。

④ 伍培英：《蒋介石假征藏以图康的经过》，《全国文史资料选辑》，第 33 辑。

⑤ 1943 年 5 月 22 日蒋介石致电宋子文告以邱吉尔干涉中国内政必须坚决反对，“西藏为中国领土，藏事为中国内政，今邱相如此出言，无异干涉中国内政，是即首先破坏大西洋宪章。中国对此不能视为普通常事，必坚决反对，并难忽视。”5 月 25 日宋子文回电表示将重申中国立场与主权，“邱吉尔当日提及西藏，文立即郑重声明，西藏为中国主权所有。哈力法克斯（英驻美大使）亦表示承认。次日总统（罗斯福）亦云邱所言殊不得体。兹拟下次见总统时，遵令重复声明我国立场与主权，对任何人绝不能发表并无攻藏之言论”（《宋子文驻美时期电报选》（1940—1943），第 191、193 页）。

⑥ 据唐纵记载：“（1943 年）5 月 14 日英国大使向我外交送到备忘录，谓西藏对我中央将向藏用兵，表示惊骇，希望我国否定其事。委座闻之，甚为不悦，嘱吴次长将备忘录退回，西藏为我们内地，为何英国出面干涉？”《在蒋介石身边八年》，群众出版社，1991 年，第 356 页。

（谊），则勿可再干涉我西藏之事。如其不提时，则我方亦可不提；如其再提此事，应请其勿遭干预我国内政之嫌，以保全中英友义（谊），并此事决不能向政府报告之意拒之可也。①

不过，控制西康地区的刘文辉对进兵西藏地区甚不情愿，除路途遥远、军需补充，及给养运输极端困难外，还担心其部队因此受损，实力削弱，再遭国民党政权的挤压，缩小以至丧失地盘。于是，他开列各种条件，需要大量物资等，软硬兼施，变相抗拒，使对藏行动难以付诸实施。

进藏必先进康，治藏必先治康。尽管蒋介石拟对西藏采取军事行动，确立中央权威，打击分裂势力，但在无法掌控西康地区以及缺乏兵员及物资准备等之下，难以采取对西藏地方的军事行动；加以当时处在抗日战争处于最困难之时，国民政府不能也无法两面作战：对抗日本，经营西藏。还有，噶厦也通过驻京办事处向国民政府报告，回答了蒋介石提出的 5 条要求，虽在与中央政府的关系、允许修路等方面闪烁其辞，但明确表示与日本侵略者无联系，"汉政府怀疑西藏政府与日本勾结，对此，应设法弄清向汉政府提供此事，届时予以澄清"②，表明态度。

在军事行动不能采取、压迫西藏地方接受中央要求的情况下，不妨退居其次，搜集资料，掌握情况，充分准备人员及物资等，待时机成熟后，再采取行动。这就催生了派遣军统人员等入西藏及到其他藏区搜集情报之工作部署。

于是，根据形势变化及上级要求，军统在甘孜藏区及西藏设立机构，派遣人员，利用邮检人员等身份，搜集情报，随时上报，供有关机构掌握情况，有所防范，思考对策。

巴安（塘）位于康区南部，接壤德钦、盐井及芒康，毗邻察隅、桑昂曲宗等地，搜集康南及西藏东南地区的情报成为该组的业务之一。需要解释的是，当时噶厦在金沙江各渡口设卡，阻止内地与西藏地区的人员、物资等交流，搜集藏事的情报非常不易，甚至难上加难，得到的各种情报多为片断、零星的，甚至错误的。不过从这零碎断片中，能拼凑英殖民者对察隅等地的侵略步骤，为国民政府对英印当时局的交涉提供证据。

（三）巴安组情报反映殖民者的侵略行为

从 1944 年起，巴安组人员从不同渠道得到英国人对察隅瓦弄等地实施侵略的零碎情报，甚至传说察瓦龙地方已有英人活动。

由于察隅河下流瓦弄与怒江上游察瓦龙（今属察隅县）等地名，因土音关系易混淆不清，且察瓦龙系巴塘、德钦、贡山等地前往察隅、左贡等地的咽喉，倘若殖民者已来到此地，中国西南地区的形势就更加恶劣，必须弄清楚、搞明白。由于噶厦派遣重兵封锁了金沙江川藏段各渡口，派人从巴塘渡江经芒康、左贡等地前往察隅，显然不能成行。

在多方考虑后，巴安组选择了甲央伪装商人从云南德钦经察瓦龙、门空等地，到察隅实地调查，掌握殖民者侵略的第一手材料。经过周密准备，1944 年 11 月甲央等从巴塘南下德钦，再西渡澜沧江、怒江，来到察瓦龙、门空等地，翻越数座雪山，经桑昂曲宗（竹瓦根，今察隅县城）来到察隅（杂玉，甲央在行程图上标注细兴通，对照当今地

① 《元以来西藏地方与中央政府关系档案史料汇编》，第 7 册，第 2850—2851 页。

② 《元以来西藏地方与中央政府关系档案史料汇编》，第 7 册，第 2852 页

图，应为日马），沿察隅河南下，到达瓦弄等地，实地调查英人的侵略情况，并搜集察隅山川地理、风土民俗等资料，于1945年初返回巴塘（参见甲央“察隅行程报告”）。

甲央在其提交报告中，大致罗列了近年来英殖民者对察隅等地的情况：1933—1943年间，英印殖民当局曾 5 次派人到察隅等地勘查地理，开展调查，联络民众等，内以1939年英殖民者率20名士兵闯入为规模最大一次。1944年6月，英印殖民当局派遣两名官员率40名士兵来到瓦弄，修筑兵营，架设电台，长期驻扎；搭桥修路，拉拢群众，鼓励种植茶叶，减免税赋，收买人心；殖民者拟利用瓦弄空旷之地，修建机场，图谋长期侵占，等等[①]。

据调查，当时英殖民者为掩饰其行为，对桑昂曲宗两宗本谎称：他们之所以要侵占察隅等地，是1912年时噶厦外事官帕提色向英印殖民当局借1000支步枪等武器，以察隅南部能种玉米的地方作抵押，抵押期30年。“言及西藏噶夏不巴夺色（原注：西藏与印方交涉员）任内购买枪支，另外所借枪支甚多，抵押杂玉，约定杂玉所出米的地方均让与英国矣。照约内限期卅年已满，计以多长五年，以理说应补五年差粮，此后希望二位勿得在杂玉、生哥、萨马、噶合、丁浪当等处收派差粮一切”。但是，这无理要求遭到了两位宗本的拒绝，“答以我等未奉藏政府命令，一切不知等语”[②]，仍然征收差粮，表明主权，还坚持了数年。

在英方的记载中，除1939年底印度萨地亚边境区政务官戈弗雷率百余名英兵溯鲁希特河闯入察隅河，到达瓦弄、日马等地外。1941年底至1943年2月，受英印殖民政府派遣，英军上尉克劳斯（W.E.Cross）带领武装勘测队来到瓦弄等地，沿途勘测，试图寻找适合修建飞机场地点；1943 年 5 月，英军官哈钦斯（P.P.Hutchins）又带领士兵等来到瓦弄等地，修建营房，建立哨所，派驻人员，长期霸占。其间，英印殖民政府设立东北边境特区，下划4个分区，察隅等地被划入洛希特区，试图将侵略行动纳入建制中，常态化[③]。在比对英方的资料后，应该说甲央的调查内容基本准确，反映了真实情况。

接着，英殖民者在此基础扩大侵略行动，调集民工，修建公路，行驶汽车，便于调遣。1946年，据巴安组报告，康宁寺喇嘛曾堆从印度萨地亚经察隅等地返回巴塘反映：“我于本月3月间由印度起身，于4月中旬行至藏印交界处之德然马地方遇见杂玉朗荒（野人）百余人背运开路器具，向杂玉方向进行。经询问，据云：‘系与英人运往瓦绒修筑道路之用’等语。我由夺然工至瓦绒一段，则见该段道道业已修筑完成，刻已通车，惟唐绒那至瓦绒一段，尚未修筑，瓦绒至杂玉一段，现正由英人加紧培修中。”

需要解释的是，杂玉就是下察隅（鸡贡，或称日马），朗荒“野人”是对珞巴族民众的贬称[④]，瓦绒是察隅河下流处瓦弄，德然马在瓦弄南面，察隅河经此南下不久便向西流，为中印两国在察隅西边的传统界线。

得知该份情报后，巴安组负责人认为“查英人利用朗荒，修辟杂玉之间道路，似有

---

① 四川省档案馆藏1945年4月9日巴安组藏方一切动态调查报告。

② 四川省档案馆藏1944—1945年甲央调查察隅等地的报告。

③《英国、俄国与中国西藏》第545—547页。

④ 当时，将察隅、珞瑜以南至缅甸密支那以北广大区域的各族群称为野人。

侵占该地企图，拟请转陈中央，向该国提出抗议，以固边防”①，及时将此情况呈报国民政府。

当然，该份情报反映英殖民者在察隅等地的活动并非短期的举动，而有长期的、持续的计划，目的是要霸占我领土，英国人因之会加紧步伐，扩大侵占地域。果然，二战结束后，1946 年初 4 名英官从察隅来到桑昂曲宗，测绘地理，绘制地图，竖立界碑，声称察隅、桑昂曲宗两地“在汉官管理时，曾割让与英国，特来竖碑”。在遭到西藏地方政府的反对后，入侵者被迫离境。不久，他们又花装为商人，借经商名义，在桑昂曲宗建筑房屋等，图谋不轨②。以及在墨脱等地如法炮制这样的侵略行为。这年，据说有40 名英殖民者以打猎为名，“由印度进入波密，声称波密土司噶纳德已逃入印度，降于英国，并将上、中、下三波密及白马岗等地完全割让于英，特来接收”③，等等。

值得重视的是，英国人在瓦弄修建飞机场，作为重要的据点，支持并掩护北进和西扩行动；修筑瓦弄到察隅（鸡贡）简易公路，便于调动力量，使侵略行动更加便捷与扩大④，对我危害也更加严重。

（四）国民政府反对侵略，有所应对

当接到巴安组等传递的相关情报后，国民政府对英印殖民政府公然派兵察隅等地表示震惊和愤怒，不能理解战时盟国会做出如此行作，致使亲者痛、仇者快。鉴于当时的特殊形势，以及西藏地方与中央的关系等，蒙藏委员会委员长吴忠信召集西藏地方政府驻京办事处官员，询问英人侵略察隅等地情况，要求转饬噶厦，调查此事，采取措施，予以制止。据噶厦报告：已通知昌都总管，“以自己地方自己定要保护，该处所扎英国官兵人等必使其撤回原地等语，令饬该总管遵办矣”⑤。

然而，殖民者无视噶厦等的交涉，继续侵占，加快步伐，修公路，筑机场，派人员，设界碑，抢先占领，造成既成的事实，妄图要西藏地方政府承认，等等。

在得知这些情况后，蒋介石要求蒙藏委员会等密切注意，及时报告，“英军侵入门达旺后，已渐向崔（藏？）南推进，俾先在事实上占领该地，再对藏政府谈判割让，等情。希饬驻藏办事处详查具报，并切实注意为要”⑥，还多次饬令外交部与英国交涉、军令部等思考应对措施。

1946 年 4 月，蒋介石在审读关于英人由察隅进至桑昂曲宗，非法竖立界碑等情报，连续向蒙藏委员会发来两份电文，要求密切注意，采取对策：

---

① 四川省档案馆藏 1946 年 8 月 20 日徐正功为英人利用杂玉野人背运工具修筑瓦绒至杂玉之间道路由。该资料不久刊于重庆行辕民事处编《西南边务大事记》第 2 期（1947 年 3 月）。后重庆档案馆将其编入《档案史料与研究》1992 年第 1 期。

②《西南边务大事记 · 英人经营珞瑜愈趋积极》，重庆档案馆编：《档案史料与研究》，1992 年第 1 期。

③《西南边务大事记 · 英军进入波密瓦龙》，重庆档案馆编：《档案史料与研究》，1992 年第 4 期。关于 20 世纪二三十年代波密噶朗酋长与噶厦间的矛盾和冲突，其逃往印度后概况，参见江巴悦西《西藏噶厦政府与波密噶朗部落之间的纠纷》一文（载《西藏文史资料选辑》第 3 辑）。

④ 当时，蒙藏委员会根据巴安、昌都及拉萨等情报人员搜集的资料，编撰《英人康藏概要》，列举英殖民者对西藏地区的侵略，供峰层了解，思考应对之术。参见西藏社科院等编《西藏地方是中国不可分割的一部分》（西藏人民出版社 1986 年），第 529—530 页。

⑤《元以来西藏地方与中央政府关系档案史料汇编》，第 7 册，第 3152 页。

⑥《元以来西藏地方与中央政府关系档案史料汇编》，第 7 册，第 3167 页。

据报，本年（1946年）元月下旬英军4人越西康之察隅到达科麦，竖立界碑，并向当地藏官宗本声称：察隅、科麦两县在汉官管理时早已割让英国，现特来竖立界牌并接管等语。宗本当即呈报昌都总管宇多扎萨、藏政府，请派员赴印度交涉。

查英人前乘我抗战艰苦，无暇顾及西藏之时，派兵占我珞瑜河沿线据点，进而霸管杂瑜，近更至科麦竖立界碑。此种侵略我领土、危害我国防之行动，至堪注意等情。希即会同军令部核议，并绘图具报。[①]

根据蒋介石的命令，结合内务部及驻藏办事处等报告，蒙藏委员会一方面饬令西藏驻京办事处转报噶厦，及时、积极与英印殖民当局交涉，反对侵占行为。另外，还转报外交部等，向英驻华使馆提出照会，表示抗议，要求其解释行为，立即停止侵略，退回到传统边界线，等等。

根据蒙藏委员会及监察院等的要求，国民政府外交部先后于1946年7月20日、9月11日、11月9日及1947年1月20日四次照会英驻华使节，要求英国政府下令将英官兵撤到托洛岭以西地方，拆除私立界碑、营房、电台等，严禁飞机侵略康藏领空，并保证以后不再重犯类似行为。然而，英国政府采取推诿方式，借口印度已独立，印藏边界事务由其负责与中国政府直接交涉。对此，国民政府有力地驳斥英国的答复，“鉴于英国军官在此项侵入中国领土部队中之领导作用，及英国政府所处之地位，认为英国政府对于此事不能辞其责，中国政府仍不得不再向英方提出交涉”，前因后果，不能推卸，必须承担。

1947年4月11日，印度使馆回复国民政府，声称“英印部队之行动，完全限于业经接受逾三十年之藏印疆界内”[②]。就是说，传统的习惯边界线变成为“已划定”的边界线，在这界线内英印殖民者的行动是正当的，不受谴责的。这样的答复，颠倒历史，强词夺理！

当时，麦克马洪与夏扎在西姆拉会议之外的各种肮脏交易未完全曝光；达成了什么非法协议，外人也无从知晓；伪本《艾奇逊条约集》第14卷的伪装未被揭穿[③]。尽管如此，对于殖民者的行径，国民政府有清楚的认识，肯定中印边界未曾划分，是传统的习惯边界线，及中央政府与西藏地方关系有待疏通，殖民者欲利用这些，实施侵略。“英人在康藏南部活动系中印疆界曾未划界，而中央政令在藏未能贯彻，遂利用此种弱点，制造既成事实，以为将来中印国家勘测时有利之凭藉”[④]，意图侵占我土地，扩大侵略

①《元以来西藏地方与中央政府关系档案史料汇编》，第7册，第3172—3174页。在第二份电文中，蒋介石还指出英官率领数十名印兵四出测绘地图，“有向盐井县侵窥模样”。科麦是清末时以桑昂曲宗为基础设立的县份，县城在竹瓦根，即今察隅县城。蒋介石在饬令中采用“科麦”而非桑昂曲宗，有特殊的含意，值得注意。

②《元以来西藏地方与中央政府关系档案史料汇编》，第7册，第3187—3188页。

③ 关于真本《艾奇逊条约集》第14卷对西姆拉会议流产的记载，最早被我李铁铮先生于1956年《西藏的法律地位》文章（刊《美国国际法季刊》第50卷）中揭露。1959年，中印边界纠纷逐渐表面化，在美任教的张歆海教授于11月29日致函《纽约日报》，引用李铁铮的论述，说西姆拉会议没有法律效力，并与李铁铮将哥伦比亚大学图书馆所藏的真本《艾奇逊条约集》相关部分拍成相片，寄到《纽约日报》作证明。1962年，中印战争爆发，中印边界引起了关注，有学者根据李教授的论文，比对《艾奇逊条约集》后，于是1938年英殖民者伪造1929年版《艾奇逊条约集》第14卷以伪换真的行径被彻底揭穿，大白于天下。参见李铁铮《西藏的法律地位》（中译本载《敝帚一把》湖南人民出版社1984年），柳升祺《为悼念李铁铮教授而写》（柳升祺藏学文集）下册）等。

④《元以来西藏地方与中央政府关系档案史料汇编》，第7册，第3182页。

权益。在西藏地方与中央政府发生隔阂时，即使个别噶厦官员与英殖民者在边界划分上曾有勾结，秘密划分边界，但“西藏既非独立国家，英藏间之私约自不能视为中英间之有效条约”[①]。就是说，即使有所谓条约的规定，也缺乏合法性，得不到承认的。

纵观历史，在国家的边界纠纷上，要制止非法侵占、划分两国彼此承认边界的主要途径有：1.以史实为依据，通过外交谈判，协商解决；2.采用武力，枪炮“说话”，接受或否定。然而，不管采取哪一种方式，必须掌握历史依据、人文特点、传统沿革、山川地形，以及统治情况等等，总要拿出事实来，说明理由。当然，在中印东段边界问题上，要了解直接情况、全面搜集资料，掌握充分的证据，就必须能自由进入西藏，要求噶厦协助以至支持。但是，在西藏地方与中央政府关系尚不协调的环境中，这些则是无法办到的。

尽管当年军统巴安等组人员搜集及呈交了部分的相关情报，国民政府也根据及研究这些资讯，认识到问题的严峻，采取措施，以维护领土完整、边疆安全，但难见成效。1949 年 7 月，噶厦借口避免共产主义进入西藏，强行把国民政府等在藏人员驱除出藏（所谓“驱汉事件”）；其间，印度政府在原英殖民者侵占的基础上，继续北扩。在这样形势下，正常的中印边界交涉及谈判无法进行，边界问题因而延续至今。

附录

1944 年 11 月—1945 年 2 月军统巴安组甲央从巴塘到察隅的调查资料及行程图。

卅三年十一月一日奉命由巴起程，随带骑驮马二匹、喇嘛一名（名扎斗斗，原注，下同）[②]，外有到德钦营商喇嘛五名作伴，宿牛古渡。二日，竹巴笼。三日，核桃坪。四日，莽里（自运茶驮留记莽里，莽里以下人民多用云茶，故也）。五日，甲卓坝。六日，宗岩。七日，却桑堆。八日，擦里（是日，阿脚娃数十名被巴属自乌娃匪抢劫，枪伤阿脚男女二名）。九日，宿擦里山背脚，露野。十日，竹井内，打野。十一日，阿董。十二日，德钦（是日，德钦之奔几顶，距德城 3 里山坡上有自乌匪劫藏商货驮七十余驮）。十六日，余在德，特藉同兴商号名义赴杂（因海司令正涛未在，即藉朝客名），宿加比。十七日，次壬顶，溜过澜沧江。十八日，同那山林打野。十九日，天未明即起，翻夺梅那大山，至山顶，忽降大雪，幸有朝山人百余偕前往，始得通过，宿夺梅那山背露野一夜。是夜，大雪不止，又无石岩可避及烧火作食之地，只得忍饥盘脚坐地，披垫毡加背，以待天明，雪垒至背与肩齐平，时周身甚觉寒冷。廿日，午前，雪后大风忽起途中，松木大树吹断者不计其数，行人多危，困难殊甚，夜宿却那通，打野（有松杉木，干，拔可烧大火以寝）。廿一日，那翁然（该地有一红教小寺），又有藏人检查员代卖糌巴，问余何往，答以德钦寺喇嘛来朝山者，因此在伊处买些糌粑，问路，成及一切情形。廿二日，降新对岸露野。廿三日，扎那通（系朝山人分路也）[③]，便借宿于该村白登主人处。廿四日，休息，籍〔藉〕便调查该地扎玉寺董马本一切情形（即民兵指挥官），据闻传派有协敖一员查收人税，每一人经过斯地时，即收纳藏银一钱。据主人白登言，民卅二

---

① 《元以来西藏地方与中央政府关系档案史料汇编》，第 7 册，第 3187 页。

② 圆号内的文字，系原报告中所有；方括号内文字，系整理者新加。

③ 为今察隅县察瓦龙。

年十二月一日曾见那翁然贡山地界高原（名错）降落一机，内有武器甚多，系墨甲（地名）人所见。传说兴里（地名），该地有天主信徒甚多，当据于然达通（地名）（天主）及却那通（地名）[①]教主李事派信徒前往，将机内武器搬运数日，现尚捡存该处。民卅三年六月以前，不时有飞机来，乘掷多物，接济该教主。六月以后，未见飞来等语。廿五日，余便乘马雇妥后，主人白登即借给皮绳数根，外请一人将余送至墨孔（隔 30 里许，潞江隔墨孔，又上坡 2 里，故皮绳自缓，始能通过）[②]。廿六日，翻过郎通那山，露野（该地人口稀少，如商人骡马被雪阻止，不能前往，将货物尽弃于路傍，无人偷抢）。廿七日，翻过主学马那山背露野。廿八日夜，至免，该地有平原，约 17000M 之长形，宽 1500M，将来可修机场，草木盛佳，居民均系牛厂生活（其山上出山药、芪芃、贝母等，闻每年可出贝母八千余斤）。廿九日，苍那山前露野。卅日，苍那山背露野。十二月一日，意小那山前露野。二日，意小那山背露野。三日，竹瓦根。四日，噶几工（即鸡贡，有藏官住所，每年四月至七月，因天热不能住杂玉时，该藏官子冲及冲哥均住矣）。五日，扎那（出米之地）、学子，露野（竹瓦根至杂玉一带，沿途河之两面系平地，森林盛茂，松杉林类，高直且大，可称西康森林第一，荒地亦多，可以开辟）。七日，郎卡（该地藏方派有桥税官一，不论人马，凡经过该地，每一收纳藏银四钱），夜宿松林，露野。八日，杂玉（该正名黑卡通），查该地人民住房之建筑异常简单，用圆长木五横直小方代作墙（是上等官房），或用树枝编壁，或用野草；顶用木板或草。每年三月将谷秧下后，即移住深山，栽种山地（黑卡通各处所建之房屋为空置，该地蚊虫最多，夏难居留）；八月内移回黑卡通。十日，知不瓦通（村名），有巴安人流居该地亦多，余即溜过杂玉河，并先通知桥税官（觉然丁曾）。伊问余来因，余云访亲，刻身体不建（健），不然，欲往印度买货。伊云曾否在此雇有背夫（杂玉至得领，沿途荒野乱石，不能行马，均用人力背运，口粮亦随自带，得领至夺然工可通汽车）。答此地不通信电，一切难以预定。伊即检查行李后，准溜过河，即宿河西露野。十一日，到不瓦通，在阿批处籍〔藉〕住（伊祖籍巴安人）。

此次余至杂玉，机会甚佳。查卅三年十一月曲在哇龙〔瓦弄，下同〕新建筑英兵营已成，十二月廿五日特派通译（八簿，印名）到黑卡通请藏官孔萨子仲（名乌桑宗萨颇哇）、仲哥、米得至哇龙谈话。卅四年正月三日，该藏官转回杂玉。据阿批云（该祖籍巴安人，曾在旧仲哥得以巴身边服务），伊得消息，这次哇龙英官八那色是（印度划分四区，该东北区司令长官也）及巧渣色（上校阶级），对子仲及仲哥参观哇龙营盘及各地面积后，言及西藏噶夏不巴夺色（西藏与印方交涉员）任内购买枪支，另外所借枪支甚多，抵押杂玉，约定杂玉所出米的地方均让与英国矣。照约内限期卅年已满，计以多长五年，以理说应补五年差粮，此后希望二位勿得在杂玉、生哥、萨马、噶合、丁浪当等处收派差粮一切。该子仲等答以我等未奉藏政府命令，一切不知等语。该子仲、仲哥于卅日转回杂玉后，饬竹瓦寺（在不宗地）僧众四十余名，迁至黑卡通搭棚（正月初七初八），举行跳神，九日向哇龙方向出魅神，并饬地方建造土塔壹座（工人正在赶工，

① 为今云南贡山县丙中洛乡秋拉桶。

② 墨孔是门空，今察隅县察瓦龙乡所在地，怒江西岸；察瓦龙（扎拉桶）在怒江东岸。

限正月十五日建完等语），能被压彼之盛风之□。十三日，据竹瓦寺堪布扎喜却汪请余吃饭（伊父宜马系巴安人，流居此地贸易，家资甚厚），晚间谈及西藏大赖在时，该巴拿色任内（系亲英派，现伊长子继任其职），宣统元年时内向英购买壹千支步枪，以杂玉抵押，出有一字（是系把拿色字据）等语。查宣统元年，藏人在英运来之枪托均有○号。又闻哇龙英人异常注视汉人，对萨的牙〔萨地亚，下同〕往来行人检查极严。余防不测计，问主人阿批，曰我们德钦寺骡夫桑乔丢去骡子四匹，现闻此人隐住哇龙附近小村，特请主人帮助，到河东黑卡通沿河向哇龙对岸一带，代余查问，如得实情，必当重报。阿批应允，即敬伙食费，次晨十五日起行矣。十七日，余随带喇嘛渣斗斗自背口粮，由不瓦通向生哥、萨哥至哇龙。十九日，在途中遇英八那色属之通译（巴簿）带印度兵四名，全服（副）武装，并携有图具等，问余何往。余言，到萨的牙贸易。伊见余带有腊肉，请分之，余便选一斤许。伊欣然曰：我代写介绍信与你介绍数人，你可直向哇龙营盘内请领经过路证；不然，沿途步哨繁多，不免阻留。伊便在身旁取笔，写片纸给余，领谢以别。继闻该（巴簿）等至生哥过河，至噶合、丁浪当等处宣传，着人民不准与藏人支差。廿日，余在哇龙，隔英营一千四五百米之高坡地，见沿途郎哄野人之步哨，折回不易，就在该坡上详查营盘地基及建筑。

该地机场原是天然长形平地，荒草，南北约 7000M 之长，东西约有一千六七百米之宽，所建兵营周围，约有 500M 之方形，用石砌，墙厚四尺许，高三尺余，尚待筑土，墙中石墙之。（东南角、西北角）两角圆形，准备将来作望远射台，墙内造有长屋两所，顶面野草，每所约长五间许，大门向西，门外树立一英旗，墙南之外，有小房数间，系厨房、浴室等，墙之东北角一里许，有步哨，系兵营之引水处（大有防毒之意）如图□□。午后，余在坡地烧火作食，向随带喇嘛渣斗斗曰，余腹痛，不能再行，当督折回。伊亦然折回。廿二日到不瓦通，见主人阿批，亦讲乃经过情形及该桑登无踪。十五日起至卅四年正月初三日，连夜降落大雪，不止，不能远行。余即作宣传工作，暗授德钦寺喇嘛洛松彭德及巴安康宁寺喇嘛渣斗斗、阿扎等与各喇嘛人民宣传我中央爱戴人民，减免差役之苦，保护各喇嘛寺，信教自由等等。该地人民无不闻而起欣。

查杂玉藏官，驻有子仲一员（名鸟桑宗萨颇哇），仲哥一员（名毕得）（该二员原住桑昂曲宗为署，因冬月住杂玉较为温缓之意），旧仲哥（得以巴）一员在杂助理，新任两年后，始可回藏。茶官有子仲一员、仲哥一员，专饬人民作〔做〕茶运藏。每一差户五月内缴茶生叶卅五斤，现改令上等户每年缴茶五百甑（计有廿一驮），中等每户缴三百甑，下等每户缴一百五十甑乃至二百甑者。民间不给工资分厘，并闻卅四年开始，在黑卡通划地，使民种茶，增加茶叶，帮助西藏用品，除丝棉外，将来不仰给内地。官饷委员一员（系昌都萨汪所派），桥税委员一员（系扎玉董马本所派），协敖一员（有参加政权，其工薪由地方人民额外负担），藏人对于地方人民毫不爱护，只知收括民财，该地人民差徭异常沉重，一旦支差，须运长途五六站，方得转回；每年人民除上正粮牲税外，尚有人税（每年缴一次，每人一钱，照人数计算缴纳）、银税（按照栽种地方之宽大查收），果木税、纸税，等等……地方稍有生产，无不收税，因此，杂玉人民多有归英之心，惟宗教关系，忍耐屈服而已。卅三年十二月，英人到哇龙，与藏提出免差后，生哥、萨马人民到哇龙向英投降者有三家（均所见之事）。

查该地郎哄野人，平时不易出外往还，每年在火山地栽种山玉〔芋〕、元菜、包谷、燕麦，并种鸦片，春夏工作日忙，生活简单，对地方素无差徭之责可负，秋冬居于高山深林，日夜集柴，烧火护暖身体，无被垫等物。男则下身有一小囊，以顾羞耻，挂兽皮、干粮、杂袋及杂烟袋（男女大小均如是），头戴以笠，携带缅刀；女则下身有一花布围巾，赤脚，无履。房屋用长圆木横直建筑，或用野草棚（长形），实只一间。男接十二妻者或八妻者，一男一妻者数少。男性好猎，若打得山兽之肉，或购来牛肉，每食即一顿吃完（肉多，亦请朋友来食），无远顾虑，男女均好酒吸烟。英人图杂玉事实，据阿格（不长通人）言及英官八那色前通译之妻（名叫甲哇江）与伊情好，伊言八那色对杂玉森林异常注意，拟修通得及知公路，设繁华商场。

又据恩却卡商人阿米言及（伊由夺然工办货归来，余在杂玉相遇）得领至夺然工，地面天然平坦，英人培修公路，早已通车；得领至唐绒那山之前面，原有英人台站，并设有电线，那哇工之兵营（即阿哇那），民卅一年七月新建（有哇龙之兵营之大，形势亦仿）；卡免领之兵营系民卅一年七月新建（四面均有楼角远望射台）。德然、马通三路（东通郎他瓜方面）营盘，民卅二年十月新建（三面有楼角远望射台）。

哇龙之营盘系民卅一年六月起建，十一月完工。

本年英人对于杂玉到印商人禁运布疋等各用品，只准运纸烟一项。去岁八月以内，即到印康商背夫约二千五六百人，均系背运纸烟，格外并无一物购回。

英人对于郎哄野人准令广种鸦片，闻将来拟由英方公收公卖。哇龙以下新委郎哄野人为该地头目，担负沿途步哨之责，甚至利用郎哄野人途中暗杀逃兵（去十二月廿七日亦闻离唐俄那二站杀死二名），有人云系商人、背夫与郎哄斗杀。

卅四年正月六日，由不瓦通起程，过溜到黑卡通，在河边藏人收税处藉住。八日，该藏官子仲等饬杂玉人民举行跪马比赛，余往参观，该子仲衣冠整齐，行止均照满清礼节。

九日，余恐降雪深厚，各山封锁，必至四五月方能通过，故因□同伙之便，有骡马，折回，宿郎卡。十日，杂龚。十一日，噶儿工（即鸡公）。十二日，竹瓦根（闻龙学锥那山及意小那大山因大雪封锁，不能通过），直向到卡应露野（即连打野三日），十七日冲玉（该处冲玉卡那有名大山，因集〔积〕雪本厚，藏人随有专差往来，并必要时由各牛厂派牛转□前赴，蹈雪取道，是以商人均可通过。十八日，获。十九日，萨免山脚露野。廿日，思却卡斜对山前，露野，廿一日生珂，廿二日以巴，廿三日作巴，廿四日里脚，廿五日，绕结，廿六日，然巴（生珂到然巴，沿途山形高大，不生草木，黑教居多）。廿七日，扎玉寺，有5400M之平原（左有小山土包子修隧洞，右有山林掩护之所，可开辟，将来再加人工，修理机场，可开7000m之长）。该扎玉寺住有藏官董马本（民兵指挥官），无用兵时，平常收税及检查行人一切。廿八日，脚免寺甲重活佛处住宿。二月一日，把格。二日，德（通盐井，铁那山集〔积〕雪深厚，阻止，必俟八月，不能通行）。三日，白土寺。四日，甲郎。五日，学那大山露野。六日，山背露野。七日，锥巴。八日，母很。九日，盐井之思却卡。十日，八哇。十一日，盐井（查母很、思却卡、八哇处，均种烟苗）。十三日，脚龚。十四日，蹄那大山露野。十五日，宗岩。十六日，甲卓顶。十七日，莽里。十八日，空子顶。十九日，根然。廿日，竹巴笼。廿一日，巴安。

（秦和平，男，1952年生，西南民族大学民族研究院教授，成都，610041）

试论西藏口述史的史学价值和现实意义

周润年　张　屹

内容提要：西藏口述史的发展源远流长，很多著名的藏族史学作品都曾借鉴过口述史料，故此今天我们进行西藏口述史的研究具有多重的史学价值与现实意义。一方面它可以为我们提供新的方法论指导，并与西藏的传统史学研究相得益彰；另一方面对于发展西藏的旅游产业、提升西藏各族人民的文化自豪感、构建和谐社会等也具有一定的现实意义。

远在文字诞生之前，人类历史的画卷便已然展开，社会发展的进程就已经开始。然而对于史前文字时代的文化遗存，后人们并没有因为文字的迟到而空缺，反而拥有着很多亲切而熟悉的认知，所以从某种意义上讲，这些都应归因于口述史料的运用与发展，它们最早地担负起了记录文化与传播文化的责任，也同时体现了口述史料所独具的文化价值与社会功能。

故此，虽然现代意义上的口述史学（Oral History）产生于二十世纪的四十年代，并以美国哥伦比亚大学口述历史研究室为标志而兴起，进而形成了一个不断发展与完善的学科体系，但是口述史作为一种记录手段，长久以来，一直伴随着人类社会的演进，自觉或不自觉地服务于我们的文化生活之中。无论是西方的《荷马史诗》，还是闻名于世的藏族历史文学巨著《格萨尔王》，它们都熔铸了口述史的智慧与结晶。

一、西藏口述史发展的历史与现状

目前关于口述史这一概念的阐释有很多，国内如钟少华、杨立文、杨祥银等诸位该领域的专家学者们已经做出了非常精辟的定义，如若简而言之，口述史即是根据被整理与研究过的口述资料而形成的史学作品，而关于其的历史学研究便是口述史学。

如果从这一定义出发，我们就不难发现，西藏口述史的发展源远流长，不但著名的巨著《格萨尔王》就是前人传承至今的口述体历史文学，其实很多堪称“信史”的著名藏学类史学作品，也都曾以口述史学的一些研究手段，成功借鉴了大量的口述史料。

譬如关于远古时期止贡赞普的历史传说中，有一则寻找赞普尸身的故事，这则故事最初记载在敦煌古藏文历史文书中，后来在《柱下遗教》、《西藏王统记》、《贤者喜宴》、《西藏王臣记》等书中均有所载，然情节却颇不相同。如果结合了根据目前学界的共识，即藏文产生的年代至少是在天赤七王之后，那么这段被传承至今的故事，很可能就是依据了不同的口述史料而来。

尤其是在藏史名家巴卧·祖拉陈瓦的名著《贤者喜宴》[①]一书中，作者不仅秉承了从史料出发、以论为辅的学术风格，亦同时兼顾了口述史料的分析与运用。例如在《贤者喜宴·吐蕃史》开篇的第一章中，作者便曾有如下记述："总之，按瑜伽拉金杰之说法，有迎请肋骨之神嘎玛药德和稀有之神朗如嘎等情况以及大部分有寂之神出现的情况。"而且作者并不仅仅停留于这则口述史料，随后于文中再以《人主天神统治瞻部洲》、《密法大方广菩萨文殊师利根本仪轨经》等等资料不断地佐证其观点，显见作者意在避免孤证，并追求记述的准确性。当然，作者在这里所要论证的观点及其记述虽有某些神话的内容与色彩，但是客观地讲，其论证程序本身则完全是逻辑自洽的。总之，对于口述史料，《贤者喜宴》的作者并非是简单地截用，而是进行了一定的研究与整理，这也恰恰就是《贤者喜宴》作为史学名著的独到之处。通观这部名著，类似之处还有很多，故此，该作品的确反映了当时口述史学发展的实际高度。

关于现代口述史学方面的研究，从国内来讲，台湾地区的起步略早于大陆。截至上个世纪的80年代为止，我国台湾的近代史研究所便已整理出版了《口述历史丛书》70余种，开办了《口述历史》期刊，并定期举办"口述历史研习营"以推广、培训口述历史的从业者。比较而言，虽然大陆方面关于口述史学的研究起步较晚，但自上个世纪80年代开始，大陆在口述史学也有了长足的发展。

就我国西藏地区而言，自新中国建立以来，国家的相关部门包括很多的研究机构也都曾经展开过关于西藏的社会历史调查工作，并相继出版了《西藏社会历史调查丛刊》等一大批研究成果，为西藏自治区的社会发展做出了卓有成效的贡献，实事求是地讲，其中一些资料的搜集也肯定运用了口述史学的研究手段。后来，随着国内口述史学研究的进一步发展，《雪域求法记》、《藏族妇女口述史》等一批新作的又相继问世，推动了西藏口述史学的继续发展。最近，由西藏自治区社会科学院正在整理出版的"西藏口述史系列丛书"规模宏大，卷帙浩繁，涉及面广，代表了西藏口述史学发展的最新高度，而且这种现代学科理念上的口述史作品以如此之大的规模出版，在我国西藏地区尚属首次，相信会在一个更大的范围内产生更为深远的影响。

二、 西藏口述史的史学价值

（一） 为西藏的史学研究提供了新的方法论指导

自上个世纪初开始，西方的传统史学便遭遇了新史学的挑战，而口述史学的研究与发展也正是在这样一个大的背景之下逐渐发展起来的。反观国内，中国的传统史学一贯倚重于档案类史料的发掘与整理，虽然如此会在一定程度上有利于保证史学研究的严谨性，但同时也自觉或不自觉地使得历史研究方法本身容易忽略了这样两个方向上的发展。

第一，应当关注很多发生在微观层面上的社会变化。因为这种微观变化既可能是社会整体宏观变化的根据，也可能是社会整体宏观变化后的结果，二者都具有不可或缺的研究价值。

纵观很多著名的史学作品，无论是《柱下遗教》、《贤者喜宴》、《西藏王臣记》、《颇

① 巴卧·祖拉陈瓦著，黄颢、周润年译注，《贤者喜宴》，中央民族大学出版社（北京），2010年，第6页。

罗鼐传》，还是大量的教法史，这些著名的史传作品虽然也不乏口述史料的运用，但就其关注点而言，主要还是集中在了一些宏观的历史事件与名人传记方面，即便是涉及某些社会底层人物与事件的记述，也是往往是围绕着精英人物来作以铺陈。譬如《西藏王统记》，文中不但记述了松赞干布、文成公主、赤尊公主及其后的历代赞普，其中还涉及了很多的普通人物。这些人物虽然也参与了一些历史事件，但他们大都没有留下姓名，更遑论较为详细的记载。但是这些人的日常生活与各自不同的经历，以及他们在生活中的喜怒哀乐却真实地反映着各自所处时代的社会历史微观变化，这些变化积少成多，便可以形成历史的合力并推动了时代的变迁，因为人民群众才是历史的真正创造者。故此，注重口述史学的研究既是对于唯物史观的价值肯定，也是我们多维把握人类历史进程的必要手段。

当然，客观地讲，无论何人来创作上述的历史作品，相信都会一如作者那般处理各种材料，以求详略得当、事实清晰，乃不至于形成资料的堆砌。所以问题不在于此，而在于同口述史类专著两相比较之下，后者显然表现出了量的不足，相对缺乏一些从常人常事出发来表达社会微观层面变化的史学专著，而这不但是我们今天发展西藏口述史的史学价值之一，亦是“西藏口述史系列丛书”等口述史类作品问世的意义之所在。

第二，应当弥补普通主体视角的不足与缺位。

自从现代口述史学的研究诞生以来，它的发展并非一帆风顺，因为学界对于口述历史的客观性质疑一直以来就是口述史学发展的主要障碍。当然，我们不得不承认：作为口述史学的研究对象——口述史，其本身在内容的客观性方面的确存有一些天然的不足。但是笔者认为，这种客观性的不足是有边界的，而不是绝对的，因为该问题必须分做两个层面来置评，即叙述内容的客观性与叙述主体的主观影响。

诚然，口述史的资料来源于叙事主体的回忆，并通过叙述、整理而形成，所以从心理学的层面而言，由于人的记忆力是有边界的，加之个体的差异，回忆内容的错漏往往难免，故而从内容的客观性这一层面来审视，这种质疑不无道理。但如果仅是从由于叙事主体的个人认知干扰了叙述内容的客观性这一角度来得出客观性不足的结论，则我认为是值得商榷的。

毋庸置疑，任何客观的内容都是需要通过主观的形式来表达的，因而任何表达也都难免主观的因素隐含于其中。所谓“述而不论”也仅是一种叙事的艺术，没有观点的史书如何可能经世致用而又传之万世？故此，就作为个体而存在的人，尤其是普通大众，他们也是在通过叙述的机会来借以传递出自己对于存在的认知，而这种认知所基于的恰恰就是各自的价值观，从这点上讲，普通主体与任何史学研究者是同质的，并不存在任何根本上的差异。因此，我们反而应当去多角度的听取普通主体的主观表达，当然，有时面对事实方面的出入，我们可以通过其他选择去考证，而对于其主观倾向，我们则宜应审慎关注。如此，一方面可以使得我们的研究材料更加客观、科学，另一方面则更可提高自己的研究水平，以使自己的研究结果能够具有更为广泛的代表性，能够经得起时代的检验。故此，若从叙事内容主观性的多与寡来评介口述史学的价值与功能可能会是片面的，而且以史学研究最终要服务于社会这一根本旨归为出发点，让我们在口述史学的研究过程之中，更多地去关注普通主体的价值取向，也恰恰能够表现出一种人文精神的回归。

以“西藏口述史系列丛书”为例，无论叙述主体抑或是叙述对象，所涉及的范围相当广泛：既有社会大事，亦不乏生活小事；既有知识精英又有一般群众。通过他们的口述资料，我们不但可以体会到时代的一些宏观变化，也能够在一定程度上了解到社会生活微观层面的人事变迁。

总之，在西藏传统史学的研究方法之上，我们有必要借鉴新技术（如录音、视频等）、积极拓宽目前的研究手段，并综合运用口述史学的研究方法，不但关注社会历史微观层面的发展变化，更要研究普通主体视野下的社会历史进程，以期我们的研究成果能够具有更为广泛的代表性，并能较为客观、全面地反映西藏社会发展的完整风貌。

（二）与西藏的传统史学研究相得益彰，可以形成有益的补充

王尧先生曾在《贤者喜宴·序》中对于藏文史籍的种类及其特点给予了详尽的分析，他将藏文史籍分作了11个大类：编年史、史册、教法史、王统记、世系史、传记、地理志、寺庙志、年表、名人录、全集。由此可见，藏文史籍不但规模宏大，汗牛充栋，而且种类丰富，覆盖面极为广泛，在我国民族古籍中占据着领先的地位，而且也是研究中国历史必不可少的珍贵资料。

面对如此宝贵的文化遗存，我们首先应当感谢历代前辈们的智慧与辛勤付出，没有他们的耕耘就没有今天藏族史研究蓬勃发展的前提与基础。其次还应当感谢藏族文化中历来重史的优秀传统，正是在这种人文精神的鼓舞之下，先贤们才会前赴后继，承圣继绝，自觉地承担起了记录文化、传播文化的历史责任。当然，我们也要感谢当代从事藏史研究的工作者们，没有他们的搜集、保护、整理、出版，很多的史籍仍将难以面世。

但与此同时，我们也不难发现，口述史类专著在前人的研究成果之中尚在存着量的缺憾，因而我们的工作宜应与时俱进，在搜集、保护、整理、出版已有古籍的基础之上，更当秉承藏族文化历来重史的人文传统，自觉地肩负起文化传承的历史重任。从这一角度审视，今天我们来关注口述史学的研究与发展就是一种积极的回应，因其不但可以与西藏的传统史学研究相得益彰，并可形成有益的补充。

当然，就技术层面而言，关于口述史学在记录历史方面的具体运用，国内外的相关研究已提供了颇多良可有益的借鉴，在此自不必赘言。但就西藏口述史研究之于西藏传统史学研究的补充功能，笔者就其本身特点在此需要提出两点看法。

第一，在西藏传统史学的发展方面，其实历来就保有一个独特的传统，即其本身并不排斥口述史料的运用。经过仔细考察后，我们不难发现，在《西藏王统记》、《贤者喜宴》等作品中，并不乏成功运用口述史料的例子。因而从根本上讲，在此并不存在传统史学与口述史学之间尖锐的理论对立，二者在西藏的史学传统中天然并立，共生发展。所以我们今天所指涉的补充功能，究其根本而言，目的旨在强调在现代学科理论的视野下来系统化、理论化地构建起西藏口述史学的研究体系，从而使之能够充分地发挥出应有的研究效用以补充史学研究的功能。即就是说，这种补充功能并非今天才有，我们所做的仅是使之理论化与系统化后，得以更趋成熟以便于充分地发挥，而且由于口述史学与西藏传统史学的共生发展，前者本身就已经具备了史学研究中的合法地位。

第二，西藏口述史学的研究目的并非是为了简单地弥补档案史料的不足，从而处于一种绝对的从属地位。

人们注重档案史料，皆因档案史料的客观性及其可信度在通常情况下更易受到别人的认可，所以对于很多的研究者们而言，仅是在档案类史料缺如之时，才会借鉴到口述史料，故而在史学研究之中，口述史料一般是比较被动的，其从属地位也是显而易见的，这是不争的事实。

但我们也不能够因此而忽略了口述史学的另外一种必要性的存在：只要条件具备，依据档案史料所作出的研究结果也应当接受口述史料的勘对。这种必要性是显而易见的，譬如倘使某一研究结论与各个口述史料皆不相符，或者相去甚远，那么该结论的合理性也自然就会遭到消解。并且在勘对的过程之中，无论档案史料还是口述史料，彼此互为印证，重要性仅在伯仲之间，是故从此一角度来考量，也就并不存在绝对的主从的问题。

例如在《贤者喜宴》中关于兴建桑耶寺[①]部分的记述，作者巴卧·祖拉陈瓦不仅运用了《拔协》、《大阿阇黎莲花生传》、《王者亲誓》等大量史籍，还运用了碑铭与口述史料等等作为论据以增强说服力，而作者的高明之处就在于其更加注重材料间的搭配与互证，以求形成一种较为严密的逻辑链条，而非执着于材料的孰主孰次，这也在一定程度上印证了口述史料的研究地位。

综上所述，无论在以往抑或是当下，在西藏的史学研究之中，口述史学存在的合理性是确定无疑的。至少从方法论方面的指导作用，及其对于史学研究的补充功能这两个维度来审视，口述史学也应获得一个较之以往更为重要的研究地位，以使西藏的史学研究能够获得更多的发展机遇和一个更好的发展平台。这一刻是值得期待的，因为它不但是史学研究的内在规律使然，更是史学研究对于自身发展的反思。

三、 西藏口述史的现实意义

以往的历史经验告诉了我们，任何一种学术思想的发生与发展，其影响方式都是多向度的，而作为历史学分支的口述史学，其效用亦不会拘囿于史学本身的值域，必然是一种多层面的存在。故此，倘如关涉西藏口述史学的现实意义，亦应在这样两个最为基本的向度上予以致思，即史学现实意义与非史学现实意义。

其中关于史学现实意义的部分，由于我们在前文中已陈述了一些基本的观点，加之篇幅所限，就不再赘述。故此，下文将就口述史学的发展对于非史学领域内的现实意义——史学以外其他领域的影响与意义试做浅论。

（一）可以提升旅游产品的文化价值

所谓旅游产品就是旅游业者通过开发、利用旅游资源提供给旅游者的旅游吸引物与服务的组合，而旅游作为一种高级需求，其中旅游产品的吸引力可谓至关重要。虽然很多现代技术手段可以提升我们的服务质量，但旅游资源中的文化历史内容却往往是不可再生的，即就是说，旅游资源的文化吸引力具有不可替代的经济开发价值，因此对于旅游资源吸引力的开发具有提升旅游产品文化价值的积极意义。

随着多年来西藏地方区域经济的迅猛发展，藏医药、旅游、手工艺制作、民族特色

① 巴卧·祖拉陈瓦著，黄颢、周润年译注：《贤者喜宴》，中央民族大学出版社（北京），2010年，第147页。

产业等已经成长为西藏地方的四大支柱产业，本着我国“十二五”规划中“优化格局”、“绿色发展”的重要精神，为了促进西藏自治区区域经济的和谐发展，大力振兴西藏旅游业就必然会成为提升区域经济的一项战略手段。

纵观我国西藏自治区，这里拥有着丰富的旅游资源，而且许多的神山圣湖、雪域胜迹本身并不乏美丽的传说与故事，它们很多都来源于口述资料，这些文化内容与自然景观融为一体，从而形成了独特的西藏旅游资源。譬如有关冈底斯山便有着这样的传说：围绕山顶转行的是五百罗汉，山腰转行的是空行母，山脚转行的是芸芸众生，一个人如能朝拜并转山一圈，可以洗净一世的罪孽，朝转十圈者则可在五百轮回之中免遭下地狱之苦，朝转百圈者则可成佛升天，而在马年朝转一圈，则会相当于在常年转十三圈。[①]客观地讲，这些内容对于很多旅游者们而言的确具有一定的吸引力，反之，倘若不存在这些文化内涵，那么该景区作为旅游产品的吸引力就会被极大地降低。

当然，类似这样的传说有些来自教法史，有的则是直接地来自于民间传说，如果我们能够运用口述史学的研究方法予以发掘和整理，就肯定会有助于提升西藏旅游产品的文化价值，以增其强吸引力。但这仅是口述史学现实意义的一个方面，因为相对于更多的受众和国内更广泛的区域而言，这些传说与故事的影响力还仍然存有一定的提升空间，所以还存在着一个宣传力度方面的问题，故此大力推动西藏口述史学的研究活动，不但对于弘扬民间文化具有深远的意义，而且对于开辟旅游客源市场也具有一定的经济功能。

总之，我们一方面是应该致力于挖掘出更多的口述资料以继续充实西藏旅游资源的文化内涵，不断地提升其文化价值，但从另外一个侧面来看，加强对于已有文化资源的宣传则显得更为现实与紧迫。因为旅游学的常识告诉了可我们，求新求异的人总是在受到了旅游吸引之后才可能产生新的旅游冲动。所以在宣传层面上讲，我们不但需要加强口述史学的研究，更亟待加强宣传，如果我们能够在进一步整理口述资料的基础之上，出版更多的口述史类通俗读物以扩大影响力，则不但可使区内外更多的各族群众能够熟悉那些在西藏广泛流传的民间文化等等，更有利于形成西藏旅游产品的文化吸引力，这是除了便利交通之外增大旅游客流量的根本手段之一，当然也是口述史学对于旅游经济所带来的积极影响及其本身现实意义之体现。

（二）有助于加强西藏各族人民的文化自豪感

每每言及藏族文化的风采之时，我们于钦敬、自豪之际，亦常常会用“博大精深、源远流长”以喻之，此言虽语简而意精，恰如其分地展现出了藏族文化的最大特点。

其实按照自身形成的传统来划分，藏族文化可以细分为大小五明，它们实际代表了十种不同的学科分类，倘以“博大精深”来引喻，可谓名至而实归。但若以此大小五明视之为藏文化的全部内涵所在，则可能是不够全面的。因为大小五明的产生毕竟是藏文化发展到一个相当成熟的阶段之后才出现的学科分类，它们大多以典籍的形式而存在，并不能够完全代表古文字时代的文化遗存，而口述史学的研究价值则可在此得以展现，它能够弥补此领域内的一些空白。故此，面对前文字时代的远古文化，“源远流长”恰恰是对于口述史学研究对象的恰当比喻。

① 徐丽华，冯智著：《藏区名胜》，巴蜀书社（成都），2003年，第183页。

当然，口述史学的研究对象并不仅限于古文字时代，古代、近现代都在其列，这些在前文已有述及。但我们由此可以更为清晰地看到口述史学研究对于提升文化自豪感的意义之所在。因为通过对于远古文化的了解，有助于形成我们炽烈的文化情感，而通过对于近代各族人民反抗帝国主义侵藏历史的了解，则会令我们更加珍爱这片土地。

总之，只有爱国爱藏，才能兴国兴藏。因此加强各族人民对于祖国民族文化的自豪感，尤其是提振西藏各族群众的文化自豪感，对于建设新西藏，构建和谐社会具有极为重要的现实意义。

目前，西藏口述史学的研究正在蓬勃兴起，而且其发展所带来的影响也必将不会仅限于其本身的学术范畴之内，因为任何的学术研究最终总要回归于社会以接受实践的检验，并借此来确定自身价值的边界。故此，虽然本文仅在若干问题上述及了西藏口述史学的某些方面，然而西藏口述史学的价值与意义却是一种多维的存在，我们也更相信它是一种积极的、有社会价值的存在，并能经得起历史的考验，这不仅是因为它能够立足于生生不息的群众生活，更是因为它有助于弘扬民族文化，对于构建西藏的和谐社会兼具现实与深远双重的意义。

（周润年,1954年生，中央民族大学藏学研究院教授，北京，100081；张屹，中央民族大学藏学研究院博士研究生，北京，100081）

中国生态博物馆研究热点与存在的问题

段阳萍

内容提要：国际生态博物馆思想自20世纪80年代引入中国后，以其新颖的理念吸引了众多研究者的关注，从而产生了一大批相关研究成果。本文通过文献研读和实地调查，认为有关生态博物馆的内涵、生态博物馆文化保护与社区发展的矛盾、生态博物馆管理模式的选择是目前生态博物馆研究的三大热点问题。现阶段学界研究的不足表现为应用性不强，缺乏生态博物馆建设指标体系的研究，生态博物馆相关利益和责任群体研究不足，不同生态博物馆的比较研究不够等。

生态博物馆是20世纪70年代发端于法国，随后迅速在欧洲、美洲等地区广泛传播的一种新型博物馆模式。与传统博物馆不同，它反对将文化静态收藏于异地建筑中，而是主张将文化放置于原生地进行整体性的活态保护、培育与展示，从而促进当地社会经济文化的协调发展。这一对博物馆形式的新探索最初来自"青年博物馆学者对于传统的博物馆模式的不满"[①]，是西方博物馆界对人与自然的和平共处、遗产与环境的和谐发展的深刻反思。20世纪80年代，中国博物馆学界开始关注国际生态博物馆理论。这是由于一方面，处于经济迅速发展阶段的中国同样遭遇了西方国家工业化和现代化进程中的诸如生态失衡和环境破坏等问题；另一方面，上世纪80年代正是中国博物馆事业发展的新高潮时期，传统博物馆的数量已达到上千座，它迫切需要寻找一种能突破传统博物馆形式并拓宽其文化遗产保护的新路子，以便进一步提升博物馆的社会服务及社会教育功能。无疑，西方新博物馆运动所倡导的生态环境均衡理念和对传统文化保护的新思路，符合当时中国社会和博物馆自身发展的深层次需求。上世纪90年代，在博物馆学者的直接推动下，以政府为主导的中国首座生态博物馆——贵州六枝梭戛生态博物馆诞生[②]。随后，广西、云南、内蒙古等地也纷纷效仿。即便在距离生态博物馆理念引入中国二十余年的今天，仍有省份不断在拟建生态博物馆。如2010年，浙江湖州安吉县提出建设"中国（安吉）生态博物馆"的设想，这相较于我国生态博物馆大多选择建设在少数民族贫困村落而言，不得不说是一个大胆的尝试。总之，中国生态博物馆建设呈现

① 参见雨果·戴瓦兰（Hugues De varine）：《二十世纪60-70年代新博物馆运动思想和"生态博物馆"用词和概念的起源》，《2005年贵州生态博物馆国际论坛论文集：交流与探索》，北京：紫禁城出版社，2006年，第73页。

② 1998年中国首座生态博物馆—贵州六枝梭戛生态博物馆在贵州六枝特区梭戛乡建成，是中国与挪威国际文化交流合作项目之一，此后又陆续建成了镇山布依族生态博物馆（2002年）、隆里汉族生态博物馆（2004年）、堂安侗族生态博物馆（2005年），构成中挪合作贵州生态博物馆群。

出方兴未艾的景象。其实体的建成促使这一领域的探讨逐步由最初的理论层面向理论与实践相结合的方向而深入，产生了一大批阶段性研究成果。因此，在现阶段总结中国生态博物馆研究的热点问题及研究存在的不足，对于生态博物馆理论研究的完善和目前生态博物馆的建设均具有重要意义。

一、研究的主要热点

国际生态博物馆理论创始人之一的乔治·亨利·里维埃(George Henri Rivière)曾形容生态博物馆的定义为“一个进化的定义”[①]，他强调这种新博物馆理念在思想和理论上仍未成熟，还需要在不断的实践中完善。而作为西方的舶来品，加之我国有别于欧洲的特殊国情，更是增加了中国生态博物馆建设的难度，因此，无论是在生态博物馆研究的理论层面还是其“中国化”实践中的问题都成为研究者重点关注的课题。

1. 生态博物馆内涵的争论

如何在中国建设生态博物馆一开始就存在不同的争论。一方面，有研究者指出生态博物馆“是沟通人类与自然内在的关联与谐和的外在物质形式”[②]；作为中国生态博物馆理念的最初传播者，也是首座生态博物馆的缔造者之一的中国国家博物馆研究员苏东海也认为“生态博物馆是对自然环境、人文环境、有形遗产、无形遗产进行整体保护、原地保护和居民自己保护，从而使人与物与环境处于固有的生态关系中并和谐向前发展的一种博物馆新概念和新方法。”[③]北京大学考古文博学院教授宋向光则认为“生态博物馆是应运而生，是时代的召唤”，并称其为“解放运动”和“复兴运动”[④]。而另一方面，有学者认为生态博物馆的展示方式可能出现“现实和原有生态的分离”，“生态博物馆的展示和演示方式将不得不回到一般或‘传统’博物馆的基本模式中去”[⑤]；更有研究者担心“(生态博物馆）是一场更为深刻的文化殖民”[⑥]，因为外界的各种干预很可能使得民族文化背后意义消失，结果是表面形式的文化多样性符号保留下来了，但在符号背后的人们内心的宇宙观、价值观、道德观被逐步的一体化。近年来甚至有人开始全面质疑生态博物馆这种理念，认为这是一场“甜蜜的悲哀”[⑦]。相比之下，台湾学者张誉腾对生态博物馆做出了较为系统和全面的评价。他在其专著《生态博物馆——一个文化运动的兴起》中对法国、加拿大、英国和美国的生态博物馆建设进行历时性梳理，在结合台湾的实践后，做出了这样的判断“生态博物馆观念其实是非常天真、浪漫，注定要失败

---

① 乔治·亨利·里维埃（George Henri Rivière):《生态博物馆--一个进化的定义》,《中国博物馆》1986 第 4 期，第 75 页。

② 张勇：《生态博物馆思维初探》,《中国博物馆》1996 第 3 期,第 30 页。

③ 苏东海：《我对生态博物馆特征的描述》,《中国文物报》2002 年 3 月 29 日，第 6 版。

④ 宋向光：《生态博物馆理论与实践对博物馆学发展的贡献》，苏东海：《2005 年贵州生态博物馆国际论坛论文集：交流与探索》，北京：紫禁城出版社，2006 年，第 53—54 页。

⑤ 王宏钧：《博物馆学基础》，上海：上海古籍出版社 2001 年 12 月。

⑥ 方李莉：《警惕潜在的文化殖民趋势--生态博物馆理念所面临的挑战》,《非物质文化遗产保护》2005 年第 3 期第 11 页。

⑦ 甘代军：《生态博物馆中国化的悖论》,《中央民族大学学报》2009 第 2 期，第 72 页。

的。"[①]同时，他也肯定了"生态博物馆运动最显著的成就便是不断把博物馆扩张到传统博物馆学者从未预期到的不可知领域，以及他们一向忽视的社会团体，为博物馆学拓展了更广大的视野，……（生态博物馆）可说是博物馆界的'法国大革命'，经过这场运动，博物馆学再也不是它本来的面貌了。"[②]

其实，早在贵州六枝梭戛生态博物馆建设之初，课题组的中挪专家也曾在中国生态博物馆内涵问题上展开过激烈的争论，从而产生了中国生态博物馆建设的指导纲领--"六枝原则"，该原则包括九条："一、村民是其文化的拥有者，有权认同与解释其文化；二、文化的含义与价值必须与人联系起来，并应予以加强；三、生态博物馆的核心是公众参与，必须以民主方式管理；四、当旅游和文化保护发生冲突时，应优先保护文化，不应出售文物但鼓励以传统工艺制造纪念品出售；五、长远和历史性规划永远是最重要的，损害长久文化的短期经济行为必须被制止；六、对文化遗产保护进行整体保护，其中传统工艺技术和物质文化资料是核心；七、观众有义务以尊重的态度遵守一定的行为准则；八、生态博物馆没有固定的模式，因文化及社会的不同条件而千差万别；九、促进社区经济发展，改善居民生活。"[③]，这一原则被视为生态博物馆理论"中国化"的第一步。然而，"六枝原则"因其表述过于笼统和理想化，因此在中国生态博物馆建设的实践中并未能得到有效的贯彻，理想与现实的巨大差距正是新博物馆思想受到众多质疑的直接原因。

总之，对于生态博物馆内涵的争论以及在中国的可行性曾是早期学者思考的主要问题。后来随着中国生态博物馆建设的推进，学界对生态博物馆的内涵的争论也逐渐地转向实际中出现的各种问题，尤以保护与发展的关系、社区的参与为热点。

2. 文化保护与社区发展的矛盾

我国生态博物馆大多选择建设在民族地区，"村寨开放后，如何解决现代生活与固有生活方式的矛盾"[④]，成为目前中国生态博物馆建设面临的最大挑战。一方面，民族地区交通相对闭塞，较少受到外界影响，因而传统文化保存尚好，自然成为生态博物馆实践的最佳试验田。然而，生态博物馆的建立本身就打破了这里的平静，使其面临外来文化的冲击。另一方面，民族地区经济落后，谋求生活水平的提高和自身的发展成为开放后的村寨居民的首要需求，尤其认识到自身文化存在着潜在的经济价值后，村寨旅游给生态博物馆的文化保护工作带来前所未有的冲击。如较早对梭戛生态博物馆进行过跟踪调查的学者潘年英认为"梭戛生态博物馆已从最初的矛盾走向畸形发展……彻底旅游化，甚至比别处的民俗村更加旅游化"[⑤]；另一位研究者认为"传统的民间习俗和庆典活动为迎合旅游者的观看被披上了表演的外衣。很多活动虽然被保留下来了，但在很大

① 张誉腾：《生态博物馆——一个文化运动的兴起》，台北：五观艺术管理有限公司，2004年，第225页。

②张誉腾：《生态博物馆——一个文化运动的兴起》，台北：五观艺术管理有限公司，2004年，第227页。

③ 苏东海：《中国生态博物馆》，北京：紫禁城出版社，2005年. 第18页。

④ 苏东海：《中国第一座生态博物馆面临的课题》，苏东海《博物馆的沉思：苏东海论文选》卷二，北京：文物出版社，2006年，第502页。

⑤ 潘年英：《变形的文本——梭戛生态博物馆的人类学观察》，《湖南科技大学学报》2006年第2期，第105页。

程度上已经失去了传统上的意义和价值。”[①]；苏东海对于保护与发展的观点是“中国的生态博物馆不追求使这个社区成为固有经济和文化的不变的活化石。[②]”“寨民的生产、生活的变化是一个社会发展的进程，生态博物馆不应该冻结他们的生活，也不可能冻结。……他们的文化传统，哪些应该传承，哪些将被淘汰，这是一个主观与客观交互影响的选择过程……传统文化的保护与传承最终还是决定于文化的主人自己”[③]。总之，保护与发展的失衡是中国生态博物馆建设中长期存在的问题，研究者对该问题仍在孜孜不倦的探索。

3. 管理模式的选择

“如何把生态博物馆的社区化自主管理与政府的行政管理更好地统一起来”[④]，是目前中国生态博物馆建设面临的另一大挑战。诞生于西方后工业时代的生态博物馆是基于社区物质水平高度发达，居民文化自觉意识较强的前提下的一种“文化怀旧”行为，而中国生态博物馆最初却是以学者的“理念先行”和政府的“自上而下”相结合的一种行政行为。“社区居民的参与”这一原则在生态博物馆诞生之时就已缺失。因此，造成目前生态博物馆“两张皮”的现象。“所谓‘两张皮’，是指生态博物馆社区和资料信息中心相互割裂--村民和博物馆的管理者由于没有共同的经济生活，而不能融为一体。[⑤]”对此，梭戛生态博物馆的另一创始人、贵州省文化厅文物处副处长胡朝相提出“三阶段”的解释，“认为生态博物馆的建设必将经历初创阶段、过渡阶段和成熟阶段。初创阶段主要任务是建立资料信息中心，建立由村民、专家和文化部门等几个方面组成的生态博物馆的管理构架。过渡阶段是生态博物馆实现本土化的重要阶段。成熟阶段是建立在初创阶段和过渡阶段的基础之上的，成熟阶段的标志是社区村民物质生活和精神生活有极大地提高，自觉捍卫本民族的文化，自觉传承、创新和发展本民族的文化，成为本民族文化的主人，为本民族的文化感到自豪、光荣和骄傲。”[⑥]；而苏东海则提出“文化代理”的解释，认为“也许外国那些文化程度高的地方建立生态博物馆不需要别人帮助，而中国确实存在着文化代理阶段。从文化代理回归到文化自主，村民需要经过三个文化的递升的层面。这就是利益驱动层面，情感驱动层面和知识驱动层面。……建设它是政府和专家的行为，而巩固它只有文化主导权回归到村民手中，村民从名义上的主人回归到事实的主人。[⑦]”村民发展的“三层次说”同时也解释了保护与发展失衡的深层次原因。

---

① 黄小钰：《生态博物馆：对传统文化的保护还是冲击》，《文化学刊》2007 年第 2 期，第 69 页。

② 苏东海：《生态博物馆在中国的本土化》，苏东海《博物馆的沉思：苏东海论文选》卷二，北京：文物出版社，2006 年，第 499 页。

③ 苏东海：《我对生态博物馆的描述》，苏东海《博物馆的沉思：苏东海论文选》卷二，北京：文物出版社，2006 年第 509 页。

④ 苏东海：《中国第一座生态博物馆面临的课题》，苏东海《博物馆的沉思：苏东海论文选》卷二，北京：文物出版社，2006 年．第 502 页．

⑤ 胡朝相：《贵州生态博物馆的实践与探索——为贵州生态博物馆创建十周年而作》，中国博物馆，2005 年第 2 期，第 5 页。

⑥ 胡朝相：《贵州生态博物馆的实践与探索》，苏东海《2005 年贵州生态博物馆国际论坛论文集：交流与探索》，北京：紫禁城出版社，2006 年，第 24-25 页。

⑦ 苏东海：《建立与巩固：中国生态博物馆发展的思考》，苏东海《2005 年贵州生态博物馆国际论坛论文集：交流与探索》，北京：紫禁城出版社，2006 年，第 1-2 页。

目前，随着不同于政府主导模式的其他生态博物馆形式的出现，如云南民族文化生态村的专家项目的形式、贵州地扪人文生态博物馆的民营模式等，都将促进生态博物馆管理模式研究的进一步拓展和深入。

前述的研究热点实质最终都指向一个根本性问题，即“生态博物馆的存在价值一它究竟给社区和那里的人们带来的是什么？”。笔者曾带着这样的疑惑于今年寒假先后走访了云南、贵州等不同模式的生态博物馆。尽管这些博物馆的发展现状不尽相同，但笔者还是得出这样一个较为一致的结论--即生态博物馆的建立确为当地社区打造了一张精美而响亮的名片。这些生态博物馆在建设之初都以其前卫的理念吸引了社会和广大舆论的关注，来自不同途径的资金纷纷投向这些原本名不见经传的没落小山村。较为普遍的情况是，地方政府投入资金，对当地基础设施的修缮、教育水平的提高起到一定的作用；一些生态博物馆还吸纳了商业资本的注入，促进了当地社区生态农业或旅游业的发展，在一定程度上提高了当地社区的经济收入，改善了他们的生活状况。当然，随着实践的推进，问题的关键还在于当地政府和社区能否利用好这张名片。假若利用不当，或许像贵州镇山布依族生态博物馆“轰轰烈烈开始，默默无闻结束”，除了生态博物馆这块响当当的牌子和静默孤独的馆舍，在社区里再也寻不到其他有关生态博物馆的踪迹；再如贵州梭戛生态博物馆目前基本处于停滞不前的尴尬境况。当然，也有不乏对生态博物馆这张名片有清醒认识的人士，如贵州黎平县毛贡乡的袁书记在谈地扪村人文生态博物馆的发展模式时说：“我们政府就是借（生态博物馆）这个平台，这个名牌效应，来发展我们的产业。举个简单的例子：我的名牌就是（地扪人文生态）博物馆，这是世界知名的，你在网上搜毛贡乡，可能没得好多跳出来的，但是你只要搜索地扪的话，那就很多了。博物馆为地扪搭建了国际国内交流的平台，很多人想来但我不是说你想来就能来的，有很高的门槛。比如，你自己进来，你转一圈就走了，我也不收你任何费用，但是我就不给你提供任何服务，你觉得没得意思，文化不了解。想享受这里的文化，比如我们的一场经典的侗歌或侗戏，一台侗戏几千块一场，侗歌四五十分钟一场也是几千，你愿意听你就听，首先你要尊重我，你要对我们这里抱有敬畏之心，这不是钱的问题，现在有钱人多了，你愿意来就来，不愿意来我也不强求，这就叫一个门槛。所以我们对这方面（意指中低端旅游业）期望值不是很高，但是依靠这个来搞产业发展，现在我们吃食品，你说牛肉膏，瘦肉精，苏丹红，你不要说大城市，就是在黎平县城我们都觉得买这样买那样不放心，但我们让你在地扪吃什么都放心，这个不得了嘞，我们地扪卖的东西是既有生态更有（侗族）文化，而且是独一无二的，只有地扪这里有，其他地方都没有。”此番话可谓形象而深刻地道出了生态博物馆的名片效应，正如现在的众多品牌乐意找明星大腕做代言人，生态博物馆同样充当了为社区做宣传的明星理念的角色。另外一种情况是，虽然社区出名了，但是最终的结果仍然是与生态博物馆理念背道而驰。如：云南和顺汉族文化生态村，其创建者原云南大学人类学的尹教授曾对笔者感叹，“该村自从建设了文化生态村后知名度是上来了，不少人想来收购，最后因为当地政府的原因和社区力量的薄弱，结果整个村子被外来的旅游商业资本购买，当地社区的文化也完全被外来商人包装为可以盈利的商品，就连附近的人进这个村子里串亲戚都被要求买门票。”可见，巩固一个生态博物馆比建设一个生态博物馆更难。

以上也只是笔者调查过程中发现的一小点问题而已，远不能回答“生态博物馆究竟给社区和那里的人们带来的是什么？”。要全面解析这一问题，恐怕要从经济、文化、心理等方方面面的因素来综合考察和分析，这实非此篇论文能谈清楚的，这一问题也将成为中国十余年生态博物馆实践经验的必要回顾与反思。

二、研究存在的问题

1. 应用性不强

学术界对生态博物馆发展中存在的矛盾与问题已有了较多的认识，但如何妥善解决存在的矛盾和问题仍处于探索阶段。大多数研究者对中国生态博物馆的发展还是寄予希望，并积极探索解决问题的方法，普遍提出保护优先、教育先行、管理体制改革等建议。由于学者的建议可操作性不强和实际效果不佳，生态博物馆建设中的矛盾和问题有愈演愈烈之势，所以学界也不乏反对中国生态博物馆建设的声音。有研究者认为“不顾我国经济、文化实际的主观主义和对生态博物馆缺乏洞察与批判的盲目主义、拿来主义，使我们视生态博物馆为圭臬而引入国内，使得居民、政府和社会热血沸腾并大兴土木，这又加剧了反讽和悲哀的味道。而更具有讽刺意味的是，当实践表明生态博物馆建设已经沦为观光旅游经济之时，我们却以生态博物馆‘没有固定模式’的粉饰主义和‘我们仍在前进’的乐观主义阻碍自己承认生态博物馆在国外早有定义、早已过时，而在我国也发生严重变异的事实，也阻碍自己从根本上纠正实践中的谬误……生态博物馆在我国大地上从未修成正果，但它却仍在国内广泛‘布道’并有愈演愈烈之势”①。姑且不论这种观点是否正确，但反对的声音确实能让我们冷静下来反思，在某种程度上它也将激励生态博物馆的研究有所突破，提出卓有实效的解决方法。

2. 缺乏博物馆建设指标体系的研究

目前缺少如何评价和认定一个生态博物馆是否合格的指标体系，对这方面的研究也非常薄弱。生态博物馆评估体系应是整个生态博物馆体系架构中不可缺少的元素，一方面它既是指导在建生态博物馆的技术性操作指标，另一方面它对建成的生态博物馆的发展能起着规范、监督和控制的作用。2011 年 2 月，笔者前往贵州先后考察了梭戛生态博物馆、镇山布依族生态博物馆和兴义市南坉生态博物馆。实际情况是，梭戛生态博物馆的发展已经处于停滞阶段，镇山布依族生态博物馆则完全衰败，资料信息中心大门紧锁，人去楼空；而另一方面，兴义市政府宣传部却积极策划新的生态博物馆。难怪苏东海等研究者高呼“巩固重于新建”②。假设生态博物馆的建设严格在相关部门的评估体系下实施，这种资源浪费的情况些许能得到控制。生态博物馆的模式不尽相同，增加了对评估体系确立的难度，因此对这方面的研究亟待加强。

3. 对群体关系的研究有待深入

“人”是生态博物馆建设中的关键因素之一。首先，其核心理念强调当地居民是文

① 甘代军：《生态博物馆中国化的悖论》，《中央民族大学学报》2009 年第 2 期，第 73 页。

② 苏东海：《生态博物馆的理念与实践答记者问》，苏东海《博物馆的沉思：苏东海论文选》卷二，北京：文物出版社，2006 年，第 519 页。

化的创造者和传承者，他们的自主参与和管理是建设原则之一；其次，政府官员、指导专家、周边社区和旅游者等不同群体也直接或间接地影响着生态博物馆的发展。然而，已有研究成果虽然开始有意识地以“人”为着眼点，但多局限于对某一群体的单线分析，如民族学的个案调查大多只关注生态博物馆的资料中心与当地社区居民的关系，缺少对其他关系的综合分析与全局视野。可喜的是，最近，已有学者开始尝试这方面研究。如复旦大学钟经纬的博士学位论文已开始注意对人群关系进行简单的综合分析，划分了“社区人、博物馆人和外来人这三大有重叠的群体”[①]。再如，广西一位研究者黎森以旅游开发受益者为切入点，对三江侗族生态博物馆展开调查，相关者的基本构成。他将这些利益者划分为核心利益相关者（包括旅游者、旅游企业、当地居民）、重要利益相关者（原生环境和政府主管部门）和边缘利益相关者（周边社区、社区其他产业、研究者等）。通过影响力与反影响力矩阵的方法对这些群体进行分层，绘制出图谱，以此为构建利益相关者的协调发展机制奠定理论基础[②]。这仅是以收益群体为切入点展开的群体分析，另外还可以从生态博物馆诸如文化保护、社区发展、行政管理等切入点展开群体关系的其他方面研究。

4. 博物馆研究主体性缺失

如前所述，生态博物馆强调文化持有者和发展者是当地居民，而信息资料中心是协助其记录过去、现在和未来文化发展轨迹的核心部门。然而，他们的声音目前只能从他者的研究成果中得到零星的反映。鉴于语言交流的不畅、主位与客位的区别，这些声音是否在他者的研究中得到准确、全面、客观的表述仍有待斟酌。2011年2月，笔者在贵州梭戛生态博物馆实地调研时，就曾听到信息资料中心的工作人员小熊（目前该中心唯一的一名当地村民代表）抱怨某研究者的报道有失公允，甚至愤愤提到媒体将当地传统的“娃娃定亲”[③]仪式报道为当地居民性观念开放的表现。另外，笔者与梭戛生态博物馆的首任馆长徐美陵、现任馆长牟辉绪的交谈中，也发现他们对现阶段生态博物馆的发展有深刻的思考，但碍于繁忙的行政事务和相关交流平台的缺失，我们也仅能从交谈中分享到他们的思想火花。

5. 比较性研究成果不足

本质上，生态博物馆理论就是一种文化保护新思维。我国目前存在民族文化生态村、历史文化名城、非物质文化遗产传承人机制等不同类型的文化保护模式，因此可以将之进行对比，以取长补短。尤其是云南民族文化生态村与贵州生态博物馆群有较强的可比性。首先，在核心理念上，二者一致，即将文化留存在其原生地由当地居民进行自主保护与传承和发展；其次，在时间上，两者的建设都始于上世纪 90 年代；最后，在试验

① 钟经纬：《中国民族地区生态博物馆研究》，复旦大学文物与博物馆学系博士论文，2008 年，第 97 页。

② 黎森：《生态博物馆利益相关者构成研究—以三江侗族生态博物馆为例》，《安徽农业科学》2010 年第 34 期，第 19847 页。

③ 据小熊介绍，当地苗族仍保存着传统的婚姻习俗，在结婚前必须举办隆重的订婚仪式，10 多岁的小孩如果有心仪的对象，即告诉父母，由双方父母操办定亲仪式，待达到国家法定结婚年龄后即可择日结婚。在此期间，因不是正式的婚姻关系，也不发生夫妻关系，双方仍有权利选择恋爱对象，如女方退亲，只要将聘礼退回男方即可，男方不予追究；同样，男方也可以选择退亲，女方也不予纠缠。

选点上，均选择了民族文化保存较好的少数民族村落，因此二者无论从共时还是历时上都可以进行全方位对比分析，对完善生态博物馆理论体系将大有裨益。目前，已有少数研究者开始注意对不同模式进行对比研究，如中央民族大学民族学在读博士甘代军在《生态博物馆中国化的两种模式及其启示》中，将国内目前存在的官办模式（以贵州生态博物馆群为代表）和民办模式（以贵州黎平县地扪生态博物馆为典型）进行了经济基础、管理模式和动力机制三方面的简略对比分析，但这方面的对比研究仍有待深入、细化和充实。

生态博物馆研究争论的三大热点问题，反映了目前实践中的诸多困惑。尽管目前中国生态博物馆研究仍存在不足，但20余年的探索无论在深度上，还是广度上都取得了令人瞩目的研究成果。这些成就不仅丰富了中国民族文化保护的理论，而且理论的“中国化”探讨也充实了国际生态博物馆的理论体系，对指导中国新一轮的生态博物馆建设有积极的现实意义。

（段阳萍，女，1977 年生，中央民族大学历史文化学院助理研究员，北京，100081）

《史集·部族志·斡亦剌传》译注

刘正寅

内容提要：波斯文史著《史集》（Jāmiʿ al-Tavārīkh）之《部族志·斡亦剌传》是有关卫拉特蒙古早期历史活动的最重要的史料之一。本文在前人研究的基础上，根据苏联波斯文集校本，将其中的《斡亦剌传》首次由波斯文原文直接译为汉文，纠正了前译中的一些错误，同时结合其他文献，作了进一步的注释与考订。

卫拉特蒙古是蒙古民族的重要组成部分。其先世的活动可上溯至12—13世纪蒙古兴起时代。蒙元时代的斡亦剌（斡亦剌惕、外剌）、明代的瓦剌、清代以降的卫拉特，皆为蒙古语 Oyirad 一词不同历史时期的汉语音译。清代文献又称其为“厄鲁特（额鲁特）”，即蒙古语 Ögeled 的汉语音译，但它实际上只是卫拉特蒙古诸部中一个古老的部落。此外，在穆斯林文献和西方的一些著作中又以“卡尔梅克”（Kalmyk）[①]来指称卫拉特蒙古。

现存有关早期卫拉特蒙古的资料很少，散见于《元朝秘史》、《元史》、《史集》、《世界征服者史》等中外史料中。其中波斯文史著《史集》（Jāmiʿ al-Tavārīkh）之《部族志》中的《斡亦剌部》比较集中地记述了蒙元时期斡亦剌人的情况，是现在所见有关卫拉特蒙古早期历史活动的最重要的史料之一。

《史集》成书于14世纪初，由伊利汗国宰相拉施都丁（Rashīd al-Dīn）奉伊利汗合赞（Ghāzān Khān）之命主持编纂而成。这是一部巨型的世界通史著作，共分三部。第一部为《蒙古史》，所占比重最大，史料价值也最高，是研究蒙元史、北方民族史、内陆亚洲史的最重要的基本史料之一。其中《部族志》分别记述了蒙古诸部及其他北方民族诸部的情况，具有极高的史料价值。1841年德国学者哀德蛮（F. von Erdmann）出版了《史集·部族志》的德译本《古代突厥、鞑靼和蒙古诸部概述》[②]，1858、1861年俄国学者贝勒津又先后出版了《部族志》的俄文译注本和波斯文原文校刊本[③]。20世纪前中

① 又作 Kalmuk、Qalmaq，汉语音译或作喀尔木克、喀耳木等。该词词源说法不一。学术界倾向于认为它是卫拉特蒙古的突厥语称谓，突厥语穆斯林称卫拉特人为“卡尔梅克”，源于动词“卡尔马克”（kalmak，留下），意为“保留”为异教徒，以区别于皈依了伊斯兰教的东干人（动词 donmek，意为“回归”）（参见伯希和：《卡尔梅克史评注》，耿昇译，中华书局1994年版，第18-19页及相关注释；J. A. Boyle, 'Kalmuk', *Encyclopedia of Islam*, vol. 4, Leiden,1997）。该词又有广、狭义之分：广义的“卡尔梅克”泛指所有卫拉特人，狭义的“卡尔梅克”则特指留居于伏尔加河下游的土尔扈特等部余众。

② *Vollständige Übersicht der ältestent türkischen, tatarischen und Mongholischen Völkerstämme*, übersetzt von Franz von Erdmann, Kazan, 1841.

③ И.Н.Верезин, *Сборник Летописей*,刊于 *Тру ды Востоного отделения Императорского Архе ологиского Обще ства*, T. V(1858), VII(1861).

期，苏联学者利用《史集》现存最好最古的伊斯坦布尔本、塔什干本等七种抄本，作了迄今为止最完善的集校工作，并在此基础上译为俄文，陆续出版了包括《部族志》在内的《史集·蒙古史》的俄译本[①]。此后于 1965 年出版了《史集·部族志》波斯文原文集校本[②]。该集校本以塔什干本、伊斯坦布尔本作为底本，利用上述七种抄本和贝勒津波斯文校刊本汇校，并在脚注中详细注出各种抄本的歧异等，是目前最好的版本。1959 年伊朗学者卡利米（Bahman Karīmī）在德黑兰出版了由其校勘的《史集·蒙古史》波斯文原文[③]。1994 年伊朗学者若山（M. Rawshan）和穆萨维（M. Mūsavī）合作的《史集·蒙古史》波斯文校注本在德黑兰出版[④]。该校注本凡 4 册，1-2 册为波斯文原文，第 3 册为波斯文注释，第 4 册为索引；其第 1 册中即包含部族志。该本“比较全面地利用了各国学者、特别是西方和前苏联学者在《史集》研究领域已经取得的成果，是迄今为止伊朗出版的最详尽的《史集》‘蒙古-突厥史’部分的波斯文校注本”[⑤]。1998-1999 年美国学者萨克斯顿（W. M. Thackston）出版了 3 卷本的《史集·蒙古史》英译本[⑥]。

我国学者对《史集》的利用始于晚清学者洪钧。此后这部域外史著一直受到我国学者，特别是我国蒙元史学者的高度重视。韩儒林先生曾利用贝勒津波斯文刊本对《史集·部族志》“悉心研读，随作札记数十则”[⑦]，积数年之功而成就专篇，惜不幸遗失，仅有部分相关札记留存[⑧]。邵循正先生对《史集》进行了部分译释工作，惜仅有部分篇章发表，有关《部族志》部分终未能面世。1960 年代开始，余大钧、周建奇先生将《史集》俄译本译为汉文，于 1983-1986 年分 3 卷 4 册陆续出版[⑨]；其中第一卷第一分册为《部族志》。1990 年代初刘迎胜师将苏联《史集·部族志》波斯文集校本的《札剌亦儿传》前半段直接由波斯文译为汉文，并作了大量研究性注释，撰成《〈史集·部族志·札剌亦儿传〉研究》一文，于 1993 年发表在《蒙古史研究》第 4 辑（署名皮路思）。王一丹教授长期致力于波斯语文献及《史集》的研究，2000 年在德黑兰出版《史集·中国史》校注本[⑩]，2007 年又出版《波斯拉施特〈史集·中国史〉研究与文本翻译》，促进了我国对包括《史集·部族志》在内的波斯语历史文献的研究和利用。

本文根据苏联《史集·部族志》波斯文集校本（简称集校本，在本文中又称为原文），将《史集·部族志》中的《斡亦剌传》由波斯文直接译为汉文，同时结合其他文献，进

① Рашид-ад-дин, *Сборник Летописей*, перев. с персидского, Москва-Ленинград,т. I, кн. 1-2, 1952; т. II, 1960; т. III, 1946.

② Рашид-ад-дин, *Джами‘ ат-Таварих*, Т. 1. ч. 1, Критический текст А.А.Ромаскевича, А.А. Хетагурова, А.А. Ализаде, Москва, 1965.

③ Rashīd al-Dīn Fazl Allāh,ed. *Jāmiᶜ al-Tawārīkh*, Bahman Karīmī, Tehrān, 1338/1959.

④ Rashīd al-Dīn Fazl Allāh, *Jāmiᶜ al-Tawārīkh*, be taṣḥīḥ va taḥshiya-i Muhammad Rawshan va Musṭafā Mūsavī, Tehrān, 1373/1994.

⑤ 王一丹：《波斯拉施特〈史集·中国史〉研究与文本翻译》，昆仑出版社 2006 年版，第 73 页。

⑥ Rashiduddin Fazlullah, *JAMI'U'T-TAWARIKH: Compendium of Chronicles*, A History of the Mongols, translated and Annotated by W M. Thackston, Published at Harvard University, 1998.

⑦ 皮路思：《〈史集·部族志·札剌亦儿传〉研究》，《蒙古史研究》第 4 辑，1993 年。

⑧ 韩儒林遗稿：《读〈史集•部族志〉札记（部分）》，《元史论丛》第 3 辑，1986 年。

⑨ 拉施特主编：《史集》，第 1 卷（第 1-2 分册）—第 2 卷，余大钧、周建奇译；第 3 卷，余大钧译，商务印书馆，1983—1986 年版。

⑩ *Tārīkh-i Chīn az Jāmi' al-Tavārīkh-i Rashīd al-Dīn Fazl Allāh*, Tehrān,1379/2000.

行了必要的注释与考订[①]。译注时参考了伊朗若山和穆萨维的波斯文校注本（简称伊朗校注本）、苏联俄译本（简称俄译本）、余大钧和周建奇汉译本（简称汉译本）、萨克斯顿英译本（简称英译本），以及其他相关研究成果。由于条件所限，本文研究中没有能直接利用各抄本，但注意参考了苏联集校本校勘注中所列各抄本的异文。该集校本利用的七种抄本和贝勒津校注本及其略语如下：

B 本=塔什干抄本（藏于乌兹别克斯坦科学院东方抄本部，编号 1620）

P 本=伊斯坦布尔抄本（藏于土耳其伊斯坦布尔市托普卡庇·萨莱图书馆，编号 1518）

T 本=列宁格勒（今彼得堡）萨尔蒂科夫谢德林公共图书馆抄本

S 本=伦敦抄本（大英博物馆藏，Add. 7628）

J 本=德黑兰博物馆抄本

Ch 本=巴黎国立图书馆藏抄本

H 本=苏联科学院列宁格勒分院（今俄罗斯科学院彼得堡分院）亚洲诸民族研究所抄本

Kh 本=贝勒津《史集·部族志》刊本

本文波斯文转写采用《国际中东研究期刊》（*International Journal of Middle East Studies*）转写系统，但有所变通，其中字母 ح（ḥ）作 h，ص（ṣ）作 s，ض（ż）作 z。由于波斯文是不完全拼音文字，文本中没有用来表示短元音的字母，本文在转写中遇到个别无法确定短元音的词时，采取以大写字母转写波斯文原有字母而不考虑其中可能的短元音，如“سنکیس（SNKĪS）”。文中对专门名词，一般是第一次出现时括注出波斯文原文，并加注拉丁转写。但由于某些抄本书写不清或不完整，一些字母无法辨认，而本文又无法录入残缺的波斯文词汇，对此本文不括注该词的波斯文形式，而仅注出其拉丁转写形式，其中对书写残缺或不能辨认的字母以问号（?）表示，如“?ārī”。

译文中黑体方括孤（【 】）内的数字为原文即苏联集校本的页码，如“【223】”表示此后为原文第 223 页。注释中引用该篇其他版本（包括译本）的相应内容时仅说明版本或译本，不标该版本的页码。

【221】

斡亦剌部

这些斡亦剌（اویرات Uīrāt）[②]部落[③]的禹儿惕（یورت yūrt）[④]和驻地为八河（سکیز موران

---

① 本文译文部分曾于 2008 年春在在京学人同好组织的“波斯语文献读书班”上宣读过。本篇研究心得曾于 2010 年 11 月在北京大学举办的“伊朗学在中国”学术研讨会上作过报告。研究过程中曾多次就蒙古学方面的问题向乌兰教授请教。

② 蒙古语为 Oyirad，《元朝秘史》作“斡亦剌”、“斡亦剌惕”，《元史》作“外剌”、“斡亦剌”，《圣武亲征录》作“斡亦剌”、“猥剌”，。关于该词词源，学术界看法不一，较通行的解释有两种：（一）由“卫拉”（oyira-，附近、邻近之意）加复数词缀“特”（-d）构成，意为“亲近者”、“同盟者”（P. Pallas, *Sammlungen Historischer Nachrichten uber die Monglischen*. Volkerschaften St. Peterburg, 1776—1801）；（二）由“卫”（oyi-，林木、森林）加“阿拉特”（arad，百姓）构成，意为“林木中百姓”（Д. Банзаров, *Чёрная Вера*, Санкт-Петербург, 1891）。有些学者认为后一种解释更接近事实。参见《准噶尔史略》，人民出版社，1985 年，第 2-3 页。

③ 据原文校勘注，T 本、S 本脱“这些斡亦剌部落”一语。

④ 突厥语，意帐幕、住所、营地，指游牧领地，相当于蒙古语 nuntux~nutuġ，（《元朝秘史》作“嫩秃黑”，旁译“营盘”）。

Sikīz mūrān）[①]。在从前，秃马惕（تومات Tūmat）[②]部住在那些河流沿岸。诸河从那些地方流出，汇成一条称为谦河（كم Kim）[③]的河，而后又流入昂可剌河（انقره موران Anqara mūrān）[④]。［这些河流的名字如下］：[⑤]阔阔沐涟（كوك موران Kūk mūrān）、温沐涟（اون موران Ūn mūrān）、合剌兀孙（قرا اوسون Qarā ūsūn）、散必敦（سنبى تون SNbī tūn）、兀黑里沐涟（اقرى موران Uqrī mūrān）、阿合儿沐涟（اقر موران Aqār mūrān）[⑥]、主儿扯沐涟（جورجه موران Jūrja mūrān）和察罕沐涟（جغان موران Jaghān mūrān）[⑦]。

这些部落自古以来就人数众多，分为许多分支，每个分支都各【222】有确定的名称，详情如下……[⑧]尽管他们的语言为蒙古语，但是同其他蒙古部落的语言稍有差异。例如，其他（蒙古人）称刀子为“乞秃孩（كيتوقه kītūqa）[⑨]”，但是，他们称作“木答该

① 原文作سنكيس موران（SNKĪS mūrān）。其中موران（mūrān），蒙古语 mürän，意为河，《元朝秘史》作“沐涟”，旁译“河”；《至元译语》、《华夷译语》、《鞑靼译语》之“地理门”均作“木连”，汉译“河”（见贾敬颜、朱风合辑：《蒙古译语、女真译语汇编》，天津古籍出版社 1990 年版）。سنكيس（SNKĪS），H 本作سكس（SKS）， Kh 本作سكيز（SKĪZ）。俄译本将此译为八河，后加括注 Секиз-мурэн。Секиз（Sekiz），突厥语，意为“八”。英译本作 Sekiz Mürān，后加括注为“八河”。阿布勒哈齐《突厥世系》节录了《史集》的这段文字，作سكز موران，戴美颂法译时读为 Sikiz-Mourân，并括注为“八河”（见 *Histoire des Mongols et des Tatares par Aboul-Ghazi Behadour Khan*, publiee, traduite et annatee par Le Baron Demaisons, St. Petersbourg, Imprimerie de l’Academie Imperiale des Sciences, 1874，察合台原文第 45 页，法译文第 45 页）。伊朗校注本作سنگگور موران，并用标音符号标出了读音（Sanggūr mūrān），但未出注校勘根据，亦未作任何解释。据《元朝秘史》，怯绿连河上游有小河名桑沽儿（节 89、93、94、96、122），但该河位于蒙古高原东部，系注入怯绿连河的一条小溪，与此处汇为谦河并注入昂哥剌河的水系相去甚远。因此，本文取 Kh 本سكيز（Sikīz），释为八。

② H 本、Kh 本作تومات（Tūmāt）。

③ 今叶尼塞河上源。该河至迟在 7 世纪即以剑水之名见于汉文文献（《周书》卷 50《突厥传》），其在突厥语中作 Käm/Kem，8 世纪上半叶的鄂尔浑碑铭中已出现。参见韩百诗：《谦河考》，耿昇译，载《蒙古学信息》1999 年第 1 期。

④ 《元史》卷 63《地理志五·西北地附录》：“谦河……注于昂可剌河，北入于海。”在元代的地理概念中，谦河注入昂可剌河；元代的昂可剌河指今安加拉河及其与今叶尼塞河汇合后注入北冰洋的河段。参见《中国历史地图集》第 7 册第 11-12 页“岭北行省”图幅，地图出版社 1982 年版。

⑤ 方括号中的文字原文无，据 Kh 本补。原文校勘注：Kh 本增نام اين رودخانها اينست（nām-i rūdkhānahā īnast，意为“这些河流的名字如此”）。伊朗校注本无此语，但在“昂可剌-沐涟”后面加了一个冒号。俄译者和英译者均在此处增加了“这些河流如下”。

⑥ 原文为موزان（mūzān），显系 موران（mūrān）之误。

⑦ 据原文校勘注，T 本、S 本、Ch 本缺从本篇开头到此处，即从本篇开头“这些斡亦剌部落的禹儿惕”到“察罕沐涟”这部分文字脱落。

关于这八条河的位置，前人曾进行过勘同工作（参见韩儒林：《元代的吉利吉思等部》，《穹庐集》，上海人民出版社 1982 年版；杜荣坤、白翠琴：《西蒙古史研究》，新疆人民出版社 1986 年版，第 5 页），但“由于诸写本互有歧异，又无其他资料可资校订，很难一一考出今地。但……它们都在谦河（今叶尼塞河）上源，当无疑问”（陈得芝：《元外剌部〈释迦院碑〉札记》，《元史论丛》第 2 辑，中华书局，1983 年；《蒙元史研究丛稿》，第 92 页，人民出版社 2005 年版）。

⑧ 原文脱。伊朗校注本在这里增补（用方括号[ ]标注）为：اگلت（Uglat）[الت（Ulat）]、باغاتوت（Bāghātūt）、قويت（Ghūīt）、كرگوت（Kirgūt），并标出音点，但没有说明增补的根据。关于斡亦剌诸部名称，《史集》各种抄本均阙，现存其他蒙元文献中亦不见。明代蒙古文史著《蒙古源流》中斡亦剌四部的名称是厄鲁特（Ögeled）、巴图特（Baghatud）、辉特（Qoyid）、克烈努特（Kerenügüd）（乌兰：《〈蒙古源流〉研究》，辽宁民族出版社 2000 年版，第 142、559 页）。伊朗校注本的斡亦剌四部名称应该是据此增补。

另据原文校勘注，在 H 本、Kh 本中“这些部落自古以来……详情如下”一句被置于篇名之后、正文最前面，即位于“这些部落的禹儿惕”之前。

⑨ 据原文校勘注，H 本、Kh 本作كيتوقا（kītūqā）。《元朝秘史》作“乞秃孩”，旁译“刀”（节 154）。《至元译语》“车器门”作“气都花”，汉译“小刀”；《续增华夷译语》“器用门”作“乞都阿”，汉译“刀”；《登坛必录》卷 22 所载（蒙古）《译语》“铁器门”作“乞堵户”，汉译“刀子”；《卢龙塞略》卷 20，译部下卷所收蒙古译语“戎具类第九”载“刀曰乞堵户”。

(مدغه mudagha)”①。与此类似的词汇有很多。

他们一直都有君长和首领。在成吉思汗（جینککیز خان Jīnkkīz Khān）时期，尽管他们曾进行过一些抵抗，但是（随后就）以最好的方式臣服并顺从了②，有如史纪所述③。成成吉思汗与他们联姻，嫁娶姑娘，与他们结为安答忽答（اندا قودای andā qūdāī）④。

当时，这个部落的君长是忽都合别乞（قوتوقه بیکی Qūtūqa Bīkī）⑤。他有两个儿子——亦纳勒赤（اینالجی Īnāljī）和脱劣勒赤（تورالجی Tūrāljī⑥）；一个女儿，名叫【223】斡兀立

---

① 关于该词的书写，原文校勘注未列出异写形式。俄译本转写为 мудага。伊朗校注本写法同集校本，但音点标识为 madagha。英译本转写亦为 madagha。贝勒津认为："在纯蒙古语中，我们见到有此词的另一种较硬的拼写法，作 хотуга 和 хотага，这就使我不禁要把各抄本均作 мудга 之词读作 худга"汉译本译者解释说："波斯文 q 除较 m 多两个识点外，字形与 m 近似，m 疑为 q 脱落识点之讹形，然则原文当作 q(u)dgeh（忽答合）。"（汉译本，第 1 卷第 1 分册，第 193 页注 7）该词在现代托忒蒙古语中读作 utagh（此蒙乌兰教授惠告，特此致谢）。

② 原文 باحسن الوجه ایل و مطیع گشتند（bi ahsan al-vaja īl va mutiʿ gushtand），其中باحسن الوجه即به احسن الوجه，意为"以最好的方式"，ایل意为"驯服的"、"服从的"，مطیع意为"顺从的"、"屈服的"。俄译本译作 прекрасно смирились и покорились（极好地服从并顺从了），汉译本作"驯顺地屈服了"，英译本作 submitted in the best fashion and were obedient（以最好的方式降服并顺从了）。

③ 原文چنانک در تاریخ آمده （chinānk dar tārīkh āmada 有如在历史中出现[记述]的那样），俄译本译为 как [это] изложено в истории（如历史中记述），汉译本据俄译本作"有如本纪中所述"。关于斡亦剌部对成吉思汗先抗后降，《史集·成吉思汗纪》载："乃蛮王的弟弟不亦鲁黑汗、篾儿乞惕君主脱黑台别乞同朵儿边、塔塔儿、合塔斤、撒勒只兀惕诸部以及他们的首领阿忽出把阿秃儿和斡亦剌部君主忽秃合别乞（这帮人[过去]曾多次同成吉思汗和王汗作战，逃跑，[后来]躲到上述不亦鲁黑汗处并同他联合了起来）全部出动，带着大军来同成吉思汗和王汗做战……作起致风雪的巫术来……[但]这阵风雪却朝着他们反刮过来"，结果大败（《史集》汉译本，第 1 卷第 2 分册，第 164-165 页）。后乃蛮太阳汗与成吉思汗作战，"蔑儿乞惕君主脱黑台、逃到那里去的客列亦惕异密阿邻太师、以忽秃合别乞为首领的斡亦剌惕部、札只剌惕部人札木合，以及朵儿边、塔塔儿、合塔斤、撒只勒兀惕诸部落全都聚到了太阳汗处"（《史集》汉译本，第 1 卷第 2 分册，第 203-204 页）。1208 年成吉思汗军队在向也儿的石河进军途中"突然遇到了以忽秃合别乞为首领的斡亦剌惕部。由于该部无力作战、抵抗，他们给成吉思汗军队带路，[把他们]突然带到了篾儿乞惕君主脱黑台别乞和太阳汗的儿子古失鲁克处，将他们包围起来"（《史集》汉译本，第 1 卷第 2 分册，第 210 页）。《元史》卷 1《太祖纪》载："太阳罕……与蔑里乞部长脱脱、克烈部长阿怜太石、猥剌部长忽都花别吉暨秃鲁班、塔塔儿、哈答斤、散只兀诸部合，兵势颇盛。"《圣武亲征录》载："戊辰（1208 年）……斡亦剌部长忽都花别吉不战而降，用为乡导。至也儿的石河，尽讨篾里乞部。"《元朝秘史》节 239 载："兔儿年（1207 年）成吉思汗命拙赤领右手军，去征林木中百姓，令不合引路。斡亦剌种的忽都合别乞比万斡亦剌种先来归附近，就引拙赤去征万斡亦剌，入至失黑失惕地面，斡亦剌、秃巴思诸种都投降了。"（陈得芝师指出《秘史》此处"把年代搞错乱了"，应为 1208 年。详见《元外剌部〈释迦院碑〉札记》）

④ اندا（andā），蒙古语 anda，意为"结盟者"。《元史》卷 1《太祖纪》："按答，华言交物之友也。"《圣武亲征录》亦注为"交物之友"。《元朝秘史》作"安答"，旁译"契合"（节 105）、"契交"（节 164）。亦邻真先生指出：按答为"蒙古语，意为'结盟者'。……结为按答者，互赠信物"（《中国历史大词典·辽夏金元卷》第 350 页，上海出版社，1986 年）。西方学者往往把该词理解为"结义兄弟"。日本学者矶野富士子作了专门的考订，肯定了以《元朝秘史》为代表的蒙汉文献中对"按答"一词的理解即同盟者，而反对西方学者的按答即义兄弟之说（参见矶野富士子：《安答考》，乌力吉图译，《蒙古学资料与情报》1986 年第 2 期）。قودای（qūdāī），蒙古语 quda，意为"亲家"。《元朝秘史》（节 62）作"忽答"，旁译"亲家"。《华夷译语》"人物门"作"古答"，汉译"亲家"。《鞑靼译语》"人物门"作"忽塔"。安答之间互相嫁娶，结成"安答忽答"（anda quda）。

⑤ 《元朝秘史》作"忽都合别乞"（节 144、239），《元史》（卷 1《太祖纪》）、《圣武亲征录》作"忽都花别吉"。"别乞"（《元史》、《圣武亲征录》作"别吉"），蒙古语 beki，蒙古萨蛮（巫师）首领之称，有些蒙古部落首领（如该斡亦剌部长忽都合）本身就是萨蛮，拥有此称号。该称号与蒙古公主所用的别吉（begi）称号为两个不同的词。参见符拉基米尔佐夫：《蒙古社会制度史》，刘荣焌译，中国社会科学出版社 1980 年版，第 79-82 页；《蒙古称号"别乞"与"别吉"》，秦卫星译，载《蒙古学资料与情报》1987 年第 2 期。斡亦剌诸部在归降成吉思汗后，被编为"四个千户"，"他们的异密与统治者是忽秃合别乞。当他归顺[成吉思汗]时，全部斡亦剌惕军队都照旧归他统辖，并由他指定千夫长。他死后，[与汗室]*有安答-忽答关系的他的儿子们管辖[这些千户]"（《史集》汉译本，第 1 卷第 2 分册，第 368 页）。

⑥ 原文作قورالجی（Qūrāljī），显系تورالجی（Tūrāljī）之笔误（在仅隔 5 行的下文中即写作تورالجی Tūrāljī），因为字母ت（t）和ق（q）的词首形式 ﺗ 和 ﻗ 非常相似。此人俄译本转写为 Туралджи，伊朗校注本作تورالجی （Tūrāljī），《元朝秘史》作"脱劣勒赤"（节 239），《元史》作"脱栾赤"（卷 109《诸公主表》之"延安公主位"；百纳本原作"脱亦禾赤"，中华书局点校本指"亦禾"为"栾"字误析，改）。

立海迷失（اغول قويمش Ughūl Qūīmish）[①]，蒙哥合罕（منككو قاآن Munkkū Qāān）娶了她[②]。早先成吉思汗曾有意娶她为妻，但此事未曾发生。据说，尽管她是忽必烈合罕（قوبيلاى قاآن Qūbīlāī Qāān）和旭列兀汗（هولاكو خان Hūlākū Khān）的嫂子（باريكان bārīkān[③]），但她称他们为孩子[④]；他们对她非常恭敬。[⑤]

成吉思汗把自己的女儿阇阇干（جيجاكان Jījākān）[⑥]嫁给了这位脱劣勒赤驸马（كوركان Kūrkān）[⑦]。她生了三个儿子：一个名叫不花帖木儿（بوقا تيمور Būqā Tīmūr）；另一个叫八立托（بورتوا Būrtūā[⑧]）——这位八立托生性孱弱，以此闻名；第三个名叫巴儿思不花

① 原文校勘注：اغول（Ughūl），T本、S本、Ch本作اوقول（Ūqūl），H本、Kh本作اوغول（Ūghūl）；قويمش（Qūymish），T本作قوتمش（Qūtmish），S本作قتمش（Qatmish），H本作قيمش（Qaīmish），Kh本、Ch本作قويميش（Qūīmīsh），H本在此后增加了بود（būd）一词。

② 《史集·蒙哥合罕纪》载："蒙哥合罕的另一个皇后名叫斡兀立-秃忒迷（Огул-Тутмыш），出自斡亦剌惕部落忽秃合别乞氏族"（俄译本，第2卷，第127页；汉译本，第2卷，第233页）。伊朗校注本的这段记载是："他（按指蒙哥）另有一个大合敦名叫斡兀立海迷失（اوغول قويمش Ūghūl Qūīmish），出自斡亦剌部落忽都合别乞氏族"（伊朗校注本，第820页）。此人在《元史》卷106《后妃表》宪宗（蒙哥）后妃中无法得到确定。

③ 即蒙古语berigen，意为嫂子，《元朝秘史》作"别里坚"，旁译"嫂"（节47）；《至元译语》"人事门"作"别里干"，汉译"阿嫂"；《华夷译语》"人物门"亦作"别里干"，汉译"嫂"。

④ 原文作فرزند（farzand），意为儿子、小孩子、后裔。

⑤ 《史集·蒙哥合罕纪》有大致相同的记载，所不同的是该女子被说成曾是拖雷的未婚妻，后嫁给蒙哥，"因此她把自己丈夫的兄弟忽必烈合罕、旭烈兀汗称为孩子们，他们也都敬畏她。"（汉译本，第2卷，第233页；伊朗校注本第820页）

⑥ 据原文校勘注，T本作H?JKĀN，S本、H本H?HKĀN，Kh本作ChĪJĀKN，Ch本作H??HKĀN。《史集·成吉思汗纪》作چيچگان（Chīchigān）（伊朗校注本，第201页）。《史集》第三卷《各民族系谱》即通称《五世系》（Shu'ab-i Panjgāna）作ججيكان（Jijīkān），其蒙古文形式作Chechegen（《五世系》第104页，抄本，此蒙北京大学王一丹教授惠赠复件，特此致谢）。《贵显世系》写法与《史集·五世系》同，但脱下面的音点（《贵显世系》第17叶背面，哈萨克斯坦科学院东方学研究所编《波斯语文献资料中的哈萨克斯坦史·贵显世系》影印版 История Казахстанф в Персидских источниках, Му'изз ал-ансаб, Алматы, 2006）。《元朝秘史》（节239）作"扯扯亦坚"；《元史》（卷109《公主表》）作"阇阇干"（原作"阔阔干"，中华书局本考为"阇阇干"之误）。即蒙古语Checheyigen，词意为花，《至元译语》"草木门"作"掣掣"，《华夷译语》"花木门"作"扯扯克"。

⑦ 即蒙古语güregen，意为女婿，《元朝秘史》作"古列干"，旁译"女婿"（节155）；《至元译语》"人事门"作"库里干"，汉译"女婿"；同书"君官门"作"库鲁干"，汉译"驸马"；《华夷译语》"人物门"作"古列根"，汉译"婿"。关于成吉思汗家族与斡亦剌忽都合别乞家族的这次联姻，据《元史》卷109《公主表》"延安公主位"载，"阔阔干（阇阇干）公主，适脱亦禾赤（脱栾赤）驸马。"《史集·成吉思汗纪》亦载："（成吉思汗）次女扯扯亦坚（汉译本据俄译本转写作Jījkān，伊朗校注本作چيچگان Chīchigān）。嫁给斡亦剌惕部主忽秃合别乞（汉译本据俄译本转写作qūtūqeh-bīkī，伊朗校注本作نوقوته بيكى Nūqūta Bīkī）之子脱劣勒赤（تورالچى）驸马（伊朗校注本，第201页；汉译本据俄译本译为）。《史集·五世系》在"扯扯亦坚"名下注曰："她嫁给了斡亦剌部长古伦台（قورنته Qūranta，当为قوتوقه Qūtūqa之误）别乞（Bīkī）之子脱劣勒赤驸马。"然据《元朝秘史》，扯扯亦坚嫁给的是脱劣勒赤之弟亦纳勒赤，嫁给脱劣勒赤的是术赤之女豁雷罕。《元朝秘史》节239载："成吉思汗以斡亦剌种的忽秃阿别乞先来归附，将扯扯亦坚名的女子与了他的子亦纳勒赤，将拙赤的女豁雷罕与了亦纳勒赤的兄。"此为总译，原文写出了亦纳勒赤之兄的名字，作"亦纳勒赤因阿哈脱劣勒赤"，即"亦纳勒赤之兄脱劣勒赤"。

⑧ 陈得芝师考订此人即《释迦院碑》中的外剌（斡亦剌）部驸马八立托（Bars-töge）。该碑于1953年发现于今蒙古国库苏古尔省阿尔布拉格县境内德勒格尔河北岸，碑额为汉文"释迦院碑记"五字，下方左侧刻汉文12行，右侧刻畏兀字蒙古文3行。根据碑铭，系丁巳年（元宪宗蒙哥汗七年，1257年）外剌（斡亦剌）部驸马八立托和公立一悉基为皇帝（蒙哥合罕）祝厘、为自身祈福所立。《史集》所载脱劣勒赤次子بورتوا（Būrtūā），即蒙古文Bar- tö'e，"与八立托（Bars-töge）这个名字对音一致……Bars（译言"虎"）读音可略为Bar，省s，与Bar一致；töge即tö'e的蒙文书写形式"（陈得芝：《元外剌部〈释迦院碑〉札记》。并参见胡斯振、白翠琴：《1257年释迦院碑考释》，《蒙古史研究》第1辑，1985年）。

（پارس بوقا Pārs Būqā）。她还生了两个女儿[①]：一个是亦勒赤黑迷失（ايلجيقميش Īljīqimīsh）合敦（خاتون Khātūn）[②]，嫁给了阿里不哥（اريق بوقا Arīq Būqā），是他的长妻[③]【224】，他非常宠爱她，她身材很高，没有生下子女[④]。另一个是兀鲁忽乃（اورقنه Ūrquna）合敦，敦，嫁给了抹土干（مواتوكان Mū'tūkān）之子、察合台（جغتاى Jaghatāī）之孙合剌旭烈（قرا هولاكو Qarā Hūlākū）。木八剌沙（مباركشاه Mubārak-shāh）出自这位兀鲁忽乃合敦。窝阔台（اوكتاى Ūkutāī）[⑤]非常喜欢她，称她为兀鲁忽乃别里（بارى bārī）[⑥]，意即儿媳。她曾长期管理察合台的兀鲁思[⑦]。上述三个儿子的子女详述如下[⑧]：

不花帖木儿的子女[⑨] 他有个儿子，名叫出班（جوبن Jūban）[⑩]，阿里不哥[11]的女儿那木罕（نوموغان Nūmūghān）嫁给了他[12]。他[13]有两个女儿：完者（اولجاى Ūljāī）[14]合敦，

---

① 原文为 هم ازو دو دختر در وجود آمده（ham az ū dau dukhtar dar vujūd āmada）。俄译本译为 У него родились две дочиган（他生有两个女儿），汉译本据此转译为"他生了两个女儿"。原文中هم（ham，意为"还"），俄译本和汉译本没有译出。ازو即 از او，او（ū）可以理解为"他"或"她"，俄译本和汉译本译为"他"，即把这里的او（ū）理解为男性第三人称单数的"他"。误。该词应该理解为女性第三人称单数"她"。在《史集》中，表示"她生有（孩子）"的意思，往往用از او...آمدن（az ū...āmadan，意为"……出自她"），而"他有（孩子）"则用او را...داشتن/بودن（ū rā...dāshtan/ būdan）来表示，例如在下文中就有一句او را دو پسر بود（ū rā dou pesar būd，意为"他有两个儿子"）。这里的او（ū，她）是指代前面中的阔阔干，与上文的"她生了三个儿子"是并列的句子。不仅如此，如果理解为男性第三人称单数"他"，则指代不明，虽然可以理解为前文的脱劣勒赤，但更容易理解为前面相接的巴儿思不花，而这是不符合史实的。

② 该词源于粟特语，蒙古语作 qatun，意为"夫人"、"后妃"。《元朝秘史》作"合敦"，旁译"娘子"（节 155）；《至元译语》"人事门"作"下敦"，汉译"娘子"；《华夷译语》"人物门"作"哈敦"。

③ 原文 خاتون بزرگ او（khātūn-i buzurg-i ū），即"他的大合敦"。

④ 《史集·忽必烈合罕纪》载："在阿里不哥诸合敦中，一位是出自斡亦剌部的亦勒赤黑迷失。"（伊朗校注本，第 939 页；汉译本，第 2 卷，第 366 页）

⑤ 据原文校勘注，T 本、S 本、Kh 本作جغتاى（Jaghatāī）。伊朗校注本作اوگتاى（Ūgetāī），同时出注他本或作جغتاى（第 1588 页）。俄译本作窝阔台，同时括注"察合台？"，并在脚注中写道："B 本为贵由汗，贝书为察合台汗，显然应为察合台汗。"（汉译本，第 1 卷第 1 分册，第 194 页，注 5）这里所说的贝书即贝勒津校本，亦即集校本的 Kh 本；B 本即集校本的 H 本，但在集校本此处的校勘注释中并不见贵由汗。英译本径译作察合台，未作解释。

⑥ 据原文校勘注，P 本、S 本、Ch 本、H 本作?ārī。بارى（bārī）为蒙古语 beri，意为儿媳，《元朝秘史》作"别里"，旁译"媳妇"（节 177）；《至元译语》"人事门"作"鳖里"，汉译"儿妇"；《华夷译语》与《元朝秘史》同。

⑦ 蒙哥时期合剌旭烈受命前往察合台兀鲁思执掌国政，但在途中死去。其子木八剌沙继立，因年幼而由其母兀鲁忽乃监国。

⑧ 原文 بدين تفصيل در وجود آمده اند（bid-īn tafsīl dar vujūd āmada and，意为"详述如下"）。据原文校勘注，بدين تفصيل（bid-īn tafsīl）在 T 本、S 本中缺，在 Kh 本中写在了 در وجود آمده اند（dar vujūd āmada and）的后面。

⑨ 伊朗校注本将不花帖木儿等三人的子女情况分别单独立篇，其标题在目录中出现，与标题"斡亦剌部"同级。实际上这些内容是斡亦剌传的组成部分，应包含在"斡亦剌部"篇内。

⑩ 原文作جونن（JŪNN）。据校勘注，P 本作 JŪ?N，T 本作 JŪS?，S 本作حوسن（HŪSN），Ch 本、H 本、Kh 本作جوتن（JŪTN）。俄译本转写为 Джунэн，汉译本据此转译为"术撚"。伊朗校注本作چوتن，并标出读音为 Chūtan。英译本认为جوتن应该读作چوبن（Chupan）。陈得芝师在《元外剌部〈释迦院碑〉札记》中将此人由 Junan 订正为 Chuban（《蒙元史研究丛稿》，第 100 页）。此人在《史集》第 2 卷中出现时写作چوبان（Chūbān，伊朗校注本第940页）；俄译本转写为 Чупан（第 2 卷第 201 页），汉译本转译为"出班"（第 2 卷第 366 页）。

⑪ 据原文校勘注，H 本作كيوك خان（Kuyūk Khān，贵由汗）。

⑫ 《史集·忽必烈合罕纪》载：阿里不哥的"另一个女儿名叫那木罕（نوموغان Nūmūghān），嫁给了斡亦剌部的出班驸马（چوبان كورگان Chūbān kūrgān）"（伊朗校注本，第 940 页）。

⑬ 指不花帖木儿。

⑭ 据原文校勘注，H 本作اولجا（Ūljā）。

是旭烈兀汗的后妃[①]；【225】另一个名字不详，她嫁给[出自][②]拔都家族（اوروغ باتو ūrūgh-i Bātū）[③]的脱欢（توقان Tūqān）[④],忙哥帖木儿（منککو تیمور Munkkū Tīmūr）[⑤]为其所生[⑥]。

另一种说法如下：这位不花帖木儿有四个姊妹，一个是古余克（کویاک Kūyāk）[⑦]合敦，为旭烈兀汗的第一个后妃，术木忽儿（جومقور Jūmghūr）之母；另一个是兀鲁忽乃合敦，木八剌沙之母；另一个是拔都兀鲁思的君长忙哥帖木儿之母；第四个是完者，为旭烈兀汗的后妃[⑧]。这个说法是正确的[⑨]。

八立托的子女 他有两个儿子，一个名叫兀鲁黑（اولوق Ūlūq）[⑩]，【226】另一个名叫辛（Hī?n）[11]。两人均曾在忽必烈合罕身边。成吉思汗把（自己）家族（اوروغ ūrūgh）的一个女子（دختری dukhtarī）[12]嫁给了这位八立托[13]，他成了驸马[14]。

---

① 据《史集·旭烈兀汗传》，旭烈兀汗的后妃完者合敦也是脱劣勒赤的女儿，但不是成吉思汗之女阇阇干所生（《史集》，汉译本，第3卷，第20页。

② 原文作“[از]”（az），并在校勘注中指出P本、T本、S本、Kh本脱。

③ اوروغ（ūrūgh，据原文校勘注，Kh本作اوروق ūrūq），蒙古语urugh，意为有共同血亲关系的人，即从某个共同祖先传承下来的子孙、后裔，“在古代蒙古氏族的每一成员看来，同族的人是兀鲁黑”（《蒙古社会制度史》第95页）。《元朝秘史》作“兀鲁黑”，旁译“亲”，总译“宗族”（节105）。اوروغ باتو（ūrūgh-i Bātū）意即拔都后人、家族。汉译本据俄译本译为“拔都光荣氏族”（славного рода Бату），增加了“光荣”一词（俄译本，第1卷第1分册，第119页；汉译本，第1卷第1分册，第195页）。

④ 据原文校勘注，S本作نومان（Nūmān），Ch本作?ūqān。伊朗校注本与集校本同，作توقان，并标音为Tūqān。英译本作To[qo]qan，可能是据同著《术赤汗传》改。此人在《史集·术赤汗传》中出现，伊朗校注本作توقوقان（Tūqūqān），但出注另本作توقان（Tūqān）。俄译本在上述两处均作Тукан，并出注波斯文原文توقان（俄译本，第2卷，第72页），汉译为“秃罕”（汉译本，第1卷第1分册，第195页；第2卷，第127页）。波义耳《成吉思汗继承者》亦作Toqoqan，汉译为“脱豁罕”（《成吉思汗的继承者》，周良霄汉译，天津古籍出版社，1992年，第139页）。

⑤ 据原文校勘注，Ch本作مندکو تمور。伊朗校注本作منگگه تیمور（Mungga Tīmūr）。

⑥ 《史集·术赤汗传》提到脱欢之子忙哥帖木儿的母亲是斡亦剌部的阔出（کوچو Kūchū）合敦（伊朗校注本，第722页；汉译本，第2卷，第129页）。

⑦ 原文作کوباک（Kūbāk）。据原文校勘注，H本、Kh本作کویاک（Kūyāk）。伊朗校注本作کویاک（Kūyāk）。

⑧ 这个说法在《史集·旭烈兀汗传》中得到了支持：“（旭烈兀汗）另一王后为出自斡亦剌惕部首领家族的古余克哈敦，她是脱劣勒赤驸马的女儿。她是成吉思汗的女儿扯扯干所生的。完者哈敦也是他[脱劣勒赤]的女儿，但由另一个母亲所生。他在蒙古地区娶了她，早于其他诸王后。”（汉译本，第3卷，第20页；集校本，第3卷，第8页；伊朗校注本，第964页）《史集·术赤汗传》载：“（脱脱蒙哥）他和忙哥-帖木儿的母亲是斡亦剌惕氏族阔出哈敦，即完者哈敦与不花-帖木儿的姊妹。”（汉译本，第2卷，第129页；伊朗校注本，第722页）关于这条材料，《成吉思汗继承者》（汉译本第141页）则译为：“彼与忙哥帖木儿之母为阔出可敦Köchu Khatun，乃完泽可敦之姊妹，斡亦剌部不花帖木儿之女也。”萨克斯顿的英译本亦然，将阔出合敦说成是不花帖木儿之女（第352页），但二者均未出注根据。

⑨ 据原文校勘注，从“另一种说法如下……”到“……这个说法是正确的”一段，T本、S本、Ch本脱，在H本中被写在了页下空白边缘处，在Kh本中被后置于“巴儿思不花的子女”部分的后面，紧跟在巴儿思不花子女的叙述之后。

⑩ 据原文校勘注，此句P本脱。

⑪ 原文如此，在字母ی（ī）和ن（n）之间存在一个没有识点的牙。俄译本作Хин，看不出存在这个识点脱落的牙。据原文校勘注，P本、H本作H??n，T本作حنین（H'īn），S本作حبن（HBN），Ch本作جین（Jīn）。伊朗校注本作جینن（JĪNN），但没有标注读音（该本对外来语专门名词一般标注出读音）。英译本作Rachin，但在注释中指出这是不大可能的。其实，英译本是把Chin（<Jīn）前面的后置词را（rā）误作为名字的一部分了。

⑫ 据原文校勘注，H本在دختری（dukhtarī，一个女孩）后面又增加了او（ū，他），即دختری او（dukhtarī-i ū），意为“他的一个女儿”。但据《史集·成吉思汗纪》，成吉思汗五个女儿中并没有这样一个女儿（汉译本，第1卷第2分册，第88页）。

⑬ 据前述《释迦院碑》，嫁给八立托的是一悉基公主。参见陈得芝：《元外剌部〈释迦院碑〉札记》；胡斯振、白翠琴：《1257年释迦院碑考释》。

⑭ 原文为و کورکان بوده（va kūrkān būda），意为“他成为了古列干”即“驸马”。据原文校勘注，T本、S本作 نام و نسب او معلوم

巴儿思不花的子女　他有两个儿子，一个名叫沙蓝（شيراپ Shīrāp）①，另一个②叫别吉里迷失（بيكلميش Bīklimīsh）③。两人都曾在忽必烈合罕处任其侍从。就是这些④。

忽都合别乞的另一个儿子，上文提到的伊纳勒赤⑤的记述如下：拔都把自己的一个姐妹嫁给了他，她的名字叫豁雷亦客只（قولوى ايكاجى Qūlūy Īkājī）⑥。她生有一个儿子，名叫兀勒都（اولدو Ūldū）⑦；他有两个儿子——捏古台（نيكتى Nīkutay）⑧和阿忽帖木儿（آقوتمور Āqū Timūr）⑨。他们两人在火你赤（قونجى Qūnjī）⑩的兀鲁思中，【227】统率四个千户的札剌亦儿军。

在与斡亦剌部首领忽都合别乞有亲属关系的异密和驸马中，有一个腾吉思（تنككيز Tinkkīs）[11]驸马，贵由（كيوک Kuyūk）汗把女儿[12]嫁给他，他成了驸马。在贵由汗死去、蒙哥汗（منككو خان Munkkū Khān）[13]登上君位之时，贵由汗家族和一些异密谋叛。异密

نه اما كوكان بوده（nām va nasab-i ū ma'lūm na ammā kūkān būda），意为"其名字和世系不详然而是كوكان（kūkān）"，其中نه（na）在T本作نيست（nīst）；H本、Kh本作 نام و نسب او معلوم نيست اما اولكان بوده（nām va nasab-i ū ma'lūm nīst ammā ūlkān būda），意为"其名字和世系不详，然而是اولكان（ūlkān）"；Ch本作نسب او معلوم نيست اما اولكان بوده（nasab-i ū ma'lūm nīst ammā ūlkān būda），意为"其世系不详，然而是اولكان（ūlkān）"；P本脱最后的بوده（būda）。伊朗校注本作[.نام و نسب او معلوم نيست]و كورگان بوده،（va kūrgān būda, [nām va nasab-i ūma'lūm nīst.]），意为"他成为了驸马，[她的名字和世系不详]"，其中方括号中的文字系据他本补入。很显然，这里"名字和世系不详"的应该是指前文所述嫁给八立托的女子，即释迦院碑中的公主一悉基。

① 据原文校勘注，T本作سيراب（Sīrāb），S本作S?RĀ?，Ch本、Kh本作شراب（Shirāb）。伊朗校注本作شيراب（Shīrāb）。此人即《元史》卷109《诸公主表》"延安公主位"下的沙蓝驸马（参见陈得芝《元外剌部〈释迦院碑〉札记》；杜荣坤、白翠琴《斡亦剌贵族与成吉思汗系联姻考述》，《西蒙古史研究》，新疆人民出版社1986年版）。

② 原文为از آن ديگر（az ān dīgar）。据原文校勘注，S本脱其中آن（ān），Ch本、H本、Kh本脱از آن（az ān）。

③ 《元史》又作别里迷失、别乞里迷失、别急里迷失等。《元史》卷109《诸公主表》"延安公主位"载："□□适别里迷失驸马。"此人在世祖朝曾多次从军征伐，屡建功勋，位至显贵，后以罪诛。《元史》卷127《伯颜传》："别吉里迷失尝诬伯颜以死罪，未几，以它罪诛。"《元朝名臣事略》卷2《伯颜》亦载："别吉里迷失者尝诬王（按即伯颜）以死，是年，得诛罪。"（此蒙刘迎胜师赐教，特此致谢）

④ 原文为والسلام（vāssalām），用于文章或章节末尾，表示完了、结束。据原文校勘注，T本、S本、Ch本、H本、Kh本无此语。

⑤ 据原文校勘注，H本作?nālhī。

⑥ 《元朝秘史》作"豁雷罕"，节239（总译）载：成吉思汗"将拙赤的女豁雷罕与了亦纳勒赤的兄"脱劣勒赤。《元史》作"火鲁"，卷109《诸公主表》"延安公主位"载："火鲁公主，适哈答驸马。"这个哈答驸马，《元史新编》（卷61）、《新元史》（卷28）认为即脱劣勒赤，大约是依据《元朝秘史》。又作"火雷"，《元史》卷95《食货志》"火雷公主位"："五户丝，丙申年（1236），分拨延安府九千七百九十六户。延祐六年（1319），实有代支户一千八百九户，计丝七百二十二斤。"

⑦ 据原文校勘注，H本作لود（Lūd）。伊朗校注本与集校本同，并标注了读音。英译本作Buduz，但未出注依据。

⑧原文作NĪK?Y，即نيكتى（Nīkutay）的倒数第二个字母ت（T）上面的两个识点脱落，然俄译本作Никтей，即把该字母读作了T（ت）。因此，笔者认为很可能是集校本书写时漏掉了该字母的两个识点。据原文校勘注，H本作??kī。伊朗校注本نيگبى（Nīgubay），英译本作Negütäi。

⑨ 据原文校勘注，P本作اقوتيمور（Aqū Tīmūr，原第五个字母ـيـ——ى ī的词中形——下面两个识点脱落），H本、Kh本作اقوتمور（Aqū Timūr）。伊朗校注本作آقوتيمور（Āqū Tīmūr）。

⑩ 据原文校勘注，H本作قولحى（Qūlhī），Kh本作قولجى（Qūljī），B本作قونحى（Qūnhī）。伊朗校注本作قونچى，并标音为Qūnchī/Qūnichī。俄译本作Кунджи，汉译本译作宽撤。英译本作Qonchi。应为蒙古语Qonichi，意为"牧羊者"，在元文献中作"火你赤"（如《元史》卷99《兵志二》："牧羊者，曰火你赤。"），亦用于人名。此人为术赤长子斡儿答（Orda）之孙，为斡儿答兀鲁思（白帐汗国）的君主，与伊利汗阿鲁浑汗及其继承者合赞汗均保持着友好的关系，在《史集·术赤汗传》中有传。

⑪ 据原文校勘注，P本作تنكيز（Tinkkīz），H本作??KKR，Kh本作تنكخير（Tinkkīr）。伊朗校注本作تنگگير（Tinggīr）。

⑫原文作دختر（dukhtar，女儿），表示确指。据原文校勘注，Kh本作دخترى（dukhtarī），加了一个表示不确定意义的-ī。此女不见于元史。

⑬H本、Kh本作قاآن（Qāān，合罕）。

们被处死；腾吉思驸马也受到指控，遭到杖笞，打得他（两）腿的肉掉下来①。此后，做了他妻子的那位公主请求饶他性命；他因她而得到赦免②。阿鲁浑（ارغون Arghūn）汗的长后忽都鲁（قوتلوق Qūtlūq）③合敦【228】是腾吉思驸马与上述那位妻子生的女儿。

腾吉思驸马的子孙：速剌迷失（سولاميش Sūlāmīsh）④和……⑤，速剌迷失的儿子为扯扯克（جيجاک Jījāk）⑥驸马。旭烈兀汗的女儿秃都合赤（تودوكاج Tūdūkāj）曾嫁给了腾吉思驸马，现今他的孙子扯扯克驸马⑦娶了她。她为他生了几个孩子。

塔剌海（طرقى Taraqaī）驸马是札乞儿（جاقير Jāqīr）驸马的儿子，札乞儿驸马是不花帖木儿的儿子，他和他的儿子塔剌海驸马是斡亦剌千户长。塔剌海娶了旭烈兀汗的女儿忙古鲁坚（منكولوكان Mankūlūkān）⑧。当她去世后，他就续娶忙哥帖木儿的女儿阿剌忽都鲁（ارا قتلوق Arā Qutlūq）⑨，从迪牙别克儿（ديار بكر Diyār Bakr）⑩率军一起逃出，奔往苫地（شام Shām）11。在那里，他的军队被【229】夺回，分掉。

旭烈兀汗年长的儿子12术木忽儿的长妻那伦（نولون Nūlūn13）合敦，也是不花帖木

① گوشت رانهاء او فرو افتاد（gūsht-i rānhā-i ū furū uftād，他大腿的肉掉下来），其中گوشت رانهاء او（gūsht-i rānhā-i ū）意为“他的（两条）大腿的肉”，فرو افتاد（furū uftād）意为“掉下”、“落下”。

② 此句原文为او را بدو بخشيده（ū rā bidū bakhshīda），其中بخشيده（bakhshīda）为动词بخشيدن（bakhshīdan）过去式叙述体，既有“给”、“赏赐”、“赠送”之意，也有“饶恕”、“赦罪”、“宽大”、“原谅”的意思；بدو（bidū）为به او（ba ū）的连写形式，既可理解为“给她”，也可理解为“由于她”。俄译本将此句译为 ей подарили его，汉译本据俄译本译为“他被赐还给了她”。英译本译为 he was spared for her sake。笔者同意英译本的理解，认为应该译为“他因她而得到饶恕”。

③ 据原文校勘注，P 本作 Tū?lūq，H 本作 Qū?lmūq，Kh 本作قويلون（Qūylūn）。

④ 据原文校勘注，H 本作سولامين（Sūlāmīn）。

⑤ 原文如此。

⑥ 据原文校勘注，P 本作 H?jāk，H 本作 H?hāk，Kh 本چچاک（Chichāk）。

⑦ 原文为فرزندزادهء جيجاک كوركان。其中فرزندزاده（farzandzāda）后面的符号ء一般理解为表示从属关系的耶扎菲-i，读作 farzandzāda-i Jījāk Kūrkān，意为“扯扯克驸马的孙子”。但这个ء也可以不读为耶扎菲-i，而是理解为一个表示不定的字母ى(ī，常见于波斯历史文献)，那么这个فرزندزاده（farzanzāde，孙子）和后面的جيجاک كوركان（Jījāk Kūrkān）即应为同位语关系，即“孙子扯扯克驸马”。这种理解在《史集·旭烈兀汗传》中得到了支持：旭烈兀汗的“第四个女儿为秃都格赤。……她嫁给了斡亦剌惕部人腾吉思驸马，……在腾吉思驸马去世后，他的儿子速剌迷失娶了她，现今她又为腾吉思的孙子扯扯克驸马所娶”（汉译本，第 3 卷，第 26-27 页）。

⑧ 据原文校勘记，Kh 本作منككو بوكان（Mankkū Būkān）。此人在《史集·旭烈兀汗传》（《史集》波斯文集校本，第 3 卷，第 15 页）中作منكلوكان（Mankulūkān）：旭烈兀汗的“第三个女儿忙古鲁坚（منكلوكان）为完者合敦所生，她嫁给了斡亦剌惕部的不花帖木儿的儿子札乞儿（جاقر Jāqir）驸马。……札乞儿驸马的儿子为逃到苫（شام Shām，即叙利亚）的塔剌海驸马，是忙哥帖木儿的女婿”（集校本，第 3 卷，第 15-16 页；汉译本，第 3 卷，第 26 页）。

⑨ 据原文校勘记，P 本作 Arā?tlūq，H 本作 Azāqū?lūn。

⑩ 位于美索不达米亚平原北部。

⑪ 苫（Shām）即叙利亚。《史集·合赞汗传》对此事件有更详细记载：伊斯兰历 695 年 2 月 24 日星期一[1296 年 1 月 2 日]，“突然传来消息说，驻在迪牙别克儿及其邻近地区的斡亦剌惕异密塔剌海驸马与异密也速台、阔阔台把阿秃儿，带着财产和[若干]斡亦剌千人队进向叙利亚边区。异密木来前去堵截他们，但是他们打败了他后离去了……7 月 20 日星期四[5 月 24 日]，在迪牙别克儿掀起叛乱的塔失忙哥-忽失赤的儿子也速台被杀死”（集校本，第 3 卷，第 303 页；汉译本，第 3 卷，第 284 页）。

⑫ 原文为پسر بزرگتر（pisar-i buzurgtar），意为较大的儿子。俄译本译为 старшего сына（年龄大的儿子）；汉译本作“长子”，不确，术木忽儿为旭烈兀次子；英译本译为[second] eldest son（[第 2 个]大儿子）。

⑬ 据原文校勘记，P 本作? ūlūn，H 本作?rlūn，Kh 本作 Tūlūn。俄译本作 Нулун，汉译本据俄译本译为“那伦”，英译本作 Tolun。

儿的女儿、札乞儿驸马的姊妹①。他有另一个女儿②，名叫完者台（اولجتای Ūljatāī）③，是忙哥帖木儿之妻。她生了[两个]④女儿，一个是上述的阿剌忽都鲁⑤。在忙哥帖木儿之后，他的儿子按八儿赤（انبارجی Anbārjī⑥）娶了她，生下一个女儿，名叫忽秃黑台（قوتوقتای Qūtūqtāī），撒木合儿（سمقر Samqar⑦）之子阿剌卜（عرب ‘Arab）娶了她。

在伊朗和土兰⑧，过去和现在都有很多出自斡亦剌部的异密，但是，不清楚他们分别来自哪个分支，当然，他们之间彼此知道自己的起源和世系。其中有一个异密阿儿浑阿合（ارغون آقا Arghūn Āqā⑨），但他在出身方面不受人敬重⑩【230】。据说在窝阔台合罕时，他的父亲在荒年里把他卖给了札剌亦儿（جلایر Jalāīr）部的名叫亦鲁格合丹（ایلوکه قدان Īlūka Qadān）11的异密，换了一条牛腿。该异密曾担任窝阔台合罕的阿塔伯克（اتابک atābak）12。当他派自己的一个儿子去做窝阔台合罕的宿卫（کبتاولی Kibtāul13）怯薛（کزیک

① 据原文校勘记，H 本、Kh 本在这里增加了如下内容："她有一个女儿，名叫兀儿忽答黑（اورغودق Ūrghūdaq）。她嫁给了孙札黑阿合（سونجاق آقا Sūnjāq Āqā）的儿子（پس pisar。原文作?sar，其中起首第一个字母是脱落了音点的牙，笔者认为应该是脱落了下面 3 个音点的字母پ）沙的（شادی Shādī）。现今者别失（جبش Jibish）和她的姊妹宽阇失克（کونجشک Kūnjshik）即伊斯兰君主（按指合赞汗）——愿安拉佑其长久在位——的妻子，都是那位兀儿忽答黑的女儿。"俄文本将这一段补在了正文中，置于"札乞儿驸马的姊妹"之后，用星号*标出，并出注说明。汉译本据此译出，并将这段增加的文字用圆括弧括起，且出注说明。英译本亦将该段置于正文此处，但未作说明。《史集·旭烈兀汗传》对此亦有记载："术木忽儿有两个女儿。长女名叫兀儿忽答黑，为那伦合敦所生，嫁给了孙札黑的儿子沙的驸马。她生有子女：一个名叫合巴失（حبش Habash）的儿子和两个女儿，一个是宽阇失克（کونجشکاب Kūnjshkāb），为伊斯兰算端合赞汗——祝他长久在位——的第一个妻子。另一个是脱欢（طوغان Tūghān），出自一个名叫亦勒忽都鲁（ایل قتلغ Īl Qutulugh）的妾，阿合马在位时娶她为妻，并将播库脱（بغتاق bughutāq，即姑姑冠）戴到她的头上。"（集校本，第 3 卷，第 10 页；参见汉译本，第 3 卷，第 22 页）。

② 俄译本、汉译本、英译本均将此句理解为"她还有一个女儿"，这个"她"显然是指代的前面的那伦合敦。特别是联系到上注释中所引 H 本、Kh 本增加的内容，即那伦合敦有一个名叫兀儿忽答黑的女儿。但有关史实似乎不支持这种理解。《史集·旭烈兀汗传》载："旭烈兀汗的第四个儿子帖克申（تکشین Tikshīn）……在术木忽儿之后，他娶了那伦合敦。他有一个儿子，名叫脱奔。那伦合敦生了一个女儿，名叫也先（ایسن Īsin）。当兀儿忽答黑死后，她嫁给了沙的驸马。沙的之后，他的儿子阿剌卜娶了她。"（集校本，第 3 卷，第 10 页；参见汉译本，第 3 卷，第 22-23 页）那伦合敦只有兀儿忽答黑和也先两个女儿，并不见一个叫完者台的女儿。笔者认为，这里的第三人称单数主语应该是"他"，指代上文中的不花帖木儿，即：不花帖木儿还有另一个女儿……

③ 据原文校勘注，H 本、Kh 本作 nām-i ū i?lh?tāī [该词 Kh 本作 Īnjītāī]。英译本取 Kh 本，还原为 Injitai。

④ 原文为"[دو]"（dau，意为二、两个）。据原文校勘注，此词 P 本脱。

⑤ 这里只写出了一个女儿。

⑥ 据原文校勘注，H 本作 An?ārjī，Kh 本作اینارجی（Īnārjī）。据《史集·术赤汗传》，忙哥帖木儿有一个名叫阿八赤（اباچی Abāchī）的儿子，"他的母亲不知名"（汉译本，第 2 卷，第 128 页；伊朗校注本，第 732 页）。

⑦ 据原文校勘注，H 本、Kh 本作سمغر（Samghar）。

⑧ 指中亚。在古代伊朗文化中，土兰指阿姆河以北的中亚地区，它与伊朗隔阿姆河相对，是两个彼此相连而又彼此对立的地区。

⑨即蒙古语 aqa，原意"兄长"，引申为家族中的长者、长支，也用作名字的一部分。参见 G. Doerfer, Türkische und mongolische Elements im Newpersischen I, Wiesbaden, 1963, pp.131-140.

⑩原文 لیکن او را در اصل اعتباری ننهاده اند（līkan ū rā dar asl ‘itibārī nanihāda and），意为"但是在出身方面（人们）不敬重他"。其中در اصل（dar asl），意为在出身方面。汉译本据俄译本译为"但是由于[他的]出身而不受人们敬重"，不确。

⑪ 同书《札剌亦儿传》说亦鲁格　合丹为两人，合丹为亦鲁格之父（详见下注）。

⑫即突厥语 atabeg，意为年幼王子的监护人或导师，略同于汉语中的太傅。该称号最早见于塞尔柱王朝，后起的花剌子模等政权也使用这一称号。与其意义相同的"阿塔利克"（ataliq）一职，直到 19 世纪仍见于布哈拉汗国。大蒙古国时期并没有采用阿塔伯克这一称号，《史集》编纂者以此称号来指称蒙古政权中大致相类的职位。

⑬即蒙古语 kebte□ül.《元朝秘史》（节 191）作"客卜帖兀勒"，旁译"宿卫"。怯薛（keshig）之一。

kizīk[①]）时，他也把阿儿浑阿合同那个儿子一起送去[②]。由于他是一个机敏、能干的人，他逐渐成了显贵，一直升到执掌政权，成为伊朗之地的八思哈（باسقاق bāsqāq[③]）。他的儿子如下：乞剌灭里（کرای ملک Kirāī Malik）、塔里阿只（تاریاجی Tārīājī[④]）、【231】捏兀鲁思（نوروز Naurūz）、列克集（لکزی Lakzī）、哈只（حاجی Hājjī）、玉勒忽都鲁（یول قتلغ Yūl Qutlugh[⑤]）、不勒都黑（بولدوق Būldūq[⑥]）和斡亦剌台（اویراتای Ūīrātāī[⑦]）；他的孙子除古列克（کوراک Kūrāk[⑧]）之外，还有许多。他也有许多女儿，一些嫁给了君主和异密们。他的儿子捏兀鲁思和列克集娶了（黄金）家族（اوروغ Ūrūgh[⑨]）的女儿，做了驸马（داماد dāmād）[⑩]。

亦勒速古儿赤（ایل سکورجی Īl Sukūrjī）和他的儿子秃罕（طوغان Tūghān）也出自斡

① 即蒙古语 kishig，怯薛，意为轮番入值保卫。成吉思汗建立了一支由大汗直接控制的护卫军，由宿卫、箭筒士和散班组成，宿卫值夜班，箭筒士和散班值日班；各分为四队，轮番入值，故总称四怯薛。按照怯薛制度，“其选护卫时，于千百户并白身人内子弟有技能身材好者充之”（《元朝秘史》节 191，总译），各级那颜都必须遣子效力，不得躲避或以他人代替；充当怯薛的人可带兄弟或伴当（蒙古语 nökör，原意为同伴，指效力于某个贵族个人的侍从），千户那颜的儿子许带弟一人、伴当十人，百户那颜的儿子许带弟一人、伴当五人，十户那颜及白身人的儿子许带弟一人、伴当三人。

② 在《史集·部族志·札剌亦儿传》中对此作了更详细的记述：“另一个异密札剌亦儿部人合丹（قدان Qadān），是成吉思汗的侍从，他有个儿子，名叫亦鲁格（ایلوکه Īlūka）。[成吉思汗]将这个亦鲁格连同军队一起给了自己的儿子窝阔台合罕，因为他曾作过窝阔台幼年时代的看护人（atābak），并对他有过父亲般的关怀。在窝阔台合罕时，[亦鲁格]受到尊重，并是一位可敬的[长者]和军队异密。据说异密阿儿浑之父，在饥饿贫困的日子里，将异密阿儿浑卖给亦鲁格那颜之父合丹，换得了一条牛腿。当[合丹]将自己的一个儿子送到窝阔台合罕处充任宿卫时，他把异密阿儿浑给这个儿子做亲兵（نوکر nūkr，那可儿）。”（汉译本，第 1 卷第 1 分册，第 153 页；集校本，第 1 卷第 1 分册，第 138-139 页）这里合丹、亦鲁格为父子二人。这位亦鲁格见于《元朝秘史》，又作亦鲁该。据《元朝秘史》第 202 节，成吉思汗于 1206 年分封 95 千户，其中第 5 个千户那颜即亦鲁该。又据该书第 243 节，成吉思汗“斡歌歹突儿亦鲁格、迭该豁牙里秃失罢”（旁译“斡歌歹行亦鲁格、迭该两个委付了”，总译“斡哥歹处委付了亦鲁[格]等二人”），即成吉思汗给窝阔台委派了亦鲁格、迭该两个。也许正因为如此，《史集》才把他说成是窝阔台的阿塔伯克。《史集·成吉思汗纪》记载分给窝阔台的千户，其中有札剌亦儿部的亦鲁格千户，并指出该千户“曾用一条肉腿买下了讷兀鲁思的父亲阿儿浑阿合”（伊朗校注本，第 607 页）。此句波斯文原文 هزارهٔ ایلوگای از قوم جلایر بوده وآن است که وقتی ارغون آقا پدر نوروز را به رانی گوشت خریده بود hazāra-i Īlūgāī az gaum-i Jalāīr buda, va ān ast ka vaqātī Arghūn Āqā, pidar-i Naurūz, rā ba rānī-i gūsht harīda bud。汉译本据俄译本译作“札剌亦儿部亦鲁该千户。亦鲁该也就是某次用[鹿]肉买下讷兀鲁思的父亲阿儿浑-阿合的那个人”（第 1 卷第 2 分册，第 377 页）。因集校本这部分内容没有发表，无法复检俄译本所据原文。然对照上引伊朗校注本原文，汉译及其所据俄译有误：原文中的آن ān 指代的是上文中的亦鲁该千户（亦鲁该为千户长），而非亦鲁该本人，即曾买下阿儿浑的属于亦鲁该千户，而据上引《史集·部族志》记载，买下阿儿浑的是亦鲁该的父亲合丹。另外俄译本作[鹿]肉，在肉前加了一个鹿字，但波斯文原文中只是说是条肉腿，而据上引部族志的记载，应该是牛腿。

③ 即突厥语 basqaq，意为“镇守者”，等同于蒙古语“达鲁花赤”。同书《札剌亦儿部》亦载：“由于他是一个机敏、能干、雄辩而又聪明的人，他的事业很快腾达起来，超过了同辈的地位。”（《史集》，集校本，第 1 卷第 1 分册，第 139 页；汉译本，第 1 卷第 1 分册，第 153 页）成吉思汗西征后，蒙古对阿母河以南伊朗之地设官镇守；阿儿浑曾出任八思哈，镇守一方。蒙哥即大汗位后，设阿母河等处行尚书省，“以阿儿浑充阿母河等处行尚书省事”（《元史》卷 3《宪宗纪》）。

④ 据原文校勘注，H 本作?ār?ājī，Kh 本作تارتاجی（Tārtājī）。

⑤ 据原文校勘注，P 本作?ūl ?tlugh，H 本作? ūl ??lū?，Kh 本作بولقلوق（Būlqalūq）。

⑥ 据原文校勘注，P 本作?ūldūf，H 本、Kh 本作یلدوق（Yildūq）。

⑦ 据原文校勘注，H 本作??r?āī，Kh 本作ایرتای（Īrtāī）。

⑧ 据原文校勘注，H 本作کرک（Kurak）。

⑨ 据原文校勘注，H 本、Kh 本作اوروق（Ūrūq），氏族（详见前注），此处特指成吉思汗黄金家族。

⑩ 波斯语，意为女婿。据《史集·旭烈兀传》，旭烈兀汗的第七个女儿八巴为完者哈敦所生，她嫁给了斡亦剌部异密阿儿浑的儿子列格集驸马（《史集》集校本，第 3 卷，第 17 页；汉译本，第 3 卷，第 27 页）。而《史集·阿八哈汗传》载，阿八哈汗第四个女儿秃罕出黑嫁给了斡亦剌部人阿儿浑的儿子捏兀鲁思异密（《史集》集校本，第 3 卷，第 98 页；汉译本，第 3 卷，第 102 页）。

亦剌惕部。

脱黑脱阿（توقتا Tūqtā[①]）别乞在他被杀的最后战争中，在途中未与成吉思汗的军队作战，便屈服了；但他却率领他们向脱黑脱阿别乞冲过去，袭击并杀害了他[②]。就是这些[③]。

（刘正寅，男，1963 年生，历史学博士，中国社会科学院民族学与人类学研究所研究员，北京，100081）

① 原文作توقتاى（Tūqtāī），然据原文校勘注，P 本作?ū?tāī，H 本、Kh 本作توقتا（Tūqtā），依后者改。当为蒙古语 Toqto'a，即蒙古篾儿乞部长脱黑脱阿（《元史》作脱脱）。

② 关于这次战争，东西史料均有记载。《史集·成吉思汗纪》载：1208 年冬，成吉思汗"幸福地出兵征讨脱黑台（按即脱黑脱阿）和古失鲁克，这两人于征讨不亦鲁黑汗之役后，到了也儿的石[河]地区。巡哨队和前锋在路上突然遇到了以忽秃合别乞为首领的斡亦剌惕部。由于该部无力作战、抵抗，他们屈服了，他们给成吉思汗军队带路，[把他们]突然带到了篾儿乞惕君主脱黑台别乞和太阳汗的儿子古失鲁克处，将他们两人包围起来，把他们的家人、财产、马群和畜群洗劫一空。脱黑台被杀死了，古失鲁克带着几个人冲了出去，躲到了哈剌契丹古儿汗地区"（汉译本，第 1 卷第 2 分册，第 210 页）。《元史》卷 1《太祖纪》载："三年（1208 年）……冬，再征脱脱及屈出律罕。时斡亦剌部等遇我前锋，不战而降，因用为向导。至也儿的石河，讨篾里乞部，灭之。脱脱中流矢死。屈出律奔契丹。"《圣武亲征录》载："戊辰（1208 年）……冬，再征脱脱及曲出律可汗。时斡亦剌部长忽都花别吉不战而降，因用为乡导。至也儿的石河，尽讨蔑里乞部。脱脱中流矢而死。曲出律可汗仅以数人脱走，奔契丹主菊儿可汗。"《元朝秘史》载："成吉思……自去追袭脱黑脱阿，到金山住过冬。明年（按原文作"忽客儿只勒"，旁译"牛儿年"，即 1205 年）春，逾阿来岭去。适乃蛮古出鲁克与脱黑脱阿相合了，于额儿的失不黑都儿麻地面根源行，整治军马。成吉思至其地，与他厮杀。脱黑脱阿中乱箭死了，其尸不能将去，其子只割将他头去，人马败走，渡额儿的失水溺死者过半，余亦皆散亡。于是乃蛮古出鲁克过委兀儿、合儿鲁种去，至回回地面，垂河行，与合剌乞塔种的人古儿罕相合了。"（第 198 节，总译）各种史料记载有详有略，大致相同，只是《元朝秘史》的记载把时间错置于 1205 年（参见陈得芝师《元外剌部〈释迦院碑〉札记》，《蒙元史研究丛稿》第 91 页）。

③ 据原文校勘注，Kh 本无此语，T 本、S 本在末尾处有一个点。

《谭襄敏公奏议》的编纂与纂改

——以《蓟辽稿》为中心的考察

赵茜茜　彭　勇

内容提要:《谭襄敏公奏议》是明代谭纶的奏议合集,《蓟辽稿》汇集了他在总督蓟辽期间的奏议，是研究明代中期蓟镇军事、政治、经济和民族关系的重要文献。该奏议在乾隆年间被编入《四库全书》，内容也因此被纂改。通过对明刻本和四库本的比对可知，清人对明代文献修纂主要集中在北边防御和民族事务等方面，由此也不难发现明清两代的民族观和民族政策之大不同。

《谭襄敏公奏议》，明代谭纶著。谭纶（1520—1577），字子里，号二华，江西宜黄人，明代著名军事将领、政治家和戏曲活动家。嘉靖二十三年（1544），谭纶考中进士，初任南京礼部主事，历职方司郎中而迁台州（今浙江临海）知府。后进浙江按察司巡海道副使，右参政，以佥都御史的身份督抚八闽。在任期间，他练兵御倭，连战连捷。嘉靖四十四年（1565）起为陕西巡抚，时四川蔡伯贯作乱，未及到任便又改调四川。不久，谭纶以功升兵部右侍郎，总督两广军务，兼巡抚广西。隆庆二年（1568）改任左侍郎，总督蓟辽。万历五年（1577）卒于兵部尚书任上，神宗赠其太子太保，谥“襄敏”，御葬崇祀乡贤祠。①

《谭襄敏公奏议》是谭纶为官治事期间的奏议合集，分《闽稿》、《蜀稿》和《蓟辽稿》三部分。本文主要是以《蓟辽稿》部分为中心，考察《谭襄敏公奏议》的编纂背景、主要内容以及清修四库时对其纂改的情况，以此揭示明清王朝不同的民族观和民族政策影响之下文化典籍的命运及价值。

一、谭纶对蓟镇的经营

谭纶生活的年代，正是“南倭北虏”为患孔棘之际，他凭借一身忠勇才智，以文臣之身辗转行伍近三十年，平定倭患，议和北边，皆有其功绩，然又以其在北边蓟辽防御中的贡献最为突出。

隆庆元年（1567），穆宗从兵科给事中吴时来之请，将谭纶从两广调回，不久，加升他为兵部左侍郎兼都察院右佥都御史，总督蓟辽保定等处军务，兼理粮饷。

上任伊始，为了摸清蓟镇的防御实情，谭纶亲自踏访边情，走访各路主客官军。稍后，他向朝廷呈上了他出任蓟辽总督以来的首份奏章《早定庙谟以图安攘疏》。在疏中，

① 《明史》卷222《谭纶传》，北京：中华书局，1974年，第5836页。

他综合分析了当时的蓟镇形势，对存在的问题进行了精辟的分析，并提出了自己的防御设想。他认为蓟州总的作战方针应该是“以守为急”、“守战兼顾”，即以守为主，但要抛弃过去只强调“摆边”、“设险”，一味的消极防御。①

在防御措施的落实上，谭纶注重从选将练兵、调整布防、加固长城等方面，渐次改进②。上任不久，他就向朝廷举荐了神机营副将戚继光总理练兵之事，并授予他节制“总副参游等官”的权力。正是在戚继光的协助下，谭纶最终在蓟州创立了一支车、步、骑三者协同作战，攻防兼备的精锐之师。针对蓟辽边线漫长，兵力分散的情况，谭纶重点对蓟镇的兵力部署进行了调整，使“小警则分投截杀，大警则合力拼攻”。③他将蓟州、昌平二镇二千余里的边墙划分为十四路，每路按地势冲缓确定兵力多少。谭纶分区设路、层层专责的举措，不仅进一步明确了各路兵马的职责，同时也提高了军队的利用率和灵活作战、往来策应的能力，在不大量增加兵力的情况下，有效地改变了蓟辽地区的防御态势。

尤其值得一提的是，正是在谭纶任蓟辽总督期间，明朝构建了最为稳固的长城防御体系。此前，明中央虽然已经断断续续对长城整修，但多是在原有的基础上小修小补，既未筑台，修墙又很低薄，无法起到有效的防御作用。隆庆三年（1569）正月，谭纶提出了他宏伟的修筑与戍守计划：“昌二镇东起山海关，西至镇边城，延袤二千四百余里，乘障疏阔，防守甚艰。宜择要害酌缓急分十二路，或百步三十五步，犬牙参错筑一墩台，共计三千座。计每岁可造千座，每座可费五十金，高三丈，阔十二丈。内有容五十人，无事则守墙守台之卒居此瞭望，有警则守墙者出御所分之地。守台者专击聚攻之虏。二面设险，可保万全。”④谭纶借鉴了以往的经验教训，对边墙进行了加宽加厚的处理，又根据地势紧要，或百步，或三五十步筑一墩台，每台配备一定数量的佛郎机、鸟铳等。谭纶顶住来自多方面的压力，在穆宗的支持下，用两年半的时间完成了原计划三年才能完成的工程，使东起山海关，西至镇边城，延袤二千四百余里的土地上伫立起了一千多座敌台，成效显著。《明穆宗实录》载：“隆庆五年八月庚戌，蓟昌镇筑敌台工成。兵部言，二镇拱护京陵，逼近三卫，三卫名虽藩篱，然阴为虏用，自庚戌来，先后边臣止议筑墙而不及修台，故虏至辄得气去。今十四路楼堞相望二千里，声势相援，皆督抚官协谋任事之功。而效劳诸将吏亦宜并录，得旨。总督谭纶升兵部尚书，兼都察院右副都御史、协理戎政如故，巡抚刘应节升俸二级，杨兆俸一级，右都督戚继光荫一子百户……仍各赏银币有差。”⑤长城的加固和空心敌台的筑成，有效地震慑了塞外蒙古诸部，客观上为后来的隆庆议和创造了条件。

谭纶是一位务实而顺应时代要求的边将，他在总督蓟、辽、保定军务期间，虽然一直对蒙古部保持高度的警惕并采取积极的防御措施，但他深知明蒙的长期对立给明中央、蒙古民族都造成了巨大的伤害。因此，他主张与蒙古部通贡互市，防御的目的是为

① 《明穆宗实录》卷 20，隆庆二年五月辛亥。
② ［明］谭纶：《谭襄敏公奏议》卷 5，第 7 页。
③ ［明］谭纶：《谭襄敏公奏议》卷 5，第 10 页。
④ 《明穆宗实录》卷 28，隆庆三年正月癸未。
⑤ 《明穆宗实录》卷 60，隆庆五年八月庚戌。

了建立稳定的北边局势。他离开蓟镇回到兵部后不久，就发生了“俺答封贡”和“隆庆议和”事件。此事历经两次廷议，谭纶也参与了全过程。他在讨论和表决中旗帜鲜明地主张对蒙和好，全力支持既封号、又互市。当时谭纶身居要位，既是戍边大将，又能以“协理戎政”的身份参与到国家的核心决策集团中，可以说，他对缓和明蒙关系，推进俺答封贡起到了一定的积极作用。①

谭纶治边有方，人所共识。同时代的吏部尚书曾同亨曾言：“于时国家所恃为长城，东不在海，西不在剑门，南不在江，北不在三关，惟在公一身。”②礼部尚书余继登说：“明兴文臣，仗钺抚绥，殊猷遍海内者，惟谭襄敏一人。”③大学士张居正亦言：“国有大谋，惟公是度。”④时人莫不予以极高的评价。他在总督蓟镇期间积极行政、执政和参政，这一时期他处理政务的奏议得以整理并保存下来，这就是《谭襄敏公奏议》中的《蓟辽稿》部分。

二、《蓟辽稿》的内容及价值

奏议是古代臣属向帝王上书、进言的文稿，实际上是古代的一种政论文。《谭襄敏公奏议》的内容来源于谭纶主持军务期间所上奏疏的家藏副本。万历二十八年（1600）宜黄县令顾所有仰慕谭纶的事迹，为“表章先哲，以风示来世”，他到谭公故里寻访“能言其事”的遗老，又从谭纶之子谭河图处请得诸稿，详加编次而成此书。

《谭襄敏公奏议》共有104疏，16余万言，分为三集——《闽稿》、《蜀稿》和《蓟辽稿》。《闽稿》是谭纶在嘉靖四十二年（1563）再起为右佥都御史，巡抚福建时所上奏疏，共2卷15件，以报告闽地抗倭情况的报捷疏、为有功将士请赏的请赏疏和处理战争善后事宜的善后疏为主。这些奏疏向我们展示了谭纶是如何指挥戚继光、俞大猷等取得渚林大捷、仙游之战胜利及处理战争善后的，是研究明代抗倭情况的重要史料。《蜀稿》是嘉靖四十四年（1565）谭纶调任四川以后所上，共2卷20件，记载了他治理四川的策略和手段，尤其是平定凤继祖叛乱的情况。

《蓟辽稿》是隆庆元年至四年（1567—1570），谭纶由兵部右侍郎进左侍郎，兼右佥都御史，总督蓟辽保定军务时所上奏疏，凡6卷69件，是《奏议》的主体部分。此部分内容广泛，主要包括攻防策略，军队的布防与训练，武器装备，长城的修固，粮草、马匹的筹措，举荐、弹劾将领，春、秋防事宜，地方灾荒，对逃回汉人的处置等，充分反映了谭纶的学识、谋略和军事思想，是本书内容最丰富的一部分。可以说，《蓟辽稿》既是谭纶有关蓟辽奏议之汇编，又是有关明代北部边防的资料纂辑，价值极高，是研究隆、万之际蓟辽边防和谭纶军事思想不可或缺之书。《蓟辽稿》的主要内容主要有如下几个方面：

① 参见马静茹《明代廷议的运作研究——以俺答封贡为例》，达力扎布主编：《中国边疆民族研究》（第三辑），北京：中央民族大学出版社2010年，第69—88页。

② ［明］曾同亨：《谭襄敏公奏议序》，谭纶：《谭襄敏公奏议》，中央民族大学馆藏清刊本，第6页。

③ ［明］揭万年：《谭襄敏公传》，谭纶：《谭襄敏公遗集》，中央民族大学馆藏清刊本，第12页。

④ ［明］谭纶：《谭襄敏公遗集》卷末《荣哀录》，第5—6页。

1. 军事类

《蓟辽稿》的绝大部分内容都与军事有关，其中既有涉及练兵布防、选将任能方面的，也有涉及长城修筑、武器装备等事端的，内容极其丰富，详细记载了谭纶在蓟辽总督任上所取得的成就：选将练兵，创立一支车、步、骑协同作战的劲旅；分区设路，以专责成，提高蓟辽边防的防御能力；修筑长城，巩固边防设施；设立车营，倡用火器，以己之长克敌之短等等。史称，谭纶“造七车百乘，鸟铳、佛郎机五千，修沿边壕堑二千余里，敌台三千余所，先募南兵，大修战守之具，立三大屯营，以前戚将军专领其事。蓟自是称雄镇，而东西虏相戒不敢犯矣”。[①]

谭纶整顿军事诸疏，对于研究嘉、隆、万之际北边情势的发展变化、明军建制及其分布、长城的修筑等来说皆是很珍贵的资料，包含了许多《明实录》、《明史》中没有的内容。如卷之五《分布兵马以慎秋防疏》中，大到各路兵马的分布，小至每一墩台守军的人数都有详细记述。再如《流言乱正，摇动人心，恳乞圣明遣官会勘敌台以定国是以全忠计疏》等疏对修筑长城这项工程的议起、争斗、实施过程和进展都有涉及；《再议增设重险以保万世治安疏》中详细列出了长城敌台的各项花费明细，其向户部讨要的银两、实拨银两、实花银两，如何挪用借支等，十分珍贵。可以说，《奏议》也是一部非常有价值的长城文献。

2. 经济类

《蓟辽稿》中有不少有关边镇粮饷、理财措施的篇目，如《客兵钱粮不敷请乞早赈疏》、《征收隆庆三年夏税秋粮马草疏》、《乞讨班军行粮以资防守疏》、《请发南兵工粮以济边用疏》、《议处财用定经制以垂永久疏》、《改设管粮专官以重责成以资边计疏》、《明会计以通时变预远图疏》、《比例请讨行粮科草以便克敌疏》、《恳乞圣明讲求大经大法以足国用以图安攘以建久安长治疏》等。这些奏疏向我们展示了蓟镇当时财用匮乏、入不敷出的情况，是研究明代中期财政状况的重要资料。也是我们了解谭纶理财思想的第一手资料。例如，谭纶认为“欲求国用之足必先务富其民，欲富其民必重布帛菽粟而贱银，欲贱其银必制为钱法以多其数，以济夫银之不及而后可夫。”[②]再如，他认为，国用匮乏固然由于百姓不富裕，但也与官员因循苟且，滋扰百姓密不可分，因此要严行吏治。尤其需要注意的是，谭纶将边用匮乏与屯政败坏联系起来，并指出了屯政败坏之因，“今之屯田军得而典卖之矣，豪官豪舍又得而占种之，豪民亦得而兼并之”。[③]是学者研究明代军屯有价值的资料。

3. 灾荒类等

隆庆三年十一月至十二月间，密云等处发生了多次地震，卷十《地震疏》、《地方灾异疏》中详细记载了这几次地震发生的时间、地点和相关情况，对研究灾荒史、地质灾害史等颇有补益。

---

① 沈箕仲：《谭司马公行状》，黄宗羲：《明文海》卷 449，北京：中华书局，1987 年，第 4848 页。

② [明]谭纶：《谭襄敏公奏议》卷 7，第 13 页。

③ [明]谭纶：《谭襄敏公奏议》卷 7，第 16 页。

三、四库本《蓟辽稿》的篡改

《谭襄敏公奏议》是谭纶军事、政治和经济思想的集中体现，对当时和清时期整治军队、边关防御、治理国家等都有积极的意义。故书稿在谭纶去世后不久即被刊刻印行，它在清代同样受到重视，尽管其中内容多有“违碍”，还是被列入四库全书刊刻之列。该书的版本据笔者所见，主要有：

（一）万历二十八年（1600）顾所有刻《谭襄敏公奏议》十卷本，此为《奏议》的最早刻本，国家图书馆、清华大学图书馆等有藏。其中，清华大学馆藏《奏议》为四库底本，最为珍贵。该本内有墨批抄写格式，并钤有“翰林院印”（满汉文）、“辑五经眼”、“无竟先生独志堂物”等方印章，由此可知此本曾经彭元瑞、刘喜海、张其煌等人收藏。

（二）清康熙四十三年（1704）谭政重修本，中科院、上海图书馆等有藏。

（三）四库本。乾隆中编修四库全书，《奏议》被收入《四库全书》史部诏令奏议类，题作《谭襄敏奏议》。四库本较之明刻本有大量的抽毁痕迹，后又被收入文渊四库珍本第六集第98—99册。

（四）合印本。明季邹用昌曾辑有谭纶《遗文汇编》一书，至清嘉庆时，邹庭芳将其排版印刷。《贩书偶记续编》著录为：《谭襄敏公遗集三卷首一卷末一卷》（下文简称《遗集》）。[①]后来，又有人将此《遗集》与《奏议》合并在一起，刊行于世。此本中央民族大学、东京大学等有藏。

（五）《宜黄丛书》本。民国三十五年（1946）宜黄文献委员会铅印本，分别是《谭襄敏公奏议》十卷，《谭襄敏公遗集》三卷、《附录》一卷。该本现藏江西省图书馆。

在《奏议》的各种版本中，万历二十八年（1600）顾所有刻本与四库本之间的差异最大。因此，我们针对这两种版本进行了对比，查找它们之间不同之处，并尝试分析其中的缘故。限于篇幅和内容的差异，这里我们重点比对和分析《蓟辽稿》第五卷部分。

顾本	四库本	页码（顾本）
谭襄敏公奏议卷之五	谭襄敏奏议卷五	一页上
知宜黄县事后学武原顾所有纂修	明□谭纶□撰	同上
何则强□之为中国患其来已远，其势甚猖	何则北边之为中国患其来已远，其势甚强	二页上
北□惟不来	北边诸部惟不来	同上
眩惑于道傍之言	（“眩”字缺末笔）	二页下
今之谈御□之策	今之谈御敌之策	同上
其既也	其继也	同上
昌蓟十驱之地	昌蓟十区之地	三页上
而□动以十余万众攻我一面，即有预定策应之兵大率又以一兵而当数十百	而敌动以十余万众攻我一面，即有预定策应之兵大率又以一兵	同上

① 孙殿起：《贩书偶记续编·集部》卷13，上海：上海古籍出版社，1980年，第210页。

□，是众寡已弗敌矣。况□故精悍又多选锋，大举入寇必先自休息	而当数十百众，是众寡已弗敌矣。况彼故精悍又多选锋，大举深入必先自休息	
□闲射骑马复调良而多	彼闲射骑马复调良而多	同上
如是而於我武之维扬，□势之弗张	如是而於我武之维扬，彼势之弗张	三页下
然臣亦尝试思之游兵破□之议	然臣亦尝试思之游兵破敌之议	同上
攘□安夏之策	攘外安内之策	四页上
即今狂□之骄盈已极，塞上吏士怯懦成家矣（误字）	即今北部之骄盈已极，塞上吏士怯懦成习矣	同上
乘□之骄	乘彼之骄	四页下
必可得志于□	必可得志于彼	同上
□不敢南下而牧马，□不南牧则不徒	彼不敢南向而生心，彼不生心则不徒	五页上
边民之陷没□中	边民之陷没敌营	五页下
用之谋□机智益神	用之谋敌机智益神	同上
盖□之大举动	盖彼之大举动	同上
我兵素未当□一战，胜之彼丑必不心服	我兵素未尝胜一战，胜之彼必不心服	七页下
臣于真保等府达官舍内及各路防秋民兵内	臣于真保等府安插舍内及各路防秋民兵	八页上
万一一面失守致贼溃入	万一一面失守致或溃入	十页上
丑□不足平之矣	北边不足平矣	十页下
今中国长技为□所甚畏者	今中国长技为敌所甚畏者	十一页上
其谭□所陈	其谭纶所陈	十三页上
听戚继光到彼与谭□再行详议	听戚继光到彼与谭纶再行详议	同上
以伐□谋事	以伐敌谋事	十三页下
总督侍郎谭□	总督侍郎谭纶	同上
□以其专	彼以其专	十四页上
□攻我东又声我西	彼攻我东又声我西	同上
遇大举入寇	遇大举深入	同上
御□之策	御敌之策	十四页下
不虑□情之狡猾无常	不虑敌情之狡猾无常	同上
伐□谋之议	伐敌谋之议	十五页上
万一一面失守致贼溃入	万一一面失守致或溃入	十六页下

不徒可为目前御□之资	不徒可为目前御敌之资	十七页上
更闻真保等处达官达舍空役颇多	更闻真保等处安插降人空役颇多	十七页下
如真保达军二千难以取盈	如真保诸军二千难以取盈	十八页上
照得御□之道	照得御边之道	二十五上
防□之时	防边之时	同上
辽东一镇三面濒□	辽东一镇三面濒边	二十五页下
则胜算定于未战之前，先声可夺乎群丑之魄，而□患诚不足虞矣。但恐庸懦狡狯之习当未尽除	则胜算定于未战之前，而边患不足虞矣。但恐庸懦狡狯之习尚未尽除	二十六页下
总督侍郎臣谭□驻扎密云	总督侍郎臣谭纶驻扎密云	二十七页下
自有□患以来	自有边患以来	三十九页上
而□患有足虞乎	而边患有足虞乎	同上
而前此往往为贼所乘	而前此往往为敌所乘	三十九页下
贼已决于聚攻	彼已决于聚攻	同上
遇警则视贼所攻往来截杀，无论大举入寇务与主兵拼力拒守	遇警则视其所攻往来截杀，无论大举深入务与主兵拼力拒守	四十页下
如贼犯别路	如敌犯别路	同上
臣等窃闻备□之策	臣等窃闻备边之策	四十三页上
纷纷以备□为言	纷纷以备边为言	四十三页下
每伍以二人杀贼	每伍以二人杀战	四十四页上
致贼坠崖堑死者	致敌坠崖堑死者	四十四页下
如见贼则奔则云如何而拒敌，未见□尘则云如何而转战	如见敌则奔则云如何而拒敌，未见锋尘则云如何而转战	四十七页下
贼未退而先报出境	敌未退而先报出境	同上
是亦御□之一策也	是亦御敌之一策也	五十页上
达军一千五百	降军一千五百	五十一页上
保定达军	保定安插	五十一页下
以致北□乘虚，往往失事。近节据古北、马兰、石塘、太平、燕河等路属□伯颜打赖等，哨夜张贵等，投降人王四儿等报称东□土蛮去年进抢因伤□子多	以致敌得乘虚，往往失事。近节据古北、马兰、石塘、太平、燕河等路内属部落伯颜打赖等，哨夜张贵等，投降人王四儿等报称土蛮去年进抢因伤损数多	五十一页下至五十二页上
众口相同，□谋似的	众口相同，似为的确	五十二页上
□情稍缓	警报稍缓	五十二页下
副使沈□	副使沈某	同上
又因东□警报	有因东方警报	五十三页上

□图报复	敌图报复	同上
以极冲之边当方张之□	以极动之边当方张之势	五十三页下
贼一溃墙	边墙一溃	同上
练兵乃御□要务	练兵乃御敌要务	五十五页上
均有攘□安夏之责	均有边圉之责	五十五页下
既忧地当冲要，□复垂涎，兵无可恃	既忧地当冲要，兵无可恃	五十六页下
臣等窃惟御□之策	臣等窃惟御边之策	五十七页下
当以新取达军一支	当以新取练军一支	五十八页下
至于与□开阵决战	至于与敌开阵决战	五十九页上
诚恐贼众我寡	诚恐彼众我寡	五十九页下
国长技为所□甚畏者无如火器	中国长技无如火器	六十一页上
中惟鸟铳为□所甚畏者	中惟鸟铳为敌所甚畏者	六十二页下
新调达军请讨盔甲以备战守疏	新调卫军请讨盔甲以备战守疏	六十四页上
据总督防守居庸关路达官军舍指挥安廷灿呈	据总督防守居庸关路等处军舍指挥安廷灿呈	同上
□情叵测	敌情叵测	同上
臣闻真保等处达军达舍空役颇多	臣闻真保等处安插降人空役颇多	六十四页下
臣惟御□之计	臣惟御边之计	七十页上
刘保下台取水被北□入犯将刘保抢去卖于□贼速把亥营内达子虎喇台吉使唤，改名阿都赤	刘保下台取水被敌抢去卖于苏巴噶营内和喇岱济使唤，改名阿都齐(下文名字亦同，省)	七十三页下
将阿都赤分与次子楮不核部下，就将枪□王氏配于阿都赤为妻	将阿都齐分与次子楮不额部下，就将抢掠王氏配于阿都齐为妻	同上
走至中途撞遇黄毛达子	走至中途撞遇黄毛部落	七十四页上
镇□台下	镇边台下	同上
将原戴胡帽换下	将原戴皮帽换下	同上
将刘保并各处□中走回	将刘保并各处边外逃回	七十四页下
安招有楮不核差都赤同达子火你赤前来打细	安招有楮不额差都齐同和尔齐前来打细（下文名字亦同，省）	七十六页上
看了回去会达子，引着进来好抢	看了回去，到夜间引着进来好抢	同上
将都赤等胡帽去了	将都齐等皮帽去J	七十六页下
先年被达子头儿虎喇台抢去，替伊放牧头畜，屡次跟伊进边抢□	先年被喇岱济抢去，替伊放牧头畜，屡次跟伊进边抢掠	同上

并无达子火你赤	并无尔齐	七十八页上
换了胡帽	换了皮帽	同上
东□土蛮屡次借兵等事	东边土蛮屡次借兵等事	八十二页下
□警方棘	边警方棘	八十三页上
今年永平一带痛遭□抢，又各地方亦多水患，属□乘此每纷纷到墙求赏，亦有不逊之言，或构引达贼乘隙	今年永平一带痛遭杀抢，又各地方亦多水患，内属部落乘此每纷纷到墙求赏，亦有不逊之言，或构引乘隙	九十三页下

《四库提要》盛赞谭纶“终始兵事垂三十年，积首功二万一千五百。计其功名，不在王守仁下。而儒者顾艳称守仁，则以守仁聚徒讲学，羽翼者众也。”为了不使谭纶的功业和思想被后人遗忘，四库馆臣们将《奏议》辑入了四库，“以见其谋画之大略，庶不没其实焉”。[①]然而，通过比对我们却发现，馆臣们在将《奏议》辑入的过程中，并没有像他们说的那样无私坦荡，而是有大量的篡改。 我们将篡改的部分简要归纳如下：

1. 大段的抽毁。台湾学者吴哲夫的《清代禁毁书目研究》曾对清代百年禁毁书运动进行过归类研究，将其分为“关于诋毁清人而遭毁禁”、“关于明清野史者”、“关于首恶及其相关作品”、“关于民族思想而见毁者”、“关于其他原因者”五大类，并将对书本的销毁方法归纳为改字、抽毁、全毁三种。查《清代禁书知见录》：“此书（《奏议》）为两江总督萨载奏缴：‘诸疏，蓟辽稿及序文目录，语意偏谬，应请抽毁。’乾隆四十九年（1784）正月初四日奏准禁毁。”[②]故谭纶此书可定性为“抽毁本”。

据检阅，顾本在正文之前有曾同亨序、顾所有前序、益王像讃、谭纶遗像、讃、目录、凡例引等诸文，正文之后还有李希哲后序、邹启元后序、黄濯缨手书后序，各序之后还有序者的印章，总计 62 页，包含了大量的谭纶生平事迹、时人评价、成书过程、收录节选情况及思路、版刻信息等，十分珍贵。然而，由于其中有许多关于夷夏之防、忠奸之辨的语句，馆臣们便秉承“诸序俱不可写”的旨意，将这些全部删去，只从卷一开始，致使四库本遗失了大量珍贵信息，甚为遗憾。此外，万历本题名中的“公”，每卷卷首“之”字也被划去。

2. 四库本对一些被认为是蔑视性称呼的词语进行了修饰处理。清人以“异族”入主中原，心理上对“胡虏夷狄”之称，讳莫如深，“以外族为‘胡’、‘虏’、‘寇’、‘丑’自必禁之”[③]，认为这些都是对清人的诋毁，必删之而后快。吴哲夫将这种情况归为因“诋毁清人而遭毁禁”的类目中。对比上述表格，我们可以清晰地看到，“入寇”、“贼”、“达官达舍”、“丑”、“胡”等词在四库本中被舍去了，转而使用“深入”、“敌”、“安插降人”、“边”、“皮”等词语代替。有些地方甚至成句删去，例如“则胜算定于未战之前，先声可夺乎群丑之魄，而□患诚不足虞矣”被删减成了“则胜算定于未战之前，而边患

① [清]永瑢等：《四库全书总目提要》卷 55《史部·诏令奏议类》。

②孙殿起：《清代禁书知见录》，上海：上海商务印书馆，1957 年，第 415 页。

③吴哲夫：《清代禁毁书目研究》，台湾：嘉新水泥公司文化基金会，1969 年，第 28 页。

不足虞矣”。这些修改使明代的用语风格丧失殆尽，有的甚至还改变了句子的意思。例如第七十六页“看了回去会达子，引着进来好抢”被改成了“看了回去，到夜间引着进来好抢”。这句话的原意本是“达子”让刘保进入明朝境内进行勘查，以便回去之后为他们带路，指引他们进来抢掠。并未说明一定是在夜间进行抢掠。修改后的文义发生了显著的变化。

3. 驳斥“华夏正统论”，对具有“华夷之辨”的身份认证及本土化归属性质的词语进行了处理。清代明而立，与元代宋类似。因此他们不认同华夏正统论，认为元承宋为中国正统，清承明亦为正统。“其论正统，欲以汉配夏，以唐配商，以明配周，而尽黜晋与宋，尤为纰缪。”①因此出现了一大批因有“民族思想”、“夷夏之防”而被禁毁的著作。为了维护自己的统治之合法性，并为自己正名，四库本对顾本中涉及到华夏身份之辨的词语进行了篡改，使之偏向中性。例如第四页中“攘□安夏之策”被改为“攘外安内之策”；五十五页“均有攘□安夏之责”变为“均有边圉之责”；第五页“□不敢南下而牧马，□不南牧则不徒”被改为“彼不敢南向而生心，彼不生心则不徒”。

4. 两本中避讳不同。顾本“谭纶”二字中经常会将“纶”字空掉，以示尊敬和避讳。而四库本不避“纶”，转避“玄”。例如万历本十三页“其谭□所陈”中“纶”子空，而四库本直接写成“其谭纶所陈”。再如第二页“上眩惑于道傍之言”中的“眩”字在四库本中缺末笔，这显然是为了避康熙的名讳。

5. 名称翻译不同。汉语中对北部少数民族部落、人员姓名的翻译大多来自音译，明时期和清时期文献对这些人名、部族名多有不相同。如顾本中“速把亥”、“虎喇台吉”、“阿都赤”、“楮不核”、“火你赤”等词语在四库本中被译成“苏巴噶”、“喇岱济”“阿都齐”、“楮不额”、“尔齐”等。

6. 四库本对顾本中的一些误字进行了修正，提升了正确率。例如顾本第二页中“其即也”中的“即”，第三页“昌蓟十驱之地”中的“驱”，第四页“塞上吏士怯懦成家矣”中的“成家”都是错字，在四库本中被改正为“继”、“区”、“成习”等。

除上述六点内容上的篡改之外，两种本子在行文格式上也有很大的不同。

1. 顾本遇敬提行多被毁去。如顾本遇“陛下”、“皇上”、“钦”、“勅”、“赐”、“请”、“朝谟”、“庙谟”等全部转行顶格刻印，而四库本则与上下文接续书写。清华大学底本书中还存有当时墨笔批注的抄写格式，多书于天头或粘以浮签，如“圣恩圣旨等语俱删圣字”、“接前页不空，复仿此”等。

2. 小字变大字。顾本为了在皇帝面前表示谦逊，“臣”字要小写，四库本则与其他字一般大小。

3. 顾本每半页九行，每行二十字。在鱼尾上下处计有卷数及页次，很方便读者查找和记录。四库本半页八行，每行二十一字，仅在每卷卷首写上卷数，中间并不标注，不便查找。

4. 顾本每疏结束后另起一页写下疏，而四库本直接接上疏而写。这在清华大学馆藏底本中亦有相应批示，“接前页，不必令页，体例悉照前”。

---

① [清]永瑢等：《四库全书总目提要》卷90《史部·史评类》。

四、小结

综上可知，顾本和四库本相比，无论在内容的丰富、体例的严格、句意的表达上都有明显的不同。毕竟，《四库全书》作为清朝的官方书目，不可避免地运用带有正统思想的历史观念来修纂明代的典籍与文献，以达到维护清朝正统和批驳“违碍”思想的目的，这就使有些“篡改”势在必行。乾隆就认为，明代的著述“多间毁誉任意，传闻异词，必有抵触本朝之语”，因此为了“杜遏邪言，以正人心而厚风俗”，就必须对一部分著作进行禁毁。[①]从一般统治思想的角度讲，统治者篡改文献确实有诸多背景因素，因为对思想文化的统治是每一个朝代政治统治不可缺少的环节。统治阶级为了达到巩固统治的目的，消灭异端，防微杜渐，往往是从思想文化开刀，对一些不利于自己统治的文献典籍进行销毁、篡改，谭纶的作品也就无法幸免了。

其实，就谭纶本人而言，他的民族观与民族政策还是相当开明的，尽管他无法摆脱传统的“华夷之辨”观点。他从蓟镇总督职升之后，恰处于隆庆议和期间。谭纶以“协理京戎政右都御史”身份参与了全过程讨论、投票和表决，他全力支持俺答封贡，同意既封号、又互市。他在解决明与蒙古部长期对立方面做出了突出的贡献。试想，以他当时的任职和影响力，如果像反对通贡的叶梦熊等人，极力阻碍，其影响自然不可小视，明蒙和解的进程可能会更加曲折。

就《奏议》本身来说，该书在收入《四库全书》过程中，经过了清廷严密的“净化”，使得它原本的风貌被大量改变。不过值得庆幸的是，清廷的删削并没有影响该书的传播，在清朝后期的合印本中，祖本的内容和体例都被继承了下来，亦是对谭纶成就、学识的公允评价，也给我们对比分析明清两朝的民族政策和民族提供了鲜活的素材。

（赵茜茜，女，1988 年生，中央民族大学历史文化学院研究生，北京，100081；彭勇，男，1970 年生，中央民族大学历史文化学院副教授，北京，100081 ）

① 张书才：《纂修四库全书档案》，239－240。

中国国家图书馆藏抄本《兵部奏疏》跋尾

彭浩轩　特木勒

内容提要：2007 年，全国图书馆文献缩微复制中心将中国国家图书馆馆藏明抄本《兵部奏疏》作为《中国文献珍本丛书》之一种影印出版，为明代蒙古史和明蒙关系史学者带来极大便利。本文就其主要内容进行概要的介绍，并对此书《序言》做了必要的补充和勘正。同时在明蒙关系史的大背景下讨论了该书文本的形成过程，结合前人研究成果，对于《序言》所涉及的几个问题（三娘子、把汉那吉和俺答汗三者关系，把汉那吉投奔明朝的时间）发表了自己的看法。另外，笔者在文末为本书编排了目录，以便学者利用。

隆庆四年（1570）九月，漠南蒙古土默特万户俺答汗(Altan Qaγan)之爱孙把汉那吉（Daičing ejei taiji）突然投奔明朝，明蒙关系因此陷入严重危机。但是，明蒙双方经过两个月的商谈，终于达成协议。十一月，蒙古方面将赵全、李自馨等八名板升汉人头目引渡明朝，明朝则将把汉那吉谴返蒙古，危机最终得以成功化解，干戈化为玉帛，“把汉那吉事件”成为明朝与蒙古右翼诸万户实现和解的重大契机。至此，“数十年来笼罩在长城上空的战云，终于消散，露出了晴天。”[①]在之后的几个月中，明朝与右翼各万户进一步磋商，达成了封贡和互市贸易关系，汉文史称“隆庆封贡”。宣大山西和陕西等边长城沿线的明蒙关系在隆庆四年(1570)至隆庆五年发生重大变化，具有历史性转折的意义。

在明蒙双方处理“把汉那吉事件”，讨论封贡和互市事宜，调查和审理板升汉人头目等一系列事件过程中，明朝和漠南蒙古右翼的土默特万户、鄂尔多斯万户和喀喇沁万户进行了多次往复交涉，双方使臣往复空前密集和频繁。与此同时，宣大总督王崇古、大同巡抚方逢时等官员通过兵部和内阁提交了很多奏疏，产生了大量文本。中国国家图书馆藏明抄本《兵部奏疏》就是明朝兵部隆庆四年至隆庆五年(1570—1571)奏疏汇编，不分卷，奏疏共计 27 篇，收录的是郭乾、潘晟、刘自强、谷氏和刘应箕等五人上奏给隆庆皇帝的奏疏。奏疏中全文引用了来自宣大总督王崇古、大同巡抚方逢时等人的报告。隆庆四年年底和隆庆五年年初，明朝廷重臣就“封号”和“互市”是否可行进行激烈辩论，“其时朝议汹汹不定”，《兵部奏疏》还包括了对这场争论的归纳总结。

《兵部奏疏》抄本四册及其胶卷一直藏于中国国家图书馆善本部，藏书号为 15172。

---

① 曹永年：《蒙古民族通史》第三卷，呼和浩特：内蒙古大学出版社，1991 年，第 302 页

很有可能是孤本。郑伟章在为影印本撰写的序言（以下简称《郑序》）描述此书说“不分卷，四册，明抄本，每半页十行，行二十二字，小黄格，白口，四周单边。此书楷体精钞，无一字懈笔，经历四百余年，幸存人间，的为瑰宝。”[①] 比较相关的明人文集、奏疏等作品，《兵部奏疏》比较完整而系统地留存了这个特殊历史时期的专题奏疏的内容和格式。对于深化和丰富我们关于明朝与蒙古右翼各万户达成“隆庆封贡”过程中的互动细节，具有重要史料价值。对于理解明朝一方在处理此一时期明蒙关系的内在过程，尤其重要。

《兵部奏疏》如此重要而稀有，《四库全书总目提要》和《千顷堂书目》等书却没有收录，知晓和利用此书的学者迄今似乎还很少。[②] 以往学者只有到国家图书馆善本部阅览室才能得以寓目。2007 年，全国图书馆文献缩微复制中心将此书作为《中国文献珍本丛书》之一种影印出版，使得读者终于有机会仔细研读，发掘其中的史料价值。此书的出版对于以后明代蒙古史和明蒙关系史的研究必然起到重要推动作用。郑伟章先生撰写《兵部奏疏》序言对此书史料价值做了一些介绍。但是叙述过程中有一些错误，因此对其史料价值的介绍还需要进一步补充。另外此书的缺憾是没有目录，利用起来还不是很方便，本文作者在对《兵部奏疏》做更进一步的评介的同时，为此书补充一个目录，以利于学者更方便地利用此书的史料，认知此书的史料价值。

一

《兵部奏疏》收录的是郭乾、潘晟、刘自强、谷氏和刘应箕等人上给皇帝的奏疏。对郭乾、刘自强、潘晟，刘应箕等四人，《郑序》进行了比较明晰的考证：“郭乾，字孟阳，号一泉，其先宛平人，后徙至任丘。乾少孤贫而刻励读书。嘉靖十七年戊戌二甲十九名进士，授工部主事，累进郎中，出知河南卫辉府，后历山西按察司副使、江浙右参政、江西布政使、陕西布政使、副都御使，又因战功任都察院右副都御使兼兵部右侍郎，进南京兵部尚书。隆庆四年二月为北京兵部尚书，十二月加太子少保，五年三月免官。潘晟，新昌人，嘉靖十九年举人，翌年中进士第二名榜眼，授翰林院编修，升侍读，晋南京国子监祭酒、南京吏部右侍郎、礼部右侍郎，后升礼部尚书兼学士。刘自强，字体乾，河南扶沟籍，明嘉靖二十三年进士，擢吏部考功司主事，嘉靖四十二年升四川巡抚、户部右侍郎、南京户部尚书、南京兵部尚书，后为北京刑部尚书。刘应箕，嘉靖二十三年甲辰进士，任阳和兵备道辅佐王崇古处理俺答事件有功升为大同巡抚、赞理军务、都察院右佥都御使。”我们可以借此了解这四个人的基本信息。

我们的问题是：“谷氏”是谁？《郑序》说：“谷氏不详其名号、籍贯、仕履等。”我们认为，这个“谷氏”的身份和行迹还是有材料可查的。《兵部奏疏》收录谷氏的奏疏署为‘兵部署印左侍郎臣谷’，谷氏所上奏疏的时间为隆庆五年三月二十七日至六月二十四日。《明史稿·谷中虚传》记：“谷中虚，字子聲，海豊人。嘉靖二十三年進士，

① 郑伟章：《序言》，姜亚沙、经莉、陈湛绮主编：《兵部奏疏》，北京，全国图书馆文献缩微复制中心，2007 年。

② 据我们所知，载于《北大史学》第 6 辑（1999）的徐凯《赵全其人》是较早利用此书的专题论文，我们也是在阅读这篇论文过程中得知此书，并通过书信往来得知此书的馆藏地。

四年召为兵部右侍郎，寻进左侍史”云，[①] 根据时间和任职推算，此处的谷氏应为谷中虚。确定了“谷氏”就是谷中虚以后，我们在《明清进士题名碑录索引》还查到：“谷中虚，山東海豐，明嘉靖 23/3/76”[②]，此处的海丰指的是今山东省无棣县，与《明史稿》记载相同，谷中虚的确于明朝嘉靖二十三年考中三甲进士，且排第 76 名。依照这两则史料可以断定此谷氏为谷中虚无疑。

引渡板升汉人头目、把汉那吉事件处理完毕，俺答汗不失时机地向明朝提出了贡市要求。这是俺答汗在嘉靖二十九年（1550）“庚戌之变”以后，也就是时隔二十年以后再一次提出这样的要求。宣大总督王崇古认识到这是双方实现和解的绝佳时机，遂向北京提出建议，要求对蒙古各部进行封贡和互市。然而，正如司律义神父所述：“兵部指出，马市向为前朝皇帝命令禁止，难以一朝废止。”[③] 曹永年先生在《蒙古民族通史》第三卷中也写到：“王崇古奏上，兵部认为事体重大。‘开市有先帝明禁’，且对方开始求款‘即要我不烧荒，不捣巢，他日者若要我以不乘塞，不设备，其将如何？’表示要从长计议，不敢承担责任。”[④] 由于嘉靖朝长期奉行“拒贡”政策，一旦出现和解的契机，朝廷中的官员的很多人对于边疆的了解和认知远不如封疆大吏那么敏感。当时的这一重大事件，向哪里发展很难预见。所以对于郭乾来说，站在任何一边似乎都是一场危险的赌博。北京的朝廷诸臣就“封号”和“互市”是否可行进行了激烈争论，在参与讨论的众多臣工中，“定国公徐文壁、侍郎张四维以下二十人以为可许，英国公张溶、尚书张守直以下十七人以为不可许，尚书朱衡等五人言封贡便，互市不便，独佥都御史李棠极言当许状。”[⑤] 且置封贡与互市两大问题上折中一派的少数人不论，在针锋相对的两派之间，作为兵部尚书的郭乾“错愕惶惑，莫展一筹”，[⑥] 毫无独立见解，只是“悉上众议”，扮演了组织讨论和总结汇报讨论结果的角色。最后，“隆庆皇帝拍板说：‘此事情重大，边臣必知之悉，今边臣既说干得，卿等同心干理，便多费些钱粮也罢，’丝纶一出，朝论帖然。封贡之议遂定”。[⑦]“兵部采纳王崇古议，定市令。秋市成，凡得马五百余匹，赐俺达等彩币有差，”[⑧]在这次争论中郭乾对于各派观点的评价，立场观点不明确，而这种犹豫和踌躇断送了郭乾的仕途，“乾上疏引咎，以衰疾求退。上谓乾素行清谨，不允。踰数日复具疏力辞，上乃许赐驰驿以归。”[⑨]

二

《兵部奏疏》不仅完整保留了 27 篇奏疏的内容，还保存了这些奏疏的格式。这种

① 万斯同等：《明史稿》卷 305《谷中虚传》，续修四库全书影印本，第 342 页。

② 《明清进士题名碑录索引》（下），上海，上海古籍出版社 1980 年，第 2323 页

③ Henry Serruys, *Sino-Mongol Relations during the Ming, Trade Relations: Horse Fairs(1400-1600)*. Bruxelles : Institut belge des hautes études chinoises, 1975. P.163.

④ 曹永年：《蒙古民族通史》第三卷，呼和浩特，内蒙古大学出版社，1991 年，第 102 页

⑤ 《明史》卷 222《王崇古传》，北京，中华书局 1976 年，第 5842 页。

⑥ 张居正撰：《张太岳集》卷 22《与王鉴川计四事四要》，上海，上海古籍出版社，1983 年，第 272 页。

⑦ 刘应箕：《款塞始末》，项德桢：《名臣宁攘要编》，四库禁毁书丛刊补编影印本，第 16 册，第 288 页。

⑧ 《明史》卷 327，北京，中华书局，1976 年，第 8487 页。

⑨ 《明穆宗实录》卷 55，隆庆五年三月丁丑。

奏疏格式对于句读相关史料提供了依据。例如《兵部奏疏》卷二十清晰地记载“隆庆封贡”的俺答部各首领：“钦依授官授赏事理未敢擅便，今将各首长花名理具开坐，谨题请旨。将恰台吉和打儿汉封为百户，百户二员：恰台吉、打儿汉；”在这里，恰台吉和打儿汉并列，很明显是两个人。而《明穆宗实录》隆庆五年六月丙辰的一条史料记载“虏酋顺义王俺答使恰台吉打儿汉执赵全余党赵宗山穆教清张永实孙大臣及妖人李孟阳等来献。”由于有了《兵部奏疏》，《明实录》这一段史料应点读为“俺答汗使恰台吉、打儿汉执赵全余党赵宗山、穆教清、张永实、孙大臣及妖人李孟阳等来献。”日本学者萩原淳平的《明代蒙古史研究》据《明穆宗实录》把恰台吉和打儿汉理解为一个人，[①]很明显是错的。

《万历武功录》是明朝瞿九思根据访求六科纪事，实录、邸报等，纂成关于万历年间民族关系的重要史书，对于研究当时明蒙关系有重要的史料价值。但是，正如司律义评价《万历武功录》说：“对《万历武功录》的材料应该加以审慎对待。”[②]瞿九思对史料的剪裁和编排杂乱在《万历武功录》一些传记中经常可以看见。以《万历武功录·俺答列传下》中的一段记录为例：隆庆四年十一月二十日，明朝方面遣返把汉那吉，明朝分守威远管参将事副总兵牛相之子牛伯杰尾随其后，与俺答部首领恰台吉私下交易。恰台吉答应把其他板生汉人头目交给牛相父子，而牛相父子许诺回赠金银。但是“恰台吉竟欲得千金，相弗能办。事觉，相等皆请论如法。”而在近八千字之后又出现一条记载“汉使使者珊瑚、鲍崇德簿责俺达使部夷私通边将。”[③]两条史料本来是相关联的，但是《万历武功录》在两条材料之间塞进近千字无关内容，给读者带来了困惑。《兵部奏疏》卷二十六记载了该事件的全过程，对于完整理解《万历武功录》的史料极具参考价值。现将奏疏相关部分迻录如下：

> 续访得“分守威远管参将事副总兵牛相闻知俺达许送妖犯，欲希功赏，差子牛伯杰随送那吉出边，以衣物求媚俺达义子恰台吉，许以厚贿，令执余党送伊报功”等情，已行大同兵备道将牛伯杰拏送大同府究问。随有恰台吉将执获四犯许送牛相，索银二千两，叚布诸物数多，牛相即向所属各堡科派，间臣据守备苑宗儒揭报，催行该道查明，会同巡抚都御使刘（应箕）遵照敕谕：“将牛相拏赴军门，责问明白，行道具招参报，俺酋见事觉发，当写番文，内开：‘有孙那吉事，两家和好，天下人都知道。今二月尽还，未见示下有，三镇的达子我都调来。进表许多，一向人无吃的，马匹瘦损，有太师问我要的白莲教四人，山西二名：张宝、赵天玉，俱祖家岚县；穆天节，老营堡人；孙天用，系李祖家徒弟，我不失信。’今差恰台吉、儿流唐文、打儿汉首领、土骨气、羊羔子赍番文向臣投递，臣仍差官通珊瑚同李宁、鲍崇德赍宣谕责问俺达，既获妖逆，不行献送，纵令部落私通边将等情。本酋愧愤，执称‘不管伊是原被牛相、恰台吉等诱哄，委是伊不是。’复写

① 萩原淳平：《明代蒙古史研究》，京都，同朋舍刊，1975年，第292页。

② Henry Serruys, "Siülengge ～ Sülengge", *Journal of American Oriental Society*, 92-1(1972).p94.

③ 薄音湖编辑点校：《明代蒙古汉籍史料汇编》第四辑，呼和浩特，内蒙古大学出版社，2006年，第80页，第92页

番文，内开有‘太师差来李宁、鲍崇德、珊瑚、赵锦敖等拏去逆贼四名，我差恰台吉、儿流唐文、安克把独儿台实、打儿汉首领、土骨气等伴送前去上报。’”[①]

通过《兵部奏疏》可以了解《万历武功录》中这一事件的发展线索和完整性。明朝分守威远管参将事副总兵牛相于隆庆四年十一月借着朝廷遣返把汉那吉的机会，派儿子牛伯杰等人出边，与俺答义子恰台吉私下里达成协议，牛相父子以金银货帛交换“赵全余党”，但是恰台吉竟然索要千金，牛相即向所属各堡科派。事发，牛相父子被执。隆庆五年封贡之时候，俺答汗提出交出板升汉人，遭到了鲍崇德的责问，虽与俺答无关，但是俺答十分愧疚，“复写番文”，执送板升汉人给明朝，事情得到了圆满的解决。根据《兵部奏疏》的记录，《万历武功录·俺答列传下》中因剪裁失当而被割裂的史事就可以完整地理解了。

三

《郑序》说“朝廷还敕封俺答另一抢来之妻三娘子为忠顺夫人。”在此简略交代一下俺答、三娘子和把汉那吉的关系。俺答是达延汗的第三子巴尔斯博罗特的次子。达延汗统一东蒙古之后，将各部分封为左右两翼，各三万户，巴尔斯博罗特统率右翼三万户，驻扎鄂尔多斯。巴尔斯博罗特死后，他的封地又分封给了他的儿子们，其中次子俺答占据土默特，势力最强。把汉那吉是俺答第三子铁背台吉的儿子，在把汗那吉 3 岁的时候父亲去世，母亲亦去世，把汉那吉由祖母抚养成人。我们的问题是三娘子与把汉那吉家庭纠纷是否有关系？俺答所娶女子是否是三娘子？前面学者做了很多的工作，但是众说纷纭。[②]关于这一问题的史料记载也有不同。《大隐楼集》记载“把汉那吉已有二妻，次名比吉。既又聘兀慎家取兔扯金的之女为三妻。先是俺达以外孙女三娘子者许聘阿儿禿斯，见其貌美，自取之。阿儿兔斯怒”[③]；《兵部奏疏》卷一记载“把汉那吉口称系俺达第三子铁背台吉亲男，因婚事发生矛盾，那吉复寻下兀慎家达子取兔扯金的女，要娶间，俺达将我儿都司定下不知达名家女强娶为妾”；《云中降房传》记载“先是，俺达以外孙女聘袄儿都司，貌美，纳之”。[④]据薄音湖先生考证，事件的经过大致是 1570 年（隆庆四年），把汉那吉聘兀慎兔扯金女为妻，时俺答见阿尔禿斯所聘之女貌美，便娶其为妻。为了给阿尔禿斯一个交代，俺答便把把汉那吉所聘兔扯金女与阿尔禿斯。把汉那吉对此十分愤怒，率手下十余人投明。而三娘子早在把汉那吉投明之前已经嫁给了俺答，并生有一子。[⑤] 笔者认为薄音湖先生的考证是可信的，这个观点已为广大学者接受。

---

① 姜亚沙、经莉、陈湛绮主编：《兵部奏疏》，北京，全国图书馆文献缩微复制中心，2007 年，第 640 页

② 朱东润认为“把汉那吉娶了姑母的女儿，但是被俺答汗娶走了，把汉那吉愤恨不已，投奔了明朝。”朱东润《张居正大传》，上海，开明书店，民国三十四年，第 101 页；胡钟达认为“把汉那吉对自己原来的夫人不满意，想续娶一位夫人，可是他所看中的这位姑娘，却被祖父许聘给别人。”胡钟达：《丰州摊上出现了青色的城》，《蒙古史论文集》第二辑，呼和浩特，呼和浩特市蒙古语文历史学会，1983 年，第 200 页；珠荣嘎认为“俺答汗所娶的三娘子不是他的外孙女，并且把汉那吉投奔明朝与其无关。”珠荣嘎《从《俺达汗传》看三娘子的名字和母家》，《中国蒙古史学会论文集》，呼和浩特，内蒙古人民出版社，1981 年

③ 方逢时：《大隐楼集》卷 17《云中处降录》，清乾隆四十二年(1777)滋元堂刻本，第 783 页

④ 刘绍恤：《云中降虏传》，项德桢：《名臣宁攘要编》，四库禁毁书丛刊补编影印本，第 16 册，第 310 页。

⑤ 薄音湖：《把汉那吉的家庭纠纷》，《内蒙古大学学报》（人文社会科学版）2001 年第 3 期，第 27 页。

关于把汉那吉投明的时间，史料记载颇多歧异。我们认为这个时间应该以把汉那吉进入平虏卫败胡堡的日期为准。刘应箕《款塞始末》记载把汉那吉于“隆庆庚午秋九月，乃率所部叩得胜堡求内附。”时间过于笼统；方逢时《大隐楼集》卷十一记载“降夷把汉那吉二十三日之暮到镇，当即译审别无异情，止为俺酋夺其所聘之女与袄儿都司，因此相忿，脱身来降”云，应该注意到，这里的二十三日是指九月二十三日而言，这是把汉那吉到达大同镇城的时间。《大隐楼集》卷十六记载“那吉遂挈其妻比吉，同阿力哥共十余人，马十三匹，于月之十三日扣平鲁之败胡堡，二十三日迎劳至镇城。”方逢时将把汉那吉进入败胡堡的时间记为九月十三日，“方逢时的记载是丁母忧归家后的追忆，记忆或有差错。”[①] 刘绍恤《云中降虏传》记载“把汉有胡姬二，既又聘兀慎家取兔扯金的之女为三，将娶焉。先是，俺达以外孙女聘袄儿都司，貌甚美，纳之。把汉怒，遂与其妇比吉，同阿力哥于九月十八日癸未扣平虏之败胡堡乞降”云，将把汉进入平虏卫败胡堡的时间记为九月十八日；方逢时的日期与刘绍恤的记载的时间相差五天。最早向北京报告把汉那吉投降情报的奏疏来自宣大总督王崇古。他的奏疏被收录在《兵部奏疏》中，奏疏说“本年九月十七日，适有北虏酋首俺达嫡孙把汉那吉率其妻奴八人，自大同西路败胡堡投降。随该分守平虏卫参将刘廷玉呈解巡抚大同都御史方逢时，行委山西行都司掌印都司王应臣，会同大同府知府程鸣伊，译审明白，会同镇守大同总兵官马芳，咨呈到臣。”[②] 根据王崇古的报告，把汉那吉等人进入“平虏卫败胡堡”的时间是九月十七日（西历 1570 年 10 月 16 日）。这应该是比较可靠的时间。

我们不能说形成于十三世纪的蒙古民族与活跃于公元前后蒙古高原的匈奴没有任何关系，也不能否认汉匈关系和明蒙关系之间在内容与形式上存在可比性，但是如果我们把蒙古等同于匈奴，将汉匈关系等同与明蒙关系，那就大错特错了。《郑序》写道：“从前面所述可知，明王朝自正统年间以后亦迄明末，中央王朝与西北鞑靼族之间一直冲突不断，到穆宗隆庆四年十月以后，双方的政策发生了戏剧性的变化，中央王朝，以穆宗朱载垕，王崇古为代表，主张以封官，接受进贡和在边境各处互市，以缓和汉族和匈奴族之间的紧张关系。”显然，郑伟章先生把明蒙关系看成汉族和匈奴的关系，这种看法是简单错误的。造成这种错误的原因，笔者认为有两种：一是把蒙古族和汉代的匈奴族看作是同族；二是把明与蒙古的关系简单机械地看做汉朝和匈奴政权的关系。对于第一种可能，亦邻真先生在《中国北方民族与蒙古族族源》一文中给予了缜密精辟地批评。亦邻真先生认为这是一种典型的土著论。不能因为匈奴在蒙古高原上活动过就武断地认为匈奴与蒙古同源。我们只能说蒙古民族是在历史过程中逐渐形成的，在形成过程中和各种外族交融在一起，正如亦邻真先生所说“十三世纪以后，在蒙古地区形成了具有语言、地域和文化的共同性，以及在经济生活中有许多共同特点的蒙古族。”[③] 对于第二种可能，从历史上看，公元前 3 世纪，匈奴在蒙古高原兴起，建立了强大的游牧政权，与中原的秦、汉王朝进行了长达几个世纪的拉锯战。而明蒙关系至少在 14 世纪才

---

① 薄音湖：《把汉那吉的家庭纠纷》，《内蒙古大学学报》（人文社会科学版）2001 年第 3 期，第 29 页。

② 姜亚沙、经莉、陈湛绮主编：《兵部奏疏》，北京，全国图书馆文献缩微复制中心，2007 年，第 47 页

③ 亦邻真：《中国北方民族与蒙古族族源》，《亦邻真蒙古学文集》，呼和浩特，内蒙古人民出版社，2001 年，第 544 页。

逐渐形成，距离汉匈关系已有10个多世纪之久，怎么可能完全相同呢？

附录：《兵部奏疏》目录

（彭浩轩，1987年生，南京大学历史系硕士研究生，南京，210093；特木勒，1972年生，南京大学历史系副教授，南京，210093）

清代珲春副都统衙门档之户口册浅析

顾松洁

内容提要：由中国边疆史地研究中心、中国第一历史档案馆、吉林省延吉档案馆编的《珲春副都统衙门档》于 2006 年影印出版，其中公布了数量相当可观的清代珲春地方户口簿册，其编制年代始于乾隆四十六年（1781），止于光绪二十五年（1900）。这一人口资料是研究清代珲春地方人口问题的第一手资料，具有珍贵的史料价值。本文就其内容进行粗略分析，揭示其价值，为深入研究珲春地区八旗驻防的职能及当地旗人的社会生活等问题奠定基础。

八旗制度是清朝立国之本。清政府曾在全国先后设置了 14 处驻防将军、3 处驻防都统、33 处驻防副都统，珲春副都统即为其中之一。清代，在珲春地方先后设立了协领和副都统管理当地军政事务。因此，在处理公务的过程中，形成了数量相当可观的文书档案。

珲春副都统衙门档案中，绝大部分为簿册类档案，有 20 余种，其中户口册是其重要组成部分。这部分户口册，是珲春驻防八旗户口登记册。在清代，户口册的编制和审核备受朝廷重视，因为户口册籍是八旗发放兵饷的主要依据，所以八旗的户籍编审，与国家的财政开支、军事作战和八旗生计等方面紧密相关。户口册也是编制比丁册的基础。清朝规定男丁 16 岁成丁，从男丁中选拔的兵丁，称为“披甲”，余下的男丁称为“苏拉”、“西丹”。统计比丁是清政府掌握军队后备力量的主要手段。

珲春副都统衙门档案中户口档案如此丰富，却因其前期均用满文书写，至今未得到有效的利用。本文拟以清代珲春副都统衙门档案为考察对象，了解当时珲春地区八旗驻防人口档案中户口资料的基本内容和重要价值，为深入研究珲春地区八旗驻防的职能及当地旗人的社会生活等问题奠定基础。

一、清代珲春八旗驻防历史沿革

珲春地方，自康熙十五年（1676）在宁古塔设置副都统之日始，即归宁古塔副都统管辖。康熙五十三年（1714），为了加强珲春防务和有效地管理当地居民，将当地库雅喇人编设 3 个牛录，设置佐领 3 员，骁骑校 3 员，披甲 150 名。同年，从宁古塔抽调八旗满洲兵 40 名移驻，分编入各牛录，披甲数额达到 190 名。另设协领 1 员、防御 2 员、笔帖式 2 员。此次编设的 3 个牛录，分别隶属满洲镶黄、正黄和正白三旗。其每牛录各设佐领 1 员，骁骑校 1 员。雍正五年（1727），添设副协领、无品级教习官各 1 员。乾隆元年（1736），裁撤副协领一员。乾隆十七年（1752），由于珲春地方增设卡伦，从三姓驻防兵内移驻60名八旗满洲兵。乾隆二十五年（1760），裁减吉林、打牲乌拉两处兵丁150名，二十六年（1761）裁减50名，共200名，均添拨于珲春地方。乾隆二十七年（1761），添设委官9员。至此，珲春驻防八旗兵，由起初所设的190名增加到了450名。

同治九年（1870），提高珲春协领品级，加副都统职衔，成为武职正二品，但一定程度上仍受宁古塔副都统节制。此时，驻防兵中披甲共计560名，在原有三旗基础上，增设正红、镶白、镶红、正蓝、镶蓝五旗，成为八旗，每旗下各设1牛录，共计8个牛录。光绪七年（1881），在珲春设置副都统，直接归吉林将军管辖。同时，将驻防八旗分为左右两翼，镶黄、正白、镶白、正蓝四旗为左翼，正黄、镶红、正红、镶蓝四旗为右翼，原珲春协领改为左翼协领，添设委协领1员作为右翼协领。至此，珲春驻防八旗建制最终确立。

二、清代珲春副都统衙门档案户口册概述

根据《珲春副都统衙门档》进行统计，清代珲春地区户口册始于乾隆四十六年（1781），止于光绪二十五年（1900）。户口册的编制年代分布不均，或许是档册残缺所致，有时只有珲春协领“为造送珲春三旗户口册事致宁古塔副都统衙门”的呈文，而不见有户口册；有时有连续几年的簿册，如该部档案第52、55、57册就分别是道光二十三、二十四、二十五三年的户口册详细记录，因此很难看出珲春地方户口册的编制间隔年限。

珲春副都统衙门档户口册是按旗分佐领逐户登记编册，记载户主的名字、身份、年龄及其所有家人的名字、身份、年龄。每一户成员的登录顺序是男先女后，而且不记女子的名字，只记其年龄。通过户口册，可以了解清代珲春地区旗人的家庭结构、婚姻状况、生育状况等。如“乾隆四十六年珲春镶黄旗满洲托莫霍果佐领下户口数目”记载该牛录佐领托莫霍果一户人口数如下：

huncun ba i kubuhe suwayan i tomohonggo nirui janggin , manju , tomohonggo juwan jakūn se,erei sargan juwan uyun se , jacin deo sidan jahūdai tofohon se,nadaci non juwan ninggun se,anggasi eniye dehi ninggun se.[①]

译：珲春地方镶黄托莫霍果佐领满洲托莫霍果18岁，其妻19岁，次弟西丹扎呼岱15岁，七妹16岁，寡母46岁。

嘉庆二年托莫霍果佐领一户的户口数目情况是：

nirui janggin manju tomohonggo gūsin duin se, erei anggasi eniye ninju juwe se, tomohonggo i sargan gūsin sunja se , ahūngga jui sidan mergengge juwan juwe se,jacin jui sidan serkingge juwan emu se , ilaci jui sidan furgingga jakūn se , duici jui sidan guining nadan se, sunjaci jui sidan guiceng duin se, amba sargan jui tofohon se, jacin sargan jui juwe

① 中国边疆史地研究中心、中国第一历史档案馆、吉林省延吉档案馆编：《珲春副都统衙门档》，第12册，桂林：广西师范大学出版社，2006年，第407页。

se, tomohonggo i jacin deo araha hafan jahūdai gūsin emu se, erei sargan gūsin sunja se, ahūngga jui sidan fujurungga duin se , jacin jui sidan fumingga emu se, amba sargan jui juwan ilan se, jacin sargan jui jakūn se, duici sargan jui ninggun se.[①]

译：佐领满洲托莫霍果三十四岁，其寡母 62 岁，托莫霍果之妻 35 岁，长子西丹默尔庚额 12 岁，次子西丹瑟克庆额 11 岁，三子西丹福尔精阿 8 岁，四子西丹贵宁七 7 岁，五子西丹贵成 4 岁，长女 15 岁，次女 2 岁。托莫霍果次弟委官扎呼岱三 31 岁，其妻 35 岁，长子西丹富柱隆阿 4 岁，次子西丹富明阿 1 岁，长女 13 岁，次女 8 岁，四女 6 岁。

可见，托莫霍果本人是户主，其弟未开户，他们的妻子年龄都比他们大，女方年长于男方的现象在珲春户口册中较普遍。自乾隆四十六年（1781）至嘉庆二年（1797）16 年之间，托莫霍果一户户口数发生了较大的变化，原来一户只有 5 口，嘉庆二年增加到了 17 口，托莫霍果与其妻子育有 5 男 2 女，其弟与弟妹育有 2 男 3 女，实际可能是 2 男 4 女，档案中未记录三女，其原因我们不得而知。

每份户口册末尾汇总该旗佐人口数据，统计各佐领下旧管户口总数及幼丁、闲散成丁数目，新增户和人口总数及幼丁、闲散成丁数目，已故户口总数及幼丁、闲散成丁数目，实有户口总数及幼丁、闲散成丁数目，最后标注具保官员，并题写年份日期。如乾隆四十六年珲春驻防镶黄旗满洲托莫霍果佐领下户口汇总数目记载如下：

ereci wesihun ere gūsai fe kadalaha emu tanggū nadanju jakūn boigon de bisire anggala emu minggan nadanju jakūn i dorgi emu se ci wesihun tofohon se de isibure sidan juwe tanggū uyunju duin , juwan ninggun se ci wesihun sula sidan emu tanggū ninju juwe , ice nonggiha boigon duin , anggala susai ilan i dorgi, emu se ci tofohon se de isibure sidan juwan jakūn, juwan ninggun se de isinaha sidan juwan nadan , erei tule buhe bucehe boigon emke , anggala orin emu i dorgi, emu se ci tofohon se de isibure sidan ilan , juwan ninggun se ci wesihun sula sidan nadan be sufi , yargiyan i bisire boigon emu tanggū jakūnju emu de bisire anggala emu minggan emu tanggū juwan i dorgi, emu se ci wesihun tofohon se de isibure sidan juwe tanggū uyunju juwe , juwan ninggun se ci wesihun sula sidan emu tanggū nadanju juwe , erebe dangse bošokū aišende bošokū imana araha hafan bašisan nirui janggin baita be daiselame icihiyara bithesi be araha janggin deboo se akdulafi alibuha. abkai wehiyehe i dehi ningguci aniya omšon biyai orin uyun.[②]

译：以上此旗旧管户 178 户内有口 1078 口，1 岁至 15 岁西丹 294 名，16 岁以上闲散、西丹 162 名；新添户四，新添口 53 口，新添 1 岁至 15 岁西丹 18 名，及 16 岁西丹 17 名；除聘及病故户 1、口 21 口，已故 1 岁至 15 岁西丹 3 名，16 岁以上闲散、西丹 7 名开除，实有户 181 户内有口 1110 口，1 岁至 15 岁西丹 292 名，16 岁以上闲散、西丹 172 名。领催艾申德、领催伊玛纳、委官八十三、署理佐领事务笔帖式委章京德保等将

① 中国边疆史地研究中心、中国第一历史档案馆、吉林省延吉档案馆编：《珲春副都统衙门档》，第 20 册，桂林：广西师范大学出版社，2006 年，第 242 页。

② 中国边疆史地研究中心、中国第一历史档案馆、吉林省延吉档案馆编：《珲春副都统衙门档》，第 12 册，桂林：广西师范大学出版社，2006 年，第 442-443 页。

此册籍同保报呈。乾隆四十六年十一月二十九日。

我们仍以珲春驻防镶黄旗为考察对象，抽取乾隆四十六年和道光二十七年[①]2 个年份的汇总户口统计数据制表如下：

珲春驻防镶黄旗户口统计表

	户数	人口数	1-15 岁西丹数目	16 岁以上闲散、西丹数目
乾隆 46 年旧管总数	178	1078	294	162
道光 27 年旧管总数	554	3525	761	1168
乾隆 46 年新增数	4	53	18	17
道光 27 年新增数	3	45	33	40
乾隆 46 年亡户数	1	21	3	7
道光 27 年亡户数	3	42	6	15
乾隆 46 年实有数	181	1110	292	172
道光 27 年实有数	554	3528	748	1193

比较分析上表中的数据可知，珲春驻防镶黄旗户数在乾隆四十六年（1781）至道光二十七年（1847）近 70 年间，实际增加了 373 户、2418 人，户数和人口数均增加了 2 倍多；1-15 岁幼丁增加了 456 人，增加近 2 倍；16 岁以上成丁数增加了 1021 人，增加了近 6 倍，说明珲春地方男性人口主要为青壮年。但是，珲春副都统衙门档中直至清末的户口册中未见有女性人口的统计数据[②]。而同处东北地区的黑龙江省档案馆藏清代鄂温克和鄂伦春户口档案则有妇女和女孩的汇总数据，如：咸丰十一年布特哈鄂温克户口册记载：镶黄旗金福牛录现有户 39，丁 31，闲散 90，西丹 11，男孩 21，妇女 49，女孩 16，为此兼理章京额勒精额，署理骁骑校明堂，领催依克塔布，族长庆禄等共同具保。[③]鄂伦春族人口在光绪五年（1879）的情况是：以上五路鄂伦春共计 967 户。男丁 585 人、闲散 463 人、西丹 807 人、男孩 601 人、女人 1302 人、女孩 659 人，总计大小口 4407。[④]这些人口数据不仅体现了黑龙江这两个民族在清代的户数、丁数等变化情况，还明显地反映了当时这两个民族中男女比例的变化情况。而我们如果想在珲春副都统衙门档中得到珲春地方清代男女人口比例的情况，则要做大量细致的工作，将户口册

① 中国边疆史地研究中心、中国第一历史档案馆、吉林省延吉档案馆编：《珲春副都统衙门档》，第 60 册，桂林：广西师范大学出版社，2006 年，第 501-502 页。

② 中国边疆史地研究中心、中国第一历史档案馆、吉林省延吉档案馆编：《珲春副都统衙门档》，第 219 册，桂林：广西师范大学出版社，2006 年，第 381-382 页。光绪二十五年十二月初一日珲春镶黄旗庆云佐领下户口数目：此佐领下旧管户 323 户内有口 1446 口，1 岁至 15 岁西丹 418 名，16 岁以上苏拉、西丹 931 名，新添口 38 口，新添 1 岁至 15 岁西丹 35 名，16 岁以上苏拉、西丹 16 名，除聘及病故口 61 口，已故苏拉 7 名，开除现有户 323 户内有口 2423 口，1 岁至 15 岁西丹 437 名，16 岁以上苏拉、西丹 940 名，为此档册领催胜五、世管佐领庆云等同保报呈。

③ 黑龙江将军衙门档案咸丰朝目第 1900 卷[Z]，咸丰十一年。转引自：魏巧燕、冯璐、周丽娜、李建民《清代鄂温克族户口档案述略》，《满语研究》，2006 年第 2 期，第 88 页。

④ 黑龙江将军衙门档案光绪朝目第 1822 卷[Z]，光绪五年。转引自：刘淑珍、苏静《浅析清代鄂伦春满文户籍档案》，《满语研究》，2005 年第 2 期，第 38 页。

中每一户妇女和女孩的数目统计出来再汇总，与男丁和男孩数目进行比较，才能实现。珲春副都统衙门档为何没有统计女性人口的数据？难道当时鄂温克和鄂伦春族中女性的社会地位较高？这一问题待以后继续讨论。另外，只记男丁数，也从一个侧面反映了男丁的确在八旗中占据了主要地位，意味着他们处于八旗制度的严格束缚中，但同时也保证了能够享受八旗制度提供的种种特权与保护。

三、珲春副都统衙门档户口册的价值

首先、清代中央到地方各级机构的档案因各种原因并未能够全部保存下来，尤其是地方机构的档案更是寥寥无几。清代珲春副都统衙门档案中户口册数量较为庞大，保存也较为完整，实属不易。因此，其本身就显示出珍贵价值，是直接研究珲春地方人口问题的重要资料。

其次、清代珲春副都统衙门档中的户口册记录内容丰富，而且与其他文献比较更为可信，具有重要的凭证作用，同时也是历史研究的第一手珍贵资料。它作为清代珲春协领和副都统衙门在处理具体公务过程中自然形成的记录，具有原始性、客观性、可靠性和系统性，对历史研究而言，更具有其他任何史料都无法替代的重要意义。这一基本属性，就决定了其研究价值。

再次、从宏观上讲，利用清代珲春地方的户口册，能够填补以往研究中因缺乏史料而出现的盲点，开拓新的研究领域，从而推动东北边疆历史研究工作更为全面系统地开展，使东北边疆历史研究工作更加深入细致。如：清代珲春地方户口册直接记录了从清中叶至清末一百多年当地户口数据及其变动情况，将这些数据进行统计，并加以比较和分析，就可以掌握清代珲春地方人口发展的基本情况和总体趋势，也可以了解当地人口、婚姻、家庭等状况。该户口册所记人口，不仅有满族，还有平定准噶尔叛乱之后从新疆迁来的厄鲁特人以及自全国各地发遣至此给珲春旗人家为奴的人犯的人口记录，因此也真实地反映了清代珲春地方民族构成以及社会各阶层的家庭人口结构。

然而，珲春副都统衙门档中所记户口册内容虽然丰富，但毕竟有限，若孤立地研究清代珲春地方户口册，其研究意义具有局限性。我们若要了解当时珲春驻防八旗人丁所享有的俸禄状况，了解其家族世袭情况，需结合珲春副都统衙门档比丁册和俸饷册来研究；若要了解当地人的经济生产情况，则需结合地亩清册来研究。因此，应将珲春副都统衙门档中的户口册纳入社会史、民族史研究之中，才能真正挖掘出它的史料价值。

（顾松洁，女，1982 年生，中央民族大学历史文化学院博士研究生，中央民族大学中国少数民族语言与古籍研究所讲师，北京，100081）

从《闲窗录梦》看清惇王府之属人生活

关　康

内容提要：《闲窗录梦》是一部道光时期的满文日记。作者穆齐贤在日记中详细记载了其在惇亲王府供职的情况，因而有很高的史料价值。对这部分内容的研究，有助于我们进一步了解清代王府制度、官员生活。

《闲窗录梦》（以下简称《闲窗》）是一部清道光时期的满文日记，作者为镶蓝旗满洲另户穆齐贤，道光初年王子分府时，分至绵恺府，拨入该王所属包衣牛录。日记记载道光八年、九年间穆齐贤在惇亲王绵恺王府、别墅当差事颇详，今人可以此一窥得清代惇王府属人生活及当差情况，从而了解清中叶八旗内部隶属关系及包衣旗人的生活状况等问题。

一、穆齐贤的值班生活

1. 穆齐贤入值王府

因《闲窗》记事始于道光八年，故此前穆齐贤入值王府的情况不易查考，需要利用日记中的一些细节考证。

日记道光十五年正月二十六日条记舒凌阿前往乌什办事大臣任上时病故，穆齐贤闻知噩耗，在日记中回忆他和舒凌阿的交往时提到："此舒二大人者，道光二年腊月时同余侍奉和硕惇亲王。"[①]惇亲王绵恺于道光二年分府，由《闲窗》可知道光二年穆齐贤即入惇亲王府。[②]

《闲窗》道光八年七月二十六日条："因思，余自道光三年秋入涵德园档房值班，至道光七年冬入值书房……"[③]又据同书道光十五年正月初九日条："府内来人送传帖内开：穆齐贤不可永行当差。该六品管领体弱多病，不能当差，故行文该部，降为八品银匠首领。"[④]是知穆齐贤于道光二年绵恺分府时入值王府，三年入值涵德园、七年入值书

① 穆齐贤记，赵令志、关康译：《闲窗录梦译编》，中央民族大学出版社，2010年，道光十五年正月二十六日条。

② 王府内人员的民族成分颇为复杂。《宣宗实录》道光二年十二月壬戌条："谕内阁，惇亲王面奏，本府与瑞亲王府分赏旗人，均系另立册档者。"另据《宣宗实录》道光三年正月癸酉条："宗人府等衙门覆奏，此次惇亲王绵恺、瑞亲王绵忻分府，所拨包衣人等，因上年查出之另档人丁，前系抱养民人之子，内多有久经当差，通晓清汉文书者，差使可期得力。经宗人府奏准，拨入两府五百四十余名，又拨闲散等四百五十余名。"据《囚禁案》开列的被囚禁人员名单，在王府内供职之人大多为两蓝旗另档人丁。

③ 穆齐贤：《闲窗录梦》，道光八年七月二十六日条。

④ 穆齐贤：《闲窗录梦》，道光十五年正月初九日条。

房，十五年自管领降为银匠首领。

因《闲窗》记事仅至道光十五年六月，故此后穆齐贤境遇之详情无法考证。据《宣宗实录》等史料，道光十八年其妻穆陈氏控诉穆齐贤被囚禁于王府，道光帝下令调查，从而揭出绵愷的种种不法，也反映出惇亲王府内的一些情况。这一部分内容详情见后文。

2. 王府内的官员

穆齐贤曾在王府先后担任管领、银匠首领，属于中低级官员。清代王府定制周密，皇子一俟分府，即分拨人员充当属下，并由皇帝指定一批官员应差。王府内官员等级不同，职责各异。《钦定八旗通志》记录的王府官员如下表①：

品级	官称
正三品	长史
从三品	头等护卫　五旗参领
正四品	司仪长
从四品	典仪　二等护卫　旗佐领
正五品	
从五品	典仪　三等护卫
正六品	管领
从六品	典仪　典膳　骁骑校
正七品	
从七品	司库
正八品	
从八品	司匠　牧长

其中，长史、司仪长“掌董帅府僚，纪纲众务”，护卫“掌府卫陪从”，典卫“掌礼节导引”，参领、佐领、骁骑校“掌王府所属旗籍政令，稽田赋户口”，管领“掌文移遣委事”② 又据《清会典事例》，王府中还有六品司牧、司饭、八品铁匠长、银匠长、鞍匠长、牛群长、羊群长等官。③

官修政书内记载的王府官员皆为有品级者，溥杰《回忆醇王府的生活》一文涉及很多无品级人员：

长史一名；管事官一至二名；庄园处五至六名；回事处五至六名；随侍处最多时十余名，少时六、七名；祠堂三至四名；大、小厨房共约十余名；茶房三至四名；花园（包括暖窖）最初有十余名，后减至六、七名；大书房八至九名；小书房四至五名；更房十余名；马圈二处，共约十名左右；裁缝铺人数不详；轿夫

① 据《钦定八旗通志》卷48，吉林文史出版社，2002年，第926页。

②《清史稿》卷117，第908页。

③《清会典事例》卷3，中华书局，1991年，第42页。

约有二十名……另有看管京郊海淀别墅——蔚秀园的特派人员二、三名。[①]

将溥杰的回忆和官书的记载结合即可发现，王府内官员、办事人员人数众多，等级森严，一个王府即一个小天地。

《闲窗》记载的王府内人员情况与上述史料吻合，而详细过之。惇亲王府最高长官为长史喀勒春喀大爷。穆齐贤和他交往不多，仅仅因为后者是其上司，新年时前往呈递名帖而已，因此喀勒春仅在日记中出现两次。

后任长史为伊昌阿。从日记的记载看，以上两位王府长史从未出现在王府或者涵德园，也没有真正管过事。伊昌阿因道光十五年曾在绵恺王府内服务的舒凌阿病故，其侄长兴请穆齐贤将讣告送交伊昌阿，转报绵恺。[②] 长史不直接管理王府事务，这一现象同溥杰的回忆一致：

长史是皇室内务府派来给王府当家的最高级的管家，但在实际上，却只是一个高高在上、有名无实的官员。王府中的实权，照例是掌握在管事官（一般呼作“大管事的”和“二管事的”）的手中。因此，长史在平日根本不到府中来，只在府中有婚丧大事时露一露面而已。[③]

长史不管事，真正参与王府日常管理者为管事官：

管事官，这才是名符其实的大管家。他们还是戴有三、四品顶戴（即亮蓝和涅蓝的顶子）与花翎的官员。除内院属于太监的职责范围之外，府中其他的一切事务都得归管事官管理。[④]

日记没有明确提到谁是王府的“管事官”，且“管事官”并不是正式官称。若按照溥杰所言，管事者为三、四品官，据上表，三、四品官为一、二等侍卫和典尉、司仪长、典仪。从《闲窗》可知，维持惇亲王府、别墅运转的也正是这些人。

惇王府头等侍卫为图善图懋斋，他同穆齐贤经常来往。其他人包括四等典仪伊隆阿，二等王府随侍德福，二等王府随侍善富，三等王府随侍巴克塔布、德泰、巴哈布。这些人除伊昌阿外，同穆齐贤没有交往，且挑补入府比较晚，因此日记中对他们的记载很少。惇亲王府的典仪是李昆李五爷，此人权力不小，穆齐贤请假、领取俸银都和此人有关。

在这些掌握一定权力的官员之下，是管领、骁骑校等中低级官员。穆齐贤即为惇亲王府的管领。他主要负责王府文移往来、教太监识字。按照规定，亲王府的管领为四人，那么与穆齐贤同为管领者应当还有三人。但日记中并没有明确提到还有谁是管领，因此这一问题难有定论。

王府的郁秀与穆齐贤同在书房值班，二者职责相同。每月郁秀入值上半月，穆齐贤负责下半月。每次他撤班前都给穆齐贤留信一封，告知后者在其值班时期内涵德园发生的重要事情，以免任务交割不清惹麻烦。

道光九年三月，郁秀因咳血请求开缺，十年三月二十七日出缺。穆齐贤和此人的私交很好，每逢年节必有往来，平日走动亦较频繁。

① 溥杰：《回忆醇王府的生活》，《晚清宫廷生活见闻》，文史资料出版社，1982年，第224-225页。

② 穆齐贤：《闲窗录梦》，道光九年正月二十九日条。

③ 溥杰：《回忆醇王府的生活》，第220页。

④ 溥杰：《回忆醇王府的生活》，第225页。

从这些记载看，郁秀和穆齐贤分担管理书房之责任，二者应当平级，故笔者怀疑郁秀也是管领。

在他们二人之上，还有一些所谓档房官（满文 dangse booi hafan）、书房官（满文 bithei booi hafan）。先后有蒋富住、吴景吉吴八爷、爱隆阿、哈当阿数人担任此职务。因这两种官职不见于《钦定八旗通志》等书，故不应视为正式官称，而是对掌管档房、书房官员的统称。其中蒋富住为档房官，穆齐贤偶尔为他起草呈文，请假也要通过此人，故虽然日记没有明确记载其官职，但其地位高于穆齐贤之无可置疑的。三等随侍吴景吉也是档房官，他于道光八年三月二十八日同档房官艾隆阿对调，由王府前往涵德园档房。穆齐贤和这些长官仅保持工作关系，私下往来不多。

此外，王府中还有相当多的杂役。如闲散成儿、打更的老袁、厨师等，这些人不是官员，主要工作是打杂。其来源亦比较复杂。如九年五月二十日，穆齐贤带领民人张德顺拜见吴景吉，经后者同意留下供差遣，并改名张夏。但二十二日，吴景吉、穆克登布又将其赶走。此人在涵德园的去留似乎没有经过绵恺同意，仅是穆齐贤等人私下决定。这类临时人员在涵德园应当不止一个。

王府中除了以上人员外还有一批太监充当役使。在《闲窗》中出现了很多王府、涵德园中的太监，明确提到者为 26 人，另有一人不能明确是否为惇亲王之太监。清代王府中太监等级森严。据溥杰回忆，醇亲王府中太监地位最高者为七、八品的首领太监，管理王府所有太监和女仆。其下为管理小太监和招待客人的回事太监。小太监为王公、福晋的贴身仆从。地位最低者为散差太监。[①] 溥杰的回忆和穆齐贤的记录有很多吻合之处。绵恺手下的确有一批地位较高的太监。其中有明确品级者如涵德园七品太监刘大、八品太监刘福、前八品太监张福、涵德园八品太监刘清福。另有首领太监若干，如涵德园首领太监盖爷、孟慎德和王府首领太监贺爷。另有一位太监王安经常奉绵恺差遣到涵德园，似乎也是重要人物。日记中涉及的其他太监，如跟穆齐贤学识字的陈永泰、魏双成是小太监。其他人情况不详。

王府众太监同穆齐贤关系很好。很多太监因其书法小有名气特地求字，穆齐贤也无不慨然应允。另如首领太监贺某知道穆齐贤和碓房关系密切，曾请穆齐贤向丰昌号碓房转借白银十两、制钱六千文。[②]尽管如此，穆齐贤和太监在值班时间之外没有来往，逢年节、红白事，互相之间也基本上没有馈送、庆吊之事。

据溥杰《回忆醇亲王府的生活》，王府中还有很多丫环、老妈儿，但在《闲窗》中没有出现这些人物，这应当是因为女仆在后院，而男性官员在外院，互相不同闻问之故。

3. 官员值班

据《闲窗》，穆齐贤于道光二年进入王府，但因该书记事自道光八年始，至道光十五年止，中间有缺残，所以全书记载穆齐贤七次入值。第一次入值在道光八年正月十七日至二十五日。第二次二月十六日至二十六日。第三次三月十七日至三十日。第四次四月十六日至二十九日。第五次五月十六日至二十五日。第六次七月二十一日至二十八日。

① 溥杰：《回忆醇王府的生活》，第 238 页。

② 穆齐贤：《闲窗录梦》，道光八年正月二十二日条。

第七次道光九年二月二十六日至三月七日。此后穆齐贤再未入值。

穆齐贤入值的时间是比较固定的。通常情况为郁秀上半月当值，穆齐贤下半月当值。不过撤班、接班日期并不完全一致。穆齐贤前五次入值都在十六、七日，但最后两次分别为二十一日、二十六日。

穆齐贤在王府或涵德园的差使并不繁重，因此生活比较自由。其职责首先是教两位小太监陈永泰、魏双成认字。日记中仅有几处记载与教学有关，主要是穆齐贤为二人写范字，批改写字本。唯一不同的是八年三月十七日，绵恺询问两人正读何书，郁秀报告二人已将《中庸》念熟。

除了太监，穆齐贤还教另外一些人念书。这些人包括德隆、明通、时胜保等人。据《惇亲王绵恺府第寓园囚禁多人案》，至道光十八年，明通为忠顺佐领下六品管领，德隆为兴连佐领下八品圈长。[①]是知这些人是绵恺王府属人，是绵恺重点培养、日后可在王府担任职务者。他们虽然还不是王府的服务人员，但绵恺对他们的管理相当严格。据《闲窗》道光九年三月二十一日条的令单，这些学生本来不住在涵德园书房，由绵恺下令送来，并且不让出门。四月十六日，绵恺下令赏十二名学生每人银一两。四月二十二日、四月二十六日，穆齐贤呈请令德隆等学生回家。这似乎暗示穆齐贤也负责这些人的日常管理。二十八日绵恺下令允许学生回家，但限定回涵德园日期，回家时雇车由档房负责。

在教书之外，穆齐贤负责写呈文。日记记载他写呈文三次。第一次是八年三月二十五日，蒋富住呈请停止在院墙堆放荆棘，请穆齐贤拟稿。第二次是四月二十六日，穆齐贤呈请允许德隆等人回家。第三次五月十七日，呈请给德隆等每月开销、使唤人。因第一次写呈文是受他人之托，并非穆齐贤本职工作，故不须考虑。而后两次呈文都有关德隆等学生在涵德园书房生活，可知自从这些学生入涵德园后，他们的生活、学业也由穆齐贤负责。

除了以上三项工作，穆齐贤在王府没有其他差使，所以他可以利用闲暇时间念书、治印、外出游玩，甚至有时回家过夜。

如八年二月十六日，穆齐贤早起至奎文农家食祭肉，完事后外出喝茶游逛，随后到涵德园接班，为太监写完范字便离开，同友人游玩后回家。十七日外出投保。十八、十九日外出听书。二十日外出贺喜、社交。二十一日游觉生寺后方回涵德园。二十六日撤班回家。此为穆齐贤日记中记载的第二次入值，前后九天，共有四天不在岗位。而在涵德园的六天他也无所事事。二十一日回涵德园，穆齐贤同他人喝酒聊天。二十二日为他人题字、登山。二十三日看陈永泰等人的写字本、和太监聊天、治印。二十四日，治印、饮酒、同太监划船。二十五日，划船、饮酒、题字。从其记载来看，仅有的五天值班，穆齐贤除了教太监写字以外，都是做自己的事。可见他在涵德园工作之清闲。

穆齐贤当差有两次旷班。他的第六次入值本应在道光九年六月的下半月，但因病未去。九年正月，因师母病故，穆齐贤没有值正月的班，二月入值也是在二十七日，旷职时间太长。而这也可能是他和绵恺关系破裂的开始。

---

① 《惇亲王绵恺府第寓园囚禁多人案》，第 359 页。

二、穆齐贤逃出王府

道光九年三月，穆齐贤不堪忍受王府管理，毅然出逃，从此决意不再入府当差。虽然有关记载不多，但他和绵恺的关系原本是不错的。绵恺任命他担任管领，负责文书往来，可能是看中他精通满汉文，有相当的文化。另外，绵恺知道穆齐贤有诗才，曾经让他品评自己的诗作。据道光九年二月十五日条："余返家。闻，爷亲自作诗二首，遣太监钟迎鸾送来，方才别去。"[①]绵恺经常赏赐穆齐贤一些书籍。八年四月十八日赏赐念佛歌一张，土王用事时请停止动土之小折子一张、二十二日赏扇子、五月十六日赏《金刚经》一卷、《藏经目录》一卷、《避瘟经》一卷、《金刚经图说》一卷、《玉历抄传》一卷。以上书籍虽然价值不高，但足以说明绵恺很看重这位手下。

同时，穆齐贤对绵恺也是很恭敬的。在日记中，凡提到绵恺时，皆以"爷"遵称，书写时空格，或在前面加两个圈，以示避讳、尊敬。

道光八年三月二十九日，穆齐贤在涵德园值班时，绵恺来此休息，更夫崔某误传命令，要穆齐贤拜见绵恺。穆齐贤赶紧到处借袍褂，结果空欢喜一场。在日记中，他对没有能够见到绵恺显得很遗憾：

> 追思之，余自道光四年闰七月廿五日，因首领太监王喜之事牵连，未得再见王爷音貌，屈指算来，至今已四年矣。本日闻崔姓误传，余得再拜尊容，非良机乎？悲夫！[②]

可见此时穆齐贤对绵恺也是恭敬有加的。

另外，绵恺生日是六月二十二日，作为手下，穆齐贤原本应入王府贺寿。但自从王喜之事以后，他没有再入府贺寿。但是道光八年六月二十二日，他在自己家中象征性地贺寿："本日乃爷之千寿节，余穿戴整齐，向东二跪六叩。"[③]次年六月二十二日的日记没有提到他入府贺寿，或者在家叩拜，但还是提到绵恺："今日乃本年爷之千秋日，然爷未在都中，往东陵办公事去也，今尚未返。"[④]由此可见，穆齐贤和绵恺的关系曾经很好。但是到了道光十五年六月二十二日，穆齐贤不但没有在日记中提到他给绵恺行礼，甚至连绵恺本人也没提到，这是因为二者关系破裂。

二人关系恶化的原因不得而知。但九年三月之前已有蛛丝马迹。正月初二日条有："府内又给余来传令，是以请母、克勤至府，领取余之包袱。晚间，归来云包袱不给，想必已典质等语。"[⑤]穆齐贤的包袱不会有什么价值，但王府竟将包袱扣留，因道光八年下半年的日记缺残，故不能确定王府何以如此对待穆齐贤。次日，两名王府档房官前来探望："早，档房官艾隆阿、哈当阿奉王爷命，从府内前来探看，久坐别去。"[⑥]此后吴景吉吴八爷也前来探望：

---

① 穆齐贤：《闲窗录梦》，道光九年二月十五日条。
② 穆齐贤：《闲窗录梦》，道光八年三月二十九日条。
③ 穆齐贤：《闲窗录梦》，道光八年六月二十二日条。
④ 穆齐贤：《闲窗录梦》，道光九年六月二十二日条。
⑤ 穆齐贤：《闲窗录梦》，道光九年正月初二日条。
⑥ 穆齐贤：《闲窗录梦》，道光九年正月初三日条。

返家后，看得三等王府随侍景吉吴八爷在。伊云，王爷令伊及宝清胡二爷二人于三、六、九等日来余家查看。故伊如今即遵令前来。伊久坐。余请伊至阳春馆饮酒。伊去。[①]

这些王府官员探望穆齐贤之原因亦不可知。而同在绵恺手下当差之郁秀也遇到相似的情况：

返家，雅蔚章在。本日，伊至郁莲庄家。闻，爷每日派出官员一名调查一次。蔚章小坐别去。[②]

三月，穆齐贤逃出王府。此事始自绵恺令穆齐贤入值王府，但迟迟不让回家，穆齐贤借口母病请假，绵恺不批准，引发穆齐贤不满。

出逃发生在道光九年二月二十六日至三月初七日，即穆齐贤最后一次入值。是年正月，因师母病故，穆齐贤没有入王府当差，所以一直由郁秀代班，直至二月二十六日。数日内穆齐贤值班并无异常。但到三月初二日，太监田秃子告知穆齐贤他的值班要延期。

遇田秃子。闻，方才奉命：郁秀染病告假，给假十日，立即医治。郁秀既不能接班，则不可令穆齐贤撤班。著将穆齐贤圈禁，不许出门等语。须臾奉命：著抄录于穆齐贤知之。田秃子以爷之命知会余前，余面告因天气寒冷，返家取棉衣，必归。此事爷并不知晓。现余将入府之处再行报告，爷称知道了。[③]

穆齐贤长久旷职，虽事出有因，但绵恺很不高兴，故有此囚禁不许出门之命令。穆齐贤并未详述“囚禁”到底为何意，不过从三月初三日一条记载看他的境况似乎堪忧：

王爷将太监黄四喜打得昏死，以童子尿、黄酒浇之，使其复苏后，亦禁锁于余之室内。[④]

黄四喜得罪绵恺几乎被打死并被囚于穆齐贤屋内，说明在绵恺看来穆齐贤罪过也不轻。此后直到初七日，穆齐贤都没有出王府。不过初三、初四两日的记事都极少，同前几日相差悬殊。初五日，他征得太监田秃子允许回家。次日全天在王府。初七日，穆齐贤之母假称生病，令穆齐贤回家，此为风波之始：

在府内。于饭堂用早餐毕，太监田秃子来告，余家中来人以余母生病相告等语。余至档房，看得，竟是克俭前来。乃一面请蒋福住写呈文，遣兵丁送至涵德园，一面将返家探母事面告田姓太监。返家看得，母竟因思念之故唤余返家。原本不致如此。见余，泪下。余在府中，诚如监禁，不堪忍耐。见此，亦吞声哭。须臾，德惟一阿哥来，闻后亦伤心落泪。阿哥允诺令春二爷为余想一糊口良法。余方才修书一封，欲遣外甥寄给阿哥。现阿哥前来，不需再寄。此信内开，弟今禁锁于惇亲王府，有如罪犯。然久困王府，肝脾之症复发，养生送终大事也，可不尽力乎？弟今欲离王府，辞该事由。前日善扑营翼长春二爷与弟洽谈至和孝固伦公主府内教授清文一事即可，请速为弟谋求之等语。阿哥久坐告辞。[⑤]

---

① 穆齐贤：《闲窗录梦》，道光九年正月初六日条。
② 穆齐贤：《闲窗录梦》，道光九年正月初七日条。
③ 穆齐贤：《闲窗录梦》，道光九年三月初二日条。
④ 穆齐贤：《闲窗录梦》，道光九年三月初一日条。
⑤ 穆齐贤：《闲窗录梦》，道光九年三月初七日条。

虽然穆齐贤没有记录他在王府到底受了什么罪，但他对在王府值班早已不能忍耐。在给德惟一的信中提到两点，首先是被禁锁在王府，如同囚犯。不过，从前几日的记载看，他请假后可以回家，并且能够在王府和别人闲谈，所以这里他提到的所谓囚禁应当指不许随便回家而言。其次是他的肝脾之症复发。自此，穆齐贤决定再也不去王府当差。

此后穆齐贤一直等待给假消息。三月初八日穆齐贤入府，得知绵恺对他擅自回家的行为非常不满，并派遣官员前往调查：

午时，入府。探询得，方才自涵德园送来批语内开：档房官富住大错，穆齐贤之母生病事，不应令伊知晓。嗣后，凡禁锁不令出门之人，伊等父母生病来报等处，不得令伊等闻知。应先报本王，适宜则再令知会伊等给假。现著令富住、哈党阿偕穆齐贤，同至伊家，查问伊母生病之事。若实，则上报，俟本王再行下令等语。富住因故未来余家访查，哈党阿同余乘车前往。奎文农在。母卧于炕上，盖被装病。此皆余不孝所致也。哈党阿写药方一张后别去。余私自请允暂留家中，明日入府探听。①

此后数日，穆齐贤多方打探请假消息，迄无结果。十二日，穆齐贤请德唯一探听：

阿哥替余入府打探。阿哥遇蒋富住，云：虽将穆齐贤之母病重，令伊出府返家之事多次请示，然爷终未有令。今日已随圣驾往南苑围猎。十八日方回园子。谁非父母所生？故私自令穆七爷出府探望伊母。此事爷不知，现今看来如此不妥，速让穆七爷回府方好，终究俟爷赏假返家才是，且不至牵连我等等语。阿哥将伊言告余。又闻，郁莲庄昨日咳血病重，拟呈文请求开缺。②

因事关重大，蒋富住也害怕擅自允许穆齐贤回家令绵恺不满，故要求穆齐贤回府。直到三月十三日，穆齐贤方接到给假十日的命令。二十一日，王府即送来传帖命令穆齐贤立即回去值班：

皆已睡下。三更时分，府内来人，送传帖一张，内开：档房传单知会佐领处，穆齐贤之假已满，速令伊回府值班等语。余回书：余母之病未愈，今无法返回。将此交予来人。③

此后，王府屡次催促穆齐贤入府，但他都以各种理由搪塞。直至道光十年三月二十七日，穆齐贤和郁秀方正式开缺：

府内名乾宽者来。言王爷有话，自本日起，郁莲庄与余除官，至于府上来告，令我二人画押等语。余遵从画押，将此人送走。④

道光十五年正月初九，穆齐贤被降职：

府内来人送传贴内开：穆齐贤不可永行当差。该六品内管领体弱多病，不能当差，故行文该部，降为八品银匠首领。给银半份，如郁秀例，每季给俸银十两。⑤

因日记残缺，笔者不能推测自穆齐贤画押出缺到道光十四年被降为银匠首领之间到

① 穆齐贤：《闲窗录梦》，道光九年三月初八日条。

② 穆齐贤：《闲窗录梦》，道光九年三月十二日条。

③ 穆齐贤：《闲窗录梦》，道光九年三月二十一日条。

④ 穆齐贤：《闲窗录梦》，道光十年三月二十七日条。

⑤ 穆齐贤：《闲窗录梦》，道光十五年正月初九条。

底发生了什么，但可以肯定，绵恺对穆齐贤已失去耐心。二人关系的恶化体现在绵恺故意克扣穆齐贤俸银一事上。《闲窗》道光十五年二月初四日条：

入府领俸银。俸银皆存于李昆家。云明日再来取。[①]

穆齐贤次日再至王府，发现俸银被克扣：

入府领俸。伊等行文吏、户二部，报称自上年腊月廿日，将余自六品降至八品。依例余此季之俸银仍照六品官支给，系自户部领银。现余多次前往，皆未能领取。本日前往，惇亲王爷竟给余劣等成色之银九两八钱。扣去二十两有零。[②]

因此条明确提到惇亲王，说明克扣俸银不是李昆的个人行为，而是绵恺的决定。按理，绵恺贵为亲王，不应计较二十两银子，且此银由户部发放，本为穆齐贤所应得者。绵恺如此办事说明二者关系已非常紧张了。

除了俸银被扣，穆齐贤的俸米也出了问题。因王府内官员的米票都交给典仪李昆，而李昆故意扣押不发，穆齐贤反复入王府催促。据三月二十六日条：

丰昌号谢掌柜来至学堂，云，惇亲王府将内包衣官员之领取俸米盖印之票皆交给李昆，伊独自收存，不给众人等语。[③]

此后三月二十九、四月初十日，穆齐贤两次领取皆未果。四月二十日他才得知绵恺已将他的俸米卖出：

至王府取米票。遇库蒙额。伊云王爷已替余将米卖出等语。[④]

直至四月二十八日穆齐贤方讨要俸米成功，不过一如俸银，俸米也被克扣，原本应得的六品俸米变成八品俸米。穆齐贤虽然冤枉但也无处讲理：

入王府，看余之米票，见库蒙额、李昆之弟。将余俸米十四石二斗五升改成八品官之九石五升，每石价二千三百文，共计二十千一千三百二十六文，将钱给余。按，米票限满，在本月二十七日。三至府，共四次，今日始得钱。[⑤]

一如俸银，穆齐贤的俸米也被克扣，而克扣的金额为11449文，这笔钱对于绵恺而言不算什么，但他即便在这样的小事上也要惩罚穆齐贤，一方面说明绵恺和穆齐贤已经恩断义绝，另一方面也显示绵恺之为人。

日记没有记载道光十五年作为银匠首领的穆齐贤在职任上做了什么事。按理，该职务虽仅为八品，但半年不办事也不正常。这一现象是因为银匠首领确实是一个闲差，还是因为穆齐贤和绵恺隔阂太深互不理睬所致不得而知。

因《闲窗》残本仅存五册，第五册记事仅及于道光十五年六月，故此后至道光十八年五月穆陈氏呈控绵恺囚禁穆齐贤事件之间的三年中，穆齐贤和绵恺之间发生了什么事情难以查考。

---

① 穆齐贤：《闲窗录梦》，道光十五年二月初四日条。

② 穆齐贤：《闲窗录梦》，道光十五年二月初五日条。

③ 穆齐贤：《闲窗录梦》，道光十五年三月二十六日条。

④ 穆齐贤：《闲窗录梦》，道光十五年四月二十日条。

⑤ 穆齐贤：《闲窗录梦》，道光十五年四月二十八日条。

三、惇亲王府囚禁事件

道光十八年五月，穆齐贤之妻穆陈氏以丈夫遭绵恺囚禁，上控都察院，引发轰动一时的大案。[①]都察院左都御史奎照等在奏折中根据穆陈氏的陈述对穆齐贤被囚事件进行了简要叙述：

> 据该民妇供称：年二十九岁，氏夫穆齐贤，现年三十八岁，向在惇亲王府当差，上年在府囚禁多日，至七月十四日请假省墓，有解差文玉押送回家，氏夫因在府中无故获咎，不敢再往，于十九日夜间潜逃出门，至山东登州府躲避。本年三月间，府中追寻氏夫下落，经族侄穆鹤年写信寄往山东向氏夫告知，五月初五日氏夫回京，向氏声言，日内只好进府，惟此后夫妻必难见面，痛氏穷苦无依，写就休书一纸，令氏改嫁。氏夫即于次日投至府中。近日探知在府囚禁，奄奄待毙。氏痛夫情切，为此赴案呈诉。[②]

据此可知：穆齐贤于十七年即被囚禁，原因不明。七月间请假回家，又逃回山东祖籍。次年被寻获，为不连累穆陈氏挥泪写下休书，随后前往王府自首，即被囚禁。穆陈氏旋即前往都察院控告。

五月二十二日，都察院将此案上奏，道光帝立即命载铨、奕纪、联顺、隆文调查，并前往绵恺王府、别墅查拿人犯、起获被囚禁人员。调查人员当日即在王府起获七十人、在涵德园起获十六人。其中雅尔哈、爱星阿、阿洪阿、钱宽、富安、明玉、太监陈泳太（即日记中之陈永泰）、田德禄、孟慎德、王安等人皆出现在《闲窗》中。同时，道光帝严令步军统领、五城捉拿未获人犯。随后几日，相关人员一一落网。

虽然案情重大，但绵恺毫无忏悔之意。先是呈递奏折请求召见，未蒙允准，随后在道光帝阅看兵部引见人员时，亦没有叩头请罪，似乎完全不觉得他囚禁下属是严重的违法行为。是以道光帝大怒，下令交宗人府议处，命奏事处、军机处均不准接收其奏折。二十八日，道光帝发布上谕，革去绵恺的内廷行走、宗令、都统、阅兵大臣及各项差使，罚俸三年，不准抵销。[③]

六月初六日，大学士穆彰阿等将案情奏闻。所列绵恺王府种种劣迹包括藏匿优伶、王府护卫引见冒名顶替、官员未经报部开缺仍领俸银、太监李秋澄令府内官员兵丁站道跪拜、将民人卢欢凌虐致使服毒身亡、私设班房囚禁无辜等情节。奏折中提到穆齐贤等人被囚禁的情形，可谓惨不忍闻：

> 或因被圈脱逃，或讨求差使，或私自留须，即不用心学习字画，并告假省亲等情，均经鞭责关禁园内闸板房，讯据供称：该王于去年二月间将从前圈人之书房西屋一间门窗俱用木板钉固，窗间仅留一窦，所有关禁人等均先行剥去衣服鞋袜，仅留衫裤，每日给饭二次，便溲俱在屋内，夜间不给灯火，并令彻夜轮流支更。[④]

---

① 杜家骥《清惇亲王被控案》（《旧京人物与风情》，北京燕山出版社，1996年）一文中对此案有详细介绍及分析。

② 《惇亲王绵恺府第寓园囚禁多人案》，第346页。

③ 《惇亲王绵恺府第寓园囚禁多人案》，第350页。

④ 《惇亲王绵恺府第寓园囚禁多人案》，第356页。

由此可见穆齐贤在涵德园遭遇非人待遇，而受惩罚的原因皆不值一提。如此虐待无罪之人，绵恺之丧心病狂可以想见。虽然绵恺受到处分，但因清代法律规定，奴告主得实，杖一百、徒三年，故当时穆齐贤的命运尚不明了。穆彰阿等在奏折中体别提到对穆齐贤的处理意见：

> 穆齐贤于伊妻陈氏控告时业被关禁，惟先期交给伊妻各款清单即属意控告，现经讯明俱已得实，按律罪应拟徒，惟业已被禁多日、鞭责数百，现在伤重未愈，情殊可悯，可否准其免罪之处，出自天恩。①

档案中不见道光帝对穆彰阿建议的回应。六月初六日，道光帝再发上谕，下令将不法太监发遣、令绵恺退出内廷行走、释放被囚禁的人员：

> 至被禁之富安等八十二名，现经讯明均因细故被禁，不必再行羁累，著交各该管衙门分别保领，所有包衣、哈朗阿并其家属及太监人等，均著各该管衙门妥议办理，民人饬令回籍，以上各名俱不准再回该王府当差。②

九天后，道光帝再下谕旨，对所有被圈禁人员作出最后处理：

> 此次惇郡王府被圈官员兵丁业经释放，即行按名裁撤，毋庸另行拨补。③

笔者认为，道光帝既下令释放并裁撤被囚禁人员，因此穆齐贤便免于责打、发遣。轰动一时的王府囚禁案尘埃落定。

事实上，据《闲窗》可知，绵恺虐待下人劣迹斑斑，尚不止《宣宗实录》、《惇亲王绵恺府第寓园囚禁多人案》所记载者。《闲窗》也有类似记载。《惇亲王绵恺府第寓园囚禁多人案·穆彰阿等奏折》内有：

> 王府中、园中圈禁多人不准讨假……讯据佥供：王府官员、兵丁等因事被圈，有罚该长班不准出府者，有散禁府内东群房、园内东书房者。伊等均因得罪，先后被禁府内、园内各处，每日画押一次以便稽查，不准告假回家，亦不准家人看视，伊等被禁自十余年至十余日不等，委无非刑凌虐情弊。④

被圈禁和被投入囚牢圈禁有别。前者仅为不准离开王府，但不受刑。后者则被关进小黑屋，遭到凌虐。《闲窗》记载，穆齐贤和郁莲庄皆曾被囚禁。相关考证见前文，此处不赘。

又据《惇亲王绵恺府第寓园囚禁多人案》，道光十五年，曾有供役于王府之民人卢喜因被责逃走，旋即被抓回，“经惇亲王鞭责并用铁链十字锁项绕至背后锁錮，加系约二三丈长绳拴于陈泳太、文禄所住之书房内桌脚，每遇扫地、递饭均带绳出入。”⑤后书房内丢失金茶托一个，此事虽非卢欢所为，但他精神崩溃，服鼠药自尽。王府对外宣布卢喜因病身故。其家属领尸后虽然怀疑卢喜身死不明，但“畏王府不敢控告。”⑥

类似有人因王府、涵德园丢失物件，因恐担罪责自尽之事以前也曾发生。《闲窗》

---

① 《惇亲王绵恺府第寓园囚禁多人案》，第 354 页。
② 《惇亲王绵恺府第寓园囚禁多人案》，第 357 页。
③ 《惇亲王绵恺府第寓园囚禁多人案》，第 360 页。
④ 《惇亲王绵恺府第寓园囚禁多人案》，第 353 页。
⑤ 《惇亲王绵恺府第寓园囚禁多人案》，第 352 页。
⑥ 《惇亲王绵恺府第寓园囚禁多人案》，第 352 页。

道光十年二月十四日条：

> 雅蔚章来。闻，正月间，涵德园之协恭堂存放之六千两白银，不知被何人盗去千两。该园之闲散常安，即于协恭堂自缢身死。现富禄、光良等人皆已解至刑部等语。伊久坐别去。①

常安为何自杀日记没有记录，但他和白银失窃应当无关，因为倘若他是窃贼，远飏即可，不必自缢。他的死可能与卢欢一样出于恐惧。因此时穆齐贤已不在王府当差，所以日记中没有有关常安自杀的前因后果，即便案件本身也是听雅蔚章所言。穆齐贤没有写下对此事的看法。故笔者无法对此案进行更多推测。

四、结语

通过日记和其它史料可以看到，穆齐贤作为惇亲王绵恺王府的官员，经历了从进入王府、受重用、和亲王关系恶化、被囚禁的过程。在这一过程中，他虽然有旷班、出逃等反抗，但和其他在王府供职的官员一样，都因为和绵恺的主奴关系不可能逃出绵恺的淫威。《闲窗录梦》的这部分记载有助于今人了解八旗制度下王公与属人的特殊关系。

（关康，1984年生，中国人民大学清史所博士研究生，北京，100872）

① 穆齐贤：《闲窗录梦》，道光十年二月十四日条。

《新疆图志》通志局本与东方学会本探析

史明文

内容提要:《新疆图志》是一部清末官修省志，详细记述了新疆的历史地理、人物风情等情况，有较高的学术价值。《新疆图志》版本较多，本文主要论述了通志局本和东方学会本的版本信息和印行情况，详细介绍了这两种版本的现存状况和具体信息，考察了它们印行的某些具体细节，指出通志局本有117册本和64册本两个版本。此外，本文还探讨了通志局本和东方学会本之间的差异。

《新疆图志》是一部清末官修省志，较为全面地记述了新疆的历史地理、典章制度、民族、礼俗、物产、人物等情况，对其进行研究，有助于梳理新疆地方文献，了解新疆的历史文化，民族宗教，透过复杂的历史现象探析众多社会问题的根源，为新疆建设提供鉴戒。《新疆图志》纂于清末，时代虽然较近，但版本复杂，探讨各版本之间的关系，对研究《新疆图志》的纂修、内容、流传及影响有重要意义。

光绪三十二年（1906 年），王树枏出任新疆布政使，“慨然念先朝沐栉之劳，文治武功，历时愈远愈益湮没坠失，无可征信。”①决定纂修《新疆图志》，创设新疆通志局，网罗人才，聘请宋伯鲁、裴景福、王学曾、朱清华等人参与其事。王树枏主持《新疆图志》编纂事宜，并亲自撰写十余种分志，宣统三年（1911 年）五月，他因故离开新疆，由王学曾主持新疆通志局工作。由于袁大化时任新疆巡抚，《新疆图志》每种分志完稿后呈其鉴定，由他撰写序言一篇，冠于篇首，然后印行。至宣统三年（1911 年）年底，《新疆图志》全部完稿，共 116 卷，29 种分志。

《新疆图志》修成后即由新疆官书局刊行，这个版本被称作通志局本；1923 年东方学会聘请罗振玉、王国维等人对通志局本进行校订，由天津爱博印书局印行，是为东方学会本。在《新疆图志》版本中，通志局本与东方学会本流传较广，通志局本是初刊本，东方学会本是校订本，二者存在一定差异。本文主要探讨通志局本与东方学会本的版本信息、印行、异同等问题。

一、通志局本版本信息与印行考略

通志局本是《新疆图志》的初印本，宣统三年（1911 年）刊行于新疆乌鲁木齐，雠校不精，讹误较多，但它的印行为当时学者了解新疆历史文化提供了翔实资料，促进

[基金项目] 国家社会科学基金重点项目“清代新疆稀见史料调查与研究（项目编号：11&ZD095）”之阶段性成果。

① 王树枏:《新疆志稿序》，1912 年《湖滨补读庐丛刻》本。

了人们对新疆问题的关注和认识。关于这个版本的印刷、流传情况，目前学术界尚未进行深入探讨，本文钩稽相关资料，对通志局本的版本、流传、讹误类型等问题进行研究。

1.通志局本版本信息

通志局本《新疆图志》现存的数量较多。由于资料缺乏，这个版本当时共印多少部，已无从考察，《中国地方志联合目录》著录了43家收藏单位，即：北京图书馆、首都图书馆、中国科学院图书馆、中国社会科学院考古所图书馆、民族文化宫图书馆、中央党校图书馆、北京大学图书馆、中央民族大学图书馆、上海大学图书馆、华东师范大学图书馆、辞书出版社图书馆、天津图书馆、石家庄图书馆、山西图书馆、内蒙古图书馆、内蒙古师范大学图书馆、辽宁图书馆、吉林市图书馆、黑龙江图书馆、西北大学图书馆、甘肃图书馆、甘肃博物馆、新疆图书馆、新疆大学图书馆、新疆博物馆、南京图书馆、南京大学图书馆、中科院南京地理研究所、镇江图书馆、浙江图书馆、天一阁、安徽师范大学图书馆、厦门图书馆、河南师范大学图书馆、湖北图书馆、湖南图书馆、广东图书馆、华南师范大学图书馆、广西图书馆、四川图书馆、重庆图书馆、北碚图书馆、云南图书馆。

这个统计不是现存通志局本的全部数量。《中国地方志联合目录》著录了全国“三十个省、市、自治区的一百九十个公共、科研、大专院校图书馆、博物馆、文史馆、档案馆等所收藏的地方志”，[①]但并没有囊括所有的收藏单位，一是由于各种原因，《中国地方志联合目录》所著录的国内收藏单位有遗漏；二是有些单位藏有多部，如国家图书馆（即北京图书馆）藏有三部，但著录中没有说明馆藏数量；再者，《中国地方志联合目录》没有著录私人收藏家和国外收藏单位，所以，现存通志局本《新疆图志》应该不止43部。关于这个版本，各收藏单位著录的书目信息略有不同，略举数例：

国家图书馆的著录信息为：

题名与责任者：新疆图志［普通古籍］：宣统：一百十六卷卷首一卷，袁大化修；王树枏，王学曾纂

版本项：活字本

出版项：　清宣统3年[1911]

载体形态项：117册，图

相关附注：9行21字，小字双行同。白口，四周单边，单鱼尾。

著者：袁大化修

附加款目：王树枏纂，王学曾纂

北京大学图书馆的著录信息为：

正题名及说明：新疆图志:[宣统]:116卷

主要责任者：（清）袁大化修

其他责任者：（清）王树枏纂

出版：清宣统3年[1911]

版本类别：木活字本

① 中国科学院北京天文台主编：《中国地方志联合目录·凡例》，中华书局，1985年。

外观形态：线装，28 册（7 函），27.6cm

一般附注：有宣统 3 年袁大化序。

一般附注：缺卷 61-80,104-116

收藏历史：(题跋印记)钤印“国立北京大学附设农村经济研究所藏书”，“国立北京大学附设农村经济研究所印”。

天津图书馆的著录信息为：

F　　（宣统）新疆图志　一百二十卷　卷首一卷

2884　　袁大化修　王树枏 王学曾纂

4051　　清宣统三年（一九一一）活字印本

六十四册（八函）

一百十七册（五函）

南京图书馆的著录信息为：

题名：[宣统]新疆图志 / 一百十六卷 / 首一卷

版本说明：活字印本

出版发行：清宣统三年

载体形态：九十五册

一般性附注：缺卷 38-39 学校,卷 40-47 民政,卷 48 礼俗,49-51 军制,卷 52 物候,卷 53-58 交涉

个人著者：袁大化，王学增等

首都图书馆的著录信息为：

题名与责任者：新疆图志[普通古籍]：一百一十六卷，卷首一卷 / 王树枏，王学曾纂

版本类型：刻本

出版发行项：清宣统 3 年(1911)

载体形态项：64 册(8 函)

装订形式：线装

分类号：史部・地理类・地图、图志

责任者：王树枏纂，王学曾纂

由于有些图书馆古籍没有机读书目，所以暂时无法得知各家图书馆所藏通志局本的全部具体信息，但从上述著录可以看出，通志局本有两个版本。这两个版本的内容相同，但装订的册数不同。由于《中国地方志联合目录》著录时把这两个版本统称为“清宣统三年（1911）活字本”，没有细分，所以每个版本的数量目前还不清楚。通志局本的版本信息如下：

第一，117 册木活字本。从现在可以查阅到的著录信息来看，这个版本很多，足本 117 册，但很多图书馆收藏的不是足本，有残缺，有存 112 册的，有存 95 册的。这个版本的具体信息如下：

框高 19.5 至 20 厘米，宽 13.5 至 14.5 厘米。半叶 9 行，行 21 字。小字双行，行 21 字。四周单边，单鱼尾，白口，象鼻处题“新疆图志”，版心题分志名称和页码。

全书共116卷，卷首1卷，每卷装订为1册，共117册。首卷为《新疆图志》的序文、引用书目、纂校诸家、凡例和目录。每册首页题《新疆图志》卷数和分志名称，如第6册第1行题“新疆图志卷五”第2行题“国界志一”，之后为正文。封面书签作“新疆图志，少鲁题籤，辛亥冬月”。此版本纸质较薄，由于收藏条件不同，有的残缺很多，纸已发黄，有的则多数还洁白如新，只是偶有几页黄纸。每册的页码不同，视各卷的内容而定，最少的为卷五十七《交涉志五》，仅13叶，最多的为卷六十《山脉二》，共87叶。书中有很多朱笔校改讹误的地方。此版本页码错误较多，几乎每卷都有错乱。此外，书中有图22幅，即《实业志》中有李维一绘制的“新疆实业全图”，《食货志》中有李维一绘制的“新疆盐产全图”，《道路志》中有赵应澂绘制的舆图“凡例”、“迪化府总图”、“吐鲁番厅总图”、“镇西厅图”、“哈密厅图”、“库尔喀喇乌苏厅图”、“精河厅图”、“伊犁府总图”、“塔城厅图”、“焉耆总图”、“库车州总图”、“温宿府总图”、“乌什厅图”、“莎车府总图”、“巴楚州总图”、“英吉沙尔厅图”、“疏勒府总图”、“和阗州总图”以及不题绘制者姓名的“邮政全图”和“电话全图”。

此版本各收藏单位有一些特殊的信息，如国家图书馆所藏其中一部每卷首页均有“京师图书馆藏书”藏书印，首卷有 “书名《图志》，而《凡例》首条亦云‘是书图志并重’，今查全书仅有图22张，且卷中舛误脱漏指不胜屈，其为政体改革之际仓促葳事无疑，然犹较善不出版也。” 这说明此书曾是京师图书馆的藏书。京师图书馆是国家图书馆的前身，始建于1909年，1928年改为国立北平图书馆，此书只有“京师图书馆藏书”，没有其他印章，说明它应该是京师图书馆在1912年至1928年之间收藏的图书。只是此段文字不知为何人所题。

中国科学院图书馆所藏有“中国科学院图书馆藏书”印章，其《水道二》有贴签：“按：科阿未分以前，阿尔泰为科布多属地，新疆之孚远、奇台、阜康、迪化、昌吉、呼图壁、绥来具其北，均与阿尔泰接壤，志乘所载不曰接阿尔泰而曰接科布多，重其都会也。自科阿划分，凡与阿接壤者，均应直书为接阿尔泰，以符其实。《图志》各志均作接科布多境，蓋沿袭旧称耳。读者留意焉。新疆省公署内务科附识。”贴签指出《新疆图志》在叙述新疆与阿尔泰接壤时多作与科布多接壤，提醒读者阅读时注意此问题。此段文字为手写体，应是新疆省公署内务科人员手写而成。在北京大学图书馆、国家图书馆与天津图书馆所藏的通志局本中没有发现此贴签，所以目前还不能判定是否每部《新疆图志》都有此贴签。

第二，64册木活字本。这个版本较少，目前笔者查到仅天津图书馆和首都图书馆藏有此版本。这个版本与117册的版本内容相同，但装订册数不同，具体信息如：

框高19.8厘米，宽14.3厘米。半叶9行，行21字。小子双行，行21字。四周单边，单鱼尾，白口，象鼻处题“新疆图志”，版心题分志名称和页码。首卷为《新疆图志》的序文、引用书目、纂校诸家、凡例和目录。其他每册首页题新疆图志卷数和分志名称。全书共116卷，卷首一卷，分装为64册，有1卷装订1册者，有多卷合为1册者，如卷二、卷三合订为1册。此版本封面书签作“新疆图志，少鲁题籤，辛亥冬月”。天津图书馆藏本有包角，书根题“新疆通志”和具体的卷数与分志名称，如第二册书根题“新疆通志，卷之一，建置志一”。书品较好，所用纸张也比117册活字本好，洁白如新，弹性好。首都图书馆藏本无包角，书根题“新疆图志”，其他信息同天津图书馆藏本。64 册木活字本中也有朱笔校改讹误，校改内容同 117 册活字本。

书签作“新疆图志，少鲁题籤，辛亥冬月”，少鲁为王学曾。王学曾是《新疆图志》的总纂之一，王树枏离开新疆后，由其主持新疆通志局的工作，增纂《新疆图志补编》，筹划出版印刷事宜。此版本各家收藏单位有各自的特色信息，如天津图书馆所藏有“天春园图书印”和“任氏振采”两个藏书印。

2. 通志局本印行考略

通志局本是《新疆图志》最早的版本。由于资料较少，有关通志局本印行的具体情况目前很难考察清楚，但它于宣统三年（1911 年）在乌鲁木齐使用木活字印行无疑。笔者认为《新疆图志》不是全部分志定稿后再刊印，而是陆续印行。

《新疆图志》是分工撰写，然后由总纂润色，最后定稿。《新疆图志·凡例》说“是书始事於己酉春三月，而卒事於辛亥冬十二月”，是指《新疆图志》的最后完成时间，并非每个分志的完稿时间。由于分志的撰写人员不同，卷帙不同，完稿的时间也不同。袁大化作为新疆巡抚，每一种分志完成后，由他审定。他看后撰写序言一篇，置于每种分志卷首，然后交由新疆官书局刊行。袁大化所撰分志序言篇末署有撰写时间，从这里可以看出每个分志的完稿和刊行的时间。袁大化所撰分志序言及《新疆图志》总序所署时间如下：

《新疆图志序》：宣统三年岁次辛亥嘉平月上澣抚新使者涡阳袁大化谨序

《建置志序》：宣统三年七月下浣抚新使者涡阳袁大化谨序

《国界志序》：宣统三年十一月抚新使者涡阳袁大化谨序

《藩部志序》：宣统三年十月抚新使者涡阳袁大化谨序

《职官志序》：宣统三年八月抚新使者涡阳袁大化谨序

《实业志序》：宣统三年六月抚新使者涡阳袁大化谨序

《赋税志序》：宣统三年岁次辛亥冬月既望抚新使者涡阳袁大化谨序

《食货志序》：宣统三年十一月既望抚新使者涡阳袁大化谨序

《祀典志序》：宣统三年岁次辛亥中秋后三日抚新使者涡阳袁大化谨识

《民政志序》：宣统三年十一月既望抚新使者涡阳袁大化谨序

《军制志序》：宣统三年冬月上浣抚新使者涡阳袁大化谨序。

《物候志序》：宣统三年十一月既望抚新使者涡阳袁大化谨序

《山脉志序》：宣统三年十月抚新使者涡阳袁大化谨序

《土壤志序》：宣统三年十月既望抚新使者涡阳袁大化谨序

《沟渠志序》：宣统三年岁次辛亥九月中浣抚新使者涡阳袁大化谨序

《道路志序》：宣统三年岁次辛亥闰余之月抚新使者涡阳袁大化谨序

《古迹志序》：宣统三年十一月既望抚新使者涡阳袁大化谨序

《金石志序》：宣统三年岁次辛亥冬十月抚新使者涡阳袁大化谨序

《奏议志序》：宣统三年八月既望涡阳袁大化谨序

《名宦志序》：宣统三年九月抚新使者涡阳袁大化谨序

《艺文志序》：宣统三年岁次辛亥九月　日抚新使者涡阳袁大化谨序

《武功志序》：宣统三年岁次辛亥八月下浣抚新使者涡阳袁大化谨序

《忠节志序》：宣统三年岁次辛亥九月既望抚新使者涡阳袁大化谨识

《人物志序》：宣统三年岁次辛亥九月既望抚新使者涡阳袁大化谨序

从上面时间可以看出，《新疆图志》分志完成的时间为：1911 年 6 月有《实业志》，7 月有《建置志》，8 月有《职官志》、《奏议志》、《道路志》、《奏议志》、《祀典志》、《武功志》，9 月有《名宦志》、《艺文志》、《人物志》、《忠节志》、《沟渠志》，10 月有《金石志》、《土壤志》、《山脉志》、《藩部志》，11 月有《国界志》、《赋税志》、《食货志》、《民政志》、《军制志》、《物候志》、《古迹志》，12 月是总序。由此可以看出，《新疆图志》各分志是从 1911 年 6 月开始陆续完成，12 月全书完成定稿，袁大化写总序一篇，这与《凡例》所说“卒事於辛亥冬十二月”相符。

由于印刷仓促，校雠不精，通志局本出现了很多错误，为了弥补失误，又在误字的旁边用朱笔改正，对于这个问题，下文将详述。

通志局本于宣统三年（1911 年）在乌鲁木齐使用木活字印行。此说出自魏长洪先生，“1911 年底，新疆官书局以木活字刊印成册，通称通志局本。同样的版本后又在天津再版，制版一直保藏在河北蓟县，后因故被毁”[①]。通志局本无牌记，也没有明确说明印行的单位和具体时间。封面书签题“辛亥冬月”，这应该是王学曾题写书名的时间，不是《新疆图志》开始印刷的时间。魏长洪先生说 1911 年由新疆通官书局印行，或出自采访参与纂修《新疆图志》的遗老之口，或是根据《新疆图志》所提供的信息推测而来。魏长洪先生的说法应该可信。

首先，从袁大化为《新疆图志》所写的序言来看，最早写于 1911 年 6 月，最晚写于 1911 年 12 月，王学曾的题签为 11 月，所以《新疆图志》印刷的时间应该在 1911 年 6 月至 12 月之间。由于《新疆图志》卷帙较多，可能不是全部定稿后再印刷，而是按照分志定稿次序来印刷。通志局本页码有很多错乱，几乎每卷都有，既有页码重复，如有 4、5 叶都题第“二”叶，也有前后颠倒等情况，这说明印刷时不是按照页码的先后次序来印，而是同一卷的很多叶在同时排版，所以会出现页码错乱。袁大化《新疆图志》总序写于 1911 年 12 月，是写的最晚的序言，也就是在《新疆图志》全部定稿后所写，所以《新疆图志》卷首应该印刷较晚，从《凡例》中也可以看出。《凡例》说“是书始事於己酉春三月，而卒事於辛亥冬十二月，门类淆杂，卷帙繁多，而纂修、删改、雠校、排印、装订、刊误事体至为繁重，而时期又复短促，以至在局各员虽昕夕将勤，仍恐不无疏略，且排印较诸刊版，则失之钉饾鲁鱼亥豕，尤易滋讹，阅者谅之”，[②]排印、装订、刊误是印刷和印刷后的事情，特别是刊误一事，必须在印刷后发现错误才能做刊误工作。通志局本有很多错误，后来用朱笔校改，《凡例》所说的刊误一事应该是指朱笔校改讹误一事。1911 年 12 月 28 日，刘先俊等革命党人在乌鲁木齐起义，虽被袁大化镇压，但新疆局势危急加剧，乌鲁木齐动荡不安。革命党人起义后，袁大化忙于镇压，无暇顾及《新疆图志》印刷事宜，次年 5 月即离开新疆，返回内地。另外，有些纂修者

---

① 魏长洪：《〈新疆图志〉浅谈》，《新疆地方志》1983 年 2 期。

② 袁大化修：《新疆图志•凡例》，1925 年东方学会本。

也参与了革命党起义，1912年底《新疆图志》的编纂工作应该已结束。因此，《新疆图志》在1911年12月底应该已经印刷完毕。

其次，当时新疆乌鲁木齐已具备在短时间内印完《新疆图志》的条件。新疆地区很早就出现了印刷技术，但在清代，新疆的印刷业并不发达，远远落后于内地。新疆建省后，刘锦堂设立新式学堂，1886年创办“新疆印书院”，刻印图书，后来“又从内地招来一批工匠，刻制木制活字，排印官方文书”[①]，充实了印书院的力量。1896年，英国人创办的布道总会在新疆乌鲁木齐开设“福音堂”，铅印、石印很多书籍。1907年，为了遏制传教士印刷外国宗教书籍，新疆印书院印刷了一批汉文书籍，新疆的印书业有了较大发展。袁大化的《抚新纪程》即是1911年5月后在新疆乌鲁木齐印刷的，他返回内地时还携带很多，沿途赠送地方官员。新疆编纂的志书，如《新疆通志》、《乌鲁木齐市志》等即认为“清朝末年纂修成书的《新疆图志》117卷，就是用这批活字（按：指印书院从内地招聘来的刻工所刻制的木活字。）排印成书的”。[②]

此外，魏长洪先生说通志局本民国时期在天津再版过。晚清至民国期间，天津是北方重要的文化中心，出版业发达。很多著名学者、官吏、清朝遗老都寓居天津，如《新疆图志》的总纂袁大化晚年就住在天津。新疆有很多天津籍人，商人尤多。民国期间，《新疆图志》在天津再版，或许是寓居天津清朝遗老或商人所为，但笔者没有查阅到有关的任何资料，暂时无法论述。

3.朱笔校改情况

通志局本《新疆图志》有朱笔校改讹误，每卷校改讹误的数量不一，视其具体情况而定。朱笔所校基本是印刷过程中出现的文字的脱、讹、衍、倒，为了便于叙述，下面罗列《建置志》朱笔校改情况。

卷一《建置志一》

第4叶，是为为序：圈去后一个“为”。

第14叶，有府治东北五百六十里：“有”改为“在”。

第18叶，魏赐玉壹多难玉印：“玉”改为“王”。

第19叶，据《通典》、《寰宇记》谓书：“谓”改为“诸”。

第20叶，《侍从记》云城当在庭州兆：“兆”改为“北”。

第22叶，是为蒙古里卫拉特：“里”改为“四”；筑一垒，周三四：“四”改为“里”。

第23叶，托克咧鄂拉博：“咧”改为“喇”。

第24叶，有哈图扎克：“图”改为“尔”。

第30叶，东北一百二十里至柔家渠：“柔”改为“桑”。

第32叶，王将军策布登札布：“王”改为“上”。

第33叶，在巴克呼苏西二十里东治：“东治”改为“治东”；以后在者仅七八十户：“在”改为“存”，北极高昌四十四度：“昌”圈去。

① 杨震、张涵主编：《乌鲁木齐市志·文化·出版发行》，新疆人民出版社，1999年，182页。

② 新疆维吾尔自治区地方志编纂委员会：《新疆通志•著述出版志•大事记》，新疆科学技术出版社，2006年，23页。

第 34 叶，西域土地入物略："入"改为"人"。

第 36 叶，东又南一百里为奇台："东又"改为"又东"。

第 37 叶，近地木垒："近地"改为"地近"。

第 38 叶，四十里至大泉孚远："泉"后补"接"。

卷二《建置志二》

第 1 叶，偏京西二十七度："徧"改为"偏"。

第 6 叶，翟州、即州、火州皆谐音也："即"改为"和"。

第 7 叶，按孚远之泉子街："按" 改为"亡"。

第 8 叶，回众之胁从及亡："及" 后补 "流"。

第 9 叶，画鲁哀问孔子像："哀" 后补"公"。

第 10 叶，并坚玉柱十八根："坚" 改为"竖"。

第 12 叶，更姓送主："送" 改为"迭"。

第 16 叶，昼长六十一刻："昼" 改为"夜"；当咸盐池："盐池" 改为"池海"。

第 20 叶，为匈奴呼延庭王："庭王" 改为"王庭"；至瓜州九百里正南徵东："徵"改为"微"。

第 23 叶，曰风河："河" 改为"洞"。

第 25 叶，在哈喇伯都西："伯都" 改为"都伯"；，自军兴以闾户哀灭："以"后补"来"。内有下莫艾两处："下"改为"上"。

第 26 叶，谓之汉回，亦呼亦呼：后一个"亦呼"改为"回回"。

第 29 叶，其他金银媒铁石油硫磺："媒"改为"煤"；立其子岑反为太子："反"改为"阪"；天大雨雷："雷"后补"雪"。

第 30 叶，随为西突厥及石国地："随"改为"隋"。

第 31 叶，突厥施乌质勃斛羅瑟下："羅瑟"改为"瑟羅"。

第 32 叶，复考《水道记》既辦："辦"改为"辨"；强西区别："西"改为"为"。

第 34 叶，小城一周三分："分"改为"里"。

第 35 叶，朝发夕来，利钝迟速，不可以道理相计："理"改为"里"。

第 36 叶，蒙古、恰萨克之牲畜："恰"改为"哈"。

第 44 叶，在乌兰呼济西尔："西尔"改为"尔西"。

第 47 叶，因朱跟苗追鑿："朱"改为"未"。

卷三《建置志三》

第 2 叶，西渡克阿苏河："克阿"改为"阿克"。

第 7 叶，至西三十日不等："日"改为"里"。

第 8 叶，曰雅赈岭："赈"改为"赛"；曰赛里本："本"改为"木"。

第 9 叶，城东北十里以上为上六庄："上六庄"改为"下六庄"。城西南二十三里为下六庄："下六庄"改为"上六庄"。

第 11 叶，曰開胡特："開"改为"闊"；小不哈隆朗郭勒特："隆"改为"萨"。

第 14 叶，居两河间白连木齐木城："白"改为"曰"。

第 26 叶，冬至长二寸一尺零二分："寸"改为"丈"；南山有铜铁厂："南山"改为

"山南"。

第29叶，北二十五里曰章噶尔克城："尔"后补"里"。

第37叶，今平新在哈喇噶尔玛南百余里："平新"改为"新平"。

第38叶，现亦把拱："把拱"改为"拱把"。

卷四《建置志四》

第9叶，与岳瓦什部按："按"改为"接"。

第9叶，与俄　按："按"改为"接"。

第13叶，三日黄如："黄如"改为"如黄"。

第16叶，质掳其妻子而并其国："质"改为"执"。

第25叶，棉縣为衣料："縣"改为"丝"。

第26叶，法人伯希和辦之甚详："辦"改为"辨"。

第30叶，朱俱西波《通典》乃谓朱俱波："西波"改为"波西"。

第35叶，入元亦各翰端："各"改为"名"；《西域考》："域"后补"图"。

第40叶，梁柱户扇窗牖："牖"改为"牖"。

以上是朱笔校改的一些情况。从字迹来看，是印刷体；从现存通志局本中的校改情况来看，国家图书馆、天津图书馆、北京大学图书馆、中科院图书馆等收藏单位所藏通志局本《新疆图志》均有校改，且校改讹误完全一致；117册和64册两个版本的校改情况也完全一致。因此，朱笔校改讹误应是统一校改，不是阅读者随意的改动。《新疆图志·凡例》说"纂修、删改、雠校、排印、装订、刊误事体至为繁重，而时间又复短促，以至在局各员虽昕夕将勤，仍恐不无疏略，且排印较诸刊版，则失之饤饾鲁鱼亥豕，尤易滋讹"，[①]可见在《新疆图志》印完后进行过刊误工作。朱字与木活字大小一致，而且可以看出每个朱字周围都有油渍，如同石印所留下的油迹。朱字不是套印的，疑为纂修者发现印本讹误较多，为了便于统一校改，又根据讹误情况刻制了一些木活字，如同印章一样在印刷完毕的《新疆图志》上逐一改动。

校改的方式有两种，一是在误字上直接改正，一是在误字的左右两边改正。在原字上方直接改正的情况不多，一般是误字的笔画较少，改后容易辨认，如《建置志三》第2叶"西渡克阿苏河"中在"克阿"二字上改为朱字"阿克"，第14叶"居两河间白连木齐木城"中在"白"字上改为朱字"曰"。其他的都是在误字的左右两边改动，如《人物一》第12叶"轻徭簿赋"中在"簿"旁边改为朱字"薄"，第29叶"不可意"中在"可"旁边改为朱字"介"。

朱笔校改的内容可以分为4类：即改正误字，乙正颠倒的词语，补充漏掉的字词，删去衍字。

第一，改正印刷错误的字词。《新疆图志》此类错误最多，朱笔校改也以此为主。有些讹误不影响阅读，如《人物一》第12叶"轻徭簿赋"中"簿"改为"薄"；第22叶"振其民"中"振"改为"赈"；第37叶"处罗可漢"中"漢"改为"汗"。有些错误则影响阅读，如《建置一》第24叶"有哈图扎克"中"图"改为"尔"；第30叶"东

① 袁大化修：《新疆图志·凡例》，1925年东方学会本。

北一百二十里至柔家渠”中“柔”改为“桑”；第32叶“王将军策布登札布”中“王”改为“上”。如果对新疆历史地理不熟悉，这样的错误就不会被发现，为读者提供了错误的信息。有的由于字词的讹误，与作者所要表达的意思不同，甚至相反。如《土壤一》第2叶“田土上者也”中“土”改为 “上”；《水道二》第18叶“南流十五里”中“十五”改为“五十”；《沟渠三》第22叶“长六里”中“六”改为“二”；《沟渠二》第1叶“枝渠六十五”中“五”改为“四”。

第二，乙正颠倒的词语。此类错误不使用校勘符号直接乙正，而是在颠倒的词语旁边用朱字改正过来。如《国界一》第28叶“人俄占据塔尔巴哈台”中“人俄”改为“俄人”；《天章二》第29叶“非恩予也”中“恩予”改为“予恩”；《民政二》第7叶“巡警长给假章程警”中“警长”改为“长警”；《古迹一》第4叶“《唐域西传》”中“域西”改为“西域”。

此外，还有一种情况为改正印刷倒的字。如卷三十一《赋税二》第17叶“月各支薪水”中“支”字写倒，用朱笔把它改正；第23叶“责令该商补出”中“该”字写倒，用朱笔把它改正。通志局本使用木活字印刷，有的字排印时排颠倒了，这也是活字印刷不可避免的错误。此类错误不多，所以本文不把它作为一种独立的讹误类型来处理。

第三，补充印刷脱漏的字词。此类印刷错误也很多。如《奏议三》第12叶“署陕西巡”中“巡”后补“抚”；《人物一》第29叶“谢归陇右”中“谢”后补“事”；《人物二》第7叶“洪武二十四”中“四”后补“年”。这种印刷错误给读者带来的影响，也可以分为不影响理解文意、影响阅读、漏字后的意思与作者原意不同等情况。

第四，圈去多余的字词，即删去衍字。此类错误不多，多数情况也不影响文意，读者一看便知。如《藩部四》第18叶“授扎札萨克”中圈去“扎”；《赋税一》第5叶“道光绪三十三年至咸丰二年”中圈去“绪”；《物候一》第12叶“故启蛰迟也陟”中圈去“陟”。

二、东方学会本版本信息及刊印考略

东方学会本是《新疆图志》流传最广、影响最大的版本。它版式精美，印刷质量较高，后来的影印本，如台湾文海出版社的《中国边疆丛书》本，上海古籍出版社的《续修四库全书》本等均以此本为底本。

1. 东方学会本版本信息

东方学会本《新疆图志》印行最晚，质量较高，保存至今的数量较多，《中国地方志联合目录》著录了44家收藏单位，即：

北京图书馆，中国科学院图书馆，历史博物馆，民族文化宫图书馆，清华大学图书馆，中央民族大学图书馆，北京师范大学图书馆，上海图书馆，复旦大学图书馆，上海师范大学图书馆，辞书出版社图书馆，天津图书馆，南开大学图书馆，石家庄图书馆，张家口图书馆，山西图书馆，辽宁图书馆，沈阳图书馆，旅顺市图书馆，吉林图书馆，吉林大学图书馆，西北大学图书馆，兰州大学图书馆，新疆科学院图书馆，山东师范大学图书馆，南京图书馆，南京大学图书馆，常熟图书馆，镇江图书馆，浙江图书馆，福建师范大学图书馆，河南师范大学图书馆，厦门大学图书馆，湖北图书馆，武汉大学图书馆，武汉师范大学图书馆，湖南图书馆，广东图书馆，中山大学图书馆，华南师范大学图书馆，四川图书馆，北碚图书馆，云南大学图书馆

《中国地方志联合目录》著录的只是收藏东方学会本《新疆图志》的部分单位，上文已有说明。东方学会本《新疆图志》印行于 1923 年，此时的印刷条件、图书发行流通条件、收藏条件以及全国的局势，都比通志局本刊行时有利于《新疆图志》的传播。目前收藏东方学会本的有些单位，如首都师范大学图书馆，《中国地方志联合目录》未著录。各家收藏单位的数量也不同，如国家图书馆藏有 5 部，北京大学图书馆藏有 4 部。

对于东方学会本《新疆图志》，各收藏单位的著录情况详略不同，但其基本信息相同，其中，国家图书馆和北京大学图书馆的著录信息较为全面，具体情况如下：

国家图书馆著录信息：

题名与责任者：新疆图志［普通古籍］：宣统 ：一百十六卷 / 袁大化修 ；王树枏；王学曾纂

版本项：铅印本

出版项：天津：东方学会， 民国 12 年[1923]

载体形态项：32 册

著者：袁大化 修

附加款目：王树枏纂，王学曾纂

北京大学图书馆著录信息：

正题名及说明：新疆图志：[宣统]：116 卷

其他题名：重校订新疆图志

主要责任者：（清）袁大化修

其它责任者：（清）王树枏纂

出版：民国 12 年[1923]东方学会

印刷：天津

版本类别：铅印本

外观形态：线装，31 册（4 函）

一般附注：牌记题："岁癸亥东方学会据志局本重校正增补天津博爱印刷局印行"

这两条信息有些差异，因为不同的编目员对著录的项目及内容理解不同，因此著录时数据会有所不相同，但都符合《汉语文古籍机读目录格式使用手册》的要求。东方学会本具体版本信息如下：

东方学会本共 32 册，分装 4 函，每函 12 册。铅印本。书高 27.4 厘米，宽 19.3 厘米，框高 19.5 厘米，宽 15.4 厘米。四周单边，单鱼尾，白口。半叶 14 行，行 25 字，小字双行，行 50 字。象鼻处题"新疆图志"，版心题分志名称，如建置、学校、土壤等，下题页码。封面贴签题"新疆图志"，而内封面题"重校订新疆图志百十六卷"，有牌记"岁癸亥东方学会据志局本重校正增补天津博爱印刷局印行"。

东方学会本是以通志局本为底本，参考宪政编查馆本整理出的一个新版本[1]，它不

---

① 宪政编查馆本又称黄册抄本，具体情况参加笔者《〈新疆图志〉黄册抄本探析》，载《新疆地方志》2011 年 3 期。

但改变了通志局本的版式，改正某些印刷错误，在内容方面也有所删改。

2.东方学会本的校订及印行

关于东方学会本《新疆图志》的校订及印行情况，研究者均沿袭魏长洪先生的论述。魏长洪先生说：“1923 年，东方学会请罗振玉重新校对后，删去袁氏的各志分序，由天津博爱印刷局铅字印行，装订成三十二册，称东方学会版”。[①]“今流行的东方学会版《新疆图志》，经王国维诸先生与黄册抄本（即呈宪政编查馆本）校勘，对通志馆版订误甚多。”[②] 魏长洪先生没有详述校订和印行的情况，也没有注明资料来源，可能出自采访参与编纂《新疆图志》的遗老所得。魏先生已经去世，我们无从考察其资料来源。笔者查阅有关罗振玉、王国维的资料，没有发现他们参与校订《新疆图志》的材料。王树枏在其自订年谱《陶庐老人随年录》中，对《新疆图志》的编纂情况有记述，但没有关于校订《新疆图志》的任何记载。《新疆图志》是王树枏组织编纂，并亲自撰写了十余志，如果他参与校订此书，应该会在年谱中提及。

东方学会本《新疆图志》有牌记“岁癸亥东方学会据志局本重校正增补天津博爱印刷局印行”，癸亥为民国十二年，即 1923 年。东方学会是民国期间的一个学术团体，由罗振玉发起，它“以研究东方三千年来之文化，约以哲学、历史、文艺、美术四类为宗旨”，[③]参加学会者多为当时社会名流和著名学者，如柯劭忞、陈三立、郑孝胥、辜鸿铭、徐乃昌、刘承干、王国维、罗振玉等[④]。1923 年 6 月，罗振玉开始筹建东方学会，至 9 月建立学会。东方学会成立后，即整理文献，刊布其研究成果。东方学会整理了很多文献，编辑了《东方学会丛书》，出版了《殷礼在斯堂丛书》、《史料丛刊初编》、《六经堪丛书》等数百种文献，《新疆图志》是其中的一部。魏长洪先生认为罗振玉、王国维参与了《新疆图志》的校订，应该可信，因为罗振玉、王国维研究西北史地、敦煌遗书颇有成就，他们关注西北史地研究成果，也有能力做这项工作。罗振玉 1919 年从日本回国后寓居天津，与在天津的清朝遗老、社会名流及学界名人交流论学。[⑤]天津任凤苞“天春园”藏有大量方志，[⑥]王謇称“南北第一天春园，山经地志不胜繁”，“专收集方志，以数十年之精力，所积孤本甚多，为南北第一”[⑦]，宪政编查馆本《新疆图志》即藏于“天春园”。任凤苞“天春园”藏书“从未秘而不宣，而是经常借给各地图书馆和方志学家进行交流，并且还允许传抄甚至翻印”，[⑧]因此罗振玉等人有可能参考宪政编查馆本对通志局本进行校订。东方学会 1923 年 9 月成立，东方学会本牌记题 1923 年印行，所以校订《新疆图志》应该是在 1923 年 9 月至 12 月之间。关于校订的具体情况，由于尚未发现有关资料，不敢妄加猜测。

---

① 魏长洪：《<新疆图志>浅谈》，《新疆地方志》，1983 年 2 期。

② 魏长洪、高健：《<新疆图志>各分志作者摭拾》，《新疆地方志》，1999 年 2 期。

③http://publish.dbw.cn/system/2008/08/26/051464795.shtml：《新发现罗振玉〈东方学会简章〉手稿跋》。

④ 中国历史博物馆编，劳祖德整理：《郑孝胥日记》，中华书局，1993 年，第 1959 页。

⑤ 参见张晓唯《罗振玉寓津杂记》，《历史教学》，2004 年 9 期。

⑥http://news.sina.com.cn/c/2004-07-14/：李国庆：《任凤苞先生和天春园藏书》。

⑦ 王謇：《续补藏书纪事诗》，书目文献出版社，1987 年，43 页。

⑧ 王振良：《天津的藏书楼续·志冠群芳的任凤苞天春园》，《藏书家》第 16 辑，齐鲁书社出版，2009 年，78 页。

三、通志局本与东方学会本的区别

东方学会本是以通志局本为底本，参考宪政编查馆本校订后形成的一个新版本，它不但改正了通志局本中的某些讹误，还对内容进行了删改。由于东方学会本印刷质量好，内容也比通志局本讹误少，加之印行于天津，当时的图书发行比较畅通，所以东方学会本流传较广，通志局本渐渐不为人重视。但二者各自有各自的价值，不能相互替代。对于东方学会本与通志局本的不同，本文从以下几个方面来探讨：

第一，东方学会本与通志局本的印刷方式与版式不同。东方学会本是由天津爱博印刷局铅印出版，而通志局本则使用木活字在新疆印刷。通志局本每卷装订为 1 册，共 117 册，另一种装订为 64 册，东方学会本共 32 册。通志局本半叶 9 行，行 21 字，版心和每卷的分志名称都加“志”，如“国界志”、“山脉志”。 东方学会本半叶 14 行，行 25 字，分志名称无“志”字，如“建置”、“学校”等，但有牌记“岁癸亥东方学会据志局本重校正增补天津博爱印刷局印行”。由于二者的印刷方式与版式不同，所以在判定版本时很容易。此外，通志局本遇到清代皇帝名号时，则高出版框二或三字写，而东方学会本则不再避讳清朝名讳。

第二，东方学会本无舆图，而通志局本有图 22 幅。《新疆图志》的纂修者在撰写稿件的同时，绘制了舆图和风俗画，在凡例中也明确提出图文并重，“是书图志并重，不敢偏重于志，而略于图，非欲故为繁缛，因幅员广漠，延袤四百五十余万方里，使无图以总揽大纲，则读者有前得后忘之弊，是用不厌求详以豁阅者之目。”①但由于当时新疆印刷条件的限制，把舆图抽出送往武昌印刷，未能做到图文并茂，通志局本仅有部分舆图，而东方学会本将通志局本的 22 幅舆图也删去。

第三，东方学会本改正了通志局本的某些讹误。通志局本印刷时受当时新疆局势的影响，十分仓促，错误较多，文字的脱讹衍倒及页码错误很多，东方学会本作了大量的校改，上文列举的通志局本中的错误，在东方学会本中基本都被改正。由于上文对通志局本的讹误做了论述，此处不再赘述。

第四，东方学会本对通志局本的内容做了一些删改。《新疆图志》纂修的时间较短，参加人数众多，撰写稿件情况复杂，编纂工作先后由王树枏、王学曾二人主持，再加上当时新疆政局动荡，所以《新疆图志》印刷时不但在文字上出现了很多讹误，在结构、内容上也存在一些问题。东方学会本印刷时，清朝灭亡已 20 多年，在避讳、称谓等问题上与纂修时已经不同，东方学会修订时，不再避清代讳，在内容方面也有所改动，如《祀典志》中通志局本有八个“坛庙表”，以表格的形式列举了新疆各地的庙宇，对研究新疆风俗及中原文化在新疆的传播有一定价值，但东方学会本则将其删去，失去了一些很有价值的信息。

第五，东方学会本删去了通志局本中袁大化为《新疆图志》各分志写的序言。上文已经提到，时任新疆巡抚的袁大化为《新疆图志》每种分志写了序言，冠于分志卷首，其内容主要是阐述他对新疆各方面的认识，与各分志的内容没有多大关系，最后还署明

① 袁大化修：《新疆图志·凡例》，1925 年东方学会本。

写作时间。由于序言注明了写作时间，为我们考察各分志的完成时间提供了依据，这些序言还体现了袁大化对当时新疆局势的认识及其治理边疆的思想。袁大化的这些序言对研究《新疆图志》和新疆历史文化有一定的参考价值。

通志局本和东方学会本是《新疆图志》最主要的两个版本，也是比较流行的版本，二者之间存在差异。长期以来，学术界比较注重《新疆图志》内容的宏观探讨，忽略了版本研究。本文简述了通志局本和东方学会本的版本信息及它们之间差异，希望引起学术界对《新疆图志》版本的关注。

（史明文，男，1972年生，首都师范大学副研究馆员，北京，100048）

北庭故城非李卫公所筑

——清稿本《新疆四道志》订误

田万东　李德龙

内容摘要：《新疆四道志》是研究边疆史地的重要文献，卷 1《镇迪道图说·阜康县》中有“李卫公筑北庭故城”的记载。李卫公为唐著名军事家李靖，观李卫公戎马一生，从未率军到过北庭故城一带地方，且该地区长期为西突厥所有，直到李卫公颐养天年时才为唐真正所有，“李卫公筑北庭故城”的说法显然错误。李卫公与筑北庭故城无甚关系，这个结论修正了《新疆四道志》记载之误。

新疆地区通志性的方志，除了清人傅恒等编纂的《钦定皇舆西域图志》、松筠修撰的《西陲总统事略》、王树楠等纂辑的《新疆图志》等书外，尚有清佚名著者编辑的稿本《新疆四道志》。这是一部手写稿本志书，现藏于中央民族大学图书馆。北京民族文化宫图书馆和新疆个别图书馆藏有几件抄本。近年台湾成文出版社和中央民族大学出版社将书影印发行，但研究此志书者寥寥无几。《新疆四道志》有许多有价值的记载，然其中“阜康县北庭故城为李卫公所筑”一说值得怀疑，笔者拟就此文予以纠谬。

一、《新疆四道志》概况

《新疆四道志》是新疆建省（即 1884 年）之后的第一部志书，对于研究边疆史地有着重要的文献价值。《新疆四道志》向无刻本，以抄本传世，故弥足珍贵。今中央民族大学图书馆藏手抄稿本，共四卷，约八万字。书中包含了丰富的历史资料，对新疆省所属的镇迪道、阿克苏道、伊塔道、喀什噶尔道四道进行了分述。每一道下属的州、县、厅的疆域以及所辖村庄和山川、卡伦、驿站、城郭、厂务、部落、贸易、军台、古迹、界碑都作了较为翔实的记载，同时对其中一部分记载还做了相关考证。如此重要的志书，至今为止却极少有人进行专题研究，甚至连志书的作者也以“佚名”校注，成书时间更是处于推论阶段[①]。

【基金项目】中央民族大学“985 工程”三期建设项目“清代新疆舆图整理研究”（编号：98502030401）阶段性成果。

① 戴良佐先生曾发表两篇介绍性文章：一为《<新疆四道志>评介》，载于《新疆地方志·旧志评介》1991 年第 3 期。二是《新疆建省后的第一部志书<新疆四道志>》，载于《中国边疆史地研究·文献之窗》1993 年第 3 期。两文内容基本一致，只是名称不同而已。

二、济木萨北庭故城沿革考

《新疆四道志》卷1《镇迪道图说·阜康县》关于济木萨北庭故城的记载如下：

按：纪文达公昀《淮西杂志》云：济木萨有唐北庭都护府故城，则李卫公所筑也。周四十里，皆以土墼垒成。每墼厚一尺，阔一尺五六寸，旧瓦亦广尺余，长一尺五六寸。城中一寺亦圮尽，石佛自腰以下陷入土，尤高七八尺；铁钟一，高出人头，四周皆有铭，锈涩模糊，一字不可辨识，惟刮视字棱，相其波磔，似是八分书。再城中皆黑煤，掘一二尺乃见土。额鲁特云：此城昔以火攻陷，四面炮台即攻城时所筑。其为何代何人？则不能言之，盖在准噶尔前矣。城东南上一小城，与大城若相犄角。额鲁特云：以此一城阻碍，攻之不克，乃以砲攻也。今查济木萨东北数里户堡子庄地方有大小破垒各一土，相传为唐朝城旧址。迭经风霜兵燹之余，其寺瓦钟佛等事，无从寻访矣。[①]

以上记载引纪昀《淮西杂志》所述，对地处济木萨的北庭都护府故城作了一番描述，明确认为此城为李卫公所筑。其后《新疆四道志》作者考察该地户堡子地方的破垒废城，经过一番查证，与纪昀所说相合。故《新疆四道志》是认同“相传为唐朝城旧址”的户堡子地方破垒废城当为纪昀所记之旧时北庭故城。并说城中一破寺，其事由于年代久远，已经无法寻访。《四道志》对于“李卫公筑城”一说是肯定的。

“李卫公筑城说”是否成立？《新疆四道志》引用纪昀的这个说法是否恰当？关于这些问题，我们首先看一看清人徐松《西域水道记》的记载：

莫贺城又东五十里为济木萨，西突厥之可汗浮图城。唐为庭州金满县，又改后庭县，北庭都护府也。元于别失八里立北庭都元帅府。亦治于斯。故城在今保惠城北二十余里，地曰护堡子破城，有唐《金满县残碑》。”[②]

从清代学者徐松对济木萨城历史沿革的记载，可以了解到如下信息：济木萨护堡子破城就是西突厥可汗浮图城，唐庭州的金满县治、后庭县治，北庭都护府治所所在地以及元代北庭元帅府。此记载以出土实物《金满县残碑》为证，济木萨护堡子故城即为原唐北庭都护府故城，北庭故城也是唐朝金满县（后为后庭县）的治所，元朝北庭都元帅府的治所也在此，他的前身就是西突厥的可汗浮图城。

《旧唐书》、《新唐书》、《册府元龟》等都有相关记载：可汗浮图城初为西突厥所有，西突厥降唐后置为庭州。从这些材料中我们也能略见可汗浮图城、庭州金满县治、后庭县治以及北庭都护府一脉相承的关系。

《旧唐书》卷198《西戎传》载：

初，西突厥遣其叶护，屯兵于可汗浮图城，与高昌相影响，至是惧而来降，以其地为庭州。[③]

《旧唐书》卷40《地理志三》载：

---

① 李德龙主编：《中国边疆民族地区抄稿本方志丛刊》之《新疆四道志》，北京：中央民族大学出版社，2010年，第70—71页。

② [清]徐松：《西域水道记》，北京：中华书局，2005年，第172—173页。

③《旧唐书》卷198《西戎传》，北京：中华书局，1975年，第5296页。

北庭都护府：贞观十四年（640），侯君集讨高昌，西突厥屯兵于浮图城，与高昌相响应。①

《新唐书》卷221上《西域上》载：

初，宇文泰以金厚饷西突厥欲谷设，约有急为表里；使叶护屯可汗浮图城。及君集 至，惧不敢发，遂来降，以其地为庭州。②

《新唐书》卷110《诸夷蕃将传》载：

贞观元年（627），铁勒、回纥、薛延陀等叛，败欲谷设于马猎山，社尔助击之，弗胜。明年，将余众西保可汗浮图城。③

《册府元龟》、《资治通鉴》中的记载与以上几无区别，此不赘述。以上众多记载都有西突厥屯兵可汗浮图城的记载，此城早在西突厥时期就存在，并具有一定的规模，后北庭都护府的建立，就是以此城为基础而建的。关于这一问题，今人也多有论及。如薛宗正认为“可汗浮图城就是今北庭故城中内城的雏形，虽然它并非等同于又称别失八里的北庭故城全部，但却是这座历史名城的前身。”④ 这句话给出了清晰的答案：可汗浮图城是北庭故城前身。荣新江在《唐代北庭都护府与丝绸之路》中也说：“北庭原来叫可汗浮图城，是北方突厥人的游牧范围，而且是最高首领可汗所设浮图（即佛寺）的城镇。”⑤

以下材料亦可证可汗浮图城、庭州金满县治、后庭县治以及北庭都护府一脉相承之关系。《旧唐书》卷40《地理志》载：

金满流沙州北，前汉乌孙部旧地，方五千里。后汉车师后王庭。胡故庭有五城，俗号“五城之地”。贞观十四年（640）平高昌后，置庭州以前，故及突厥常居之。⑥

《西域图志校注》中载：

金满县地（隶北庭都护府，初为处月部，入唐为金满州。贞观十四年设县。）注释：金满县地，金满县在今新疆吉木萨尔县城北12公里处。……所谓金满城者，与今济木萨为近似矣……唐可汗浮图城也。⑦

唐时金满县地，依照以上注释中所标记“金满县在今新疆济木萨尔县城北12公里处”可知此处就是《新疆四道志》中所记载的唐北庭都护府故城，即纪昀所说的北庭故城。此记载与《西域水道记》所载相吻合。关于金满就是济木萨这个问题，李光廷在《汉西域图考》一书中从语音学的角度给出了解释：济木萨急读就是金满，金满缓读就是济木萨⑧。

弄清了北庭故城的历史发展，还有一个事实应该提及，即今济木萨县城与过去之可

① 《旧唐书》卷40《地理志三》，第1645页。

② 《新唐书》卷221上《西域上》，北京：中华书局，1975年，第6223页。

③ 《新唐书》卷110《诸夷蕃将传》，第4114页。

④ 薛宗正：《北庭历史文化鸟瞰》，《文史知识》，2010年第2期，第6页。

⑤ 荣新江：《唐代北庭都护府与丝绸之路》，《文史知识》，2010年第2期，第26页。

⑥ 《旧唐书》卷40《地理志三》，第1645页。

⑦ 《西域图志校注》，钟兴麒、王豪、韩慧等校注，乌鲁木齐：新疆人民出版社，2002年，第127—196页。

⑧ [清]李光廷：《汉西域图考》卷3，台北：乐天出版社，1974年，第227页—314页。

汗浮图城、金满县治、后庭县治、北庭都护府完全无相承关系，它是清朝乾隆年间重新选址修建而成的新城，初名为恺安城。这可作为护堡子故城为北庭故城的一个佐证。

《清史稿》卷67《地理志》载：

孚远……乾隆三十七年（1772）筑恺安城，四十一年（1776）设济木萨县丞，治恺安，属阜康。光绪二十年（1894）重修城，改名孚远，二十九年（1901）升置。[①]

《新疆四道志》卷1《镇迪道图说·阜康县》载：

恺安城为济木萨县丞治，在县城（阜康县城）东二百五十里，乾隆三十六年（1771）建。周約一里。[②]

《钦定新疆识略》卷2《北路舆图》载：

恺安城为济木萨县丞治，乾隆三十七年建。[③]

《清史稿》载乾隆三十七年(1772)建恺安城，《新疆四道志》载此城为乾隆三十六年（1771）所建，《钦定新疆识略》也载为乾隆三十七年（1772）建，时间上略有出入，当以三十七年建为准，《孚远县乡土志》中也有相似记载。[④]建城后此处设置济木萨县丞，隶属阜康县，光绪年间改为孚远县。1954年，孚远县更名为吉木萨尔县，时至今日。

综上所述，我们可知今护堡子破城在南北朝时期为西突厥所据，逐渐形成居民定居之城，并命名为“可汗浮图城”；唐于贞观二十年（646）在此处设置庭州，治所在金满县地，即原“可汗浮图城”；后改名为后庭县，县治不变；长安二年（702）年，在此处设置北庭都护府，治所仍不变，直至安史之乱后被吐蕃所占。“筑城”如果从新修这个意义上去理解，《新疆四道志》所载“李卫公筑北庭故城”显然是错误的。因为北庭故城就是原西突厥“可汗浮图城”，唐之前就已经存在。

三、李卫公筑北庭故城考

纪昀在《淮西杂志》中对济木萨北庭故城有如下描述：

城东南山冈上一小城，与大城若相犄角。额鲁特云：“以此一城阻碍，攻之不克，乃以炮攻也。”庚寅冬，乌鲁木齐提督标增设后营，余与永馀斋（名庆，时为迪化城督粮道，后官至湖北布政使）奉檄筹画驻兵地。万山丛杂，议数日未定。余谓馀斋曰：“李卫公相度地形，定胜我辈。其所建城必要隘，盍因之乎？”馀斋以为然，议乃定。[⑤]

可见，纪昀认为北庭故城乃李卫公所筑无疑，且选择在此处建城是由于他具有高瞻远瞩的军事战略眼光所致，正好可以因循此处作为选择驻兵之所。毫无疑问，《新疆四道志》是依据纪昀记述而下的定论，认为北庭故城为李卫公所筑。另还有著述说此城为李卫公德裕所筑，如《新疆图志》就有“（济木萨北庭故城）遗址尚存，相传李卫公德

---

①《清史稿》卷67《地理志》，北京：中华书局，1977年，第2375页。

② 李德龙主编：《中国边疆民族地区抄稿本方志丛刊》之《新疆四道志》，第70页。

③ [清]松筠编撰：《钦定新疆识略》，民国抄本，卷2第1页，来源于中国数字方志库。

④ [清]佚名撰：《孚远县乡土志》，民国抄本，第4页。来源于中国数字方志库。

⑤《阅微草堂笔记》卷13《淮西杂志三》，上海：上海古籍出版社，1980年，第319页。

裕所筑”[①]的记载。此处的李卫公到底为何人？是李靖还是李德裕，还是另有其人？

在唐朝，李靖和李德裕两人皆可称李卫公，因为二人都曾封卫国公。纪昀此处所说的李卫公是李靖，而非李德裕。参照李德裕的生活年代（787—849）以及列传所记述其生平，完全可以排除李德裕筑北庭故城的可能性。李德裕于贞元三年（787）出生，而北庭都护府于长安二年（702）设立，庭州于贞元元年(784)年被吐蕃攻陷，也就是说在李德裕还没出生时北庭都护府就已经在吐蕃的控制之中了。仅此一点就可完全排除《新疆图志》中李德裕筑北庭故城的说法。且一代大学者纪昀，对唐前期李靖和唐后期李德裕的生平应该有基本的了解，不可能认为唐后期的李德裕修筑了北庭故城。李靖是否修筑过北庭筑城？不妨先看看李靖生平。

李靖是大家熟知的唐朝著名军事家，《旧唐书》、《新唐书》都有传。他戎马一生，军事才能出众，有军事名篇《李卫公问对》。他为唐朝贡献巨大，其中就包括率军多次同突厥、吐谷浑之间作战。李靖具有很高的战略眼光，所选驻兵之地肯定是战略要地。这与“李卫公相度地形，定胜我辈，其所建城必要隘”的记载是相符的。而济木萨的战略地位确实重要，自古就有“占北庭要塞得北疆沃野”的说法，此处为历代兵家必争之地。照这样的说法，如果李靖曾率军到过此处，选择此处屯兵筑城是符合常理的，也是极有可能的。李靖是否到过此处就显得尤为重要，如果未曾到过此处，筑城一说则不能成立。

《旧唐书》卷67《李靖传》载：

> （武德）九年（626），突厥莫贺咄设寇边，征靖为灵州道行军总管。颉利可汗入泾阳，靖 率兵倍道趋豳州，邀贼归路，既而与虏和亲而罢……（贞观）三年（629），转兵部尚书。突厥诸部离叛，朝廷将图进取，以靖为代州道行军总管，率骁骑三千，自马邑出其不意，直 趋恶阳岭以逼之。突利可汗不虞于靖，见官军奄至，于是大惧，相谓曰：“唐兵若不倾 国而来，靖岂敢孤军而至？”一日数惊。靖候知之，潜令间谍离其心腹，其所亲康苏密 来降。四年，靖进击定襄，破之，获隋齐王暕之子杨正道及炀帝萧后，送于京师，可汗 仅以身遁。……自破定襄后，颉利可汗大惧，退保铁山，遣使入朝谢罪，请举国内附。 又以靖为定襄道行军总管，往迎颉利。颉利虽外请朝谒，而潜怀犹豫。其年二月，太宗遣鸿胪卿唐俭、将军安修仁慰谕，靖揣知其意，谓将军张公谨曰：“诏使到彼，虏必自宽。遂选精骑一万，赍二十日粮，引兵自白道袭之。”公谨曰：“诏许其降，行人在彼， 未宜讨击。”靖曰：“此兵机也，时不可失，韩信所以破齐也。如唐俭等辈，何足可惜。”督军疾进，师至阴山，遇其斥候千余帐，皆俘以随军。颉利见使者，大悦，不虞官兵至也。靖军将逼其牙帐十五里，虏始觉。颉利畏威先走，部众因而溃散。靖斩万余级，俘男女十余万，杀其妻隋义成公主。[②]

《新唐书》卷95《李靖传》载：

> 太宗践阼，授刑部尚书，录功，赐实封四百户，兼检校中书令。突厥部种离畔，

---

① [清]袁大化等修：《新疆图志》卷89《古迹》，民国12年《1923》铅印本，《古迹》卷第2页。

②《旧唐书》卷67《李靖传》，第2478—2479页。

帝方图进取，以兵部尚书为定襄道行军总管，率劲骑三千繇马邑趋恶阳岭。颉利可汗大惊，曰：“兵不倾国来，靖敢提孤军至此？”于是帐部数恐。靖纵谍者离其腹心，夜袭定襄，破之，可汗脱身遁碛口……颉利走保铁山，遣使者谢罪，请举国内附。以靖为定襄道总管往迎之。又遣鸿胪卿唐俭、将军安修仁慰抚。靖谓副将张公谨曰：“诏使到，虏必自安，若万骑赍二十日粮，自白道袭之，必得所欲。”公谨曰：“上已与约降，行人在彼，奈何？”靖曰：“机不可失，韩信所以破齐也。如唐俭辈何足惜哉!”督兵疾进，行遇候逻，皆俘以从，去其牙七里乃觉，部众震溃，斩万余级，俘男女十万，禽其子叠罗施，杀义成公主。颉利亡去，为大同道行军总管张宝相禽以献。[①]

两《唐书》关于李靖与突厥作战经历的记载相差无几，皆未提及李靖率军到达过今新疆济木萨（可汗浮图城）一带地方，也没有提及他与西突厥之间曾发生过战争。翻阅《资治通鉴》武德元年（618）至贞观二十三年（649）间所记内容，也未见李靖率军与西突厥作战的经历。[②]而吉木萨即可汗浮图城在当时西突厥境内。

关于李靖的主要人生履历，笔者参照台湾雷家骥先生的《李靖年谱》[③]作简表如下：

时间	年龄	人生履历
隋开皇六年（586）	十六岁	长安县令调李靖为长安县功曹参军。
开皇十九年（599）	二十九岁左右	历任汲县、安阳、三原县令。
仁寿元年（601）	三十一岁	授尚书省兵部驾部员外郎。
唐武德元年（618）	四十八岁	入李世民幕府。
武德二年（619）	四十九岁	随李世民讨王世充和萧铣。
武德四年（621）	五十一岁	率军灭梁。封李靖为检校竞逐刺史、上柱国、永康县公。
武德五年（622）	五十二岁	平岭南。
武德六年（623）	五十三岁	副李孝恭东讨辅公祏。
武德七年（624）	五十四岁	辅公祏平，封兵部尚书。
武德八年（625）	五十五岁	从扬州率军北上抗击东突厥。
武德九年（626）	五十六岁	任灵州行军大总管，御东突厥。
贞观元年（627）	五十七岁	任刑部尚书。
贞观二年（628）	五十八岁	任关内道行军大总管，以戒东突厥。
贞观三年(629)	五十九岁	为定襄道行军大总管，节度全军，准备同东突厥作战。
贞观四年（630）	六十岁	破东突厥，迁为尚书右仆射。
贞观八年（634）	六十四岁	为西海道行军大总管，节度诸军讨伐吐谷浑。

①《新唐书》卷93《李靖传》，第3814页。

②《资治通鉴》卷185——卷199，北京：中华书局，1956年，第5777页—6269页。

③ 材料来源于《战略家丛书》1《李靖》，雷家骥著，庄焜明主编，联明文化有限公司，1980年，第275页—289页。

贞观九年（635）	六十五岁	平吐谷浑。本年李靖一直在家修行道术等，几乎闭门谢客。
贞观十一年（637）	六十七岁	封卫国公，濮州刺史。
贞观十四年（640）	七十岁	靖妻卒。
贞观十八年（644）	七十四岁	太宗幸李靖永康坊宅邸，以悯其老弱拒绝其代天子东征高丽的请求。
贞观二十三年（649）	七十九岁	李靖卒。

综上我们可以得出，李靖没有率军同西突厥战争的经历，这就说明李靖没有领军到达过庭州一带地方，既然李靖没有到过此处，更不会有驻军筑城的举措。最有可能与李靖有关的唐与西突厥之间的战争发生在贞观十四年，唐军在侯君集、姜行本、薛万彻等统领下，大败西突厥，改高昌为西州，设立了安西都护府。从记载来看，此一段历史几乎和李靖没有任何关系。虽然西突厥在此时曾降唐，可汗浮图城为唐所有，但此后得而复失，直到贺鲁降唐才真正为唐所有，置为庭州，派刺史治理。

《资治通鉴》记载：

（贞观二十二年（648））乙亥，贺鲁帅其余众数千帐内属，诏处之于庭州莫贺城，拜左骁卫将军。[①]

《旧唐书》卷40《地理志三》载：

北庭都护府：贞观十四年，侯君集讨高昌，西突厥屯兵于浮图城，与高昌相响应。及高昌平。二十年四月，西突厥泥伏沙钵罗叶护阿史那贺鲁率众内附，乃置庭州，处叶护部落。长安二年，改为北庭都护府。自永徽至天宝，北庭节度使管镇兵二万人，马五千匹；所统摄突骑施、坚昆、斩啜；又管瀚海、天山、伊吾三军镇兵万余人，马五千匹。至上元元年，陷吐蕃。[②]

《资治通鉴》中载贞观二十二年(648)西突厥降唐，即李靖去世前一年。《旧唐书·地理志》说贞观二十年（646）西突厥投降，唐在此处设置庭州，此时李靖也已经七十六岁。薛宗正在《安西与北庭——唐代西陲边政研究》一书中考证说庭州为贞观二十三年（649）设。[③]此年为李靖卒年。根据前面所记，贞观十八年（644），即李靖七十四岁时太宗幸李靖永康坊宅邸，以悯其老弱未准其代天子东征高丽的请求。可见，在李靖生命的最后三年中，太宗李世民不会让他带兵出征，到济木萨一带筑城自然无从谈起。

李靖带兵出征的时候，此地一直被西突厥所占。至该地区真正为唐所有之时，李靖已近八旬高龄，再无出征之举。所以鉴于这样的历史事实，李靖是不可能在此屯兵筑城的。

①《资治通鉴》卷199贞观二十二年条，第6256页—6257页。

②《旧唐书》卷40《地理志三》，第1645—1646页。

③ 薛宗正著：《安西与北庭——唐代西陲边政研究》，哈尔滨：黑龙江教育出版社，1995年，第64页。

四、小结

既然李靖没有筑北庭故城，为何会出现“李卫公筑城”的记载呢？笔者推测纪昀将筑城归功于李卫公很有可能是为了突出自己选择驻兵之地得当。李卫公乃是一代杰出军事家，选择驻兵之地自然如纪昀所说“李卫公相度地形，定胜我辈。其所建城必要隘”。纪昀到新疆一带考察地形乃是为了日后筑城屯兵之用，“庚寅冬，乌鲁木齐提督标增设后营，余与永馀斋（名庆，时为迪化城督粮道，后官至湖北布政使）奉檄筹画驻兵地……馀斋以为然，议乃定。”纪昀正是寻找屯兵筑城之所而到此，认为此处为屯兵要隘，符合其要求。说李卫公也曾在此屯兵筑城，自然是“议乃定”。

关于庭州城的修葺，《元和郡县图志》卷40《陇右道下》曾有来济修缮此城的记载。显庆中（658年左右）来济出任庭州刺史，修缮遭西突厥阿史那贺鲁破坏而萧条荒废的城镇。[①]显然这与“李卫公筑城”关联不大。

综上所述，由于纪昀的某些原因，导致了《新疆四道志》中关于“李卫公筑城”的记载错误，笔者在此特别提出以纠其误。

（田万东，男，1981年生，中央民族大学历史文化学院硕士研究生，北京，100081；李德龙，男，中央民族大学图书馆馆长，教授，北京，100081）

① 原文：“庭州，因王庭以为名也。后为贼所攻掠，萧条荒废，显庆中重修置，以来济为刺史，理完葺焉。”材料来源于[唐]李吉甫：《元和郡县图志》卷40《陇右道下》，北京：中华书局，1983年，第1033页。

敦煌藏文写本研究的回顾与前瞻

陈 楠 任小波

提要：敦煌藏文写本数量巨大、内容浩繁，是“敦煌藏学”赖以成立的文本支撑。通过系统检视国内外的既有研究成果，本文择其要端予以条列和评述，冀为厘清这一领域的基本学理脉络和新近研究趋向，以为相关研究的深化和拓展廓清思路。

敦煌藏经洞所出多语种的古代写本中，藏文写本的数量仅次于汉文居第二位，占据所谓“敦煌胡语文献”的大宗。这批数量巨大、内容浩繁的文献，对于敦煌学、藏学以及相关领域的研究，具有无可估量的重要价值。敦煌藏文写本的整理与研究，属于敦煌学与藏学的交叉学科。“敦煌藏学”作为一个学科术语，已在学界被部分地使用。经过几代学者的努力，这一领域的研究积累了丰厚的成果。1984 年，王尧《敦煌藏文写本手卷研究近况综述》（《中华文史论丛》第 30 辑，1984 年）一文，曾从语言、文学、历史、宗教、医学、天文等方面，总结了 20 世纪 80 年代以前相关研究的主要成绩。在当时国际学术交流尚很有限的条件下，此文提供了一份藏学家视野中的“敦煌藏学”研究成果的概览。从中明显可以看出，多是西方或日本学者位居相关领域的要津，同时中国学者的研究也在酝酿和展开。此后，敦煌学、藏学的发展日新月异，中国学者与国外学者的研究互有砥砺、各成千秋，相关的整理和研究成果也大为丰富。尤其近年来，国外学界的专题性整理和综合性研究，业已形成一个日益显著的趋向。在此学术潮流中，中国学者若能真正具备国际视野，充分发挥已有的积淀和语文的优长，定能为此作出更有分量的贡献。因此，对于敦煌藏文写本研究状况的系统、准确梳理，无疑是进一步提升学术水准、开拓研究蹊径的必要前提。这不仅属于学术史意义上的搜集、排比和整合，而且涉及对“敦煌藏学”这一学科的定位和架构。

一、国外的收藏与编目

大量的敦煌藏文写本因历史的原因流失国外，许多重要的整理工作和研究成果也起自国外。英、法两国是敦煌藏文写本最大的藏家，掌握这批兴废继绝的中古民族文献的主体。除此之外，还有相当部分收藏于其他国家。荣新江《海外敦煌吐鲁番文献知见录》（江西人民出版社，1996 年）一书，对英、法、德、俄、美以及北欧、日本的藏品作了详细著录。以实际的查访和目验，形成一部不可多得的工具资料。而其所著《敦煌学十八讲》（北京大学出版社，2001 年）一书，也以相当的篇幅涉及敦煌藏文写本的收藏、编目状况。陈庆英《〈斯坦因劫经录〉、〈伯希和劫经录〉所收汉文写卷中夹存的藏文写卷情况调查》（《敦煌学辑刊》第 2 辑，1981 年）一文，对英、法两国所藏汉文文献中的藏文写本作了著录。萨仁高娃《国外藏敦煌汉文文献中的非汉文文献》（国家图书馆“华夏记忆”网站，2011 年），胪列不少法、英、俄等国所藏汉文文献中的藏文写本，并指出其内容多系藏汉对照、藏文习字、藏文题记的特点。

英国收藏的古藏文写本，属于斯坦因（M.A. Stein）收集品的范畴，主要出自甘肃敦煌藏经洞和新疆米兰、麻札塔格等地。应斯坦因的邀请，威利・布散（Vallée Poussin）为敦煌藏文写本进行编目。1962 年，威利・布散所编《印度事务部图书馆藏敦煌藏文写本目录》（*Catalogue of the Tibetan Manuscripts from Tun-huang in the Indian Office Library*）一书在伦敦出版。这一目录重在著录藏文佛典以及相关文献，总计涵纳 10 大类别、765 个卷号的写本。至于非佛教内容的写本，则由托玛斯（F.W. Thomas）负责整理，惜其所编目录草稿迄今没有出版。日本东洋文库获得英藏藏文写本的缩微胶卷之后，由山口瑞凤领衔进行新的整理和编目工程。1977-1988 年，山口瑞凤主编《スタイン蒐集チベット语文献解题目录》12 册在东京陆续出版。“山口瑞凤目录”第 1-8 册将“布散目录”含括在内（No.1-765），第 9-12 册则著录威利・布散录余的藏文写本（No.1001-1518），基本展现出英藏敦煌藏文写本的全貌。关于英藏敦煌藏文写本的编号，存在 Ch.、Vol.、VP.、S.T.等几种习惯，使用时造成诸多不便并时有混淆。近年以来，随着更为完备的编目工作的开展，新的通用编号 IOL Tib J 得到普遍接受，提升了研究工作的统一和精准程度。

法国收藏的古藏文写本，属于伯希和（P. Pelliot）收集品的范畴，主要出自敦煌藏经洞。伯希和最初邀请巴考（J. Bacot）进行编目，这项繁重的任务最终由拉露（M. Lalou）完成。1939 年、1950 年和 1961 年，拉露所编《巴黎国家图书馆藏伯希和收集的敦煌藏文写本目录》（*Inventaire des Manuscrits Tibétains de Touen-Houang, Conservés à la Bibliothèque Nationale, Fonds Pelliot Tibétain*）3 卷在巴黎陆续出版。这一目录按照编号的自然顺序著录（P.T.1-2216），数量已经超出了伯希和预留的 2000 个卷号。此外，对于大量重复的《无量寿宗要经》等写经，拉露仅出列卷号而未作编目。中国获得法藏敦煌藏文写本的缩微胶卷之后，由王尧领衔进行新的整理和编目工作。1999 年，王尧主编《法藏敦煌藏文文献解题目录》一书由民族出版社出版。“王尧目录”较之“拉露目录”更为详备和完整，涵纳重复的写经和编外的残卷（P.T.2217-2224, 3500-4450），并将研究状况列在各个卷号之下。关于法藏敦煌藏文写本的编号，长期以来通用 P.T.作为标志。虽然一个卷号之中可能存在两种或几种写本，但是比起使用通号之前的英藏编号更便检索。

俄罗斯收藏的敦煌藏文写本，主要经过柯罗特阔夫（N.N. Krotkov）之手入藏俄国，由于种种原因长期秘而不宣。1984 年，萨维茨基（L.S. Savitsky）于纪念“藏学之父”乔玛（Kőrös Csoma Sándor）诞辰 200 周年之际，首次撰文公布了俄藏部分敦煌藏文写本的状况。1991 年，萨维茨基所编《苏联科学院东方学研究所藏敦煌藏文写本目录》（*Opisanie Tibetskikh Svitkov iz Dun'khuana Sobranii Instituta Vostokovedeniya AN SSSR*）一书在莫斯科出版。这一目录，著录《无量寿宗要经》202 件、《般若波罗蜜多心经》10 件以及其他写本 2 件。与英、法两国的藏品相比，俄藏写本的内容明显十分单调。

就中外的藏品而言，敦煌《无量寿宗要经》的写本之多，均居当时各类藏文写经之冠。此经不仅有大量藏、汉文写本，而且存在多种胡语写本。因此，数量巨大、千篇一律的俄藏《无量寿宗要经》，可同散藏各地的同名写本作连缀拼合或比较研究。卷上所署的大量写经生和校勘人名单，可以从细节上印证某些重要的现象或史实。关于“萨维茨基目录”的评介，参见张广达《评〈苏联科学院东方学研究所收藏敦煌藏文写卷注记目录〉》（《汉学研究通讯》第 10 卷第 3 期，台北，1991 年）一文。此文对《无量寿宗要经》之所以大行其道，作了颇为精当的考量和解说。至于俄藏敦煌藏文写本的编号，萨维茨基齐整地冠以 Dx Tib 标志，当然十分便于查检和引证。

二、国内的收藏与编目

劫余留存中国的敦煌藏文写本，分居各个学术文化机构或民间藏家之手。关于国内所藏敦煌藏文写本的详情，已有不少论著加以记述或统计，编目和研究工作正在缓慢进行。范谢克（Sam van Schaik）《中国收藏的敦煌藏文写本》（The Tibetan Dunhang Manuscripts in China）一文，2002 年刊于伦敦大学《东方与非洲学院院刊》（*Bulletin of the School of Oriental and African Studies*）第 65 卷第 1 期，对中国所藏写本的主体部分作了调查和介绍。萨仁高娃《国内藏敦煌汉文文献中的非汉文文献》（《文津学誌》第 2 辑， 2007 年）一文，对北京、上海、天津、甘肃等地部分单位所藏汉文文献中的藏文写本作了详细著录。然而由于时空条件的限制，以上文章也只是比较概略的统计而已。中国美所编《中国散藏敦煌文献分类目录》（北京图书馆出版社，2007 年）一书，对国内散藏的不少敦煌藏文写本作了简明的著录。黄维忠《国内藏敦煌藏文文献的整理与研究回顾》（《敦煌学辑刊》2010 年第 3 期）一文，对北京、上海、天津、浙江、甘肃、台湾等 6 地所藏写本作了新的调查，暂时得出的统计数字是 7092 件。

与散失海外的敦煌藏文写本相比，国内藏品的总体内容虽颇为单一，但仍是这批文献不可分割的组成部分。国家图书馆所藏敦煌写本的主体为汉文写经，但也有大批的藏文《无量寿宗要经》写本，以及题作占卜文书、实为经济文书的 BD 4756 号（背）等难得一见的重要写本。这批写本原先属于大谷收集品，因寄存旅顺未及运走而最终入藏国图，数量共计 209 件（新 413-621）。在国图“新”字头卷号中，尚有 30 余卷藏文写本也是此经，源自后期收购或私人捐赠。1994 年，黄明信、东主才让《敦煌藏文写卷〈大乘无量寿宗要经〉及其汉文本之研究》（《中国藏学》1994 年第 2 期）一文，对国图所藏此经的形制作了全面记述，并将此经与汉文写本作了周详的比较研究。国图所藏敦煌汉文写经中，间或也有纸背、行间或栏外的藏文杂写。1931 年，陈垣所编《敦煌劫余录》6 册，作为历史语言研究所专刊在北京出版。此书所谓“背有蕃文”、“末有蕃字”，即指以上诸类现象而言。高田时雄《北京藏敦煌写卷中所包含的藏文文献》（潘重规主编·《庆祝吴其昱先生八秩华诞敦煌学特刊》，台北：文津出版社，2000 年）一文，实际是为国图所藏汉文写本中的藏文断片编出一份简目。黄颢《敦煌莫高窟北区石窟出土藏文文献译释研究》（敦煌研究院编：《敦煌莫高窟北区石窟》第 1-3 卷，文物出版社，2000、2004 年）一文，对莫高窟北区石窟清理出的藏文写本作了考释。吐蕃统治敦煌时期写经事业兴盛，出现了大量的所谓“报废经页”。张延清《敦煌古藏文佛经中的报废经页》（《西藏研究》2009 年第 2 期）一文，考察了敦煌市博物馆所藏经页的形制标记、报废原因等问题，揭示了当时佛经抄写的盛况和相应的规定。

由于历史和区位的原因，甘肃所藏敦煌藏文写本的总量不小。20 世纪 70 年代末、80 年代初，黄文焕《河西吐蕃文书简述》（《文物》1978 年第 12 期）、《河西吐蕃经卷目录跋》（《世界宗教研究》1980 年第 2 期）、《河西吐蕃卷式写经目录并后记》（《世界宗教研究》1982 年第 1 期）等文，最早对这批写本作了整理和著录。总计敦煌藏文篋页 9946 页、经卷 317 卷，经卷的绝大部分（313 件）均为《无量寿宗要经》。这一特征，与海外所藏及国图所藏一致。卷上除过经文之外，还有写校者的署名和批注。而在篋边、经背等处，还存有若干佛教愿文和公私文书。范谢克《中国甘肃所藏藏文写本》（Tibetan Manuscripts in Gansu Province, China）一文，2000 年刊于《国际敦煌项目要闻》（*International Dunhuang Project News Issue*）第 17 期，对甘藏敦煌藏文写本作了概说。马德《甘肃藏敦煌藏文文献概述》（《敦煌研究》2006 年第 3 期）一文，揭示了甘肃各个文教机构所藏写本的状况，特别表彰了兰山范氏藏品的源流和价值。2003 年以来，兰州、敦煌、武威、张掖等地藏文写本的详情得以公布，曾雪梅《甘肃省图书馆藏敦煌藏文文献叙录》（《敦煌研究》2003 年第 5 期）和王南南、黄维忠《甘肃省博物馆所藏敦煌藏文文献叙录》（《中国藏学》2003 年第 4 期）二文尤为重要。观其内容，绝大部分仍属于藏文写经及题记。目前所知，甘藏敦煌藏文写本的统计数字为 6741 件，敦煌研究院已经组织人力进行整理和编目。除此之外，还有散藏民间的写本有待发现和征集。

三、写本的分类

敦煌藏文写本分藏于世界各地，至今仍旧无法对其数量和种类进行确切的统计，这有赖于更为普遍的调查和更加深入的研究。而且跟据编号多少统计其数量，在研究实践中仅有相对的价值而无精确的依准。因为，同一卷号之下可能包括两种以上不同的文献，而同一写本又往往因藏地的不同被分为两个或多个卷号。沃斯特里科夫（A.I. Vostrikov）所编《西藏历史文献》（*Tibetan Historical Literature*）一书，1962 年在莫斯科首次出版。这一巨著后被译成英文，于 1970 年在加尔各答出版。此书是第一部关于西藏历史文献的通论，初步创立了西藏历史文献的分类尺度和方案，特别将吐蕃历史文献作为专篇讨论，其中也涉及敦煌藏文写本的相关问题。1979 年，乌瑞（G. Uray）《有关公元 751 年以前中亚史的藏文史料概述》（The Old Tibetan Sources of the History of Central Asia up to 751 A.D.: A Survey）一文，刊于布达佩斯出版的《前伊斯兰时代的中亚史料导论》（*Prolegomena to the Sources on the History of Pre-Islamic Central Asia*）。此文对相关藏文史料作了系统的概说，在敦煌藏文写本研究领域具有高屋建瓴的水准，形成一篇简明扼要而又表述严谨的导论，是为对敦煌藏文写本进行宏观考察和分类研究的重要参照。

关于敦煌藏文写本的分类，学界已然形成几种方案：（1）1935 年和 1951 年，托玛斯（F.W. Thomas）《有关西域的藏文文献和文书》（*Tibetan Literary Texts and Documents Concerning Chinese Turkestan*）1-2 卷在伦敦出版。这是作者先前发表的系列专题论文的汇集，分为阿柴、沙州、罗布、于阗、突厥、政府与社会、吐蕃的军队 7 章，总体是以地域或专题作为藏文写本类属的依据。(2)1978 年和 1979 年，麦克唐纳（A. Macdonald）、今枝由郎合编《法藏敦煌藏文写本选集》（*Choix de Documents Tibétains Conservés à la Bibliothèque Nationale: Complété par Quelques Manuscrits de l'India Office et du British Museum*）1-2 卷在巴黎出版。此书根据所收藏文写本的实际状况，将其分为艺术、史地、语言、文学、宗教、医学、社会等 7 大类。（3）1985 年，山口瑞凤所编《讲座敦煌 6：敦煌胡语文献》（东京：大东出版社，1985 年）一书，将藏文写本在总体上分为佛教文献和非佛教文献。尤以非佛教文献下的子类最具特色，包括历史文献、史传文学、官文书与公文书、私文书、蕃占期以后的文书、法律文书、占卜文书、医疗文书、苯教文书、藏译中印古典等 11 项。这个分类方案，已经大体形成一个比较完整的体系。（4）2002 年，王尧《从敦煌文献看吐蕃文化》（黄征主编：《南京栖霞山石窟艺术与敦煌学》，中国美术学院出版社，2002 年）一文，将敦煌藏文写本分为历史文书、经济文书、法律文书、民族关系文书、职官制度文书、占卜文书、伦理文书、苯教文书、佛经文书、翻译中印文学作品文书、医学文书等 11 类。比之日本学者，这一分类在在标准上更为平行。以上几种分类意见，还与学者的学术取向和研究经验有关。若将敦煌藏文写本整体作为分类目标，那末无论标准的制定还是写本的归属，均须在实践中不断摸索和调整。某些比较成熟的类目，应当得到继续充实；而某些存在争议的类目，则应从实际出发有所增裁。

与分类紧密相连的问题，是敦煌藏文写本专题目录的编写。已有的相关论著，实际均是较易判定或积累成熟的类目。1980 年，木村隆德《敦煌チベット语禅文献目录初稿》一文，刊于东京大学文学部《文化交流研究施设研究纪要》第 4 号。此文对敦煌藏文禅宗文献，作了系统的整理和著录。高田时雄《有关吐蕃期敦煌写经事业的藏文资料》（郝春文主编：《敦煌文献论集——纪念敦煌藏经洞发现一百周年国际学术研讨会论文集》，辽宁人民出版社，2001 年）一文，著录了一批关于写经事业的新见藏文写本。罗秉芬、刘英华《敦煌本吐蕃医学文献解题目录》、《敦煌本吐蕃医学文献研究论著目录》（罗秉芬主编：《敦煌本吐蕃医学文献精要》，民族出版社，2002 年）二种，对藏医写本及其研究作了细致的胪列，其中的论著目录仅限于国内研究状况。2006 年，道尔顿（J. Dalton）、范谢克（Sam van Schaik）所编《英国国家图书馆藏斯坦因收集品中的敦煌藏文密教文献目录》（*Tibetan Tantric Manuscripts from Dunhuang: A Descriptive Catalogue of the Stein Collection at the British Library*）一书在莱顿和波士顿出版。此书是一部关于敦煌藏文密教文献的精湛目录，以英藏写本为主体的同时标明法藏的链接。黄维忠《8-10 世纪藏文发愿文卷号一览表》（《8-9 世纪藏文发愿文研究——以敦煌藏文发愿文为中心》，民族出版社，2007 年），对敦煌藏文愿文作了全面的普查，共计著录国内所藏 4 件、法藏 65 件、英藏 22 件、俄藏 1 件。可以想见，随着整理和研究的进展，将有更多的专题目录问世，最终确立起一个兼容的分类谱系。

四、写本的刊布

已知的敦煌藏文写本约有万件之多，大多出自属于“西域”范畴的敦煌、新疆等地，属于 8-10 世纪前后的古藏文写本。这些写本虽以各类佛经为主体，但也涉及历史、社会、经济、信仰等诸多层面。吐蕃王朝灭亡以后，西藏“分治时期”动乱不已，大量的经籍文书或毁或湮。故而成批面世的敦煌藏文写本，成为吐蕃史、西域史以及相关研究不可替代的材料。1935 年、1951 年和 1955 年，托玛斯（F.W. Thomas）《有关西域的藏文文献和文书》1-3 卷出版，共计收录敦煌、新疆所出藏文写本 120 件。第 1 卷辑录有关于阗佛教的藏文写本，并参照藏文大藏经进行译注和研究；第 2 卷分类刊布敦煌、新疆出土的藏文文书和简牍，涵盖了斯坦因所获藏文世俗文书的精要；第 3 卷是对前两卷的相关补充和订正。此书对于所收写本，提供了简明的解题、规范的转录和确信的译文，这在吐蕃语言、历史研究领域是首开其端的成就。长期以来，此书作为一部蔚然可观的古藏文史料集，成为相关研究的重头参考资料。1978 年和 1979 年，麦克唐纳（A. Macdonald）、今枝由郎合编《法藏敦煌藏文写本选集》1-2 卷出版。第 1 卷选印佛教文献中的愿文、藏外文献等 58 件，第 2 卷选印历史、牒状、信函、占卜等世俗文献 110 件，并以能够缀合的英藏写本作为补充。这部写本选集，收有当时国内所藏缩微胶卷中的不少缺号，而且严谨编排的影印图版极为清晰，为敦煌藏文写本的刊布树立了光辉范例，极大地推动了国际范围内的敦煌学、藏学研究。

留存国内的敦煌藏文写本，随着汉文写本的依次印行，开始得到局部刊布和初步整理。石门图书公司所编《国立中央图书馆藏敦煌卷子》（台北：石门图书公司，1976 年）3 册，其中杂有台湾所藏 5 件敦煌藏文写本。相关的研究和考订，参见吴其昱《台北中央图书馆藏敦煌蕃文写本佛经四卷考》（《敦煌学》第 2 辑，台北，1975 年）一文。1992 年以来，上海古籍出版社联袂西域文书的各大收藏单位，分批影印出版《敦煌吐鲁番文献集成》这一大型丛刊。其中，《北京大学图书馆藏敦煌文献》（1995 年）2 册、《上海博物馆藏敦煌吐鲁番文献》（1993 年）2 册、《上海图书馆藏敦煌吐鲁番文献》（1999 年）4 册、《天津市艺术博物馆藏敦煌文献》（1997 年）7 册，内容虽以敦煌汉文写本为主，但也间杂若干珍贵的敦煌藏文写本。此外，毛昭晰等主编《浙藏敦煌文献》（浙江教育出版社，2000 年）1 册，杂有 6 件尚待缀合研究或重新定名的敦煌藏文写本。以上刊印的藏文写本数量，合计至多也不过数十件。与此相比，国家图书馆和甘肃各地所藏的写本数量巨大。在系统整理和研究的基础上，拍成精良的图录并配以精确的记注公之于世，目前看来还有待于各方力量的整合。

2004 年开始，西北民族大学协调国内的研究力量，积极联络英、法两国的国家图书馆，开始系统整理流落海外的中国民族古文献。该校为此专门成立“海外民族文献研究所”，联袂上海古籍出版社《敦煌吐鲁番文献集成》丛刊，致力对流失海外的敦煌学、藏学等领域的文献资料，进行科学的搜集、整理、刊布和研究。2006 年，金雅声、郭恩（M. Cohen）主编《法国国家图书馆藏敦煌藏文文献》1—2 册在兰州首发，堪称国际范围内敦煌学界、藏学界的一件大事。这是自藏学先驱于道泉远赴海外搜录敦煌藏文写本，王尧主编《法藏敦煌藏文文献解题目录》以来，几代中国学者经过不懈求索建立的重要学术业绩。截止 2009 年，此书已连续出版前 10 册，完整地影印出 P.T.1-1133 号写本。此书第 11 册于 2011 年 2 月出版，其余的若干册将会陆续推出。据悉，筹划中的《英藏敦煌藏文文献》，业已完成前期编目工作，也将陆续影印出版。流落海外的敦煌藏文写本，以图版的形式回归祖国并被完整刊布，这为最大可能地利用这批文献提供了光明前景。此举必将极大地促进研究工作的开展，继续滋养相关领域的学术创获。

五、写本的专题研究

敦煌藏文写本的专题校录和译释，已经初步形成了一定的规模，并出现了颇有水准的作品。其中最为关键和突出的代表，便是敦煌吐蕃历史文书研究的热潮。1940-1946年，巴考（J. Bacot）、托玛斯（F.W. Thomas）、杜散（C. Toussaint）《敦煌吐蕃历史文书》（*Documents de Touen-Houang Relatifs à l'Histoire du Tibet*）一书在巴黎出版。此书将西藏和西域研究推向一个崭新的境界，至今仍被视作敦煌学、藏学史上最有影响的著作之一。此书可与托玛斯《有关西域的藏文文献和文书》第2卷并举，成为早期敦煌藏文写本研究的"双璧"。1959-1960年，张琨《敦煌本吐蕃纪年之分析》（An Analysis of the Tun-huang Tibetan Annals）一文，刊于香港大学《东方文化》（*Journal of Oriental Studies*）第5卷第1-2期，堪称一部透辟入微、极便检索的工具资料。20世纪80年代以后，以王尧、陈践为代表的中国学者，对敦煌吐蕃文书进行系统的译释。1980年和1992年，王尧、陈践《敦煌本吐蕃历史文书》及其增订本，由民族出版社两度出版。此书在国外学者研究的基础上，充分重视藏文安多方言中保留的古词用例，结合同时期的汉文文献加以参比，在录文、翻译、注释等方面达到了新的高度。此后国内涌现的相关论著，多以此书作为研究的资料基础。此后，黄布凡、马德《敦煌藏文吐蕃史文献译注》（甘肃教育出版社，2000年）一书，吸纳了学界相关研究的些许新见。2009年，多特森（B. Dotson）《古代西藏纪年》（*The Old Tibetan Annals*）一书在维也纳出版。此书是对P.T.1288 + IOL Tib J 750 & Or.8212/187号《吐蕃大事纪年》的新近研究，附有颇为详尽的注释和图表。关于历史文书的研究，直接的文章为数不少，间接的文章难计其数。2011年，今枝由郎、凯普斯坦（M.T. Kapstein）、武内绍人合编《古代西藏文献新探——语文、历史与宗教》（*New Studies of the Old Tibetan Documents: Philology，History and Religion*）一书，作为《古代西藏文献在线丛刊》（Old Tibetan Documents Online Monograph Series）第3卷在东京出版。此书收入岩尾一史、多特森、蔡斯勒（B. Zeisler）分别撰写的三篇论文，是关于历史文书的最新研究成果。尤其蔡斯勒对P.T.1287号《吐蕃赞普传记》第1节的译注，近乎占了全书三分之一的规模。此文虽较全面地荟萃了以往的研究积淀，但其所提出的译文在不少地方仍需再作检讨，甚至在几处抛弃前贤的正确译文，复又造成了新的错乱。

随着敦煌藏文写本研究的深化，涌现出多种颇有代表意义的专题著作。1957年，托玛斯《东北藏古代民间文学》（*Ancient Folk-Literature from North-Eastern Tibet*）一书在柏林出版。此书对涉关文学的6件藏文写本作了转录和译释，附篇还收录涉关占卜和语言的藏文写本。此书以其所达到的整理和研究水准，成为敦煌藏文写本研究的典范。1967年，埃默瑞克（R.E. Emmerick）《有关于阗的藏文文献》（*Tibetan Texts concerning Khotan*）一书在伦敦和纽约出版，对著名的P.T.960号《于阗教法史》作了校勘和翻译。1987年，王尧、陈践《吐蕃时期的占卜研究——敦煌藏文写卷译释》一书由香港中文大学出版社出版，堪称一部研究敦煌藏文占卜文书的导论。1989年，德庸（J.W. de Jong）《西藏罗摩故事——相关敦煌写本辑译》（*The Story of Rāma in Tibet: Text and Translation of the Tun-huang Manuscripts*）一书在斯图加特出版。此书凝聚了作者的长期积累，录译的规范程度极高，颇便研究者检索和阅读。1991 年，柯蔚南（W. South Coblin）《古藏文〈尚书〉译文研究》（A Study of the Old Tibetan Shangshu Paraphrase）一文，刊于《美国东方学会会刊》（*Journal of the American Oriental Society*）第 111 卷 2-3 期。此文对 P.T.986 号《尚书》译文，作了迄今为止最为精细的考释。1995 年，武内绍人《中亚所出古藏文契约文书》（*Old Tibetan Contracts from Central Asia*）一书在东京出版。此书收录敦煌、新疆所出藏文契约 58 件，对契约文书作了综论和分卷译释。2002 年，罗秉芬主编《敦煌本吐蕃医学文献精要》一书由民族出版社出版。此书是一部录文、译文和论文的合集，代表了目前敦煌藏医学研究的水平。2006 年，今枝由郎《敦煌出土チベット文〈生死法物语〉の研究：古代チベットにおける仏教伝播过程の一側面》一书在东京出版，对于有关“生死轮回”的写本作了精彩研究。2006 年，周季文、谢后芳《敦煌吐蕃汉藏对音字汇》一书由中央民族大学出版社出版。此书对汉藏对音语料作了系统著录，形成汉藏、藏汉两种字音对照长表，成为一部有用的关于古藏文译音的工具资料。2005 年，张云、黄维忠《唐代吐蕃资料选辑》，中国藏学研究中心，2005 年）一书，收录黄维忠编译的敦煌藏文写本 13 篇、莫高窟藏文题记 1 篇，实为一部以赞普序位排列的吐蕃愿文选集。2008 年，坎特韦尔（C. Cantwell）、迈耶（R. Mayer）《敦煌所出关于普巴金刚的早期藏文文献》（*Early Tibetan Documents on Phur pa from Dunhuang*）在维也纳出版。此书对涉及“普巴”（Phur pa）的敦煌藏文写本作了译注和研究，书后附有可以下载的原卷图片光盘，代表了敦煌藏文密教文书研究的新近成果。

六、写本的分卷研究

除过专题的研究论著之外，各个写本的分卷研究仍在不断深化。1999 年，王尧主编《法藏敦煌藏文文献解题目录》一书，详细著录了法藏各个卷号的研究状况，基本反映了 20 世纪 90 年代以前的相关成果。此外在“国际敦煌项目”（IDP）、“古代西藏文献在线”（OTDO）两个网站中，各个卷号之下也系有该卷的研究状况。与此同时，电脑技术的应用和学术交流的频繁，对敦煌藏文写本的录文提出了更高的要求。日本 OTDO 网站，现已提供了数十个卷号的完整拉丁录文，其中不乏迄今在书刊或网页上仍无图版的重要写本。这在转写方案、录文格式的综合化、明晰化方面，作出了十分有益探索。至于敦煌藏文写本的分卷研究，因卷号众多而数量浩繁、不能尽举，限于篇幅仅举如下三例以见梗概：

P.T.999 号写本，是一件关于功德回向和寺院账目的著名藏文写本。主要的研究论著如下：（1）拉露（M. Lalou）：《有关法施的敦煌藏文文书》（Tun-huang Tibetan Documents on a Dharmadāna），刊于《印度史季刊》（*The Indian Historical Quarterly*）第 16 卷，1940 年；（2）山口瑞凤：《官文书与公文书》，刊于《讲座敦煌 6：敦煌胡语文献》，东京：大东出版社，1985 年；（3）王尧、陈践：《为赞普赤祖德赞缮写〈无量寿经〉卷数册》，刊于《敦煌吐蕃文书论文集》，四川民族出版社，1988 年；（4）陈庆英：《从敦煌藏文 P.T.999 写卷看吐蕃史的几个问题》，刊于《藏学研究论丛》第 1 辑，西藏人民出版社，1989 年；（5）强俄巴·次央：《试析敦煌藏文 P.T.999 号写卷》，刊于《西藏研究》1990

年第 1 期;(6)谢萧(C.A. Scherrer-Schaub):《回向功德：重读 P.T.999 号写卷》(Réciprocité du Don: Une Relecture de PT 999),刊于《西藏的历史和语言——乌瑞七十华诞祝寿论文集》(*Tibetan History and Language: Studies Dedicated to Uray Géza on His 70th Birthday*),维也纳,1991 年;(7)今枝由郎《关于 P.T.999 号写本》(À propos du Manuscrit Pelliot tibétain 999),刊于《崇明——汤山明六十五岁诞辰纪念论文集》(*Sūryacandrāya: Essays in Honour of Akira Yuyama on the Occasion of His 65th Birthday*),斯维斯塔尔、奥登多夫,1998 年;(8)陈楠:《P.T.999 号敦煌藏文写卷再研究——以往汉译本比较及相关史事补正与考辨》,刊于《中国藏学》2008 年第 3 期。对于部分文章的述评,参见张广达《评〈西藏的历史和语言——乌瑞七十诞辰祝寿论文集〉》(《汉学研究通讯》第 10 卷第 4 期,台北,1991 年)一文。除对这件写本性质的讨论之外,卷内涉及的吐蕃墀祖德赞(Khri gtsug lde btsan)以及末代赞普达磨(Dar ma)的王妃、王子的史事,经过反复讨论日益呈现出清晰的面貌。P.T.999 号写本的研究,之所以能够推陈出新,取决于研究角度和研究视野的转换。

P.T.16 + IOL Tib J 751.1 号写本,是两件分藏于法、英两国并且完全可以缀合藏文文书,实为墀祖德赞时期一组以建寺会盟为主题的愿文的汇辑。主要的研究论著如下:(1)托玛斯(F.W. Thomas):《有关西域的藏文文献和文书》(*Tibetan Literary Texts and Documents concerning Chinese Turkestan*)第 2 卷,伦敦,1951 年;(2)李方桂:《唐蕃会盟(821-822 年)碑考》(The Inscription of the Sino-Tibetan Treaty of 821-822),刊于《通报》(*T'oung Pao*)第 44 卷,1956 年;(3)山口瑞凤:《"三国会盟记念愿文"成立の时期》,刊于榎一雄编《讲座敦煌 2:敦煌の历史》,东京:大东出版社,1980 年;(4)黄颢:《〈贤者喜宴〉摘译(12)》,刊于《西藏民族学院学报》1983 年第 4 期;(5)谢尔布(J. Szerb):《822-823 年吐蕃与回鹘会盟注记》(A Note on the Tibetan-Uigur Treaty of 822/823 A.D.),刊于《西藏的语言、历史与文化——乔玛纪念会议论集》(*Contributions on Tibetan Language, History and Culture: Proceedings of the Csoma de Kőrös Symposium*),维也纳,1983 年;(6)于伯赫(H. Uebach):《dByar-mo-thaṅ 与 Goṅ-bu ma-ru:821-823 年会盟的西藏史学传统》(dByar-mo-thaṅ and Goṅ-bu ma-ru: Tibetan Historiographical Tradition on the Treaty of 821/823),《西藏的历史和语言——乌瑞七十诞辰祝寿论文集》,维也纳,1991 年;(7)凯普斯坦:《De-ga g.yu-tshal 会盟寺的比定与图像》(The Treaty Temple of De-ga g.yu-tshal: Identification and Iconography),刊于霍巍、李永宪主编《西藏考古与艺术国际学术讨论会论文集》,四川人民出版社,2004 年;(8)黄维忠:《关于 P.T.16、IOL Tib J 751 I 的初步研究》,刊于王尧主编《贤者新宴》第 5 辑,上海古籍出版社,2007 年。具体的述评和新近的研究,参见任小波《IOL Tib J 751.1 号藏文写本所载德论(bDe blon)愿文译释——有关敦煌吐蕃文书类型学的几则观察》(全国博士生学术论坛:"传承与发展——百年敦煌学",兰州大学敦煌学研究所,2009 年)一文。这一写本的内容长度,仅次于著名的《吐蕃赞普传记》。此前各家提供的译文,均是出于论证需要的摘译。直至 2007 年,黄维忠始才首次提出全卷的汉译。即便如此,卷中的不少问题仍嫌模糊,有待于进一步的透彻研究。

P.T.116 号写本,是迄今所见敦煌藏文禅宗文献中最为重要的一种。此卷的残本,至少有法藏的5个卷号、英藏的3个卷号。在敦煌藏文佛教文献领域，日本学者的禅宗研究可谓一枝独秀。相关的研究评述，参见李德龙《论日本学者对敦煌古藏文禅宗文献的研究》（《中央民族大学学报》2000年第6期）一文。上山大峻、冲本克己、木村隆德等学者，先后对此卷有过深入而持续的讨论。相关的研究述评，参见王尧主编《法藏敦煌藏文文献解题目录》一书对应条目。吴其昱《卧轮禅师逸语——敦煌吐蕃文（伯希和116号）译本考释》（《敦煌学》第4辑，台北，1979年）、张广达《唐代禅宗的传入吐蕃及其有关的敦煌文书》（《学林漫录》第3辑，1981年）等文，均是利用或涉及此卷考订史实的精湛之作。沈卫荣《西藏文文献中的和尚摩诃衍及其教法：一个创造出来的传统》（《新史学》第16卷第1号，台北，2005年）一文，进一步论证了P.T.116号禅师语录与藏传佛教宁玛派（rNying ma pa）文献之间的内在关系。2007年，谈锡永、沈卫荣、邵颂雄《圣入无分别总持经对勘与研究》一书由中国藏学出版社出版。此书从藏汉佛典比勘的角度，深化并拓展了对以上问题的认知。牛宏《敦煌藏文、汉文禅宗文献对读——P.t.116（191-242）与P.ch.2799、S.ch.5533、P.ch.3922》（《敦煌学辑刊》2007年4期）一文，对P.T.116号中的《顿悟真宗要诀》作了汉文还译，并将其与敦煌汉文本中的相应部分作了比读，展现出汉藏文本之间的异同和出入。各类藏文佛经写本，在敦煌藏文文献中占绝大部分，反映了前弘期藏文佛教文献的原始形态。对于海外相关研究的述评，参见沈卫荣《敦煌古藏文佛教文献、塔波寺文书和〈禅定目炬〉研究：对新近研究成果的评述》（待刊，2011年）一文。将敦煌藏文佛典与后世相关文献进行比勘，不仅可以明晰藏文佛教文献和佛学思想的源流演变，而且可以窥知吐蕃佛教史上的某些重要信息。

七、写本的综合研究

有关敦煌藏文写本的综合研究，已经出版了几部具有代表性的论著。1971年，麦克唐纳（A. Macdonald）《敦煌吐蕃历史文书考释》（Une Lecture des Pelliot Tibétain 1286, 1287, 1038, 1047 et 1290）一文，刊于巴黎出版的《纪念拉露藏学论集》（*Études Tibétaines Dédiées à la Mémoire de Marcelle Lalou*）。这篇长文对多件敦煌藏文写本，作了细致的排比和综合的研究，在相当程度上影响到法国藏学的趋向。1983年以来，石泰安（R.A. Stein）连续发表数篇总称为《吐蕃文献丛考》的重要论文，利用敦煌藏文写本对吐蕃历史作了精湛的研究。2010年，迈凯文（A.P. McKeown）所编《西藏古代文献汇释》（*Rolf Stein's Tibetica Antiqua with Additional Materials*）一书在莱顿和波士顿出版，实为石泰安所撰系列论文的翻译重订。1983年，王尧、陈践《敦煌吐蕃文献选》一书由四川民族出版社出版，这是国内最早的一部敦煌藏文写本的汇录研究著作。此书分为律例文书、社会经济文书、藏译中印典籍、周边民族情况、医药文书5部分，所收单篇论文均包括解题、译文和注释，藏文录文和语词注释见于藏文本的《敦煌本藏文文献》（民族出版社，1983年），为国内敦煌藏文写本的研究树立了范例。此后二人编著《敦煌吐蕃文书论文集》（四川民族出版社，1988年）一书，以论文或译文形式对敦煌藏文写本进行校录和研究，探讨范围扩及社会、伦理、宗教、占卜、语言等多个方面。以上两部著作，涉及敦煌藏文写本内涵的主要方面，在古藏文语词的解读上已经形成各卷号间的交叉互释。2007 年，金雅声、束锡红、才让主编《敦煌古藏文文献论文集》2 册由上海古籍出版社出版，大体反映了两代中国学者在这一领域的主要业绩和研究取向。此书所收褚俊杰关于 P.T.1042 号、P.T.239 号藏文写本的译释，原载《中国藏学》1989 年第 3-4 期和《西藏研究》1990 年第 1 期，其所用到的写本实际上远不止以上两件，至今仍代表着丧葬仪轨文书研究的最高水准。郑炳林、黄维忠主编《敦煌吐蕃文献选辑》目前已出“文化”、“文学”两卷（民族出版社，2011 年），这是国内学界对以往成果作有规模的专题性整理的开端。

敦煌藏文写本的年代学，是个具有坐标意义的关键课题。1981 年，乌瑞（G. Uray）《吐蕃统治结束后甘州和于阗官府中使用藏语的情况》（L'Emploi du Tibétain dans les Chancelleries des États du Kan-sou et de Khotan Postérieurs à la Domination Tibétaine）一文，刊于《亚细亚学报》（*Journal Asiatique*）第 269 卷第 1-2 期。此文是一篇关于敦煌藏文写本年代学的重要概说，对吐蕃统治敦煌结束后的藏文使用提供了的确切的论据。他于此后继续撰文，探讨所谓“后吐蕃时代的敦煌”（Post-Tibetan Dun-huang）的藏文文献。乌瑞《后吐蕃时代的敦煌藏文文书新论》（New Contributions to Tibetan Documents from the Post-Tibetan Dun-huang）一文，1988 年刊于慕尼黑出版的《西藏研究——第 4 届国际藏学会议文集》（*Tibetan Studies: Proceedings of the 4th Seminar of the International Association for Tibetan Studies*）。此文以新的资料，再次确论直至 10 世纪末藏文仍是河西地区的通用语。1985 年，山口瑞凤《吐蕃支配期以后の诸文书》一文，刊于《讲座敦煌 6：敦煌胡语文献》（东京：大东出版社，1985 年），也是对同类问题的总括性探讨。武内绍人《撰于归义军时期的一组古藏文信札》（A Group of Old Tibetan Letters Written under Kuei-i-chun: A Preliminary Study for the Classification of Old Tibetan Letters）一文，1990 年刊于《东方学报》（*Acta Orientalia*）第 44 卷，深化和丰富了对相关问题的认知。通过对文献的科学排比分析，进而对写本的性质或背景作出判定，反映出敦煌藏文写本研究的整体化趋向。

在目前的敦煌学、吐蕃史研究中，吐蕃统治敦煌问题仍是颇有潜力的课题。相关的思考和阐发，参见荣新江《敦煌学十八讲》一书“后论”部分。藤枝晃《吐蕃支配期の敦煌》（《东方学报》第 31 册，1961 年）一文，部分地利用了敦煌藏文写本，对蕃占敦煌时期的历史作了概观。1980 年，山口瑞凤《吐蕃支配时代》一文，刊于榎一雄编《讲座敦煌 2：敦煌の历史》（东京：大东出版社，1980 年）。此文对吐蕃占领敦煌的史事、吐蕃在敦煌的统治、蕃占期间的敦煌佛教作了系统的概说，为整体研究吐蕃统治敦煌提供了简略的架构。陈国灿《唐代吐蕃陷落沙州城的时间问题》（《敦煌学辑刊》1985 年第 1 期）一文，基本解决了聚讼难定的敦煌陷蕃年代问题。张广达《吐蕃飞鸟使与吐蕃驿传制度——兼论敦煌行人部落》（《敦煌吐鲁番文献研究论集》，中华书局，1982 年）一文，结合敦煌藏文写本对吐蕃驿传制度作了透辟的讨论。近年来，高田时雄《敦煌社邑文书二三种》（《敦煌吐鲁番研究》第 3 卷，1998 年）、《吐蕃期敦煌有关受戒的藏文资料》（项楚、郑阿财主编：《新世纪敦煌学论集——潘重规教授九五华秩并研究敦煌学一甲子纪念》，巴蜀书社，2003 年）二文，通过有关结社和度僧的敦煌藏文写本，揭示了蕃占时期所谓“藏化的汉族社会”的侧影。诸如此类的成果，为系统研究吐蕃统治敦煌问题奠定了若干基础。然而迄今为止，就此问题仍无一部完备严整的专著问世。杨铭《吐蕃统治敦煌研究》（台北：新文丰出版公司，1997 年）、陆离《吐蕃统治河陇西域时期制度研究》（中华书局，2011 年），重在地域、部族、职事等的考订，实际均是相关论文的结集或增订。

八、相关的平行研究

古藏文的写本、简牍、碑铭，被称作吐蕃时期及其稍后的“三大文献”。这三大文献类型，无论从历史还是语文角度来讲，均属于第一等重要的典范材料。他们不仅是当时遗留的未经窜改变易的原件，而且是中古藏文生动、忠实的记录。2000 年，王尧《古藏文概述及图例》（《水晶宝鬘——藏学文史论集》，台北：佛光文化事业有限公司，2000 年）一文指出，这些文献是吐蕃时期遗留至今的藏文的绝大部分，无论从文字形式、内容风格还是思想状态上讲，均存在相当一致的时代特征。对于“三大文献”的陆续整理出版，是 20 世纪 80 年代以来国内敦煌学、藏学研究的重要收获。而这些文献被广泛地引入史学研究，则对吐蕃史、中亚史及相关学科，起到了异乎寻常的推动作用。古藏文的写本、简牍和碑铭，在学术研究上具有密不可分的平行价值。因此，其他地区所出的藏文写本以及简牍、碑铭，也理应被视作敦煌藏文写本研究的资料外延。

与敦煌文书大致同一时期的藏文写本，主要出自新疆米兰、麻札塔格等地。1997-1998 年，武内绍人主编《英国国家图书馆所藏斯坦因收集品中的新疆古藏文写本》（*Old Tibetan Manuscripts from East Turkestan in the Stein Collection of the British Library*）1-3 卷在东京和伦敦出版。此书编辑严谨、卷号齐备、印刷精美：第 1 卷为原卷图版，第 2 卷为录文转写，第 3 卷为语词索引。所收藏文写本共计 702 号，其中不少为托玛斯（F.W. Thomas）《有关西域的藏文文献和文书》所未收。至此，新疆所出藏文写本的全貌得以尽行刊出。黄文焕《桑嘎古都寺的古藏文手抄本佛经试析》（《西藏研究》1982 年第 2 期）一文，曾对西藏山南色卡古托寺所藏吐蕃写经作过介绍。近年来，吐蕃时期的文书在西藏等地续有发现。2002 年，在西藏日喀则聂拉木县菩日村，发现 1 万余叶 8-14 世纪的藏文文献。“菩日文书”除大量的宗教内容外，还有传记、诗词等丰富的世俗内容，目前正在西藏大学进行初步整理。2004 年，在甘肃武威市博物馆库藏内，发现了大量上溯吐蕃、横跨数代的藏文文献，其中即有吐蕃写经和简牍。卢亚军、苏得华、更登三木旦《凉州遗存藏文古籍考略》（《图书与情报》2006 年第 2 期）一文，对这批“凉州文书”作了初步介绍。2006 年，西藏山南当许噶塘佛塔，出土一批吐蕃时期非佛经的藏文仪轨和医学文书。巴桑旺堆、罗布次仁《当许噶塘蚌巴奇塔本古苯教文书汇编》（西藏古籍出版社，2007 年）一书，刊布了这批写本的黑白图版和藏文录文。2010 年，刘英华、罗秉芬《西藏山南当许镇蚌巴奇塔出土藏文医书浅析》（《中国藏学》2010 年第 4 期）一文，即是对“噶塘文书”中的藏医写本的新近研究。此外，这批文书可同敦煌藏文写本的纪录相印证。夏吾卡先《敦煌文献中〈马驹三兄弟的故事〉探微》（《中国藏学》藏文版 2009 年第 2 期）一文，已揭示出“噶塘文书”与敦煌 IOL Tib J 731 号写本存的在切实联系。熊文彬、张建林《西藏萨迦南寺普巴拉康佛殿所藏北寺部分藏文藏书》（《中国藏学》2007 年第 1 期）一文，著录了萨迦北寺所出的部分藏文文献，其中也有属于吐蕃时期的写本。马德《西藏发现的〈喇蚌经〉为敦煌写经》(《敦煌研究》2009 年第 5 期)一文,将山南卓卡寺所藏《喇蚌经》与敦煌藏文写经作了比较,认为这批赞普御用的经页抄于蕃占时期的敦煌。此外,根据甲央、王明星主编《宝藏:中国西藏历史文物》第 1-2 册(朝华出版社,2000 年),阿里札达托林寺等地出土不少吐蕃时期的苯教文书和佛经散叶。

吐蕃时期的简牍文献,主要出自新疆、青海等地。1951 年,托玛斯《有关西域的藏文文献和文书》第 2 卷,刊布并翻译了英藏 389 枚吐蕃简牍。1986 年,王尧、陈践《吐蕃简牍综录》一书由文物出版社出版。此书共收简牍 464 枚,不仅将托玛斯书中的简牍几乎全数收录(已知有 4 枚被遗漏),而且外加新疆后出简牍 78 枚、俄藏简牍 6 枚。此书的最大贡献,是对这批简牍作了整体分类和汉文译注。郭金龙《新疆维吾尔自治区博物馆馆藏吐蕃简牍保护简述》(《中国藏学》2007 年第 2 期)一文,简要记述了新疆新出简牍的藏存现状。敦煌《吐蕃大事纪年》对于简牍的应用和功能有所记载,参见王尧《新疆藏文简牍考述及释例》(《文物》1984 年第 9 期)、石川巌《吐蕃のルに关する一考察:〈编年记〉におげる khram(木简账簿)の用例から》(《内陆アジア言语の研究》第 14 卷,1999 年)二文的阐释。2007 年,多特森(B. Dotson)《吐蕃帝国的占卜与法律:论骰子在借贷、利率、婚姻和征兵中的法律功能》(Divination and Law in the Tibetan Empire: The Role of Dice in the Legislation of Loans, Interest, Marital Law and Troop Conscription)一文,刊于莱顿和波士顿出版的《早期西藏文化史论集》(*Contributions to the Cultural History of Early Tibet*)。此文特别指出,IOL Tib J 740 号藏文写本中的 kha [d]mar 和 myig [d]mar,应分别指"有凹槽的木牍"和"有圆孔的木牍"。这一解说的确颇有趣味,令人联想到 IOL Tib J 750 号《吐蕃大事纪年》中 dmar pho(红册、木牍)的类型和功能。另外,新疆简牍与敦煌写本之间,存在不少可以印证和沟通的信息。1991 年,王尧、陈践《青海吐蕃简牍考释》(《西藏研究》1991 年第 3 期)一文,对青海都兰所出的 11 枚藏文简牍作了译释。这批简牍属于随葬的衣物疏,其形制和笔法与新疆所出简牍相类。1999 年,青海都兰再次发掘吐蕃大墓。王尧《青海都兰新出吐蕃文汇释》(《都兰吐蕃墓》,科学出版社,2005 年)一文,是对墓中所出 Blon 字墓石和藏文木简的考释。此文的研究结论表明,都兰所出 99DRNM1:36 号木简中的 Zhang sKyes,即是《吐蕃大事纪年》746 年召集会盟的 sKyes bzang ldong tsab。2003 年,武内绍人对中亚所出藏文简牍展开综合研究,并致力于完成一套通用编号为 IOL Tib N 的简牍目录。其所撰的《チベット语木简概略》(《中央アジア出土文物论丛》,京都:朋友书店,2004 年)一文,即是对这项研究的计划与范围的概说。

吐蕃时期的碑铭文献,主要出自西藏中部以及东北藏、拉达克等地。敦煌、榆林石窟中的藏文题记,以及吐蕃银器上的藏文錾刻,实际上也属于这一范畴。1982 年,王尧《吐蕃金石录》一书由文物出版社出版,这是国内吐蕃碑铭研究的标志性成果。此书所收多系作者实地访碑的所得,是一部译文细致典雅、重视史实考证的吐蕃碑铭合集。国外关于吐蕃碑铭的研究,先后出现了 3 部代表性成果。(1)1985 年,黎吉生(H.E. Richardson)《早期西藏碑文汇编》(*A Corpus of Early Tibetan Inscriptions*)一书在赫特福德出版。此书在考证碑铭之时,对敦煌藏文写本多有旁参或引证。(2)1987 年,李方桂、柯蔚南（W. South Coblin）《古代西藏碑文研究》（*A Study of the Old Tibetan Inscriptions*）一书，作为历史语言研究所专刊在台北出版。此书末尾，附有完整的碑铭语词汇释（Glossary），堪称一部以碑铭为语料的古藏文辞典，对于敦煌藏文写本的释读具有特殊价值。（3）2009 年，岩尾一史、纳丹·希尔（Nathan Hill）、武内绍人合编《古代西藏碑文》（*Old Tibetan Inscriptions*）一书，作为《古代西藏文献在线丛刊》第 2 卷在东京出版。此书对吐蕃碑铭的著录巨细靡遗，并于 2011 年在"古代西藏文献在线"（OTDO）网站上作了后续增订。可惜此书限于体例，并未提出新近的译文和考释。此书扩大了吐蕃碑铭的收录范围，涵盖了元以前几乎所有西藏碑铭（个别刻石有所遗漏），成为一部信息丰富的碑铭文献便览。关于吐蕃碑铭的最新发现，当属出自甘肃天祝的《石门寺钟》（712-755 年）。兰却加结合敦煌藏文写本对此钟的初步释读，载于《西藏研究》藏文版 2011 年第 1 期。此前的几部碑铭著作，均以《达札路恭纪功碑》（763 年稍后）作为已知吐蕃碑铭的上限。而今《石门寺钟》的发现，始才突破了学界延续已久的认识范围。而在已知的所有吐蕃古典文献中，此钟也是最早一篇使用"愿文"笔法的文献。这对敦煌藏文愿文的研究，具有重要的参照和启示意义。

九、研究的目标与现状

国内相关研究本身起步较晚、合力不足，目前仍然较多地受到学术视野的局限。1985 年，王尧、陈践《回顾与前瞻——记中央民族学院的敦煌吐鲁番学研究》（《藏学研究文集》第 3 集，1985 年）一文，鲜明地提出敦煌藏文写本研究的三大目标：（1）编纂《敦煌吐蕃文书总目》，普遍调查各国所藏的敦煌藏文写本，以英藏目录、法藏目录等重要目录资料为蓝本，经过考订、整合形成一部完备的联合目录。（2）编纂《敦煌吐蕃文书集成》，对敦煌藏文写本进行类编、解题、过录、翻译，最终考订、汇编成一套规范的定本。（3）编纂《敦煌吐蕃文书辞典》，在对敦煌藏文写本进行译释的基础上，参用吐蕃碑铭、简牍提供的平行语料，逐步积累词条和义项并详细著录出处和用例，形成一部精确而实用的"唐代藏文辞典"。上述目标的最终达成，事实上有赖于分卷研究的深化和综合研究的加强，以及有步骤的可行性计划的制定和开展。所有这些，虽非一朝一夕可以实现之事，但完全可以化整为零、分类开展、择要推进。譬如，编纂《敦煌藏文愿文集》的条件已经成熟，中国学者完全可以独立作出一份有力的贡献。这项研究，不仅能够推进敦煌藏文愿文的科学编目和准确录译，而且可以在"语词汇释"中实现与敦煌汉文愿文的术语沟通，无疑是对于上述三大目标的局部践行。诸如此类的探索，必将为打破研究中的支离分散、无序状况和不平衡性提供切实的助益。

现以上述三大目标为基准，对相关的研究进展略作述评：（1）截至目前，在"国际敦煌项目"（IDP）网站上，已初步建构起英、法两国所藏敦煌藏文写本的简要目录。尤其是此前使用混乱的英藏卷号的标注，在 IOL Tib J 新号之下得到归并和统一。与此相比，国内所藏敦煌藏文写本的科学编目，则由于种种原因耽搁日久、停滞不前，落后于国际范围内敦煌学、藏学发展的时代要求。就目前的现状看来，《敦煌吐蕃文书总目》的完成还需要相当长的时日。（2）2007 年，今枝由郎、武内绍人等编《法英两国国家图书馆所藏敦煌藏文文献》（*Tibetan Documents from Dunhuang Kept at the Bibliothèque*

Nationale de France and the British Library）一书，作为《古代西藏文献在线丛刊》第 1 卷在东京出版。此书仍是一部敦煌藏文写本的选集，系日本学者系统整理古代西藏文献宏伟计划的一部分，可以视作编纂《敦煌吐蕃文书集成》的实验和前导。（3）1955 年和 1963 年，托玛斯（F.W. Thomas）《有关西域的藏文文献和文书》3-4 卷出版，主体内容是以写本和简牍为语源的藏文语词索引。2001 年，安世兴所编《古藏文词典》由中国藏学出版社出版。语料不仅来自敦煌藏文写本，而且出自新疆藏文写本、吐蕃简牍和碑铭者不少。此书收词 10000 余条，词条和义项简明易懂。据悉，此书的增订本也将于近期出版。1990 年和 2001 年，在武内绍人等的参与下，《法藏敦煌藏文写本选集》3-4 卷在巴黎、东京出版。此书以“语词合集”（Corpus Syllabique）的形式整理、编排语词，极大地便利了对写本的检索和研究，迈出了建立“敦煌古藏文语料库”的重要一步。

敦煌藏文写本的准确汉译，与以上三大目标相辅相成，是反映研究水准和深度的重要指标。敦煌藏文写本并不是孤立的材料，同时代的汉文写本被大量地保存下来。2001 年，荣新江《敦煌学十八讲》第 11 讲就此指出：敦煌写本之中藏汉术语的沟通，需要大量细致入微的考证和研究；敦煌藏文写本的精确汉译，应以同时代的汉文写本为其参照。王继光、郑炳林《敦煌汉文吐蕃史料综述——兼论吐蕃控制河西时期的职官与统治政策》（《中国藏学》1994 年第 3 期）一文，对敦煌汉文吐蕃史料作了总体介绍和简略分类。杨富学、李吉和《敦煌汉文吐蕃史料辑校》第 1 辑（甘肃人民出版社，1999 年）、黄维忠《敦煌汉文文献中的赞普资料》（《唐代吐蕃资料选辑》，中国藏学研究中心，2005 年）等书，均是对敦煌汉文写本中吐蕃史料的辑录和注释。这项工作，不仅应当包括明显涉及吐蕃人物、史事的汉文官私文书，而且应当涵纳与藏文写本存在深层联系的所有汉文文书。除此之外，敦煌文书中存在不少汉藏对照或对译的写本。尤其在敦煌佛教文献中，同一内容的佛典往往兼有藏汉两种文本，他们之间甚至存在直接的转译关系，这为佛学术语的切实沟通架设了桥梁。上山大峻《大蕃国大德三藏法师法成の人と业绩》（《敦煌佛教の研究——八-十世纪敦煌の佛教学》，京都：法藏馆，1990 年）一文，即是充分利用管·法成（vGos Chos grub）留在敦煌的藏汉译品研究其生平事迹和所处时代的杰作。譬如，此文对藏译汉传的《时非时经》（IOL Tib J 213 号）作了汉藏比勘，为利用敦煌写本来研究汉藏佛学树立了范例。因此，若将敦煌藏、汉文写本视作两个背景平行、关系深刻的系统加以研究，必将会为敦煌学、藏学的进步注入新的生机。

十、研究的新趋向

敦煌藏文写本的文书学（Codicology）和类型学（Typology），是近年来新兴的重要学术课题。萨勒斯（A. de Sales）《玛嘉之歌、东巴文字与敦煌文献》（Magar Songs, Naxi Pictograms and Dunhuang Texts）一文，1994 年刊于奥斯陆出版的《西藏研究——第 6 届国际藏学会议文集》（*Tibetan Studies: Proceedings of the 6th Seminar of the International Association for Tibetan Studies*）第 2 卷。此文沟通了敦煌藏文写本与纳西族东巴经的文本关系，揭示了其与西南民族历史文化的深层渊源。谢萧（C.A. Scherrer-Schaub）《敦煌与塔波——论古藏文写本研究的方法论问题》（Towards a Methodology for the Study of Old Tibetan Manuscripts: Dunhuang and Tabo）一文，1999 年刊于罗马出版的《塔波研究》

（*Tabo Studies*）第2卷。根据此文所论，塔波文书理应与敦煌藏文写本一道，成为“藏文古文书学”（Tibetan Codicology）赖以成立的不可或缺的资源。2002年，谢萧、博纳尼（G. Bonani）《用多学科方法建立古藏文写本的类型学》（Establishing a Typology of the Old Tibetan Manuscripts: A Multidisciplinary Approach）一文，刊于伦敦出版的《敦煌写本伪卷研究》（*Dunhuang Manuscript Forgeries*）。此文明确提出，古藏文写本不仅兼具时间（Time）和空间（Space）的特征，而且兼具考古目标（Container）和文化载体（Content）的功能。类型学方法论的实质，正是在写本之中、写本之间寻求分组和秩序。黄布凡《藏语词汇演变的速率和方式——对敦煌藏文写卷抽样的电脑统计分析》（《藏语藏缅语研究论集》，中国藏学出版社，2007年）一文，以敦煌藏文写本的抽样统计为基础，探讨了藏语词汇古今演变的内在规律。2007年，范谢克（Sam van Schaik）《口头教学与书面文本在敦煌的传播与转化》（Oral Teachings and Written Texts: Transmission and Transformation in Dunhuang）一文，刊于莱顿和波士顿出版的《早期西藏文化史论集》。此文通过参比敦煌藏文写本的文字特征，揭示出其文本关系由以发生的社会背景。巴桑旺堆《关于古藏文写本的研究方法的再探索》（《中国藏学》2009年第3期）一文，对敦煌藏文写本的纸张笔墨、字体符号、构词句法、图像绘画、页面装帧、署名题记等问题作了系统总结，进一步完善了类型研究的实践体系。

随着研究条件的改进和学术发展的需求，电脑技术在敦煌藏文写本整理与研究中的作用愈发突出。此前完全依附于纸质文本的图片和成果，被成批转化为缩放自如、便于检索的公共学术信息。“国际敦煌项目”（IDP）网站的建立，是对国际范围内的敦煌文献收藏、研究机构的资源整合，不仅初步实现了包括藏文写本在内的敦煌文献的虚拟回归，而且为世界敦煌学、藏学的发展建起一个畅通的平台。2002年，孙利平、林世田《中国国家图书馆敦煌文献数字化与国际敦煌学项目》（《文津流觞》第8期，2002年）一文，系统表述了国图敦煌文献的数字化及其前景。申国美、李德范《英藏法藏敦煌遗书研究按号索引》（北京图书馆出版社，2009年）3册，即是这项数字化计划的部分先期成果。据悉，西北民族大学和西北第二民族学院，正在合建“海外中国民族文献数据库”，而敦煌藏文数据库是其中重要环节。2010年，方广锠《关于“敦煌遗书库”的构想》（《敦煌遗书散论》，上海古籍出版社，2010年）一文，阐发了关于构建“敦煌遗书数据库”的设想。此文强调全面挖掘敦煌遗书的各种知识点，并按诸多信息点之间实际存在的深层网状联系，最终构建起敦煌遗书知识网。以上的种种设想和努力，自应得到学界充分的肯定。不过还是应该看到，研究手段的改进固然可以作为辅翼工具发挥效能，但其并不必然带来研究本身的飞跃。敦煌藏文写本研究的进展，不仅应当落实到国际学界的互通和研究机制的完善，而且有赖于视野广阔、学养丰厚、娴熟藏文的学者的持续积累。在此有理由坚信，“敦煌藏学”这一富于魅力和活力的学术领域，终将迎来多元的丰收、获得应有的荣耀。

（陈楠，1953年生，女，宗教学博士，中央民族大学历史文化学院教授，北京100081；任小波，1981年生，男，法学博士，中国人民大学国学院西域历史语言研究所博士后，北京100872）

论明代在中原的蒙古人①

[美]亨利·赛瑞斯 著　王倩倩 译

正如我们前面的研究中显示的，明朝推翻元统治之际，一些外族人并没能像他们期望的那样逃回草原，若是如此，这就留下一个问题，有多少蒙古人被迫或自己选择了留在中国。根据汉文史籍记载，我们发现大部分蒙古人回到了蒙古草原。但蒙文史籍却表明有大量蒙古士兵被明俘虏，或被截住退路，从而遗留在内地。我们试图去寻找这个蒙古传说的由来。进而我们发现在元朝统治时期生活在中原的蒙古及其他民族的人，他们大概更愿意留在中原。再进一步翻阅皇帝的一些檄书和信件后，会发现这些檄书和信件中都明确提及在明朝生活及为明政府服务的蒙古人。这些记载都表明在明代蒙古人在中原生活是被大家所共知并广泛承认的。这说明是有大量的蒙古人生活在中原的，否则是不会被提及的。他们的存在构成了明朝的重要因素，并经常被高层讨论。

一、蒙古文文献中关于蒙古的传统称谓

首先，我们来看一下蒙古的传统称谓是怎么表述返回蒙古的蒙古人的。萨冈彻辰②在《蒙古源流》中（完成于1662年）写到“蒙古四十万户中只有六万户离开了中原，余下的三十四个万户被截留在中原”③。《黄金史纲》④一书所记基本相同，只是表述略有不同：“大汗……失去了蒙古三十万户……只剩有十万户。”

史学价值较小的蒙古史书如萨冈彻辰的《蒙古源流》及各种版本的《黄金史纲》⑤，论及的都是元朝末年发生的事件，在这些事件中都反映了在明代晚期被普遍接受的关于蒙古人的传统称谓，而且的确有很大一部分蒙古人离散后并没有设法离开中原。值得怀疑的是一个民族在失去大量人口后还能否继续存在，但是其他的因素也应该被考虑在

① 原章节名为：（GENERAL REMARKS ON THE MONGOLS IN CHINA），此篇名为译者所拟。

② 施密特(Schmidt)：《蒙古源流(Geschichte der Ost-Mongolen)》德译本，北平，1936年，第138-139页。

③ 一个万户有一万人。俄语词“t'ma”表示相同意思。弗拉基米尔佐夫(B.YA.Vladimirtov)：《蒙古社会制度史(Obšc.stroi Mongolov)》，列宁格勒，1934年，第131页写到：“有大量的属于不同部落的蒙古人死亡或留在了中国并且被逐渐中国化”。海涅士（HAENISCH）：《十四世纪末的汉蒙史籍 (Sino-Mongolische Dolumente vom Ende des 14.Fahrhunderts.Abh.der Deutschen Akad.der Wissenschafter)》，柏林，1950年，第20页,似乎并没有认真读萨冈彻辰的书，在其书中萨冈彻辰说“alle Mongolen und Fremden mit dem flüchtigen Kaiser durch den Pass nach Norden abgezogen [sind].”是没有影响的。

④ 见《成吉思汗传(Cinggis qaγan-u cidiγ)》，第55页；查尔斯·鲍登(Ch.Bawden)：《小黄金史(The Mongol chronicle Altan tobci)》拉丁字复原与英译本，北京，1955年，第65、151页。亦见于《黄金史(Altan tobci)》,乌兰巴托，1937年，第二部分，第121页。

⑤ 关于蒙古史书编纂的特点可看鲍登《小黄金史》的评论，见《小黄金史》拉丁字复原与英译本，前言第ix、x页。

内。在蒙古人看来，军队与人民或国家是相同的[①]，“四十万户”这种表述虽然主要用来指蒙古的军队，但也会用于指代整体的东部蒙古。与此大体相同的表述还有“四万户”，也用来指代西蒙古或卫拉特[②]。

在蒙古部落中，部落和氏族的名称中含有数字并不少见[③]。如“察哈尔八部”（Naiman c），“内喀尔喀五部”（tabun otor Q），“外喀尔喀十二部”（arban qoyar otor Q），“土默特万户十二部”（arban qoyar t）等。“四十万户”的性质与其相同。但是在十六世纪另一种含有数字的部落和氏族的名称出现了：“六万户”，指代的却是整个东蒙古。据我所知“六万户”一词的来源至今不明，但弗拉基米尔佐夫在其《蒙古社会制度史》一书中提出，这六万户是元崩溃时从中原逃回的六个万户或六支军队。这六个万户是指：1.鄂尔多斯万户（居黄河河套）2.十二土默特（大约现在的绥远省，鄂尔多斯部的河套外侧）3.由应绍不、阿速、哈喇嗔组成的万户，这三个万户构成右翼三万户；4.察哈尔万户，5.喀尔喀万户，6.兀良哈万户。这三个万户构成了左翼三万户[④]。

我们不能就此认为这六个万户代表的是六个从中原逃回的独立的部落。我们只是想探究在这场战争中有多少万户和部落的成员从中原逃回。部落名称中含有数字是有一定真实基础的，但是在这里，数字已不再是字面的含义，因为此时蒙古的社会情况也有了一定的变化。在16世纪时，六万户就是在1368年左右从中原逃回的六个万户说法已经被取代，“六万户”已成为东蒙古的统称，我也同意这种说法，原因是萨冈彻辰提到四十万户中的六万户是从中原逃回的。“六万户”这个称呼被蒙古各部落使用始于六个万户成功逃回蒙古地区的时候。更有意思的是我们注意到这个称谓不仅被萨冈彻辰时期的鄂尔多斯蒙古所熟知，而且清时的满洲统治者也知道这个称谓。《满洲实录》（蒙文版，第6卷43a;汉文版，第6卷46a）记载在1620年兴起的满洲统治者给了蒙古的林丹汗一个恶毒的回复，因为林丹汗曾经给他们写过一封侮辱性信件，满洲统治者回复道：“闻昔明之洪武取大都时，四十万蒙古摧折几尽，奔逃者仅剩六万。”

当“四十万户”这个表述在元代以后仍然使用时，这里的“六万户”并不是指从中原逃出的“六个万户”是显而易见的。如在之前提到的察哈尔的林丹汗在1619年的冬天（《满洲实录》蒙文版第6卷34a-36a；汉文版第6卷36b-38b）写给满洲统治者信中称自己正是“蒙古国统四十万众英主青吉斯汗”。他这么说显而易见的原因是满洲统治者知道只

① 拉希德丁（RAŠID AD DIN）：<Sbornik letopisei> ,A.K.，1946年，第一卷，第二章，第266-280页，记录了“蒙古军队”是如何转化为“蒙古平民”及成吉思汗是如何把整个国家划为万户、千户的，如一群男人十分强壮以至于可以直接集合成为万人、千人的军队。

② 见弗拉基米尔佐夫(B.YA.Vladimirtov)：《蒙古社会制度史(Obšc.stroi Mongolov)》，第131页（法译本第174页）。施密特：《蒙古源流》德译本，第70页，第14行，写做“四十万户”（后称为蒙古）；施密特：《蒙古源流》德译本，第160页，第13行和第402-403页注释1为“四十四万户”。《蒙古源流》,北京，1927年，第5卷，32a(《蒙古源流笺证（MKYLCC》第5卷，17ab)并没有翻译出“四十万户”的具体含义，但是大体写出了他的发音。

③ 亚洲部落名称中的数字，见魏特夫（WITTFOGEL），冯家升，《辽代社会史》，纽约：麦克米伦出版公司，1949年,第48页。

④ 见ZAMTSARONO,Mong letopisi, 莫斯科-列宁格勒，1936年，第68-69页；鲁道夫·洛文塔尔（Loewenthal）译：《十七世纪蒙古史(The Mongol chronicles of the seventeenth century)》，1955年，第49页；田清波（Ant.Mostaert）：《鄂尔多斯词典(Textes Oraux Ordos)》,北平，1937年，第vii页；《满洲实录》（Man-chou shih-lu）蒙文版第6卷第44页b,汉文版第46页b、47页a。

有六个万户从中原逃回（其中的三个万户并不在林丹汗的控制下）这个被一贯承认的现实，而林丹汗想向大家显示他宣称的他是“四十万户”统治者这个谬论。

二、《华夷译语》中的蒙文信件

萨冈彻辰的编年史和《黄金史》成书相对较晚，在一些稍早的文献（大致在元崩溃的时候）中有一些关于蒙古军队被俘获或投降朱元璋的简要记载。在《华夷译语》①中我们发现了一封皇帝的诏书是明朝的礼部大概于1388年11月至1389年8.9月②之间，写给蒙古首领安达纳哈出的。在谈到元朝衰落明朝兴起时，蒙文史籍记载道：“我们（明朝）接受了一些投降的蒙古士兵，但是他们大部分还是回到了蒙古地区”③。在阅读大量文献后可以确定在长期的战争中有一些蒙古人投降或被俘虏，但除了稍后被明攻克的西北地区外，大部分陆续撤回了北方蒙古，直到1368年完全从中原撤回。

① 鲁维奇(Lewicki)：《十四世纪末蒙汉语言之间的转化 (La Langue mongole des transcriptions chinoises du xiv siècle)》，弗罗茨瓦夫,1949年，第141页；海涅士(Haenisch)：《十四世纪末的汉蒙史籍 (Sino-Mongolische Dolumente vom Ende des 14.Fahrhunderts.Abh.der Deutschen Akad.der Wissenschafter)》，第13页。

② 见亨利·赛瑞斯（H.Serruys)：《华夷译语中的蒙古文献的年代 (The dates of the Mongolian Documents in the Hua-o i-yü)》，载于《哈佛亚洲研究杂志 (Harvard Journal of Asiatic Studies)》,第17期，第422-423页。鲁维奇(Lewicki)：《十四世纪末蒙汉语言之间的转化》，第140页，认为安答纳哈出并不是满洲地区的著名蒙古族首领纳哈出。“满洲”的纳哈于1387年投降，1388年8月31日死于武昌附近（关于纳哈出，可见本书第四章，注释92）。安答纳哈出在《实录》和《华夷译语》中被称为佥院；满洲的纳哈出在反抗也速迭儿（对脱古思帖木儿的谋杀）时并不是佥院。在《华夷译语》中给安答纳哈出的信中提到1387-1388与满洲的纳哈出和脱古思帖木儿的战争，目的是为了劝导安答纳哈出投降明朝。如果纳哈出与安答纳哈出是同一人，这样做就没有意义。在给安答纳哈出的信中也提到了纳哈出投降一年之后捏怯来的投降。

《洪武实录》卷197，洪武二十二年八月庚申；羽田亨书中，第211页都提到安答纳哈出：在1389年9月8日，“故元丞相失烈门潜通塔失海牙等，率其部下，袭劫捏怯来至也速迭儿，佥院安答纳哈出所杀之，其部下溃散……”为了探究清晰这个记载，我们需要回顾一下1388年：这一年的11月4日（《洪武实录》卷194，洪武二十一年十月丙午；羽田亨，第204页）老撒、捏怯来、失烈门答应投降明朝。在捕鱼儿战争（《洪武实录》卷190，洪武二十一年四月乙卯；羽田亨，第192页：1388年5月17日）后脱古思帖木儿汗逃跑，被也速迭儿杀于逃亡的路上。三位元老拒绝承认也速迭儿为最高领主，并带领部众迁移到南边。被允许安置在全宁、应昌一带，全宁、应昌位于辽地区地势较高的地方（《洪武实录》卷195，洪武二十二年正月戊戌；羽田亨，第206页：1389年2月24日）。明朝给予捏怯来谷物来援助他的子民并帮助他们开始农业生产(洪武实录,卷196，洪武二十二年三月丁丑；羽田亨，第207页：1389年4月4日；华夷译语：2A,11a,14a)。1389年4月26日（《洪武实录》卷196，洪武二十二年四月乙亥；羽田亨第208页；华夷译语：2A,20ab）明置全宁卫，以捏怯来为指挥使。但是，失烈门却在犹豫是否投降明朝（洪武实录第196卷；羽田亨第209-210页：1389年8月1日：告诫捏怯来与失烈门怎么做：《华夷译语》：失烈门的信）。之后失烈门拒绝承认明朝的统治，与塔失海牙、安答纳哈出、也速迭儿站在一边对抗捏怯来，捏怯来不容置疑的期待得到明朝的支持。失烈门在全宁攻击捏怯来部，捏怯来部溃散。捏怯来独自进入安答纳哈出的领地被杀。捏怯来的死与脱古思帖木儿的死有一定的关联。《华夷译语》中有一封长信试图去弄明白安答纳哈出的投降。这封信写于脱古思帖木儿死后及老撒、捏怯来和失烈门投降后（1388年11月：信中提到了这些事实）且明显在失烈门被最终打败及合力攻击安答纳哈出之前，捏怯来死于1389年8-9月，所以这封信可能写于1389年初左右。在《洪武实录》卷220；羽田亨，第228页（1392年8月29日）我们可知安答纳哈出在哪里驻扎。明将军周兴到达斡难河转至兀古儿札河：“驻安（南京版本中为“妥”）答纳哈出之领地，见车马迹”。兀古儿札河是在斡难河与克鲁伦河之间平行的一条小河。

永乐实录第62卷；羽田亨第345页：1409年7月12日记载解释失烈门为什么在投明之后又改变主意转而与捏怯来对抗，而后来又要与明结盟。这个记载是一封给蒙古继承人解释对蒙古策略的信。永乐皇帝命令要任命有学问并且谨慎的人来处理投降蒙古人的事宜。他回想起了太祖皇帝时，捏怯来投降只为卖一些马给边境的官员。一些政府官员明显想以低价收购马匹，就告诉捏怯来如不立即卖给他们，政府就会立即没收这些马匹。这使得捏怯来怀疑明的诚意并再次反叛。但是在史书中没有明确记载捏怯来曾经叛明。而失烈门却回到了蒙古，所以这封1409年的信谈到的是失烈门并不是捏怯来。

③ 汉语译文为“一些达达军队投降，但是大多数回到了草原”。虽然没有蒙文文献的准确翻译，但是大致的意思相同。这个汉文的版本使用通俗的语言，但并不是来源于其蒙文版本。《华夷译语》中的这个记载并不是wen-li的汉文版本，这个事实被海涅士忽略了。这个记载与1373年的一封信中的一句话相对应，就是皇帝对朝鲜使节说：“皇帝在谈到元灭忙时说‘我迫使大元回到了北方……我俘虏了一些达达，另外一些也回去了……”

从上面的论述可以看出被明俘获的蒙古人的数量是没有明确记载的。元代到底有多少蒙古人留在中原？虽然考量了在元朝末年蒙古人及其在中原的同盟者的力量，但是还是得不到准确的数据。在没有确定准确时间的情况下，埃伯哈德[①]估算在元代时有一百万蒙古人，包括一些来自中亚、中东甚至欧洲的同盟者生活在中原。在元灭宋之前的1270年有一些军民人数的记载。根据王恽[②]的记载，有232万户军民折居在中原。在这232万户中有1929449户是纳税的非军户，有390551是军户。以一户五口人计，军人数量总计应为1952755人。但是由于蒙古迫使附属的各民族人从军，这就没有办法估算在忽必烈的军队中蒙古人和其他人的比率。尽管如此，在那时很大一部分可能是蒙古人及突厥人，生活在北方的汉族、女真及其他民族只占很少一部分。元朝灭宋以后军人的数量有所增长，越来越多的汉人被征用。在蒙古占领中原以后，就更不可能猜测军队中汉人与其他族人的比率，同时也就更难猜测14世纪下半叶在中原到底有多少蒙古人。

三、留在中原的蒙古平民

元末时有一些外国平民留在中原是毋庸置疑的，但是数量也同样是很难估算的。我们知道的有畏兀儿人、阿拉伯人和分布在中原很多城市的商人。在明代时我们依然可以找到他们生活的痕迹。但是有多少蒙古平民留在中原呢？尽管通常来说在蒙古和其他游牧民族所有的成年男人都是士兵或预备的士兵，这些人在中原被定义为“军人”，经过一段时间以后，一些蒙古人和突厥人等都会以这样或那样的方式摆脱军籍成为普通人。在至顺镇江府志[③]中分列了镇江（南京的西边）诸民族人口，例如蒙古人，畏兀儿人，穆斯林，党项人，基督教徒，契丹人，女真人等。在镇江人口统计中被列举的这些民族的人可以证明是平民，不是军人。在114206户家庭中，有174户是外族人（其中29户蒙古人，14户畏兀儿人，59户穆斯林，23户基督教徒，3户党项人，21户契丹人，25户女真人）。这174户家庭有1168人（其中有163个蒙古人，93个畏兀儿人，374个穆斯林，106个基督教徒，35个党项人，116个契丹人，261个女真人）。除去这些还有1273个独居的这些民族的人（其中蒙古人429个，畏兀儿人107个，穆斯林310个，基督教徒109个，党项人19个，契丹人75个，女真人224个）。莫尔得出结论认为外族家庭的数量占镇江地区家庭总数的1.5‰，外族人口的数量占人口总数的3.6‰。如果镇江有外族平民的存在，那么我们就没有理由怀疑其他城市[④]这种情况的真实性。尽管如此，

---

① 埃伯哈德(Eberhard)：《中国历史(History of China)》，伯克利，1950年，第244、248页

②《玉堂嘉话》（Yü-t'ang chia-hua）第4卷，《四部丛刊》,第96卷，傅海波(Cf. H. FRANKE)：《蒙古统治下中国的货币与经济：元代经济史文献(Geld und Wirtschaft)》，莱比锡，1950年，第128-129页。

③ 见莫尔(Moule)：《基督徒在中国(Christians in China)》，伦敦，1930年，第161-162页。在《至顺镇江府志(Chen-chiang fu-chih)》中北方的中国人也被与蒙古人、畏兀儿人、穆斯林、基督徒、党项人、契丹人和女真人一同被列为“移民”，但是值得肯定的是，莫尔并没有把“外国人”算入其中。

④《元史》（第130卷）叙述了土土哈是如何掌管护卫队的，并得到允许可使护卫队的士兵像奴隶一样服务。但是他没有执行这个命令，而是把他们编为平民。这个记载证明了有宿卫队平民的存在。

镇江外族平民的比例也不能作为一个标准用来估算全部外族人口的数量①。

如果大量的蒙古军队（包括其他民族的人）撤回到蒙古，就像明政府在给安达纳哈出的信中宣称的那样，那么，那些平民应全部留在了中原②。

四、明太祖颁发给蒙古的诏书

这里我们先翻阅一下几份皇帝给蒙古的檄文，可知从明初开始就允许蒙古人留在中原。1367年11月15日（《洪武实录》卷26）发布一道北伐檄文，向山东，河南，现在的河北，山西，陕西呼吁对其的支持："志在逐胡虏，除暴乱，使民旨得其所，雪中国之耻尔，民其体之如蒙古③色目，虽非华夏族类，然同生天地之间，有能知礼义，愿为臣民者，与中夏之人抚养无异。"1368年12月23日再次宣布："蒙古色目人既居我土既吾赤子，有才能者一体擢用"。第二个诏书发布于元大都被攻陷后不久。在这两个诏书中明高祖敦促支持元朝统治的非华夏族类成为他的子民并且允诺给他们与国人相同的公平的待遇。他的理由是虽然蒙古与其他民族的人并没有生于华夏，但却同样生在天地

① 除了蒙古及其盟军的军队和大量平民，还有很多外国人生活在中国；元代时，许多南人被驱逐到帝国的东北（奴尔干地区及抓鹰的地方，如黑龙江地区），女真及朝鲜人被驱逐到湖广地区（湖北及湖南省）。通过查阅《元史》第103卷；拉契涅夫斯基(P.RATCHNEVSKY)，《元代的法典 (Un Code des Yuan)》，巴黎，1937年，第340页，可知不是只有女真与朝鲜人被惩罚而驱逐到南方。拉希德丁：<Sbornik letopisei>，第1卷，第2章，第57页，讲述了忽必烈是如何驱逐蒙古王爷ja'utu（韩百诗（HAMBIS）：《元史（卷一百零八）《Chapitre cvii》，《通报》专刊号，第三卷，莱顿，1954年，第48-49页）到南方海岸边的热带地区的。但是这次驱逐外国人的数量只占外国人在中国生活的一小部分。

② 在明统治下的大量外族平民必然是追随在首都或其他城市被俘虏的或享有特殊待遇的蒙古王公，可见本书第九章地理分区南京部分。除此之外我们发现实录中有一些记载，讨论的是与大量蒙古人从属的明朝军队没有关系的人。如《洪武实录》卷162（1384年5月24日）记载的是故元梁王司马（明史89卷）脱脱不花等七家居通州。我认为这个通州就位于北京附近，是一个蒙古人聚居的中心。

③ "Meng-ku"作为"蒙古"的一种别称，极少用于明实录中，只是在一些法令及帝国的诏书中出现过。反而蒙古人在实录中经常被称为虏："囚犯，胡"（见伯希和（Pelliot）,TP第26卷，1929年，第251-252页）,北虏："北胡"，胡："虏"，鞑靼："塔塔尔"。北虏这种表述出现于《后汉书》119卷用来指代匈奴人。在明时成为蒙古的一种特殊称呼，可参考《边政考》第6卷；第7卷等，或《登坛必究》（武备志第227卷）的汉蒙词典中北虏被描述为九边（从甘肃到辽东）的北方部落。《登坛必究》，第3a和5a页，北虏和鞑靼都被翻译也克莽官儿或"大蒙古"。

尽管如此，"虏"及"鞑靼"这两种称呼逐渐有了不同的含义。"虏"及"鞑虏"、"北虏"、"鞑贼"逐渐成为想要攻击中国边境地区的蒙古的称呼。但是在讲到在中国境内的特别是为明政府服务的蒙古人时，作者会使用诸如"鞑靼"、"达军"、"达官"。另外在《嘉靖实录》中有一种有趣的称呼为"大虏"。在《华夷译语》（第166页）中有一个注释说大虏是指那些在大汗控制下的蒙古部落，但是这并不能证明这个词在实录中有更宽泛的意思。"大虏"不是野克莽官儿的新翻译方式。"大蒙古"这个表述被用于约翰德·普莱诺·卡必尼(JOHN DE PLANO CARPINI)：《Sinica Franciscana》,第一卷，第51页"野克莽官儿就是大蒙古"。关于这个词的讨论见田清波(ANT.MOSTAERT)和柯立夫(FR.CLEAVES)：《三篇蒙古文献 (Trois Documents Mongols……)》，《哈佛亚洲研究杂志（Harvard Journal of Asiatic Studies)》,第15期，第485-495页。这个词在明时被中国人所熟知，这在《武备志》中将"北虏"和"鞑靼"翻译为"野克莽官儿"可得到轻易证明。在《辍耕录》第1卷第15、16页两次列举了这个词，一次为也可抹合剌，一次为也可林合剌，林为抄写的错误。把这个"抹合剌"用于蒙古，见《武备志》第227卷，"鞑靼"被翻译为抹暗。在《Sinica Franciscana》第一卷，第173页和《明史》第327卷在讲述从1368年以后蒙古历史的时候，题目为"鞑靼传"，在《元朝秘史》中蒙古翻译为汉语也为"鞑靼"。在明以前，"鞑靼"经常被指代为"蒙古"。如在《蒙鞑备录》（1221年）和《黑鞑事略》（1237年）。在《元典章》(Yüan tien-chang)及《元史》中"鞑靼"也经常被用来指代"蒙古"。

"鞑靼"这个词最早出现于公元842年李德裕的一封信上（在《文苑英华》,第460卷），见于伯希和(PELLIOT)，《亚洲学报 (Journal Asiatique)》,1920年,第1期，第143页。

之间[①]，其实这只是表面的原因，实际上是要他们承认他的封建君主权力。在我们看来，这个声明就如从前对所有外族人的宣言一样，“中国在世界的中心”，从这个意义上来看皇帝的诏书是不需要暗示蒙古及其他民族的人被允许在中国边境和平的生活的，但是第一个诏书颁布于元灭亡的前一年及明与蒙古军队战争结束的很多年前，在他颁布的时候这场关于最高权力的争夺战还在进行中，在这种情况下对这个诏书不能在这个意义上面理解。很难想象朱元璋在那时颁布这个诏书并且允诺“公平待遇”是争取在他控制的版图范围之外的异族人。第二个诏书中的“我土”指的就是中原，对蒙古人来说有资格为明服务，就是说明他们当时生活在中原。因为在那时与外界的外交关系是不存在的，明朝干涉中原以外的部落事务在那时是不可能的。给予他们与汉族相同待遇的允诺是否能够增加蒙古人对他们的支持？

1368 年 9 月 26 日，元朝的首都大都路，成为明朝北平府的辖区，因为南京成为新帝国的首都，明太祖下令寻找元朝的政府官员并把他们送至明朝的新都南京（洪武实录第 30 卷，第 13 页 b；明史第 2 卷，第 3 页 a）。这个记载并没有提到蒙古及其他民族的人供职于元统治机构的准确人数，但是在诏书中并没有排除这种可能，由此可以推断出有其他民族的人有机会进入明朝新的统治机构，至少是有资格进入。由于在元大都有大量的外国人供职于元统治机构，如果这些外国人稍有藐视明的政权，明太祖都会明确的把他们排除在明统治结构之外。在 1368 年 11 月 21 日明太祖再次发布了一个诏书，内容与前两个诏书的内容大致相同，但是他诏告的对象主要是蒙古的正规军队，内容是汉族与其他民族没有太大区别，他会宽恕所有投降的和有能力的政府官员。特别是谈到蒙古人及色目人时明太祖继续说到北方地区的百姓及蒙古色目诸人向因兵革连年供给，久困弊政：“自归附之后，各安生理，趁时耕作，所有羊马孳畜从便。”不管怎样，这个后来颁布的诏书涉及蒙古人，而且其适用的对象不只是在中原的蒙古人，是边外的蒙古人，他试图引导那些部落按照明朝的方式进入其统治，并且北部边境的许多部落确实也是这么做的。这个问题将在下一章讨论。

1370 年 5 月 1 日（洪武实录第 51 卷，第 6 页 ab,）发布的诏书明确的提到了在明政府中供职的蒙古及色目人，诏书禁止他们改变他们自己的名字（如使用中国的姓）。诏书的内容是：“朕已颁布法令诏告天下蒙古诸色目人等皆我赤子，果有才能一体擢用，比闻入仕之后多更姓名，朕虑岁久其子孙相传，昧其本源”。在这里我们不探讨姓名的问题。重要的是明太祖知道在帝国内有很多蒙古人，且有很多蒙古人供职于政府机构，但是把他们尽量安排在没有权力的部门已成为一种趋势，汉族人在数量及地位上成了统治者。可惜的是这些记载并没有告诉我们他们的姓名和职务。毕竟少量更改姓名的和在没有权力的部门工作的人是并不会引起注意的。如果明太祖认为需要颁发一个正式的法令，我确信涉及的人不会是少数。

---

① 1389 年 7 月 19 日一封帝国的诏书，写给当时为元辽王，后成为泰宁卫（在满洲地区）指挥使的阿扎失里（洪武实录卷 196；羽田亨第 208-209 页）在文章开头有同样的意思：“覆载之间，生民之众”。这个记载的蒙文版本可在《华夷译语》第 2 卷中被找到，写道：“不知道有多少民众生于天地之间。” 亦见理雅各(Legge):《中国经典(The Chinese Classics)》，第一卷，1861 年，第 293 页“天之所覆，地之所载。”当然这只是一个假象，“天不盖地不载”是最差的评论。见《水浒传》，上海，1948 年，第 33 回，第 116 页。

当徐达将军[①]在西北与扩廓帖木儿激战正酣时，明太祖在 1370 年 5 月 15 日（洪武实录第 51 卷，第 11 页 a、b;）给徐达写了一封信，指示徐达在战争结束后应该怎样做，写道"所俘王保保部[②]众及败而来降者，令[③]从伐蜀，蜀平就留以守御可也"。在 1371 年 8 月 11 日另一封写给徐达的信中他命令徐达进攻陕西并授予他掌管军队所有的权利，他强调："太原、朔州、大同、东胜军马及新附鞑靼官军[④]悉听节制"。

在 1370 年 7 月 13 日，明太祖写了一封有趣的信给爱猷识理达腊[⑤]，劝说他不只是要承认明朝的政权，也要来到明朝的都城南京，他的妻子和儿子被俘获后就被带到了南京。同样这封信也发给了他的部落和臣民，明太祖对其臣民说："其旧从元军仓促逃避者，审识天命，倾心来归，不分等类，验才委任"[⑥]。

除了上述提到的 1370 年 3 月 15 日写给徐达的信外，明太祖亲自干涉战争中蒙古战俘的安置问题至少还有三次。如在 1370 年 12 月 21 日（洪武实录 59 卷，羽田亨书，第 59 页）当中书省大臣建议西北诸虏归附者不宜处边，盖夷狄之情无常，明太祖从有利蒙古人生活习惯考虑，从他的回答中可以明显看出他认为把蒙古人安置在内地与边境都可以："凡治胡虏，当顺其性，胡人所居习于苦寒，今迁之内地，必驱而南，去寒凉而即炎热，失其本性，反易为乱，不若顺而抚之，使其归就边地，择水草等物，彼得遂[⑦]其生，自然安矣"。

我们偶然注意到在《明史》中有一段关于伯颜子中的记载。这个记载写到在 1379 年颁布了一个诏书命令推荐包括外族人的元代遗民。这时的背景让我们确信这个措施的目的是让那些元代遗民进入政府工作。伯颜子中尽管感受到了政府势力的影响，但作为一名穆斯林教徒（陈垣：《元西域人华化考》，《北京大学国学季刊》，1923 年，第 1626 页），他拒绝入仕为官并饮鸩而死。

这些皇帝的诏书可以充分的证明蒙古人在中原生活（不断有新入内地者）是一个人所共知的事实，并且被很多人包括政府中的高级官员和朝廷都认为是理所当然的。蒙古人及其他民族的人在明朝的地位与那些在罗马帝国行将崩溃的时候的那些没有文化的骑士相同。的确那些没有文化的骑士热切的希望进入罗马帝国的统治机构并且他们的酋长最大的野心就是称为军队的首领。另一方面，罗马帝国内部也有一致的热心去利用那些没有文化的骑士[⑧]。

---

① 《明史》列传 125 卷。贾尔斯（GILES），《中国古今人名大辞典（Biograph.Dict）》no.792

② 南京版本为"正"；羽田亨书中为正确的"王"。王保保是扩廓帖木儿的另外一个名字。《明史》列传 124 卷。

③ 羽田亨书中为"今"代替"令"。

④ 羽田亨书中写为"官马"，笔者认为并不正确，应为"官军"。"官军"在实录中经常被使用。

⑤ 妥欢帖木儿的长子，为朝鲜王；他于 1370-1378 统治蒙古。他的文化水平超过中国人，可见傅海波，"蒙古诸帝能读和写汉文吗？（Could the Mongol emperors read and write Chinese）《大亚细亚(Asia Major)》，新集 3(New series,3)，1952, 年，第 28-41 页。尽管他没有统治过中原，但是他仍然有庙号"宣光"并给予谥号昭宗。萨冈彻辰称其为必里秃汗。《蒙古源流》及《蒙古源流笺证》称他为阿裕锡理达喇。当 7 月 13 日皇帝给爱猷识理达腊写信时，他的被俘虏的儿子买的里八腊已经得到崇礼的侯爵，这个事实是对爱猷识理达腊的正式解释。

⑥ 这封信的复制本也发给了交趾、占城、朝鲜及其他国家。在高丽有一个版本比明实录更加完整。朝鲜的版本增加了以下内容："在朝廷中不同肤色的人都可以当官"。

⑦ 南京版本"遂"为"就"。

⑧ 见汤因比（A.Toynbee）：《历史研究(A Study of History)》，1951 年，第 463 页，引自于戴撒母耳（Dill）：《西方帝国最后一个世纪的罗马社会 (Society in the last century of the Western Empire)》。

五、对生活在中原的蒙古人的抗议

在十一章将讨论许多“抗议”涉及蒙古人，据我所知，洪武年间人们对在帝国内生活和军队中雇佣的蒙古人的反对是很少的。尽管如此，仍有一个例外，由于在天空中观察到一个不吉利的征兆，1376 年 11 月 7 日，曾秉正[①]给皇帝上奏，奏报那些不服管教的胡虏的存在就是在天空中出现不吉利征兆的原因之一。提到蒙古他说道（《洪武实录》卷 109，洪武元年闰九月丙午；羽田亨书第 131-132 页）：“圣贤扶阳抑阴之道也，臣闻易之为书也，贵阳贱阴春秋之法，内中国而外夷狄，盖中国者阳也，夷狄者阴也。臣窃观近来蒙古色目之人多改为汉姓，与华人无异，有求仕入官者，有登显要者，有为富大贾者。古人曰：‘非我族类，其心必异’[②]。安得无隐伏之邪心，怀腹诽之怨，咨宜令复姓,绝其番语,庶得办认，可以堪量典兵及居近列之人，许其避退。又臣前过江浦[③]，见迁迁塞外之俘[④]累累而有他思。此系辇毂近甸，岂可容此，恐数年之后，与之玩熟相忘，生育繁盛，中间岂无强诈之徒，其或鸟惊兽骇犯属车之清尘，则为阴长抗阳矣。晋人不听江统[⑤]徙戎之论，后悔无及此实中华阴类幸处之，不失其所至于五星紊度各有所自伏愿……”

尽管曾秉正强烈的愤怒外族人在政府中占据重要的位置并且相信南京附近没有“外国囚犯”存在，但他仍然没有明确请求驱逐所有胡虏，只有他给江统的证明暗示了这个需求。曾秉正认为从长远来看禁止他们说母语（同时保留自己的名字）事情都会变好。不管他的意愿如何，曾秉正的反对似乎没有起到任何作用的[⑥]。

本文译自亨利·赛瑞斯（Herry Serruys）著《洪武时期在中国的蒙古人（THE MONGOLS IN CHINA DURING THE HUNG-WU PERIOD）》（1368-1398）的第三章，布鲁塞尔，1959 年，第 47—64 页。

（王倩倩，女，1986 年生，中央民族大学历史文化学院硕士研究生，北京 100081）

---

① 南京版本为“仁”代替“正”，羽田亨书中及《明史》传记 139 卷为正。他是一个淮安府海州儒学正。

②《春秋》,。理雅各(Legge):《中国经典(The Chinese Classics)》Ⅳ，第 354-355 页。

③ 江浦在南京西边。

④ 此处的“塞外之俘”指的是普通的蒙古人，不是严格意义上的战争中的囚犯。如“虏”、“北虏”就被经常用来指代蒙古人。

⑤《晋书》56 卷，江统强烈的反对在中国境内安置北边部落的人。他表明每每汉人与其他民族的人生活在一起麻烦就会接连产生。江统的说法在另一处得到验证，在 1513 年一小股蒙古人投降给了宣府（现在的河北宣化）将军，被安置在首都。兵部尚书何鉴抗议并要求将这些蒙古人安置在广东和广西，此时的广东和广西已被明统治了一段时间。采用这个措施是为了预防蒙古人在北方边境外的间谍与通乱活动。除了江统，何鉴还提到了郭钦和苻融，他们都坚持在边境安置北虏是危险的。值得注意的是何鉴的抗议被忽视并且批准了对蒙古的安置。见《成祖实录》卷 96，《明史》187 卷，《明纪》第 151 页。郭钦的资料可看《资治通鉴》81 卷、(《四部备要》第 38 卷，960 页:）郭钦抱怨有大量的外族人安置在中国，并提议使用有勇有谋的将军将胡虏从中原赶回边境，并建立一个防护带抵抗来来去去的四夷。

⑥ 我们知道在洪武时期没有类似的反对，也没有明确的反对针对在中国的蒙古人，不过也不必惊讶越来越多的中国人不喜欢他们的存在。在稍后的时期我们发现了更多怀疑与反对的迹象。如《永乐实录》（卷 86：1412 年 11 月 16 日）有反对在政府中使用外族人的记载。在《宣德实录》（第 47 卷：1428 年 10 月 15 日）皇帝的随从人员告诫他们自己远离为明服务的蒙古人。在这两个记载后反对逐渐减少，在 1412 年皇帝甚至回复了使用外族人产生的积极影响。虽然有人反对使用其他民族的人，但仍然有另外一部分人认为外族人对中国的发展做出了积极的贡献。

四川、拉萨间的草原道路

[日] 佐藤长 著 阿音娜 译

译者按：本文译自日本著名学者佐藤长《中世纪藏史研究》(《中世チベット史研究》同朋舍1986年出版)(日文)之附录第四“四川、拉萨间的草原路”一文。该文分析了第二次廓尔喀战争期间，从霍耳迭谷一带的草原向察木多方向经类乌齐进藏的四川、拉萨间的草原道路的情况。文中总结对比了不同史料中所记载的这条路线上的地名、距离，并追溯了该条少人所知路线的历史发展脉络，显示了当时日本老一辈学者考证精审的功力。时至今日，随着研究的不断深入，有些当时的疑难问题已经得到解决。但是，佐藤长先生的西藏历史地理研究仍对边疆民族研究有着不可忽视的参考价值。译者在充分尊重原文的基础上对文中个别问题进行了注释，并将进一步做这项工作，以为学人提供更多的便利。

第二次廓尔喀战争期间，四川总督孙士毅应大将军福康安的要求，于乾隆五十六年四月调动后续四川兵士三千名，其中二千五百名为绿营兵，余下五百名为沃什、党坝的土兵，从霍耳迭谷一带的草原向察木多方向进发。战争结束后，这些三杂谷、绰斯甲、巴底、巴旺、革布什咱、瓦寺、沃什、党坝等土兵又从察木多返回到草原道路踏上归途。问题是，这些土兵的返回之路究竟是一条怎样的路线呢？从这条进击与凯旋之路来看，似乎并不是一条重要的路线，但若基于其他事实的角度，应该有一些参考之处，所以在此想探讨清楚。

一

提到从四川横断青藏高原至拉萨的草原道路，也许会觉得是一个模糊难以找到线索的问题。实际上，在《卫藏图识》等清代西藏地志类书中都明确记载了经过总结的道程。《图识》（卷下二二页右以下）之“诸路程站附”有两条记载，即：“自打箭炉由霍耳迭草（革）草地至察木多路程自察木多由类乌齐草地进藏路程”。同样的道程也出现在《卫藏通志（卷四)》、《西藏图考（卷四)》等资料中。下面，对照最标准的《图识》[①]和最早的《西藏志》，还有民国时代的新舆图、Teichman（泰克曼）的地图[②]，如下表所示。地名间的数字表示距离里数。

①这条路程，在英译图识 Tibet,p.84 中也有记录，译者还做了若干注释。

② Eric Teichman, Trauels of a Consular Officer in Eastern Tibet, Cambridge,1922,attched Map.

自打箭炉由霍耳迭革草地至察木多路程

《西藏志》	《卫藏通志》	《图识》	新舆图	Teichman's Map
打箭炉 40		打箭炉 50	打箭炉	Dartsendo(Tachienlu)
折多山根 40		折多山根 50 折多山		Cheto Ji La(Cheto Shan)
别始 40 分路	别始	提茹 70		(1)
瓦七砦 40		亚竹卡 40		
即砦堡 40	朗砦堡	朗砦堡 40	朗七堡	(2)
八桑砦 50		八桑砦 50		
上八乂		上八乂 60	上波	Barme(3)
50 噶达		噶达 50		Taining(4)
汎马塘 30		汎马塘 30		
雀雅 50 山		雀雅 50 山		
喇池塘 60	喇地塘	喇地塘 60		
孜隆 70		孜隆 70		(5)
甲撒楮卡 50	迦萨楮卡	甲撒楮卡 50		
吉如楮卡 30 小山		吉如楮卡 30 小山		Sharatong(Chiachilung)(6)
章谷 50 下山		霍耳章谷 50 下山	霍耳章谷	Drango(Changku or Luho)(7)
江滨塘 50		江滨塘 50		
竹窝		竹窝	霍耳卓科？	Driwo(Chuwo)(8)

35		35		
莇恭松多 20 普王隆	勒恭松多	勒恭松多 20 普王隆		(9)
甘孜 30 河		甘孜 30 河	霍耳甘孜麻书	Kanze(10)
白利 50		白利 50	霍耳百利	Beri(Paili)(11)
隆坝擦 50	隆壩擦	隆坝揆 40		Rongbatsa
阿甲拉洛 60	阿加拉洛	阿甲拉洛 60		
益隆 40		益隆 40	伊隆	Yilung
迭格界（七登） 60	德尔格界	迭格界 即德尔格忒又名七登 60		Dzogchen Gomba(Chuching)(12)
罗登 60		罗登 60		
吉马塘 50		吉马塘 50		
格葱 60	格葱	林葱 60	林葱	Göze Gomba(Lintsung)(13)
楮泥拉沱 50		楮泥拉沱 50		(14)
春科西河 40 上山		春耕西河 40 上山	丹冲科尔多浑 冲廓庙	Chunkor Gomba(15)
班的楮卡 30 下山	班第楮卡	班的楮卡 30 下山		Senke La(16)
巴戎 60		巴戎 60		Bar Chu 的上流域(17)
甲界 70		甲界 70		Dzachali La?
姜黨 60		妄黨 60		
草拉		草拉	草拉	Dzamla

30		30		
草里工 30 漫山		草里工 30 漫山	草里工	
峡隆塔 50		峡隆塔 50	峡隆坦	Luntokndo 或者是其西面的 Toklando?
哈甲 30		哈甲 30	哈甲	
哈甲峡口 30		哈甲峡口 30		
冲撒得 60 山		冲撒得 60 山	冲撒得	
热了 40 山	热了	热了 40 山	热了	Reya(18)
察木多		察木多	昌都	Chamdo

自察木多由类乌齐草地进藏路程

《西藏志》	《卫藏通志》	《图识》	《新舆图》	Teichman's Map
察木多 50		察木多 40	昌都	Chamdo
恶洛藏 60	俄洛藏	俄洛桥 60		Ngurozamka(Olo Chiao) (19)
杓多 40		杓多 40	杓多	Jyoto
康平多 50		康平多 50	康平多	
类乌齐 50	类伍齐	类乌齐 50	类多齐	Riwoche(Leiwuchi) (20)
达塘 80		达塘 80		(21)
加木喇族 100	甲木喇族	架喇族 100	架喇族	(22)
江清松多 80		江清松多 80		(23)
三冈松多 80 四小山	罔松多	三冈松多 80 小山四座		Sa ngan sum mdo?(24)
塞耳松多	塞耳松多	塞耳松多		(25)

60		60		
拉咱 50		拉咱 50	拉自	
吉乐塘 70		吉乐塘 70	吉乐塘	(26)
察隆松多 （春奔色擦）70		察隆松多 （春奔色擦）70	塞尔松多	
江党桥 70		江党桥 70	江党桥	
拉贡洞 60		拉贡洞 60	拉贡洞	(27)
汪族 80		汪族 80	汪族	
结树边卡 50		吉树边卡 50		(28)
三大偏关 80		大偏关 80	三大偏关	(29)
噶咱塘 70		噶咱塘 70		
噶现多 70		噶现多 70	噶现多	
拉里堡 60		拉里堡 60	嘉里（拉里）	(30)
拉里界 70 山		拉里界 70 山		(31)
吉克卡 70	吉卡	吉克卡 70	吉克卡	
沙加勒 70		沙加勒 70	沙加勒	
积华郎 70		吉华郎 70	吉华郎	(32)
哈噶错乍 60		哈噶错卡 60	哈噶错子	
胖树 60		胖树 60	胖树	(33)
仲纳三巴 60		仲纳三巴 60		

约定同古 70	约同定同	纳定同古 70	纳定同古	
墨竹工卡		墨竹工卡	墨竹工卡	(34)

（本表据原文，版式稍有变动）

表注：

(1)提茹和别始哪一个正确，不明。

(2)《图说》（六一页）有朗济堡，与其他史料对比来看，《西藏志》的砦堡有误。

(3)《分省精图》有巴美，和 Teichman 泰克曼的 Barme 一致。上八义是否为上巴美之误？《新舆图》的上波脱落了"美"字。《共和国地图集》上的上柏桑位置与此相当。

(4)Mgar thar 写作噶达，Teichman 的 Taining 写作泰宁，是同一个地方。

(5)从距离来看，许是 Teichman 的 Dawu(Taofu)。原名是 Rta bo,道孚是其音写。孜隆是否为藏名，不确定。

(6)吉如是否是 Shara 的音写？楮卡与上文的甲撒楮卡都为 Chu kha，意为"河津（即渡口——译者注)"。

(7)Drango 是 Brag mgo(GT,P.104),霍耳迭谷是 Hor brag mgo。Hor 是该地域一带的称呼，似乎是最早在清初作为青海和硕特的一部分入住支配了这个地方（表注⑩）。Teichman 的 Changku 音写成章谷，Luho 音写成炉霍。

(8)Trevo(GT,P.104)与此相当，Chuwo 音写成汉字竹窝或朱倭。

(9)普玉隆似是普王隆的正确写法。下面出现的甘孜东南的普乙隆（共和国地图集）与此一致。

(10)清初，和硕特的势力达到喀木，这里属于 Khang gsar 家族的范围（GT,p.188,n.677）。麻书应该是 Ma zi(GT,p.104),Tafel 为 Ma zu. Ma ze 的名（GT,p.188,n.678）,发音毫无疑问是一样的。麻书是与 Khang gsar 一起统治该地区的和硕特诸侯（ibid)。但是，从和硕特诸侯的系谱中确定这两家非常困难。

(11)白利 Pi ri(GT,p.104),或者 Be ri(GT,p.188,n.680)。《新舆图》的百利也是指同一个地方。

(12)从路线判断，应该是指位于 Sde dge dgon chen 之北的 Rdsogs chen dgon pa 寺（GT,p.103)。Chuching 的汉名应该是竹庆（GT,P.186,n.664）,最早可能音写为竹庆。在《图识》的夹注（即行间的小注——译者注）里，有"即德尔格忒，又名七登"的记载，德尔格忒在清代的文献中屡屡出现。恐怕是和硕特蒙古语风的表现，概指那个地方的部众集团。

(13)林葱是 Gling tshang,上文已述。格葱也许是林葱之误。Teichman 的 Göze Gomba 的 Göze 是这个地域名 Gling Vgu zi(Gu se)(REB,p.128)的 Vgu zi，因此,Göze Gomba 应该就是 Vgu zi dgon pa(REB,p.204)。《中华人民共和国地图集》上所写的俄支应与此一致。

(14)在《分省精图》上，林葱和春科间有起坞村、叶拉通，楮泥拉坨也许是这两个地名合一的结果。

(15)丹冲科尔多浑的丹字是这个地域的名称 Ldan(khog),在中国地图上写做鄧柯。冲科尔是 Chos vkhor 地方，多浑是满语 dogon（河津)，是渡金沙江之所。冲廓尔指 Chos vkhor gling(GT,p.104)，即松巴堪布所说的 Ldan mavi Thub bstan chos vkhor gling 寺(PSJZ,p.340),但是该寺院位于金沙江西岸，因此春科西河大概在这座寺院的附近吧。

(16)据上山、下山这样的词语考虑，应该在 Senke La（山）附近。

(17)概指 Teichman 的 Bar chu 的上游流域。巴戎音写为 Bar rong。

(18)中国文献一律记做热了，从 Reya 来看，丫应该是正确的。

(19)俄洛、恶洛，和《同文志》（一一二一页）的鄂罗 O lo 相同。《同文志》载“鄂罗小也，其地境仄，故名”。因此，恶洛藏是 O lo zam,俄洛桥是其音译。Teichman 的 zamka 是 zam　kha ,指位于桥附近的地名。

(20)《新舆图》上的类多齐的多字，大概是藏语后缀字 Ri bo che 乌之误。关于该地的寺院，怀利有说明（GT,p.100,p.181,n.606,607）。

(21)是否为 Sa ngan sum mdo?在色尔河 Ser chu 东岸（《卫藏新图》）。

(22)达塘在《西藏全图》中位于类乌齐西。

(23)《西藏全图》上有架喇族。

(24)江清松多在《西藏全图》上还有一别名苏鲁。《新舆图》的苏鲁地方与此相当。

(25)应是《同文志》（一一 0 五页）中的色尔苏木多 Ser gsum mdo。在色尔苏河的西岸（《卫藏新图》）。现在的色如松多移至喀喇乌苏河的河流点。

(26)《同文志》（一一三四页）的吉勒塘 Dkyil thang 与此相当。《新舆图》的拉自、吉乐塘、塞尔松多的位置稍有些奇怪。

(27)即《同文志》（一一三一页）的拉衮 Lha mgon(神佑)。洞是否是 gdong。

(28)即《同文志》(一一一二页)的结勒硕特班喀尔 Rgyal shod ban mkhar。Rgyal shod 与　Rgya shod 是相同的（《历史地理》三五六页）。

(29)即《同文志》（一一一三页）的萨姆达博木关 Sa mdav　bon mgon　。

(30)即 La li(mgo)。嘉里是拉里的别名 Rgya ri 的音写。

(31)《新舆图》的擦竹附近。擦竹卡即指《同文志》中的擦楚喀 Tsha chu kha。

(32)吉华即有误，概应为吉华朗。

(33)胖树是否是《同文志》中的昌舒克 Vphrang gshug。

(34)即 Mal dro dgung kha 墨竹工卡。这里“与进藏路合”(《图识》下卷，二三页右)是指与四川路线的联络点。

二

上表所示的路程，在现代地图上能循到大致的线路，也能不同程度地识别各地点的村落。为什么称这条路是草地、草原路呢？一时难以理解。但是，有关从打箭炉到察木多的路程，《图识》（下卷二二页右）中有这样的记载：

此路番民多住黑帐房，以牧畜为生，微有烟瘴。

《卫藏通志》卷四也有同样记载：

谨案，自打箭炉草地至察木多，路遥平坦，草广柴微。此一带番民多住黑帐房。

即这条道路上畜牧民出乎意料的多，甚至在 Teichman 的地图上标记为草地 Grassland 的地点也非常多。察木多以西，不用说 Teichman 的地图，就是文字记载也非常少，地域范围属于纳克书 Nags shod 三十九族住地。[①]《图说》（五 0 页）对图十二的说明记载：

拉里东北三十九族游牧。

无疑这一带是草原区域。从这里通过之后，据藏人说，草原还是到处都是，对带着家畜放牧是极其适合的道路。《西藏志》、《卫藏通志》、《图识》等记载的，从拉里到 Mal dro 与四川路线合一的道路，在现代地图上即从类乌齐通过丁青 Gting、索县 Sog，出那曲 Nag chu kha 的一条路。因为通过纳克书 Nags shod 三十九族地域的西面，也就是草原道路。

军队进入西藏中心之时，不用说步兵部队，就是骑兵部队如果选择这条道路也非常方便。也可能正因如此，部队比从四川路线进藏要更早一步到达了拉萨。

这条路线何时存在，还难以确定。不过大概是从很久之前就作为向四川方向进发的路线而被利用。上述史料都是清代的，作为在明代初期既已存在的证据，我们来看一看第五世哈里麻东进时候的道程。

明成祖永乐元年（1403），派遣司礼（此处佐藤长令字，据《明实录》改——译者注）监侯显赴藏，迎请哈里麻（即第五世噶玛巴得银协巴——译者注）。哈里麻于永乐四年从西藏出发，年内的十二月到达南京。有关这次道程，史泰安已经根据 PSKC 确定路线(REB,p.237,n.8)：

卫（拉萨）——索克 sog[②]——Nag shod——Sgom sde——Lha steng——Kar ma ——Ñe stod —— Smar khams —— Vbri chu Vdan—— Gling tshang

这条路程在 KPGT 中也有记录。因为二者记载有出入，在此，以 KPGT 为基础，并对照 PSKC：

（一）拉萨和 Mtshur phu

Mtshur phu 是 Kar ma shwa nag pa 派的主寺。因为有“由此将通过北方道路”，可能是通过达木出那曲，到索县的路线即循着草原路。从索县到类乌齐的路程与柔克义所经过的道路是一致的。索县在柔克义的记录中是指名叫 Suk chu 的地方(Diary, Map),Nags shod 考虑是前述的纳克书 Nags shod 三十九族之地。从路线来说，可能是指柔克义所记载的叫 Noshe la(Nags shod la)的地方（Diary, Map）。

（二）Lha steng

PSKC 中在该地名之前有 Sgom sde，恐怕是指丁青。Lha steng 概指类乌齐的寺院。

(三) Kar ma

据史泰安判定，该地在类乌齐和察木多之间（REB，p.213）， 大概是 Kav thog sit u 所访问的 Vog min kar mavi steng 寺（NKLY,fol.12）。

(四) Rke stod

① 有关 Nags shod 三十九族，在《西藏志外藩》、《卫藏通志》中记载了各族的名称。

② PSKC（fol.262）中有 Sogs，一般是 Sog。Sog 最初与 Sog chu 河畔的索克宗 Sog(rdsong)一致。（据《西藏地名》[国家测绘局地名研究所编，中国藏学出版社，1996 年]：索县，Sog，曾为索宗，1960 年改设为索县——译者注）

根据字形类似，Rke stod 可能是 Ñstod 之误。Teichman 的 Nendo Gomba，中国地图上的宁塔可能是指这个地方。

(五) Kar rgyan

该地可能在宁塔之东，Teichman 的 Kangaium。

(六)Smar khams

Smar khams 是否是 Brag g-yab 南面的 Smar khams，不能断定。因为与南下“经六驿而至”（KPGT,p.518）下一处丹 Ldan(khog)的渡口无关联。从这向哈佳的东北看，有玛尔佳木拉山（Smar khyam la alin?)，在山的南部有 Rdsa chu 河的支流玛尔楚河（Smar chu?）(《内府舆图》)。在《新舆图》中，这条河与 Rdsa chu 河的合流点有吹冷多尔多土司，河名叫做楚林都图河。从这条河的形状来看和玛尔楚河应该是同一条河流。如此一来，这玛尔楚的地域也就是 Smar khams 的地域吧。

(七)Vbri chuvi Klong thang

史泰安判定是丹 Ldan(khog)的渡口，把 Klong thang 作为地域的名称。在这里遵从他的判定。

(八)Gling tshang

中国地方志及地图中所记的林葱。从此哈里麻离开草原路而向北走了。

(九)Ra rgya

该地如史泰安所言是黄河第二段的 Ra rgya 拉加（ibid)。是著名的大寺院拉加寺的所在地。因为从 Gling tshang 经十驿到达该地，所以大概是走直线的。

(一0)Khrom bu rong bar

从 Ra rgya 过十六驿到达 Khrom bu rong bar，该地位于河州西南一带，中心是 Rong bar dgon pa（AMR，Sheet3)。距接下来的地点河州有两驿的距离，因此该寺院的所在地是妥当的。Khrom bu 的意思不明。

（一一）Ga chu

据史泰安的比定是河州（临夏县)。河州开辟了从河州通过和政、宁定（太子寺）的县向临洮方向的道路。

（十二）shing kun

史泰安所说的临洮。

从上述记载来看，哈里麻从拉萨、Mtshur phu 寺出发，取道向那曲，从那曲通过三十九族草原，通过 Kar ma 至 Ldan(khog)，然后向着 Ra rgya 的方向，从这里东进西倾山麓的草原地带，沿大夏河至河州、临洮，这是清楚的。这与清代地方志所记载的路程西半路稍稍重复，通过 Ldan(khog)之后就完全向相反的正北方向行进了。Ldan(khog)以东暂且不提，但明初这条草原道路已经存在是非常清楚的了。比起四川路线要横断深山幽谷来说，这条草原路线虽说距离较远，但交通更容易，可以看做是方便利用的路线。

更往前推在唐代又是如何呢？有从云南大理通过维西、德钦到 Smar khams 的这样一条路线是确定的。可是，通过打箭炉的四川路线作为干线是不存在的。事实上，也没有发现进出于打箭炉方面的吐蕃军。他们的攻击目标是茂州(茂县)、威州（汶川)、松州（松潘县)，都位于成都的北方地带。由此看来，吐蕃也是利用草原道路，从这条路东段的鈩霍、道孚的附近东进进入成都的北方区域。有关吐蕃四川进击的路线，因缺乏史料而难以断定，似乎也可以看做还是取道草原路而进出是妥当的。在此仅作为一个问题的提示吧。

附带还想对四川线路的问题稍做考证。在清代，四川路线是存在的事实不需要再重复了，但是作为更早的明代又是怎样的情况呢？有关这个问题事实上没有充分的史料。仅仅是大慈法王在朝觐明朝时，通过理塘出成都，进而去南京。从草原路向理塘方向出发是非常困难的，因此，至少从察木多到巴塘、理塘，无论如何必须要循着四川路线行进。还有，武宗为了迎请活佛所派遣的使者也是在理塘与哈里麻会面的。哈里麻是走怎样的路线而到达理塘的暂且不提，明朝的使节团从四川路线西进而到达理塘是毫无疑问的。追溯更早以前四川路线的存在情况是困难的，总之这条路线在明初既已存在，在之后也被利用，可以通过上述二例大致说明。

略语表

日文文献

同文志=《钦定西域同文志》东洋文库影印，昭和三十六、三十八年。

历史地理=佐藤长《西藏历史地理研究》岩波书店，昭和五十三年。

中文文献

西藏志=焦应旂《西藏志》文海出版社影印，民国五十五年。

图识=马揭、盛绳祖《卫藏图识》乾隆五十七年。

图说=松筠《西藏图说》道光间。文海出版社影印，民国五十五年。

欧美文献

AMR=Joseph F.Rock, *The Amnye Ma-chhen Range and Adjacent Regions,* Rome,1956.（洛克：《阿尼玛卿山及其附近地区专题研究》，罗马，1956年。）

Diary= William W.Rockhill,Diary of a Journey through Mongolia and Tibet in 1891 and 1892,Washington（柔克义：《1891-1892年穿越蒙古与西藏的旅行记》，华盛顿,1894.）

GT=Turrel V.Wylie,*The Geography of Tibet accrding to the'Dzam-gling-rgyas-bshad,* Rome,1962.（怀利译注：《世界广说》，罗马，1962.）

REB= Rolf A. Stein,Recherches sur l'épopée et la barde au Tibét, Paris,1956.（史泰安：《关于西藏叙事诗及吟游诗人之研究》，巴黎，1956.）

藏文文献

KPGT=Dpav bo gtsug lag Vphreng ba,Mkhas pavi dgav ston, edited by Lokesh Chandra,New Delhi, Pt.I-III,1959-1961,Pt.IV(Ja),1962.（巴卧祖拉陈瓦著：《贤者喜宴》达斯编，新德里，第1到第3部1959-1961年版；第4部1962年版）

NKLY=Kav thog sit u Chos kyi rgya mtsho, Gangs ljongs dbu gtsang gnas bskor lam yig,Palampur(India),1972.（噶托司徒却吉嘉措著:《卫藏圣迹志》印度 Palampur1972 年版）

PSJT=Sum pa mkhan po, Pag Sam Jon Zang, edited by S. Ch. Das, Calcutta, 1908.（松巴堪布著:《如意宝树》达斯编，加尔各答 1908 年版）

PSKC=Karma nges don bstan rgyas, Chos rje Karma pa sku vphreng rim byon gyi rnam thar mdor bsdus Dpag bsam khri ching, New Delhi,1973.（噶玛额顿丹杰著，《历代噶玛法王略传·如意藤》新德里版 1973 年）

地　图

卫藏新图=北京新亚洲舆地学社《卫藏新图附青海》，北京，民国二年。

共和国地图集=地图出版社《中华人民共和国地图集》，北京，1979 年。

内府舆图=《乾隆内府舆图》=《乾隆十三排图》乾隆四十年。

分省地图集=地图出版社《中华人民共和国分省地图集》北京，1974 年。

分省精图=亚光舆地学社《中华人民共和国分省精图》，上海，1953 年。

（本文译自[日]佐藤长《中世纪藏史研究》(《中世チベット史研究》，同朋舍 1986 年出版。为排版方便，将原文藏文转写的难辨字母改写为 ḥ=V　ṅ=ng　Ç=sh）

（佐藤长，日本著名学者，著有《中世纪藏史研究》、《西藏历史地理研究》等；阿音娜，女，历史学博士，中国藏学研究中心助理研究员）

18世纪黑龙江中游地区的民族更替

——以七姓、八姓赫哲的迁移为中心·

[日]松浦茂著　王学勤译

序言

17 世纪至今，黑龙江流中游地区民族如何更替问题是东亚史上遗留下来的难题之一。围绕这一问题，在日本很久以来争论不休，至今尚无定论①。最大的问题是如何将从17世纪末到18世纪中叶期间的史料进行整体性的理解问题。本来应该将开始到现在的学术研究成果进行回顾，但是在此无更多余力进行这项工作，故仅指出作为研究前提的如下两点。

以 18 世纪为界，在以与结雅河汇合点为起点到以与阿纽河（敦敦河）汇合点为终点的黑龙江中游地区，由于清政府的强制迁移政策，使民族分布发生了急剧变化，居民完全发生了变化。②17 世纪之前居住在中游地区的居民，至 18 世纪中叶为止，迁移到牡丹江更上游地区；之后，又有新的居民迁居于此。从前的观点认为，剃发黑金（《柳边纪略》）和七姓（《职贡图》）看做同一个民族，但这样的推断没有确切的根据，我认为，两者是不同的民族，七姓是剃发黑金迁移到三姓地方后，从下游地区迁移来的。

于此相对，在阿纽河口更下游地区，17 世纪以来没有发生大的变动，这里的民族分布，基本上没有变化。③在清朝史料所表述的下游地区民族中，有17世纪末的不剃发黑金（《柳边纪略》）和18世纪前半期的赫哲（《职贡图》），学者一致认为两者指的是同一个民族，但问题是他们的血统；以前的学说认为他们是鄂伦春族的祖先，但果真如此的话，当时的鄂伦春人应该出入在比现在更遥远的上游，那与事实相矛盾。赫哲居住的

① 从17世纪到20世纪，检索相关问题，有和田清《中国记载呈现的黑龙江下游的原居民》（《东亚史论丛》所收，东京，1942年）、岛田好《近代东部满洲民族考》（《满洲学报》第五，1937年）、阿南惟敬《关于清初的虎尔哈部》、《关于清初的使犬国》（《清初军事史论考》所收，甲阳书房，1980年。）增井宽也《清初的东海虎尔哈部和高尔道的形成过程》（《立命馆史学》4,1983年）等论文，虽然各自观点不同，但是在中游地方（也包含周边地区）本来由那奈依（高尔东）系的集团居住这点大体上是一致的。对此田中克己《关于明末的野人女真》（《东洋学报》第四十二卷第二号，1959 年）吉田金一《关于17世纪中期的黑龙江流域的原居民》（《史学杂志》第八十二编第九号，1973年），主要论述了17世纪中游的居民属于满族系统，但是认为18世纪以后，他们迁移到上游居住后，那奈依系的集团进入此地，但对于他们是如何兴起的却没有表示，此外，道尔盖夫等俄国学者观点也与此相似。

② 参照拙稿《关于康熙前半期库雅喇、新满洲佐领的迁徙》（《东洋史研究》第四十八卷第四号，1990年，《清朝的黑龙江政策和少数民族》一书第八章）以及（《关于清代中期三姓的迁移和佐领的编成》石桥秀雄编《清代中国诸问题》，山川出版社，1995年。）

③ 参照拙稿《18世纪末黑龙江下游的边民组织》（《人文学科论集》，《鹿儿岛大学法文学部》第三十四号，1991年，第二章；《清朝的黑龙江政策和少数民族》一书，第七章第三节。）

地区和那奈依族居住的地区重复。

关于这一问题的现存史料存在质量和数量的限度，因此，为了推进以前的研究，有必要发掘新的史料。1993 年我乘在北京中国第一历史档案馆查阅档案之机，查到了至今未知的《宁古塔副都统衙门档案》等，之后进行了这一史料的搜集和整理的努力，能够对这一问题有某种程度的见解。

本文以新发现的史料为基础，先阐明 17 至 18 世纪八姓的历史，再论述七姓赫哲的起源和 20 世纪之前的历史。

一、18 世纪初黑龙江中游地区的民族分布

17 世纪之前的黑龙江中游沿岸，居住的是农耕和渔猎相结合的文化类型的人们，在中国一般被称为虎尔哈，俄国人称为久契尔。但是，以前的文献，对于他们的有关信息几乎没有留下，对于他们内部的构成和村落的位置，就没办法作实证性研究。不过，在近几年开始研究的《礼科史书》和《宁古塔副都统衙门档案》中，详细记录了他们的氏族和村落名称。检索这些资料，将中游地区的民族分布基本理清[①]，在此先将黑龙江流域各氏族，从上游开始依次阐明。

在最上游地区的是马尔遮赖、脱科罗、黑叶三氏族，他们形成了库布卡泰、爱尔盖、给谭等村落，但他们的村落在松花江河口上游的黑龙江沿岸。与这三氏族相接，居住在松花江下游的是分布在松花江下游乌扎拉和巴雅剌两氏族；喀尔喀玛、盖敬等乌扎拉氏族的村落，分布在松花江下游沿岸。因《清实录》天聪八年十二月戊子条中有“松阿里地方巴雅剌氏僧格额驸”一条，故巴雅剌氏族也被认为居住在松花江下游沿岸。

黑龙江源流的下游，出现的是努耶勒氏族的村落，在必拉河口两岸有额图和奇纳林村。在努耶勒氏族的下游，继续的是克宜克勒和胡什喀里氏族；克宜克勒氏族居住的村落阿姆给呆信、穆尔库、伊奥台勒和胡什喀里氏族的村落毕尔林、爱库台里、秋闹考等地方都位于与乌苏里江汇合口附近[②]。关于以上八个氏族的研究，近些年来有了很大的进步，因而大致明确了 17、18 世纪的情况[③]。

且说，根据《宁古塔副都统衙门档案》记载，从康熙十五年到康熙二十二年，以下的八氏族向清朝进贡貂皮，根据表一。这些氏族至此时几乎不知道他们的名称，但是，根据《清实录》康熙三年二月己亥条记载“东部木里雅连头目朱木兰、那木都喇头目赛必那……岁贡貂皮……”明确了有穆莲莲和那木都喇（那木道勒）氏族的名称。在《礼科史书》顺治十年（1653 年）三月九日条中发现了霍尔佛阔勒（霍尔佛果勒）乌尔贡克勒（乌尔坤给勒）氏族的名称。

这些氏族的居住地是在克宜克勒和胡什喀里两氏族更下游的黑龙江流域和乌苏里

---

① 参照拙稿《17 世纪黑龙江中游地区居民的经济活动》，(《东方学》第九十五辑，预订 1998 年刊行，第一章；《清朝的黑龙江政策和少数民族》一书，第四章第一节。)

② 参照拙稿《17 世纪黑龙江中游地区居民的经济活动》，(《东方学》第九十五辑，预订 1998 年刊行）第一章。

③ 参照拙稿《关于康熙前半期库雅喇、新满洲佐领的迁徙》(《东洋史研究》第四十八卷第四号，1990 年，《清朝的黑龙江政策和少数民族》一书第八章）以及（《关于清代中期三姓的迁移和佐领的编成》石桥秀雄编《清代中国诸问题》，山川出版社，1995 年)。

江流域。如形成霍尔佛阔勒氏族的哲奇林、霍伦、达坛各村落分布在以乌苏里江河口到下游的黑龙江沿岸之间；还有乌尔贡克勒氏族居住的必见、卓尔比两村位于乌苏里河口附近；古法廷氏族和希努尔胡氏族的村子玛堪、伊尔库勒、莫孙等的地点是在更下游的黑龙江沿岸，还有必拉氏族的图阿兰村位置不明确，但认为也在此地域存在。一方面那木都喇氏族的肯和究瓦集村在乌苏里江下游的支流肯河（奇牙河）合流点附近。1653年的斯特巴诺夫的亚萨克帐幕，也可以说也在那木都喇氏族靠近乌苏里江流域[①]。再者，明确了穆莲莲氏族在乌苏里江支流穆勒河的河口附近[②]。最后的欺牙喀喇氏族在乌苏里江支流必黑河（毕肯河）和浩饶河（浩尔河）流域居住[③]。以上是根据新的档案资料明确的黑龙江中游的居民情况[④]。

表1 贡貂边民和貂皮数量表（括弧内的数字是补贡的貂皮）

氏族	部落	康熙十五年	康熙十七年	康熙二十二年
霍尔佛阔勒	哲奇林		9（8）	11（11）
	霍伦	16（8）	10（8）	
	卡塔尔	16（12）		
	达坛	13（10）	25（25）	20
	赫体	33（20）	14（7）	6
	郭奇山			9
古法廷	玛堪		30（30）	6
	毛扎津		26（26）	
	达奔		17（16）	
	鸿衮		17（17）	
	大玛堪		72（72）	
	伊尔库勒		15（15）	
乌尔贡克勒	必见		20（2）	4
	卓尔比		7（7）	
希努尔胡	莫孙	3（3）	21（21）	10（10）
必拉	图阿兰		13	
那木都喇	肯		9	8
	究瓦集		12	7

① Б.О. Долгих ,Родовой и племенной сосгав Пародов Сиири в в .,Москва, таблица 200.Наторский。

②《宁古塔副都统衙门档案》第九册，康熙二十二年九月十二日条。

③《宁古塔副都统衙门档案》第七册，康熙十九年闰八月九日条。

④ 此外，奇道木、奇塔拉、伊尔库勒等小规模的氏族，他们同迈尔奇乐等在同时期被编入新满洲佐领，迁移到了东北各地。参照拙稿《关于康熙前半期库雅喇、新满洲佐领的迁徙》第88-90页。

穆莲莲	达坛	12	15	18
欺牙喀喇			30	19

注：在数字中，包括了从部落中分离的贡纳的貂皮。出处：《宁古塔副都统衙门档案》第三册、康熙15年9月28日、第五册，同17年10月2日、第九册，同22年8月3日条。

清朝自努尔哈赤（太祖）以来，在黑龙江中游地区的势力不断扩大，但是沿岸的居民并没有编入八旗组织，留在现居住地，只有纳贡貂皮的义务。清朝将他们与八旗区分开，称其为边民①。但到了17世纪后半期，康熙帝改变了过去的方针，为强化北方的防御势力，将中游的居民编入八旗组织，迁移到东北各地。最先成为迁移对象的，是在中游地区距离宁古塔最近的马尔遮赖、脱科罗、黑叶、巴雅剌、乌扎拉等氏族②；于康熙十三年（1674年）被编入八旗组织，称其为新满洲佐领。

在康熙十五年，伴随着上游的马尔遮赖等氏族的迁移，在其更下游的努耶勒、克宜克勒、祜什喀里三氏族也开始向上游迁移。努耶勒氏族的哈拉达塞亚乌堪在康熙十七年（1678年）率先迁移，两三年后，几乎整个努耶勒氏族都迁移到牡丹江③。紧随其后，克宜克勒氏族和祜什喀里氏族也迁移了，到二十二年，向牡丹江的迁移最终完成④。这样，从康熙十七年到二十二年期间，努耶勒、克宜克勒、祜什喀里的全部人口，迁移到了牡丹江口。此三氏族，后来被称作三姓；而且三姓迁移到牡丹江口附近，称他们为依兰哈拉（三姓）。

这样，上游地区发生大的变动的结果，进而使更下游的居民也受其影响。在上述的八氏族中，呈现出向成为空地区域进发的趋势。霍尔佛阔勒氏族的六村和乌尔贡克勒氏族的三村，以及在乌苏里江沿岸的那木都喇氏族的二村在康熙二十二年时迁移到三姓居住的地方⑤。还有，霍尔佛阔勒氏族和乌尔贡克勒氏族的一部分，在康熙二十年前后连带家族迁移到了牡丹江河口处⑥；但是八氏族的大部分依然留在了故乡。

作为记载黑龙江中下游地区民族分布的史料，提及最多的是杨宾的《柳边纪略》。杨宾到宁古塔看望双亲，是在康熙二十八年的后半年，他滞留在宁古塔到第二年⑦；记述的问题是以宁古塔搜集到的信息为基础的；表述的是最初一段的民族迁移，是康熙二十八、二十九年的情况。杨宾所载集团的名称，因为是自身所造之词且没有旁例佐证，其内容的评价非常困难，故在此略为繁琐地引用了《柳边纪略》卷三的相关部分。

东北边部落现在贡宁古塔者八，每年自四月至六月俱以次入贡。①自宁古塔东北行

① 关于边民组织的定义，参照拙稿《清朝边民制度的成立》（《史林》第七十卷第四号，1987年）。

② 参照拙稿《关于康熙前半期库雅喇、新满洲佐领的迁徙》第三章，《清朝的黑龙江政策和少数民族》一书，第八章第二节。

③《宁古塔副都统衙门档案》第七册，康熙十九年闰八月二十六日条以及第九册，康熙二十二年十一月六日条。

④ 参照《宁古塔副都统衙门档案》第八册，康熙二十二年正月二十日，以及注（13）。如果按前者所说，至康熙二十二年正月总计迁移了四百八十九户。

⑤ 参照《宁古塔副都统衙门档案》第九册，康熙二十二年十一月六日条。

⑥ 参照《宁古塔副都统衙门档案》第七册，康熙十九年六月二日、第九册，康熙二十二年七月六日以及八月三日条。

⑦ 参照《清朝的黑龙江政策和少数民族》一书，第一章《涅尔琴斯克条约签订之后清朝对黑龙江左岸的调查》。

四百余里，住虎尔哈河松花江两岸者，曰努耶勒、曰革伊克勒、曰祜什喀里。此三喀喇役属久……名异齐满洲，异齐者汉言新也其地产貂。②自宁古塔东行千余里，住乌苏里江两岸者曰穆莲莲俗类窝稽，产貂。③又东二百余里住伊瞒河源者曰欺牙喀喇，其人黥面，其地产貂，无五谷；夏食鱼，冬食兽，以其皮为衣。④自宁古塔东北行千五百里，住黑龙江松花江两岸者，雉发黑金喀喇。凡六，俗类窝稽，产貂。以上皆每年入贡。⑤又东北行四五百里，住乌苏里松花江黑龙江三江会流左右者，曰不雉发黑金喀喇。十数，披发，鼻端贯金环，衣鱼兽皮，……所谓使犬国也。

①努耶勒、克宜克勒、祜什喀里三氏族，迁移到了虎尔哈河即今牡丹江河口附近；②穆莲莲氏族生活在乌苏里江沿岸之事，作为康熙二十八年阶段的史实是正确的。但是，个别不适当的地方亦有，对此亦有订正之必要。例如：杨宾认为欺牙喀喇氏族③居住在伊瞒河（尼瞒河）源头；但是，如前所述，欺牙喀喇氏族在当时居住在伊瞒河更下游的支流毕肯河和汤旺河[①]。《柳边纪略》的问题点是，剃发黑金④和不剃发黑金⑤各自所表示的内容，根据杨宾观点，剃发黑金居住在松花江和黑龙江两岸，其内部共有六喀喇，即由六氏族所组成。但如前所述，三姓向西迁移以后，居住在黑龙江中游沿岸地区只有霍尔佛阔勒、乌尔贡克勒、古法廷、必拉、希努尔胡、那木都喇六氏族，这六氏族居住区本来以与乌苏里江会流点附近和其下游的黑龙江沿岸为中心，但其后向更上游迁移，再者，六氏族中的一部分有辨发的风俗习惯。康熙二十五年，霍尔佛阔勒氏族和乌尔贡克勒氏族之间发生一起杀人事件，成为当时骚动诱因的是霍尔佛阔勒氏族的佛道那（佛到闹）将乌尔贡克勒氏族的库奇库（音译）的辨发剪掉了[②]。关于以上两点，这六氏族的特征，剃发黑金与其大体一致。杨宾所说的剃发黑金，指的是霍尔佛阔勒、乌尔贡克勒、古法廷、必拉、希努尔胡、那木都喇六氏族。

如《柳边纪略》所言，在剃发黑金之后，靠近黑龙江、乌苏里江、松花江会合口附近的是不剃发黑金⑤，因为他们也被称为使犬国，故不剃发黑金就是黑龙江下游地区富斯哈拉等氏族吧[③]。但是富斯哈拉等17世纪以来居住在黑龙江下游地区，居住地域几乎没变，故不剃发黑金的分布范围，应该于杨宾所说的区域有偏移，在稍下游的地方。

在康熙四十八年（1709年），勒基斯·吉尔道、佛里特里的耶稣教会士一行，前往黑龙江下游地区调查，他们途中经过宁古塔、珲春，沿乌苏里江而下出黑龙江下游，而且回归的时候没有迂回，一直沿着黑龙江经松花江的下游沿岸返回北京[④]。在这次调查旅行中，勒基斯他们留下了与沿岸居民有关的详细记录，其内容与《柳边纪略》的要点一致。但勒基斯记述的特点是将中游地区居住的居民区别为两个，首先是依兰哈拉即三姓，正确的记述其居住在牡丹江河口附近。其次，将包括乌苏里江流域的黑龙江地区居

①乾隆以后的边民组织，包含在沿海地方的欺牙喀喇氏族，他们被编入边民组织是在康熙五十二年，在此处是不应该的，《宁古塔副都统衙门档案》第五十九册，乾隆十九年正月二十四日条。

② 参照《宁古塔副都统衙门档案》第二十九册，雍正十二年七月一日以及第二十四册，乾隆七年十一月二十六日条。

③ 在顺治十年使犬部的十姓开始贡纳貂皮，这十姓是：富斯哈拉、毕尔达奇里、爱奇开里、乌扎拉、厦库思勒、郝米阳、乔伊高勒、焦勒浩饶、道麦里勒、喀奇喇十个氏族，每个都是在黑龙江下游地方居住的如今是赫哲族的祖先。参照《清朝的黑龙江政策和少数民族》一书，第七章《黑龙江下游的边民组织》251-255页。

④《黑龙江将军衙门档案》第二百七十四册，康熙四十八年四月十三日以及《宁古塔副都统衙门档案》第十二册，康熙四十八年十一月二十日条。

住的少数民族总称为鱼皮鞑子，说他们与农耕相比更多依赖的是打鱼捕捞。至于他们的头发，勒吉斯没有明确说明，但从全部内容判断，像是辫了发的[①]。因此，耶稣教会士称为鱼皮鞑子的是霍尔佛阔勒氏族等八氏族。将杨宾所述的②、③、④和在一起了。耶稣教会士附带说在鱼皮鞑子的下游居住的叫盖琴鞑子[②]，此盖琴鞑子即是《柳边纪略》里的不剃发黑金，也是后面所说的赫哲。

这八氏族此后也保留着边民组织，继续纳贡。据《宁古塔副都统衙门档案》第二十九册雍正十二年三月十四日条：宁古塔副都统将关于顺治十八年以后古法廷和欺牙喀喇两氏族的纳贡情况，向宁古塔将军做了如下汇报：

在档册中将顺治十八年和康熙元年征收赋税貂皮的情况写在一起……古法廷氏族的哈拉达、噶珊达将贡貂征收的情况记录在案。……在康熙三十八年的档册中，欺牙喀喇氏族毕肯村的十一户乙卯年（38）将十一张貂皮由噶珊达希尔满格之弟台马奥送达。在三十九年的档册中欺牙喀喇氏族毕肯村十一户庚辰年（39）的十一张貂皮由噶珊达科勒台送达。从三十九年到四十七年，噶珊达科勒台输送贡貂的事情都在档册中记载。还有四十八年的档册中欺牙喀喇氏族的乌尔金达村的十三户本年后增加三户变成十六户，乙丑年（48）将貂皮十六张由其村的哈拉达科勒台和噶珊达霍尔陶格送达。从康熙四十八年到雍正十年，哈拉达科勒台输送贡貂的事情档册中都有记载。此外，在同条中还记载了康熙年间八氏族内部族长更替的具体事例，将其事例一一摘录列出，如表2。

表2 留在黑龙江中游地区的八氏族的哈拉达和噶珊达更替表

氏族	任命日期	村落	地位	和更替人物的关系
欺牙喀喇	康熙三十九年 康熙四十八年	毕肯 乌尔金达	噶珊达 哈拉达	希尔莽噶——柯尔特赫 柯尔特赫
乌尔贡克勒	康熙五十二年六月十一日	卓尔比	噶珊达	迪寿——子希伯克
霍尔佛阔勒	康熙五十二年六月二十三日	郭奇山	噶珊达	卡库玛——弟赫勒都
那木都喇	康熙五十二年六月二十五日	西鲁林	噶珊达	鄂必沙——子格尔布勒（格胡勒）
穆莲莲	康熙五十三年五月七日	达尔岱	噶珊达	外哈纳——庆吉纳
古法廷	康熙五十三年六月二十七日 康熙五十三年七	大玛卡 达奔 伊尔库勒	噶珊达 噶珊达 噶珊达	朱尔讷库——甥杭库 马尔基——甥吉尔秀 鲁库深——西力

① B.Du Halde, Description geographiqe, historique, chronologique, politique, et physique del'empire de la'Chine et de la Tartarie chinoise, vol.4, Paris, 1935, pp.6-13'(以下引用的是 Description A Description of the Empire of China and Chinese-Tartary, together with the Kingdoms of Korea, and Tibet, vol.2, London,1741.pp.245-248.)又参照坦布尔的地图。

② Du Halde, Description, vol.4, pp.7,12。

	月七日 同上			
希努尔胡	康熙五十五年七月六日	西霍里阔勒	噶珊达	忠吉——子拉拉

注：据《宁古塔副都统衙门档案》第 29 册，雍正 12 年 3 月 14 条制作。

二、 雍正十年八姓佐领的编成

如前所述，在康熙四十八年（1709），为制作《皇朝全览图》，清廷派遣耶稣教会士勒基斯对沿海地区和黑龙江下游地区进行了调查。进而在两年后的康熙五十年送达班领萨尔强，勒基斯没能到达黑龙江河口附近和萨哈连北部调查[①]。再有，康熙五十二年之时，与此相关，派遣其他调查队，在沿海地区的海岸部落进行了调查[②]。据此调查，清朝能够准确地把握了黑龙江地区的地理和少数民族的现状。而且从此以后，在黑龙江地区实行了新的防御政策。

首先，从康熙四十九年到第二年，在宁古塔将军和黑龙江将军之间，将广袤的黑龙江流域分割为两部分，确定各自的管辖范围。其结果是，黑龙江和萨哈连地区归于宁古塔将军管辖[③]。此后，在康熙五十三年，在三姓和富锦（音译）防御据点，各自设置协领和佐领。这地区是黑龙江下游进入中国东北部的军事性要冲。当时在三姓、富锦，组织了被认为库尔喀（库雅喇）的边民集团，清廷将他们中的一部分编入八旗组织。在三姓，克宜克勒、努耶勒、富斯哈拉、希努尔胡四氏族的二百人被编成四个佐领[④]，在富锦以尼奥拂肽、尼奥佛尔、台齐勒三氏族为中心的一百五十人编成三佐领，担任防御任务[⑤]。

其次，从雍正四年（1726）到第二年初，中俄两国在北京进行了边境问题的交涉，在此之际，与蒙古一起，就《恰克图条约》中没有划定的乌塔河和萨哈连方面的归属问题协商，两国由于对西太平洋地理的生疏，结果没能达成协议；但会议之后清廷为确保萨哈连的所有权，开始尝试进入那时势力所不及的萨哈连中、南部地区[⑥]。

同时，为了增强北方的防御力量，新设了三姓副都统的职务，将边民的一部分编入八旗组织，即雍正十年（1732）五月二十一日将未编入八旗组织的三姓壮丁编成新的六个佐领，而且将佐领壮丁的数量由五十名扩充到一百名。看《吉林通志》卷六十五职官志，在雍正十年的三姓佐领栏中，列举了全部十六名佐领，但其中后六名是新设的三姓

① 参照《清朝的黑龙江政策和少数民族》一书，第二章《一七零九年耶稣会士勒吉斯的沿海地方调查》第二、三节。

②《宁古塔副都统衙门档案》第五十九册，乾隆十九年正月二十四日，以及第八十三册，乾隆三十年十一月二十一日条。据此，居住在沿海地方的邦奇尔格、欺牙喀喇二氏族，于康熙五十二年开始向清廷纳贡，这被认为是在此之前清廷派遣旗人等到此区域催促的结果。

③ 宁古塔将军（吉林将军）和黑龙江将军关于黑龙江的界限协议是从康熙四十九年开始的，如《黑龙江将军衙门档案》第二十九册，康熙四十九年九月二十二日条。然后，于第二年即五十年五月二人会面，同意以松花江为界，《宁古塔副都统衙门档案》第二十二册，雍正七年七月二十二日条。

④ 拙稿《清代中期三姓的迁移和佐领的编成》第 133-134 页。

⑤ 参照拙稿《清代中期三姓的迁移和佐领的编成》第 133 页。

⑥ 参照《清朝的黑龙江政策和少数民族》一书第三章，《一七二七年北京会议和清朝进入萨哈连部中南部》第三节。

出身的佐领。镶黄旗的古斯哈、正黄旗的考乌尔达、镶白旗的舒舒、镶红旗的尼坎、正蓝旗的开奇哩，还有镶蓝旗的宽塔，这样的结果是三姓几乎都被编入八旗组织①。

不过这是雍正十年为增强北方军备而制定的政策，并不是仅以三姓为对象的，清对八姓采取同样的政策。也就是说在之前的雍正九年，将未编入组织的这些居民编入八旗的准备就已经开始了。《清实录》雍正九年九月壬午条载：

"谕大学士等。……七姓地方之人。见今仍打牲捕貂。闻伊等汉仗甚好。与三姓地方无异。著行文该将军常德，于七姓人等内，如有汉仗好、情愿披甲效力者，查明数目具奏。"应该有兵士资格的是三姓中的哪个等级呢？就此让宁古塔将军常德调查，在此史料中是七姓，记为七姓的仅此而已，从当时的史料看都记为八姓，在此七姓即为八姓，两者表达的是同一个内容。

据《吉林依兰县志》，常德根据此决定，派遣了克宜克勒氏族的强有力阿玛奇喀调查八姓的情况②，然后，第二年五月二十一日，上奏如下：据《宁古塔副都统衙门档案》第二十六册，雍正十年六月二十六日条："希望从八姓的打牲丁中选拔一千，每佐领一百人编成十个佐领，打算从哈拉达、噶珊达中选定任命佐领、骁骑校。"接受此奏折的军机大臣们进行了协议，在闰五月十四日给雍正帝上奏，皇帝批准。即从八姓的哈拉达、噶珊达中任命佐领、骁骑校，其余千人编为八旗兵，缺员从余下的牲丁中补给。再者，编成的八姓十个佐领，正白旗、正红旗各两个佐领，其余分配每旗一个佐领③。

表 3　雍正十年（1732）被编成的三姓驻防的八姓佐领

	镶黄旗	正黄旗	正白旗		镶白旗	正红旗		镶红旗	正蓝旗	镶蓝旗
姓名	奇克西讷	噶胡勒	航库	吉尔俟	吉尔特和	察奇哩	喜悦尔格	巍哈那	特马除	杨保
氏族	乌尔贡克勒	那木都喇	古法廷	古法廷	欺牙喀拉	霍尔佛阔勒	霍尔佛阔勒			
种类	公中佐领	公中佐领	公中佐领	公中佐领	公中佐领	公中佐领	公中佐领	公中佐领	公中佐领	公中佐领

注：据《吉林通志》卷六十五职官志，三姓佐领等

不过这八姓是怎样的集团呢？据《宁古塔副都统衙门档案》雍正十二年八月十九日条载："同年（雍正十年），从贡貂之古法廷、霍尔佛阔勒、穆莲莲、必拉、希努尔胡、

① 参照拙稿《清代中期三姓的迁移和佐领的编成》第 135-136 页。

② 同书人物篇。

③《宁古塔副都统衙门档案》第二十六册，雍正十年六月二十六日条。

那木都喇、欺牙喀喇、乌尔贡克勒八姓氏族中再挑选出披甲千名编成十个佐领，然后从哈拉达、噶珊达中任命佐领 10 名，骁骑校十名，迁移三姓地区，设置副都统辖之。称为八姓的是新满洲和三姓迁移后，留在黑龙江中游地区的八个氏族。在《吉林依兰县志》政治条中，只有在乌苏里江沿岸的德克登基附近的氏族编入八旗组织，那说不清楚，在黑龙江沿岸的氏族也是编旗对象，此时合计 374 户被编入八旗①。但雍正六年八氏族的总人口合计是 367 户②，大致全部人口都被编入了八旗组织。此后，按照同时期的史料，将这八氏族称为八姓。

那么雍正十年被组织的八姓佐领是怎样的人物呢？据《军机处满文録副奏折》第 234 案卷第五文件，乾隆七年正月二十八日宁古塔将军敖米达的奏文：是“镶黄旗的奇克西讷、正黄旗的噶胡勒、正白旗的航库、正红旗的察奇哩、喜悦尔格以及巍哈那、镶白旗的吉尔特和、正蓝旗的特马除、镶蓝旗的杨保等。编八姓佐领之时，乌尔贡克勒氏族的噶珊达奇克西讷（奇克西奈），那木都喇氏族的哈拉达噶胡勒，古法廷氏族的哈拉达航库、噶珊达吉尔侯（奇尔候），霍尔弗阔勒氏族的哈拉达察奇哩、噶珊达喜悦尔格，欺牙喀喇氏族的哈拉达克尔特和，穆莲莲氏族的哈拉达巍哈那，希努尔胡氏族的噶珊达特马除，巴拉（必拉）氏族的哈拉达杨保任命为佐领。……”这与《吉林通志》的记载是一致的。但穆莲莲氏族的巍哈那，在正红旗没有，是镶红旗的佐领。（表 3）

从前面所述《吉林通志》卷六十五职官志可以看出，从 16 名佐领中除去三姓的 6 人，其余 10 佐领是八姓佐领。其中奇克西讷和察奇哩出现在如前所述的霍尔佛阔勒和乌尔贡克勒氏族的斗争中，明确了分别出身于霍尔佛阔勒和乌尔贡克勒氏族③。还有吉尔特和、航库、吉尔侯如表 3 所举。不过，八姓佐领和骁骑校的任命是在十年十一月十五日，比三姓佐领的任命晚半年。在《三姓副都统衙门档案》乾隆八年三月六日条，介绍他们的经历如下：

“雍正十年十一月十五日，任命（镶黄旗）噶珊达奇克西讷为佐领……（正黄旗）佐领噶胡勒于雍正十年十一月十五日由哈拉达任命为佐领。……（正白旗）佐领吉尔侯于雍正十年十一月十五日由噶珊达任命为佐领……（正红旗）佐领察奇哩于雍正十年十一月十五日由哈拉达任命为佐领。”

被编入八旗组织的八姓居民，从住惯的故乡迁移到三姓，三姓副都统开始准备修缮三姓的城郭。能看到八姓的迁移实际是在渐暖的第二年春天④，八姓抵达新地区不久就着手从事耕作了。

清政府对于迁移的八姓，进行了各种援助，374 户每户平均分给三姓附近的土地三晌。748 头牛从吉林、宁古塔、伯都纳集中购买，但只有上百头牛，不够分配，代替牛的是从宁古塔调来的代偿金——白银送达三姓副都统。此外，耕牛从二月一日至五月一

---

①《宁古塔副都统衙门档案》第二十六册，雍正十年十二月十四日条。

②《宁古塔副都统衙门档案》第五十二册，乾隆十三年四月三日条。

③《宁古塔副都统衙门档案》第二十九册，雍正十二年七月一日以及第二十四册，乾隆七年十一月二十六日条。

④《宁古塔副都统衙门档案》第二十七册，雍正十一年五月二十三日条载：“八姓官兵迁移之时，对人口数量做过清楚的调查……”八姓此时未到达三姓之地，但是不久就达到了三姓之地。

日，每头每天给饲料三升五合四勺[①]，安装在犁上用于耕地翻地的犁尖和刮刀也由宁古塔将军购买后送到三姓[②]；而且对于二十名佐领骁骑校和千名士兵支给了从二月到秋收的粮食，同时，给予每年六两钱粮[③]。

迁移的八姓，本来比农业更依赖的是渔猎业，农业生产技术不太高[④]，为此对其援助不是迁徙之年就终结了。不久，从内地将罪人流放，作为八姓的奴隶，使之成为农业劳动力[⑤]。

由于八姓迁移到三姓地方，过去分布在黑龙江中游地区的诸氏族向三姓以西移动，中游地区几乎没有人口了。

三、七姓赫哲的构成和中国所属赫哲族的起源

从 18 世纪前半期黑龙江中游沿岸居民迁移完成，到再次把人迁移到那里定居，并没需要很长时间。据《皇清职贡图》载，乾隆初年七姓集团居住在中游地区，《皇清职贡图》作为依据的是谢遂编纂的《职贡图》，谢遂编纂《职贡图》是从乾隆十六年（1751）到二十六年之间的事[⑥]。据满语的《职贡图》载："七姓，在三姓西二百多里乌扎拉=洪科等地方[⑦]……每年贡纳貂皮。"其中，所说的西方，被认为是东方的误写[⑧]，如果按数字计算的话，从三姓二百多里（一百多公里）的地方，在松花江河口附近。

在《宁古塔副都统衙门档案》中，出现七姓的名称也是在乾隆初年，据同书第五十八册，乾隆十九年正月二十三日条：宁古塔将军衙门，在吉林寻求三姓、七姓，据说那个三姓，是比三姓城更远百余里的富斯哈拉、毕勒达奇里、洽库斯尔、爱奇开里、乌扎拉、霍米阳、格奇拉等氏族的百姓，居住在至高凌河地方，称其为七姓人。如后面所述，富斯哈拉以下的七氏族，是处在下游地区的赫哲，他们之所以被称为七姓，是因为对这三姓的误解。但是，能称其为七姓集团，这是在黑龙江中游地区的事情也不错。在《宁古塔副都统衙门档案》中，毋庸讳言，比七姓表达更多的是七姓赫哲。如同书乾隆十二年三月十日条载："贡貂七姓赫哲是在宁古塔将军的管辖之下，持续居住在乌苏里江河口附近，他们居住在与乌苏里江会流点附近"。进而在乾隆四十四年二月条有这样记载："贡貂的七姓赫哲们，都在森格里乌拉的下游两岸排开居住。"这个森格里乌拉按文字之意是松花江，从档案中出现时期所居住的地区判断，《宁古塔副都统衙门档案》中说的七姓赫哲，相当于《职贡图》中说的七姓是正确的。

从松花江河口到乌苏里江河口的黑龙江沿岸，那里是八姓居住的地区。如上所述，

① 以上据《宁古塔副都统衙门档案》第二十七册，雍正十一年五月二十三日条。另所谓晌是面积单位，大体相当于五、六亩。周藤吉之《清代满洲土地政策的研究》（东京，1944 年）第 43、71 页。

②《宁古塔副都统衙门档案》第二十六册，雍正十年十二月十四日条。

③《宁古塔副都统衙门档案》第二十六册，雍正十年六月二十六日条。

④ 参照拙稿《17 世纪黑龙江中游地区居民的经济活动》，第二章。

⑤ 参照杨合义《清代东三省开发的先驱者——流人》（《东洋史研究》第三十二卷第三号，1973 年）第 19 页。

⑥ 参照庄吉发《谢遂〈职贡图〉满文图说校注》（国立故宫博物院，1989 年）第 11-15 页。

⑦《职贡图》的原文，叫做 bungko，是 hongko(hongku)的误写，乌扎拉=洪科的位置不明。参照庄《谢遂〈职贡图〉满文图说校注》第 182、183 页。Hongko 是山地边缘向河边突出的黑龙江独特的地形。

⑧ 参照和田清《中国记载呈现的黑龙江下游的原居民》第 489 页。

八姓的大部分于雍正十一年（1733）已经迁移到三姓了，之所以称其为七姓赫哲，并不是他们的事，恐怕是八姓之后新进入的吧！

17 世纪以来，在黑龙江流域中游和下游的分界点是敦敦河（阿纽）的河口附近。到黑龙江旅行过的欧洲人，很早就注意到了这一地带的居民更替。比如：根据 17 世纪后半期的波雅阔夫和哈巴罗夫的情报，明确了中游和下游的人文地理学的分界线是敦敦河河口附近[①]。进而，18 世纪初沿黑龙江而下的勒基斯证明在敦敦河口的敦敦村，居民是由上游的鱼皮鞑子替换了盖琴鞑子[②]，康熙五十三年（1714）和雍正十年，清朝编入八旗的边民，仅限于中游地区，尚未涉及下游地区。问题是中游地区的人口出现空白之后，下游的居民越过这个地界，应该有组织性的向中游地区进入。

根据《职贡图》，在七姓更下游居住的是赫哲、费雅喀、奇楞、库野、鄂伦春、欺牙喀喇等边民。和七姓相关联，成为问题的是赫哲。赫哲是曾经被称为使犬部（使犬国）、不剃发黑金、盖琴鞑子等的后裔；在《职贡图》中，赫哲与上述的乌扎拉=洪科的七姓相接，但是，不认为迁移到松花江附近，是什么地方错了吧，反正，既然七姓和赫哲同时存在，不能将七姓（七姓赫哲）作为使犬部的直接后裔。

根据前面的史料，七姓赫哲是在宁古塔纳贡的边民，但乾隆十五年时定额的边民数是 2398 户，几乎都是居住在敦敦河口更下游的地区。居住在中游地区的，只有盖敬村的富斯哈拉氏族的例子[③]。那样的话，《宁古塔副都统衙门档案》中对此事记载有误，七姓赫哲不是边民吗？

关于七姓赫哲的记载，在《宁古塔副都统衙门档案》中勉强保留一点，与一般的有关边民的信息相比较，只有别的记载的十分之一的程度。在《宁古塔副都统衙门档案》中，对七姓赫哲的记载只限于几个特殊的情况。一个是为采人参，非法潜入乌苏里江流域，七姓赫哲隐藏的事情[④]。另一个是七姓赫哲越过了吉林将军（乾隆二十二年由宁古塔将军改称）的管辖地区，进入到黑龙江将军管辖之下[⑤]。假如没有发生这样的事情的话，恐怕七姓赫哲的记载都不能保留；这也间接表达了七姓赫哲的特殊存在。不过，我们在后者的档案中发现了解释七姓赫哲起源的重要的线索。

按清朝的制度松花江汇合点往下的黑龙江两岸，本来属于吉林将军管辖，比他们更上游地区的，以松花江为界，其南属吉林将军管辖，松花江北岸和黑龙江两岸属黑龙江将军管辖[⑥]。但是，乾隆四十一年（(1776)，吉林将军管辖的部分边民，迁移到了黑龙

---

① В. И .Огородников ,Туземное и русское земледелие на Амуре в в., Владивосток,1927,стр.23-25.参照吉田《关于 17 世纪中期黑龙江流域的原住居民》第 42 页，以及池上二良《东北亚的语言分布的变迁》（三上次男、神田信夫编《东北亚的民族和历史》山川出版社，1989 年）第 150、151 页。

② Du Halde, Description, vol.4, pp.7,12。

③ 参照拙稿《18 世纪末黑龙江下游地区的边民组织》，第 82 页。《清朝的黑龙江政策和少数民族》第七章《黑龙江下游的边民组织》251-255 页。

④ 同书第四十八册，乾隆十一年十一月六日条。

⑤ 同书第七十二册，乾隆二十五年十二月六日条。

⑥ 宁古塔将军（吉林将军）和黑龙江将军关于黑龙江地区的界限协议是从康熙四十九年开始的，例如：《黑龙江将军衙门档案》第二百九十四册，康熙四十九年九月二十二日条，而且第二年康熙五十年五月，两者会面，同意以松花江为界。《宁古塔副都统衙门档案》第二十二册，雍正七年七月二十二日条。

江将军管辖下的黑龙江沿岸，并成为两者之间的问题。据吉林将军调查，越界的是七姓赫哲的边民和奴隶十户四十九人。他们本来是吉林将军管辖下的松花江沿岸的盖敬、浑多尔浑、希尔必、哲尔吉、那马哈等村居住，四十一年之时，黑龙江将军管辖下的科布喀琴（古不卡台）、艾尔盖、伊斯凌、耶赫勒苏苏四个地方迁移，从事农耕生活。因七姓赫哲向宁古塔纳贡，故署理宁古塔副都统明英根据纳贡的边民的名册，确定了越境身份，但是在名册中未发现他们的名字和村落，只确定了盖敬村的名称。为此明英于同年七月八日派遣防御安达进行调查，安达们中途与三姓领催坦西奥（音译）汇合，噶珊达焦尔必（音译）和尼西哈同行，七月二十六日进入黑龙江将军管辖地区，但是，这七姓赫哲已经返回原来的村子了[①]。当时越界的七姓赫哲的名字和归属如表 4；伊奥开米也就是伊奥库米和富斯哈拉、乌定克三氏族，确实包含在边民组织里，但他们迁入垦殖区的盖敬、浑多尔浑等五村没有加入到三氏族居住的村落中[②]。对于居住在黑龙江下游地区的三氏族来说，七姓赫哲的村落在中游沿岸，此事实应该能够理解吧！

表 4　乾隆 40 年（1775）迁移到黑龙江将军所辖地的七姓赫哲的所属

迁移奴隶的氏族	原来的村落-迁移村落	所属酋长	阶层	边民组织中当时的酋长		
				氏族	村落	阶层
洛克米（隆库米）	盖敬村-阔布喀沁村 浑多尔浑村-伊苏林村 浑多尔浑村-额尔格村	卓尔比卡	噶珊达	奇勒尔	敦多尔干	噶珊达
洛库米（隆库米）	浑多尔浑村-耶赫勒苏苏村	萨姆皮（萨姆白）	袍官（子弟）			
富斯哈拉	希尔必村-额尔格村	尼西哈（尼斯哈）	噶珊达	富斯哈拉	马润	噶珊达
乌定克	哲尔吉村-额尔格村 那马哈村-额尔格村	库兰（呼兰）	噶珊达			

注：据《宁古塔副都统衙门档案》第 106 册，乾隆四十一年六月三日、七月八日、九月二十日条制作。

①《宁古塔副都统衙门档案》第一百零六册，乾隆四十一年六月三日，同年七月八日，同年九月二十日条。

② 参照拙稿《18 世纪末黑龙江下游地区的边民组织》表一。《清朝的黑龙江政策和少数民族》第七章表 15.

在表 4 中，有个属于七姓赫哲的噶珊达叫卓尔比卡的人，被认为是作为安达调查的卓尔比卡；尝试着探讨边民组织中的卓尔比卡应当是何许人也。在洛克米氏族没有看到，应是奇勒尔氏族的敦多尔干村同名的人[①]。据《宁古塔副都统衙门档案》，奇勒尔的噶珊达卓尔比卡，从乾隆三十三年到四十三年期间，向清政府纳贡[②]。清朝通常称其为奇勒尔氏族，是在黑龙江左岸洪科系氏族的人们[③]。对此，洛克米氏族，此时迁移到乌尔米河流域，但本来是处在阿穆昆河上游的由喀名喀氏族。由喀名喀氏族的祖先与洪科起源的喇勒古尔（音译）氏族相关[④]，因此，洛克米和奇勒尔，追溯本源的话同属洪科系统的。清朝曾经将卓尔比卡的祖先编入奇勒尔，他们自称为隆库米，我认为越境的七姓赫哲就属于这个卓尔比卡。

另一方面，富斯哈拉氏族的噶珊达、尼西哈却应当是边民组织中实际存在的人物，而且尼西哈是马润村的噶珊达[⑤]。协助安达的尼西哈就是此尼西哈。根据《宁古塔副都统衙门档案》，马润村的噶珊达尼西哈，在乾隆三十三、三十六、三十七、四十一年进行纳贡[⑥]。富斯哈拉氏族的七姓赫哲，是出生于马润村。

再者，留下的七姓赫哲的噶珊达和袍官（子弟）（西吉奇雅爱图勒）、库兰和萨姆皮在边民组织中应为何人，没有看到，有待以后考证。

《宁古塔副都统衙门档案》和《三姓副都统衙门档案》是包含了非常详细内容的史料，比如：在清朝，每年都将贡貂的边民氏族和其村落记录下来，不仅有哈拉达、噶珊达、袍官（子弟）、霍集辉等领导性地位的人物，而且还有连庶民巴尼亚尔玛的名字都记录下来的情况。但是，另一方面，也有很强的保守性特征，特别是关于边民的村落，沿袭了以前的记述，符合现状进行修改之处几乎没有[⑦]，七姓赫哲的情况也是，至问题发生，清朝将其身份按照原来居住的村子没有迁移时的村落那样记载。这周围可以说是清朝在黑龙江地方的统治力的界限。

综上所述，盖敬等五村的七姓赫哲，本来是从居住在黑龙江下游地方，是从富斯哈拉、奇勒尔、乌定克三氏族分离出来的人们。其中隆库米和乌定克两氏族，本是黑龙江左岸支流库尔、乌尔米河方面居住。一方面富斯哈拉氏族是占据黑龙江干流沿岸的氏族，

---

①《宁古塔副都统衙门档案》第一百零六册，乾隆四十一年十月二日条。

② 同上注之外，同书第九十册，乾隆三十三年十月十二日、第九十五册，乾隆三十六年十月三日、第九十八册，乾隆三十七年九月二十五日、第九十九册，乾隆三十八年九月二十八日，第一百零三册，乾隆四十年十月二日，第一百一十一册，乾隆四十三年十月八日条。

③ 参照拙稿《18 世纪末黑龙江下游地区的边民组织》，八十六、八十七页。《清朝的黑龙江政策和少数民族》第七章第 255-256 页。

④ К. М. Мыльникова и В. И. Цинциус. Материалы по исследованию неги,да.льского языка.Тунгусскийсборник ,I.
1931
стр121.

⑤《宁古塔副都统衙门档案》第一百零六册，乾隆四十一年十月二日条。

⑥《宁古塔副都统衙门档案》第一百零六册，乾隆四十一年十月二日条以外，同书第九十册，乾隆三十三年十月十二日、第九十五册，乾隆三十六年十月三日、第九十八册，乾隆三十七年九月二十五日、第九十九册，乾隆三十八年九月二十八日，第一百零三册，乾隆四十年十月二日，第一百一十一册，乾隆四十三年十月八日条。

⑦ 参照拙稿《18 世纪末黑龙江下游地区的边民组织》，表一的聚落是乾隆以后的，但康熙、雍正时期的村落与此也无大的差异。

而且在七姓赫哲，当然应该包含其他氏族，但是，在《宁古塔副都统衙门档案》中没有表现。恐怕如下所述，七姓赫哲的构成和 20 世纪的赫哲族没有大的不同吧！

管辖边民组织的官府，于乾隆四十四年（1779）从宁古塔副都统衙门迁移到三姓副都统衙门，因此，以后在三姓副都统衙门档案中有关于七姓赫哲（七姓）的记载是应该的事情，实际上，他们的事情在三姓副都统衙门档案中出现是接近 19 世纪中叶，如道光二十一年（1841），九月十日条，这年黑龙江下游征收貂皮，一个三姓的旗人差役完成返回的途中，在尼尔拜村附近，误入水中行踪不明，于是一行人为了进行寻找，从附近居住的七姓赫哲处借板船①。尼尔拜（牛尔拜）村，是松花江河口附近的村子。还有根据同书咸丰六年（1856）三月十五日条记载：和前年占据黑龙江下游的穆拉维约夫进行国境方面交涉的协领佛尼彦格（音译），从尼古拉艾夫斯克回来途中来到图斯克（音译）村，因为天气过冷而不能成行，将所乘的四只船留在了那个地方②于。是在接近第二年的时候雇佣七姓之人将船运回三姓。图斯克村是富克锦下游的村落。还有同条记载，五年又有三姓佐领弗尼雅堪一行，用船将谷物运送到霍登科村，因为寒冷不能返回，于第二年雇佣七姓人将船运回。霍登科村是图斯克附近的村落。七姓赫哲的居住地与 19 世纪中叶前的时代没有变化。

1860 年以后，在《三姓副都统衙门档案》中，将松花江下游居住的少数民族称为赫哲，这时在松花江下游地区的治安恶化，盗匪横行，为此，三姓副都统从同一地区居住的居民中开始进行征兵。如同治十三年（1874）冬，为防备盗贼，征集二百五十名赫哲兵③；再者，在光绪元年（1875），为追捕盗贼，动员了七十名赫哲兵和八旗兵一起，经激战捕获其首领④。进而，光绪七年为对抗在黑龙江中游地区压力增强的俄国，在富克锦（富替新）设立协领衙门，协领以下设佐领、防御、骁骑校等人，征发赫哲四百丁，被编入八旗组织的佐领⑤。从其居住地看就可以清楚，这个赫哲就是以前的七姓赫哲。

同样，在祁寯藻《富克锦舆地略》中也得到证实⑥，其中列举了全部二十多个村落，但大部分村落配置的是赫哲兵。

到了 19 世纪后半期，七姓赫哲之所以变为赫哲，和清签订《瑷珲条约》，俄国夺取了黑龙江下游地区有关。在下游地区的赫哲，没有处在清朝统治之下，因此，没有必要将七姓赫哲和赫哲区分开来。黑龙江中游地区居住的那奈依族系的居民，今天称他们为赫哲，论起源的话，即追溯到此时。

---

① 据辽宁省档案馆编《三姓副都统衙门满文档案译编》，（辽沈书社，1984 年，第 117 号，中文翻译。）

② （关于此时清和俄国的交涉《筹办夷务始末》咸丰五年十月乙巳条，此外参照宫崎正义《近代俄中关系研究——沿黑龙江地方之部》（大连 1922 年）266、267 页。

③ 同书第三百六十七册，同治十三年十月十日，以及同年十一月一日条，（《三姓副都统衙门满文档案译编》第一百五十号，有原文。）

④ 同书第三百七十册，光绪元年七月三十日，同八月七日，还有同年八月二十日条（《三姓副都统衙门满文档案译编》第一百五十三号、一百五十四号，还有一百五十五号原文。）

⑤ 同书第三百七十九册，光绪七年二月二日条，（《三姓副都统衙门满文档案译编》，第一百五十六号原文。）

⑥ 原文中国国家图书馆所藏。《黑龙江述略》（黑龙江人民出版社，1985 年）所载的活字版。

表 5　中国所属赫哲族的氏族构成（20 世纪前半期）

《宁古塔将军衙门档案》等	o. latimore	凌纯声	赤松智诚 秋叶隆
隆库米	奇林	珠坑	羽卡拉
富斯哈拉	法塔尔（马兰卡）	富特哈（玛凌卡）	富萨哈里
乌定克	乌定克	乌定克	乌定库
毕尔达奇里	毕尔达奇	皮尔达奇	皮尔达奇
给克勒	噶奇尔	给科	奎凯
努耶勒	鲁伊尔	鲁伊勒	鲁亚拉
舒穆鲁	西木鲁	孙木讷	苏木鲁
莫勒哲勒	孟吉尔		
	库马拉		

注：本表出处：O. Latimore. The GoldTribe, " Fishskin Tatars" of the Lower Sungari, Memoirs oftheAmericanAnthropologicaI Association, 40, 1933, pp. 47, 48. 凌纯声《松花江下游的赫哲族》,（南京，1934 年）上册，224-226 页。赤松智诚秋叶隆《满蒙的民族和宗教》（东京，1941 年），169、170 页。复习参考增井宽也《清初的东海虎尔卡部和高尔道的形成过程》（《立命馆史学》4, 1983 年）第 3 章。

进入 20 世纪，几位学者调查了赫哲族，明确了其氏族构成。如表 5，但有一点出入，从调查结果看没有大的不同。凌纯声和赤松智诚秋叶隆两人调查所出现的珠坑和羽卡拉应该指的是同一个氏族，是七姓赫哲的隆库米氏族。拉铁摩阿举出了替代的奇林的名字，这是奇勒尔氏族。卓尔比卡的例子也能证明如下的问题：珠坑、羽卡拉也好奇林也好，只是自称的不同，区分两者的基准不明确，在此是同一个氏族。法塔尔、富塔哈、富斯哈拉也都是同一氏族，应该是七姓赫哲的富斯哈拉氏族。凌氏和拉铁摩阿指出这个氏族的别称是玛凌卡或者马兰卡，但这是将马润村的富斯哈拉氏族称为玛凌卡①。玛凌卡的存在与七姓赫哲的富斯哈拉氏族出生于马润村的事实完全符合。乌定克（乌定卡、乌定库）氏族是七姓赫哲的乌定克；进而毕尔达奇里（毕尔达奇、皮尔达奇）氏族也与全员的调查结果一样。赫哲族的毕尔达奇里氏族是那奈依氏族的一支，与百里道（音译）氏族是同一民族。毕尔达奇里氏族的祖先也是在早期时从下游溯江而上的。克宜克勒（盖奇尔、卡伊卡、库依卡尔）、努耶勒（尔依尔、尔伊拉、尔亚拉）两氏族就是免于被编入八旗组织的三姓的后代吧。舒穆鲁（西姆尔、苏木、苏木尔）是从属于努耶勒的小氏族，被认为是三姓的一部分②。总之，现在的赫哲族曾是七姓的后代和三姓的后代演变的。拉铁摩阿进而列举了满吉尔和库马拉两氏族的名字。但没有接触其他学者收集的信息，故对两氏族暂且保留。

---

① A.B.Стодяк, зm uиеckие npoиeccbl　y нapoбob Hucche20 A mypa u Caxanuha,cepeбина XLX нauano XX 6,Москва,1975,стр.112。

② 参照拙稿《清代中期三姓的迁移和佐领的编成》122 页。

结 语

17世纪以前在黑龙江中游的居民，有新满洲、三姓、八姓等集团。以往的学说认为是满洲族的血统，推定为赫哲（那奈依族）只占二成，但属于后者的研究者几乎都认为中游地区的居民受满族文化的影响[1]，他们也有辨发的习俗，或者因为记述中17世纪前期的虎尔哈部和满族使用同样的语言的缘故[2]，不能否定中游居民和满族的关系，意义在于双方的事实认同，没有大的差别。

据本文所述，构成新满洲、三姓、八姓等氏族的大部分是黑龙江中游地区固有的氏族，不论满族、还是赫哲族，没有共同的氏族存在。其中，如乌扎拉、克宜克勒、那木都喇氏族，满族和赫哲族内部，拥有亲族关系存在，但是像这样的氏族少。这个事实，据说可能是中游地区的居民是具有相当的独立性的集团。进而，中游地区和下游地区的居民之间，有很显著的差异；但清朝对中游地区的居民实行同化政策，将其积极地编入八旗组织，对下游地区的居民则将他们作为边民，实行间接统治，清朝是考虑两者之间的民族和文化的不同而实施各自不同的政策吧！

综上所述，不应该认为中游地区的居民是赫哲系统，进而于此相关联的满族，与下游地区的赫哲族相比，对中游地区的居民更多一分亲近感，此事是事实。但是，中游居民的语言和文化，几乎尚未被研究，故在此阶段，中游居民与满族的关系给以断定性的叙述是困难的[3]；我认为尚需期待语言学和民族学的将来的研究成果。

在18世纪前半期，八姓迁移到三姓地方后，赫哲人中的一部分从下游地区迁移到黑龙江中游地区居住，他们被称为七姓赫哲，成为现在赫哲族的祖先。调查赫哲族的语言的斯尼库说赫哲族的方言与那奈依的库尔方言近似[4]。这一观点也是本文的论点中的内容。还有，赫哲族中也包含从本来在中游地区居住的克宜克勒、努耶勒、舒穆鲁三氏族，他们同赫哲接触中，被赫哲的文化同化了吧！

[译按：本文于1997年12月发表在《东洋学报》第七十九卷第三号上，2006年2月，作者将本文与其他著述一起整理出版，名为《清朝的黑龙江政策和少数民族》，（东洋史研究丛刊之六十九，京都大学学术出版社。）本文为其中的第九章第309-341页。翻译时采纳松浦茂先生意见，采用了《东洋学报》的论文标题，内容按《清朝的黑龙江政策和少数民族》一书翻译，将原文的篇尾注变为页下注。]

（松浦茂，京都大学教授，主要研究清初史、清朝东北边疆史；王学勤，1965年生，中央民族大学历史文化学院博士研究生，北京，100081）

① 参照第315页注①。

② 参照满文研究会译注《满文老档》第一册，（东洋文库，1955年）82页（《旧满洲档》国立故宫博物院，1969年第一册，167、169页。）

③ 按着池上二良一九九三年氏族名称的检索，黑龙江中游地区那奈依族系和满洲族系的民族混住的论点被研究发表。其要旨为《满洲人和通古斯人——关于清初东北边境的居民》，（满族史研究通信）第三号，1993年）。

④ О.П. Суник, О языке зарубежных нанайцев, Доклабы и сообщения Института языкознания АНСССР,1958.11,стр. 170。

近现代喀喇沁·土默特地区区域利益集团之形成

[日] 孛儿只斤·布仁赛音 著 谢咏梅 译

序言

喀喇沁·土默特（qaračin tümed）地区，大体指清代位于内蒙古六盟最南端的卓索图盟（Jusutu-yin čiɣulɣan）[①]。卓索图盟沿着万里长城北端与柳条边墙的西侧分布，位于外藩蒙古畜牧世界与中国农耕世界之交错地带，可以说属于前沿地带。清朝时期的卓索图盟由喀喇沁右翼旗、喀喇沁中旗、喀喇沁左翼旗、土默特右翼旗、土默特左翼旗等五个旗构成。如今，该地区中喀喇沁右翼旗的一部分——喀喇沁旗、喀喇沁中旗的一部分——宁城县，仍属于内蒙古自治区以外，其余大部分已被辽宁省所辖[②]。

喀喇沁·土默特地域因其所处地理位置，早在康熙年间就开始接受了越长城而入的山东、直隶地区的流动农民。这一时期的流动农民如同候鸟一般，春耕伊始越长城而入，秋收之后即返。但后来他们通过同蒙古族妇女联姻等方式投入蒙古旗籍，逐渐定居蒙旗。当然，那些得到租税好处的蒙古王公、台吉、塔布囊[③]们的积极配合也起到了一定作用。这样一以来，入住喀喇沁·土默特地区的汉人农民的规模逐年扩大，迄 18 世纪乾隆时期，该地区蒙古人和汉民人口比例形成逆转，到嘉庆（1796-1820）以后，喀喇沁·土默特地区的蒙古人的社会转向了纯农耕社会。如果这些情况属实，那么，该地区早在被认为中国近代史开端之鸦片战争（1840）之前就已经实现了农耕化。

大规模的汉人移民的到来，与移住地的原住蒙古人社会形成了对立。特别是，这与清末种种社会矛盾重叠，冲突频仍，引起了整个社会的混乱与不安。例如，在土默特左旗发生的“老头会”（Ebüged-ün qural，1860—1864）运动是已经完全演变为农耕社会的土默特左旗蒙古村落之 70 余名老人反对腐败而又残暴的扎萨克散丕勒诺日桑而引发的抗租运动，最终发展成武装冲突。这无疑是因农耕化而导致的大多数蒙古人贫困化的结果。这种超越部族或姓氏形成一定规模的所谓的“民众”对抗扎萨克之行为与传统蒙

① 还有，今内蒙古自治区首府呼和浩特市周围也有土默特左、右二旗。这是由清代的归化城土默特演变而来，俗称西土默特二旗。

② 已编入辽宁省的这些旧卓索图盟各旗当中，土默特左旗的一部分以阜新蒙古族自治县的名义，喀喇沁左旗的一部分以喀喇沁左翼蒙古族自治县的名义实行民族自治延续至今。其余地区分别成为凌源、建昌、朝阳、阜新等各县辖地隶属于阜新、朝阳二市。

③ 清代，几乎所有外藩蒙古札萨克旗内，成吉思汗家族子孙孛儿只斤氏族的人们均被授予台吉（taiji）以上爵位，成为贵族阶层。而出自乌良哈部族的成吉思汗女婿家族的子孙们则被授予“塔不囊”（tabunang）贵族称号。

古游牧社会内部所发生的社会冲突有着本质的区别。还有，在位于土默特左旗和哲里木盟科尔沁左翼前旗[①]之间的苏鲁克旗[②]内，1904年发生了以巴彦达赖为首的反垦起义。后来他们与在哲里木盟郭尔罗斯前旗发动反垦起义的陶克陶台吉合流。巴彦达赖于1908年7月和张作霖军队的一次战争中负伤，死于狱中。这些现象与汉民的大量移入和受其影响导致蒙古社会的农耕化以及蒙古农民的陆续破产等有着紧密联系。

这些一连串的由移民而引发的社会对立当中最具规模的冲突是光绪十七年（1891）的“金丹道暴动”。关于此次暴动学界已有不少研究[③]，该暴动对喀喇沁·土默特蒙古地区产生了毁灭性的打击，从而迄20世纪中叶为止，大约有数十万的被农耕化了的蒙古人背井离乡移住到农耕化程度较低的北部蒙古人居住地区，骤然加剧了兴安岭东南麓地区蒙旗的农耕化进程。所以该暴动可谓是近现代蒙古社会急剧转变之端倪，其影响甚至成为喀尔喀蒙古独立（1911）的动力之一[④]。

经历了“金丹道暴动”后的19世纪末之喀喇沁·土默特地区究竟是怎样的一种情形？暴动在短时期内被镇压，受到朝廷眷顾的蒙古王公获得了一定程度的支援和补偿。然而以土地台帐为标志的蒙旗方面的根本利益则似乎受到了毁灭性的打击。许多蒙古人居住的村落被烧毁，普通蒙古人社会受到了普遍的打击。可以说，虽然在清朝的支持下暴动被镇压，但是蒙古社会却未能逃脱实质性的失败的命运。从此以后喀喇沁·土默特地区的政治、经济主导权落入了汉人手中，这一点应该值得注意。而且丧失主导权的蒙古人阵营里也开始出现了摸索地方利益的新兴势力，他们采取了与以往将清朝政府作为后盾的外藩蒙古王公截然不同的生存方式。另一方面掌握地方主导权的汉人势力也为获得地方利益而试图与这些新兴的蒙古势力进行合作，两者之间开始形成跨越民族界限的拥有共同利害关系的区域利益集团。本文试图考察从“金丹道暴动”至民国初期为止在喀喇沁·土默特地区形成的这一地域利益集团形成的过程。

一、喀喇沁·土默特地区蒙古社会之变化

于外藩蒙古中最早农耕化的喀喇沁·土默特地区，因土地面积狭小而导致了多数蒙古人的贫困化。其中部分人沦为被称为“佃户”或“榜青”的雇佣农工。另外，王公及台吉、塔布囊等统治阶层及在农耕化过程中崭露头角的少数蒙古人转化为地主，不久便形成了财富集中于少数人手中的情形。这样的倾向如同欧文·拉铁木尔所指出的：“蒙古人的一部分沦为农耕者，或有一些，尤其在热河，因与生活水平较低的汉人相竞争导致了贫困化，另一方面，特权阶级役使汉人移民而获得了巨额利润”[⑤]一样，尤其在曾隶属于热河都统府管辖内的卓索图盟及敖汉旗等昭乌达盟南部地区颇为显著。随着农耕

① 科尔沁左翼前旗通常被称为宾图王旗（bingtu wang—un qošiγu），位于哲里木盟最南端。1947被废除旗制。

② 指管理清代御马群的养畜牧场，通常被称为苏鲁克旗，不辖于盟。苏鲁克旗今为辽宁省彰武县。

③ 例如，佐藤公彦《一八九一热河金丹道起义》，《东洋史研究》第43卷、2号1984；孛儿只斤·布仁赛音《近现代蒙古人农耕村落社会的形成》，风间书房，2003；Burensain Borjigin 2004“The Complex Structure of Ethnic Conflict in the Frontier: Through the Debates around the ‘Jindandao Incident’ in 1891”INNER ASIAVol.6-No1 等。

④ 阿·敖其尔、格·普日莱《有关1911年蒙古人民民族独立运动之档案资料汇编(1900-1914)》，乌兰巴托，1982。

⑤ Owen Lattimore, 1934“The Mongols of Manchuria, Their Tribal Divisions, Geographical Distribution, Historical Relations with Manchus and Chinese and Present Political Problems”、New York，

化而产生的新的富裕阶层除了享有由清朝赋予外藩蒙古的种种特权之外，还通过租税收入拥有了更多的积蓄，从而独占了受教育的机会的同时，还逐渐独秉地方权利。在蒙古社会内部发生的这些变化，将王公贵族与一般旗民之间的关系变得更为复杂，也带来了错综复杂的利害冲突。上面提到的“老头会运动”、“巴彦达赖起义”及于土默特右旗发生的“八枝箭运动”（1857—1870）[①]几乎都是包括部分台吉阶层在内的一般蒙古人因抗租而针对王公的斗争。这种由旗民引发的大规模的反抗运动，虽能在后来农耕化加剧的兴安岭东南麓地区一定程度地出现之外，在外藩蒙古的其他游牧旗内似乎并不多见。随着王公贵族与旗民之间的绝对意义上的隶属关系逐渐松弛，通过土地的租佃而出现了新的敛财蒙古人。

可以说，以传统的权威和新的租税收入为背景的有利于蒙古人的局面一直持续到“金丹道暴动”发生为止。虽然蒙古王公力图维持以汉人移民占绝大多数的区域社会之传统秩序之意图可以理解，但是，蒙古王公的极端耀武扬威也使人口占绝大多数的汉人移民极为反感，这似乎也是“金丹到暴动”的起因之一[②]。不过，“金丹道暴动”彻底颠覆了蒙古王公的以往优越地位。“暴动”的矛头首先指向各旗王府和扎萨克衙门，他们首先烧毁的是给汉民租地的凭据——土地账本，因而断绝了蒙古王公的财源依据，使之无法复原。另外，汉人势力利用暴动竭力使自己的对手蒙古人势力陷入困境。针对于此，蒙古人也欲利用暴动予以反击，从后述喀喇沁右旗出身的海山的事例来看，暴动被镇压，且不说没有丝毫惠及蒙古人，他们反而已无法再留驻故土。即可以说，在喀喇沁·土默特地区占绝大多数的汉人移民通过“金丹道暴动”实实在在地掌握了区域社会的支配权。不久他们与趁着清末的混乱产生的军阀势力融为一体，从而彻底压制了蒙古人的势力。

随着传统势力日益衰落的同时，蒙古社会内部也出现了新兴势力。这些新兴势力当中，作为塔布囊或台吉君临喀喇沁·土默特地区的乌良哈氏和孛儿只斤氏以外的部族似乎开始占多数，下面将要叙述的土默特左旗海勒图惕氏海云亭一族即为其中一例。他们不同于传统特权阶层，而是通过接受汉文化并与汉人势力合作，试图与特权阶级的王公们一同分配既得利益。另外，他们似乎并不热衷于维持传统社会秩序，从结果来看，他们这些举动为外部势力渗透于蒙旗社会提供了可乘之机，令民族集团的界限显得极为模糊，从而加速了该地区蒙旗社会的解体。

二、构建共同的地域利益

自19世纪末至20世纪初，清朝的衰微导致了汉人官僚逐渐掌握了中央和地方实权。随着这一潮流的蔓延，在东北地区新抬头的地方汉人势力分别形成了奉天与热河军阀，并握有了卓索图盟地区实权，甚至可以说卓索图盟地区是奉天，热河军阀诞生的主要舞台之一。毋庸置疑，在此时的喀喇沁·土默特地区内，与卓索图盟五个蒙旗纷杂交织形

① “八枝箭起义”，指1857年发生在土默特右旗苏格德尔图台吉所属苏木的武装冲突。该苏木二百名箭丁同王公进行长期斗争的结果发展到武装冲突。经过十几年的反抗，最终得到王公们减租减税的妥协。参加斗争的许多蒙古人后来不得不背井离乡移居他旗。

② 汪国鈞著，馬希、徐世明校注：《校注蒙古纪闻》，《赤峰市文史资料选辑》第7辑，中国人民政治协商会议赤峰市委员会文史资料委员会。

成了阜新县、朝阳县、建昌县、凌源县、北票县等汉人集团社会。人口规模不仅远远超出了蒙旗人口，且获得了与传统蒙旗相当的行政权限，旗、县并立格局持续了很久。尤其在此时，旗衙门和县衙门各自所支配的村屯相互交错，无法明确划分界限。蒙古人村落和汉人村落犬牙交错，或在同一个村落里蒙古人和汉人各占一半，形成了旗扎萨克衙门管理蒙古人，县衙门管理汉人的复杂情形。在此情况下，如前所述，常发生有蒙古人集团和汉人集团对立的情况。与此同时，也出现了一些因利益趋同而超越民族集团界限的人们，这些蒙古人被汉人视为伙伴，极罕见地被记录于当地的县志当中。

在卓索图盟境内，先后设立了六个县来管理汉人。这些县，自设县不足十年，就开始编纂县志，记录新形成的汉人社会之记事、列传、风土等。而且此类县志由于大多编写于中华民国时期，其对该地区原本属于外藩蒙古土地一事轻描淡写或只字不提，态度甚为谨慎。例如在《朝阳县志》当中，虽然承认该地区属于"内蒙"，但自元亡明立之时开始写起，甚至涉及永乐皇帝北征。在谈及清朝以后的事情时则强调说，内、外蒙古是"投降"于中央政府的。而且《朝阳县志》中认为因"借地养民"而进入的汉人"只对内蒙古纳租，不对国家纳租"或对清朝时期的蒙旗土地税收的来龙去脉提出异疑[①]。这些县志当中还值得注意的一点是，在蒙旗社会里被当做英雄而歌颂，被当局和汉人势力则视为"蒙匪"的巴布扎布和白凌阿等人均以"匪贼"、"马贼"或"胡匪"对待。另一方面，以蒙古王公为首，在蒙古人社会当中担当核心角色的人们在这些县志中则不见踪影。当然，偶尔也有蒙古人出现的时候。那便是如后所述，像海云亭父子一样与汉人积极地建立合作关系或从汉人的眼光来看可称得上是"乡绅"的人物。例如，出现在《阜新县志》[②]里的一位名叫"玛哈巴斯尔"者便如此。他是出生于该县第三区德格营子村的蒙古人，家世殷实且"注重礼仪"。据说清末曾参加过科举考试，后来，曾创办两所小学，在六年期间，投资 1 万元培育了数百名学生。《阜新县志》中誉其"实为蒙族当中的佼佼者"[③]。此"玛哈巴斯尔"者，汉名谓海子政，出生于如前所述喀喇沁·土默特地区具有代表性的新兴势力海勒图惕氏。其父亲"益萨布"曾供职于旗衙门，充当章京，与土默特左翼旗扎萨克郡王亦有亲戚关系。他们一家自 1935 年至 1940 年，不仅拥有近百公顷的优良农田，且在北京、天津，阜新、新立屯等地拥有不动产和商店，在当地可谓是屈指可数的富户[④]。当然，如果没有和张作霖之间的良好关系就无法拥有并保护好如此规模的财力。"玛哈巴斯尔"和"满洲国"皇帝溥仪也有亲密往来，且常驻长春。据说，1935 年去世后，满洲国授予其"文禄将军"之称号。另有其长子"朝日格"，自 1938 年至 1940 年，作为李守信的部下，担任蒙古联合自治政府军炮兵团团长，次子丹森札布（汉名海镜泉）担任满洲国皇帝亲卫队上校警官，满洲国败亡之后一度任土默特左翼旗务委员等职务。且不说"玛哈巴斯尔"所栽培的学生们是蒙古人抑或汉人，从他本人在清末接受过科举考试这事就能推知其精通汉文化，积极接受汉人的价值观的事

---

① 《朝阳县志》卷三十三，记事。

② 民国《阜新县志》原稿是自从中华民国时期开始撰写，但实际出版则是在"满洲国"时期的 1935 年（铅印）。所以这部县志里记有民国时期出版的县志中一般看不到的日本人参事官的名字，这一点值得注意。

③ 《阜新县志》卷三，孝义。

④ 德山著《Mongyuljin Qayilatud obuγtan-u tobči te]ke》（《蒙郭勒津海勒惕图氏述略》）（内部发行）1997 年，41 页。

实。总之，他们作为土默特左翼旗的新兴势力，与汉人势力巧妙地建立合作关系的同时，睿智地度过了 20 世纪前半期这一动荡年代。

[图 1]20 世纪初期喀喇沁·土默特地区的地方势力的协力关系

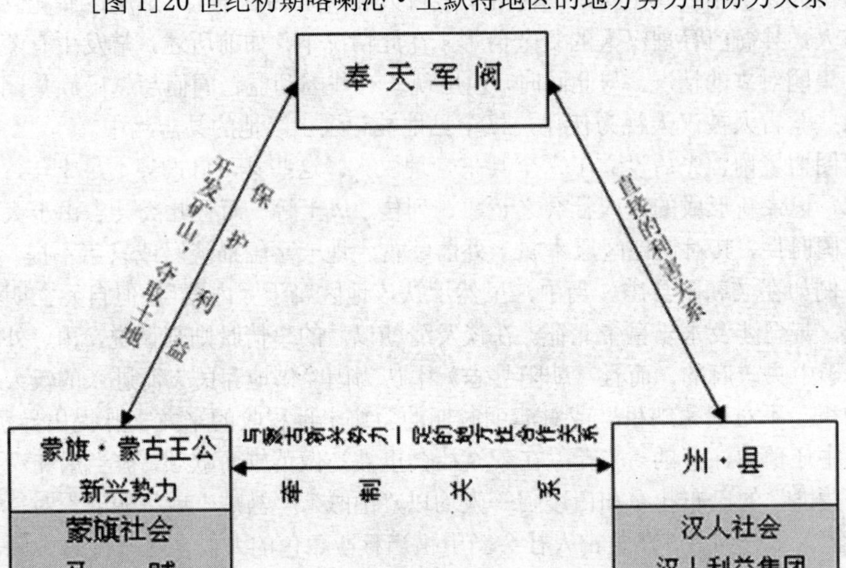

如图 1 所示，以张作霖为首的奉天军阀君临共存于同一区域的蒙古人势力和汉人势力之上，且巧妙地操纵着两者关系的同时维持着地方秩序。毋庸置疑，奉天军阀与代表州县的汉人一方有着直接的利害关系的同时，必不可少地与部分蒙古人势力也建立了信赖关系。至少到清朝灭亡为止，蒙古王公们以中央政府作为后盾意欲极力抑制军阀的兴起。所以说，迄中华民国时期，对于张作霖等汉人地方势力而言，蒙古王公们依然是不可轻视的存在。但是随着清朝的灭亡，逐渐强大的军阀，将蒙古人的土地和资源视为自己的财源之一，开始着手通过与有势力的蒙古王公们姻娅相连等手段来强化与蒙古一方的友好关系。以最大土地和最强的财力闻名于内蒙古东部的哲里木盟科尔沁右翼中旗札萨克达尔罕亲王一家与张作霖一家结为姻亲就是个实例。但是到了中华民国时期，伴随着开垦和移民而导致的社会混乱中，蒙古王公们正在失去以旗中层官僚和台吉们为首的旗民的信任。王公们开始长期居住在北京，沈阳等大城市，而留在旗内的王公们则不能成为旗民的靠山。乘此机会，在开垦中迅速转变为地主富豪的新兴势力开始扩张他们的势力。新兴势力与王公们不同，他们对维持蒙旗的传统秩序漠不关心。他们大多是为了和王公们分配区域利益，虽然时而和汉人势力发生对立，但也积极地与他们建立合作关系。

在喀尔喀蒙古独立时曾活跃一时而闻名于内外蒙古的海山一家，在离开故乡喀喇沁右旗之前，也曾与地方各种势力有着复杂的关系。海山并不是出身本旗的王公贵族乌良哈氏或孛尔只斤氏，而是出身非上层特权阶级的海勒图惕氏。他们一家从清末时期就开始拥有了实力。海山的父亲巴音特木尔是拥有 70 公顷优良农田的地方名士，其家族可谓是在 19 世纪末的卓索图盟地区小有名气的地主。据说当时海山一家还在遥远的北部兴安岭南麓附近的突泉县①经营着一座“窝堡”②。

海山在小时候曾接受了 14 年的蒙、汉文教育。为了克服清代外藩蒙古不能应科考的制度，他与一名姓“马”的汉人结了婚，并改变自己的身份为汉人。但是不久随着清朝的解体，科举制度也被废除，他的梦想未能实现。在喀喇沁右旗的时候海山才华超众，曾奉职于平泉办事处，又任该旗管旗章京等。在“金丹道暴动”时，海山假扮邮递员，得以与清军的将军见了面，因而尽早得到了清军的援助，为镇压暴乱立了功。记录了喀喇沁·土默特地区一大氏族海勒图惕氏的历史与名人的“Mongγuljin Qayilatud obuγtan-u tobči teüke”（《蒙郭勒津海勒图惕氏述略》）一书里描绘了在喀喇沁右旗时围绕海山一家发生的一些琐事。据说，在当时的喀喇沁右旗，有海三（就是海山），鲍三和张三③等三大势力家族相互抗争。汉人地主张三利用“金丹道暴动”中蒙古人和汉人的对立关系，给海山一家施加压力。海山则反攻说张三府里没收了在镇压“金丹道暴动”当中从蒙古人那里夺来的物品而震慑住张三。张三利用金钱接近了旗王爷的亲戚鲍三，拜年龄相仿的鲍三为义父，以此来孤立海山。张三还贿赂热河都统，以“金丹道暴动”时肆意放走犯人之罪诬告海山。在这种情况下，海山不得已离开自己的家乡，于 1902 年经过位于突泉县的自家经营的“窝堡”抵达哈尔滨。从有关海山一家的这些故事，我们可以窥知，20 世纪初的喀喇沁·土默特地区的蒙古新兴势力和汉人地方势力同蒙古王公以及热河军阀一同围绕着地方利益展开的生死斗争。在这一斗争当中也能看到“金丹道暴动”使双方的对立更加激化，双方均想利用“金丹道暴动”给对手以沉重的打击。然而从结果来看，虽说暴动被镇压，但是蒙古人并没有得到什么好处，反而被汉人势力逼迫得再也未能抬头。也就是说，在喀喇沁·土默特地区占绝大多数的汉人移民通过“金丹道暴动”而牢牢掌握了区域支配权。

如图 2 所示，张作霖的故乡是与土默特左翼旗相邻的黑山县。两个地区虽以“柳条边墙”为界，但是，到了清末，边墙已逐渐模糊，区域一体化显得很明显。在此地广泛流传着，还在绿林之时的张作霖时而被清军追杀，常常潜伏于土默特左翼旗，被蒙古人救命等传说。随着崭露头角，张作霖通过如后所述的海云亭和部下李书信等地方势力渗透到了蒙旗社会。特别值得注意的是，围绕张作霖的这些人际关系网络，甚至渗透到类如巴布扎布那样时而和张作霖发生对抗的那些被称为“蒙匪”的蒙古绿林之间。他的儿子张学良通过父亲张作霖构筑的蒙旗关系网，顺利地掌握了曾被日本势力渗透的阜新地区的主要煤矿。

① 突泉县是 1900 年从哲里木盟科尔沁右翼前旗（俗称“札萨克图旗”）的牧地被开放而建成的县。在札萨克图旗的开垦过程当中，由于“金丹道暴动”而背井离乡的卓索图盟蒙古人多有牵扯。这一点李树田所著《蒙荒案卷》（长白丛书第四集，吉林文史出版社，1992 年）以及孛儿只斤·布仁赛音著《近现代蒙古人农耕村落社会的形成》（风间书房，2003 年）均有记载。

② “窝堡”是指蒙古语里的“tariyan tobu”之汉语称呼。“tariyan tobu”是指建在田地旁边的用于做农活的人们居住的简陋房屋。

③ 鲍三是喀喇沁右旗札萨克王爷之母亲的兄弟。张三的正名叫张华堂，是移居喀喇沁右旗的汉人。

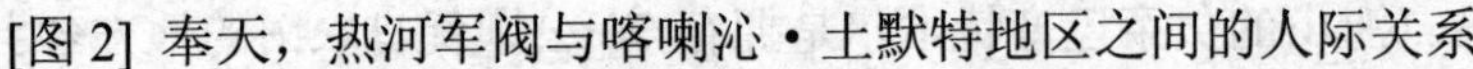
[图 2] 奉天，热河军阀与喀喇沁·土默特地区之间的人际关系

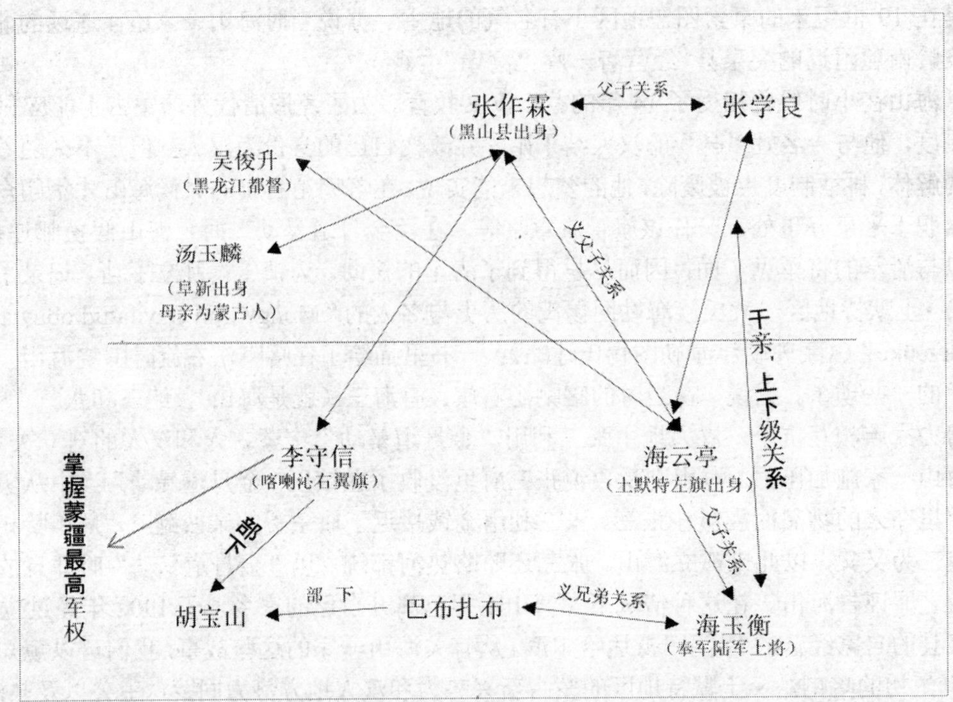

①张学良——开发阜新孙家湾煤矿（1924 年，投资金额 40 万元）

1926 年设立东北矿务局，统括该地区的煤矿、石矿与金矿等矿产。

1928 年，投资 120 万元扩建孙家湾煤矿。

②汤玉麟——热河都督，热河省政府主席。

③李守信——其大多数部下经过德王政权的蒙古自治军，1950 年代以后被编入内蒙古军区。

④海氏父子曾担任绥蒙使和宣抚使。

作为在喀喇沁·土默特地区出身的军阀势力，还有一位不可忽视的人物。他就是张作霖的部下，被称为热河军阀的汤玉麟。据说汤玉麟的父亲原是现在与阜新蒙古自治县相邻的辽宁省义县出生的汉人，后来移居土默特左旗（或者说是阜新县）。汤玉麟 1871 年出生于现在的阜新蒙古族自治县新民乡四道沟村。根据汤玉麟外甥的回忆录[①]：他的母亲是个叫“汤商”的蒙古人[②]，他在兄弟 5 人中排行老二。贫穷中成长的汤玉麟从小好斗，从未中断过与人争吵之事。18 岁时和现在的阜新蒙古族自治县卧风沟乡的一名姓“谢”的蒙古女子结婚成家。不过，此时汤家和被当地人成为“二等扎布”的蒙古富户发生抗争，汤玉麟的哥哥被杀。从此汤玉麟一家被迫离开阜新，流落到了黑山县七台村。在那里汤玉麟结识了当土匪的张作霖，两人结为盟友。不仅如此，他还与后来在满洲国任国务总理的张景惠以及张作相等成为知交，逐渐成了东北军阀的中心人物之一。

① 张显臣口述，马世峰整理“我所知道的汤玉麟”《阜新文史》第六集，政协阜新市文史委员会，年代不明。

② 在潘喜廷著《东北近代史研究》里说汤玉麟的母亲为桑姓，本文引用 8 页注①。

虽然包括汤玉麟母亲，汤家一共两代人与蒙古女子结缘成家，但却因镇压陶克陶台吉起义等，与蒙古人展开了激烈的对立。这一点正说明当时该地区民族之间的界限变得很模糊这一事实。如同汤玉麟，他的部下黑山县出身的崔兴武也是一个跟卓索图盟以及哲里木盟，昭乌达盟地区的蒙古势力时和时抗的人物。还有，同样作为汤玉麟部下的蒙古人李守信也不例外。他一方面镇压嘎达梅林的反垦运动，另一方面又服务于德王领导的蒙疆政权，掌握了蒙疆政权的最高军权。他们正是蒙汉交错地带这一特殊环境的产物，他们掺杂在蒙匪（马贼）与军阀之间，横穿蒙旗社会与汉人社会这两个截然不同的社会。从这里我们清楚地看到20世纪初期喀喇沁·土默特地区所特有的复杂的区域空间。

三、“开明绅士”海云亭父子

下面要介绍的是，在20世纪初期的喀喇沁·土默特地区，跨越民族界限构筑人际关系网时起关键作用的蒙古新兴势力海云亭父子[①]。

海云亭出身海勒图惕氏，因其姓最前面的音用汉字标写为“海”而称为海姓，蒙古名为“Qailung”，来自汉语里的“海龙”。海云亭一家精通汉语和汉文化，特别是他本人在汉人社会里也是一位颇具名望的地方绅士。通过这样的威望和与土默特左旗王府之间的亲密关系，在光绪八年（1882）当了四品官之后自“金丹道暴动”到后来在光绪年间发生的种种动乱当中挺身而出，保护区域社会。至今在阜新蒙古族自治县一带其声名广为人知。据前引德山先生所著“Mongγuljin Qayilatud obuγtan-u tobči teüke”（《蒙郭勒津海勒图惕氏述略》）中记述，海云亭救出了曾在黑山县充当土匪时被奉天清军追杀之张作霖，并隐匿于自家后院。之后张作霖为了酬答海云亭的救命之恩拜其为义父，并与其长子海玉衡（蒙古名为Amuγulang）结为兄弟。通过这一层关系张作霖的部下吴俊升以及热河军阀汤玉麟等当时的显赫人物都与海云亭结下了交情。据说海玉亭死后，张学良代表父亲携带200名士兵参加并主持了葬礼。与张作霖的这种密切的关系从海云亭家大院门厅上所悬挂的“望重藩疆—东三省巡阅使儿张作霖叩赠”题词也可窥知一二。对海云亭而言，张作霖是保护其利益，甚至保护其地方利益的守护神。而对张作霖来讲，海云亭正是如“望重藩疆”一词表现得那样，与构成东三省重要组成部分并已成为奉天军阀的重要土地和财源的蒙地-藩疆保持“良好关系”的重要人物。总之，如上所述张作霖是一位非常重视与蒙旗关系的军阀。

关于海云亭一生的功绩，在中华民国时期修成的《阜新县志》（卷六 杂文十六）《三区蒙员海公讳云亭墓碑志》中是这样记录的：“海公云亭讳龙者巨族也。以元室勲裔隐居帰化迨夫有，清以来公之始祖迁居卓索图東土默特旗泡子聚将屯历世相传。耕读为业及公之生也”。碑上还写道海公“训蒙人守分安良、对汉族无分畛”，在义和团事件发生时“盗贼群起蒙汉为之不安，公以勤扶王民为念南遂溃兵、百姓免淫掠之劫。北驱土匪万民获枕席之安。蒙古珍旗（东土默特旗—笔者）全頼以全者非公之孰克当此”。还记载他死后“蒙汉之人如失保障”等。

① 关于海云亭父子，参见孛儿只斤·布仁赛音著《喀喇沁·土默特移民与近现代蒙古社会——以蒙古勒津的海勒惕图氏为例》，早稲田大学蒙古研究所编《近现代内蒙古东部的变化》，雄山阁，2007年。

综合上述，追溯海云亭的功绩，可以获知，他在“金丹道暴动”时，迅速地和奉天军合作成功地镇压了暴动，在义和团事件时也为了保护地方利益活跃一时，而且他曾和以义和团事件为借口侵占东北的沙俄军队英勇作战。在 1913 年 12 月，还担任赴口北各地说服蒙旗服从中华民国的“抚绥事宜”，1915 年 9 月赴林西试图招抚巴布扎布投降。

海云亭长子海玉衡通过父亲的关系不仅和张作霖建立了义兄弟关系，还同汤玉麟，吴俊升等也构筑了亲密的关系，在光绪二十年升佐领，宣统元年升为三品官，在民国元年登庸管旗副章京一职。他在民国四（1916 年）年，受张作霖之命赴林西试图说服义兄弟巴布扎布。后在 1917 年世袭了父亲海云亭的辅国公爵位。海玉衡还在 1924 年被任命为张家口、绥远、察哈尔都督，担任口北蒙旗的怀柔工作，在 1925 年提升为奉军的军事顾问、陆军上将等。总之，海玉衡替张作霖与蒙古王公交涉，并与蒙藏院总裁喀喇沁右翼旗札萨克亲王贡桑诺尔布也保持良好的关系，为笼络和宣抚蒙旗而奔波。

就这样，海氏父子经常在军阀、民国当局与蒙古王公之间起仲裁和调节作用，肩负起了宣抚蒙古王公的任务。为此，他们不能不得到蒙旗和军阀两方面的信赖，而为了达到这一目的，他们口口声声谈“蒙汉团结”。从像他们这样的区域精英们的身上我们很难看到超越区域利益，为蒙古民族整体利益而着想的痕迹。他们是从蒙汉杂居这一区域实情出发，以高倡“蒙汉团结”来维持区域利益的所谓的“开明人”的典范。

结　语

从 19 世纪末到 20 世纪初的这一阶段，受清朝支配的蒙古人面对着接踵而来的两种危机。其一是，以开垦移民为象征的汉化所带来的蒙古社会之衰退。另一种危机是，正在此时席卷而来的近代化潮流所导致的民族意识的再形成。无论哪一种危机抑或哪一种潮流，首当被冲击的是位于内蒙古最南端的喀喇沁·土默特地区的蒙古社会无疑。从而这一地区的精英们也被迫面对严峻的选择，扮演着错综复杂的角色并留下了历史痕迹。从这一时期开始，因喀喇沁·土默特地区的蒙古人大量移住其他蒙旗这一现象的普遍存在，受此影响，在人们的意识中逐渐形成了这样一种认识，即大多数喀喇沁·土默特蒙古人背井离乡选择了移民。从而忽略了部分留居故乡的区域精英们通过与占绝大多数的汉人社会妥协而寻找生存之路的努力。这是研究该地区社会史的重要一面。当我们考察从 20 世纪初至今的内蒙古地区社会变迁史时，不得不承认，令内蒙古近现代社会变动的主流无非是，如何与占绝大多数的汉人社会进行妥协而寻找生存之路的这一事实。因此，即便是为了理解当今内蒙古社会本质，也必须从理解在喀喇沁·土默特地区发生的这些区域利益集团的动向着手，我们才可以做到更有序地考察研究近现代内蒙古社会。

（译自岡洋樹主编《内なる他者＝周辺民族の自己認識のなかの“中国”：モンゴルと華南の視座から》，東北アジア研究シリーズ⑩，2009 年 3 月 31 日）

（孛儿只斤·布仁赛音，男，1963 年月生，日本早稻田大学文学博士（东洋史），现为日本滋贺县立大学人间文化部准教授、博士生导师；谢咏梅，女，1970 年生，历史学博士，内蒙古师范大学旅游学院历史文化研究所副教授，呼和浩特，010022）

边缘地区异族冲突的复杂结构

——围绕 1891 年“金丹道暴动”的讨论

[日]孛儿只斤·布仁赛音著　王　晶译　谢咏梅审校

导　言

清朝统治中国长达 260 余年，鸦片战争之后所发生的“太平天国运动”和“义和团事件”往往被列举为清朝衰败解体的象征。中国的学者们趋于将反清暴动纳入“民众反对清朝统治”、“民众反对列强”等“反帝反封建”的现代主义框架之中，其目的无疑是意欲将清朝灭亡的原因归结于以汉族为主体的“人民大众”反对清朝所致这一意识形态的历史论框架中。然而，作为一个多民族征服王朝，清朝所拥有的矛盾构造并非那样简单，因此，清朝灭亡的原因也不能以如此简单的方式予以解释。

继康熙、雍正、乾隆时期（1661—1795），约 130 余年的繁荣之后，清朝开始面临如嘉庆年间（1796—1820）所发生的“白莲教起义”等几次大规模的社会动乱。大多数研究者将这些社会动乱的原因追溯至明末清初的社会变迁。其中连年的自然灾荒导致的大量人口的迁移、耕地匮乏与人口数量的猛增，以及由此导致的社会动荡被看作是其主要原因之一。明末，如土豆和玉米等一些新大陆农作物的引进使得北方干旱地区也能够耕种这些高产量农作物，加之，由于如天花等传染病治疗技术的提高以及广泛使用有机肥料及灌溉技术等农业技术的发达，促进了人口数量的暴涨①。1741 年，清朝直辖区内的人口为 1.4 亿，迄 1794 年增至 3.1 亿。也就是说，在这半个世纪内人口增长了一倍，每年人口约以 320 万的规模增长，1840 年已达到 4.1 亿多人口②。由于湖北、湖南地区的人口过于密集，移民向南流入到了云南、贵州、广西、福建、台湾及东南亚等地。同时移民亦往北迁至四川、陕西、湖北三省的交界处。山东省境内的人口开始迁移到中国北部以及长城以外被禁垦的满洲旗地和外藩蒙古地区。

大批汉民涌入边缘地区势必导致该地区的社会关系失去平衡。换言之，当移民的人口规模超过当地原住民人口规模之时，他们就会为了争夺政治和经济上的主导地位而与

① Eastman, Lloyd E. 1988. Family, Field, and Ancestors: Constancy and Change in China's Social and Economic History, 1550-1949. Oxford: Oxford University Press.pp 6-7

② Durand, J. 1977. .Historical Estimates of World Population: An Evaluation.. Population and Development Review. 3(3)，郭松义《清代人口流动与边疆开发》，载马汝衍、马大正主编《清代边疆开发研究》，中国社会科学出版社，p13，1990 年。

原住民之间发生激烈的冲突。从该意义而言，上述的“白莲教起义”就是清朝前150年间中原地区人口猛增，人口失去平衡所导致的不可避免的结果[①]。这些矛盾冲突的本质归根结底就是，这些流民所移居的是非汉人居住区，这些地区的各民族有着不同于汉人的社会与文化结构。再者，像外藩蒙古等地区并不是受清朝的直接管理。汉人的迁移导致了流民与原住民之间在土地与资源的管理结构和风俗文化上的双重冲突。同治年间发生的“云南回民叛乱”[②]、“西北回民叛乱”[③]和光绪十七年（1891年）的“金丹道暴动”等均存在汉民与移住地的非汉族居民进行对立的社会结构。我们应该注意到汉民发起的这些暴动是汉民族主义意在推翻清朝的一种表达，而清朝是由非汉族的满族人所统治的王朝。众所周知，发源于东北满洲地区的满族人，征服中国之后定都于北京。但迄清朝末年，作为征服者的满族人已经失去了本民族的语言与文化，基本上丢失了其民族特征。与满族人相比，作为满族人征服并统治中国时的最初的联盟者——蒙古人，则以一个较大的民族集团生存下来。虽说他们变得很脆弱，但依然拥有着本民族的文化、政治和社会基础以及聚居的生活区域。因此，汉民族主义斗争的矛头自然就朝向这些蒙古人群体。因为汉民族主义者的目的是试图推翻清朝，而大批的汉民迁移到蒙旗这一事实给他们的行动创造了有利的条件。在这种环境下所发生的“金丹道暴动”便是汉民与蒙古人这两个集团社会进行对抗的典型例子。

所谓的“金丹道暴动”[④]是指于光绪十七年十月发生于内蒙古东南部原卓索图盟[⑤]和昭乌达盟附近的，由农民组成的以汉人秘密结社的方式发起的暴动。暴动持续了近两个月，该地区的数万名蒙古人（包括一部分汉人）被屠杀，许多蒙古村屯、寺庙以及部分天主教堂也被烧毁，给该地区的蒙古族社会带来了空前的浩劫。

正如上述记载，中国大陆的学者们常常视“金丹道暴动”为反帝、反封建的农民起义[⑥]。同样的观点在评价同治年间所发生的西南、西北回民起义时亦表现出来。该观点坚持说蒙古人、汉人与回民并肩作战一同反抗清朝统治，尽管实际上蒙古人是协同清兵来镇压起义的[⑦]。该思想框架甚至影响到了海外一些史学家，其典型的例子便是佐藤公彦[⑧]的研究。佐藤认为“金丹道暴动”与“太平天国运动”和其后所发生的“义和团运动”一样均属民众运动的一部分，他显然忽略了这些冲突所包含的民族群体间的冲突因素。另一方面，在中国的蒙古史学界，尽管认为此次事件为“暴动”，并承认它给蒙旗社会带来了严重的后果。但又强调暴动的主要矛头是“欺压教民的清朝官府，蒙古王公

① 山田賢《移住民の秩序》，名古屋大学出版社，1995年。

② 安藤纯一郎《清代嘉慶、道光年間の雲南省西部における漢回对立—雲南回民起義の背景における 一考察—》，载《史学雑誌》，日本历史学会，Vol. CXI:（8），2002年。

③ 黑岩隆《機闘と謡言—19世紀の陜西渭河流域に見る漢回関係と回民蜂起》，载于《史学雑誌》，Vol. CXI:(9)，2002年。

④ 也可称为“学好队”或“红帽子”。

⑤ 包括今辽宁省朝阳市和阜新市、河北省承德地区。

⑥ 例如，中国社科院吉林省分院历史研究所编1960《近代东北人民革命运动史》（吉林人民出版社）、新中国成立后首次修改、1960年版的《辞海》以及以后的各版都把该事件说成是起义。

⑦ 杨海英《十九世紀モンゴル史における“回民反乱”： 歴史の書き方と“生き方の歴史”のあいだ》，《国立民族学博物館研究報告》，26(3),p473-507，2002年。

⑧ 佐藤公彦《一八九一，熱河の金丹道蜂起》，《東洋史研究》第43卷第2号，1984年。

和外国教会”[①]，同时强调对于蒙古平民的任意屠杀并不是完全出于种族仇视和对立，而是由于汉民叛乱者的迷信所造成的。又认为，该事件所拥有的一些历史局限性是囿于落后的封建主义思想等等[②]。然而随着中国史学界学术气氛的逐渐宽松，自 90 年代末以后的研究当中人们开始注意到并提及该暴动中所隐含的民族对立因素[③]。也就是说，自从进入 21 世纪以后，中国蒙古史学界涉及“金丹道暴动”的言词，从淡化蒙汉民族集团之间的对立因素，转向淡化该暴动的所谓“反帝反封建”因素上。但虽然他们尽力为蒙古族人声讨历史公道，但最终还是不得不寻找各种理由给“蒙汉劳动人民”打圆场[④]。然而，我们必须注意到的是，自上世纪 90 年代之后，围绕“金丹道暴动”的评价，在中国发生了几起新的动向。例如：

1.1984 年 11 月 22 日《辽宁日报》“读史专栏”刊登了题为《金丹道起义》的文章（著者文娴、郑石），重复了官方的评价[⑤]。然而，这篇文章激起了辽宁省阜新蒙古族自治县和朝阳地区蒙古族人士的强烈异议[⑥]。

2.1991 年 12 月 1 日《辽宁政协报》刊登了一篇题为《烽火朝阳——朝阳金丹道教徒大起义纪略》的文章，纪念暴动发生 100 周年。该文章试图将“金丹道暴动”美化为一种革命或包含某种正义的起义。这篇文章激起了阜新蒙古族自治县蒙古族人士的强烈不满[⑦]，并抗议该文无疑影响民族团结。辽宁省民委为此组织了一支调查团赴阜新地区展开了实地调查，且省民委下发文件，认为该事件对该地区的民族关系留下了很深的阴影，如仍将其称作是“革命”抑或“起义”势必对该地区的民族关系制造不良影响。为平息蒙古族人士的不满，《辽宁政协报》应刊登道歉文章，今后凡涉及该事件的任何活动首先必须经过省民委批准。1992 年 4 月 10 日，该报公开道歉，承认他们所刊登的文章缺乏正确的政策观念，是错误的[⑧]。然而直至 90 年代末，类似情况仍屡有发生。[⑨]

鉴于此，本文将集中讨论以下几点：

1. 在“金丹道暴动”发生的边缘地区——卓索图盟地区，什么原因使得蒙古人与汉人这两大民族群体时有冲突时而共生呢？

2. 这场暴动在不同的时空中是如何被描述的？为何在 1990 年之后，蒙古族人能够

① 《蒙古族简史》编写组《蒙古族简史》，内蒙古人民出版社，1985 年；郝维民《内蒙古近代简史》，内蒙古大学出版社，p60，1990 年。

② 郝维民《内蒙古近代简史》，内蒙古大学出版社，p60，1990 年。

③ 王玉海《发展与变革》，内蒙古大学出版社，p131，1999 年；白拉都格其、金海、赛航《蒙古民族通史》，内蒙古人民出版社，p67-76，2002 年。

④ 王玉海《发展与变革》，内蒙古大学出版社，p135，1999 年。

⑤ 中国社科院吉林省分院历史研究所编《近代东北人民革命运动史》，吉林人民出版社，1960，p58-67。

⑥ 阜新蒙古族自治县是在 1958 年前卓索图盟土默特左翼旗（蒙古勒津旗）的基础上建立的。朝阳市是在喀喇沁左翼蒙古族自治县基础上建立的，喀喇沁蒙古族自治县源于原喀喇沁左翼旗。目前，阜新蒙古族自治县总人口是 70 万人，蒙古族人有 15 万。朝阳市或原喀喇沁左翼蒙古族自治县总人口 35 万，蒙古族人有 5 万。

⑦ 提出抗议的蒙古族人士主要是离退休干部。

⑧ 资料来源省略。

⑨ 1996 年 6 月 29 日，在纪念金丹道事件 105 周年之际，《朝阳日报》刊登了题为《镇压金丹道起义的李鸿章》（著者秦柳）的文章，美化“金丹道暴动”。尽管阜新蒙古族自治县的蒙古族人士写信给朝阳市党委和政府要求其纠正并予以道歉，但朝阳市委方面没有做出明确的答复。1997 年 5 月，阜新蒙古族自治县的蒙古族向《辞海》编委会提出抗议，要求官方对金丹道事件这一项给予重新评价，1999 年上海辞书出版社的《辞海》中已省略该词条。

给那些刊登纪念文章的媒体与有关部门施加压力，让他们重新评价这场暴动？

3. 蒙古族作为满族人的盟友而遗留下来的身份特征是怎样影响蒙古族自身的历史的？

我的研究将基于以下历史资料以及出版物、文件和地方史文献：1.《蒙古纪闻》（该文献是80年代由中见立夫教授首先发现并介绍的手抄稿），作者汪国钧是一位亲眼目睹“金丹道暴动”的蒙古族人①。2.《红帽子事件资料选编》（内部版）1989年出版于赤峰市，迄今为止，其信息量为最大。3. 由陶喇嘛（戴维彧）及阜新蒙古族自治县其他人士在1990年编写的《蒙古勒津之劫》。在数年的实地调查的基础上，它记载了原土默特左旗（俗称蒙古贞旗）被毁坏的情境。4. 自1998年以来由笔者通过实地考察收集到的资料。

汉族移民的蒙古化所导致的卓索图盟地区农耕化进程

清朝初期，最早接收流亡汉民的内蒙古卓索图盟地区已经呈现出农耕化的趋势。众所周知，早在雍正元年，清朝所实行的“借地养民”政策②使山东和直隶一带的受灾饥民大批涌入卓索图盟居住。乾隆四十七年（1784年），热河都统管辖内的喀喇沁三旗和东土默特两旗境内的汉民户数已达45410户，人口增至182891人③。清朝末年，卓索图盟大部分地区已经转变为由府县等地方衙门管辖的汉民居住区域。而蒙古人几乎放弃了牧放，转变为只会耕种的农民。我们必须阐明有关卓索图盟地区农耕化进程的两个问题。其一，蒙古人社会是怎样接受汉族移民并与之结为一体？其二，蒙古人社会与在蒙地上由汉族移民组建起来的府县等汉人社会究竟有着怎样的关系？

清朝初年，卓索图盟的汉族农民仍属雁行人，春天伊始他们便越长城而入，耕种蒙旗蒙古地主的土地，秋收后即返。对于汉族农民而言，在蒙旗的土地上耕种是件颇具吸引力的事情。不仅由于长城一带蒙地的肥沃程度不亚于长城以南的内地，而且也无需交太多租税。另一方面，蒙旗的台吉、塔布囊等贵族更乐于雇用这些汉族农民，这些农民可以带给他们现金收入和农产品等实物。因此，蒙古人尽可能争取留住这些勤劳的内地农民，这种共生关系导致汉族农民被允许长期滞留于蒙旗。让这些移民与蒙古人结合为一体的具体方法之一就是允许他们娶蒙古女子并注册为蒙旗属民。套用今天的概念，可以说他们将自己的民族由汉族改作蒙古族。下面介绍几例关于汉民转入蒙旗旗籍的人物或相关史料④。

---

①《蒙古纪闻》详细记载了19世纪后半叶卓索图盟喀喇沁右翼旗（贡桑诺尔布亲王旗）的各种状况。据中见立夫(1994)介绍，此书是作者于1918年受邀于满铁大连图书馆，将喀喇沁版《蒙古源流》自蒙古文译成汉文时所编写。

② 虽然清朝总体上禁止汉人在外藩蒙古的土地上居住开垦，但这一政策并没有能制止汉人涌入蒙地。为了不至于把涌入蒙地的大批汉人赶回中原引起混乱，清廷决定把这些山东、直隶的难民留驻于卓索图盟一带，借蒙地养这些汉民，被称为“借地养民”政策。

③《光绪朝重订承德府志》卷二十三，辽宁民族出版社，2006年。

④ 根据 Goulbaγan-a, Togtanbayar, Aγula, Tungγalag, Gereltü 1991“mongγuljin-u mongγul obuγ kiged ayil-un neres-ün sudulul”. Obür mongγul-un soyul-un keblel-ün qoriy-a，刘映元《李守信自述》内蒙古文史资料第20辑，中国人民政治协商会议内蒙古自治区委员会文史资料研究会，1985年；项福生《阜新蒙古族自治县民族志》，辽宁民族出版社，1991；暴风雨《蒙古貞史》，内蒙古人民出版社，1998年。

1. 李守信

李守信是20世纪上半叶内蒙古著名的政治家和军事家。众所周知，他是来自卓索图盟土默特右旗的蒙古人。据说其祖先是山东省济南府长清县李家村人，曾来到土默特右翼旗一户蒙古人家干活，后来娶了一位蒙古族地主家的女儿并转入蒙旗籍转为蒙古人，其子孙后代再不曾与汉人结亲[①]。可以肯定，李守信的祖先很快就融入了蒙旗社会，从而开始讲蒙古语。但是，当卓索图盟的蒙古人社会农耕化并开始丢失自己的蒙古语时，李守信一家又一次面临了语言的选择。在卓索图盟地区，如李守信一家一样，从讲汉语转说蒙语，随着移居地的汉化而再度转为习汉语的移民人群已是司空见惯的现象。

江夏由树[②]曾指出，对于常徘徊于满族与汉族的分界线上的汉军旗人而言，民族概念极为模糊。同样，从李守信的经历我们也可以窥知，这些蒙古化了的汉民亦常徘徊于汉人社会与蒙古人社会之间。据说李守信出生时，其所在的村庄里的蒙古人与汉人各占一半，父亲已不谙蒙古语，母亲虽然会说，但在日常生活当中也已不常用蒙古语了。他们信奉汉人所拜之神，除了院子里立一根藏传佛教的“玛尼杆子”（挂在柱子上印有佛经的一块布）以外，他们的生活方式也与汉人农民无异。李家是地主，所以李守信给其主人斯楞台吉一大笔钱，从而变成达尔汗民（自由民）。他们曾意欲把家族均注册为朝阳县之汉籍，遭到亲戚和邻居们的反对之后最终转为寺院里的哈里亚特（属民）。

李守信在奉天军阀张作霖的军队里任上尉军官时，曾镇压了“嘎达梅林起义”[③]。这是反抗汉人开垦哲里木盟科尔沁左翼中旗蒙古人的牧场而引发的起义。具有讽刺意味的是，当德王发动内蒙古自治运动时，李守信又曾协助德王，并掌握了蒙古军的最高统治权。

2. 汪国均及其《蒙古纪闻》

《蒙古纪闻》是研究近现代内蒙古历史的极具价值的一部史料，也是本文用以研究的主要史料之一。其作者汪国钧（1853-1921，蒙古名叫BuyanbiligtU）是出生于喀喇沁右旗的蒙古人，然而，其祖先却来自山东省登州府汶县。据《蒙古纪闻》载，汪国钧的祖先在满族人征服中国之前迁到龙州和大宁路[④]，成为蒙古兀良哈部的属民。在满洲与喀喇沁联军征服中国之时，充当向导和翻译。为了在战争中使自己与汉民区别开来，将自己注册为喀喇沁旗属下蒙古人。他们的蒙古人身份由以下几个事例得以证明。汪国钧说，他们虽然有着汉人姓名，但他们有资格当一个蒙古人[⑤]，他的祖先有七代人在喀喇沁旗当过章京，从而跻入了蒙旗的上层社会。《蒙古纪闻》中提到，汪国钧的父亲朝鲁（汉名汪梁福）曾担任过喀喇沁右旗印务梅林，在镇压“金丹道暴动”时非常积极，汪

① 据刘映元《李守信自述》，《内蒙古文史资料》第20辑，1985年。中国人民政治协商会议内蒙古自治区委员会文史资料研究会。说：李守信的小名叫那顺巴雅尔或三喇嘛，他的祖先在康、雍、乾年间的某一年迁移至此。

② 江夏由树《中国史における異民族支配の問題－中国東北地域史から見た清朝異民族支配の一側面－》，《一橋論叢》第114卷 第4号，1995年。

③ ボルジギン・ブレンサイン《遼北荒の開墾問題とガーダー・メイリンの蜂起》，载于《早稲田大学大学院文学研究科紀要》第47辑，第4分册，2002年。

④ 龙州是建州的误称。指现在的朝阳西南一带。辽代的龙州坐落于黄龙府，离元代大宁即辽代中京较远。元代的大宁路是至元七年（1270年）北京路的改称。其管辖范围为赤峰以南，长城以北，平泉和叶柏寿之间的地区。

⑤ 汪国钧著，马希、徐世明校注《校注蒙古纪闻》，《赤峰市文史资料选辑》第7辑，1994年。

国钧在其《蒙古纪闻》中，站在一个蒙古人的立场，客观地分析了暴动发生时卓索图盟的实际情况。

据《蒙古纪闻》载，明朝末年来到喀喇沁地区的还有吴姓和李姓人，他们累代充当蒙古王公管家。早期的汉民，还包括一些姓金、朱、石等工匠者，他们在乾隆迄光绪年间陆续来自直隶、河南、北京和浙江省等地。这些人当中有许多人与蒙古人通婚，并注册为蒙古旗籍。

3. 家谱

最近发现了一些记载土默特左翼旗汉人蒙古化的家谱资料。下面是题为《我们王姓家族谱》的一部家谱的序言部分之译文[①]，此书来自阜新蒙古族自治县 Tosqu-yin ayil 嘎查[②]Tosqu-yin ayil 村，是用蒙古语编写的。

> 我们王家姓的历史：据说第一位王姓人起初来自保定府安平县毛家庄。在大清乾隆年间离开家乡流浪各地，随后在边外的土默特左翼达尔汗贝勒旗南部的 Toqu-yin tabun ger-ün ayil 村西面买了一块地，圈地居住。由于娶了蒙古人女为妻，成家立业，依照蒙古人的生活习俗开始信仰喇嘛，入门佛教。在村北 12 里处，有座被称为 Altan širegetü（海棠山——笔者）的著名的寺庙里，住着一位叫二喇嘛的名活佛。他从这位活佛那里听佛经，投身喇嘛成为佛门弟子。每年给寺庙上供至今。
>
> 王氏有四个儿子。大儿子叫 Aariγun，老二叫 Naiman，老三叫 Naimandai，老四叫 Türetü。三个儿子过得是凡俗生活，老二当了喇嘛……。

最早移民而来的王姓人的名字没有被记录，尽管家谱从第二代人开始记载蒙古名，一直到咸丰年间，家族分支状况持续了七代。有趣的是，第一个王姓人在来到蒙古贞旗后，获得了农田，然后娶了一位蒙古妇女，随之也编入了蒙旗籍。还有很重要的一点是，他信奉了在当地处于主导地位的藏传佛教，迅速地使自己适应移住地，很快就拥有了蒙古人的心态。

阜新蒙古族自治县 Yeke γurban toluγai 嘎查 Modun ayil 村的李氏家谱则是用汉文编写的[③]。根据这一家谱，第一代李姓人起初来自山东省镇定府岭阳县。李家的祖先是在康熙年间越长城来到此地。第二代和第三代中共出现过两个喇嘛，家谱记载说，自那以后再没有人出家当过喇嘛。除了两位喇嘛用过蒙语（藏语）名字以外，其他八代人一直使用汉名。有趣的是，李家人即便是住在 Modun ayil 村的蒙古人社会里说着蒙古语，但他们仍然沿用汉人习俗。

---

① Goulbaγan-a, Togtanbayar, Aγula, Tungγalag, Gereltü 1991"mongγuljin-u mongγul obuγ kiged ayil-un neres-ün sudulul". Obür mongγul-un soyul-un keblel-ün qoriy-a。据说本书作者之一的 Togtanbayar 于 1988 年在 Tosqu-yin ayil 嘎查 Tosqu-yin tabun ger 村王青龙家找到了该族谱，但编写族谱的时间不明。

②. 嘎查是在内蒙古实行的苏木之下的村级行政单位。本书里所说的嘎查看来是指在阜新蒙古族自治县现行的镇级行政单位。

③ 据 Goulbaγan-a, Togtanbayar, Aγula, Tungγalag, Gereltü 1991"mongγuljin-u mongγul obuγ kiged ayil-un neres-ün sudulul". Obür mongγul-un soyul-un keblel-ün qoriy-a 记载，Togtanbayar, Aγula 等人在 1989 年于 Yeke gurban Toluγai 嘎查 Modun Ayil 村李苏唐家发现了该族谱。该家谱编写于光绪八年（1873 年）。

位于卓索图盟土默特左旗的瑞应寺[①]是个颇具盛名的寺庙，已有350余年的历史，现在仍然是该地区的佛教中心。过去在该地区，佛教的影响极强，以至于任何不信佛教的人都被视为异教徒。因此，汉民若是希望在蒙古人社会里扎根，信奉当地人信奉的藏传佛教是其首先要过的一道关。

如上所述，汉民若欲渗透到蒙旗社会，其主要手段就是通过与蒙古人通婚而达成。然而，因为蒙旗方面常给汉民在旗里的活动制定种种限制，那些娶了蒙古妇女的人以及注册到蒙旗籍的人仍被称为“随蒙古”来区别于普通旗民。这样，原住蒙古人自然就成为“真蒙古”[②]。欧文·拉铁木尔指出：“少数汉人接触到蒙古人的时候，汉人会将土地私有的社会经济制度以及把社会经济隶属于土地的中国式的社会体系带到蒙旗，从而摧毁蒙古社会原有的秩序，导致蒙古人生活水准的低下，以致贫穷。”[③]

从上面喀喇沁、土默特各旗的例子，我们可以得出这样的结论：当个别汉人农民或工匠等离开内地，直接进入到蒙旗社会时，他们通常会迅速地实现蒙古化。换言之，个别的汉民是无法形成能够与蒙古人群体社会抗衡的独立汉人社会。在内蒙古东部蒙旗，汉人被当地的蒙古人社会同化的程度决定了蒙古社会是否会在外民族的渗透面前能够把握局面[④]。从明末至清初，大量的汉民从中国内地迁移到边缘地区时，受其影响，许多少数民族社会均已消失。然而以农耕化来换取生存的内蒙古东部蒙旗却是个罕见的例子。在这里，少数民族社会能够吸收大批汉族流民，而且通过吸收那些汉族农民来为自身的社会注入免疫力，来对抗更大规模的汉人群体的涌进的同时，使整个团体也保持着一定程度的生存力和活力。

蒙汉集团之间的对立

虽然已经入籍到蒙旗的这些个别汉民对于蒙古社会的农耕化起了极为重要的推动作用，但要将这些个别移民与大批定居于卓索图盟之汉民的规模比较起来，他们仍可谓是微不足道的存在。下面将提到的这些汉民，他们却通过创建属于自己的纯汉人社会，为自己创造了生存空间。其结果，迄清末，为了管理这些汉民，清政府在卓索图盟的领地内建立了2府（承德府，朝阳府）、1州（平泉州）、5县（建昌、建平、阜新、彰武、凌源）。该政策导致了在同一个领地创建了毫无隶属关系的两个不同的行政部门，即出现了被称为“一地两府”的现象。也就是说，蒙古人由旗衙门管理，而汉人由府、州、县等地方行政管理。这种双重或双轨体系使得当地的形式更加复杂。首先，因为清末实行的开放蒙地政策，汉人群体社会是建立在蒙旗的领土上[⑤]，土地的所有权名义上归蒙旗管辖，但府、州、县衙门管理汉人的同时也掌握地租征收权，从而也就掌握了财政权。

① 这座寺院建立于康熙8年（1669年），俗称“蒙古勒津格根庙”。

② 刘映元《李守信自述》，内蒙古文史资料，第20辑，1985年。

③ Lattimore1934“The Mongols of Manchuria, Their Tribal Divisions, Geographical Distribution, Historical Relations with Manchus and Chinese and Present Political Problems”New York

④ ボルジギン・ブレンサイン《近現代におけるモンゴル人農耕村落社会の形成》，风间书房，2003年。

⑤ 広川佐保《モンゴル人の〈満洲国〉参加と地域社会の変容——興安省の創設と土地制度改革を中心に——》，《アジア研究》第41卷第7号，2000年。

本应交给蒙旗方面的租税也必须通过府、州、县衙门才能到位。可以说围绕地税及其他财政权的问题是这些地区地方性冲突的本质。

在清代，由于清廷的强有力的后盾，蒙古王公对移居而来的汉民可以行使各项权利。但到了清中后期，随着蒙汉人口比例的颠倒，特别是到了清末，人口规模占绝大多数的汉人开始向少数的蒙古人之统治进行挑战。再者，在朝廷或各地满族人开始失去他们的权力，汉民族主义者们就将蒙古人视作满族人的替身，经常提及蒙元的统治，将蒙古人视作野蛮人的代表——夷狄。

纵观历史，移民们通常为了在移居的新天地里争取到相应的地位和利益，尽可能地团结，尽最大努力来加强移民群体的势力，创造从既得利益者那里夺去权益的机会。如上所述，许多由农民组成的秘密结社，如清代中期发生在四川、湖北、陕西三省交界地区的“白莲教起义”，后来的“红灯教起义”等，很大程度上均由大量移民组成。当有着不同价值体系和不同文化结构的人群居住于同一空间之时，他们之间会经常发生群体性的冲突，而不同的宗教和习俗等更使那些局部冲突恶化。当大量的汉民移居至蒙旗，并从原有的集团社会里要求各种权益的时候，蒙古王公和上层自然会担忧这些移民会毁坏原有的社会秩序。为了努力维持他们原有的文化和社会秩序，蒙古王公们给这些汉民制定了严格的规定，并让他们去遵守，还对他们的佃户课以重税等。这种做法，被汉民视作是歧视，客观上推动了汉民群体发动暴乱。迄 19 世纪末，蒙古人与汉人之间的这种对抗日益明显，相互间的猜疑加剧，谣言四起，使两个对立的群体之间充满了敌意，矛盾到了一触即发的地步。

金丹道教自光绪十四年（1881 年）先后开始在卓索图、昭乌达盟南部一带流传，是于清代涌现出来的无数个民间宗教团体及秘密结社之一。起初它是白莲教运动的一个分支[①]。随着该宗教活动的迅速蔓延，在光绪十七年终于发展成为暴动。“金丹道暴动”的宗旨是“平清扫胡”，提出的口号是“杀尽蒙古人，报仇雪恨”，“遇见蒙古人格杀勿论”等[②]。这不得不使我们想起围绕元朝末年农民起义的一些传说。据说在农历八月十五（中秋节），暴动者们通过将写有“杀蒙古人”字样的小纸条夹在事先准备好的月饼中互相传递信息[③]。“金丹道暴动”于 1891 年 10 月 9 日午夜发生于敖汉旗贝勒府，持续时间不足两个月，11 月 26 日发起者杨悦春被捕，暴动才被镇压。

与其他相关史料相比，汪国钧的《蒙古纪闻》更详细地分析了“金丹道暴动”的起因。正如上面所提到的，汪国钧亲身经历过“金丹道暴动”，其父朝鲁在当时也是喀喇沁右翼旗的行政官员——梅林。据说当时负责镇压金丹道暴动的直隶提督叶志超袒护金丹道一方，向清廷军机处上呈不真实的奏折，谎称蒙旗军队杀害了无辜的汉民之时，朝鲁通过理藩院向皇帝上呈数千字的奏折反驳了叶志超，力图澄清真相。[④]生长在这样一种家庭与社会环境下，与那些站在汉人角度所反映的各种报告相比，汪国钧可谓生动地

① 从 19 世纪末到 20 世纪 30 年代，居住在内蒙古东南部蒙旗土地上的汉民组织了无数个宗教团体和秘密结社。1920 年代在哲里木盟南部发生的“灵山道组织”（哲里木盟档案馆藏）等是其中的一个例子。

② 《朝阳县志》卷 24，中国第一历史档案馆藏《杨阅春供词》，光绪十八年。

③ 中国人民政治协商会议赤峰市委员会文史资料委员会《紅帽子事件资料选编》（内部版）p.258-259，1989 年。

④ 汪国钧著，马希、徐世明校注《校注蒙古纪闻》，《赤峰市文史资料选辑》第 7 辑，1994 年。

反应了在这场暴动中蒙古人是如何遭受严重打击的情况。直至 20 世纪 80 年代后半期《蒙古纪闻》才被公众知晓，而其内容，至今尚无更深入研究①。

汪国均从以下六点分析了金丹道暴动的起因：

前清康、乾年间移居汉人于近边蒙旗，名曰借地安民。实则拓植实边政策。继之设立州县同判理事。而其移民之初，拨给田宅，构房穿井，并未交纳地价，仅有地租，每年交租若干（有粮租钱租分别）。历年既久，汉人益反客为主，欺侮蒙古，相习成风。交租之时，故意刁难，或称年景欠收，或称钱项不便，以致缺欠原额。或迟日时，令地主守候日久，临去之日凑纳肉粉等物，尚须扣留日用糜费，且时有抗租不交之举。其种种刻薄手段亦可谓毒辣矣。此其结仇之处一。

蒙古人素称直朴，缺欠阅历，不达事务者居多，每取租为由，常住佃户家中，居止行动不免讨人厌嫌而不自觉查（察）。其稍有不合，恒以小故絮叨不休。其佃户者，当面虽不辩论，背地不免怀恨。此结仇之处二。

依蒙人自谓为占山户（谓开荒占草之主人也），故使用一切土木石柴及牧场，皆其自便。汉人不然，凡有需用以上一切，必须购买，且不准自行运输，必用蒙古车马乃可。设有犯者，罚钱、鞭楚、收官、充公。此其结仇之处三。

蒙古地面山场及王公茔地、风水山等处，柴草甚多，而皆严禁之，不令人随意砍伐。惟蒙古人，或经禀明，或行偷采皆可。独有汉人，概不准入山砍伐草柴。如有犯者，事关重大，则解送旗主札萨克衙门惩办。如其琐小事体，即由“屯达”牌头等捕获之，柴草则堆而焚之，绳、担、斧、镰则夺归私有。随意鞭打、辱骂不止。此其结仇之处四。

王公、台吉、他不囊等，于各地方威势最为崇严。每一出门，遇有行人，各令规避路侧，无论妇女老幼、蒙汉各色人等，概行乘者下车、骑者下马鹄立，且不准背手吃烟。少不如意，飞骑骤至，鞭笞备尝。此其结仇之处五。

原来安民之时，所与之地，本有余荒。尔今已经满开，有地多而租少之弊。蒙古意欲丈量，俾添租项，而汉人则希图渔利、每每吃会聚众，力抗不准。因此有起诉讼者连年不断，虽然曲直由公，而汉人总以纳租为忿，倡言反抗。此其结仇之处六②。

汪国钧认为，暴乱的最重要的起因是汉民利用他们在人口规模上的优势，故意拒绝纳租，这正是蒙古人最为愤恨的一点。因此汉民人口的增长使卓索图盟蒙古人与汉民之间的冲突日益激化。事实上，“金丹道暴动”爆发之初，汉民首先烧掉了王公贵族的土地账簿。暴乱平息后，他们要求蒙古人拿出他们所欠租税的凭证。清廷虽然试图恢复蒙旗衙门和王公们的相关账簿。然而，考虑到暴乱的起因实际上由于蒙古人和汉民之间的分歧所致，清廷决定效仿满洲王公在内地拥有的田庄税租由当地州、县代收的做法，令邻近州、县的官员代王公贵族收租③。然而，除了王公等特权阶层以外，蒙古平民以及

① 王玉海虽引用了《蒙古纪闻》原文的描述，但其研究却将暴动套在土地关系与阶级斗争的框架里，并总结到：蒙汉劳动人民和平相处，他们之间不存在利益冲突（王玉海《发展与变革》，内蒙古大学出版社，p131-135，1999 年）

② 汪国鈞著，马希、徐世明校注《校注蒙古紀聞》，赤峰市文史资料选辑，第 7 辑，1994 年。

③《光绪朝东华录》，3101 页，中华书局，1958 年。

新兴蒙古地主对汉民佃户的租佃权益基本上未能恢复。

金丹道事件所包含的民族群体之间冲突的这一本质，在解放以前的地方志以及日本人和俄罗斯人的著作中被真实地反映了出来。如：《蒙古地志》[①]，《蒙古和蒙古人》[②]以及由汉人编写的《朝阳县志》和《建平县志》等等。甚至在新中国成立后的1950—1960年代出版的个人回忆录中亦或多或少地反映了一些史实。然而，后来的一些出版物在暴动的评价中却忽略了民族冲突的本质。例如：《蒙古族简史》及其他历史著作经常更改金丹道的口号，如，把“平清扫胡”改成“平清灭洋”，把“仇杀蒙古”改为“仇杀蒙古王公”等。[③]

虽然许多当代历史学家会强调该事件的排外和反帝国主义的特点[④]，然而，一些罗马天主教堂被烧毁，并不是暴动的主要目标。事实上，“金丹道暴动”的口号当中并没有提及任何洋教，而只针对蒙古人。[⑤]

关于在该事件中的伤亡人数在不同的史料中有不同的记载。包括同时代文献史料的记载几乎均属于推测。特别是关于蒙古人伤亡人数方面各种史料记载相差甚远。例如，根据《朝阳县志》的记载[⑥]，仅在朝阳县和建平县，蒙古人和汉民的死亡人数就分别达到了10万人。但是，在负责镇压金丹道的叶志超的奏文中写到，暴动中只有2万人死亡[⑦]。在1990年在阜新蒙古族自治县的调查报告中记载，在十天内，约1万余蒙古人被土默特左翼旗境内的叛军所屠杀，1000个村屯被袭击并烧毁，迫使十几万蒙古人背井离乡[⑧]。昭乌达盟敖汉旗境内的蒙古人口在当时就已经超过了21000人，迄今，经过一个多世纪，该旗人口仍未恢复到这一原始数目。这足以表明，许多蒙古人或被屠杀或遁至其他蒙旗。暴动被平息后，很长一段时间内蒙古人从卓索图盟向北迁移，他们背井离乡，寻求新的生存天地的脚步大约到1947年的土地改革时才有所放慢。

尽管“金丹道暴动”被镇压，但是，有一点是清楚的，即它给蒙古社会带来了巨大的破坏，也使得汉民在蒙旗的地盘上树立了牢固的统治地位。

---

① 柏原孝久、滨田纯一《蒙古地誌》，富山房，1918年。

② [俄]阿·马·波兹德涅耶夫著，张梦玲、郑德林、卢龙、孟苏荣、刘汉明汉译《蒙古及蒙古人》，内蒙古人民出版社，1983年。

③《蒙古族简史》编写组编《蒙古族简史》，内蒙古人民出版社，1986年。

④ 佐藤公彦《一八九一，熱河の金丹道蜂起》，载于《东洋史研究》第43卷第2号，1984年。Hyer, Paul《金丹道運動：モンゴルにおける漢人の暴動1891》，载于《日本とモンゴルーナイラムダル》，社团法人日本モンゴル協会、第14期（2），1979年。

⑤ 中国人民政治协商会议赤峰市委员会文史资料委员会编（1989：138），金丹道宣布了以下10条宗教戒律：1.不许剃发。2.不许喝烧酒。3.不许抽烟。4.不许奸淫邪盗。5.不许赌博。6.不许隐匿胡人。7.不许强囊民财。8.不许忤逆不孝。9.不许宰杀耕牛。10.不许仗势欺人。在被同一文献所收录的李玉廷的《金丹道起事亲历记》中我们发现，教祖杨悦春制定的13项军纪中除了上述内容以外还有两条，分别是：凡我军民有私自纵放蒙人或因亲朋而庇护者斩首；蒙人为我等世仇。凡徇情买放，或隐藏而被人出首告发者立斩。其房屋家产赏予出首人。李玉廷是逃命于敖汉贝子府的少数蒙古人生存者之一。

⑥《朝阳县志》，卷三十三，中国地方志集成。

⑦ 中国第一历史档案《清末教案》，中华书局，1998年。

⑧ Toulm-a 1990 “Mongguljin-u Horiyalg-a”.

金丹道暴动与蒙古族社会变迁

如上所述，在清代以满蒙联姻为象征的满蒙之间的联盟使蒙古人在清朝居于显著优越地位。然而，迄 19 世纪末，清朝实权从满族人手中移至汉族官员手中，清朝从此也逐渐从一个“征服王朝”转变为传统的中国王朝。随着满族人建立的清朝走向衰微，以恢复明朝，建立一个纯粹的汉族国家为目的汉民族主义斗争开始活跃，他们自然将满族人的同盟者——蒙古人视为斗争的目标之一。保罗·海尔曾指出，“金丹道暴动”的目的即在精确打击邻近的蒙古族社会[①]。

“移民实边”是清朝于 1902 年对外藩蒙古实施的“新政”的主要内容。它吸引了内地许多汉民迁移并留住内蒙古。随着这一政策的实施，蒙古人与满族人之间保持传统的伙伴关系这一幻想最终破灭，蒙古人开始探索独立于清朝的一条新路。1911 年 7 月 23 日，喀尔喀蒙古最高宗教领袖哲布尊丹巴活佛派一支代表团赴俄罗斯沙皇政府寻求帮助，实现他们独立于清朝的愿望。请愿书中如下描述：

> 近年来一大批汉人涌入蒙古，沿着这种途径形成社团，居住在库伦及蒙古其他地方。在光绪 17 年，在内蒙古卓索图盟和昭乌达盟居住务农的汉人突然叛乱，任意屠杀喇嘛及平民，男女老少，并烧毁了许多房屋。如果类似的事情再度发生，将会使我们遭受巨大的灾难。[②]

从以上一段记载我们可以发现，“金丹道暴动”的影响不仅局限于内蒙古。正如保罗·海尔指出，这场暴动的冲击波及了清末的整个蒙古族社会，其中包括内蒙古和外蒙古，并加快了其后几十年间蒙古人与汉人之间的冲突，从而激发了蒙古人的独立与自治运动。事实上，卓索图盟喀喇沁右翼旗的海山公便是在此时赴库伦，并于 1911 年作为蒙古代表团一员前赴俄罗斯帝国圣彼得堡[③]。

卓索图盟与昭乌达盟在清朝初期已经深受汉民前来定居以及农耕带来的困扰。“金丹道暴动”则给这些已经变得很脆弱的处于最南缘之蒙古社会带来了毁灭性的打击。暴动之后，当地许多蒙古人北迁，遁至北部蒙旗避难逃生，加剧了该地区的农耕化进程。据说，迄 20 世纪 40 年代时，已有 20 多万蒙古人迁至北部蒙旗定居[④]。

“金丹道暴动”显然是 19 世纪末到 20 世纪初，发生在蒙古地区的重大事件，它给蒙古社会带来了根本性的变化，由卓索图盟和昭乌达盟南部北迁的大量蒙古难民无疑加快了位于兴安岭东南麓的蒙旗的农耕化过程。

从近年的研究中我们可以清晰地看到，居于兴安岭东南麓地区蒙古族人农耕村落里的大多数居民来自卓索图盟和昭乌达盟敖汉旗[⑤]。笔者在阿鲁科尔沁旗的田野调查也证

---

① Hyer, Paul. 《金丹道運動：モンゴルにおける漢人の暴動 1891》，载于《日本とモンゴル—ナイラムダル》社团法人日本モンゴル協会，第 14 期（2）， 1979 年。

② А.Очир,г. пэрлээ(эм.) ,1982, монголын ард түмнийн 1911 оны үндэсний эрх чүло, тусгаар тогтнолын түло тэмцэлд.баримт бичгийн эмхэтгэл(1900-1914). улаанбаатар

③ 中見立夫《ハイリンとオタイ—ボグド・ハーン政権下における南モンゴル人—》，载于《東洋学報》第 37 巻，第 1·2 號，1976 年。

④ 菊竹稲穂《経蒙談義》，社团法人日本善隣協会，1941 年。

⑤ ボルジギン・ブレンサイン《近現代におけるモンゴル人農耕村落社会の形成》風間書房，東京，2003 年。

实了这一点。根据1939年“满洲国”时期的一项调查[①]，我们可以窥知，奈曼旗西沙里好来村多数居民均是在“金丹道暴动”中北遁难民之后裔。同样，科尔沁右翼前旗的农耕化便是由在“金丹道暴动”中逃离的卓索图盟蒙古难民所开创[②]。欧文·拉铁木尔也曾记载道：1930年，卓索图盟蒙古人移居者被雇佣于位于洮儿河上游的满洲屯（在索伦西南25公里处）务农[③]。

结　语

众所周知，在中国记载历史似乎有一个较为简单的模式，即为了强调历史上的革命力量是如何推翻历代反动政权的这一贯穿历史的命题，往往将那些被前朝当政者视为匪贼或叛乱分子的人们，重新评价为“革命者”抑或推动历史的“进步力量”。将“金丹道暴动”定为反帝反封建的农民起义的思路，简而言之，首先即源自这种诠释历史的模式，这一点几乎无需赘言。

然而，通过以下例子我们却看到，不一定所有的被过去的反动政权所通缉过的“蒙匪”或“胡匪”都能得到革命性的评价。在清末，为了反对开垦旗地而造反的陶克陶台吉虽然被清朝称为“胡匪”或“蒙匪”，但却始终未能得到积极的评价。即使被反动军阀当局称作“蒙匪”或“胡匪”的嘎达梅林也是在诸多前提条件的存在之下才勉强得到积极的评价。

问题在于，那些复杂的历史人物和事件是否能够隐瞒赤裸裸的民族群体之间的斗争呢？若出现一些漏洞，有关方面往往会想方设法去及时“纠正”它。尽管像汪国钧的《蒙古纪闻》一样，蒙古族受害者们尽可能地提供更接近于历史真相的有关文献，即使汉族人所撰《朝阳县志》、《承德府志》等编写于1949年之前的旧志里也较真实地反映了暴动的情况，然而，历史的真相最终还是不得不有所掩盖。

（说明：此文以英文发表于“*INNER ASIA*” Vol.6-No1(pp41-60)，2004.3，征求作者同意后内容稍作了调整和删节。）

（作者孛儿只斤·布仁赛音，男，1963年生。日本早稻田大学文学博士（东洋史），现为日本滋贺县立大学人间文化部准教授、博士生导师。译者：王晶，女，1981年生，内蒙古师范大学公共外语教育学院讲师，中国少数民族史专业硕士研究生。呼和浩特，010022。审校者：谢咏梅，女，1970年生，历史学博士，内蒙古师范大学旅游学院历史文化研究所副教授，呼和浩特，010022）

① 山根纯太郎 村冈重夫《農主従牧社会於ける<蒙古部落の農業的性格>》，满洲民族学会，1944年。

② 张文喜等编《蒙荒案卷》，吉林文史出版社，1990年。

③ Owen Lattimore, 1934“The Mongols of Manchuria, Their Tribal Divisions, Geographical Distribution, Historical Relations with Manchus and Chinese and Present Political Problems”New York

四川总督锡良的对藏政策

[美] 戴福士 著　高翠莲 译

锡良任川省总督期间（1903-1907 年），以其扩展的世界视野，促进了川省经济，因此他也拓展了清政府对西部藏区属地（dependency）的控制。他的做法虽满足了外国人在四川的部分要求，却基本上抵制了英国人自 1904 年以来从印度向西藏的入侵。锡良最初有些不得已，随后开始实施了三阶段的边疆政策。第一阶段，实施一些改革措施保持通往拉萨的道路通畅；第二阶段，指挥了一场在康区的军事作战；第三阶段也是最后阶段，他把行政控制扩大到以前汉人没有统治到的区域。他采取了一个完全进取的政策，把藏区第一次置于中国人（Chinese）的直接统治之下。

不介入

起初，锡良并没有理会英国派出的在荣赫鹏上校带领下的探险队迫使西藏对英国的贸易与势力进一步开放门户。[①]他在北京诣见太后或者与张之洞讨论问题的时候都没有提到这件事。他到达成都后的第一次任职讲话也没有谈到它。[②]他是想集中精力于内部改革，而不想让边疆的危机转移他着眼主要任务的注意力。

然而，根据他的职位，他已经被拖进这个危机中来了。四川总督一直都对制定对藏政策、供应入藏军队起着至关重要的作用。然而中国对属地不断增强的影响力持续了几个世纪以后，现在面临着重要的转折点。它到底将像清代早期那样，可以保护西藏免受外来的侵略，从而扩大中国中央政府的控制力？[③]还是像它最近的情形那样，在外国人面前败下阵来，忍受对拉萨失去影响的损失？[④]这个问题可能更紧迫，因为英气勃勃的达赖喇嘛时下对西藏的自治兴味正浓，而这种自治将可能导致西藏脱离中国的轨道而纳入西方的“国际”体系。[⑤]

锡良刚一到达成都，新任命的驻在拉萨的驻藏大臣有泰和帮办大臣桂霖正经由四川省会欲往赴任途中。锡良便整理好朝廷的诣令，便于与他们“商讨”危机的处理。[⑥]但

---

① 兰伯[Alastair Lamb]:《英国与中国的中亚：通往拉萨之路 1767-1905》，第十章。

② 中国科学院历史研究所第三所主编：《锡良遗稿奏稿》中华书局 1959 年（全二册）334，第 326 页。

③ 李铁铮：《西藏今昔》纽约博克曼出版社 1960 年英文版,第 40-55 页；夏格巴：《西藏政治史》第 113-155 页；《中国的远征》第 231 页；《四川全图》，史特林纪念图书馆，耶鲁大学。

④ 李铁铮：《西藏今昔》第 62、64、80-81 页；夏格巴：《西藏政治史》，第 172、187、198-200 页；兰伯：《英国与中国的中亚：通往拉萨之路 1767-1905》，第七章。

⑤ 李铁铮：《西藏今昔》第 64 页。

⑥《大清德宗（光绪）皇帝实录》，519：6b.

是他坦率地告诉他们，他对西藏“一无所知”，他将乐于与英国人协商，阻止英国探险队向驻藏大臣行署所在地进发，驻藏大臣也经历过这方面的事情。[①]然而，锡良无法轻易地逃避责任，因为他不久就接到朝廷明确的诣旨，“帮助”驻藏大臣说服藏族人与英国妥谈条款。[②]

驻藏大臣有泰知道，他的前任就是因为没有处理好英国与西藏地方之间的问题而被免职，他现在承担的是很微妙的使命。[③]从政治方面来说，他必须说服藏人和谈，又不能有中国同意英人主张的迹象。从军事方面来说，他需要展示足够的力量，以使藏人因敬畏而同意谈判，又不能展示过度，以免让英国人觉得他能控制局势，从而为藏人从事的抵抗负责。有泰为了促进在西藏的工作，要求锡良提供军事护卫。[④]因为锡良刚进行军事改革，没有闲余的部队，只给有泰派了 40 人。[⑤]有泰后来在打箭炉拼凑几百人的军队，装备训练都不善。[⑥]

维持以勇武著称的康区的治安，对帮办大臣桂霖来说同样是个困难的差事。他面对的问题是，他要保障在康外国人的安全，又不能让藏人感觉他容忍外国人的所作所为。当一些传教士要求他在康区加强驻防时，他应允了，并建议朝廷驻防部队应该扩充。他还请奏朝廷应允将他的行辕从传统的拉萨防地移至康区的腹地城市察木多。最后他向锡良请求，通过增加饷源、完善组织、训练军官、根据在太平天国起义期间被裁减的湘军模式创立 500 人特别营，从而增强军事力量。[⑦]锡良同意将桂霖的帮办大臣驻所移至察木多，并授权他改革和强化军事力量。但他置疑在边境地带建立民团的可能性，反对任何武装力量的扩展，理由是“我们无法配齐装备”。[⑧]

锡良也怀疑针对康区的其他建议是否可行。一个在京的川籍官员请命任拓展川藏之间盐棉贸易和茶税贸易总监一职，并将收入所得用于支持理塘金矿和扩大巴塘拓殖。锡良回应到这些建议将花费甚巨，脱离川边现实。因为“藏民买盐并不取诸内地，衣者氆氇，次曰褐子，唯汉民用布……况川省榷茶已重，无论官运，商途，不宜再事取盈，倘征多而值昂，立至印茶浸入。”[⑨]四川政府早年投资巴塘理塘矿产，却因为藏人反对西式的管理方法，因管理不善而获利甚微。藏人已在藏区开垦很多耕地，而汉人在这里拓殖

① 1903 年 10 月 19 日 Hosie 致信 Satow,附在 11 月 17 日 Satow 给寇松[Curzon]的信中，《英国外交档案》FO17/1748

②《北华捷报》，第 71 卷第 1269 页。

③ 吴丰培：《清代西藏史料丛刊》，第 1 集，(一)，北平：国立北平印书馆 1938 年。

④ 吴丰培：《清季筹藏奏牍》，(全 3 册) 北平：国立北平印书馆 1938 年，辑 1，卷 1，第 1-4，6，8 页。

⑤ 1903 年 11 月 24 日情报日志，《英国外交档案》FO 17/1653；陆兴祺：《西藏交涉纪要》，台北蒙藏委员会未刊手稿 1954 年，第 26b 页。参见罗惠民的《英国外交部关于中国及其邻国的机密文件，1840—1914 年》

⑥ 1903 年 10 月 19 日 Hosie 致信 Satow,附在 11 月 17 日 Satow 给寇松[Curzon]的信中，《英国外交档案》FO17/1748；1904 年 4 月 14 日 Litton 致信 Lansdowne，《英国外交档案》FO 17/1748。

⑦ 1903 年 6 月 20 日 Bons d'Anty 致 Dubail,法国外交部，中国，内政（全宗）(法文),卷 7.1904/1/19 情报日志，卷 7，《英国外交档案》FO 17/1645

⑧《德宗皇帝实录》，520：20；523：4b；527：4；520：19；521：4b；《锡良遗稿奏稿》，342：365-66。1904 年 1 月 5 日 Hosie to Satow,，收入 1904 年 2 月 10 日 Satow 致寇松[Curzon]信中，《英国外交档案》FO17/1748；1904 年 4 月 9 日 Hosie 致信 Satow,《英国外交档案》FO 228/1549。

⑨《锡良遗稿奏稿》，342：365-67；《德宗皇帝实录》519：8b；1906 年 2 月 28 日 Goffe 致信 Satow，《英国外交档案》FO 228/1549.

既不必要，也有风险。总而言之，“藏事的危局将不能通过商务、开矿、殖民等手段解决。”①

在其他的压力下，锡良只是批准少数的微调方案。当他看到海关总税务司赫德勋爵的备忘录后，他“原则上”同意在察木多驻防一个营的兵力。当他了解到英法商人图谋在康区开矿特权后，指示部下通过在巴底、巴旺、打箭炉、理塘开矿抢占先机。②因为朝廷迫使他优先考虑拓殖问题，他便命令巴塘官员清查并上报可用于拓殖的土地，已有200 汉人家庭开垦了 200 亩新地。③为避免与恐惧藏人的传教士发生冲突，他提出在打箭炉地区的官职“应从县丞提高知县，并给他们资金以便处理口外涉及教堂的外交纠纷。”④

锡良仍拒绝积极卷入“外藏”事务，但这一结果却是灾难性的。他也拒绝有泰组建4000 人的军队的要求，使驻藏大臣试图压迫达赖喇嘛与探险队谈判的设想落空。⑤由于达赖不愿意与英人国妥协，而要求驻藏大臣保护他的领地免遭涂炭。⑥锡良也拒绝了有泰要求 4 万银子的请求，这样也就使有泰缺乏影响局势的资金支持。达赖清除了藏族主和党分子，派军抵抗英军，进攻勾结外人的有泰驻军。⑦当达赖抛开他的竞争对手班禅喇嘛和试图与探险队谈判的西藏摄政出走以后，有泰本可重建他的威信力，但是他的力量太弱以至于他不得不同意与英军达成的协议，这个协议给西藏强加了大量的赔款、开放两个通商口岸、英军有权随意派代表赴拉萨。在北京的指示下，有泰拒绝签署这个协议，这个协议将使西藏成为大英帝国的一部分，就像它是中国的一部分那样。⑧

改良

锡良受到西藏耻辱的刺激而决定对涉藏事务采取积极的态度。他承认拒绝支持有泰致使驻藏大臣行署在拉萨的活动和交涉处于软弱状态。所以他同意每年支付 1 万两多的银子以保持驻藏机构的尊严。⑨考虑到与“内藏”便利沟通的迫切性，他在“内藏”时实施了一系列改革措施以保持通往拉萨道路的通畅。

他在康区的首度改革涉及霍尔五个安抚司区一直到打箭炉以北。1860 年，这些土

---

①《锡良遗稿奏稿》，342：366-67。

②《锡良遗稿奏稿》342：366 页；357：405 页；1904 年 2 月 5 日 Hosie 川情报告，《英国档案》，FO 17/1665；兰伯：《英国与中国的中亚：通往拉萨之路 1767-1905》，第 274 页。

③《锡良遗稿奏稿》375：404 页；1904 年 2 月 29 日 Hosie 致信 Satow，《英国外交档案》FO 228/1549。

④《锡良遗稿奏稿》347：371-372 页；344：368-370 页。

⑤ 1904 年 2 月 5 日探险队致函 Viceroy,收入英印总督致英国外交部函, 1904 年 2 月 5 日《英国外交档案》，FO 17/1748。

⑥ 吴丰培：《清季筹藏奏牍》，册 1，志 9，卷 10；1903 年 12 月 19 日探险队致函英印政府秘书处,收入 1904 年 2 月 1 日英印政府致函英外交局；1904 年 4 月 5 日尼泊尔代表致函拉萨 Ravenshaw,收入 1904 年 5 月 7 日印度政府秘书处致外交部，《英国外交档案》FO 17/1749。

⑦ 吴丰培：《清季筹藏奏牍》，册 1，14,19,21 页；夏格巴：《西藏政治史》，第 208-209 页；桑颇.才旺人增编：《回顾辛亥革命前后的西藏情况》全国政协文史资料委员会：《辛亥革命回忆录》中华书局 1963 年，卷 3，510-515 页。中华书局 1963 年。

⑧ 吴丰培：《清季筹藏奏牍》，1：21， 23；《北华捷报》，第 73 卷第 814 页；兰伯：《英国与中国的中亚：通往拉萨之路 1767-1905》，第 302-303 页。

⑨ 吴丰培：《清季筹藏奏牍》，1：22，31，36 页。

司区沦于瞻对土司的控制下，因此间接地处于拉萨藏族贵族等级的影响下。[①]他上奏朝廷，尤川、藏出入之要津，而瞻对通炉之咽喉，前曾援照土司袭替无人，土地人民归地方管辖之列，由打箭炉协督同委员妥为抚循，数年来地方尚属相安，但非明定规制，不足为经久之图。显然他是担心这些人会被摇摆于外国和清政府之间的达赖利用。因此他削减了四川在这些地方征派的常规年税，并派汉族军官“帮助”这些地方土司加强管理。他似乎特别关注“外藏”的危机，而抑制了在邻近的道着手改革，因为这里并不处于西藏的通道上。[②]

其次锡良开发了一个处于瞻对和明正土司区之间的军营泰凝金矿（泰凝又作泰宁，在今四川道孚县协德乡一带——译者注）。[③]年轻精力旺盛的明正土司一直以来都试图开发这些矿产，但遭到泰凝寺众喇嘛和拉萨任命的瞻对土司的不断反对。[④]为了获取支持反对喇嘛和拉萨任命的地方官，明正土司建立了与生活在打箭炉的外国人的密切联系，并与中国内地会的传教士建立了歃血为盟的兄弟关系。当他与外国人越走越近时，却与泰凝喇嘛、拉萨委派的地方官、达赖喇嘛越发疏远。[⑤]为帮助明正土司反对众喇嘛并消除对外人的依赖，锡良派去特别使臣带着 1 万两白银帮助开矿。不知是策划好的还是不慎失误，这个人把资金交给了三个内地会的中国信徒。[⑥]

锡良仍然顶着压力在康区建立军事力量，他拒绝了帮办大臣桂霖派一个整营的兵力护送他到察木多赴任的请求。桂霖知道没有军队护卫在康区往来的危险性，他索性以眼疾为由乞求免掉任命。[⑦]锡良便任命另外一个在四川奉职多年、有正直无畏声誉的满洲旗人凤全，用有点反面性的术语应该是“傲慢乖戾”[⑧]。锡良也拒绝了以大量军队护送凤全的正式请求，而代之以区区 150 人的警察力量。[⑨]这个新的被委任者虽然也不情愿无军而行，但因守着勇敢的名声，不久便离开成都到千里之外的察木多赴任。

即便随行护卫很少，凤全沿路仍然不宽待藏人。因为他在四川与法国长期保持着比较好的关系，他个人一直着意捕获据称劫掠理塘天主教士的藏人。他把一个嫌犯关押起来，处决另外两人，并要求附近寺庙赔偿 1500 两,因为他对这一地区的反洋气氛承担责任。来自瞻对的谈判代表宣称这些人是无辜的，赵尔丰置之不理。[⑩]他在巴塘惩处了另

① 付嵩炑《西康建省记》第 38 页，台北 1968 年重印。

②《锡良遗稿奏稿》395：425-26,《德宗皇帝实录》535：10a.

③ 付嵩炑《西康建省记》第 35 页。

④ 1903 年 3 月 25 日中国内地会 Moyes 致信 Hosie，附在 1903 年 4 月 10 日 Hosie 致 Townley 的信中，《英国外交档案》FO 228/1499；Alexander Hosie:《西藏东部边界旅行报告》，英国国会书：中国，1（1905）第 38-39 页。

⑤ 1904 年 12 月 21 日, Hosie 致信 Satow, 《英国外交档案》FO 17/1754; Alexander Hosie:《西藏东部边界旅行报告》，第 55 页;《北华捷报》卷 72，第 842 页。

⑥ 付嵩炑《西康建省记》第 25a 页；个人书信摘录，附于 1905 年 3 月 20 日 Campbell 致 Satow；1905 年 5 月 3 日 Satow 致 Lansdowne,《英国外交档案》FO 17/1754；1905 年 4 月 21 日 Goffe 致 Satow，《英国外交档案》FO 17/1754。

⑦《北华捷报》卷 72，第 1109 页。

⑧《锡良遗稿奏稿》358，第 382 页；周宜甫：《蜀海丛谈》3:39-42.，1935 年台北印，收入沈云龙：《近代中国史料丛刊》（7）1968 年台北重印。

⑨《德宗皇帝实录》，528：7b-8a；周宜甫：《蜀海丛谈》 3:41a; 1905 年 5 月 31 日 Goffe 致 Satow，附于 1905 年 6 月 23 日 Satow 致 Lansdowne 信中,《英国外交档案》FO 17/1755。

⑩《锡良遗稿奏稿》496：538-540 页；1905 年 5 月 2 日 Bons d'Anty 致法国外交部政务局, 西藏，卷 4; Moyes 的信，附在 1905 年 4 月 21 日 Goffe 致 Satow 信中，《英国外交档案》FO 17/1754。

外两个袭扰外国人的人并要求地方土司罗进保脱帽以示敬意。他要求把应该开垦拓殖的土地从 200 亩增加到 5000 亩以上，这就威胁到了附近几乎拥有巴塘一半土地的丁零寺的喇嘛们的利益。他通过把一些新土地转给巴塘天主教士而加重了对他们的冒犯。他还征募 200 藏族人参加他的军队，并以洋操训练他们。[①]

凤全还实施了两项未经锡良授权的高压措施。此前有泰就曾报告"巴塘喇嘛势力大于官府，建议喇嘛在数量上和力量上都应该削减。[②]锡良很快搁置了这一建议，因为这将与清朝的尊崇喇嘛以治藏区的传统政策相悖。然而凤全一到巴塘就完全认可有泰的建议，请将喇嘛的数量从 1500 减到 300 人，二十年内暂停剃度。[③]另一位可能是京官，建议应该将瞻对的治权重新收归四川。[④]不等锡良对这一异常敏感问题做考虑，凤全就请奏说收复瞻对对川边局势至关重要。他莽撞地提出清朝应该命令撤出拉萨命官，否则就将面临强制改组。[⑤]

这个没有足够军事作后盾的仓猝的改良措施在泰凝和巴塘都种下苦果。在泰宁，喇嘛们认定锡良派去的开矿特使与基督教新教徒勾结，强烈抗议在矿务问题上的"华人与洋人密谋"。锡良指示明正土司扩大军事力量。他也派自己的特遣部队镇慑喇嘛。清军进至泰凝寺，要求喇嘛们接受改革措施，结果遭到藏人的攻击，好几个官兵被戗。[⑥]

巴塘局势进一步恶化。在丁零寺喇嘛看来，凤全武断的改革是对他们的政治、宗教、社会和文化的进攻。清廷要求移交待宣判的在逃藏民，喇嘛断然拒绝。当凤全调遣一些警察开往喇嘛庙时，被喇嘛挡住，由此引发冲突，一个喇嘛在冲突中丧生。愤怒的喇嘛们迅速带领一大批藏民包围了凤全的指挥部并切断水源。他们还指责帮办大臣本应该在察木多就职但却试图行贿、非法留在巴塘，并指控他保护传教士，以西法训练军队，是地地道道的"洋官"。当凤全派他的卫队解除包围时，藏民杀死了 20 名卫队成员，凤全招募的藏兵立时哗变。当他们往前冲时，凤全从后门逃走，散落了一些珠宝。凤全逃到巴塘宣抚使罗进保的官邸，罗同意安抚哗变者，而凤全承诺立刻回到打箭炉。[⑦]

喇嘛们并不满足于挫败践踏藏人惯例的中外联合者，而是率领愤怒的藏族兵民进攻巴塘附近和靠近云南的天主教会，杀死了十几个教徒和两个法国传教士。凤全离开巴塘穿越陡峭狭窄的坡道时遭到伏击，包括他在内有 70 多人被杀，只有比较客气地对待藏人的驻巴塘的代表幸存下来。这说明喇嘛们憎恨凤全和外国人超过大清或者汉人。

---

① 周宜甫:《蜀海丛谈》3:41a;《锡良遗稿奏稿》439:473 页;443:477 页;1905 年 6 月 30 日 Wilkinson 致信 Lansdowne,《英国外交档案》FO 17/1755。

② 吴丰培:《清季筹藏奏牍》，册 1，7-8 页

③《锡良遗稿奏稿》443：477 页。

④《德宗皇帝实录》，535：7b 页。

⑤《锡良遗稿奏稿》438：470-71 页。

⑥《锡良遗稿奏稿》439：472-73 页。

⑦《锡良遗稿奏稿》443：477-78 页。1905 年 5 月 3 日 Goffe 致信 Satow，1905 年 5 月 30 日 Satow 致信 Lansdowne，《英国外交档案》FO 17/1754；1905 年 5 月 12 日 Goffe 致信 Satow，1905 年 6 月 9 日 Satow 致信 Lansdowne，《英国外交档案》FO 17/1755；1905 年 6 月 30 日 Wilkinson 致信 Lansdowne，《英国外交档案》FO 17/1755。

军事镇压

锡良立即上奏朝廷力主军事镇压泰凝喇嘛：

“该喇嘛抗官伐异，狂妄已极，若不使之应服，唯矿物无从着手，而边事亦不堪问……喇嘛等昏悖若此，揆其冥顽之性，则远迁勾结势所必至。”[①]他命令明正土司派 2000 人到喇嘛庙，指示川省提督马维骐，一个老道的穆斯林将军率领训练有素的军队对付叛乱者。[②]根据外国人的记载，喇嘛们宣称：“如果皇帝果真愿意在泰宁开矿，戒用武力……我们是同意的，并且愿意在寺院为陛下一如既往地乞祷。”[③]明正土司和省提督马维骐拒绝喇嘛们的和平主张，进攻泰凝寺。军队开始抢掠，喇嘛庙狼藉一片。[④]经马维骐察悉，立时清获铜佛、金鞍、玉如意、琇珠、神帐等大小两千余件，点验封储，於招曰堪布喇嘛后，总数给还。后来将抢夺上述物品的军官发配到新疆。然而，锡良还是因为明正土司和马维骐坚定地镇压了事变而奖赏了他们。

当锡良向北京报告凤全被杀的消息时，同时建议加强军事控制和军事力量：

“此案巴塘喇嘛等焚毁教堂，戕害大臣，情罪重大……然不大申天讨，终无以翦凶逆而昭法纪。川省财力本形支绌，而且役荒远艰苦，非厚集师旅，不能制胜。又非数兵之饷不能养一兵，数旦之费不能运一旦，军需浩大。”[⑤]

为了支持这次军事扩充，他卖掉许多官爵，调转许多资金投到军队上，缩减了不直接用于藏区的所有军队支出。[⑥]他将藏区的危机置于与川汉铁路同等重要的地位，命令两个铁路官员带领军队进入“内藏”，他告诉他的幕僚要成为涉藏事务的专家。[⑦]

在做好进军准备的同时，锡良仍然希望避免调用不必要的军事力量。他提出“治兵以禁暴为先，制夷以攻心为上。”[⑧]他指示新任帮办大臣联豫，绕过察木多，直奔拉萨，试图安抚激怒的康区民众。他知道在崎岖的地带对充满敌意的藏族民众实施军队行动十分困难。他声明如果喇嘛们不惩处杀害凤全的肇事者的话他就要命令发起全面进攻。[⑨]喇嘛们跃跃欲试，分不清威胁与实际情况，他们胁持代表和重要人质，并警告说他们可以依靠瞻对土司以抵抗任何进攻。他们也承认杀死凤全是不可宽恕的，而且处决了八名肇事者。[⑩]

尽管喇嘛们满足了锡良的最基本条件，他却发现已经越来越难以阻止进军巴塘的准备了。省提督马维骐自然力主军事解决。朝廷命令锡良采取一切必要措施保护滞留在边

---

① 《锡良遗稿奏稿》439：472-73 页。

② 前引书；费行简：《近代名人小传》,第 363 页；周宜甫：《蜀海丛谈》 3:56-57 页。

③ Moyes 的信，附于 1905 年 4 月 21 日 Goffe 致 Satow 的信中，《英国外交档案》FO 17/1755

④ 1905 年 5 月 12 日 Goffe 致信 Satow，1905 年 6 月 9 日 Satow 致信 Lansdowne，《英国外交档案》FO 17/1755。

⑤ 《锡良遗稿奏稿》443：477-79 页。

⑥ 《锡良遗稿奏稿》455：492-93 页，《德宗皇帝实录》，547：1b 页

⑦ 《锡良遗稿奏稿》443：478-79 页；425：458 页；475：516 页；周宜甫：《蜀海丛谈》 3:57b. ，1935 年台北印，收入沈云龙：《近代中国史料丛刊》（7）1968 年台北重印。

⑧ 《锡良遗稿奏稿》452：490 页。

⑨ 1905 年 4 月 25 日 Goffe 致信 Satow，收于 1905 年 5 月 26 日 Satow 致信 Lansdowne 中，《英国外交档案》FO 17/1754；1905 年 5 月 31 日 Goffe 致信 Satow，收于 1905 年 6 月 23 日 Satow 致信 Lansdowne 中，《英国外交档案》FO 17/1755。

⑩ 1905 年 5 月 25 日 Bons d’Anty 致公使馆，1905 年 6 月 2 日法国驻重庆领事致法国外交部，政务局，西藏，卷 4。

境的传教士。[①]法国领事把锡良不情愿动用军事力量的特性说成是“近于虚弱的温和”，劝他采取强硬的措施。[②]基督教会希望在“传授和鼓励当地的工业化过程中一展身手”，因而支持发起军事进攻。[③]天主教会希望将传教事业推进到佛教控制区，公然要求摧毁丁零喇嘛寺[④]。由于两名传教士的被杀，锡良对传教士的主张很敏感，他把注意力放在详细制定的进攻计划上。[⑤]他要求在拉萨的有泰帮助阻止瞻对方面援助巴塘，随即命令马维骐率领4000军队赴巴塘“逮捕所有的主犯”[⑥]。马在赴巴塘的途中，拒绝与带着杀害凤全的肇事者的人头的喇嘛谈判代表交涉。在天主教传教士的暗示下，马宣布必须毁掉丁零寺。[⑦]

在拒绝了所有的折衷方案后，马和他的五营官兵遭到了藏民的激烈抵抗，在他抵达巴塘之前反复地陷入伏击，遭遇了重大的人员伤亡，但他控制了城市，捕获了罗进保土司，将把他遣送成都受刑。他接着进军喇嘛寺，杀死许多喇嘛，目睹其余的喇嘛自杀，剩下的全都赶到山上。马维骐行动如此严酷，并且拒绝移交俘虏，锡良深感吃惊。他即刻以马身体不支为由召他到成都。[⑧]尽管锡良对马采取的方法持保留态度，但还是很赞许他的军事才能，赏给了他至高的军事荣誉。[⑨]后来，由于罗进保试图调解与喇嘛之间的冲突，所以锡良决定赦免他，但是马坚决反对这个决定而主张叛处罗死刑，马已经强烈地感觉到罗可能会派军队攻击锡良的卫队。[⑩]

迫使锡良在边地采取更具有决定意义行动的压力还在持续增加。朝廷指示他采取影响深远的计划，时刻保持康区的秩序。锡良还在着手制订计划从四川省派两名高官到打箭炉，并向理塘和巴塘派驻大量军队。其他地方的帝国官僚曾上奏朝廷，锡良应该铲除巴塘现有的“麻烦制造者”，在这个边远城市彰显法律的尊严。因此，锡良同意新的指挥官赵尔丰率领有毛瑟枪和外国火炮武装起来的2000士兵，肃清现有反抗力量的计划。赵带领他的部队到巴塘后处决了更多的喇嘛，恢复了附近农村的和平秩序。他随后提出向乡城桑披寺附近进发，因为这里也支持巴塘喇嘛抵抗。

锡良知道桑披寺喇嘛支持巴塘的反叛，还攻击天主教会。但他仍然设法与之谈判，试图诱使他们达成让赵满意的协议，而不用再发起战役。然而这个努力没有成功，打箭炉的大主教迫使锡良让赵尔丰留在康区，暗示锡良采纳他的建议。锡良最后同意赵发动

① 《德宗皇帝实录》，543：12页。

② 1905年5月2日Bons d'Anty致公使馆，收于法国外交部，政务局，西藏，卷4。

③ 1905年5月12日Goffe 致信Satow，1905年6月9日Satow致信Lansdowne，《英国外交档案》FO 17/1755。

④ 1905年5月25日Bons d'Anty致公使馆，收于1905年6月2日法国驻重庆领事致法国外交部，政务局,西藏 卷4。

⑤ 1905年4月25日锡良致外务部，1905年5月7日清致Dubail，收于1905年5月10日MAE《西藏》第4卷，Dubail致Delcassé，《锡良遗稿奏稿》474：514页。

⑥ 吴丰培：《清季筹藏奏牍》，2：2-6；《锡良遗稿奏稿》474：512-13页；1905年8月1日锡良致外务部，译文收入1905年8月3日外务部致Dubail，见《西藏》第4卷。

⑦ 摘要收入1905年8月18日Goffe 致信Satow，《英国外交档案》FO 17/1755。

⑧ 《锡良遗稿奏稿》536：590页。

⑨ 《锡良遗稿奏稿》536：588-89页。周宣甫：《蜀海丛谈》3:41b页，1935年台北印，收入沈云龙：《近代中国史料丛刊》（7）1968年台北重印。

⑩ 周宜甫：《蜀海丛谈》 3:56b-57a。1905年12月31日《情报汇报》，收入1905年12月31日Goffe 致信Satow，《英国外交档案》FO 228/1591。

进攻计划，因为，就像他后来找到理由一样，如果不惩处桑披反叛者，“巴、理迟早要脱离我们的掌控”。①

军事镇压随着对桑披寺进攻而达到顶峰。根据锡良的说法，赵包围颇难对克服的喇嘛寺达六个月之久，战役每天不断，残酷的战斗持续数十天。他采取了一个典型的藏族式的战略，切断喇嘛寺的水源供应。一旦喇嘛的力量被削弱，1906 年 6 月向寺院发起猛烈的进攻。②在赵的进攻下，很多喇嘛被杀或者自杀，其他人将寺院赴之一炬逃进山中。赵尔丰的血腥镇压开始为自己赢得了“赵屠户”的名声。（赵尔丰不是因为此次事件而获得“赵屠户”这个绰号的——译者注）一旦取胜，他就扑灭大火，宣布抢劫战利品，分赃降者。③藏人自然对这样的进攻充满怨恨，但是拉萨的领导层却不再保护这里，因为很显然桑披处于传统的中国的控制范围。④通过这个战役，锡良最终承认了运用武力控制藏区的必要性，他上奏言道：“伏维攻心为制夷之策，而养臃实致乱之由。”⑤为庆祝攻陷桑披他在成都主持了一次盛宴款待。⑥

行政扩张

现在，锡良在藏人参与叛乱的地区实施了内地的行政管理和官吏制度。他取缔了巴塘土司，而代之以汉族的流官；他减少了寺院喇嘛数量；改革了赋税、法律和土地制度；着手学校、道路、电报和铁路建设。⑦1907 年他上奏，支持开发理塘矿业，大力扩展巴塘殖民，组建专门的边地军旅以确保全康区的秩序。

锡良也努力将清朝的控制扩大到自 1860 年以后处于拉萨影响下的瞻对地区，他检讨他的前任恢复瞻对的努力以便从中吸取教训。他发现 1890 年四川总督鹿传霖一度攻下瞻对，但随即又失去了它而被拉萨占据，因为他手下的官员与达赖喇嘛勾结，他无法将瞻对归流官治理。⑧锡良详细地与署下商议，采取一个新的动议恢复了对它的统治。⑨他奏明：“现在达赖喇嘛既已远遁，藏人当危促窮悔之余，驻藏大臣动以情理，晓以利害，事半功倍，或在此时。”⑩

尽管锡良的主张大胆进取，但他也提出收复瞻对要通过交涉途径而不是通过军事。他手下一些将军们向他保证：“我们可以在眨眼间铲平这个小地方”，但锡良拒绝这样的忠告，他反倒认为：纵能夷险役荒，建置屯衙，似与朝廷柔远之至德，字小之深仁，均

① 1905 年 12 月 29 日 Hauchecorne 致法国外交部政务局,西藏，卷 4；《锡良遗稿奏稿》510：555 页；533：584-85 页;《德宗皇帝实录》546：16b-17a;《中外日报》,译文收入 1906 年 6 月 21 日 Goffe 致信 Carnegie,《英国外交档案》FO 228/1629；夏格巴：《西藏》第 225 页。

②《锡良遗稿奏稿》533：585-86 页；夏格巴：《西藏》第 225 页。

③ Eric Teichman:《藏东领事官游记》第 37 页；《锡良遗稿奏稿》533：384-85 页

④ 夏格巴：《西藏》第 225 页；吴丰培：《清季筹藏奏牍》，2：11-12，21-24；1906 年 6 月 9 日 Goffe 致信 Carnegie,《英国外交档案》FO 228/1629.

⑤《锡良遗稿奏稿》533：584 页.

⑥ 1906 年 6 月 18 日 Goffe 致信 Carnegie，《英国外交档案》FO 228/1629.

⑦ 付嵩炑《西康建省记》第 7-8 页; 1906 年 12 月 29 日 Goffe 致信 Jordan，《英国外交档案》FO 228/1629.

⑧ 付嵩炑《西康建省记》第 38b-39a 页；费行简：《近代名人小传》,303-304 页。

⑨《锡良遗稿奏稿》438：471 页。

⑩ 同上，470-71 页。

为未和。[①]

另一方面，他与那些主张迫使拉萨撤回命官而重新将瞻对收归四川的想法不同。“番官终怀叵测，唯再派员付檄，恐犬羊之性将有甚于泰凝喇嘛者，徒损威重而已”。他进而建议，清朝应该充分利用拉萨以前提出的“立即赏还从前兵费二十万两，由川筹解。”“如此辞义严正，庶不致封故见而逞狡图”的主张。

朝廷很快同意了锡良的建议，命令所有的官员襄助此事的实施。[②]这个计划有可能使瞻对和平归并入由流官治理的州县。然而 1907 年，锡良还没来得及采取必要措施实施这一计划，这个关涉边疆政策的动议就已经转手给赵尔丰了。

赵尔丰是锡良最得力的下属，由于他进军巴塘的成功而被授予一个新设的职位川滇边务大臣。赵得到直接奏事的权力，不久就提出比锡良更具进取性的计划。锡良一直认为中国权威的扩展只能远至清中期时巴塘地区。[③]赵承担了保护天主教使团的责任，而这个天主教团则坚称重新恢复中国从未控制过的地区巴塘西部的芒康。[④]四年之内，锡良在川边只花费 100 万两银子，但赵提出一开始就需要 200 万两，外加每年 300 万两的支出。[⑤]锡良却对这个殖民计划的必要性和明智性持怀疑态度。赵则鼓励加强川边的力量，并推广这种能够缓解四川人口压力的手段。[⑥]

赵尔丰在文化和行政领域实施了大刀阔斧的计划。锡良曾建立藏文传习所，训练 120 名在藏区的汉族行政官员，他认为“经略边疆之要，在于洞之番情，而欲洞之其情，必自通其语文始”。[⑦]锡良不愿意把内地的管理方式扩展到没有参与反叛或者不在拉萨控制下的理塘，而赵却竭力在理塘乃到整个康区建立内地的统治形式。[⑧]赵比锡良更加意识到外国人侵占满洲、蒙古和西藏的严重性，因此提出进取的政策以保护清朝这些边疆地区。[⑨]

正与英国人商谈对英开放西藏贸易的中国谈判代表张荫棠也提出了更加积极的边疆政策。有着处理国际事务和外交经验的张荫棠批评驻藏大臣有泰 1904 年处理英国侵略的软弱立场和使英国远征队把班禅喇嘛挟持到印度的无能行为。张忧心忡忡地告诫朝廷，班禅喇嘛想寻求英国的保护，并有宣称西藏“独立”于中国的计划。[⑩]因此他提出

---

①《锡良遗稿奏稿》438：470-71 页。

②《德宗皇帝实录》543：19b；549：4 页；吴丰培：《清季筹藏奏牍》，2：16-17 页。

③《锡良遗稿奏稿》500：453 页；474：514 页；344：386 页。

④ 1905 年 7 月 19 日锡良致外务部，译文收入 1905 年 7 月 21 日 Dubail 致 Delcasse，法国外交部政务局，西藏，卷 4；巴塘使团协议第 3 款，收入 1906 年 1 月 14 日 Hauchecorne 致公使馆，法国外交部政务局，西藏，卷 4；1906 年 2 月 23 日锡良致外务部，外务部档案：《教务，四川教务，巴塘蕃匪戗害法侨使》

⑤《锡良遗稿奏稿》540：549 页；《德宗皇帝实录》564：2b；付嵩炑《西康建省记》第 52 页。

⑥《中外日报》,译文收入 1906 年 6 月 21 日 Goffe 致信 Carnegie，《英国外交档案》FO 228/1629；1906 年 12 月 31 日《情报汇报》，收入 1906 年 12 月 31 日 Goffe 致信 Jordan，《英国外交档案》FO 228/1629；1907 年 1 月 9 日 Goffe 致信 Jordan，《英国外交档案》FO 228/1660；1907 年 2 月 23 日 Fox 致信 Jordan，《英国外交档案》FO 228/1660。

⑦《锡良遗稿奏稿》581：651-652 页；1906 年 12 月 29 日 Goffe 致信 Jordan，《英国外交档案》FO 228/1629。

⑧ 付嵩炑《西康建省记》第 51b 页。

⑨ Louis T.Sigel《清代西藏政策（1906-1910)》，哈佛有关中国的论文，20，1966 年，第 193 页。

⑩ 1905 年 11 月 5 日张（荫棠）致外务部，1906 年 1 月 1 日外务部致锡良，外务部档案，西藏档。

效法英国在印度的做法，在西藏驻扎 2000 军队，用行政的办法将属地完全控制之。[①]1906 年末，朝廷免去了有泰的职务而让张荫棠代替他的职务，从而表明了朝廷的意思。

1907 年 5 月，锡良被免除了他在四川的职务。其中的一个原因可能是他不给北京的相关官员送礼[②]，他以前也一直这么做。但有迹象表明，在四川，他对这个问题变得圆滑了。根据他的幕僚周恂的说法，他最后被说服在新年之际给每一个军机处大臣送 200 两黄金。据传言，有一位惊异的军机处大臣曾对另一位大臣说，"锡良送 200 两等于别人送 2000 两"[③]。锡良被免职的主要原因可能是朝廷更愿意采纳赵尔丰和张荫棠的更加进取的对藏政策。

赵尔丰署理四川总督后，就允许外国传教士进一步向康区渗透，吸引汉族和外国顾问开办学校、矿业和农业，在理塘、乡城和以前土司控制下的其他地区建立流官统治。赵尔丰被任命为驻藏大臣后，与接替他川督位置的哥哥赵尔巽合作控制了德格土司区，恢复为内地行政区统治。接着赵征服并改组了其他土司区，如以前归属拉萨的芒康。1910 年，赵尔丰率 2000 军队进军拉萨（清廷令四川知府钟颖率 2000 川军进军拉萨，赵尔丰的巡防军主要在川边配合改土归流——译者注），致使达赖喇嘛逃亡印度，首次将所有藏区归于中国的直接控制之下。他重将瞻对置于内地行政区划，计划将康区改组为省，那时清廷已在 1911 年垮台。[④]

晚清向藏区的扩张得益于政治上激进的中国民众的支持。四川人既支持锡良与土司合作的方式，也支持赵尔丰的雄心勃勃的改土归流。[⑤]正像锡良预想的那样，四川人并没有热情恳请移民康区，而是像赵尔丰希望的那样，同意汉藏通婚，建立新的稳定的边疆社会。[⑥]他们同意锡良优先建设川汉铁路的决定，但也坚决支持赵尔丰进军藏区。[⑦]代表着中国各种政治信仰的清朝各地报刊，却都一致支持清朝向西藏的扩张，说明这是那个时代更大规模的民族主义运动的一部分。[⑧]锡良和赵尔丰等人就这样把英国对藏区的侵略转变成中国民族主义的胜利。[⑨]

锡良在四川期间，从专注于国内事务转向密切关注边务。根据他早年在热河的经验，他一度坚信，可靠的行政管理足以控制边疆，不需对边人的特别了解。但是英国的侵略和来自在康区制造机会的外国人的压力使锡良意识到，他必须先发制人，阻断外国人在

---

① 1906 年 2 月 25 日张致外务部，1907 年 3 月 17 日外务部档案，西藏档。

② 费行简：《近代名人小传》，第 181 页。

③ 周宜甫：《蜀海丛谈》3:54 页。

④ 付嵩炑《西康建省记》,第 51-55，57-61；Eric Teichman:《藏东领事官游记》第 22-23 页；Louis T.Sigel《清代西藏政策（1906-1910）》，哈佛论文，20，1966 年，第 194-99 页，Latourette,Kenneth S《基督教入华史》第 580，653 页。纽约 Macmillan Co.1929.

⑤ 戴执礼：《四川保路运动史料》（10）第 13 页，北京国学出版社 1959 年；张森楷：《合川县志》62：29a.，1920 年。

⑥ 1907 年 1 月 9 日 Goffe 致信 Jordan，《英国外交档案》FO 228/1660；

⑦ 费行简：《近代名人小传》,第 382-83,454-455 页。

⑧ 外交报，中外日报，新民报，时报，南方报，东方杂志,第 1 卷第 2 号,社说,第 32-34 页;第 6 号,社说,第 120-23 页;第 8 号,军事,第 309-11 页;第 2 卷,第 2 号,军事，第 188-94 页;第 6 号,社说,第 207-14 页;黄季陆编《中国日报》1904-1908，第 1 卷，第 286 页。

⑨ Peter Fleming:《刺刀直指拉萨》，第 301 页。

中国属地不断增加的各种干预。一旦他认识到，从长久来看，康区的一些地方“管理不力”，他就与下属一起实施了一些改革措施，这些措施触怒了当地藏人，这些人反对中国的体制规章。即使边务没有到“无法掌控的地步”，反叛也一定得镇压下去。多米诺理论的变种也为后来的镇压行动的正当性辩护：“如果不处罚桑披反叛者，我们将迟早失去对巴、理的掌控。”在平息骚乱的巨大压力下，在几个月内，锡良的说辞改变了，先是“攻心为制夷之策”，后来变为“养臃实致乱之由”。锡良甚至想利用藏人处于英兵压境的困局而到达事半功倍的效果。然而比起赵尔丰试图把西藏变成另一个满洲以便防止英人的侵略的决意，再比起张荫棠希望把西藏变成另一个印度，阻止它走向独立的努力，锡良的政策仍然显得很中庸。锡良在边疆扩张的道路上固然有所作为，但是没有像他的那些深受西方的威胁和示范作用影响的同僚那样走得更远。

从锡良任四川总督之始到结束，还有一个主题几乎被扩张的喧嚣掩没却又一直存在，那就是他一直希望对边疆和少数民族政策作进一步的改革。“征服夷人之心”的主题以根据区域和地方人口在康区布署军队的战略开始，以摒弃“瞻对这样的区区之地可以在眨眼间被铲除”的不负责任的军事争论而告终。很显然，那个“柔远之至德，字小之深仁”的理想，与建立学校，教汉族行政管理者学藏语，以便了解“当地人的心态”这样的计划相联系的。在另一个时空，这个主题将会导致一个与四川必然会采取的、具有进取心和扩张性的边疆民族政策全然不同的政策。

(本文译自戴福士（Roger V Des Forges）的专著《锡良与中国的民族革命》（His-Liang and the Chinese National Revolution）(耶鲁大学出版社 1973 年）第二章之一部分，已得到出版社和作者授权，并经过了作者对译稿的校对。题目为译者所加。)

（戴福士（Roger Des Forges)，1942 年生，纽约州立大学布法罗分校历史系教授；高翠莲，1963 年生，历史学博士，中央民族大学历史文化学院教授，北京，100081）

近期出版的有关莫理循的文献

[日]中见立夫 著 陈 岚 译

一、引言

为了调查曾以中华民国大总统袁世凯的政治顾问、“东洋文库”的前身“亚洲文库”资料收集者而闻名的伦敦《泰晤士报》驻北京记者澳大利亚籍英国人乔治·厄尼斯特·莫理循(George Ernest Morrison)的个人文书（档案），笔者于1980年访问了在悉尼的米切尔图书馆。回国后，笔者受榎一雄老师的要求，在《东洋文库书报》上发表了介绍莫理循文书的一篇文章。[①]之后，1984年受澳日交流基金的援助，笔者再逢调查该档案之机。在澳大利亚逗留了约2个月的时间里，笔者不仅阅读了大量的档案，同时，访问了莫理循的母校，莫理循的父亲曾任校长的墨尔本郊外的基隆学院。此外，我们还找到了与莫理循交友甚密，时任俄罗斯帝国驻北京公使的亚洲通外交官伊万·廓索維慈的直系子孙等等，一路可谓收获颇多。但遗憾的是，因笔者在澳大利亚期间，家人身患重病，回国后忙于处理此事，无暇顾及其他，又因次年1985年开始用2年的时间投身于海外研究工作等所谓个人原因，至今还没有使用莫理循档案发表过一篇论文。

不过，在上述拙文最后，笔者这样“假想”道：“假设有人要就英中关系方面的历史问题写论文，那么他要是仅凭莫理循档案，或者以莫理循档案作为核心材料的话，那他应该就是在冒险。但是，如果以中国和英国的基本史料作为基础框架，再加入莫理循档案中的史料，那么记述就会变得更加生动”。承蒙1985年到1987年间的海外研究之机，笔者开始进入中国大陆的档案馆、蒙古（当时社会主义体制下的蒙古人民共和国）档案馆进行史料调查，之后又赶赴俄罗斯进行史料调查。对于像笔者这样专攻东亚国际关系史的人来说，在档案馆、图书馆等收藏的史料才是“根本史料”，而且80年代中期，中国与蒙古档案馆史料还处于刚刚开始可以阅览状态。但既然要搞有关莫理循的研究，不管别人是怎么解决资料问题的，笔者自觉应该重新把目光转向其它可发掘的档案史料上。

话虽如此，但也并不是说完全忘却莫理循档案，从吉川弘文版《国史大事典》到执

---

①《最近的莫理循文库》《东洋文库书报》第 12 号（1981 年 3 月），1-50 页。另外，在第一次调查后，莫理循文库的内容目录还没有做成，因此以《The Papers of George Ernest Morrison Papers in the Mitchell Library: the Contests per Volume, 1980》为题，32p，个人装订了几部。经榎老师提议，一部分赠与东洋书库，同时受坂野正高老师委托，一部分赠与国际基督教大学图书馆。

笔《莫理循文库》的词条时，笔者翻阅了后文中提到的伍德豪斯(Woodhouse)瑛子的著作和菅原纯发表在本刊的一篇文章，[①]这些猛地勾起了对莫理循档案与当初在澳大利亚时的回忆。在此3年间，出版了一些有关莫理循的论著、书籍，笔者也有幸得以入手。在此，特将这几部书籍及相关信息做以介绍。

二、其后的莫理循档案与莫理循二世夫妻的收藏

从笔者在米切尔图书馆阅览莫理循档案是在1980年代前半期以后到90年代末的有关该档案的情况介绍，在上述菅原一文中已被提及，但这里特别要说明的是，骆惠敏（Luo Hui-min）博士编写并出版的《莫理循书简集》，也就是*The Correspondence of G. E. Morrison*，edited by Lo Hui-min (Cambridge & New York: Cambridge University Press，1976&1978)，vol.1 (xiv+848p.) & vol.2 (viii+905p.)也已被译成中文介绍给了中国大陆研究者之事。

（澳）骆惠敏编，刘桂梁等译，严四光等校的《清末民初政情内幕——《泰晤士报》驻北京记者袁世凯政治顾问乔·厄·莫理循书信集》（上海：知识出版社，1986年），上卷（4+4+986页），下卷（905页）。

但是，英文原版编者骆博士1987年8月在伦敦大学亚非学院（SOAS）召开的关于中国文献资料研究集会上，发表了以《莫理循档案》为题名的报告。[②]报告的开场白中他虽谈到他本人“近年来，对《莫理循档案》的关注淡漠”，但他痛斥了中文翻译版的拙劣。这个批评是否正确暂且不论，但在中文版中的有关人名、固有名词的汉字表述，虽说因为英文原版附有详细的英汉对照表，所以出错不多，但也有比如英语原版、中文版第二册No.203文书中将“the Prince Khalachin”——“喀喇沁王爷”给写成了“科喇沁王爷”。同样，No.885中的“Hamada Kosaku”，在原版对照表中明明写的是“浜田耕作”，但在中文版中不知何故错写成了“浜口一策”。还有，No.554等文中登场的瑞典人“Frans August Larson”，或许因不知其汉字姓名，所以按照音译写成“弗朗兹·奥古斯特·拉森”，但是如果确认过莫理循档案，那么应该能断定他的汉字姓名应该叫“蓝理训”。参与策划1911年蒙古独立运动，并在蒙古独立政权、即所谓博克图可汗政权中担任内务司官，后又投奔北京政权，且与莫理循有过接触的内蒙古人海山[③]的儿子，也就是在No. 646中提到的“Hai Yung-pu”，他的汉字姓名应该是“海永溥”，但译者却翻译成了“海容普”。

---

① 菅原纯《〈北京的莫理循〉和新疆——莫理循文库中新疆相关资料》《东洋文库书报》第29号（1997年3月），22-45页。另外，其改订版可以在菅原负责的主页（http: www. uighur. jp/jp/wiki.cgi?page= Morrison Journey）上可以看到。

② Lo Huimin，“The Morrison Papers”，British Library Occasional Papers 10，Chinese Studies: Papers Pressed at a Colloquium at the School of Oriental an African Studies, University of London 24-26 August 1987，edited by Frances Wood, (London: The British Library,1988),pp.145-151.

③ 笔者对莫理循文书感兴趣始于在《书简集》发行不久之时，是因为发现其中包含了海山问题等很多蒙古相关的资料。笔者使用莫理循档案，就有关海山回中国问题做的探讨，请参考拙稿“The Minority's Grouping: Further Light on Khaisan and Udai”《亚非语言文化研究》第20号（1980年12月），106-120页。Qaisan's Secret Letters from Urga”Mongolica Vol.5[26](1994)，pp.394-398.。海山的蒙语名字是 Qayisan，汉语名字应该是“海山”。但是英文原版的对照表却错写成“海三”，第二册 No.554，631 中特改为“海山”，其他处没有改正，仍为“海三”。

如此这般，中文翻译版中确实存在很多功夫不到位地方很多。

骆博士在该报告中还指出，与1965年在他最初访问米切尔图书馆时相比，米切尔图书馆已丢失了很多资料。同样的话题，榎老师其实也曾向笔者提过。此外，骆博士还列举了“Lord Dacre’s Hermit of Peking”，即HughTrevor-Roper，*Hermit of Peking :the Hidden Life of Sir Edmund Backhouse* (New York: Knopf, 1977)，他评论到该书中对莫理循的论处是不“公平的”，他还说，自己近期将出版的论著是很有说道地论及“景善日记”。但这些都先姑且不论，所谓莫理循所藏的小册子共9000余本（这大概指卖给岩崎久弥男爵那部分里包含的小册子吧）尚未整理，[①]莫理循文库被“donate”给东洋文库时——此处也相当表意不明，明明是卖给岩崎男爵的，怎么又成了“donate”？事实上，岩崎男爵购买莫理循文库后，又加大收藏力度，才最终创建的东洋文库。还不存在的东洋文库如何能被莫理循文库“donate”莫理循的藏书呢？这显然不可能。还有东洋文库之所以没有守诺言保留“莫理循文库”的名称，是因为在民族情绪高涨的氛围中，对日本持有批判性态度的莫理循是很难被日本人所接受的之类云云，其实都是对莫理循的不“公平”。

莫理循文书于1946年被米切尔图书馆接管。为撰写传记，1963年在该图书馆征得其后人的同意后，终于首次将该文书使用权交到了想要写莫理循传的Cyril Pearl和想要出版文书的骆惠敏博士手中。骆博士在《书简集》出版之后，又将目标转向了《日记》的出版上，并为此他编写了大量的文章稿件。1980年，笔者在访问位于堪培拉的澳大利亚国立大学研究室时有幸目睹了其中一部分。但是，由于文章稿件数量巨大，出版社对于出版面现难色。之后，笔者在东京又见过一次骆博士，当时他正全神贯注于辜鸿铭传记研究，但在日本时他还是全力以赴地接受了相关的采访。骆博士于去年2006年去世，所以直到最后，《莫理循日记》并未能出版，就连有关辜鸿铭的研究也只是一部分被刊登在澳大利亚国立大学的《东亚历史研究杂志（East Asian History）》上，并没有作为单行本出版发行。骆博士晚年患上了阿尔查默病，而且据后面要提到的窦坤女士的著作称，骆博士经常搬迁，因此《日记》原稿也丢得四零八落。对此，笔者还特意向澳大利亚的相关人员做了询问，对方回馈说原稿应该被保管在澳大利亚国立大学，但由于现在具体负责人员长期休假，所以详情不甚明了。

其次就莫理循档案的现状而言，首先米切尔图书馆将其中一部分，即Guide to the Papers of George Ernest Morrison in the Mitchell Library, Sydney （Sydney Library Council of New South Wales，1977）部分在新南威尔士州立图书馆（State Library of New South Wales）的主页（http:www.sl.nsw.gov.au）上以PDF形式刊登。此外，虽不是全部，但作为“Microfilms for sales”，莫理循档案中核心内容也在以缩微胶卷的形式对外销售。据菅原称，缩微化的资料并不是原稿，而且要求在缩微设备上进行阅览。话虽如此，但米切尔图书馆主页的主要珍藏资料介绍栏中却竟然没有提及莫理循档案，显然是没有把其当作重要且珍贵的资料加以重视。莫理循档案在该图书馆的地位，在笔者看来，其实如同

---

① 事实上发行的是A Classified Catalogue of Pamphlets in Foreign Languages in the Toyo Bunko, Acquired during the Year 1917-1971(东洋文库，1972 年)，ii+328p.

25年前一样低。

米切尔图书馆所藏的莫理循档案其实不仅仅是G·E·莫理循个人档案，也包含其夫人（1923年去世）的书信和日记，其母亲（1932年去世）的档案。从数量看，虽说不过是一小部分，但也因此可以称之为莫理循家族的档案。莫理循有三个儿子，长子伊恩（Ian Ernest McLeavy）先是在北海道帝国大学预科从事英语教师的工作，太平洋战争爆发前，在英国驻日使馆做大使的秘书。战后，他又成为新闻记者从军朝鲜战争，并在战场上过世。美国电影《慕情》（1955年20世纪FOX制作）中威廉·霍尔登主演的新闻记者便是以他为原型。

次子阿拉斯泰尔先生（Alastair Robin Gwynne）收集了东南亚相关的藏书约 3300 册，1989 年这些被东洋文库收藏。就这样，父子两代的藏书均被东洋文库收入囊中，其中，阿拉斯泰尔收集的书籍被命名为《莫理循二世文库》。该文库中有关阿拉斯泰尔居住的加里曼丹的文献占全文献的三分之一，因此，在东南亚范围内，以岛屿为中心进行收藏这点，可以说是该文库的一大特色。①这位阿拉斯泰尔·莫理循先生笔者在堪培拉曾有幸见过一面。如照片所见一样，阿拉斯泰尔·莫理循是一位让人联想到其父的伟丈夫。只是他还过于幼小的时候其父便与世长辞，有关父亲的记忆几乎为零。

也在那时，笔者也见到了阿拉斯泰尔的夫人海达·莫理循。从介绍人Igor de Rachewiltz博士处听说，海达夫人是位长期居住在中国的职业摄影师，她拍摄的黄山风景图闻名遐迩。②可是如何能想象像她这样一副弱小的身躯竟扛着巨大的老款照相机，为了传达拍摄体所不为人知的价值而努力奔赴前方？这着实让我等为之震撼。在这之后，海达夫人有2册美轮美奂的、以第二次世界大战前中国风貌人情为内容的摄影集问世。③我查看了海达夫人的履历，得知她于1908年出生在德国斯图加特，以摄影家的身份在德国工作数年后，于1933年远赴中国，并任职于一家德国系的摄影馆。再其后，她作为一名自由摄影家奔赴中国各地进行旅行摄影。1946年她与阿拉斯泰尔·莫理循结婚后，先在香港，后随丈夫阿拉斯泰尔·莫理循在其工作地的沙捞越生活。1967年她又随丈夫定居在堪培拉，于1991年去世。晚年，特别是上述的2册摄影集出版后，海达夫人作为摄影家的名声鹊起。她所从事的工作和活动，甚至被当做一个主题在学术论坛上被广泛讨论。如今，她的摄影作品被收藏在如下3处。

（1）美国哈佛大学燕京学社（The Harvard-Yenching Library,Harvard University），中国相关底片和摄影集29册。

（2）美国康乃尔大学（The Division of Rare Book and Manuscript Collections，Cornell University Library），东南亚相关底片。

---

① 目录刊载在池端雪浦编《莫理循二世文库目录》（东洋文库，2000 年），vii+346 页。

② Morrison, Hedda, and introd ,and Taoist musings by Wolfram Eberhard， Hua shan: the Taoist Sacred Mountain in West China ; Its Scenery, Monasteries, and Monks (Hong Kong :Vetch an Lee,1974)，xxv+135p.

③ Morrison, Hedda with a foreword by Wang Gunwu, A Photographer in Old Peking (Hong Kong & New York: Oxford University Press,1985)，ix，266p. Morrison, Hedda, Travels of a Photographer in China， 1933-1946 (Hong Kong & New York : Oxford University Press, 1987)，vii，246p.

（3）澳大利亚国立图书馆（The National Library of Australia），澳大利亚相关底片。这里面包含阿拉斯泰尔先生和海达夫人的肖像和澳大利亚首都街区的共24册摄影集。

除此之外，海达夫人去世后第二年的1992年，经阿拉斯泰尔先生捐赠，海达·莫理循摄影藏品展在悉尼的《发电所博物馆》举办(The Hedda Morrison Collection in the Powerhouse Museum, Sydney.)。这次藏展共有349幅印刷品，165幅幻灯片，还有德国生活时代的底片和中国剪纸等等。

这家《悉尼发电所博物馆》还有阿拉斯泰尔·莫理循的藏品。据说，这些主要由日本的腰包、印度的神像和佛像，及占大比重的中国相关的文献——“Alastair Morrison Research Library”组成。从事收藏似乎是莫理循家族的一个传统。1989年夫妻二人将东南亚相关文献收藏卖给收藏其父文献的东洋文库，从而为各自的收藏找到了一个更好的归宿。[①]如上述，1987年伦敦大学亚非学院研究会上骆惠敏博士报告后的一段讨论中，有关身为伦敦《泰晤士报》一名领着薄薪的普通文字工作者，乔治·厄尼斯特·莫理循如何能收藏到如此贵重的文献资料这一话题成了大家热议的对象。此外，莫理循除了亚洲相关的文献外，其收藏的《鲁滨孙漂流记》的最原始版本也相当有名。骆博士这样评论到：“本是世间最完美的东西”，之后却被其“第二儿子(即阿拉斯泰尔)分肢解体，散落于四处”。阿拉斯泰尔·莫理循著作中有这样一部书：

Alastair Morrison， *Fair Land Sarawak: Some Recollections of an Expatriate Official*, Studies on Southeast Asia no.13 (Tthaca: Cornell University Press，1993)，xiv+182p.

这个也被东洋文库收藏。1998年他自费再次出版《The Road to Peking》，后改名为《*The Bird Fancier: A Journey to Peking* (Melbourne: Pandanaus Books，2001》。另外，据说阿拉斯泰尔先生的口述传记也被收藏在澳大利亚国立图书馆里。de Rachewiltz博士来信说，阿拉斯泰尔先生现如今还住在堪培拉，除了因青光眼视力不好以外，其他一切安康。

三、近刊乔治·厄尼斯特·莫理循相关的四部文献

近3年间，以G·E·莫理循为主题出版的文献共有4部，现在，按其发行先后顺序，作一一介绍。有关莫理循的英文传记，迄今都是由澳大利亚当地的传记作家写的，共2册。

Clune, Frank, *Chinese Morrison* (Melbourne: Bread and Cheese Club,1941)，88p.

Pearl, Cyril， *Morrison of Peking* (Sydney: Angus and Robertson, 1967)，vi+431p.

后者因首次使用莫理循档案描绘了他的生涯经历而广为人知。然后，还有一部同样是澳大利亚人的2位新闻记者共同编著的，名为：

Peter Thompson and Robert Macklin, *The Man Who Died Twice: the Life and Adventures of Morrison of Peking* (Crows Nest, N.S.W.:Allen & Unwin，2004)，xi+380p.已出版。

这部书，笔者是从将在后面部分提到的窦坤的著书中得知的。当时笔者正身处美国撰写此稿，因此便趁机立即去多所图书馆去调查翻阅，然后结果确实毫无所获。因为包

① 以上均主要出自 http://www.powerhousemuseum .com/heddamorrison

括美国国会图书馆甚至都没有收藏该书。不仅如此，笔者还询问了悉尼大学东洋学科的相关人员，结果却依旧毫无收获，不由得让人感叹澳大利亚方面究竟想要获得什么样的读者群。这两位著者同样出身新闻记者，他们对当时身为新闻记者的莫理循充满了兴趣。因此，他们通过莫理循《回想录原稿》，特别是后半部分中，他们通过与同样是澳大利亚的中国通记者端纳(William Henry Donald)接触，追溯了莫理循的一生。然而，该书只是一般性的通俗记述，比如它中间写到了莫理循与年龄相隔近30岁的秘书结婚等等，但却没有为读者展示出一个新的莫理循形象。还有该书中还将Alastair Morrison误写成Alistair等等，有悖于东亚史实的记述频繁出现。

比如，日本的《对华二十一条》确实是"外交史上极为不正常的文件"，但是在言辞达意上，该书竟这样写道：日置益公使"用手杖敲着袁世凯的饭桌，恐吓到拒绝就意味着战争。不许告诉英国，这是机密，袁世凯你要听仔细了"。此外，《对华二十一条要求》被海外报纸曝光，即在泄密问题上，该书根据端纳传记、Earl Albert Selle, *Donald of China* (Melbourne: Invincible Press，1948)记述说，在莫理循默认的基础上，端纳从莫理循的办公室里拿走了文稿并将之发布。还称，莫理循是曾向英国公使朱邇典做过汇报的。然而，事实上《对华二十一条》泄露问题是否与莫理循有关，正是后面要提及到的窦坤著作中的一个大论点。

2004年，另外一本有关莫理循的著作登场了。

Eiko Woodhouse, *The Chinese Revolution: G.E.Morrison and Anglo-Japanese Relations，1897-1920* (London & New York Routledge Curzon，2004)，viii+269p.

作者沃德豪斯瑛子是一位出生在日本，长期居住在澳大利亚。她曾出版过《出演日俄战争的莫理循》上下2册（东洋经济新报社，1988年；2004年新潮文库版）及《北京燃烧：义和团起义和莫理循》（东洋经济新报社，1989年）2本书。第一部书出版后，笔者曾与她在东京见过一面，期间她坦露说是因为读了榎一雄老师的书，因而被莫理循其人深深吸引。上面提到的著作都是她根据莫理循档案创作的，但我也还隐约记得当时曾建议她可以发挥英语优势，参考参考英国外交部记录，广泛借鉴下日本人的研究成果等等。后来，她是在悉尼大学获取学位之后，并修订博士论文将前述英文著书出版了。

她在日文版的第一部书、第二部书中分别提到了莫理循与日俄战争、莫理循与义和团运动的关系，而在英文版著书中，她则对辛亥革命时期莫理循的活动，特别是对日英关系变迁中莫理循所发挥的影响力进行了着重分析。但由于前两部日文著作完全是依照莫理循档案创作的，所以对莫理循的作用和影响力有夸大评价的倾向。关于这一点，在第一部书的题目上就体现出来了。这次的英文著作虽然与之前两部一样，都是以莫理循档案作为主要参考，但它也对英国和日本外交部的记录进行了探讨。她不懂汉语，所以虽说是以辛亥革命为分析对象，但她巧妙地把问题的焦点放在了分析日英两方态度的反应上。但美中不足的是，这部著作的日文参考文献主要只是1970年代前的发表研究，近来的，特别是日本人作出的有关中国近代史的成果都没有被提及到。另外，在史料方面，也只利用了外交部的记录，而军部档案和国会图书馆宪政资料室所藏档案，还有时任在华日本公使、在莫理循文书里频频登场的伊集院彦吉发表的日记和书信也都没有利用。

或许可以说这本著作的最大功绩在于，它以莫理循日记和他所写的新闻报道为中心，加上英国和日本外交部记录，按照年月顺序，如实缜密地讲述了从辛亥革命爆发到中华民国成立，再到袁世凯就任大总统期间的历史的、一部充满热情的作品。日本、欧美，当然还有中国有很多关于辛亥革命的研究，然而英文版的详细介绍日本方面动态的，也是最近才有。但是，因为它将分析的焦点放在莫理循的立场和视点上，另外在中国动态方面著者还存在决定性的知识和信息的短缺，所以该书没有描写出当时中国政治的滚滚洪流，没有正确定位出在这洪流中莫理循所处的位置，以及在这一时期莫理循所发挥的作用。其结果，还是夸大评价了莫理循的影响力。

莫理循不过是一名驻在北京的外国记者，而且几乎不懂汉文。因此，他对中国方面进行采访的范围也是有限的，比如他跟袁世凯是通过蔡廷干，采访的对象也主要是唐绍仪、伍廷芳等这些懂英文的人。但是，对莫理循而言，他却有一个比其他人更得天独厚的地方，那就是他中国方面的情报是极其可靠的，是由事态发展中扮演核心角色的人物或者核心人物身边的人提供的。然而，袁世凯毕竟是个老奸巨猾的人，他对日本、对英国、对清王朝、对革命派所说的话，会因场合和时间而发生变化，他是一个绝不会让他人看清他内心意图的一个人。

时至今日，人们仍折服于莫理循在辛亥革命时期做的那些新闻报道的精准性。他预见了中国的政治前途，而这主要在于他个人自身的期望。也就是说，在他预见到中国的残局除了袁世凯以外再无第二人可以收拾的之后，他希望英国保全自己在长江一带的权益，同时趁着体制变动之际遏制日本和沙俄的势力扩张。在他这样的观念下，其结果是事态必定发生变动。另一方面，像莫理循这样，以新闻记者的身份，既能跟以英国为首的各国外交官有接触，又能跟在华民间外国人有接触的人物，也是袁世凯想要的。因为对袁世凯来说，他们是珍贵的情报来源，通过他们可以探知到英国及其他国家的动向。然而，就算预见灵验，却也不能说清王朝土崩瓦解和袁世凯独揽政权是莫理循引导所致。这两者没有关联。比如，在上海举行的南北和谈时，南方革命可谓一群乌合之众，因此也就不得不派出向伍廷芳那样的人来做代表。同一时间，清政府派出的代表唐绍仪，也和伍廷芳有着相同的背景和价值观，因此可以想象由他们二人为代表进行磋商的会议，其结果是不言而喻的。

沃德豪斯瑛子把事态朝着有利于英国利益的方向发展归结于莫理循的影响力，同时她还指出当时日本的对华外交是“失败”的。“外交上”的“失败”会是什么呢？大概是在某个“外交目标达成”上受挫，所以说“失败”吧。但是，日本在辛亥革命爆发时，也并没有什么明确的应对方针或者“外交目标”。因此，只是随着事态的发展，一步步进行应对，其着眼点在于在保护本国权益的同时，进行势力扩张。这一点，英国也是相同的。所谓的“革命派”的据点设在日本，因此相比英国，“革命派”与日本的政界、财界、军部的接触要多得多，但是，同时一想到邻国也将要出现一个“共和政体”，日本的元老们也产生到了危机感。因此，日本对辛亥革命的态度是，一边通过“君主立宪制”延长清王朝的命运，一边又不得不半吊子地跟风事态的发展。这一点，又与只求本国利益最大化的英国有所不同。

因此，可不可以这样解释呢？即对比“现实的、温和的、长远战略”的英国外交和“死板的、短期战略”的日本外交，因而觉得日本的对华外交比起英国就是“失败的”。但是，在扩张势力这一点上，以辛亥革命、蒙古独立为契机，内田康哉外相和本野一郎驻俄大使一线与俄罗斯签署了第三次日俄协议，使日本的势力范围从“南满洲”扩张到日本人命名的“东部内蒙古”。对此，英国、法国表示承认，最终“满蒙”这样一个空间在日本人的头脑中形成了。如果说通过“君主立宪制”延续清王朝的寿命是日本必达的目标，那么可以说“失败”，可是著者所说的“失败”，其根据是什么呢？说英国外交“成功”，也不过是因为为了掌控权利而倾注所有努力的袁世凯和英国的利益相一致罢了。

不过，迄今为止在日本的研究中也指出，这一时期的驻华公使伊集院彦吉在外交手腕上确实存在问题。在莫理循档案中提及了，伊集院蹩脚的英语会话能力。其实，何止英语，就连他带着萨摩口音的日语，还有他写的日语文章据说都很难让人明白。伊集院的日记中如此记述着莫理循的性格。他1911年12月21日的日记这样写道：“从有吉总领事那听说，莫理循称如果不实行共和政体，南方军队是不答应的，……照以往莫理循的方式，他真是属于易狂热型的”。①次年1912年1月31日的日记中写到：“莫理循访问水野君，并谈到了应通过英日俄三国协议的方式，妥善处理蒙古问题。……如上，莫理循之所以这么说的动机虽然一时半刻还不无摸清，但是他很轻易就转变其想法的脾性，却一直没有改变”。②在这些日记里，伊集院洞若观火地看到了莫理循易狂热，有些轻佻浮薄的性格，这些又足以说明他决不是泛泛无能之辈。

莫理循其人似乎欠缺乏作为一名现代新闻记者所具备的冷静的采访者、分析者的条件，因此他的采访中往往充斥了他个人的信念和期望。辛亥革命时期，莫理循继续不断地高调。如果翻阅保留至今的相关档案，就不由得让人会陷入错觉，即莫理循曾如何如何厉害，如何如何具有影响力（当然也不能说他没有一丝影响力）。同时作者未能客观、成功地评价莫理循所起的作用。为了验证莫理循对中国政治所起的作用及其影响力，首先必须论证中国方面是如何评价莫理循的言行的。当然，笔者也明白对著者而言，这存属巧妇难为无米之炊，但是正因为没有经过这样的作业，因此著者对莫理循档案中记载的有关中国政治的只言片语是深信不疑的。

2005年，中国出版了两部有关莫理循的书。

窦坤《莫理循与清末民初的中国》（福州：福建教育出版社，2005年）2＋3＋272页。

该书著者窦坤是北京大学历史系的在职博士，她一边上学，一边在其所属单位北京市社会科学院任职。2003年，她曾翻译了上述Pearl的《莫理循传》，由福建教育出版社

① 《伊集院彦吉相关文书》第一卷〈辛亥革命〉（社团法人尚友俱乐部，平成8年），166页。

② 同上书，213页。

出版。窦坤以北京图书馆从米切尔图书馆购入的莫理循档案胶片71卷和《伦敦泰晤士报》为资料纂写的学位论文便是该书的前身，后经改订该书得以出版，其内容主要追溯了从莫理循出生到他在中国从事的活动这一段历程。

著者指出，"莫理循始终以维护英国在华利益为活动的根本原则，但又认为他对于中国人民的态度却是同情的。"特别是在本书中，作者明确了以下两点事实，（1）《中日"二十一条"交涉时期》，就"要求"内容是如何在新闻报纸上曝光的问题上，指出"袁世凯和秘书蔡廷干对莫理循偷漏了日本要求和具体的内容细则，莫理循又通过唐纳德在英美主办的新闻报纸上向全世界公开了日本欺骗世界，侵略中国的卑劣行径，这对中国获取世界的支持和同情起到了一定的积极作用。"（2）莫理循对袁世凯的帝制计划是反对的。

率直地说，本书跟以往有关莫理循文献的记述比起来，虽然缺乏对新事实的发掘和解释，但是作为一本面向中国读者，并经由中国研究者出版的莫理循传记，这部书是值得肯定的。但是，既然是中国历史界有关莫理循研究的开山之作，那么其实可以参考的史料还是很多的。比如，中国第一和第二档案馆的档案史料，以及和莫理循有过交往的熊希龄先生的《熊希龄先生遗稿》（上海：上海书店，1998年）等等。这些都是从与莫理循处于同一年代的中国人的视角对莫理循的影响力和时代作用进行的评说，因此如果能加以借鉴，那就又能完美一层。

最后，介绍一部在中国出版的，是编辑以照片为中心的莫理循档案为内容的汉英双语的图版资料集。

沈嘉蔚编撰，窦坤等翻译《莫理循眼里的近代中国 / *Old China Through G.E.Morrison's Eyes*》全3册1套（福州：福建教育出版社，2005年）。该书第一分册题为《北京的莫理循 / *Morrison of Peking*》(29+132p.)，第二分册题为《世纪之交的战乱 / *Catastrophe at the Turn of the Century*》(164p.)，第三分册题为《目击变革 / *Eyewitness of the Reformation*》(235p.)。米切尔图书馆收藏的莫理循文书里不仅包括日记、信函、文件、剪报和名片等狭义的文书资料，还包括3000件影像图片资料、纸币、勋章等等。旅居澳大利亚的华人画家沈嘉蔚 (Shen Jiawei) 从中主要选取了500张照片和附带的一些纸币、名片、勋章、中文书信、文章等，并配以英文注释。在此基础上，窦坤等人又配上了中文翻译，由此使用英中两语文字写成的该书出版了。在收录的照片中，虽然省去了1910年上半年的中国西北旅行方面的内容，[①]那是因为骆惠敏博士的遗孀海伦女士将对这一部分进行出版。

第一分册《北京的莫理循》的一开头，沈嘉蔚就对19世纪80年代，阿拉斯泰尔·莫理循与曾在澳大利亚驻华大使馆担任文化参赞一事，及作家、艺术评论家尼古拉斯·周思的序做了解说。第一分册中，莫理循个人照片占了主要篇幅。除此之外，莫理循家人，与

① 据菅原纯介绍，莫理循在新疆旅行时拍摄的约 60 张照片经他本人捐赠给了伦敦皇家地理学协会（Royal Geographical Society）(PR 029512-029573，PR 029529 等)。照片的复印件被保存在米切尔图书馆，据传图片解说是莫理循亲自所为，故相当珍贵。

莫理循有过交往的中国人的照片，北京的莫理循文库的照片等，印有“大总统头等政治顾问官莫理循”的名片，清朝外务部写给莫理循的写有“宣统大皇帝”生辰的信件（宣统元年二月二十四日），蔡锷写给莫理循的信件等等也都收藏其中。阿拉斯泰尔的序中说，和家人的照片是在北京的日本照相馆照的。另外，1902年莫理循在新加坡照的一张的照片是本书中唯一一张不是出自莫理循档案，而是由哈佛大学燕京学社提供的。

第二分册《世纪之交的战乱》中介绍了北京的外国人社会、义和团运动、朴茨茅斯和谈等相关的照片，和莫理循因北京受围之功荣获的英国政府颁发的纪念章。第三分册《目击变革》中收集了中国的风土人情，蒙古、西藏、云南等的照片。72－73页的“托克坦台吉 / Toktan Taichi”和76页的“罗克潭台吉 / Lochtan Taichi”为同一个人，也就是“Toqtaqu taiji / 汉字写“陶克陶”、“套克套”、“抟克抟”（汉字姓名不固定）的照片。[①]另外，第三册中还收编了记录清末民初的照片，清末的纸币，还有莫理循和有贺长雄等外国顾问的合影，“洪宪元年朝贺典礼”的请柬等。2006年2月8日，作为“中国和澳大利亚两国文化合作成果”，新南威尔士州立图书馆举行了该书的出版发行仪式，与此同时，中国中央电视台的“发现·探索”栏目组专程远赴澳大利亚，采访了莫理循的亲友和相关人士。

如上所述，2004－2005年间，共有4部有关莫理循的文献出版了。除了最后介绍的图版资料集外，其他3部都是以莫理循为主题，利用莫理循档案，说到底深受莫理循其人的视角影响而写成的，因此在追求史学客观性的角度上，明显是有欠缺的。由此，也不由得让人感叹客观地、恰如其分地追求历史人物的形象和他具有的影响力和功绩是多么困难。

四、乔治·厄尼斯特·莫理循和“对华二十一条要求”原文泄露问题

如上所述，窦坤在其著作中最煞费笔墨的，还有Thompson和Macklin在其合著中，以及伍德豪斯在其英文著作中都相当关注的一个话题，就是莫理循是否与《对华二十一条要求》文件的泄露事件有关。骆惠敏博士在上记研究会上，也指出这是莫理循时任中华民国顾问时期的主要行动之一。窦坤记述到，在王芸生《六十年来中国与日本》（天津：大公报社，1932年—1934年）中，此事是经唐纳德证言了的。另外，Thompson等的论著虽是以Selle的《端纳传》中描写的情景为材料素材的，但不管怎么样，事实就是，端纳一开始就道明了莫理循是有参与的。

端纳与莫理循都是澳大利亚人，在个人经历上也尾随莫理循，先是做驻华外国人记者，然后是中国政府顾问。特别是在《西安事件》中，他与宋美龄一起为救出蒋介石而四处奔走。莫理循这样备受关注，其实关于端纳的研究也应该会有，但是经笔者在澳大

① 有关 Toqtaqu 的内容，请参考拙稿《从文书史料看 Toqtaqu》，《亚非语言文化研究》第 48、49 合订版（1995 年 1 月），371-386 页。

利亚查访，才得知端纳在第二次世界大战中在菲律宾被日军捕获，战后不久很快又去世了。因此，关于他的史料记载几乎没有，研究无从下手。关于窦坤并没有看过Selle书的英文原版，他依据台湾发行的中文翻译版。然而，台湾翻译版的书皮封面写的是《端纳口述》，内容上也属于小说性质的安排，缺失了原英文版序中提及的采访端纳本人云云这一色彩，因此其记述是不足以全盘相信的。

笔者最近也考察了《对华二十一条要求》相关的一些问题，[①]并对莫理循与《对华二十一条》泄密事件这一课题产生了兴趣。于是笔者参考《日本外交文书》，从日本方面的举动，试分析在这次事件中莫理循扮演的角色和所起的作用。

日中间围绕所谓《对华二十一条要求》的交涉是由在东京发号施令的加藤高明外相在极度保密的态势下开始的。然而，其结果却是日本的这种交涉姿态和方针反而被无力反抗日本的北京政权方面巧妙加以利用了。加藤外相1915年1月12日这样严格下达命令给日置益公使的，即在向中国方面传达“要求”时，“不管是直接还是间接地，务必极度注意保密，绝不可将消息泄露于外人。”[②]18日，日置将“要求”传达给袁世凯，其后陆徵祥、蔡廷干、顾维钧等人又将“要求”——虽不是很具体，转达给了驻北京的外交团、外国人记者。再其后，顾维钧在袁世凯的许可下，向英美驻华公使公布了日中间的协议事项，接着，1月22日“某中国官员”向保罗·芮恩施美国公使告知了所谓日本的“要求”是何等的重大。

在这一时期，虽然“要求”全文内容是否确已入手尚未明朗，但是可以认为英美两国公使对其内容已经有了相当程度的掌握。日本《朝日新闻》于1月22日刊发号外版，将“要求”的部分内容公开。中国对之也加以报道，进而国际社会也悉知此事。[③]袁以极其秘密形式将日本的“要求”也告知了冯国璋。由此，中国国内以及海外华侨中间爆发了对日的示威抗议活动。加藤外相本是想在极度保密情况下进行交涉的，然而事实却被中国方面难缠的战术给折腾不浅。加藤外相对日本国内也一再强调，“新闻报纸应对交涉事项进行严格保密，交涉相关的报道和评论文章应尽量延后发布”。即便如此，驻北京的时事新闻报道员还是在发报中使用了“提交满蒙问题以下二十四条的议案”，“要求”一共由“二十四条”组成之类的言辞。对此，外务省不得不对其刊发加以阻止。[④]

加藤外相早在1月8日便向英国井上大使通告“值日中交涉之初，特将商议内容向英国外务大臣秘密传达之训令”，日本没有怠慢向同盟国做出通告。1月18日，向袁

① 拙稿《“内蒙古东部”的空间——从东亚国际关系史观点来看——》，《近现代内蒙古东亚地区的变迁（21世纪COE/亚洲地域文化学丛书第8集）》（雄山阁，2007年）。

② 加藤外务大臣致驻华日置公使电，1915年1月12日，外务省编撰《日本外交文书》大正四年第三册上卷[〈中国问题解决的交涉一事〉No.136](外务省，昭和43年)，113页。

③ 据李毓澍讲，袁世凯就“要求”内容向新闻报纸泄露一事一开始是警戒的。但是，1月22日朝日新闻“号外版”发行，接着从1月末到2月初，北京外国人记者也开始大量报道。特别是《北京日报/Peking Daily》，《京报/Peking Gazette》等英国报纸因为是外国人经营不受北京政府的制约，所以反而得到了泄露自中国外交部的情报。进而,中文报纸上也开始报道了。李毓澍《中日二十一条交涉（上）》（台北：“中央研究院”近代史研究所，民国55年），272-277页。

④ 加藤外务大臣致驻华日置公使电，1915年1月22日，上述《日本外交文书》大正四年第三册上卷[No.141]，117-118页。

世凯传达“要求”后，1 月 22 日井上大使与英国外务大臣 Edward Grey 会晤，并通告说，“受东京方面的指示，鉴于“要求”的第五号属于特殊性质的问题，因此在情报通告方面请允许对英国暂时有所保留”。[①]会晤末了，当面对 Grey 外相“在北京时就此事曾向乔丹确认得知，英国不曾收到日本方面的任何联系，但不知和支那相关的其他列国有无消息” 的询问时，井上大使答曰，“鉴于日英两国特殊关系，此事仅限英国外务大臣及亲信知晓，对其他人等一律不做通告”。对此，Grey 外相承诺说，“对此事，英国绝不向其他列国透漏任何信息”。[②]虽说加藤外相是“英日同盟”之父，但是对英国他也隐瞒了“第五号”，他的秘密主义使得相关国家对日本萌生疑心。借此，中国方面通过泄漏情报方式迈出了对日本进行反击的脚步。这一时期，虚虚实实，实实虚虚，有关日本“要求”的情报信息四处乱飞。

1月25日加藤外相在东京向英国驻日大使说明，同时向日置驻华公使发出训令说，“但凡受到驻华英国公使的提问时，不得泄露任何情报”。另一方面，2月1日与俄罗斯外相会晤后，本野驻俄大使却通告情报说，“根据俄外务大臣的口气，好像是他们从中国方面听到了很多传闻，因此他们认为日本的行为已经损害了其他列国的感情，对日本的言行他们表示怀疑。除非日本对信息情况向俄法做以通报，方可赢得信任”[③]其结果，日本将“要求”（不含第五号）于2月5日对俄罗斯、法国，2月8日对美国做了通报。

窦坤认为莫理循没有从北京政府听到任何有关日本“要求”的消息，因为当时日本已经很强势，这在北京众所周知，莫理循本人的消息来源即是当时的新闻报道。但是，如果考虑到同是身为外国人顾问，负责国际法工作的日本人有贺长雄是受到北京政府的旨意后回日本与元老人物进行接触磋商的话，那么中国方面起初的判断或许是在此事件中莫理循并不是能起作用的人物。骆惠敏编写的《莫理循书简集》中有这样的记述：1月28日蔡廷干在写给莫理循的信中写道，“要求”每日都在被“泄露”，而且据观察德国有可能通过此事正在向日本靠近。[④]对此，莫理循为了完全否定蔡的推测，即日便提交了“备忘录”。[⑤]情报满天飞的日子里，莫理循自己也不得不承认“什么是真，什么是假，完全无法分辨”。可是，莫理循自己手上虽然没有情报，但是“英国政府有被完全告知日本的对华备忘录和对华政策的意图却是无可置疑的。”另外，莫理循预测到“日本的要求如果一五一十地被暴露出来的话，那么势必会增强中国的立场处境”，他说“允许备忘录条款如实地在新闻报道上公布出来应该是明智的”，他还说，“中国自以为日本没有对身为自己同盟国的英国做以完全的、率直的通告，是不明智的”。

---

① 加藤外务大臣致驻华日置公使电，1915 年 1 月 23 日，上述《日本外交文书》大正四年第三册上卷[No.144]，119 页。

② 驻英大使井上致加藤外务大臣电，1915 年 1 月 22 日，上述《日本外交文书》大正四年第三册上卷[No.488]，541-542 页。

③ 驻俄大使本野致加藤外务大臣电，1915 年 2 月 2 日，上述《日本外交文书》大正四年第三册上卷[No.497]，548-549 页。

④ No.727，From Ts'ai T'ing-kan，28 January 1915，Lo Hui-min ed., The Correspondence of G.E.Morrison, Vol.2(Cambridge & New York: Cambridge University Press, 1978)，p.364.

⑤ No.728， To-Ts'ai T'ing-kan，28 January 1915，Lo Hui-min ed.，Ibid.，pp.364-366.

事实上，1月末时，日本方面确实没有告知英国“第五号”的信息。蔡廷干等北京政权方面在和英国公使馆接触中，察觉到日本方面有可能并没有把“要求”的全部内容通告给英国。但是，莫理循却无论如何不能想象日本怎么可能不把所有信息告知给身为自己同盟国的英国呢？莫理循在“备忘录”里写道，各种臆断使得新闻报纸格外热闹，正确地曝光情报应该对中国是有利的吧。

2月4日，莫理循53岁生日当天，蔡廷干到访祝贺，并将一部分内容告诉给莫理循。次日莫理循见到了袁世凯，并写成了日本方面没有向英国等通告的，包括“要求”第五号在内的“备忘录”。2月7日路透社驻北京记者、10日伦敦“泰晤士报”常驻记者均不在北京期间，莫理循将“备忘录”内容公开给了“伦敦泰晤士报”中国本地雇佣员工端纳。11日端纳向伦敦本社发电，9日伦敦“泰晤士报”驻北京记者Frazer在东京采访了加藤外相。10日Frazer从东京发电，12日伦敦“泰晤士报”揭秘了“要求”有关的所有内容。

Frazer采访加藤后的第二天，即10日早上，他便向英国驻日本大使Sir William Conygham Greene转达采访的内容，Greene于当日便急匆匆地访问加藤外相。他以一种“稍稍亢奋的态度”，质问加藤道，“阁下（加藤）虽然对他（Frazer）说贵国与中国交涉的要求条款，除了已向私下我英驻日大使做以通告的内容外，还有若干条款有遗漏，尚未通告。我身为大使，却不知道此事。你们这么做，实在让我处境尴尬”。加藤外相连忙应对道，“从前后谈话上，日置公使是说过，除了目前的这些要求外，就一些陈年未决之事，日本确实有向中国政府提出一些希望”。[①]对此，英国大使表示怀疑道，“其实，前几日，法国、俄国大使也都说，除了贵方通告的内容外，应该还有别的内容”。

另一方面，莫理循2月15日从蔡廷干手中拿到“要求”内容的英文版，并将之送达给朱邇典驻华公使。[②]次日16日，蔡拜托莫理循是否可以拿到英国驻北京公使馆日本方面入手的“要求”内容或者概要。[③]17日莫理循将从蔡处得到的“要求” 转交给端纳，并发电给伦敦“泰晤士报”。然而，伦敦“泰晤士报”并没有对此做任何刊登，19日《芝加哥时报/ Chicago Herald》终于加以刊登，“要求”公开于世。窦坤根据《端纳传》的中文翻译版，认为是《芝加哥每日报/ Chicago Daily News》，《日本外交文书》认为是《芝加哥时报》。

2月19日，驻英井上大使是这样分析中国的战术的：“中国方面在北京对我一直持‘passive resistance’的态度的同时，在背后，他们向其他重要列国公使馆密告了我的要求内容，并以此想秘密诱使其他列国进行干预。见效果却不尽如人意，他们又在新闻报纸上大做文章。”[④]同时，井上大使认为“有理由相信我们提出的要求已被中国政府经

① 加藤外务大臣驻本国英国大使会谈，1915年2月10日，上述《日本外交文书》大正四年第三册上卷[No.508]，561-562页。

② No.734，To J.N.Jordan，15 February 1915，Lo Hui-min ed.，op.cit.，pp.371-372.

③ No.735，To Ts’ai T’ing-kan 16 February 1915，Lo Hui-min ed.，op.cit.，pp.372.

④ 驻英大使井上致加藤外务大臣电，1915年2月19日，上述《日本外交文书》大正四年第三册上卷[No.522]，573-574页。

过英国、法国、俄国、美国的公使们传达给了这些国家政府”，因此，他要求说，“鉴于未做通告的第5号应该已被英国政府知晓，请妥善处理。”[①]其结果，20日日本方面做出了“必要情况下可将第五号内容”向英、法、俄、美政府，及该国驻华公使进行“内部通报”的训令。

窦坤论断“对华二十一条要求”内容的曝光与蔡廷干→莫理循→端纳这条线相关，这样看来，经考证应该是符合事实的。莫理循将文件的英文版交与驻华公使，但是同时间，估计英、法、俄、美的驻华公使们也已经从中国方面得到了包含“第五号”在内的“要求”内容全文或者概要。因此，向伍德豪斯推测的莫理循入手的文件经朱邇典公使传给了 Grey 英国外相，Grey 外相以此为据提醒加藤外相，进而，称 20 日“第五号”非正式性地被公开的事情经纬是无法得到确认的。

端纳发给伦敦“泰晤士报”的“要求”内容没有被刊登，而是由《芝加哥时报》首先刊载。而其原因是因为伦敦“泰晤士报”方面有着“暂观时局”这样的编辑方针。2月19日下午同报的“外报部长”走访日本驻英国大使馆，传达说，“要求内容全文在英驻华公使手中”，2月12日伦敦“泰晤士报”刊载“一字一句皆无误”，英国驻华公使认为这“verify”。同时，他还说“日本政府要求英国政府只公开一部分内容，还有有关支那国运的更为重要的条款，日本也对外极度保密不外露。这样做，实在让人很是再难相信加藤其人。更为不幸者，上述状况已招致我国内愤慨之声，对此，本人深表忧虑。”[②]在这些背景下，21日，日本大使馆对伦敦“泰晤士报”主编也通告了“第五号”的同时，还说明了整个事情的原委。对此，主编说“自己在维护英国利益的同时，也会照顾日英同盟友好的大局，因此不对此问题做以报道。”[③]由此可见，“伦敦泰晤士报”本社对于日本的行动是持姑息态度的，这和莫理循和端纳对日本持有警戒的姿态是不同的。

应该说加藤高明外相主导的“对华二十一条要求”是藐视外交惯例，是要压强迫性的帝国主义外交的典型。他不仅强迫中国方面要严格保守秘密，同时对其同盟国英国，协议国俄罗斯、法国当初也没有通告“第五号”内容。对此，中国方面是对抗的，用驻英大使井上的话说就是“passive resistance”。在中国国内，让日本的蛮横欺人众所周知是相当有效果之举，其后的“五四运动”便是证明。但是在对鼓动其他列国上，除了美国还表示担忧之意外，英国、俄罗斯、法国都无动于衷。当然，这跟当时正处于第一次世界大战最关键时期，他们都没有过多的精力纠缠在东亚问题上也有关系，但是其实日本也正是瞄准了这个时期，才将企图落实于行动的。因此，交涉当初，日本的行为也被指责是“火灾现场偷东西”，这不仅给加藤外相个人，更给日本的外交举动也都种下了不被信任的种子。

---

① 驻英大使井上致加藤外务大臣电，1915 年 2 月 19 日，上述《日本外交文书》大正四年第三册上卷[No.523]，574-575 页。

② 驻英大使井上致加藤外务大臣电，1915 年 2 月 19 日，上述《日本外交文书》大正四年第三册上卷[No.524]，575 页。

③ 驻英大使井上致加藤外务大臣电，1915 年 2 月 21 日，上述《日本外交文书》大正四年第三册上卷[No.533]，587 页。

在中国方面消极的抵抗和“要求”泄露战术中，莫理循所起到的作用并不能说是很大。日本方面再三施威于中国，要求中国严格保守秘密。虽说中国方面通过北京的外交骨干或者驻外中国公馆秘密向欧美主要国家泄露“要求”内容，但是在将消息传达给国外的新闻机构上，欧美看着日本的强硬姿态，而又不敢有所举动。在这种背景下，莫理循的存在被突显出来了。告知莫理循，就意味着告知了端纳等驻北京的外国记者。因此，可以说莫理循的作用不过是个“messenger boy”或是个“中转站”。聘用莫理循做“顾问”的中国方面对如何用“人”很是心领神会。不过，像其他论著阐述的一样，其实作为莫理循本人来说，自从就任“顾问”以来，对其地位他却感到了无聊、失落和倦怠。但是受到日本人的攻击后，他反倒找到了留任顾问一职的意义，因而做出了接续约5年的决定。①

五、追记：近几年出版的有关莫理循文献等

上述拙文《近期出版的有关莫理循文献》刊载于《东洋文库书报》第 38 期（2007 年 3 月）19-43 页，此次由达力扎布教授以及陈岚女士的鼎力相助，能够在本文集上刊载，甚感荣幸。拙稿于 2006 年在美国普林斯顿高等研究院的一年研究期间所写，后来又出现了莫理循文献，为此就有关信息做一简要的追记。除此之外，据说莫理循日记的电子版已在中国公开，但是实情不详。

首先是财团法人东洋文库的新馆已建成，馆内设立了博物馆，北京莫理循文库书架已被复原。在东洋文库组成了以斯波义信博士（东洋文庫长）为中心的莫理循资料研究会，关于莫理循所收集的册子资料预定将出版英文目录。有关悉尼的米切尔图书馆所藏莫理循档案已出版。由作者（中见立夫）来解题的目录有“On the Papers of George Ernest Morrison Kept in the Mitchell Library, Sydney”, *Memoirs of the Research Department of the Toyo Bunko* No.67 (2009), pp.1-30.。这与现在在悉尼的米切尔图书馆网页上所看到的莫理循档案目录相比较，更为详细。

其次是关于莫理循所收集的照片，与中国西北旅行有关的照片由窦坤(Dou Kun)和海伦(Helen Lo)编译《1910 莫理循中国西北行 / *G. E. Morrison's Journey in Northwest China in 1910*》全 2 册 1 套（中英对照）（福州：福建教育出版社，2008 年），186 p. ＋147 p. . 已出版。其编者之一的海伦是骆慧敏博士的遗孀。海达·莫理循夫人也已出版有关香港的照片 Edward Stokes ed., *Hong Kong as it was, Hedda Morrison's Photographs 1946-47* (Hong Kong: The Photographic Heritage Foundation & Hong Kong University Press, 2009), xiii p.＋213 p.。

还有沃德豪斯瑛子女士出版了 *The Chinese Revolution: G. E. Morrison and Anglo-Japanese Relations, 1897-1920* 之事在上述拙文中已提到，以英文版为基础的日文《辛亥革命与 G·E·莫理循》（东洋经济新闻社，2010 年）也已出版。此外，在

① No751. To-Ts'ai T'ing-kan，9 April 1915，Lo Hui-min ed.， op.cit.，pp.391-392.

澳大利亚出版了 Linda Jaivin, A Most Immoral Woman, A Novel (Pymble, NSW: Harper Collins, 2009), 370 p.，但这是言及莫理循私生活的小说，不属于学术著作。

（本文日文标题为《最近のＧ・Ｅ・モリソン関係文献》，刊于《东洋文库书报》第 38 号。平成 19 年（2007）3 月，19-43 页。本文的翻译及发表得到作者本人的同意和授权，在此深致谢意！注：论文“五、追记”部分由爱知大学研究员仁钦翻译）

（中见立夫（NAKAMI Tatsuo），1952 年生。日本国立亚非语言文化研究所（东京外国语大学附置）教授，财团法人东洋文库兼任研究員，中国人民大学清史研究所兼职教授，国际蒙古学协会理事；陈岚，女，1980 年生，中央民族大学历史文化学院博士研究生，内蒙古自治区赤峰学院讲师）

CONTENTS

Youzhou and Dunhuang

You Li (1)

[Abstract] Youzhou and Dunhuang were both important towns in the border area of the Tang and the transportation hub between China and foreign countries. This paper employs Dunhuang manuscripts and materials about Youzhou to study local society in Youzhou and the cultural communication between these two towns systematically. According to the back of S.529, Youzhou was a very prosperous town with developed Buddhism and non-Chinese culture from Middle and Late Tang to Five Dynasties. These traits almost completely remained under the rule of Khitan. The works of Quanming(an eminent monk in Yanjing in the Liao) and Chuan'ao(a monk in Shibi Temple in Youzhou) were discovered in Dunhuang Sutras Cave, which means there were Buddhist communication between Youzhou and Dunhuang. Quanming's works were discovered in Dunhuang manuscripts and the fragments of Khitan Buddhism Sutras in the Tower of Ying county. The former were folk texts, and the latter were official documents. In Youzhou, regime changed frequently from Late Tang to Five Dynasties to the Liao. However, people's economic life, spiritual culture and Buddhist pattern almost unchanged.

Study on the Daily Life of Baiyi by Way of the Chinese Literature

Wan Hong（12）

[Abstract] Baiyi，the appellation on today's Dai people in Chinese literature of Yuan and Ming Dynasties, mainly distributed in the southwest of Yunnan. This historic ethnic group takes a very important position in the development of the southwest ethnic history of China. Their basic necessities of life are of distinctive characteristics and differ greatly because of time and regional factors. This paper employs related Chinese literature to expound Baiyi's dress style, hair style, diet, living customs and transportation.

Regarding Shalaban

——The Historical Value of *Shan Ju Xin Yu*

Shang Yanbin（22）

[Abstract] Limited light has been shed upon the political behavior and contribution of the

Uyghur Shalaban family in Yuan Dynasty. According to *Shan Ju Xin Yu* as well as other related literature reviewed for this study, comprehensive analysis are made on the attitude as well as influence of Shalaban and Shijieban on a series of critical political incidents, including the dismissal of Boyan and the recommendation of Tiemudashi as Zhong Shu You Cheng. According to most of the previous researchers, Uyghur Shalaban in Yuan Dynasty is one of the officials in charge of the compilation of *Jin Shi*. In fact, it is not true. Based on the literature review for this study, the author found that Shalaban, who had participated in compiling *Jin Shi*, was a man named Liu Bowen who came from Zhangye. He had nothing to do with Uyghur Shalaban and these two persons had distinctive experiences in Yuan Dynasty.

Analysis on Kublai's Policy of Dealing with Tibetan Buddhism

——Focused on the Relation between Kublai and Vpags-pa

Zhang Yun(62)

The works of Ming and Qing dynasty always criticize Yuan's policy of dealing with Tibetan Buddhism. Those works centered on the fact that the Emperors of Yuan dynasty believe in Tibetan Buddhism so much that it led to the start of the demise of Yuan dynasty. As a matter of fact, the policy which Yuan government dealt with Tibetan Buddhism was continuously changing. Even for the Emperor Kublai, he not only believed in the religion, but also restrained it. And the policy changed with the strengthening of Yuan's administration in Tibet. Based on the precious study and according to Tibetan and Chinese materials, this paper is centered on the relation between Kublai and Vpags-pa and studies Kublai's policy of dealing with Tibetan Buddhism. In addition, this paper tries to study the duality of Kublai's policy through exact facts and exploration of the reasons in order to be helpful to restore historical truth.

The Discussion on the Contemporary Legacy of the Mongolian Jalair Tribe

——The Origin between the Jalair and the Jalaite

Xie Yongmei(70)

[Abstract] As Jalair tribe has made great influence in Mongolian history, especially the lord Muhuali who took the lead of founding heroes of the Goden Family and played an important role in political and military areas. These heroes honored with the title and won award so as to control Mongol-Yuan regime. With the northward of Yuan court, the Jalair people wandered in Mongolian plateau, central plains region and central and western Asia. In recent years, some different cultural groups declared that they are the descendants of Muhuali by showing some family genealogies, epitaphs or legends as the evidences of historical memory to reach the ethnic identity and consanguinity identity. Contemporary legacy of the Mongolian Jalair tribe, especially more and more news and related phenomenon about "Muhuali descendants" are regarded as the typical examples of Mongolians' seeking for their ancestors around China. This phenomenon is influenced by ancestral idea of Han people and also be regarded as the wish and spiritual dependence of sharing the cultural legacy of Genghis Khan and Mongolian imperial culture. And the trend of "Recovery of Muhuali Culture" which emerged in Jalaite banners in recent years can be regarded as the special phenomenon that occurred with the policy of "establishing a big cultural area in Inner Mongolia and impelling tourism development". This warrants further discussion.

Ming Ying-tsung's Imprisonment and Activities in Mongolian Area

Lin Huan（87）

[Abstract] Zhu Qizhen, also called Ying-tsung, the emperor of the Ming Dynasty was captured and detained by the Mongolian army in 1449. He had lived for one year in Mongolian area. Zhu Qizhen's return triggered a series of conflicts. It was a hard process for Zhu Qizhen to suffer the failure of his political activities in this period. However, due to the "imprisoned life in north", Zhu Qizhen took advantage of his imprisonment and increased his experiences. Furthermore, the policy towards Mongolia was changed in Ching-t'ai and T'ien-shun eras.

The Relation between Nurhaci and Li Chengliang Revisited

Zhong Han (99)

[Abstract] More than eighty years ago, the Japanese historian Wada Sei published an article*The Relation between Nurhaci and Li Chengliang*, arguing that Nurhaci hadn't lived in the household of the Ming general Li Chengliang as adopted son or house-slave as what several Chinese sources had told. However, His opinion didn't evoke repercussions abroad because it was published only in Japanese. Continued and supplemented above reflections completely, the author in this paper investigates how this made-up version had taken shape and developed in more than 300 years.

Studies of Mangnaitun Gobeir Hala in Qing Dynasty

Shen Yiming (106)

[Abstract] Mangnaitun Gobeir Hala had many outstanding persons in Qing dynasty. Twenty-eight people of the hala went through four generations from the third generation; including 12 senior military officers. Based on their official experiences, the members had some commonalities. For example, they become officers because of their military achievements; most of them were senior military staff; they are meritorious officer of Qing dynasty. So a conclusion can be obtained that Mangnaitun Gobeir Hala is a military gentlefolk. However, compared to Baqi military gentlefolk, the hala was particular for lacking of political and economic hereditary privileges.

On the Origin of Alašan Banner's Name

Darijib (116)

[Abstract] The place name of Alašan origins form the Alašai Mountain（贺兰山）, it is a compound word of Turkish and Chinese. Alašan as a place name appeared in history record in Mongolian in the Yuan, Ming and Qing Dynasty. It was written as Alaša or Alašan by Mongolian in the archives documents of Qing, and translated in Chinese as 贺兰山, 阿拉善 or 阿拉善山. It was also written in Mongolian as alaɣ aɣula and was translated in Chinese as 阿喇克山、阿拉克山 or 阿喇骨山, which were compound words of Mongolian and Chinese. The place name of Alašan probably exsisted form the Tang dynasty in history, when Oled Banner was set up, calling the banner name as Holanshan ögeled Banner by Qing government, later transliterated into Chinese as 阿拉善厄鲁特旗（Alašan ögeled Banner）and abbreviated as 阿拉善旗 (Alašan Banner).

The Relations between Qing Army's Entry to Tibet and A-La-Shan Khoshuud

Qi Guang(139)

Utilized the related records of *The Memorials to the Emperors with Manchu Script by General Yinshi* , *The Archives of the Mongolian Tong File in the Cabinet of Qing Dynasty*, and *The Biography of the 7th Dalai Lama,* which describes the detailed history at that time, this paper discusses the northwest frontier situation and Qing's concrete policy to A-La-Shan Khoshuud by the analysis of the following questions: After Qing army's entry to Lhasa in September in the 59th year of Kangxi's reign, how did the Qing choose the successor of Langzang Khan? How did Qing negotiate with Qinghai Khoshuud? How did Kangxi deal with these problems finally?

Population Mobility, Sex Ratio Imbalance and Sexual Criminality

—— Focused on Sexual Criminal Cases in Xinjiang during Jiaqing's Reign

Jia Jianfei (156)

[Abstract] After Qing's conquest of Xinjiang in 1759, the Qing government encouraged people from inland(especially Shannxi and Gansu province) to migrate to Xinjiang. As a result, the criminal activities of those immigrants increased. Sexual criminal cases were the important component of those criminal activities. Based on surveys of sexual criminal cases involving Han people, this paper analyzes the criminals' social and economical status, social relations, family background, the sex imbalance amongst the immigrants and the different ethnic groups involved in each case. The author also analyzes the motive of those immigrants from inland of China to Xinjiang, their cognition of Xinjiang and the influence of Islamic culture on them.

British Colonists' Invasion to Zayu Zong Area and Counteraction of National Government

——Discussion on Ba'an Group's Activities in Tibetan Area

Qin Heping (177)

[Abstract] Zayu Zong is the inherent territory of China. In the early period of Yongzheng, Qing government has put Zayu Zong and other places into Tibetan local government (Kashag) administration. During the end of Guangxu period, Qing government ruled Zayu Zong directly with county jurisdiction, appointed officials, stationed troops, checked on household occupant and levied tax. In the early period of the Republic of China, under the impact of political changes, Kashag regained the control of Zayu Zong area. Meanwhile, British colonists have made up illegal "McMahone Line" with conspiracy, attempting to invade Zayu Zong area. On the basis of establishment and investigation of Ba'an Group of SSMC(Spy System organized by the Military Commission of the National Government), this paper analyzes the history of Zayu Zong area under jurisdiction of central and local government, elaborates the British conspiracy of trying to invade our land, exposes its invasion intrigue in 1940s and analyzes the difficulty of anti-invasion by national government.

The Historical Value and Realistic Significance of Tibetan Oral History

Zhou Runnian and Zhang Yi (194)

[Abstract] The development of Tibetan oral history has a long history, and many oral historical materials have been referred to in lots of famous Tibetan historical works. Thus today it has much historic material value and immediate significance for us to carry on research about Tibetan oral history. On one hand, it can offer us direction of new methodology and become a complement to a good traditional historiography. On the other hand, it is of realistic significance in many aspects, including the development of Tibetan tourist industry, the promotion of sense of pride of all ethnic groups in Tibet and building a harmonious society.

On Research Focus of Chinese Ecomuseum and Problems

Duan Yangping (201)

[Abstract] Since the concept of ecomuseum has been introduced in China during the last two decades of the twentieth century, it has attracted many researchers for its innovative appeal. Therefore, it has produced a substantial amount of research. This paper addresses three hot issues in the Chinese ecomuseum research, such as the connotation of ecomuseum, conflict between culture preservation and community development in ecomuseums and ecomuseum management model. This paper also further analyzes the existing problems to enhance the current ecomuseum theory research by providing new insights.

Translation and Commentary on *the History of the Oyirad Tribe in Jāmiᶜ al-Tavārīkh*

Liu Zhengyin（209）

[Abstract] *The History of the Oyirad Tribe* in *Jāmiᶜ al-Tavārīkh* by Rashīd al-Dīn Fazl Allāh is one of the most important sources about the Oyirad during the Mongol-Yuan Dynasty. Based on previous studies and according to the collated Persian edition of Volume 1 Book 1 of *Jāmiᶜ al-Tavārīkh* published in Soviet Union, the present paper translates it directly from Persian into Chinese for the first time, corrects some errors in the previous translations, and makes further scholarly notes and research in combination with other sources.

The Compilation and Distortion of *The Memorial to the Throne of Tan Xiangmin gong*

——A Review Focusing on *Ji-Liao Gao*

Zhao Xixi and Peng Yong (222)

[Abstract] *The Memorial to the Throne of Tan Xiangmin gong* is a collation of Tan Lun's memorials. *Ji-Liao Gao,* written in Tan Lun's proconsulship in Ji-Liao, is an important document for studying military, politics, economy and ethnic relations of Ji-Town in the middle of Ming Dynasty. The memorial was distorted when it was included in the *Si Ku Quan Shu* in Qianlong period. Comparing the block-printed edition of the Ming dynasty with the version of *Si ku Quan Shu*, the author in this paper found that the documents of Ming Dynasty mostly focused on the northern defenses and ethnic affairs in Qing Dynasty. Therefore, it is easy to find that the difference of ethnic view and ethnic policies between Ming Dynasty and Qing Dynasty.

Introduction to *The Memorials of Ministry of War 1570-1571* Held at The National Library of China

Peng Haoxuan and Temule (233)

[Abstract] On October 16, 1570, Altan Qaγan's grandson Daičing Ejei Taiji flight to Ming China for asylum. This unexpected event became an opportunity for Ming and Mongol to renew their relations. To exchange the hostages and grant trade-tribute relations to the Mongols, the governor-general of three military districts (Xuanfu, Datong and Shanxi) and other border officials kept frequent communications with the Mongols and the court in late 1570 and early 1571. During the communications, many memorials from border officials were forwarded to the Ming emperor through Ministry of Army. Fortunately, 27 memorials of them were left to us in form of handwriting version. These memorials composed of the rare Chinese book *Bingbu Zoushu*, or *The Memorial of Ministry of War*, have been remained unknown to most of the relevant scholars before they were published in photocopy version in 2007. This paper introduces the main content, background, and source value of the rare book. And the authors made critical comments to the preface by Zheng Weizhang and compiled a catalogue for the memorials.

Brief Analysis on the Census Register Files of *Archive of Hunchun Fudutong Yamen* in Qing Dynasty

Gu Songjie (240)

[Abstract] *Archive of Hunchun Fudutong Yamen*, edited and published in 2006 through a collaboration among Research Center for Chinese Borderland History and Geography, The First Historical Archives of China and Yanji Archives, publicizes enormous amount of Hunchun demographic records of Qing Dynasty, which dates from the 46th year of Emperor Qianlong's reign (1781) to the 25th year of Emperor Guangxu's reign (1900). These records provided the first-hand material for the research on demographics of Hunchun in Qing Dynasty, proving themselves of high historical value. This paper conducts a tentative analysis on the content of the records and endeavors to reveal the value , which the author hopes would lay the groundwork for future researches on the function of Manchu garrison and the social life of local people in Hunchun region.

Research on the Officials' Lives in Dun Qinwang's Mansion through *Xian Chuang Lu Meng*

Guan Kang(245)

[Abstract] As a diary written in Manchu by Mu Qixian in Daoguang reign, *Xian Chuang Lu Meng* is one of highly historical values for the recording of the writer's life in Mian Kai's mansion. Research on this part could be helpful to understand the regulations of the princes' palaces and officials' lives.

A Study on the Editions of *Records and Maps of Xinjiang*

Shi Mingwen (257)

[Abstract] *Records and Maps of Xinjiang*, written by Wang Shunan in the late Qing Dynasty, provides a comprehensive description on the history, geography and folk customs of Xinjiang province. In this paper, the main object of the study is the edition of *Records and Maps of Xinjiang*. The two editions are Annals Bureau of Xinjiang edition and Oriental Studies edition. This paper introduces the two editions of the present situation and specific information in detail. In addition, the author studies their publishing details and the differences between these two editions.

The Ancient City of BeiTing Was Not Built by Li Weigong

——A Correction on Qing Draft *XinJiang Si Dao Zhi*

Tian Wandong and Li Delong（271）

[Abstract] The book *XinJiang Si Dao Zhi* is the extremely important document to study the history and geography of border area , "the BeiTing Ancient City was built by Li Wei Gong " is in volum Ⅰ, ie. *Zhen Di Dao Tu Shuo-Fu Kang County*. Li Weigong was the famous militarist of Tang Dynasty, namely Li Jing. According to his whole warring life, he had never run his army to pass through the ancient city around. And it was not owned by Tang Dynasty until he died before the ancient city was occupied by west Turkic for ages, so the city wasn't built by Li Weigong.This conclusion that he was not involved in building the city could be a correction to the history book *XinJiang Si Dao Zhi*.

Retrospect and Prospect of the Study on Tibetan Dunhang Manuscripts

Chen Nan and Ren Xiaobo (279)

[Abstract] The Tibetan Dunhang manuscripts, encompassing huge amounts of literature and rich source of material, are the basic supporting texts for Dunhuang Tibetan Studies. Based on investigating the domestic and foreign research, this paper is dedicated to sorting and reviewing the main aspects of previous studies and intended to clarify the general academic history and recent research trends. This overview would provide some trains of thoughts for the deepening and expanding of related studies.

《中国边疆民族研究》征稿函

1.《中国边疆民族研究》由中央民族大学出版社出版，每年一辑。该书收录国内外学者有关中国边疆民族地区历史与地理方面的研究成果和译文。通过定期出版学术论文集，促进学术交流，培育史学新人，为国内外同行设立一个学术交流的平台，推动中国边疆民族地区历史与地理研究的深入。

2.《中国边疆民族研究》收录文章以中国边疆民族地区历史与地理研究的成果为主，兼及其他方面。内容包括中国边疆民族历史与地理、中国少数民族法制史、宗教史、民俗、民族语文历史文献、汉文有关少数民族历史古籍等方面的研究成果，有关边疆少数民族的社会学、民族学、语言学调查的优秀成果以及现实民族问题调查报告。

3.《中国边疆民族研究》收录文章须为有新见解的原创性成果。篇幅在 1—3 万字之间为宜，高质量的论文或调查报告字数不限。稿件全部采用页下注，注文体例采用《关于〈历史研究〉文献引证标注方式的规定》（见《历史研究》2004 年第 6 期）。凡引用《实录》，注文中标注实录的朝代、卷、年、月、日，如《明太祖实录》卷 96，洪武八年正月辛未。正文中公元、世纪、年代及数据用阿拉伯数字（引文除外）。王朝纪年第一次出现时加注公元纪年，如“道光十年（1830）”，同一年号再次出现时不再加注。论文需附 200—300 字中、英文内容摘要。稿件后请附作者简介，内容包括作者姓名、出生年月、单位、职称、联系地址、电话、邮政编码。若为译文，需附原文复印件及作者同意翻译发表的授权书。为保证稿件质量，所有稿件先由编委或相关专家匿名评审，在初审的基础上，召开编委会会议决定是否采用，最终由出版社三审后编辑出版。

4.《中国边疆民族研究》（第六辑）征稿截止日期为 2012 年 9 月 1 日，2012 年 12 月 15 日前出版。打印稿请寄：北京海淀区中关村南大街 27 号中央民族大学历史文化学院，盛肖霞收，邮编：100081。电子稿请发至 history985@126.com 信箱，王伏牛收。

《中国边疆民族研究》编委会

2011 年 12 月